图 1-11 某 MPB 在 FLUENT 软件模拟下的三维流线图

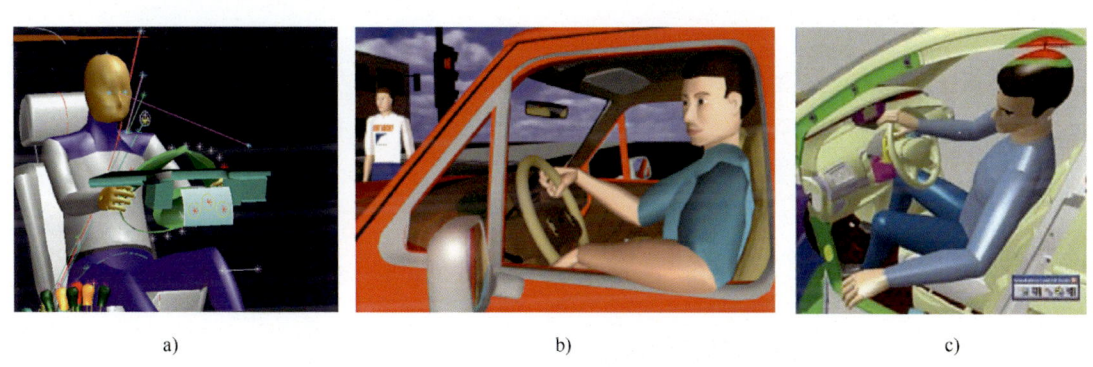

a) b) c)

图 2-20 RAMSIS、Jack 和 Safework 人体模型
a) RAMSIS b) Jack c) Safework

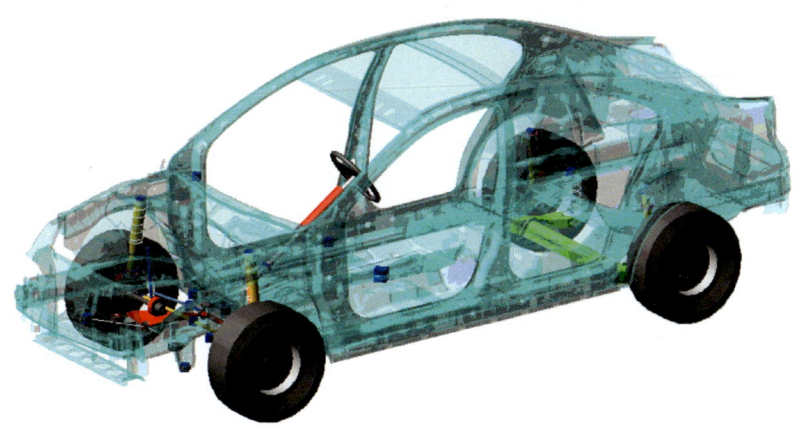

图 5-8 仿真分析中的不平路面和整车模型

图 5-12　轿车车身结构有限元模型

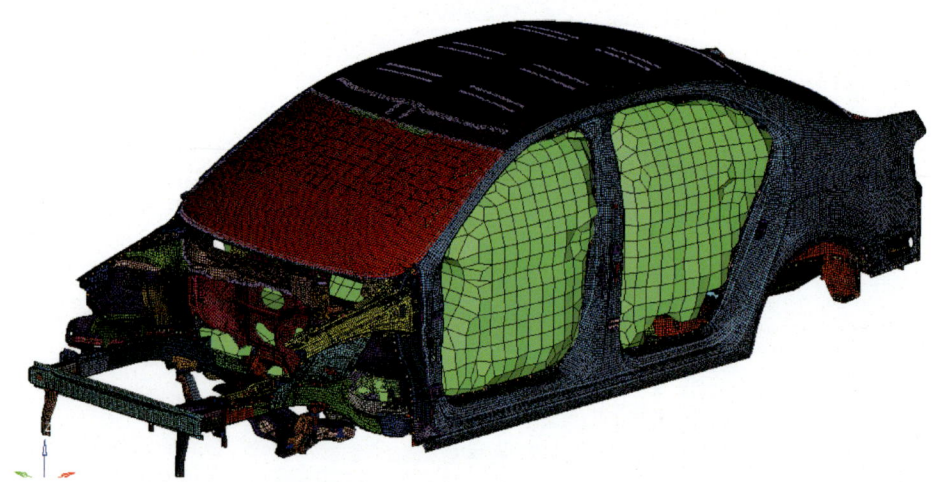

图 5-14　车室声固耦合系统模型

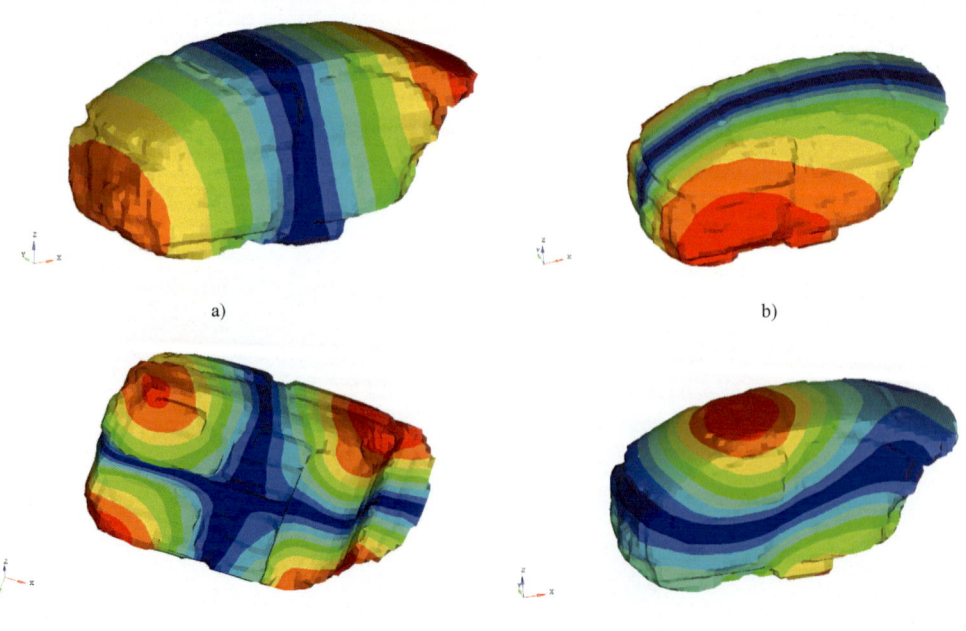

图 5-15　车室空腔的声学模态

a) 77.47Hz　b) 122.2Hz　c) 149.6Hz　d) 164.7Hz

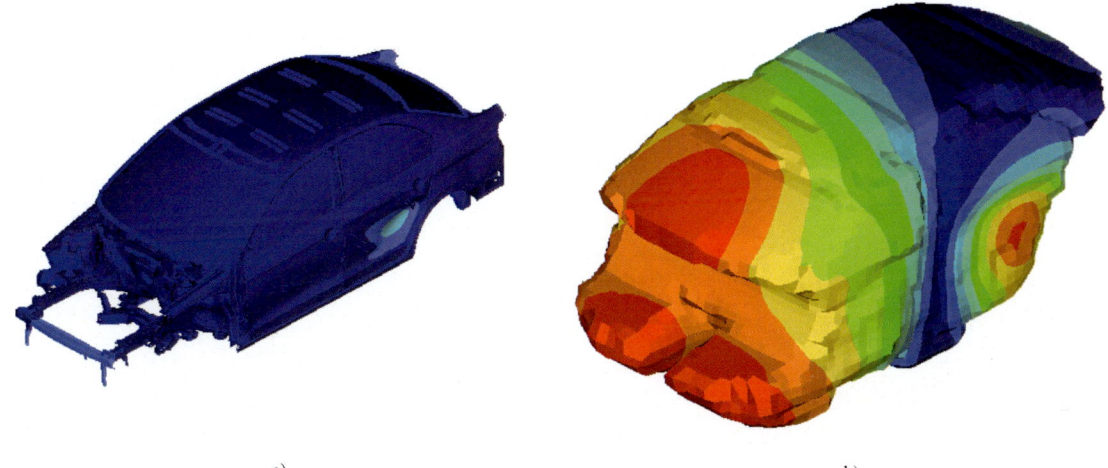

图 5-16 结构变形为主的耦合系统模态中流体的变形模式
a) 结构变形模式　b) 声压变化模式

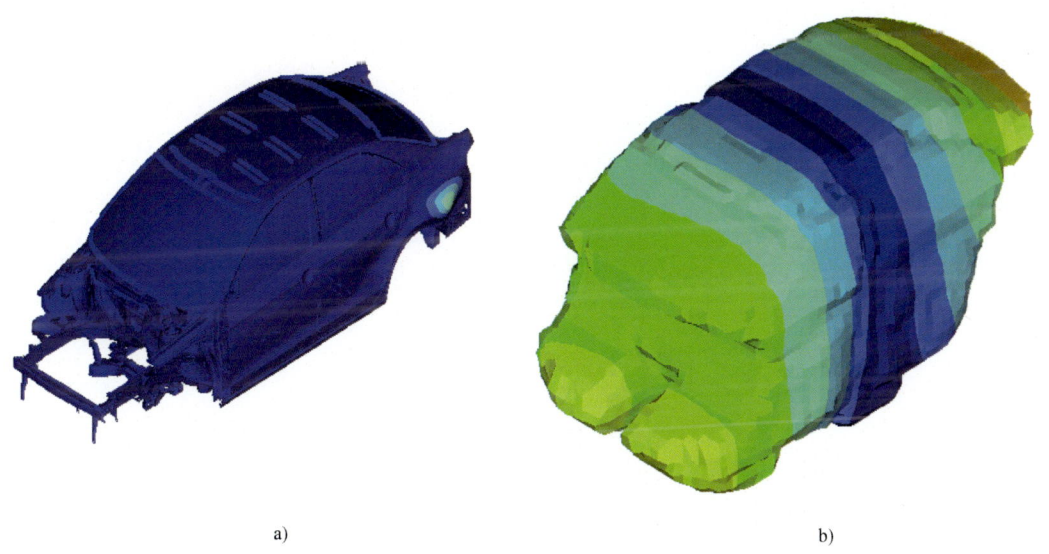

图 5-17 流体变形为主的耦合系统模态中结构的变形模式 (78.81Hz)
a) 结构变形模式　b) 声压变化模式

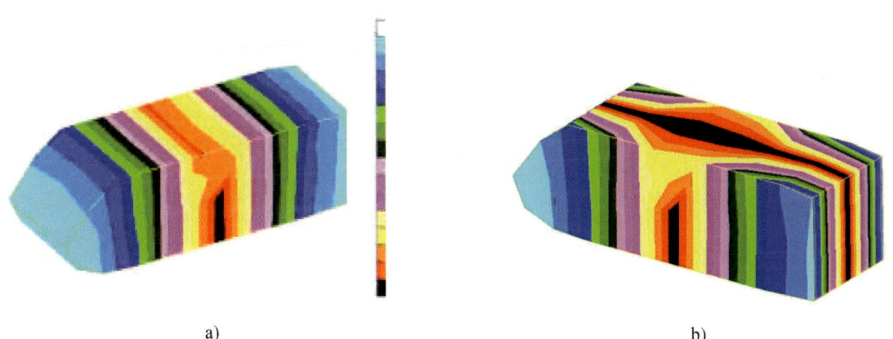

图 5-19 声固耦合系统的模态振型 (空腔声场的声压分布)
a) 纵向一阶模态 (38.79Hz)　b) 横向一阶模态 (116.32Hz)

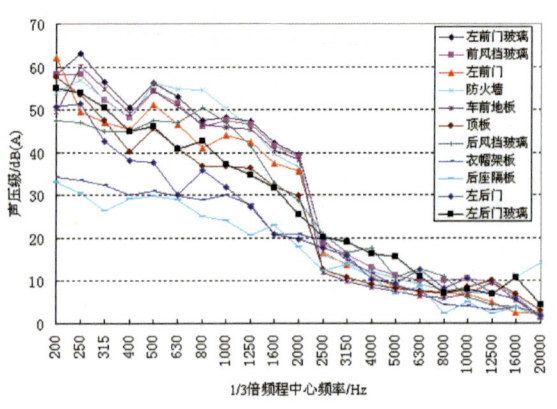

图 5-22　轿车车室内声压分布图（152Hz）　　　　图 5-29　车速为 120km/h 时的各子系统对车内噪声贡献度

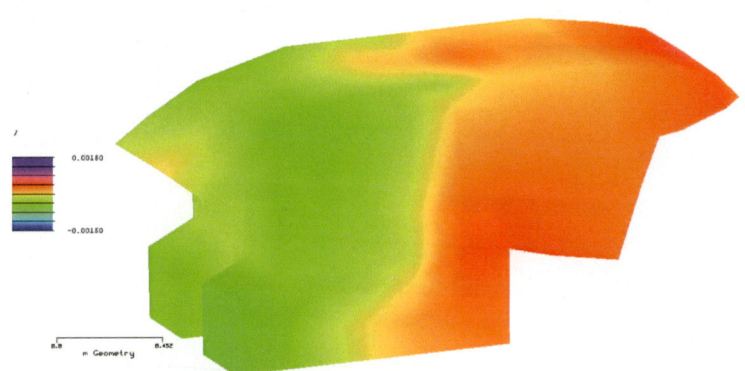

图 5-41　试验声学模态阵型（47.37Hz）

图 6-11　微型客车车身的有限元网格

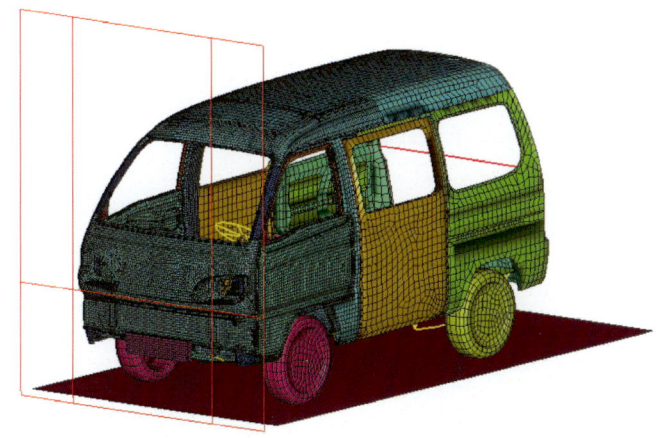

图 6-12　微型客车正面碰撞有限元模型

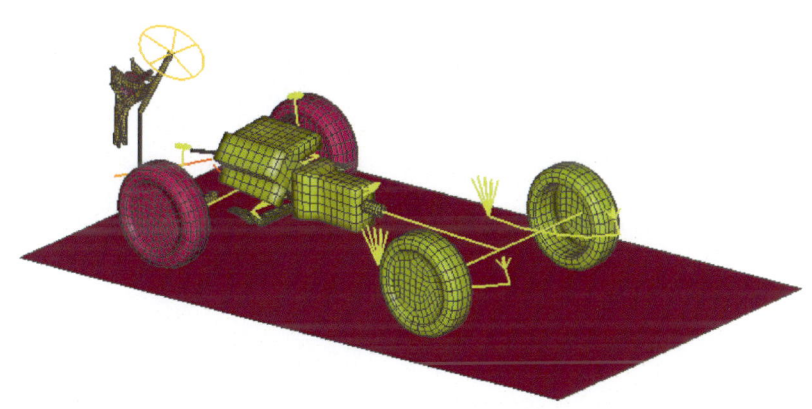

图 6-13　微型客车底盘的有限元模型

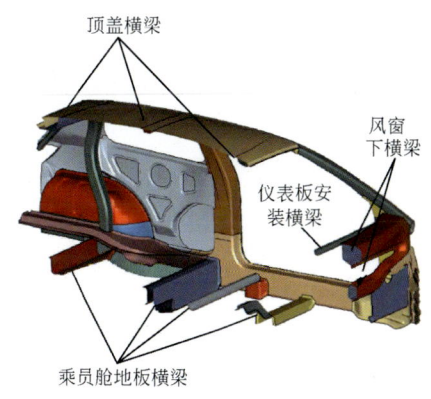

图 6-34　某轿车乘员舱主要横向梁结构的布置

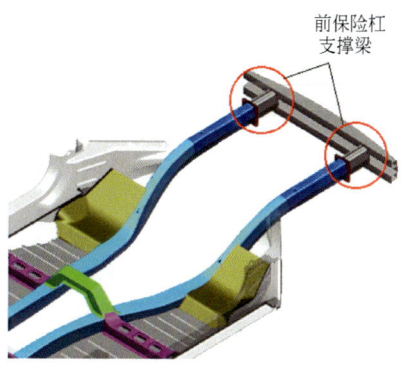

图 6-37　低压缩刚度结构的布置

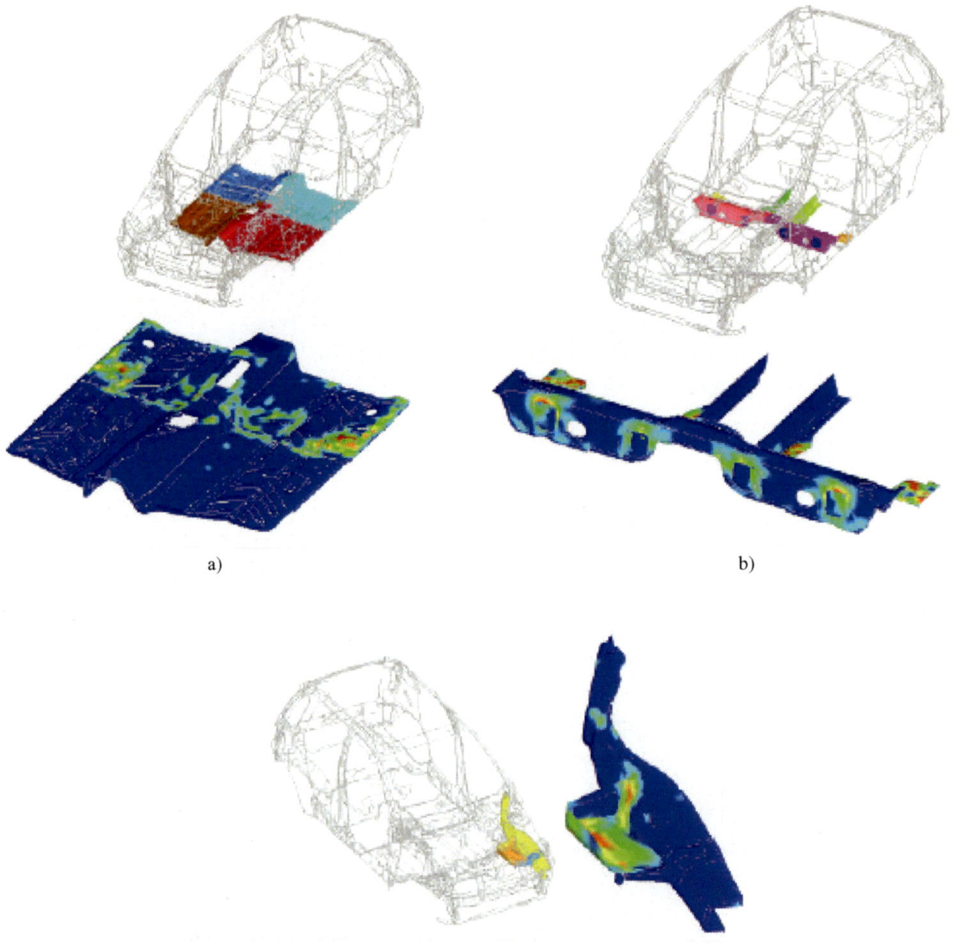

图 7-25 疲劳危险部位计算结果（Von Mises 应力分布）
a）座椅下地板疲劳应力 b）座椅下横梁疲劳应力 c）蓄电池托架疲劳应力

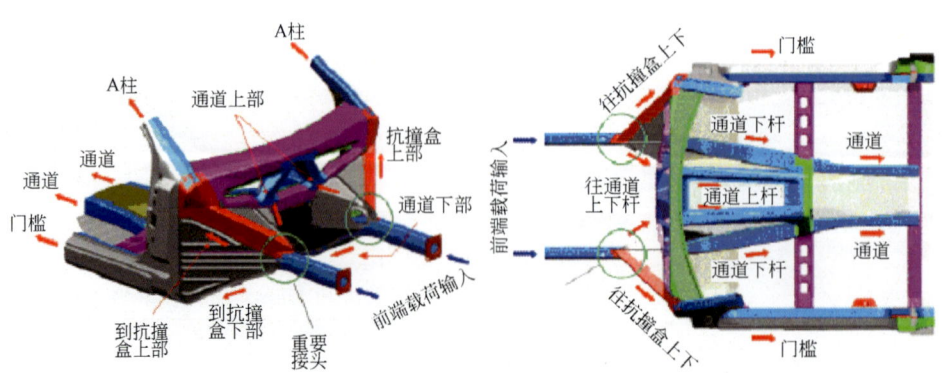

图 9-28 载荷路径

"十三五"国家重点出版物出版规划项目
现代机械工程系列精品教材
普通高等教育"十一五"国家级规划教材

汽车车身设计

第 2 版

主 编 黄金陵
副主编 任金东 陈书明
参 编 龚礼洲 张建伟 马天飞 那景新
主 审 林 逸 朱 平

机械工业出版社

本书是"十三五"国家重点出版物出版规划项目、普通高等教育"十一五"国家级规划教材。

本书系统地讲述了现代汽车车身结构设计方法。

全书共9章，内容包括汽车车身开发流程和方法、车身布置及人机工程学问题、车身结构拓扑和力学模型、动力学问题和车身NVH问题、车身碰撞安全性问题、车身结构疲劳强度问题，以及车身闭合件设计等，并简要阐述白车身设计中相关的制造工艺和材料问题，重点体现以CAE分析技术来驱动车身性能设计。

本书力求反映现代先进的车身开发理论、方法、技术、手段和流程，取材丰富，图文并茂。在内容编排上，体现了理论联系实际、深入浅出的特点，可作为车身工程专业和车辆工程专业本科生和研究生的教材，也可供企业设计工程师参考。

图书在版编目（CIP）数据

汽车车身设计/黄金陵主编. —2版. —北京：机械工业出版社，2020.2（2025.1重印）

"十三五"国家重点出版物出版规划项目　现代机械工程系列精品教材

普通高等教育"十一五"国家级规划教材

ISBN 978-7-111-64314-2

Ⅰ.①汽…　Ⅱ.①黄…　Ⅲ.①汽车-车体-设计-高等学校-教材　Ⅳ.①U463.820.2

中国版本图书馆CIP数据核字（2019）第267103号

机械工业出版社（北京市百万庄大街22号　邮政编码100037）

策划编辑：宋学敏　责任编辑：宋学敏　尹法欣

责任校对：樊钟英　封面设计：张　静

责任印制：张　博

北京建宏印刷有限公司印刷

2025年1月第2版第4次印刷

184mm×260mm·25印张·4插页·578千字

标准书号：ISBN 978-7-111-64314-2

定价：75.00元

凡购本书，如有缺页、倒页、脱页，由本社发行部调换

封底无防伪标均为盗版

电话服务　　　　　　　　　网络服务

客服电话：010-88361066　　机 工 官 网：www.cmpbook.com

　　　　　010-88379833　　机 工 官 博：weibo.com/cmp1952

　　　　　010-68326294　　金　书　网：www.golden-book.com

封底无防伪标均为盗版　　　机工教育服务网：www.cmpedu.com

普通高等教育汽车类

教材编审委员会

主　任：北京理工大学　　　　林　逸

副主任：黑龙江工程学院　　　齐晓杰

　　　　　扬州大学　　　　　　陈靖芯

　　　　　西华大学　　　　　　黄海波

　　　　　机械工业出版社　　　冯春生

委　员：吉林大学　　　　　　方泳龙

　　　　　吉林大学　　　　　　刘玉梅

　　　　　北京航空航天大学　　高　峰

　　　　　同济大学　　　　　　陈永革

　　　　　上海交通大学　　　　喻　凡

　　　　　上海大学　　　　　　何忱予

　　　　　哈尔滨理工大学　　　徐　雳

　　　　　武汉理工大学　　　　张国方

　　　　　山东理工大学　　　　邹广德

　　　　　山东交通学院　　　　李祥贵

　　　　　燕山大学　　　　　　韩宗奇

　　　　　长沙理工大学　　　　张　新

　　　　　青岛理工大学　　　　卢　燕

　　　　　河南科技大学　　　　张文春

　　　　　南京工程学院　　　　贺曙新

　　　　　淮阴工学院　　　　　刘远伟

秘　书：机械工业出版社　　　宋学敏

序

汽车被称为"改变世界的机器"。由于汽车工业具有很强的产业关联度,因而被视为一个国家经济发展水平的重要标志。我国汽车工业自 2009 年以来产销量连续保持全球第一,它正在成为拉动国民经济增长的动力源。汽车工业的繁荣使汽车及其相关产业的人才需求量大幅度增长。相应地,作为汽车工业人才培养主要基地的高等院校也得到了长足发展。据不完全统计,迄今全国开办汽车类专业的高等院校已达百余所。

从未来发展趋势看,打造我国自主品牌、开发核心技术是我国汽车工业的必然选择,但当前我国汽车工业还处在以技术引进、加工制造为主的阶段,这就要求在人才培养时既要具有前瞻性,又要与我国实际情况相结合。在注重培养具有自主开发能力的研究型人才的同时,应大力培养知识、能力、素质结构具有鲜明的"理论基础扎实,专业知识面广,实践能力强,综合素质高,有较高的科技运用、推广、转换能力"特点的应用型人才。这也意味着对我国高等教育的办学体制、机制、模式和人才培养理念等提出了全新的要求。

为了满足新形势下对汽车类高等工程技术人才培养的需求,在中国机械工业教育协会车辆工程学科教学委员会的领导下,成立了教材编审委员会,组织制订了多个系列的普通高等教育规划教材。其中,为了解决高等教育应用型人才培养中教材短缺、滞后等问题,组织编写了普通高等教育汽车类专业规划教材。

本系列教材在学科体系上适应普通高等院校培养应用型人才的需求;在内容上注重介绍新技术和新工艺,强调实用性和工程概念,减少理论推导;在教学上强调加强实践环节。此外,本系列教材将力求突出以下特点:

1) 全面性:目前本系列教材包括汽车设计与制造、汽车运用与维修、汽车服务工程、物流工程等专业方向,今后还将扩展专业领域,更全面地涵盖汽车类专业方向。

2) 完整性:对于每一个专业方向,今后还将继续根据行业变化对教学提出的要求填平补齐,使之更加完善。

3) 优质性:在教材编审委员会的领导下,继续优化每一本教材的规划、编审、出版和修订过程,使教材的生产过程逐步实现优质和高效。

4) 服务性:根据需要,为教材配备 CAI 课件和教学辅助材料,举办新教材讲习班,在相应网站开设研讨专栏等。

相信本系列教材的出版将对我国汽车类专业的高等教育产生积极的影响,为我国汽车行业应用型人才培养模式的创新做出有益的探索。由于我国汽车工业正处于快速发展阶段，对人才会不断提出新的要求，这也就决定了高等教育的人才培养模式和教材建设将处于不断变革之中。我们衷心希望更多的高等院校加入到本系列教材建设的队伍中来，使教材体系更加完善，以更好地为培养汽车类专业高等教育人才服务。

中国汽车工程学会　常务理事
中国机械工业教育协会
车辆工程学科　副主任
林　逸

第2版前言

汽车发展到今天，车身已成为影响其各种性能的最大系统之一，对于轿车，车身在很大程度上影响整车的商品价值和销售市场。一直以来，人们对汽车安全性、舒适性、可靠性和耐久性的要求越来越高，加之能源的紧缺和市场的激烈竞争，又迫使汽车要实现结构轻量化并降低成本，因而引发材料与制造业日新月异的变化，并促使设计理念和设计方法不断发展、进步。

本书是围绕轿车车身设计来展开的，商用车等其他车型也可借鉴；以白车身为纲，强调应用CAD/CAE核心技术，以数据驱动设计；特别要体现当今行业所关注的车身性能设计，如结构安全性、NVH性能和耐久性等。本书以结构动力学原理和优化方法作为白车身结构设计的基础，抓住目标性能，从产品的选型、各项指标的确立到综合性能的考虑、并行工程的实施，从概念设计、初步设计到详细设计的各个阶段，从力学模型的建立到各阶段结束所必需的验证，每一个里程碑都力图反映国外先进汽车生产企业车身开发的理论、方法、技术、手段和流程，结合国情来培养自主开发的思想意识。

学习本书内容前必须学过汽车车身专业的一些基础课程，对车身构造有基本的了解，具备有限元分析原理和方法等基础知识。

本书为"十三五"国家重点出版物出版规划项目、普通高等教育"十一五"国家级规划教材，适用于车身工程专业和车辆工程专业本科高年级学生和研究生，也可供企业设计工程师参考。通过对本书内容的学习，学生可以了解车身开发的程序，学会分析车身结构，合理选择设计方案及有关参数，掌握车身总体布置及结构设计的基本方法和工作要点，学会综合运用前期所学基础课程和专业课程的知识，并通过设计训练，为从事汽车车身设计工作打下理论基础，而且引导学生了解进一步提高车身开发技术的方向。

本书由吉林大学汽车工程学院黄金陵任主编，任金东、陈书明任副主编。全书共9章，第一章由第一汽车集团公司龚礼洲编写，第二章由吉林大学车身系任金东编写，第三、四、八、九章由黄金陵编写，第五章由陈书明和马天飞编写，第六章由张建伟编写，第七章由任金东和那景新编写。经原作者许可，任金东对第一、三、六章部分内容进行了组织优化。编写过程中得到吉林大学车身系于多年的大力支持，车身系兰巍协助完成全书大部分图样的绘制和修改，在此一并表示感谢。

本书由北京理工大学林逸教授和上海交通大学朱平教授主审，他们为提高本书的质量付出了辛勤劳动，提出了宝贵意见，特此致谢！

受水平和条件所限，书中难免有不妥和错漏之处，欢迎使用本书的广大师生和其他读者批评指教，以便再版时修正。

编　者

第1版前言

汽车发展到今天，车身已成为影响其各种性能的最大系统之一，特别是轿车车身，它在很大程度上影响汽车的商品价值和销售市场。近20年来，人们对汽车安全性、舒适性、可靠性和耐久性的要求越来越高；由于能源的紧缺和激烈的市场竞争，又迫使汽车要实现结构轻量化并降低成本，因而引发材料与制造业日新月异的变化，并促使设计理念和设计方法不断改进。

本书是围绕轿车车身设计来展开的，商用车等其他车型也可借鉴；以白车身为纲，强调应用CAD/CAE核心技术，以数据驱动设计；特别要体现当今行业所关注的车身性能设计，如结构安全性、NVH性能和耐久性等。本书以结构动力学原理和优化方法作为白车身结构设计的基础，抓住目标性能，从产品的选型、各项指标的确立到综合性能的考虑、并行工程的实施，从概念设计、初步设计到详细设计的各个阶段，从力学模型的建立到各阶段结束所必需的验证，每一个里程碑的完成和继续都力图反映国外先进汽车生产企业车身开发的理论、方法、技术、手段和流程，结合国情来培养自主开发的思想意识。

学习本课程前必须学过汽车车身专业的一些基础课程，对车身构造有基本的了解，具备有限元分析原理和方法等基础知识。

本书为普通高等教育"十一五"国家级规划教材，适用于车身工程专业和车辆工程专业本科高年级学生和研究生，也可供企业设计工程师参考。通过本课程的学习，让学生认识车身开发程序，学会分析车身结构，合理选择设计方案及有关参数，掌握车身总体布置及结构设计的基本方法和工作要点，学会综合运用前期所学基础课程和专业课程的知识，并通过设计训练，为从事汽车车身设计工作打下理论基础，而且引导学生了解进一步提高车身开发技术的方向。

本书由吉林大学汽车工程学院黄金陵主编，任金东为副主编。全书共9章，第一章由第一汽车集团公司技术中心龚礼洲编写，第二章由吉林大学车身系任金东编写，第三、四、八、九章和第七章四至七节由黄金陵编写，第五章由马天飞编写，第六章由张建伟编写，第七章的一至三节由那景新编写。编写过程中得到吉林大学车身系于多年的大力支持，车身系兰巍协助完成全书大部分图样的绘制和修改，在此一并表示感谢。

本书由北京理工大学林逸教授和上海交通大学朱平教授主审，他们为提高本书的质量付出了辛勤劳动，提出了宝贵意见，特此致谢！

受水平和条件所限，书中难免有不妥和错漏之处，欢迎使用本书的师生和广大读者批评指教，以便再版时修正。

编　者

目 录

序
第2版前言
第1版前言

第一章 车身产品开发流程和设计方法 1
第一节 现代汽车产品开发方法 1
第二节 现代车身开发内容 7
第三节 现代车身设计技术与方法 20

第二章 基于人机工程学的车身布置设计 33
第一节 车身布置的内容 33
第二节 基于统计学的车身内部布置工具 48
第三节 车室内部布置设计方法 64

第三章 车身结构拓扑模型与力学模型 82
第一节 作用在车身（车架）系统上的载荷 82
第二节 车身结构的拓扑模型 91
第三节 车身结构的力学特性和力学模型 95

第四章 车身结构刚度和动力学性能设计 115
第一节 车身结构刚度设计 116
第二节 车身结构的动力学性能设计 128
第三节 结构设计过程与性能实现 145

第五章 车身NVH特性研究 155
第一节 汽车NVH特性 155
第二节 NVH特性设计方法 160
第三节 刚弹耦合系统的仿真分析 162
第四节 声固耦合系统的仿真分析 167
第五节 统计能量分析及其应用 177
第六节 车内的降噪措施 186
第七节 NVH特性研究的试验方法 192

第六章 车身结构抗撞性 195
第一节 概述 195
第二节 车身抗撞性要求和设计 199
第三节 车身抗撞性分析方法和模拟技术 207
第四节 结构抗撞性设计 218
第五节 碰撞模拟的基本理论 236
第六节 车身抗撞性试验 245

第七章 车身疲劳寿命分析 252
第一节 疲劳破坏的特征及影响疲劳寿命的因素 253
第二节 疲劳设计方法 255
第三节 名义应力法 259
第四节 车身结构疲劳寿命分析流程和方法 273

第八章 车身闭合件设计 289
第一节 车门系统 289
第二节 车门布置设计 300
第三节 车门总成的性能分析和耐久性试验要求 321
第四节 稳健设计方法用于车门系统设计 326
第五节 白车身前、后闭合件 332

第九章 基于制造工艺和材料要求的白车身设计 340
第一节 钢结构车身 341
第二节 铝结构车身 363
第三节 复合材料车身 373
第四节 车身产品精度和定位参考系统 379

参考文献 389

第一章 车身产品开发流程和设计方法

第一节 现代汽车产品开发方法

一、产品开发流程

现代汽车产品设计过程是一种并行、需要各专业部门协同工作、面向产品全生命周期、市场导向和引导市场并重的开发模式。

企业最重要的战略任务之一就是要保障其长久的生存能力。而核心要素是具有竞争优势的产品,这些产品不仅要拥有较高的技术含量、质量上乘、符合法规和环保要求、经济耐用,而且要引领时尚、配置丰富、造型前卫,使得产品不仅能在按照市场期望的价格投放市场后使企业获得适当的利润,还能保证企业在持久的开发活动中具有持续的生命力,尤其是在现今面临激烈的竞争、"挑剔"的用户、瞬息万变的市场和日新月异的技术变革的情况下。为此,必须合理安排产品开发流程和恰当地配置资源。

一个完整的战略类产品开发项目流程包括四个主要的阶段:产品管理、概念开发、批量开发和批量准备。各阶段又包括一系列关键节点,包括产品规划启动(Product Planning Start, PPS)、项目决定(Projekt Entscheidung, PE)、启动认可(Launch Freigabe, LF)、市场投放(Market Einfuehrung, ME)、终止生产(End of Production, EOP)等。除此之外,还包括预开发、产品定义、造型开发、产品和零部件验证,以及直到EOP的产品批量管理等辅助开发过程(图1-1)。产品管理则陪伴所有与产品开发有关的过程直到EOP,包括项目管理、技术管理、文档管理、质量管理和成本管理等内容。

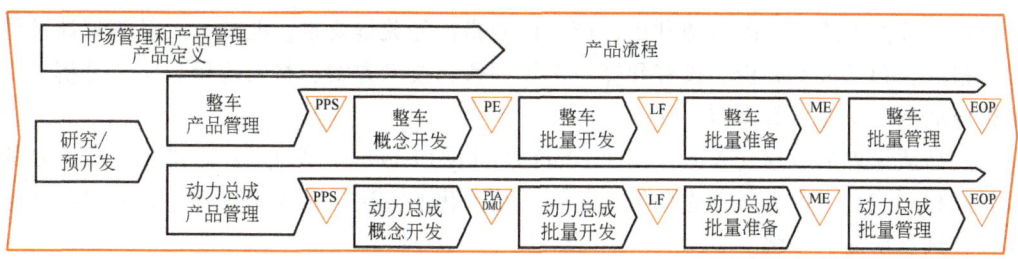

图1-1 完整的战略类产品开发项目流程示意图

PIA—Program Implementation Approval,项目全面执行的正式批准 DMU—Digital Mock-Up,数字样机

概念开发更多的是侧重于面向造型的概念性开发。批量开发是具体的平台和车型的开发，其结果由虚拟仿真或实体试验进行确认，其输出里程碑是启动认可；启动认可确认后进入批量准备阶段，各种市场投放工作也开始展开。6个月左右的预批量阶段过后进入正式批量生产（Start of Production，SOP），产品开发过程就随着市场投放（SOP之后3个月）而结束。批量管理是指在批量生产时，所有为了改进产品、物流和生产设备而必需的工作。

各大汽车公司都有自身的产品开发流程，都有自己定义的阶段和里程碑，以便实施质量控制和产品管理。产品开发流程是一个循序渐进、步步相关的环节链。一辆全新轿车的开发，从项目开始到最终新产品批量投产，大约需要50个月的时间。整车开发流程主要围绕三个主要方面，即第一是要开发一辆什么样的车，第二是怎样设计这样的车，第三是怎样将设计好的新车型批量制造出来。在整个开发流程中，对每一个阶段的开发进程都设有一个审查、验收的关键里程碑，从项目开始、战略意向、到设计完毕、批量投产，在每个里程碑对新车型的所有指标都必须经过严格考核。图1-2所示为产品开发流程及其关键的里程碑。

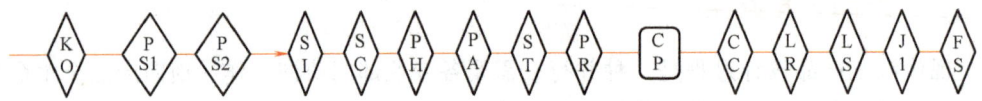

图1-2　产品开发流程及其关键的里程碑

KO（Kick Off）—项目启动　PS1（Pre SI 1）—首次战略规划　PS2（Pre SI 2）—二次战略规划
SI（Strategic Intent）—战略规划　SC（Strategic Confirmation）—战略确认　PH（Proportions & Hardpoints）—硬点确认
PA（Program Approval）—项目批准　ST（Surface Transfer）—线图设计　PR（Product Readiness）—生产准备
CP（Confirmation Prototype）—样车确认　CC（Change Cut-Off）—更改冻结　LR（Launch Readiness）—投产准备
LS（Launch Sign-Off）—投产签发　J1（Job#1）—零批量投产　FS（Final Status）—最终状态

就流程本身而言，没有优与劣的区分，只有合适与不合适之分。因此，对于产品流程来说，好的流程就是能把"合适"的产品在"合适"的时间以"合适"的价格投放市场。

二、各阶段开发工作

1. 产品策划

产品策划是产品开发的第一阶段，主要是规划和定义产品开发的指导原则、开发内容、关键技术、性能指标、实施路线和风险分析等。产品策划需要经过领导层评审，通过后形成后续工作的指导性文件，作为造型、设计、试制、试验等阶段的输入条件。

产品策划在项目开发中的作用非常重要，不仅反映用户需求、市场前景，而且直接影响产品开发方式、产品资源利用、产品性能指标等关键要素。此外，产品策划涉及的面也很广，包括成本分析、投资预算、市场调研、技术方案、材料应用、工艺分析，以及供应商的二次开发等内容。

产品质量先期策划（Advanced Product Quality Planning，APQP）是指导产品策划的最好思想和工具。产品质量先期策划是一种结构化的方法，用来确定和制订确保某产品使顾客满意所需的步骤。

产品策划中要用到质量功能展开（Quality Function Deployment，QFD）思想，其核心是新产品开发设计过程中的所有工作都是由客户需求来驱动的（图1-3）。QFD是一

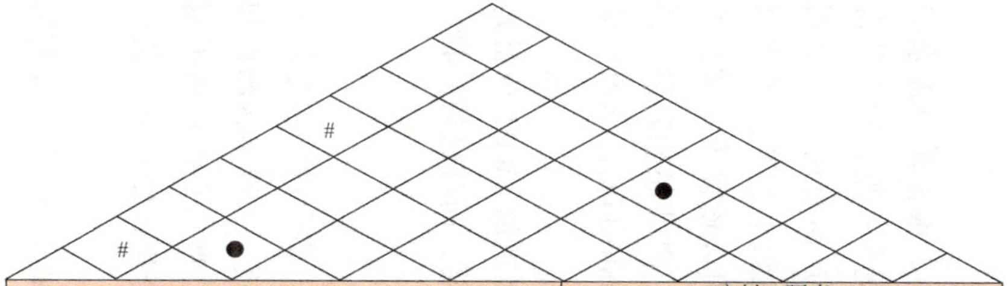

第一章　车身产品开发流程和设计方法

图 1-3　产品策划阶段的 QFD 矩阵示意图

种把用户或市场的要求转化为设计要求、零部件特征、工艺要求、生产要求等多层次演绎的分析方法；是从质量保证角度出发，通过市场调查获取顾客需求，并采用矩阵图解法将顾客需求分解到产品开发的各个过程和各职能部门中，协调各部门的工作以保证最终产品质量，使得设计和制造的产品能真正地满足顾客的需求；其目的是使产品以最快的速度、最低的成本和最优的质量占领市场。简而言之，QFD是一种顾客驱动的产品开发方法。

SWOT分析用于综合评估企业内外部条件在优势（Strength）、劣势（Weakness）、机会（Opportunity）和威胁（Threats）四方面的情况。同时，对于产品本身的技术、风险、外部环境资源等方面的评估也常用SWOT分析方法。

产品策划中一项主要的基础工作就是对标分析（Benchmarking）。根据用户需求和市场调研情况，在新产品开发初步定位的基础之上确定目标车型和竞争车型，对产品进行产品形象-用户群体、技术含量-技术特征、开发目标-开发成本、产品模块-路线规划等方面的对比评估和定位。在对标分析的基础上形成完整的开发建议书和产品描述报告；在宏观上初步定义开发任务，明确关键性能指标、目标成本及开发阶段重要试验验证条款，并对各总成的性能指标、安装固定方式、材料和尺寸要求、初步结构方案、基本工艺方式、目标成本控制、借用件状态、新零件引入（New Part Introduced，NPI）的控制、配置模块、供应商需求信息等进行详细描述。

准确的对标定位、科学的QFD分析、周详的产品描述，以及客观的SWOT分析是产品策划的关键所在，为项目的后期开发提供了参考蓝本和指导纲要，同时也是性能设计的前提条件和基准依据。

2. 概念设计

概念设计主要确定方案和参数，在设计活动历程中占重要地位。概念设计包括总布置、造型和结构可行性论证三方面内容。具体包括主要硬点尺寸确定、关键结构断面和分块确定、乘员布置和人机工程分析、造型效果图和计算机辅助造型（CAS）数据制作、造型模型制作、测量和线图、前期计算机辅助工程（CAE）分析、结构和工艺可行性分析等。

概念设计是创造性思维的体现，它以产品策划为依据，将造型概念和工程尺寸与结构有机结合，是将创意转换为方案的实现过程。概念设计的市场化是决策层和设计师共同追求的目标。如何更好地接近产品的市场需求、降低投放市场的风险、判断概念产品能否进一步开发生产，是目前概念设计阶段需要考虑的关键问题。

设计表达在信息时代已是多元化的展示形式。虚拟现实技术是目前非常流行的手段和方法，用来直观和交互地感受产品所表达的概念。

使用性能的验证是概念设计阶段重要的设计分析内容。随着人机工程在设计中应用的成熟，许多商业软件可以实现常用的使用性能分析，包括乘员空间和坐姿舒适性、视野、手伸及性和操纵舒适性、操作空间和操纵力、上下车方便性、拆装和维修性等，常用的软件包括Jack、RAMSIS、Safework、AnyBody等，若结合虚拟现实技术、物理模型（可调节人机台架）主观评价试验就能够在早期对全尺寸产品设计效果进行评价。

3. 技术设计

技术设计是在汽车造型评审通过并冻结后所进行的结构方面的详细设计工作，包括三维结构设计和二维工作图设计两方面。

三维结构设计根据结构功能，主断面形状尺寸，沿用和借用的配合件形状尺寸，以及性能、材料和工艺要求等，结合经验进行设计，并经过零件级、总成级验证。采用CAS技术之后，一些零件的初始形状尺寸可根据造型面及其线图确定。在设计时，设计师必须执行国家和行业的有关法规和标准。对于出口的产品，还必须执行国外的标准，如ISO（国际标准化组织）、SAE（美国汽车工程师协会）、JIS（日本工业标准）、EEC（欧洲经济共同体）、ECE（欧洲经济委员会）等制定的标准。

三维结构采用图样表达。图样是设计师、工艺师、技工和其他人员交流的"工程语言"。我国颁布了10多项机械制图的国家标准，作为绘制机械产品图样的规范。图样应按指定的比例绘制并写出对产品的技术要求。零件图需要详细地标注出各部分的尺寸。总成图应清楚地表达出零件相互装配的关系并标注出相关的装配尺寸。图样绘制成后，需要将部件和零件按照它们所属的装配关系编成"组"及其下属的"分组"号码。每个部件、零件及其图样都给定一个编号，以便于对全部图样进行管理。目前，在企业中用得比较多的是工程零件报表（Engineering Bill of Material，EBOM）（表1-1），能体现众多信息，包括零件名称、图号、数量、层级、材料、料厚、工艺、类型，以及试制信息、二次开发信息、生产信息等。EBOM是一种动态文件，随着产品开发的不断深入而不断调整，以满足各部门的实时动态信息需求。

表 1-1 EBOM 示例

序号	层级	图号	名称	数量	部件类型（零件/总成）	装配方式	非金属（Y/N）	材料牌号	材料规格	材料标准	轮廓尺寸/mm（长×宽×高）
1	1	5201G01-A15	前风窗上装饰板逻辑总成	1	总成	必装	Y				
2	2	5201041-A15	上装饰板	1	零件	必装	Y	ASA	料厚4.0mm	TL-VW52311	1988×130×124
3	2	5201045-A15	密封条总成	1	总成	必装	Y	EPDM	未设	JF01-17	1985×14×8

4. 产品试制

产品试制是产品开发过程中相当重要的一个验证环节，根据验证的目的不同，试制的方式和样车（件）的型式也不同。一般来说，产品试制分为三个阶段：设计试制、试验试制和生产前试制，分别对应于A/B/C三类样车（件）。A样件是指能够用于功能验证的样件，一般由非生产工装制造，是非生产线生产的零部件。B样件是指能够用于性能验证的样件，一般由生产工装制造，是非生产线生产的零部件。C样件是指能够用于技术认可的样件，可满足批量生产的要求，用于可靠性、耐久性试验。同时，根据材料和工艺不同，车身试制分为内、外饰件试制和白车身试制两大类。

由于先进制造技术的发展，车身试制以 CAD/CAE/CAM[⊖] 为技术支撑，以快速原型技术（Rapid Prototyping, RP）与快速模具为主要手段，配备多功能五轴激光加工工艺装备和三坐标测量设备与分析系统，实现了车身试制的快速、精确和产业化。快速成型制造技术可在短期内迅速制造出满足用户需求的一定批量的产品，大幅度降低新产品开发研制的成本和投资风险，在小批量、多品种、改型快的现代制造模式下具有强劲的发展势头，同时也成为车身试制的主要手段之一。

5. 产品试验

产品试验是产品验证的重要环节。根据试验对象的不同，车身试验分为整车试验、白车身试验、系统试验和零部件试验；根据试验对象的制造状态不同，车身试验分为A样车（件）试验、B样车（件）试验、C样车（件）试验；根据验证目的的不同，车身试验分为性能试验和可靠性试验。试验类型不同，试验项数、试验依据、试验规范、评价准则也不尽相同。

车身试验流程比较简单，大体可分为以下几个步骤：

1）试验准备：确定试验方案，准备试验条件，设计夹具，准备样件。
2）安装调试：按规定条件安装试件，调试设备。
3）试验条件评审：对试验现场安装、加载、测试条件进行评审。
4）进行试验：对样件进行性能测试，记录数据。
5）数据分析及报告：对试验数据整理分析，编写试验报告。
6）报告评审：评审报告规范性和数据正确性。
7）报告入库：试验报告存入产品数据管理（PDM）数据库，试验结束。

6. 生产准备

经过若干轮（一般为两轮）产品试制和试验后，设计最终冻结，意味着产品生产准备全面启动。生产准备主要完成制造确认和批量生产确认两方面工作。制造确认要求生产部门对所有生产设备调试完成并确认合格。批量生产确认要求生产部门确认生产能力可满足生产纲领，并且在生产准备阶段进行试生产，完成所有试生产车辆的生产，并解决遗留的生产问题，为全面批量生产做好充分的生产准备。

生产准备阶段将涉及以下几方面的工作内容：

1）持续地对市场/竞争对手进行评估，更新并确认市场推广计划，制订维修备件及售后服务计划。
2）完成两轮验证样车的试制和试验工作。
3）对验证样车进行评估，更新车辆性能、可靠性、耐久性预测。
4）完成产品公告、环保目录的准备及上报工作。
5）工艺变更或工程设计变更。
6）确认所有内部、供应商生产设施和工艺都经过调试并具备足够能力。
7）持续性控制项目成本，并监督项目收益的变化。
8）在满负荷生产率条件下验证所有子公司和供应商的生产工艺。

[⊖] 计算机辅助设计（CAD），计算机辅助工程（CAE），计算机辅助制造（CAM）。

9) 确认所有的物流和生产控制系统都能正常并充分运作。

10) 对生产的整车质量进行评审，并确认其满足项目的质量目标。

11) 最终确认整车的销售价格，并确认市场发布工作准备就绪。

第二节 现代车身开发内容

一、车身造型

车身造型主要包括以下几方面工作：草图构思、效果图设计、胶带图设计、CAS设计、模型制作、模型测量和线图设计。

1. 草图构思

在产品策划阶段，根据产品的前期定位、市场需求、技术描述，从造型的角度进行创意构思和造型定位。根据目前同类车型的对标情况，总结出造型的发展趋势，并结合假想用户的审美情趣，确定主要的造型元素和风格，这是指导效果图设计的基础。

新车型的构思是在旧款车或者竞争车型的基础上借鉴、继承和改进而形成的，这里包括消费者对汽车的意见和期望。每年在世界各地举办的汽车展览会、市场的信息反馈，都是设计开发部门资料信息的来源。目前，品牌轿车"四位一体（4S）"的专营销售中，其中一项"信息反馈（Survey）"的作用之一就是为厂家开发新产品提供依据。

2. 效果图设计

设计师将造型设计用效果图反映在画面上，有整车的形状、色彩、材质及反光效果等，作为开发人员造型构思和初步选型参考。效果图由具有工业造型技术能力的开发人员完成，采用水彩、彩铅、素描或CAD等方式绘制。

效果图分为车身外形效果图和车身内饰效果图两种。车身外形效果图要表现出车型前面、侧面和后面三者的关系，同时也要表现出车门外手柄、外后视镜、刮水器臂、车牌位置等结构细节。车身内饰的效果图主要表现出仪表板、中控台、门护板、座椅及它们相互之间的空间位置等。

一般情况下，效果图设计要经过三轮的设计和选择，并以最终的唯一方案作为造型信息指导CAS设计和模型制作。

3. 胶带图设计

胶带图是指用不同宽度和不同颜色的胶带，在标有坐标网格的白色图板（一般为薄膜图）上粘贴上模型轮廓的曲线和线条，使汽车整个轮廓、布置尺寸、发动机位置、车架布置及人体样板都可以显示出来。胶带可以随时粘贴或撕下，以随时修改方案，十分方便。设计人员根据胶带图进行修改和调整后，轿车的轮廓曲线就基本确立。

胶带图要求是1:1全尺寸，以便于型线和尺寸的研究和确认。在胶带图设计期间，造型师、工程师、模型工会就造型和结构方面的可行性进行实时的交流和沟通，并最终达成一致。

4. CAS设计

从20世纪70年代起，计算机辅助设计进入汽车造型设计领域，并已成为目前国内外整车厂进行汽车造型设计的常规手段。CAS设计的主要工作就是对造型表面进行数字化建模。CAS建模需要提供效果图、三视图、边界（局部改进时与新设计曲面相邻的曲面或边界线）这些必备条件，并且要满足法规项目和结构控制条件的要求（表1-2）。

表1-2 CAS设计过程中需考虑的法规项目和结构控制条件

	外形	内饰
法规项目	灯具	内部凸出物
	外部凸出物	驾驶人视野
	车辆整体尺寸	人机工程
	牌照及铭牌	
	驾驶人视野	
	前、后轮眉控制条件	
结构控制条件	车辆尺寸	H点及相应人机工程条件
	接近角、离去角、离地间隙	转向盘、转向柱
	硬点控制条件	扶手箱、杯架
	侧风窗曲面	空调出风口（大小、位置）
	车门控制条件	座椅
	门缝线控制条件	变速杆
	加油口盖控制条件	仪表、仪表罩
	后门或行李舱盖控制条件	驻车制动
	前、后轮口控制条件	车门开启手柄
	活动件控制条件	玻璃升降手柄（按钮）
	各种灯具控制条件	收放机等功能件
	外后视镜条件	

CAS模型要求能准确地表达轮廓线、特征线，以及曲面间的相互关系；还要表面顺畅，曲面结构简洁、准确。在CAS设计过程中，CAS设计人员应该与造型设计师、结构可研（可行性研究）人员共同对模型进行确认，包括以下内容：

1）是否表达了设计创意？
2）是否满足了法规要求？
3）是否具备工程可行性？

根据CAS模型的用途不同，对数字模型进行不同程度的模型细化，具体见表1-3。

表1-3 CAS模型的输出格式

CAS模型输出目的	模型要求
制作数控加工模型	不需要分层 小于R3圆角不需要处理 分缝不需要对面进行裁剪，只需提供分缝线

第一章　车身产品开发流程和设计方法

（续）

CAS 模型输出目的	模型要求
制作虚拟现实（VR）展示模型	按材质分层 根据要求处理小于 $R3$ 圆角 分缝需要对面进行裁剪
结构校核	粗模型即可
流体力学分析	不需要分缝、分层

5. 模型制作

模型制作是造型过程中最重要的一个环节。对于一些特别重要的车型，在前期还需制作小比例模型，而现在由于多采用 VR 虚拟表达，可在后期直接制作 1∶1 全尺寸模型。模型的材料主要分两大类，即油泥和树脂。油泥模型多以手工制作为主，树脂模型多以数控铣加工。模型的轮廓曲线和尺寸都是按照严格的要求制作出来，设计人员可以对车身表面的细节部分进行比较和修改。

模型制作的依据是效果图、胶带图及总布置图。制作的流程大体可分为骨架制作、模型粗敷、模型精刮、模型装饰。首先根据胶带图完成留有合适余量的骨架，再完成油泥的添加及理论面的刮削，然后完成油泥表面的精确制作，最终进行仿真装饰及仿真件的安装。目前模型对仿真程度的要求越来越高，如车轮一般会用真轮胎和真轮辋，灯具和一些附件一般也都是实物或是高仿真物。

6. 模型测量和线图设计

通过三坐标测量机对全尺寸模型进行测量，得到模型上离散的点集（点云，ASCII 或 STL 等格式）。将点集数据输入计算机，通过专门的 CAD 设计软件建立起整个车身的表面数字模型（这个过程称为线图设计），供工程设计人员进行详细的三维结构设计。

线图设计分以下几个步骤：

1）分析及处理测量数据。
2）提取并编辑特征线及主断面线。
3）确定构造曲面模型的框架、分块及分缝线。
4）创建四边界主曲面。
5）对主曲面进行光顺检查。
6）构造多个相邻的曲面片。
7）构造造型特征区域及圆角区域。
8）曲面模型的整体检查及调整。
9）曲面模型的最终完善。
10）曲面模型评审。

线图数据的评判准则：

1）车身 A 级曲面与造型面要具有准确的吻合度。
2）车身 A 级曲面要具有高质量的光顺性。
3）车身 A 级曲面各部件间结构的准确性要满足输入的各项条件及要求。

二、车身结构可研

车身结构可研是以满足车身开发目标并服务于车身造型的结构可行性论证、构思及布置等活动的总称。

车身结构可研的输出以二维方案图和三维数据的形式表达，综合体现结构、材料和工艺（制造工艺、装配工艺）等方案信息，是后续工程设计的指导性文件。

车身结构可研根据可行性研究对象的侧重点不同分为两部分，即造型可研和工程可研。造型可研指从效果图开始至全尺寸模型装饰前所进行的造型型面的可行性分析工作。针对造型阶段的输出对象（胶带图、CAS 数据、实物模型），按照产品策划阶段定义的各总成性能指标和技术要求，通过初步的结构分析和布置，确定总成零件的总体构想和方案，并最终判断造型方案是否可行。造型可研和造型设计是互动的、并行的。工程可研指从模型主形体确定至 B 级表面数据完成所进行的详细的结构方案可行性分析工作。工程可研是在造型可研的基础上进一步修正和细化结构方案，并作为三维结构设计阶段的技术输入。

1. 提供造型控制条件

提供给造型的内外控制条件主要涉及以下几个方面：
1) 整车和电气/电控条件（产品描述、功能要求、轮廓尺寸、空间布置等信息）。
2) 车身设计控制硬点。
3) 人机工程布置。
4) 关键接头和断面的初步描述。
5) 车身功能部件的空间布置要求。
6) 车身初期产品总体描述。

2. 车身结构可研输入

车身结构可研输入包括如下方面：
1) 产品策划定义报告。包括产品配置表、车身关键硬点尺寸、各总成及部件主要性能指标、总成目标成本和重量、对标分析报告和业主需求等。
2) 相关的整车和电气控制条件。包括轮廓尺寸、位置要求、使用要求（如操控、拆装方便性等）。其中，整车条件一般涉及发动机及附件、散热器、车架、转向器、轮胎规格和跳动量、接近角、离去角、车身室内操纵部件、随车工具等；电气条件一般涉及组合仪表、熔丝及控制器盒、电控单元、功能开关（形式及数量）、收放机、扬声器、各种灯具的灯舱尺寸及调整要求等。
3) 效果图、胶带图、CAS、内外模型点云（带断面）及 B 级表面数据。
4) 造型阶段的间隙圆角图、内外饰件的花纹方案。
5) 各总成控制条件、要实现的主体功能。
6) 所遵循的相关标准法规。
7) 以往项目知识积累和质量记录。

3. 车身结构可研输出

车身结构可研输出应表达出零件的主体结构、连接方式、配合关系、空间布置关系和运动关系等详细结构方案信息，这些方案信息应能满足总成零件的设计目标（性能、功能、装配、工艺和使用），并能达到指导零件详细结构设计的目的。车身结构可研输出包括以下内容：

1) 各总成产品描述。
2) EBOM 表。
3) 车身总布置图。
4) 三维结构设计方案。

三维结构设计方案应体现以下信息：

1) 零件最大轮廓线、外形特征线和体现工艺性的结构分块线。
2) 相关总成内外边界控制条件。
3) 关键接头和典型结构断面的方案，如结构分块、断面细部形状、结构加强措施、准确的零件料厚、配合间隙、塑料件的起模方向，有焊接关系和装配关系的断面必须表达。
4) 总成及零件连接配合方案，如配合间隙、连接关系（连接形式、连接件的具体位置、连接件类型和规格、配合孔位大小、装配空间）、搭接关系、焊接关系（焊接边大小、焊接和密封作业空间）。总成以外的相关配合断面也应表达。
5) 总成及零件的密封方案，包括密封断面及密封件的选择。
6) 定位点系统（Reference Point System，RPS）定位方案，包括定位元素、初步位置、定位方向和定位尺寸。
7) 各总成的重量控制。
8) 车身附件（车门附件、翻转机构、箱盖类零件、前围外板、侧窗及顶盖窗等）的布置和运动分析、拆装方便性分析、干涉分析等。

4. 方案 CAE 分析

在概念设计阶段，结合车身总布置的工作，为了保证白车身的整体特性不至于产生重大方案性偏差，一般要进行如下方面的分析计算：

1) 主要典型结构断面分析，包括确定断面弯曲刚度、扭转刚度及经济性指标。
2) 主要结构接头分析，主要是接头刚度分析。
3) 白车身整体结构分析，主要进行扭转刚度、弯曲刚度和模态分析。在进行扭转刚度分析时，要考虑有无前、后风窗玻璃两种状态。模态分析主要是确定一阶弯曲、扭转振动频率和振型。
4) 供暖通风与空气调节分析。供暖通风与空气调节（Heating Ventilation and Air Conditioning，HVAC）指的是供暖、通风及制冷性能。这里主要进行空调性能分析和空调风道分析。空调性能分析主要针对关键截面的温度、湿度、流速及流动方向的分析。空调风道分析主要进行风量分配、风道阻力和沿程损失、风速分布等分析。
5) 计算流体动力学（Computational Fluid Dynamics，CFD）内外流场分析，主要研究气动特性、流场特性、表面压力分布，以获得最佳的空气动力学特性。

三、三维结构设计

从车身的结构设计特征而言，结构设计可大致分为四大类：白车身结构设计、内饰结构设计、外饰结构设计及附件类结构设计。

1. 白车身结构设计

白车身结构设计工作是在总布置设计师、造型设计师协同下由结构设计师完成的。在具体结构设计之前应该进行产品对标（Benchmarking）工作，即根据市场调研情况，明确产品开发目标，收集同类车型的技术资料，测绘一些样车主要的结构断面，供具体结构设计参考。在造型冻结后，根据车身的线图模型数据确定车身的结构分块形式，包括顶盖与前风窗、顶盖与侧围、顶盖与后围、侧围与后围、侧围与前围、地板与前围、侧围与车门、侧围总成、后围总成的主要结构断面。在确定断面时要考虑焊接工艺性、涂装工艺性、结构力学特性的要求。各总成之间的分块形式确定后，就可以进行各部分总成的具体结构设计。白车身的结构设计同时要考虑板材的选用、冲压成形性分析、焊接工艺、涂装工艺和相关的性能要求，包括：

1) 静态和动态强度、刚度要求。
2) 表面精度和性能要求。
3) 车身焊接总成工艺和精度要求。
4) 车身涂装工艺及防锈要求。

2. 内饰结构设计

内饰一般指仪表板总成、副仪表板总成、内饰护板总成、地毯总成，以及内饰附件，如座椅、杂物盒、遮阳板、安全带等。其中，以仪表板总成的设计最为复杂，也最具代表性。下面介绍仪表板总成的设计思路。

仪表板总成所有的零件按其功能特性可分为三类：结构类零件、功能类零件和装饰类零件。结构类零件包括仪表板本体总成、仪表板横梁总成、仪表罩总成、面板总成和杂物箱总成等；功能类零件包括仪表总成、出风格栅总成、收音机总成、开关总成、空调操纵面板总成和烟灰盒总成等；装饰类零件包括一些装饰板和装饰罩。

(1) 仪表板的主要功能　仪表板的主要功能是搭载各种仪表、指示装置、收音机、显示屏及烟灰盒等功能件；同时避免在撞车时对乘员有致伤可能的凸出物，并能通过有效变形、损坏保护驾驶人与乘员的安全。

(2) 性能要求

1) 操作性：将操作频率高的部件布置在手容易触及的位置上，最大限度地满足人机工程要求。
2) 视认性：将仪表、警告灯、指示器等布置在驾驶人容易看得到的位置。汽车仪表的可视范围对驾驶人的双眼而言应全部得到满足，不应被转向盘遮挡。应特别注意仪表罩的防眩目设计，不要让明亮的物体映射到仪表罩上，影响仪表显示的观察，或者夜间仪表的照明映射到前风窗玻璃上，影响前方视野。
3) 被动安全性：为保证驾驶人与乘员的安全，要在仪表板上适当位置合理配置吸能材料，并考虑安全气囊的安装和触发。
4) NVH⊖性能：设计时要防止各零部件间产生干涉、噪声和刺耳的摩擦声等，应

⊖ Noise（噪声）、Vibration（振动）、Harshness（声振粗糙感）。

适当考虑在确保零部件间隙情况下贴附能消除噪声的材料。

5）装配工艺性：要考虑零部件数目和装配的顺序；尤其要考虑空调装置、音响装置，以及各种仪表、开关等拆装和维修的方便性。

6）标准、法规的适应性：主要包括 GB 8410⊖《汽车内饰材料的燃烧特性》、GB 11562《汽车驾驶员前方视野要求及测量方法》、GB 11552《乘用车内部凸出物》，以及 GB 11551《汽车正面碰撞的乘员保护》等强制标准。

具体零件结构设计主要包括零件的形状、尺寸、精度、壁厚、脱模角度、脱模斜度、加强筋、圆角、装配孔、凸凹纹、标记及符号等的设计。特别注意确定零件脱模方向和脱模斜度，保证工艺的合理性。一个制件尽可能按同一脱模方向设计，并给出适当的脱模斜度。

3. 外饰结构设计

对于乘用车而言，车身外饰件一般指前、后保险杠总成和翼子板总成等，其中前保险杠总成的结构和设计最具代表性。下面介绍前保险杠总成的设计思路。

（1）前保险杠总成的功能　　保险杠的主要功能是安全防护，要求结构具有足够的强度和刚度，兼有对装备件、人、车的保护作用，即起缓冲吸能作用；另一方面，它又是外覆盖件，应满足整车造型效果及空气动力学要求。

（2）前保险杠总成的设计步骤

1）产品描述。根据最终效果图和产品设计任务书，按照规定的格式进行产品描述如下：

① 确定保险杠总成的结构形式。

② 确定零件的材料和厚度。

③ 确定相关通用件和借用件。

④ 确定主要零部件的种类、数量和性质。

⑤ 确定零件的成形工艺：金属件是拉深件或压弯件或铸件等，非金属件是吸塑件或注塑件或压注件等。

⑥ 确定基本断面形式，主要用简图的形式来表示上述要求。

⑦ 确定零件的连接形式，是装配还是焊接、粘接等。

⑧ 确定是否为运动件，是否需要运动校核。

2）方案设计。根据保险杠模型数据（CAS 数据、线图数据）和周边相关条件绘制结构方案图，如下：

① 根据造型确定保险杠面罩的材料后，确定固定方式。

② 将整车相关条件绘制在结构方案图上：车架、发动机、散热器等。

③ 将车身相关条件绘制在结构方案图上：散热器面罩、格栅、前照灯、雾灯、翼子板等。

④ 与整车总布置人员协商确定拖钩的相关条件。

⑤ 确定牌照板的固定方式。

⊖ 本书中仅采用国标号表示某一类标准，读者在使用相关标准时请使用现行标准，如 GB 8410 的现行标准为 GB 8410—2006，GB 11562 的现行标准为 GB 11562—2014 等。

⑥ 编制零件清单，确定零件名称、图号、数量及相关标准件。

3) 详细结构设计。根据结构方案图、表面间隙圆角图、保险杠模型、线图等条件进行详细三维数据设计。根据总成结构进行零件的理论三维数据设计、圆角三维设计、线框三维数据设计，同时确定零件的冲压方向或脱模方向，确定脱模斜度，保证工艺的合理性。

4. 附件类结构设计

车身附件牵涉的面比较广，除了白车身和内、外饰件外，其他部分都可以归入车身附件类，包括后视镜、遮阳板、座椅、玻璃升降器、门锁和空调系统，这部分的具体结构设计方法与功能和性能要求密切相关，不在本书的阐述范围内，故不做具体说明。

四、二维图设计

根据已完成的三维数据进行二维图设计。二维图包括零件图、总成图、装置图、式样图、承认图和工艺合件图等。不同图样类型侧重表达不同的二维信息，但总的原则是要求图面清晰、信息完整，能正确地指导工艺、制造和装配过程。所有的图样均须符合国家及企业制图标准。

式样图和承认图专门针对二次开发类零件。式样图是指主机厂对二次开发零部件的外形、安装尺寸、主要结构和性能要求等进行控制的设计图样，以指导供应商二次开发。承认图是由供应商按照式样图和有关技术条件要求表达二次开发零部件内外详细结构的设计图样，供主机厂承认用；或由供应商提供的现有零部件产品图样，用于主机厂匹配设计的确认。

一般的零件图要求能体现出零件的材料、材料标准、技术要求、工艺要求、试验要求，以及制件的外廓尺寸、配合尺寸、装配尺寸和起模方向。对于装置图，应能体现装配顺序、装配关系、装配控制尺寸、标准件和装配力矩等信息。

除了图样以外，以二维方式体现产品信息的载体还包括明细表目录和明细表、技术条件、零件目录、使用说明书等服务文件。

五、CAE 计算及验证

计算机辅助工程（CAE）已经在汽车工业得到广泛的应用。在没有建立物理原型前，采用 CAE 分析技术预测汽车结构性能和设计方案的优化，可以显著提高汽车结构的性能，缩短产品开发周期，减少试验次数，降低开发成本。

在设计初期，将对设计车型进行总体目标值设定，这将涉及设计车型产品定位、同级别参考样车的参数及对标分析和 CAE 分析标准的目标评价值。车身结构 CAE 分析伴随产品开发同步进行，主要包括以下两个阶段：

1) 概念设计阶段。
2) 详细设计阶段及结构改进阶段。

1. 概念设计阶段

在概念设计阶段依据设计参数建立简化的概念车身有限元分析模型（由根据主断面建立的主梁和关键接头组成），主要进行静态、动态结构性能分析，用来指导工程设

第一章 车身产品开发流程和设计方法

计,以满足白车身的结构性能和轻量化要求。同时,在造型阶段还需进行空调系统初步结构布置及参数分析,以及外流场空气动力学分析(详见表1-4)。

表1-4 概念设计阶段的性能分析项

性能分类	输入条件	分析项目	性能评价参数
静态特性	二维断面尺寸	断面分析	断面特性
	三维接头数据	车身接头分析	接头刚度
	三维数据及边界条件	车身弯曲分析	刚度/变形曲线
	三维数据及边界条件	车身扭转分析	刚度/变形曲线
动态特性	三维数据	车身模态分析	一弯和一扭频率
HAVC	布置空间	空调性能分析	风量、风速分配
空气动力学	三维内、外表面数据	内、外流场分析	气动特性、流场特性、表面压力

2. 详细设计阶段及结构改进阶段

根据概念设计阶段CAE分析结果进行结构优化后产生新设计方案,于是根据改进后CAD数据建立详细车身有限元模型。根据分析内容的不同,分析模型主要包括白车身、活动部件、底盘部件、风窗玻璃、座椅及局部详细结构等。分析内容见表1-5,分析流程如图1-4所示,它是设计师与CAE分析工程师共同遵守和执行的基本原则。

表1-5 CAE分析内容

方案性分析	详细分析
断面分析	白车身弯曲扭转强度及刚度分析
车身接头分析	白车身局部刚度分析
车身弯曲分析	外板凹陷分析
车身扭转分析	零部件及附件强度和刚度分析
车身模态分析	车门及铰链强度和刚度分析
空调性能分析	保险杠结构强度和刚度分析
外流场分析	前围板结构强度和刚度分析
	踏板及挡泥板结构强度和刚度分析
	仪表板结构强度和刚度分析
	白车身及零部件模态分析
	频率响应分析
	车辆噪声分析
	碰撞安全及乘员保护分析
	汽车外流场空气动力学分析
	空调系统性能分析
	风道流场计算
	结构疲劳寿命分析
	结构拓扑优化

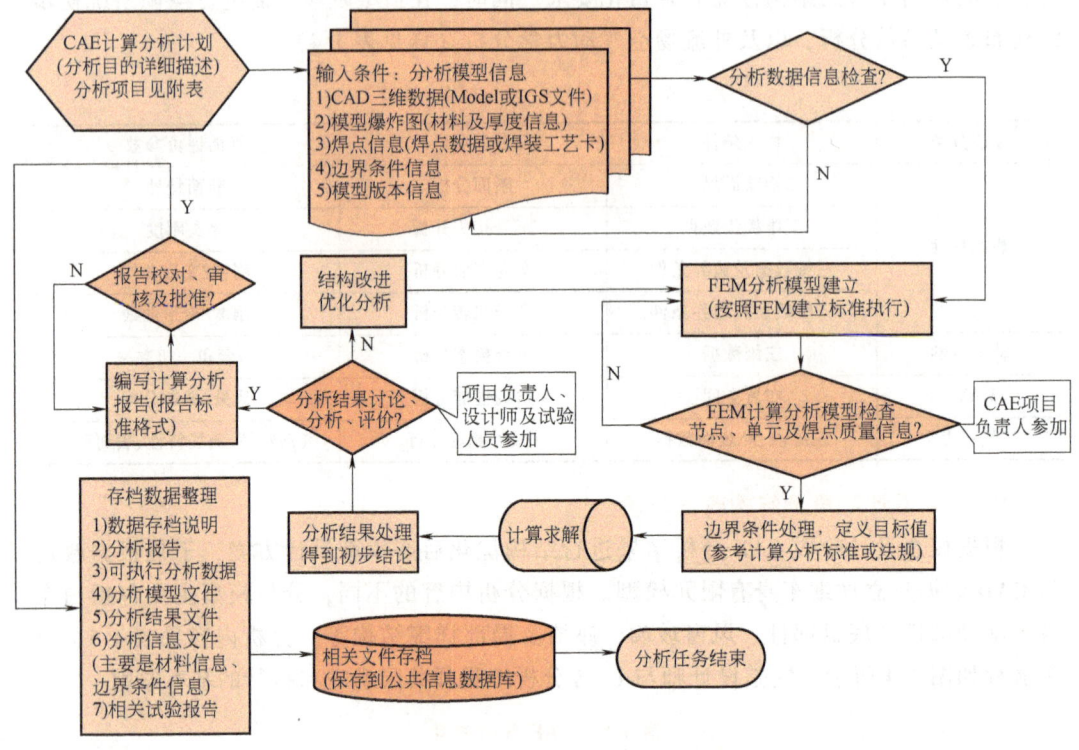

图 1-4　CAE 分析流程

六、车身试制

车身试制应体现设计思想，满足设计要求，用最简洁、最新的工艺方法，快速、按期完成试制工作；此外，应本着成本最低的思想，考虑试制方案以及工艺方法，同时还要最大限度地保证试制的精度和质量。

在试制过程中应始终明确试制目标，制订合理的试制技术方案，分析其中的重点、难点，并寻求最佳试制方案。此外，企业应合理配置试制资源，保证试制过程高效、高质量、满足试制要求。还要对新结构、新材料、新工艺进行试制风险分析。

试制过程中的重点和难点主要体现在以下几个方面：覆盖件的冲压成形、钣金件的激光修边、焊接夹具的设计及调整、白车身焊接总成的精度控制。其中，对于覆盖件的冲压成形侧重于模具的结构设计、冲压制件中的模具调试，以及冲压件的质量控制。钣金件的激光修边侧重于激光切割夹具重复定位精度的控制、理论程序与实际工件误差的调整，以及对二次成形零件边界的控制。焊接夹具的设计及调整侧重于夹具的定位及夹紧的可靠性，以及由于工件及焊接变形产生的夹具调整。白车身焊接总成的精度控制侧重于焊接工艺的合理性和总成检测所表达信息的完整性。

七、车身试验

车身试验项详见表 1-6，每项试验的规范和作业程序因项各异。

表 1-6　车身试验项列表

1	车身静态扭曲刚度	18	洗涤器性能及耐久试验
2	车身静态弯曲刚度	19	汽车座椅性能试验
3	顶盖刚度(雪压试验)	20	安全带动、静态性能试验
4	车身固定点静刚度	21	遮阳板性能及耐久试验(光照及高、低温)
5	车身活动件静刚度	22	空气弹簧性能及耐久试验
6	车身表面刚度(单项试验)	23	空调系统试验
7	车门耐久试验	24	空调压缩机性能试验
8	活动件耐久试验	25	暖风机性能试验
9	液压翻转机构性能及耐久试验	26	整车气密封试验
10	质量、质心、转动惯量试验	27	冷凝器试验
11	车门铰链性能及耐久试验	28	蒸发器试验
12	车门锁性能及耐久试验	29	储液罐试验
13	玻璃升降器性能及耐久试验	30	液气分离器试验
14	后视镜性能及耐久试验	31	操纵机构性能及耐久试验
15	安全带安装固定点强度试验	32	高、低压开关试验
16	座椅安装固定点强度试验	33	温控器(机械/电子)性能寿命试验
17	刮水器性能及耐久试验		

八、工艺支持

车身四大主体工艺包括冲压、焊接、涂装和总装。在产品设计过程中的工艺支持是并行工程的主要内容。产品设计人员和制造工艺人员一起并行协同工作，对产品设计、工艺、制造等上下游各方面进行考虑和并行交叉设计，及时交流信息，使各种问题尽早暴露，并共同加以解决；这就使产品开发时间大大缩短，且新产品质量和成本都得到改善。这也是面向制造的设计（Design for Manufacturing，DFM）和面向装配的设计（Design for Assembly，DFA）的体现。

1. 冲压工艺支持

车身外覆盖件的冲压属于薄板冲压，在设计阶段验证冲压的可行性可以大大缩短产品开发周期，减少模具准备时间和降低制造成本。工程中常用的传统冲压工艺和模具设计是以简化理论模型和经验公式为基础，依据工程师的实践经验设计出工艺和模具的初步方案，经反复试模、修模，以达到零件设计要求。对较为复杂的新产品模具，这种方法不仅耗费大量时间和资金，还常常难以达到质量要求。这是导致新车型开发周期长的重要原因。

薄板冲压过程包含以大位移、大变形和塑性变形为特征的几何非线性和材料非线性，以及以接触摩擦为特征的边界非线性，其设计计算极其复杂。目前这项技术已成为汽车、航空等工业的关键技术。特别是近十年来，国内外逐渐完善的冲压过程仿真理论与技术为冲压工艺与模具设计提供了现代化手段。通过将 CAE 系统与成熟的模具 CAD/

CAM 系统集成形成的 CAD/CAE/CAM 一体化技术,以及基于 CAE 的冲压成形新工艺,大大提高了冲压工艺及模具设计水平和制造质量,缩短了开发周期,提高了冲压件品质。

在进行结构设计时,有一些基本的冲压工艺知识的指导是相当有益的,包括拉深深度、最小冲孔尺寸、孔与孔的最小间距、孔与边缘的最小距离(图 1-5)、外凸圆的最大翻边高度、平板件的最小翻边高度、翻边/拉深/成形时最小内圆角半径、落料的最小圆角半径、翻边孔的最大翻边高度、工艺切口极限值等。

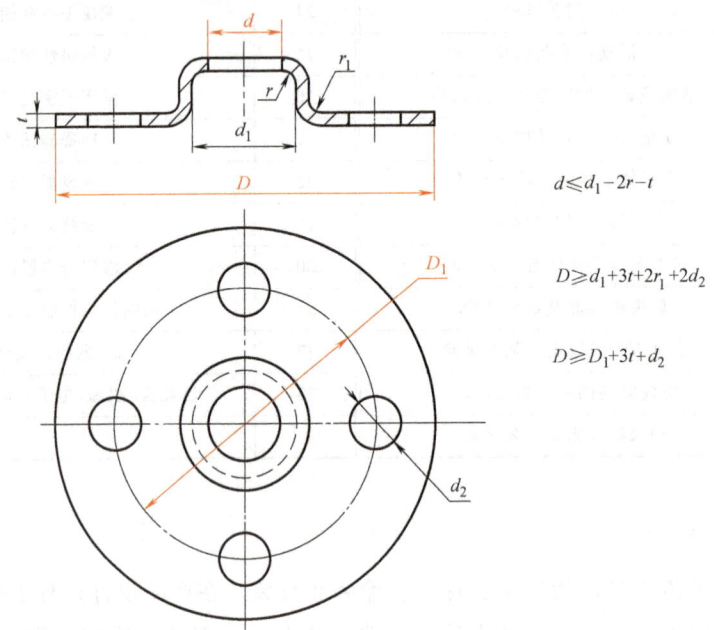

$d \leqslant d_1 - 2r - t$

$D \geqslant d_1 + 3t + 2r_1 + 2d_2$

$D \geqslant D_1 + 3t + d_2$

图 1-5 孔与孔、孔与边缘的最小尺寸设计指导

2. 焊接工艺

焊接是白车身生产过程中最重要的工艺,主要有点焊、凸焊、CO_2 气体保护焊和螺柱焊等,其中以点焊最为普遍。

点焊工艺适用于厚度为 0.5~4.0mm 的无镀层低合金钢板(碳的质量分数一般小于 0.15%),焊接部位两钢板的厚度比≤2.5:1,特殊情况可以达到 3.0:1。在车身结构上要尽可能避免厚度比大于 2.5 的两件搭接点焊,避免三层板焊接,坚决杜绝四层板焊接。

点焊焊点直径和焊点间的最小距离可按表 1-7 推荐值设计。其中,板料厚度为:当两层板焊接时,t 为薄板的板厚值;三层板焊接且厚板夹在中间时,t 为薄板厚度值;薄板夹在中间时,t 为厚板厚度值;在两层板焊接时,厚薄板厚度之比不能大于 3;在三层板焊接时,总厚不大于薄板厚度的 4 倍。

表 1-7 与点焊相关的参数推荐表 (单位:mm)

板料厚度 t	0.5	0.8	1.0	1.2	1.5	1.8	2.0	2.5	3.0
焊点直径 ϕ	4.0	4.5	5.0	5.5	6.0	7.0	8.0	9.0	10.0

（续）

最小点距 L	10	12	15	17	20	23	25	28	30
搭接尺寸 K	10	11	13	15	17	18	20	22	25
对接尺寸 H	13	13	15	17	18	20	22	25	28

3. 涂装工艺

车身涂装更多的是指白车身的涂装工艺，主要包括表面预处理（表面清理和磷化处理）、电泳涂底漆、涂密封胶和防声绝热浆、涂中间漆、涂面漆等几大工艺过程。其中，影响产品结构设计的环节主要是电泳涂底漆和涂装线上机械化传输吊具与滑橇的设计方面。在进行电泳涂底漆时要考虑电泳液的充分流动，因此需要在白车身的某些部位开设一些工艺用孔，以保证在电泳过程中液体的充分浸泡和及时排出。在涂装线的各种工艺传输过程中，要考虑白车身的夹持和保持。目前，现代化的涂装线一般多采用多功能穿梭机，在穿梭机上再安装吊具与滑橇，实现吊具和滑橇间的自动转挂（图1-6）。因此，在白车身设计时要考虑吊装和翻转时的强度要求和定位要求。

图1-6 简易的吊具与滑橇

4. 总装工艺

车身装配主要采用模块化装配，大致可分为以下四大装配模块：
1）车门总成的装配模块。
2）仪表板装配模块。
3）车身内饰装配模块。
4）车身外饰装配模块。

车身设计过程中必须要充分考虑生产过程中的装配工艺要求，包括生产节拍的保证、装配/拆卸方便性的保证、标准件和装配工具的统筹考虑、工艺车的要求、装配过程中的检测要求等因素。在装配工艺设计中，从设计部门获得产品设计数据作为工艺设计的基础工艺数据，以装配流程图的方式直观地描述装配的过程和顺序；以装配过程为主线,将每一过程所涉及的工艺数据、物料数据、工装数据、工时数据、3D 模型、通用工艺和生产反馈数据等有机结合在一起,为生产提供完整的指导数据(图 1-7)。

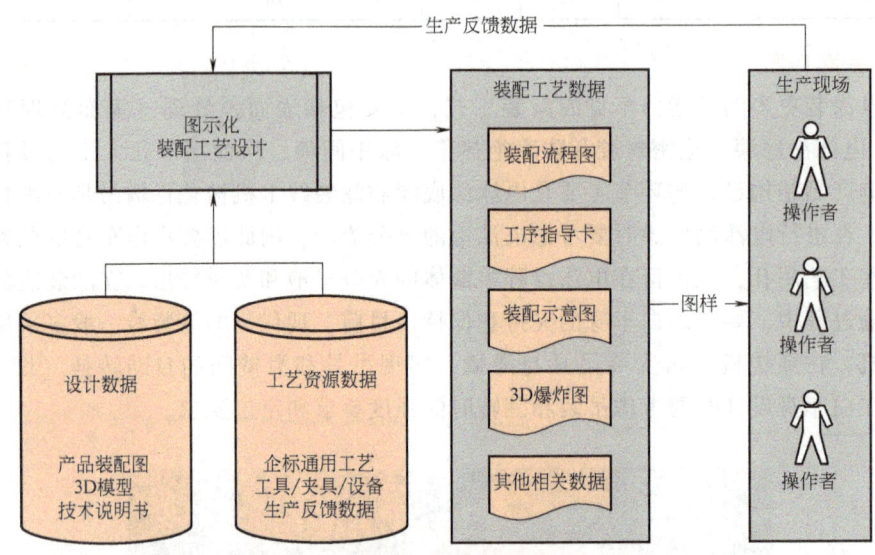

图 1-7　面向产品装配工艺的解决方案

第三节　现代车身设计技术与方法

一、现代车身设计技术

1. 计算机辅助造型技术

计算机辅助造型(Computer Aided Styling,CAS)是随着光学扫描技术和逆向工程技术的发展而发展起来的。CAS 设计可将概念草图或胶带图(图 1-8)由三维扫描仪或者利用造型软件在计算机中建立几何造型模型,如图 1-9 所示。根据内外表面数据状况的不同,可以采用不同的 CAS 软件进行制作。一般外形表面相对简单,但对数据质量要求较高,可利用 ICEM-Surf 软件进行制作;内饰表面精度要求稍低,可采用 ALIAS 软件建模。现代 CAS 技术具有如下特点:

1)能快速和总体布置数据结合,建模效率高,模型质量好,并且可通过数控加工、3D 打印等快速制作物理模型。

2)前期的内外表面为结构设计和 CAE 分析(空气动力学、结构强度、工艺性等)提供了初始数据,能够在早期就进行相关的 CAE 验证。

3)如果和虚拟现实(Virtual Reality,VR)技术结合,能够较真实地对内、外饰造型效果进行评价,甚至能够对装配、人机工程和维修等方面进行评价。

4)可省略比例模型的制作环节,减小劳动强度,缩短造型周期。

5)相对于传统方法,由于摆脱了手工模型制作和三坐标测量造成的误差链的影响,提高了数据精度。

第一章　车身产品开发流程和设计方法

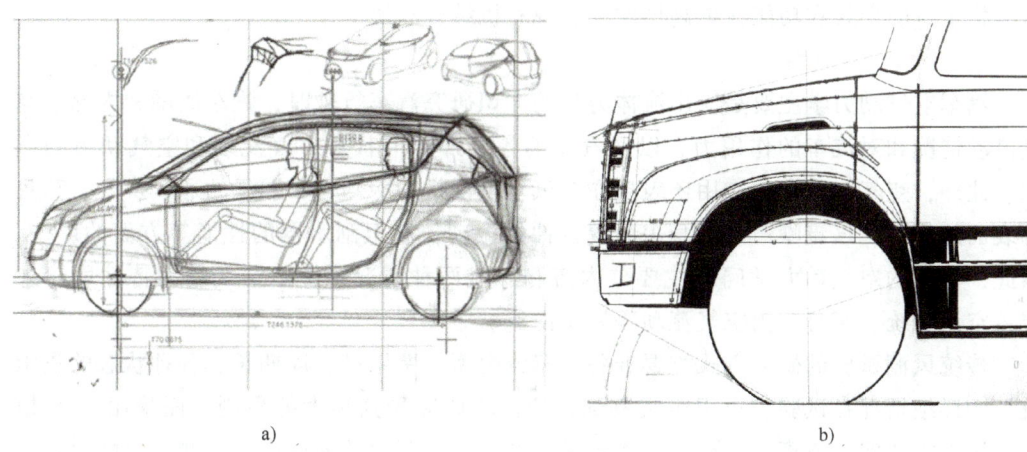

a)　　　　　　　　　　　　　　　b)

图 1-8　概念草图或者胶带图

a）某轿车概念草图　b）某商用货车胶带图

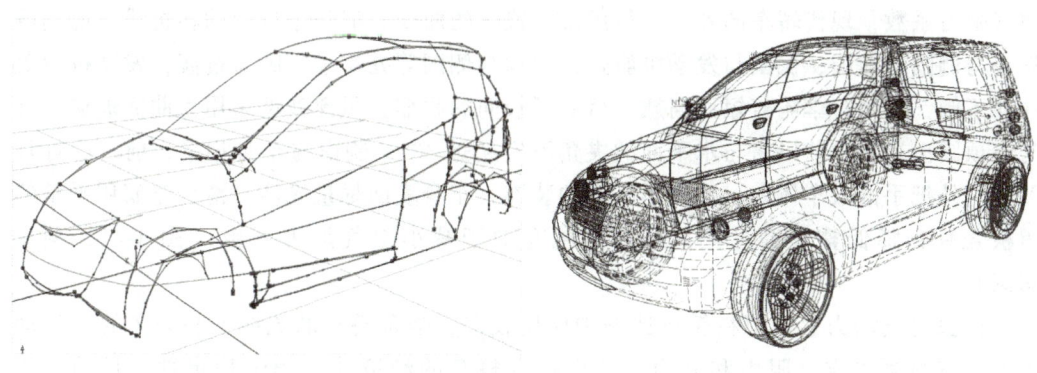

图 1-9　某轿车 CAS 数据模型

2. 虚拟现实技术

虚拟现实是目前国际上各大汽车厂商及设计公司展示自身实力、进行辅助造型设计的一种手段，也为方案评审提供了准确的依据。虚拟现实技术除应用在造型设计中，还在汽车设计及其他领域中有广泛应用。虚拟现实技术是一种先进的计算机用户接口，它强调将用户和计算机视为一体，通过多媒体的方法将信息进行可视化，展现在用户面前。用户通过专用的设备进入虚拟的环境中，以各种习惯的方式与计算机进行人机交互（图 1-10）。

采用虚拟现实技术，设计师不再局限于固定的油泥模型，突破了传统的功能决定形式的束缚，能充分发挥人的创造性，使得设计中渗入了更多实用性、艺术性和综合的因

图 1-10　虚拟现实环境示例

21

素。将车身的形式和功能在更高层次上实现有机结合和统一。

3. 空气动力学模拟

汽车空气动力学主要是应用流体力学的知识研究汽车行驶时，汽车周围和内部的空气流动情况和对汽车的作用力，以及汽车的各种外部形状对空气流动和空气动力的影响。此外，空气对汽车的作用还表现在对汽车发动机的冷却、车厢里的通风换气、车身外表面的清洁、气流噪声、车身表面覆盖件的振动，甚至刮水器的性能等方面的影响。因此，汽车的空气动力学问题主要分内流和外流两种情况，整车空气动力特性属于外流，空调系统、车身室内空气流动等属于内流。

传统风洞试验的研究方式需要准备实车或模型，费用高、周期长，各种状态的三维流场的详细情况在试验中也很难观察到，使试验研究受到很大的限制。而采用 CFD 模拟计算不需要实车或模型，可节省大量试验经费，在开发的前期进行预测，可随时对设计方案进行修改，并可得到三维流场的详细信息，供设计部门参考。

空气动力学原理在车身造型设计中的应用已经成为造型构思的重要依据。为了减小空气阻力系数，现代轿车的外形一般用圆滑流畅的曲线去消隐车身上的转折线。前围或车头与侧围，前围、侧围与发动机舱盖，后围与侧围等处均采用圆滑过渡，发动机舱盖向前下倾，车尾行李舱盖短而高翘，后翼子板向后收缩，风窗玻璃采用大曲面玻璃，且与车顶圆滑过渡，前风窗与水平面的夹角不宜超过 30°，侧窗与车身相平，前、后灯具及车门外把手嵌入车体内，去掉不必要的装饰，车身表面尽量光洁平滑，车底用平整的盖板盖住，降低整车高度等，这些措施有助于减小空气阻力系数（图 1-11，参见彩图）。

过去空气动力学模拟在轿车造型中应用较多，强调轿车的流线型和完美的空气动力性，尽量减少空气阻力和升力，从而提高整车的经济性和操纵稳定性。目前，商用货车的动力性得到了极大的提高，373kW（500 马力）以上的超大吨位的重型牵引车在欧洲已经相当普遍，如何改进驾驶室的流线型设计，降低整车风阻和油耗，提

图 1-11　某 MPV 在 FLUENT 软件模拟下的三维流线图

高经济性，这些已经列入驾驶室的常规设计中。在车顶前部加装导流罩，在前保险杠上装设导风板，在侧围后部选装侧导流板，这些措施都能大大降低空气阻力。奔驰公司 ACTROS 驾驶室外部的每一个部件都单独经过空气动力学模拟，驾驶室整体装配完成后，又经过多次风洞试验和设计修改，以求得到最完美的空气动力学外形。SCANIA 顶盖导流罩（C）的高度是可调的，调节高度也经过了空气动力学计算，调节高度（H）与后部车箱或挂车集装箱的高度（B）以及驾驶室与车厢或集装箱的前后间隙（A）有关（图 1-12）。

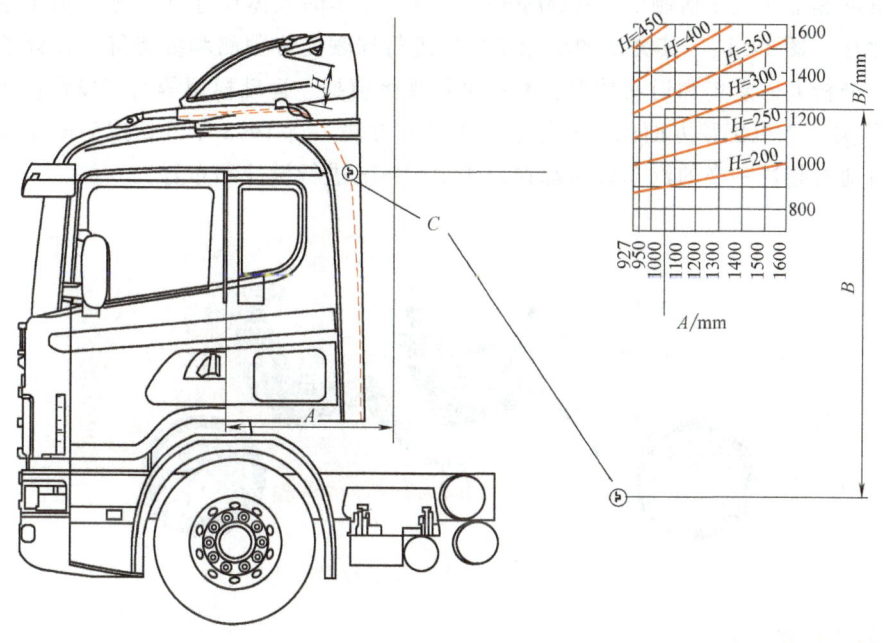

图 1-12 顶盖导流罩的空气动力学分析示意图

4. 人机工程技术

人机工程学是从 20 世纪 50 年代开始迅速发展起来的一门新兴的交叉学科，从人的生理和心理特点出发，研究人、机、环境相互关系和相互作用的规律，以优化人-机-环境系统的一门学科。

人机工程技术在车身开发过程中的应用，主要体现在驾驶人和乘员在使用汽车中的舒适性、视野性、手伸及性和操纵方便性等方面。在美国，以前长途货车驾驶人一般都比较高大，但是近年来，由于身材相对矮小的驾驶人越来越多，汽车制造商必须让驾驶室能适应不同身材的驾驶人。为此美国的工程师将人机工程技术应用到汽车设计与制造当中，他们利用逼真的虚拟-现实仿真系统，研究出能够让不同身高的驾驶人均能获得操作方便和开阔视野的设计。这些根据人机工程技术开发的创新设计（例如，能够适应身材矮小、腿短或肚子大的驾驶人的转向盘，可调式制动、离合器和加速踏板等）最近已经用于正在生产的汽车上。

目前，三维人体模型在车身设计中的应用已经日趋成熟，并有一些商业应用软件可以用于进行辅助设计。如 EAI 公司的 Jack 软件，根据 1988 年美国军方人体测量调查结果（ANSUR 88）创建了精确的三维人体模型；能进行姿势预测、舒适评价（Porter、Krist、Grandjean、Rebitte 和 Dreyfuss 2D/3D 等评判标准）、手伸及性、空间适应性分析（Test Fit and Accommodation），以及基于最新的人体解剖学和生理学数据的生物力学（静态受力和疲劳）分析。福特公司已将 Jack 软件应用于其 C3P（CAD/CAM/CAE/PDM）项目中，进行人机工程分析，包括舒适性、可达范围、疲劳状态和视野范围等，使其生产出的汽车更加符合人体的生理状况，更具竞争力。RAMSIS 软件是由德国汽车技术研究集团 FAT（Forschungs gruppe Automobil Technik）及多家汽车公司和座椅生产商资助慕尼黑工业大学研制的。RAMSIS 除了提供详尽的人体尺寸外，还特别注重应用环境的建立（图 1-13）。其突出的功能是能够进行驾驶姿势预测和姿势舒适性评价；可以测量、分析人体坐姿和运动情形，并能进行视野模拟、运动模拟等交互操作；还集成了 SAE 等关于人机工程方面的一些标准、工具和方法。自 1995 年开始成为商业应用软件后，目前有超过一半的汽车公司都在使用 RAMSIS 进行设计和布置。

图 1-13　RAMSIS 人体模型应用示例

5. 数字样机技术

数字样机（Digital Mock-Up，DMU）技术从宏观上来说是一套基于协同作业机制与理念的并行工程开发技术。在产品的设计阶段，就充分考虑产品的装配环节及其相关的各种因素的影响，在满足产品性能与功能的条件下，改变零部件装配结构来降低装配时的复杂性。从微观上来说，它是一套结合一系列专用模块，如浏览（Navigator）、运动分析（Kinematics）、空间分析（Space Analysis）、拆装模拟（Fitting Simulation）和结构优化（Structural Optimization）等分析工具的实用高新技术。采用数字化预装配技术（Digital Pre-Assembly，DPA）后，能在设计阶段发现机构运动干涉等潜在的设计质量问题，从而为机构运动路线优化，并确保机构的可制造性、可装配性和可维修性提供强有力的技术手段保障，大大地提高汽车产品的开发速度与质量（图 1-14）。因此，DMU 技术作为目前世界汽车行业产品开发的主流技术，在提高汽车产品开发的速度与质量方面起着越来越重要的作用。

DMU 技术在车身开发中的应用主要体现在以下几个方面：

1）白车身焊接过程模拟，包括焊接顺序、焊枪运动空间和焊点分布等。

2）各种装配过程模拟，如车门玻璃装配模拟。车门玻璃和车门焊接总成都属于空间曲面，验证玻璃的装配可行性只靠几个断面进行分析是非常困难的，可信度也不高；

第一章 车身产品开发流程和设计方法

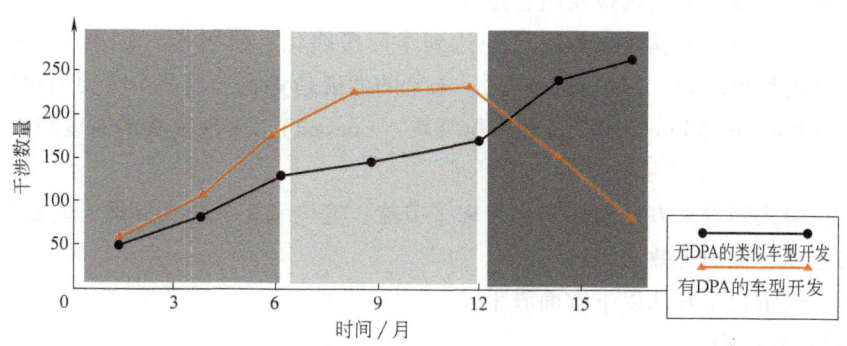

图 1-14 汽车行业应用 DPA 的效果

而 DMU 提供的动态模拟功能非常直观地仿真整个装配过程,避免了在设计阶段制作实物模型进行实体验证的高成本,也消除了设计阶段的隐患在后期装配过程中造成的反复设计。DMU 在仪表板装配和发动机舱等装配中也发挥着重要作用。

3)运动干涉分析,包括轿车四门两盖及其附件运动干涉、商用车驾驶室的翻转校核、玻璃刮水器运动干涉校核、底盘悬架系统运动干涉及协调分析等。

6. CAE 数据驱动和验证技术

在产品设计阶段的 CAE 验证技术已经得到了全面深入的应用,大至白车身的结构分析,小至密封条结构与材料的优化。主要涉及白车身和部件的静态、动态、安全、疲劳分析,空间和管路的 CFD 分析,钣金件的冲压成形可行性分析,塑料件注塑过程的模拟分析和优化设计等方面。并且随着设计的深入、数据的完善,CAE 验证工作按多轮次、层层展开,有力地支持了结构设计的可行性,保证了设计方案的优化。全面的 CAE 验证工作也充实了性能设计方面的评价标准和目标值的积累。常见的 CAE 分析包括如下方面:

1)结构 CAE(静强度、刚度、NVH、疲劳、成形性、碰撞性)分析。
2)空气动力学分析。
3)DMU 分析。
4)VPG 软件分析和结构疲劳分析。
5)人机工程分析。

7. 模块化设计技术

模块化设计技术是在系列化设计和平台设计的技术概念背景下提出的。随着零部件供应商自主开发能力的不断提高,总成开发的技术革新和产品开发的职责向供应商转移,模块化设计的程度和趋势日益明显。

模块化设计的原则是自顶向下、层次清楚,力求以少数模块组成尽可能多的产品,并在满足要求的基础上使产品精度高、性能稳定、结构简单、成本低廉,且模块结构应尽量简单、规范,模块间的联系尽可能简单。

模块化设计分为两个层次。第一个层次为系列模块化产品研制过程,需要根据市场调研结果对整个系列进行模块化设计,本质上是系列产品研制过程;第二个层次为单个产品的模块化设计,需要根据用户的具体要求对模块进行选择和组合,并加以必要的设计计算和校核,本质上是选择及组合过程。

目前,车身设计的模块化程度已经达到车门模块化、仪表板(加副仪表板)模块化、顶后侧内饰模块化、白车身模块化。未来的发展趋势将形成两个主要的模块,即白车身模块(Body in White, BIW)和座舱模块(Cockpit),实现模块的高度集成和简化。

8. 结构轻量化技术和新材料、新工艺

汽车在给人们带来方便的同时也带来了节能、安全和环保三大问题。轻量化是实现节能、安全和环保的有效途径之一。

目前,轻量化主要从以下方面着手:

1) 设计新结构。
2) 应用新材料。
3) 采用新工艺。

经过几十年的不断研究,新的结构设计方法层出不穷、日趋完善。在设计初期,采用简化的概念结构模型来对结构性能进行初步的预估,对整体和局部结构性能参数进行定标和分解。为实现概念结构模型,尝试采用简单的梁结构模拟结构承载框架;将接头处理成柔性的,并采用弹簧+阻尼单元或者基于动力学缩减技术的超单元来模拟接头;甚至采用基于性质的模型(Property-Based Model, PBM)来建立简化的结构概念模型,对结构性能进行优化计算,这种方法具有参数少、参数直接与结构性能相关联的优点。同时,粒子群优化算法、遗传算法、拓扑优化、形貌优化、多学科集成优化、灵敏度分析和应变能计算等方法日趋成熟,并成功用于结构优化中。

在结构优化空间狭窄的时候,采用新型、轻质材料是实现结构轻量化的办法。随着科学技术的发展,各种新材料不断涌现,为汽车轻量化开辟了广阔的发展空间。新型轻量化材料大致分为低密度轻质材料和高强度材料两大类。铝合金、镁合金、钛合金、塑料和复合材料等是典型的低密度轻质材料,而高强度钢、增强复合材料(玻璃纤维复合材料、碳纤维增强塑料等)等是典型的高强度材料。奥迪 A8 型高级轿车的整个车身均采用铝材制造,框架采用立体框架式结构,覆盖件为铝板冲压而成。这种铝车身与钢车身相比,质量减轻 30%~50%,油耗减低 5%~8%。高强钢主要用于制作车身外板、内板和结构件。材料强度提高增加了安全性,覆盖件抗凹性的改善提高了商品性能,板厚减薄客观上实现了结构轻量化。由于力学性能与普通低碳钢有很大差异,由高强钢板替代普通低碳钢会出现因材料强度增加、力学性能下降而产生的成形方面的问题;高强钢板成形比普通钢板更容易产生破裂、回弹、尺寸和形状精度不高的问题。塑料化和采用增强塑料替代钢也能实现轻量化。碳纤维增强塑料(Carbon Fiber Reinforced Plastic, CFRP)具有足够的强度和刚度,很好的耐蠕变和耐腐蚀、耐磨性能,电磁屏蔽性好,振动衰减快,很适合用于制造结构件,缺点是价格昂贵。目前正在研究廉价碳纤维原丝和碳纤维的低成本、高速率的生产工艺。关于轻量化材料应用尚需进行如下研究:

1) 新材料应用后对结构性能(刚度、强度、疲劳、振动、安全、NVH 等)的影响研究。

2) 如何根据车身性能要求选择合适的位置及合适的轻量化材料的研究。

3）新材料的连接技术研究。

4）新材料的加工制造和涂装技术研究。

随着新材料的出现和应用，相应地出现了与之配套的各种加工生产和连接工艺。激光拼焊、内高压成形、热冲压成形、自冲铆连接、无铆钉连接、粘接等先后在车身制造中应用。热冲压成形技术是将钢板（抗拉强度为 500~600MPa）加热至奥氏体状态，然后进行冲压，并同时以 20~300℃/s 的冷却速度进行淬火处理，以获得具有均匀马氏体组织的高强钢构件的成形方式。热冲压成形的优点是能够得到超高强度（抗拉强度 1000MPa 以上）的车身零件；能控制回弹，提高零件尺寸精度；改善了冲压成形性，并提高了材料的焊接性、表面硬度、抗凹性和耐腐蚀性。大众速腾车身上采用了超过 60% 的超高强度和高强度材料，其中热成形钢板主要应用于前、后保险杠骨架以及 A 柱、B 柱等重点部位，极大地提高了车身的碰撞安全性。激光拼焊板（Tailored Welding Blank，TWB）是将几块不同材质、不同厚度、不同涂层的钢材通过激光焊接成一块整体板，以满足零部件对材料性能的不同要求，也可以把相同材质的等厚材料焊接到一起冲压，以提高材料利用率。激光拼焊的优点是可减少零部件数量，从而降低模具、工装夹具、冲压、组装、材料等方面的成本，改善了材料的抗疲劳、抗冲击性能，减少焊缝材料搭接从而提高焊缝强度，改善焊缝成形性能，增强焊缝的耐腐蚀性能。在汽车中采用激光拼焊板材后，可使零件质量减轻 24%，零件数量减少 19%，焊点下降 49%，生产时间缩短 21%。目前，在焊接位置的选择对性能、加工质量的影响，焊接参数对加工质量的影响，不同材质、不同厚度材料焊接后对后续加工（冲压）质量的影响，以及加工参数的选择对激光拼焊板加工工序及质量的影响等方面还需要大量研究，来进一步改善加工工艺。

二、现代车身设计理念

1. 性能设计（Design for Performance）

传统的产品设计是以经验设计为主的结构设计，以满足功能要求为第一位。现在随着对车身性能要求的提高，传统的设计方法已经不能适应产品性能和对市场快速反应的要求，以 CAE 技术为支撑的性能设计方法应运而生。

国际知名的汽车制造商，其设计部门已经全面应用性能设计技术，从产品的概念设计开始，贯穿于整个产品技术设计阶段，直到后序的产品试验验证，以性能设计中的目标性能为指导纲要。对车身而言，控制的主要产品性能见表 1-8。

表 1-8 性能设计控制项列表

总成性能	白车身
	门盖系统
	HVAC
	仪表板
	座椅
	悬置/翻转
	内、外饰非标件
	约束系统

(续)

整车性能	碰撞安全性
	耐腐蚀性
	刚度和轻量化
	疲劳可靠性和耐久性
	NVH、舒适性
	空气动力性能

其中,安全性包括主动/被动安全性、车体结构碰撞安全性、内外部凸出物要求、乘员约束系统安全性等;舒适性包括静态/动态舒适性、居住性、驾乘操作舒适方便性、视野性等;NVH 性能包括振动匹配设计、噪声品质控制、车身固有频率主动控制技术等。

性能设计由三大要素支撑。一是产品设计前期的对标技术(Benchmarking),准确的对标分析、科学的项目规划、周详的产品描述为项目的后期开发提供了参考蓝本和指导纲要,同时也是性能设计的前提条件和基准依据;二是产品设计过程中的 CAE 验证工程,CAE 的验证分析随着工程设计的数据状态进行动态更新,全程保证工程设计的质量,为性能设计提供了技术保障;三是实行闭环控制模式,在项目的运作过程中,产品验证环节捆绑于各个阶段,既是各个阶段的评审节点,又是性能设计的主线,从而保证各个阶段的输出均在控制目标内,整个项目的运作始终处于闭环控制中(表 1-9)。

表 1-9 性能设计的主要控制阶段和过程

概念设计	车身系统产品描述
	对标技术(Benchmarking)
	性能目标(Target Setting)会签
	性能检验标准与试验方案会签
	技术方案解析计算
技术方案	性能总布置设计
	断面设计,框架方案
	CAE 方案设计
技术设计	3D 结构设计
	设计失效模式与后果分析 D-FMEA(Design - Failure Mode & Effects Analysis)开始
	3D 结构第一轮(Ⅰ)CAE 分析、优化
	3D 结构设计更改
	3D 结构第二轮(Ⅱ)CAE 分析、优化
产品试制、试验	试制样件、试验条件确认与试验准备
	一轮快速成形样件(prototpy)功能试验
	一轮快速成形样件性能试验
	试验缺陷会诊
	D-FMEA 结束
	设计冻结

(续)

产品试制、试验	二轮工装样件 OTS（Off-Tooling Sample）舒适性试验
	二轮工装样件 OTS 耐久性试验

2. 精益设计（Lean Design）

（1）精益设计的背景 精益原则通常被应用于制造活动，致力于通过规定产品在工厂内部的流动方式，消除瓶颈和采取节约的措施，不断提高制造效率。随着产品推陈出新越来越快、成本差异变小，精益原则的拥护者正将这一理论深入扩展到设计、市场和新产品引入等领域，希望通过为设计、市场和生产人员创造一个早期的汇合点来提高总体生产率。

以前在产品设计领域，工程师通常可以不计成本地追求自己的梦想，而不会受到来自生产部门的压力，也不用与这些部门的人员进行接触。但随着产品利润的不断下降，企业都希望能最大限度地降低成本。制造领域在此方面已经做了大量工作，现在所面临的问题是如何在产品进入生产环节以前就开始降低成本。普遍应用于生产活动、以提高效率和减少浪费为目标的精益原则同样能为生产上游环节提供帮助。

精益设计的思想已经在汽车、航空、电子、工业和电信设备等行业呈现出一种越来越强的趋势，制造商们正在寻找更具有创造性的方法降低成本，并希望将这些方法应用到企业内部的各个部门。

在最近甲骨文公司（Oracle）和市场研究机构 Beacon Technology 联合进行的一项调查中，78%的人表示他们的公司正在车间里采用精益制造，53%的受访者称在其供应链管理活动中应用了精益理论，40%的受访者则表示正在将精益思想引入设计活动，22%的受访者称已把精益原则应用在新产品引入（New Part Introduced，NPI）流程。

调查显示，那些在设计或新产品引入流程中应用精益原则的厂商将重点放在了几个主要关键领域。这些公司中 70%的厂商在新产品开发过程中引入正式流程，用于评估设计和使设计变动最小化；一半以上（56%）的厂商设法对导致成本增加的糟糕设计决策进行评估和分类；55%的厂商借鉴来自其他公司的最佳设计流程，采用行业标准规划 NPI 流程；53%的公司设立精益设计或 NPI 团队，由其负责确定削减成本和提高效率的方法；亦有 53%的公司将供应商纳入精益设计或 NPI 流程。调查结果还显示，44%的公司正努力使概念设计工程师参与精益活动，并有 34%的公司请第三方设计伙伴参与精益活动。

精明地向市场推出产品意味着尽可能从产品生命周期的较早阶段开始入手，因为产品成本 80%以上决定于这一阶段。为了改善资产负债率，公司应该专注于设计和 NPI 活动，而不是制造环节。但是在制造活动中，高层管理者能够具体看出问题的所在，而且能够调整工厂布局来适应工作流的变化。而在设计和 NPI 活动中一切都是抽象的，难以发挥创造力。

精益原则的倡导者则认为，精益原则可以弥补其中的部分差距，因为它刚出现时就是一种思想，后来才被付诸于行动。"精益原则是一种思维方式。"AMR 公司的研究主管 Michael Burkett 表示，"像精益制造一样，精益设计消除了变化和浪费。它要求厂商研究已经部署的流程,并寻找在其他项目中重新使用这些流程的方法。"

(2) 精益策略在设计链中的推进 由于精益管理被视为一种过程,而不是具有明确起点与终点的一次性活动,它具有周而复始的特点,一波变化会激发新一波变化。精益革新研究机构的创始人 Bart Huthwaite 开发了一种精益设计策略,它以 NPI 创意或者设计的内在价值为中心。他指出:"有些人认为精益制造或者精益设计是一种降低成本的方式,这是短浅和危险的看法。它仅涉及物料成本,而不是所有的隐性成本。"因此,Huthwaite 敦促厂商从物料、供应、设计流程、总体运营和客户要求等方面综合考虑产品的整体价值。他表示:"当我们谈起精益的时候,我们必须讨论价值的提供,而不仅仅是消除浪费。"

将精益原则应用于 NPI 活动,创造更多的价值和减少浪费,是精益设计的主要内容,包括如何跟踪项目或产品进展、如何有效地管理开发预算和计划,并使之标准化,以降低差错、减少变动和节约时间。

设计流程的核心是不断思考正在开发的是什么东西、可以从以前类似的工作中借用哪些部分,以及该产品是否能满足市场需求。人们希望能够看到所有正在进行开发的项目,确保只有正确的机会和正确的产品创意得到采纳。

为了更有效地管理这个流程,必须成立一个小型团队,对每个建议中的项目能够带来的结果进行评估。这个团队由总工程师和各部门负责人组成,分步骤分析和确认产品的可行性、成本结构和对企业收益性的长期影响。在从产生创意到投入制造的关键环节,来自设计、市场和工程部门的其他人员必须向该团队提供最新信息,反映项目的进展情况以及资源、工具和进度与预期计划的对比情况。使其精益活动专注于消除浪费和重新使用设计资源,以降低成本和加快向市场推出产品的速度。

3. 并行工程 (Concurrent Engineering)

并行工程是集成、并行地设计产品及其相关的各种过程(包括制造过程和支持过程)的系统方法。并行工程的工作方式是组织跨部门、多学科的开发小组,一起并行协同工作,对产品设计、工艺、制造等上下游各方面进行同时考虑和并行交叉设计,及时地交流信息,使各种问题尽早暴露,并共同加以解决。这样就使产品开发时间大大缩短,同时改善了新产品质量,降低了新产品开发成本。

在并行工程模式中,产品的创新不仅要考虑产品功能本身,还要考虑到产品的制造和装配难易、生产成本高低和生产周期的长短。也就是说,产品设计部门不仅要考虑自身的目标,还要考虑整个产品生命周期中从概念形成到产品消亡的所有因素,包括产品质量、目标成本、制造成本和进度计划,充分利用企业的一切资源,最大限度地满足用户的要求。这就要求打破设计、工艺、制造、销售、经营和生产部门的界限,借助计算机网络平台,实现知识、信息和数据共享。

并行工程是一种系统工程的方法,可以实现动态优化地处理问题。它在产品开发的设计阶段就考虑产品生命周期中工艺、制造、装配、测试和维护等其他环节的影响,通过各环节的并行集成,缩短产品的开发时间,提高产品的设计质量,降低产品成本。并行工程的核心是并行设计,并行设计的特点是"集成"与"并行"。所谓"集成"是指在信息集成的基础上更强调过程的集成,过程集成需要优化和重组产品的开发过程,组织多学科专家队伍，在协同工作环境下，齐心协力，完成设计任务。所谓"并行"是指一个以上的事件在同一时刻或同一时段内发生，以此来减少整个设计过程的时间。面向制造的设计（Design For Manufacturing，DFM）、面向装配的设计（Design For Assembly，DFA）是并行工程思想的重要体现。

设计阶段的并行工程主要在以下三个方面得到具体贯彻：开发流程的并行、设计方案的并行和项目团队的协同工作。

(1) 开发流程的并行 传统的产品开发流程通常是递阶串行结构，各阶段的工作按顺序进行，一个阶段的工作完成后，下一步阶段的工作才开始，某一阶段的输入是其上一阶段的输出。因此，传统的开发流程是一个串行过程，它以产品规划为第一步，由此顺序展开，直到最终开发产品的输出。产品的开发生命周期总时间为

$$T_{串行} = (T_{产品规划} + T_{产品设计} + T_{产品制造})u$$

式中，T 为完成各个阶段所用的时间；u 为返工系数。

由于在传统的设计过程存在大量的设计修改，返工系数的值通常超过2。越是在产品生命周期后期发现的缺陷（如工艺规划、制造装配和检测试验时发现的缺陷），其修改周期比概念设计时发现的缺陷的修改周期要长，因为其反馈的修改结果依然是依原来的执行路线顺序执行下来，最终造成修改成本及总设计成本升高，重要的是会直接影响产品开发周期，推迟产品上市时间。

为了更大限度地缩短产品开发周期，必须在产品开发的第一步流程上采用并行工程原理对开发流程进行重组。运用并行工程原理，产品的开发过程可建立并行流程模型（图1-15）。

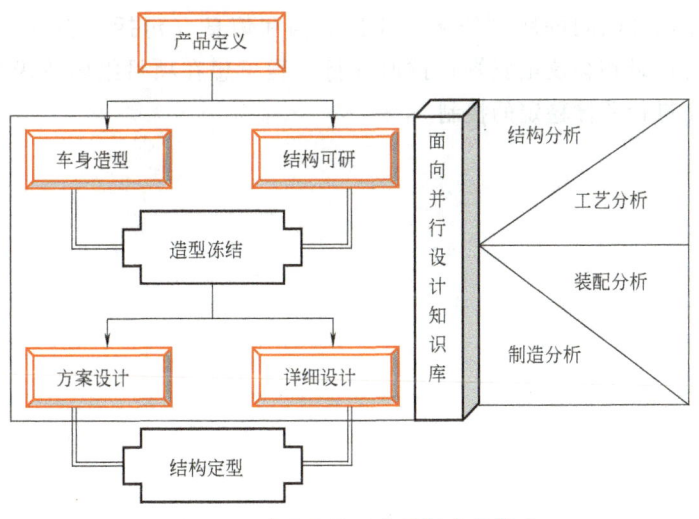

图1-15 车身产品开发并行流程模型

在这种模型中，并行设计知识库包含结构分析组件（CAE Analysis）、工艺分析组件（Process Analysis）、制造分析组件（Manufacturing Analysis），以及装配分析组件（Assembly Analysis）。其中，结构分析组件对产品的结构断面、接头形式、材料选择、料厚确定和加强方式等方面进行静态、模态、安全和疲劳等诸多因素的综合分析和评价，为设计方案提供技术支持；工艺分析组件用来为设计者提供冲压、焊接、涂装、夹

具和检具等方面的工艺可行性技术支持；制造分析组件可以辅助设计人员在方案阶段就能考虑到制造工序的繁简、设备的投入及成本的预估；装配分析组件可以帮助设计人员在装配可行性、装配成本和零部件优化设计中做出平衡决策。因此，概念设计、详细设计和方案评价都是在面向装配、制造的设计知识库的支持下进行的，实现了全局优化，克服了传统设计中对设计以外的其他过程因素考虑较少而造成反复设计的缺点。

(2) **设计方案的并行** 并行工程的核心是使产品开发人员在设计过程中尽早地考虑产品生命周期中的所有因素，解决好产品的 T、Q、C 难题，即以最快的上市速度 T（Time to Market）、最好的质量 Q（Quality）、最低的成本 C（Cost）来满足市场的不同需求和社会可持续发展的需求。而总体方案的设计与论证作为以后详细设计的依据，必须从总体上保证最优的性价比，优化设计，降低成本，缩短研制周期。

设计方案的并行意味着在时间概念上按照并行运作模式进行模块化、系列化方案设计。在关键的节点上完成阶段性控制，尽早发现问题、解决问题，从而保证整个项目和产品的高效率、低成本。

(3) **项目团队的协同工作** 开发流程是设计理念的体现，设计方案是技术经验的表达，而管理模式是对资源的优化和重组。项目的开发完全按照项目负责制的管理模式进行组织管理，运用并行工程原理，采用有效的"矩阵式"的集成团队（Team Work）组织形式，各职能部门协同工作。车身开发项目组一般由技术管理人员、造型人员、工程设计人员、工程分析人员、电气人员、整车人员、工艺人员、产品数据管理人员和二次开发供应商等跨专业、多学科成员组成。

协同工作过程中，由项目经理（负责人）负责总体规划、进度监督、信息管理和交换，以确保不同部门间的顺利协调。项目文档和信息（包括流程进度、数学模型、参考资料、历史记录和会议纪要等）按照并行工程思想在项目组内按级共享，确保对整个项目的历史进行总体稳定的控制。

第二章 基于人机工程学的车身布置设计

第一节 车身布置的内容

车身布置设计是对车身内、外形，发动机舱，行李舱，前、后围，地板，车窗，内饰总成和部件（仪表板、座椅和操纵机构等），以及备胎、燃油箱和排气系统等，在满足整车布置和造型要求下进行尺寸控制和布局的过程，是在整车总布置统一要求下进行的，通常由整车总布置、车身、底盘、发动机、电气以及附属设备等部门的设计人员协同完成。

车身布置设计是概念设计的重要内容，是整车开发周期中至关重要的阶段。车身布置设计是否合理将直接影响整车的使用性能。在车身布置设计的同时，造型设计也在进行；两者之间要相互协作、紧密沟通。车身布置定型以及造型的确定标志着概念设计的完成。

一、车身布置的前期工作

在整车总体布置阶段应该明确产品开发的目标（面向的用户群、级别和豪华程度、销售地及车型风格等）。通过对若干竞争车型进行对标分析确定整车总体布置的基本概念和约束，包括：产品的总体定位、整车整备质量、轴荷分配、基本尺寸（总长、总宽、总高、轴距、轮距、前悬和后悬）、乘员空间、行李舱容积、整车基本构造（两厢式还是三厢式、车门数、乘员数、座椅排数，以及动力总成、传动系、制动系、转向系、前悬架、后悬架、前桥、后桥、车轮和散热器等的轮廓尺寸）、驱动方式和发动机布置形式（发动机前置还是后置、前轮、后轮还是全轮驱动等），以及结构强度、刚度和整车的性能要求等内容。表 2-1 为某轿车总体布置的基本定义。

表 2-1 某轿车总体布置的基本定义

车身类型	4 门 C 级轿车、三厢	蓄电池尺寸	280mm×170mm×170mm
总长	4714mm	乘员数目	5
总宽	1819mm	行李舱容积	490L
轴距	2700mm	前/后座头部空间	994/932mm

(续)

车身类型	4门C级轿车、三厢	蓄电池尺寸	280mm×170mm×170mm
整车整备质量	1350kg	前/后座腿部空间	1043/894mm
驱动形式	前轮驱动	前/后座肩部空间	1512/1522mm
发动机类型	3L,V6	变速器	自动、手动
前悬架	麦弗逊式	前、后轮胎规格	195/60R15
后悬架	扭杆弹簧式	燃油箱容积	65L
转向系	齿轮齿条式	备胎	—
排气系统	单回路	发动机悬置系统	3个单点
散热器面积	0.252m²		

整车基本定义完成后即进入车身布置设计阶段。此前,还要了解目标驾驶人群体的人体尺寸,以此作为车身布置设计的基本依据。

二、车身布置与整车布置的关系及车身布置的主要内容

车身布置设计是在整车总体布置的基础上进行的,必须满足整车的行驶和使用性能要求,主要体现在如下两个方面:

1) 轿车级别,主要以发动机排量为依据,同时考虑轴距和车身装备的豪华程度(通常分为基本型、舒适型和豪华型等)。不同级别的轿车,其车身尺寸和轴距大小控制在一定范围内。表2-2为大众公司和福特公司对轿车级别的分类方法。

表2-2 大众公司和福特公司对轿车级别的分类方法

大众公司	A_{00}	A_0	A	B	C	D
福特公司	A	B	C	D	E	F
发动机排量/L	<1.0	1.0~1.3	1.3~1.6	1.6~2.0	2.0~2.5	>2.5
轴距/m	2.0~2.2	2.2~2.3	2.3~2.45	2.45~2.6	2.6~2.8	2.8~3.0
整备质量/kg	<680	680~800	800~970	970~1150	1150~1380	1380~1620
总长/m	3.3~3.7	3.7~4.0	4.0~4.2	4.2~4.45	4.45~4.8	4.8~5.2

2) 发动机和传动系的布置形式,以及各总成和部件的布置位置、空间尺寸等,决定整车的轴荷分配,影响整车动力性,操纵稳定性,安全性,整车长、宽、高,以及车身布置的位置和空间。因此,在车辆基本规划初期就必须决定采用何种形式。

(一) 发动机布置形式和驱动方式

发动机布置形式和驱动方式是决定车辆基本尺寸、设计、结构和性能的重要因素,主要有发动机前置后轮驱动(FR)、发动机后置后轮驱动(RR)和发动机前置前轮驱动(FF)三种,如图2-1所示。

FR布置形式是传统的轿车布置形式,其轴荷分配较好,而且转向轮与驱动轮分开,所以动力性和操纵稳定性都较好。但存在贯穿车辆前后的传动轴,地板中部需要有凸包,对地板和座椅的布置不利,破坏了车身室内的居住性,且整车尺寸和质量较大,整车高度不容易降低,不适于小型轿车和紧凑型轿车的车身布置。

第二章 基于人机工程学的车身布置设计

FF 布置形式也具有良好的转向操纵稳定性；与 FR 形式相比，由于省去了贯穿前后的传动轴，对改善车身室内居住性、座椅和地板布置等均有利，能够实现较低的地板布置；前轮可以获得足够的驱动力，整车长度缩短，并有利于轻量化。此外，对于微型轿车、有后举升门轿车和旅行车等，从布置紧凑性要求和方便多用途的角度出发，现在广泛采用 FF 布置形式。就 FF 布置形式而言，还因发动机布置方向（纵置或横置）、发动机与变速器的位置关系等不同而有诸多不同的方案。

RR 布置形式的车身室内长度对全长的比率相当于 FF 型，但前悬短，后悬长，后轴负荷大，使操纵稳定性变坏（易发飘）；同时，后置发动机影响后排乘坐舒适性（振动、噪声大）。对于多用途轿车和要求开设后门的车辆不宜采用这种布置形式。

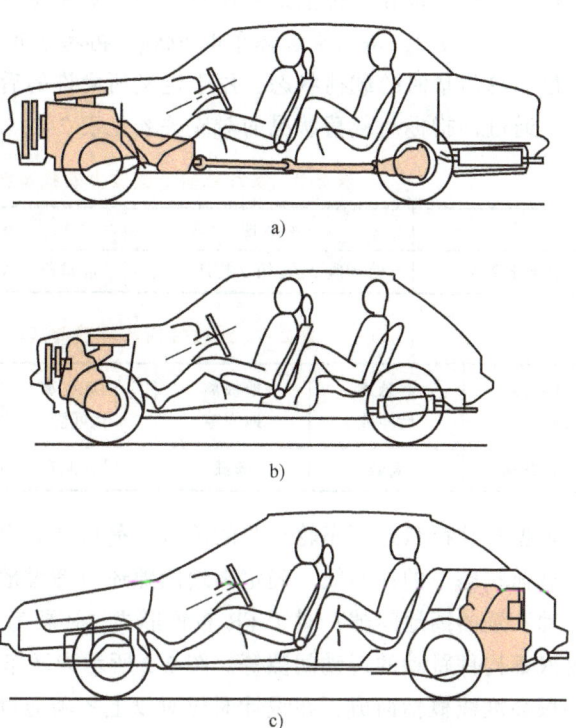

图 2-1 轿车发动机布置形式和驱动方式
a) 发动机前置后轮驱动 b) 发动机前置前轮驱动 c) 发动机后置后轮驱动

从轿车的演变看，欧洲从 20 世纪中期开始几乎都是排量为 1.5L 以下的小型车，将发动机、变速器紧凑地布置在后排座椅后面的 RR 车占大多数。在美国，以前一直生产大型车，主要是 FR 布置形式；后来，由于能源紧张而需要满足节能的要求，于是全面生产缩小尺寸的车辆。因此，无论欧洲、美国或日本，目前 FF 车的比率都在增加。

（二）轮罩形状和地板布置

在概念设计初期，可据参考竞品车初步确定新车型的整车布置形式和框架。当发动机和底盘布置草图基本形成，底盘的关键尺寸，如长度（轴距、前悬、后悬）、宽度（轮距）和高度（轮胎尺寸、发动机离地高度）即可初步确定，就可以进行车身的详细布置了。首先是确定地板线和轮罩形状。为了降低整车高度，希望地板线尽可能降低；但是离地间隙要求、发动机和传动系统等布置形式都将影响地板线的降低和平整。

1. 离地间隙要求及地板线的确定

根据车辆行驶的道路情况以及各国道路或道路建筑法规（如汽车库的配置、停车界限和马路沿高度等），车辆设计时必须控制通过性指标，包括离地间隙、接近角、离去角和纵向通过角，其中离地间隙包括前悬离地间隙、后悬离地间隙、地板离地间隙和油底壳离地间隙等。确定通过性指标需要考虑空载、设计载荷和满载三种载荷状态。设计质量为空载质量和座位上乘客质量之和，对座位数不同的车型，座位上的乘客数目和位置要求见表2-3，每名乘客体重取68kg，再考虑每人在行李舱中放7kg行李。满载是允许最大总质量时的载荷状态，用于定义所允许的后轴负载，它必须与汽车装载质量相对应。通过性指标与载荷状况的对应关系见表2-4。

表2-3 设计载荷下座位上的乘客数目和位置要求

2~3座	4~5座	6~7座	8~9座
前排座2人	前排座2人，第2排座1人	前排座2人，第2排座2人	前排座2人，最后排座3人

表2-4 通过性指标与载荷状况的对应关系

前悬离地间隙	后悬离地间隙	地板离地间隙	油底壳离地间隙	接近角	离去角	纵向通过角
设计载荷	满载	满载	设计载荷	设计载荷	设计载荷	满载

根据各载荷状态下车轮承受的垂直载荷可计算出车轮中心到地面的距离，据此画出三种载荷状态下的地面线。确定离地间隙还应考虑地板布置形式、排气管离地间隙和动力传动装置的离地间隙；对于FR布置形式，还要考虑传动轴及主减速器的离地间隙和满足底部构件跳动的运动间隙等。图2-2所示为轿车通过性指标。离地间隙线由车身底部各段高度线概括而成，在设计时应对以上各项通过性要求一一计及。

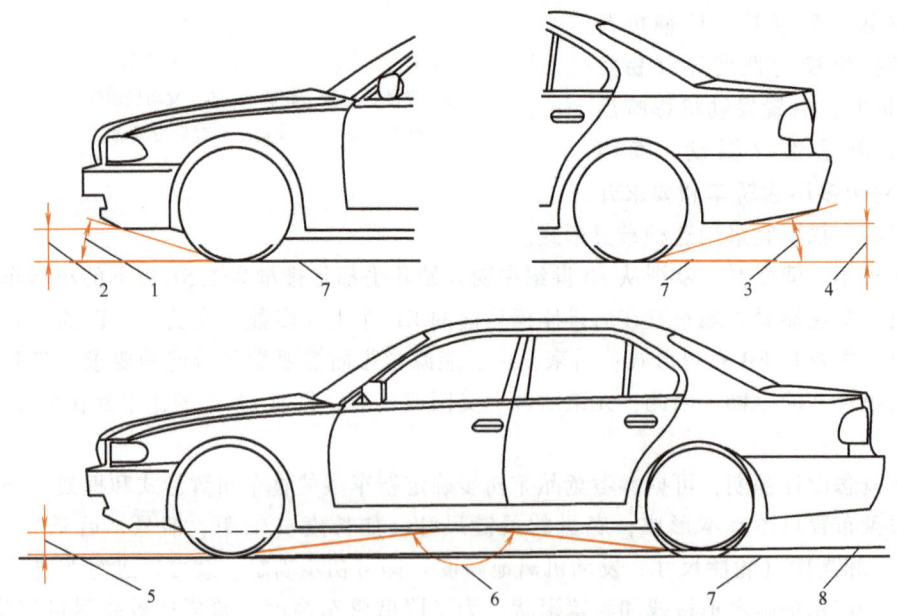

图2-2 轿车通过性指标

1—接近角 2—前悬离地间隙 3—离去角 4—后悬离地间隙 5—油底壳离地间隙
6—纵向通过角 7—设计载荷地面线 8—满载地面线

2. 轮罩空间形状设计

作前轮转向跳动图和后轮跳动图，可以确定前、后轮罩的空间大小及形状。车轮跳动图需要根据车轮跳动的极限位置和最大转向角来求作。车轮跳动的极限位置与悬架的结构形式、参数及橡胶缓冲限位块的允许压缩量有关。车轮跳动过程亦可用 ADAMS 等动力学软件进行模拟。图 2-3 是根据前轮转向和跳动运动求取轮胎运动轨迹的包络面，其包络的空间便是车轮转向、跳动所必需的最小空间；在此基础上再考虑必要的间隙就可确定前轮轮罩形状和翼子板开口尺寸了。对于非转向轮，只需根据车轮的跳动情况来确定轮罩形状。

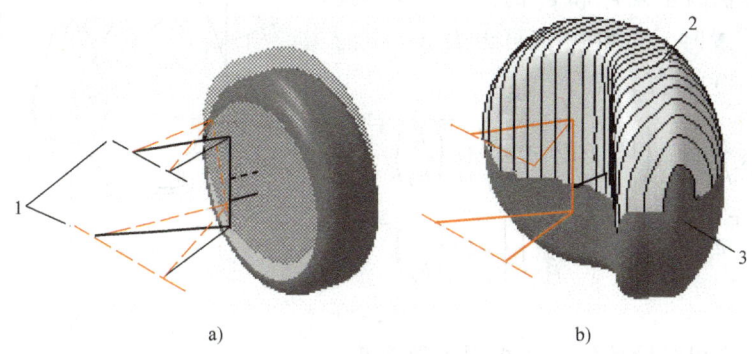

图 2-3　车轮运动轨迹包络面的求取（双横臂前独立悬架）
a）悬架-车轮系统模型　b）车轮运动轨迹包络面
1—上、下横臂转动轴线　2—包络面　3—车轮运动轨迹

轮罩表面形状不仅要包容车轮在跳动和转向过程中占据的空间，还要考虑悬架-车轮系统的装配误差、导向机构和各铰接点的弹性、轮胎旋转时离心力和汽车制动力引起的弹性变形，以及安装防滑链所需的空间等，有时还应考虑轮胎表面粘接杂物导致直径增大，以及使车轮能从轮罩中方便地取出等情况，因而应在车轮跳转包络面的基础上给出一个间隙空间，从而得到实际需要控制的轮罩表面。间隙的取值由汽车运用的具体区域条件、气候条件和公路状况等因素决定。下面给出一种间隙确定方法，数据仅供参考。

车轮间隙由两部分组成：基本间隙和设计间隙。车轮径向基本间隙和设计间隙见表 2-5 和表 2-6；侧向间隙由装配误差间隙、防滑链间隙（基本间隙）和设计间隙组成。设计间隙在径向 180°位置时增加 5mm 是考虑制动时车身惯性前移的需要。

表 2-5　基本间隙

产生原因	防滑链尺寸	离心力引起的变形量	装配误差
间隙值 δ/mm	17	10	5

表 2-6　设计间隙

径向位置 s/(°)	0	30	60	90	180
间隙值 δ/mm	15	21	24	32	15+5

国外有些公司为了确定给定轮胎的最小轮罩和翼子板开口形状，根据试验数据和经验制定了一系列最小间隙标准，应用方法如下：轮胎间隙线是根据一个类似半轴为 e_r 和 e_a 的椭圆来确定的，如图 2-4 所示，图中 W_{max} 为轮胎横截面最大宽度。从椭圆中心出

发作一系列射线，取中心到射线与椭圆交点的一段长度 e，作为该射线方向上轮胎截面外的间隙量。随着车轮偏转角和上跳位置的不同，椭圆尺寸和形状（间隙参数 e_r、e_a）也不同，因此间隙值是变化的。表 2-7 列举了不同车轮位置时防滑链间隙椭圆参数 e_r 和 e_a 的值。在动态处于其他车轮位置时，e_r 和 e_a 值可由表 2-7 中的数据按式（2-1）计算，即

$$e(h,\beta)=\left[e_{JT}\frac{\beta}{\beta_T}+e_{JA}\left(1-\frac{\beta}{\beta_T}\right)\right]\left[1-\sqrt{1-\left(\frac{h}{h_J}\right)^2}\right]+\left[e_{DT}\frac{\beta}{\beta_T}+e_{DA}\left(1-\frac{\beta}{\beta_T}\right)\right]\sqrt{1-\left(\frac{h}{h_J}\right)^2}$$

(2-1)

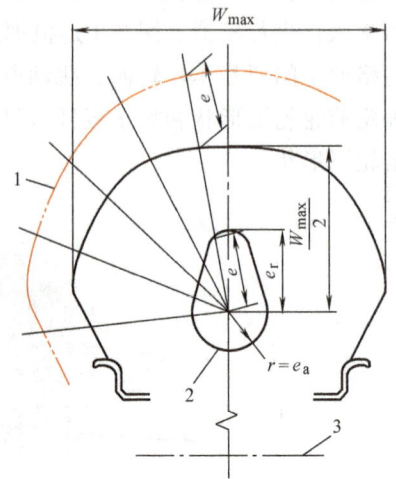

图 2-4 防滑链间隙线

1—防滑链间隙线 2—防滑链间隙椭圆 3—车轮轴线

式中，h 为车轮相对设计位置的极限上跳高度；h_J 是上跳极限；β 为车轮相对设计位置的偏转角；β_T 为偏转极限角；e_{DA} 为车轮位于设计位置时的 e_r 或 e_a 值；e_{JA} 为车轮上跳至极限位置时的 e_r 或 e_a 值；e_{DT} 为车轮位于极限偏转角时的 e_r 或 e_a 值；e_{JT} 为车轮上跳又偏转至极限位置时的 e_r 或 e_a 值。

由式（2-1）可见，当 β 一定，随着 h 加大，间隙呈二次曲线减小；而当 h 一定，随着车轮偏转角 β 的加大，间隙呈线性减小。因此，随着车轮位置的改变，e_r、e_a 在表中数据范围内有规律地变化。标准中还规定了一些其他间隙，如对于紧靠车轮易引起危险的部件（如燃油箱、制动系统等）应扩充至少 20mm 的间隙等。

表 2-7 e_r、e_a 取值 （单位：mm）

车轮位置	正前方		极限转角	
	e_r	e_a	e_r	e_a
上跳至极限	18	20	18	18
设计位置	45	20	30	20

设计微型轿车车身时，最突出的矛盾是要求既要内部宽敞舒适，又要外形小巧紧凑。因此，设计轮罩时就应采取"寸土必争"的原则，因为即使增加极小的空间也有可能提高乘坐舒适性。轮罩会在地板的前、后端产生凸包，前轮罩将会影响前排乘员的搁脚空间和踏板布置；后轮罩将会影响后排座椅的布置。如果将圆柱形轮罩做成圆滑的外形，可使后座加宽或加大前座的搁脚空间。由于车轮转向时并不占用轮罩中部，为充分利用空间，可将其做成嵌入轮罩内的凹部，腾出的空间可用来布置离合器踏板或安放座垫的最宽部分，这样可将座椅降低或前移，如图 2-5 所示。轮罩空间在满足车轮转向和跳动所需空间的前提下应尽量减小，轮罩最好不凸出于室内。

一旦轮罩锥形形成，可通过曲面求交来求得与前翼子板表面的交线，也就是设计翼子板开口的形状控制线。翼子板开口形状的确定还应考虑拆卸轮胎所需空间和造型的要求。

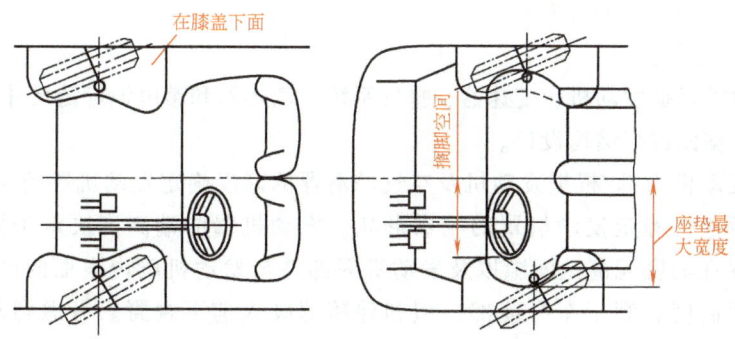

图 2-5 允许增加座垫宽度的轮罩外形

3. 地板布置

根据前、后轮罩位置和形状，离地间隙要求，发动机和传动系布置形式，以及地板和门槛下沿线高度，可初步确定地板高度及布置形式。对于 FF 或者 RR 布置形式，由于地板下部没有传动轴通过，地板可以降低，有利于座椅布置和提高居住性。对于 FR 布置形式，应尽可能减小由于传动轴通过地板下部所需的地板通道（凸包）高度，提高舒适性并降低地板高度和车身总高，通常在垂直平面上将传动轴呈 U 形布置，如图 2-6 所示，这样既降低了传动轴的轴线高度，又使各万向节叉轴线间的夹角保持在允许的范围内，以提高传动效率。通道与中间传动轴部分之间的最小间隙一般可取 10～15mm。在绘出传动轴的最高轮廓线之后，即可据以确定传动系上的凸包线。由于传动轴按上述方案布置，前、后地板往往形成不大的阶梯，后排乘员将脚搁在前排座椅下面，可改善后排乘员的乘坐舒适性，且后排座椅可适当前移，从而缩短车长；同时能减小由于后轮罩产生的凸包对座椅布置的影响，增加座垫的厚度和有效宽度。

根据车身承载形式不同，可以绘出地板总成的横截面。图 2-7 示意了 FF 布置形式轿车上的地板截面。地板高度取决于离地间隙以及纵梁和横梁（加强地板用）的截面高度。

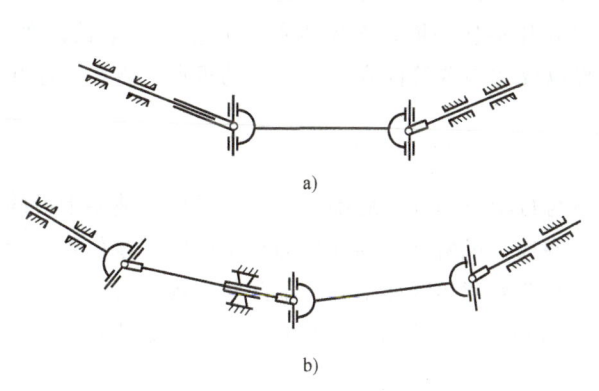

图 2-6 传动轴 U 形布置方案
a) 单万向节传动轴
b) 装有中间支撑的双万向节传动轴

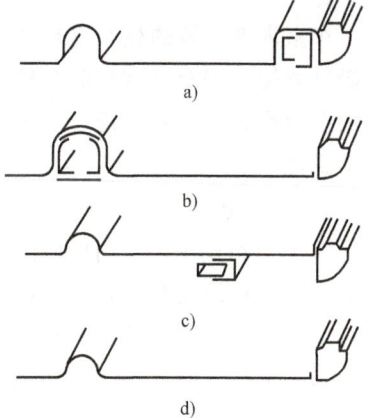

图 2-7 各种车架形式的地板总成截面
a) 周边式车架 b) X 形车架 c) 梯形车架 d) 承载地板（无车架）

(三) 发动机舱和前围布置

1. 发动机舱布置

发动机舱需根据发动机、变速器、排气系统、散热器和蓄电池等的尺寸和布置来确定其空间，并据此进行结构设计。

以前置发动机为例，根据发动机及空气滤清器的高度确定发动机罩的高度和倾角，考虑到造型要求可确定发动机罩的轮廓形状。发动机罩前端高度决定于散热器高度的布置。在保证油底壳离地间隙以及发动机等部件与发动机舱内表面间隙的条件下，降低发动机罩高度有利于车身前部造型和保障驾驶人前下视野。考虑到总装时发动机从下部安装的可能性，发动机最宽处（两侧已安装各种电器）应能通过发动机舱的最窄部位。

现代轿车多采用短前悬，如果将发动机横向布置在前轴后方，则发动机及其附件到发动机罩间隙加大，可以减轻前撞时对行人头部的伤害；同时，发动机上部有足够的空间来布置那些通常布置在车室内的总成。

2. 前围布置

前围将发动机舱与车室隔开。在前围上端固定前风窗玻璃，其车室内侧安装仪表板，外侧支撑发动机罩、安装刮水器，前围下部与地板连接。前围室内一侧通常还装有隔热和减振材料层，固定安装制动器、离合器和转向盘等的支架，以及暖气设备等。

应保证前围板到发动机后端有足够的间隙，以布置转向系机构、制动系和离合器的管路和附件，以及暖风系统的风道。前围下部常采用倾斜面与地板连接，倾斜面一般与前轮罩面相切，以利于前排乘员保持良好的搁脚姿势。将前轮前移或将发动机位置前移，前围可相应前移，以加大前排乘员的搁脚空间和便于布置踏板。根据发动机罩后端的高度以及仪表板上表面的位置可确定前围上部的高度和形状，初步确定前风窗玻璃的下沿位置，并设置玻璃的安装止口。

前围布置完毕，可根据前围和地板位置初步确定加速踏板的位置。

(四) 车室内部布置

车室内部布置的核心思想是以乘员为中心，使车室内布置适应人的需要，创造出一个操纵方便、安全可靠和美观舒适的驾驶和乘坐环境。车室内部布置包括车室长、宽、高的空间设计，以及座椅、仪表板和操纵件的布置等内容，是本章的重点，将在后面几节中讲述。

(五) 后围布置

对于三厢式轿车，利用后围将车室与行李舱隔开。后围上部应保证后窗玻璃下沿的安装位置。在风窗与靠背之间设置杂物搁板，风窗下沿的外部为行李舱盖支撑位置。为使行李舱增大，一般后围的布置与后排座椅靠背的背面平齐，下部与地板连接。

对于两厢式轿车，后排座椅通常都具有向前翻转折叠的功能，以形成很大的载物空间。

(六) 行李舱、燃油箱和备胎等的布置

1. 行李舱布置

现代轿车普遍将行李舱布置在车尾。根据整车造型、空气动力学要求和后窗下沿高

度可确定行李舱盖的高度和轮廓线,进而确定行李舱的长度和容积。行李舱的有效容积在中级轿车上为 $0.4 \sim 0.7 m^3$,在高级轿车上约为 $0.7 \sim 0.9 m^3$。图2-8为当代流行的两厢式和三厢式轿车行李舱的布置形式。如果后排座位采用可翻式座椅,则行李舱容积可大大增加,如图2-9所示。

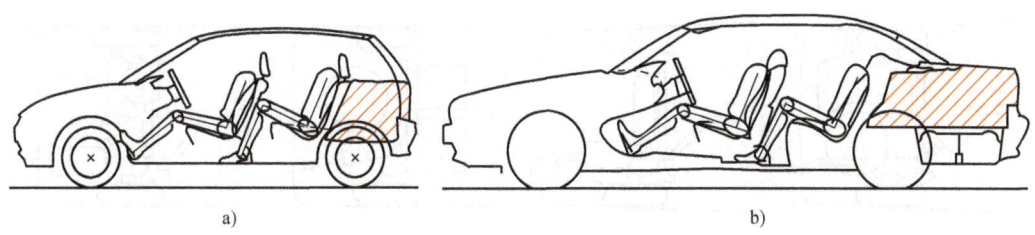

图 2-8 现代轿车的行李舱布置
a) 两厢式轿车 b) 三厢式轿车

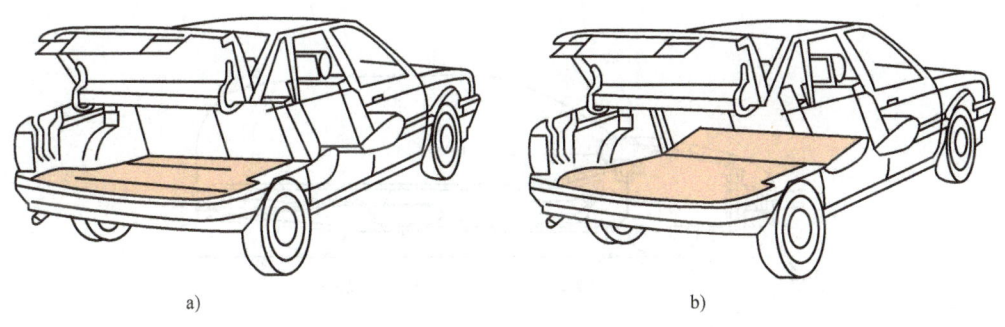

图 2-9 后排座椅的形式对行李舱容积的影响
a) 后排座椅不可翻 b) 后排座椅可翻

2. 燃油箱、备胎和排气系布置

燃油箱和备胎的布置对车身有效容积和整车轴荷分配都有很大影响。在燃油箱的布置中,应确保必要的燃油箱容积和燃油箱最小离地间隙;加油口位置要方便加油操作;油道要合理,装配方便。为保证安全,燃油箱不应布置在发动机舱内,并避免受撞击而漏油时发生火灾。燃油箱和备胎往往同时布置在行李舱内。对于发动机前置前轮驱动轿车,后桥取消了主减速器,可有更多空间来布置燃油箱和备胎,且行李舱容积较大,如图2-10所示。

排气管布置影响车身地板的布置。在地板下面装有双排气管、主消声器和在主消声器前后布置两个辅消声器是最理想的消声器布置方案,能高效吸收噪声。地板和消声器之间应留有足够的间隙(至少50mm),以避免地板过热。为有效利用车身底部的通风来降低排气管温度,排气系统和消声器应沿着空气的流动方向布置,而在其周围要用隔热隔声材料层将其与车身其他部分隔离开,如图2-11所示。

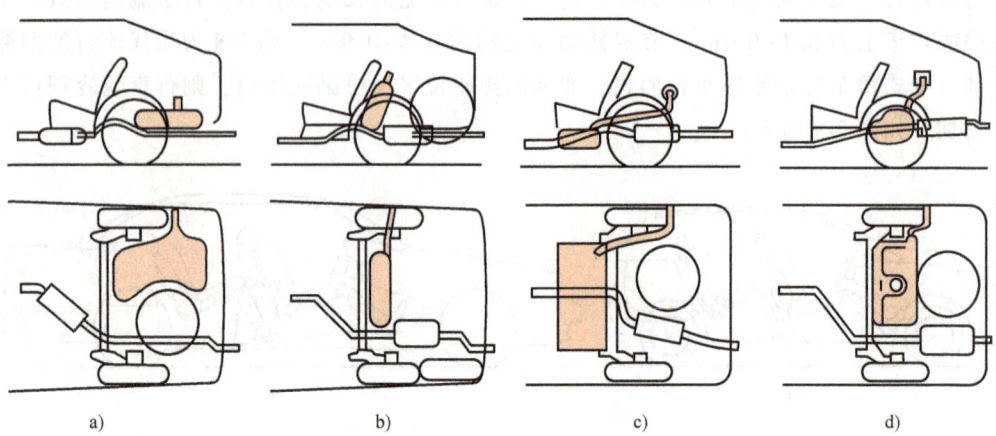

图 2-10 发动机前置前轮驱动轿车的燃油箱布置方案

a) 燃油箱和备胎位于行李舱下面 b) 燃油箱在后排座后面，备胎紧贴行李舱侧壁 c) 燃油箱在后桥前方，备胎在行李舱下面 d) 燃油箱在后桥后方，备胎在行李舱下面

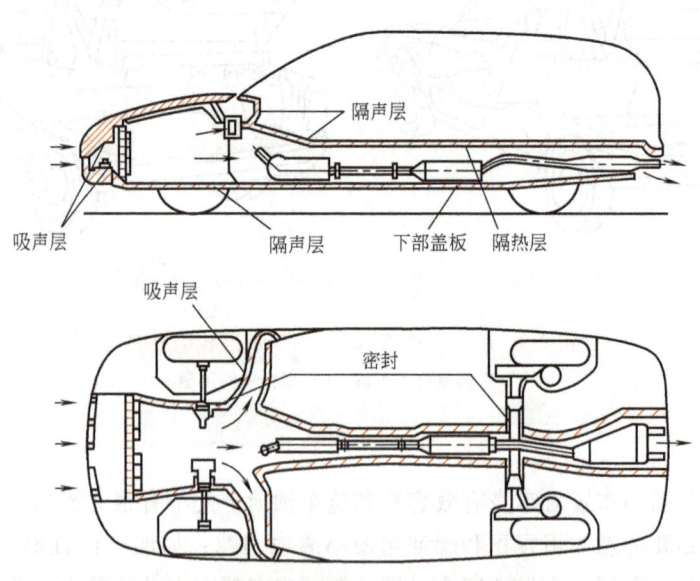

图 2-11 排气系布置与车身内部气流的关系

三、车身布置术语和硬点尺寸定义

（一）车身布置术语

1. A、B 类车

美国汽车工程师学会（Society of Automotive Engineers，SAE）标准主要根据驾驶人乘坐空间尺寸的差异将汽车分为 A、B 两大类，以方便使用 SAE 布置工具。A、B 类车驾驶人乘坐空间的尺寸范围见表 2-8。以前，A 类车主要指乘用车，包括轿车、旅行车、

多功能车（Multiple Purpose Vehicle，MPV）和轻型货车等；B类汽车主要是商用车，包括中重型货车和大客车。随着对舒适性要求的不断提高，以及设计形式的多样化，这种区别有时会不明显。

表 2-8　A、B 类车乘坐空间的尺寸范围

	H30-1/mm	TH17/mm	TL23/mm	W9/mm	A40-1/(°)
A 类车	127~405	0~50	>100	<450	5~40
B 类车	405~530	0	>100	450~560	11~18

2. H 点装置及其上的关键点

H 点装置（H Point Device）用于建立车内布置的关键参考点和尺寸。车内布置最重要的参考点是 H 点。有两种装置可用来定义 H 点，即 H 点测量装置（H-Point Machine，HPM）和 H 点设计工具（H-Point Design Tool，HPD）。HPM 是用于对尺寸进行审核和测量对比的设备，HPD 是设计中用于乘员布置的 CAD 工具。在 HPM 和 HPD 上定义了与设计和人机关系相关的点和参考线，包括 H 点、D 点、K 点、躯干线、腿线和座垫线等。关于 H 点装置的详细内容将在下一节讲述。

（1）**H 点**　是 H 点装置上躯干与大腿的铰接点。在不同场合，其表现形式也不同。

1）设计 H 点。它是按一定程序建立的 H 点，用以表达设计乘坐位置。

2）乘坐参考点（Seating Reference Point，SgRP，欧洲标准和我国国标称为 R 点）。对于指定乘坐位置而言，这是一个特殊的设计 H 点，它具有以下特点：

① 是在车辆设计过程的初期就定义的重要参考点。

② 虽然行程可调节座椅在其 H 点调节轨迹上有许多设计 H 点，但只有唯一一点定义为 SgRP，作为座椅在整车定位的基准（设计阶段）。

③ 驾驶人的 SgRP 很重要，它用于定位一些布置工具，且用来定义了许多关键尺寸。

3）实际 H 点。它是将 HPM 按规定步骤安放在实车指定乘坐位置座椅上时所测得的 H 点位置。

（2）**D 点**　它是坐姿状态下 H 点装置臀部的最低点。

（3）**K 点**　H 点装置上大腿与小腿的铰接点，即膝关节点。

（4）**躯干线**　H 点装置上自 H 点出发，平行于后背腰部区域外表面，用于定义躯干角度的直线。

（5）**腿线**　它是连接腿部两端关节的直线，包括大腿线和小腿线。大腿线连接 H 点和 K 点，小腿线连接 K 点和踝关节点。

（6）**座垫线**　H 点装置上，自 H 点出发，用于定义座垫角度的直线。

3. 鞋、踏板参考点及其相关定义

鞋是 H 点装置的一部分，对于定位 H 点装置非常重要。

（1）**HOS**（Heel of Shoe）　H 点装置鞋跟端点，其侧向位置位于鞋底中心线处。HOS 用于定义 AHP 和 FRP（参见下面的解释）。

（2）**AHP**（Accelerator Heel Point）　当 H 点装置的鞋按照适当方法根据自由状态

的加速踏板定位后,其踵点与地板表面(考虑地毯压塌量)的交点。

(3) BOF(Ball of Foot) 鞋底表面一点,与踵点相距 200mm。其侧向位置位于鞋底中心线处。

(4) 裸足底线 鞋底附近与鞋底成 6.5°的直线,用于定义踝关节角度。

(5) 地板参考点(Floor Reference Point,FRP) 将 H 点装置的鞋按一定方法定位(鞋底与考虑地毯压塌量的地板表面接触)后,HOS 与地板的交点。FRP 不适用于驾驶人右脚(用 AHP 代替)。

(6) 踏板参考点(Pedal Reference Point,PRP) 当鞋按照适当方法根据自由状态加速踏板定位后,加速踏板表面上与 BOF 接触的点。

H 点、鞋及其关键点如图 2-12 所示。

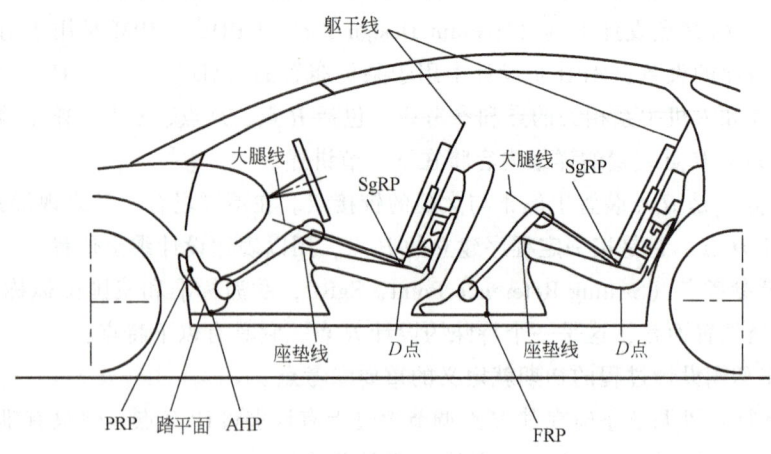

图 2-12 H 点、鞋及其关键点

4. 百分位

百分位是人体测量学中的一个术语,用以表示人体某项尺寸数据的等级。以 95th 百分位人体尺寸为例,表示人群中有 95% 的个体该尺寸小于此值;有 5% 的个体该尺寸大于此值。最常用的是 5th、50th 和 95th 三个百分位人体尺寸,分别表示小、中等和大尺寸。

5. 适应度

产品设计必须满足群体中大多数人的使用要求。满足使用要求的人数占总人数的百分比称为适应度。保证足够的适应度是产品设计的基本原则。

6. 硬点和硬点尺寸

轿车尺寸包括外部尺寸和内部尺寸。外部尺寸包括总长、总宽、总高、轴距、前/后悬长、前/后轮距、接近角、离去角和最小离地间隙等;内部尺寸包括车室内长、宽、高,以及发动机舱和行李舱容积等。硬点是对于整车性能、造型和车内布置具有重要意义的关键点。硬点尺寸是指连接硬点之间、控制车身外部轮廓和内部空间以满足使用要求的空间尺寸。

车身布置主要是确定车身对整车及各总成的位置关系,以及车身各部分之间的尺寸，实质上是确定车身各部分硬点之间的尺寸关系，这些尺寸关系必须满足汽车的各项要求。例如，车身的外部尺寸与造型和空气动力性能密切相关，影响汽车的重量和轴荷分配，以及整车性能等；而内部尺寸的确定应保证乘员坐姿舒适性、操作性、安全性和上下车的方便性等；车身与总成之间的间隙应考虑安装空间、运动干涉、维修空间及部件散热等因素。

硬点尺寸之间的约束数目繁多，关系复杂；很多硬点之间的关系是依靠大量统计资料和设计者的经验来推敲确定的。根据长期的积累，美国 SAE 推荐实施的 SAE J1100 标准专门定义了整车和内部尺寸。该文件自 1973 年 9 月颁布开始，经过了数次修订和补充而更加完善，被世界各大汽车公司借鉴和采用。

（二）常见硬点尺寸定义

在 SAE J1100 中列出了硬点、硬点尺寸代号、定义和测量方法。硬点尺寸代号采用前缀加数字加后缀的形式表示，部分前缀和数字的含义见表2-9。后缀用 "-1" "-2" 的形式表示该尺寸为第一排、第二排，等等，依此类推。表2-10 为常见硬点尺寸定义。

表 2-9　硬点尺寸前缀和编号

前缀	L	W	H	A	TL	TH
含义	长度尺寸	宽度尺寸	高度尺寸	角度尺寸	H 点位置和行程的长度尺寸	H 点位置和行程的高度尺寸
编号	1~99	100~199	200~299	400~599		
含义	内部尺寸	外部尺寸	行李舱尺寸	货车、厢式货车和运动车尺寸		

表 2-10　硬点尺寸定义

代号	定义	代号	定义
L31	SgRP 点 x 坐标	H14	眼椭圆上缘到内后视镜下缘的垂直距离
W20	SgRP 点 y 坐标	H17	转向盘中心到 AHP 的垂直距离
H70	SgRP 点 z 坐标	H30	SgRP 到 AHP 或 FRP 的垂直距离
L8	AHP 点 x 坐标	H35	后视图上，头廓包络线垂直移动到与顶盖零件接触时，头廓包络线中心移动的距离
W8	AHP 点 y 坐标	H41	头廓包络线到顶盖的最小距离
H8	AHP 点 z 坐标	H56	乘员中心面内，D 点到地板的距离
L1	PRP 点 x 坐标	H61	SgRP 沿后 8° 线到头顶线的距离加上 102mm
W1	PRP 点 y 坐标	H74	转向盘中心 y 平面内，转向盘到未受压座垫的距离
H1	PRP 点 z 坐标	A18	转向盘倾角
L98	FRP 点 x 坐标	A19	H 点调节轨迹的倾角
H98	FRP 点 z 坐标	A27	座垫倾角
L125	发动机舱盖 C 点 x 坐标	A40	H 点装置躯干角，用以表示座椅靠背角

(续)

代号	定 义	代号	定 义
L127	后轮心 x 坐标	A42	H 点装置躯干线与大腿线的夹角
L128	前轮心 x 坐标	A44	H 点装置大腿线与小腿线的夹角
W7	转向盘中心 y 坐标	A46	H 点装置小腿线与裸足底线的夹角
H114	发动机舱盖 C 点 z 坐标	A47	踏板平面的倾角
H138	后背舱盖 D 点 z 坐标	A48	地板平面与水平面的夹角
L3	乘员最小乘坐空间。与座垫相切的水平面内,前、后排靠背的水平最小距离	A57	H 点装置大腿线与水平面的夹角
L6	PRP 到转向盘中心的距离	A60	乘员中心面内,95th 百分位眼椭圆最高点到风窗开口最高点连线与水平面的夹角
L7	转向盘后边缘到躯干线的最小距离	A61	乘员中心面内,95th 百分位眼椭圆最低点到风窗开口最低点连线与水平面的夹角
L11	转向盘中心到 AHP 的水平距离	PW7	PRP 到驾驶人中心面 y 方向的距离
L18	前排入口足部的间隙	PW8	PRP 到制动踏板中心面 y 方向的距离
L22	转向盘中心 y 平面内转向盘下缘到靠背的最小距离	PW9	PRP 到离合器踏板中心面 y 方向的距离
L34	加速踏板自由状态时,踝关节点到 SgRP 的距离加上 254mm	PH30	PRP 到 AHP 的垂直距离
L38	驾驶人头部(头廓包络线)到前风窗及其附件的最小距离	TL23	正常驾驶时 H 点水平调节的行程
L39	最后排乘客头部(头廓包络线)到后窗内饰的最小距离	TH17	H 点垂直调节的行程
L48	后排膝关节 K 点到前座椅靠背的最小距离	L101	轴距
L50	相邻前后 SgRP 间的水平距离	L103	车长
L51	乘客踵点位于 FRP 时,其踝关节到 SgRP 的距离加上 254mm	L104	前悬
L53	SgRP 到 AHP 的水平距离	L105	后悬
L81	座椅腰部支撑量	L114	前轮中心线到 SgRP 的水平距离
W3	过 SgRP 的 x 平面上,SgRP 上方 254mm 到腰线高度范围内左右车门间的最小距离	W101	轮距
W5	SgRP 下方 25mm 到上方 76mm 高度范围内,SgRP 前后各 76mm 范围内,左右车门内表面的最小距离	W103	车宽
W9	后视图上转向盘的最大直径	H101	车高
W27	过侧视头廓包络线最高点 x 平面内,头廓包络线自其对称线和 y-y 定位线交点斜向上 30°方向移动到遇到障碍物时的距离	H156	最小离地间隙

第二章 基于人机工程学的车身布置设计

（续）

代号	定 义	代号	定 义
W31	过 SgRP 的 x 平面上，肘靠上方 30mm 处左右车门间的最小距离	A106	接近角（A106-1）或离去角（A106-2）
W35	过侧视头廓包络线最高点的 x 平面内，头廓包络线后视图的最小水平向外方向的移动量	A121	前、后风窗倾角
H11	车门入口高度	A122	侧窗倾角
H13	转向盘下边缘到大腿线的最小距离	A147	纵向通过角

汽车公司在设计时，要用一系列硬点尺寸来体现该车型，图 2-13 示例了部分常用的轿车布置硬点尺寸，表 2-11 为几个车型的部分硬点尺寸对比。

表 2-11 轿车布置部分硬点尺寸对比

	$TL23$/mm	$TH17$/mm	$L50$/mm	$L53$/mm	$H30$/mm	$W3\text{-}1$/mm	$W3\text{-}2$/mm	$A18$/(°)
奥迪 A6	193	36	940	833	267	1427	1415	22
小红旗	216	36	838	837	289	1442	1406	21.4
捷达	223	49	735	833	228	1365	1342	27.5

	$H61\text{-}1$/mm	$H61\text{-}2$/mm	$L101$/mm	$L103$/mm	$W101\text{-}1$/mm	$W101\text{-}2$/mm	$W103$/mm	$H101$/mm
奥迪 A6	999	960	2850	4886	1540	1569	1810	1451
小红旗	962	954	2687	4792	1476	1483	1814	1421
捷达	967	946	2471	4385	1464	1446	1695	1424

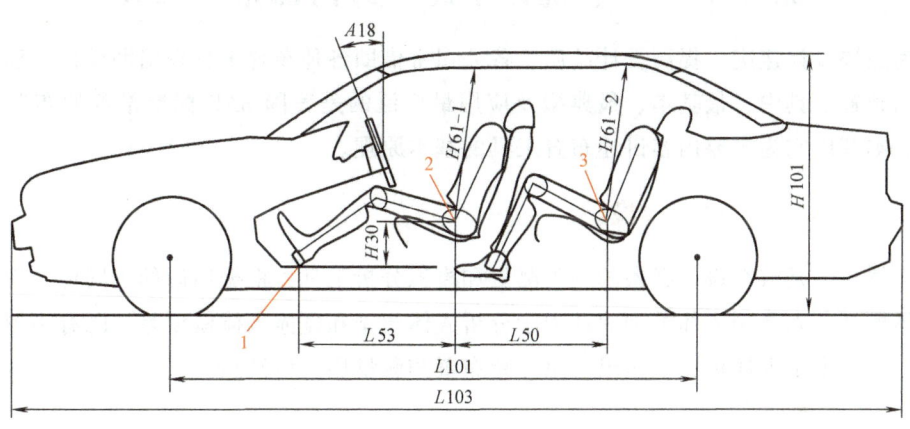

图 2-13 轿车布置硬点尺寸
1—AHP 2—SgRP-1 3—SgRP-2

四、总布置图

经过布置设计过程，并与整车总布置、底盘和造型等部门的人员对车身布置方案进行确认之后，得到所有用于造型和结构设计的控制尺寸，即硬点尺寸，绘出总布置图。最后定稿的总布置图，通常按照 1：1 的比例绘制在主图板上。绘制时应注意以下几方面：

1) 通常要画出侧视、俯视和前、后视图，各视图上只需将要表达的部分画出。长度和高度方向的布置主要借助侧视图表现，宽度方向的结构形状和间隙尺寸借助前、后视图体现。侧视图按车辆自右向左行驶的方向绘制。前、后视图中，通常左半部为前视图，右半部为后视图。

2) 对于全新开发的产品，其总布置图上应绘出车身外形，主要部件（发动机总成、动力传动系总成、行驶系、转向系、后视镜、排气系统、备胎、座椅和仪表板等）外形和内饰轮廓曲线，室内布置工具图形（眼椭圆、头廓包络面、人体模板、视线和安全带固定点布置区等），驾驶人座椅、变速杆、驻车制动杆和踏板在其整个活动范围内的若干主要位置，空载、设计载荷和满载状态的车轮和地面线，立柱盲区，最大开度时的车门、发动机罩和行李舱盖，行李舱容积，主要外形和内部关键尺寸等。

3) 为方便查看和量取尺寸，总布置图上要按一定间隔绘出网格线（坐标线），通常间隔大小取 100mm 或其整数倍。网格线的一端或两端应标注上坐标值，其标注方法随不同标准会有所不同。

4) 标题栏中填写必要的信息，如产品名称、内部代号和制图人信息等。有的总布置图上还包含尺寸明细栏，其中注明主要尺寸的代号和数值。

5) 总布置图上还常常注明所参照的标准，以及最后一次更新的日期等。

车身总布置图的图例如图 2-14 和图 2-15 所示（见书后插页图）。

第二节　基于统计学的车身内部布置工具

为加快设计速度，提高设计品质，各公司常借助各种布置工具来辅助设计过程。在流行的布置工具中，最基本、最典型及应用最广泛的是美国 SAE 标准推荐的布置工具系统。本节以它为主要内容讲述布置工具的基本原理。

一、人体尺寸和人体模型

人体模型是汽车设计必备的一种测量和模拟分析工具，根据用途的不同可分为布置用人体模型、测量用人体模型、动力学分析人体模型和碰撞人体模型等，既有物理人体模型，也有数字人体模型。这里着重介绍布置和测量用人体模型。

（一）人体尺寸

人体尺寸决定了人体占据的几何空间和活动范围，是内部布置的主要依据。各国家都建立了适合不同要求的人体数据库，GB 10000—1988 定义了我国成年人体尺寸数据。从人机工程学角度出发，为保证产品适合使用者要求，必须以群体人体尺寸统计数据作为设计依据。群体数据统计特征包括：均值、标准差和百分位数等，可通过从群体中抽取一定数量的个体作为样本进行测量和统计分析获得。图 2-16 和表 2-12 为 SAE J833 定义的部分人体尺寸。

第二章 基于人机工程学的车身布置设计

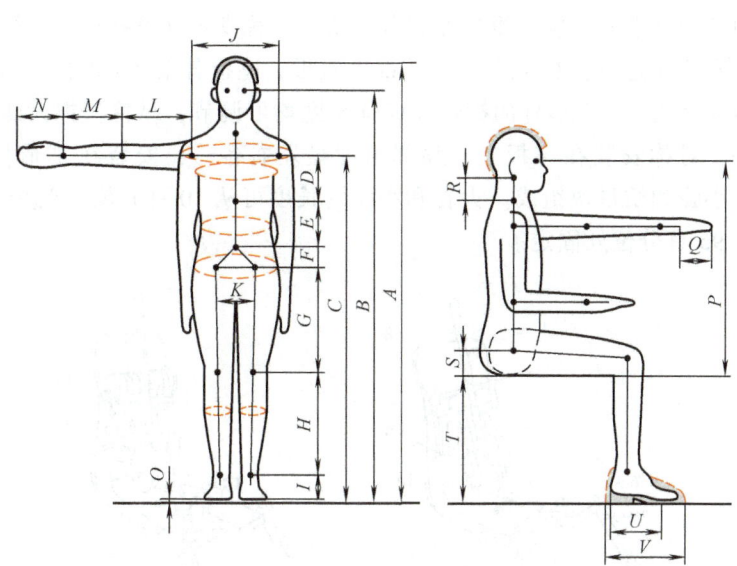

图 2-16　SAE J833 定义的部分人体尺寸

表 2-12　SAE J833 定义的部分人体尺寸数据　　　　　　（单位：mm）

部位 百分位	A	B	C	D	E	F	G	H	I	J	K
5th	1550	1448	1220	160	160	84	362	351	78	292	168
50th	1715	1605	1358	177	177	88	407	398	86	334	177
95th	1880	1762	1496	194	194	92	452	445	94	376	186

部位 百分位	L	M	N	O	P	Q	R	S	T	U	V
5th	250	221	165	25	696	96	83	64	398	160	250
50th	275	244	185	25	769	110	89	80	440	180	285
95th	300	267	205	25	842	124	95	96	482	200	320

（二）物理人体模型

车身布置使用的物理人体模型主要是 H 点装置和人体设计样板。

1. H 点装置

20 世纪 60 年代，美国通用汽车公司 Michael Myal 设计了一种三维布置尺寸测量工具。1962 年，该设备被 SAE 收录至 SAE J826 标准中，由 SAE 设计设备委员会将其标准化，成为 SAE J826 H 点装置。至今，SAE H 点装置仍然是测量汽车内部尺寸的首选设备，在美国、欧洲、日本等国家和地区得到了广泛应用。

SAE J826 H 点装置由背部、大腿、小腿和足等部分组成。背部由背板、背拖架、躯干杆、水平仪、躯干重块和臀部重块组成（图 2-17）。背板是仿照人体背部形状制作的曲面板。背拖架是以 H 点为铰接点用来支撑背部和胸部重块的构件。躯干杆的长度和前后角度均可调节，其可调节的部分用于探测头部空间大小，又称为头部空间探测杆。背部角度盘安装在躯干杆上，可测出背板倾角。背部角度盘上的水平仪用来指示测量背板角时的基准水平面。躯干重块左右各4块，对称安装在背托架上。臀部重块左右各2块，对称安装在过 H 点的轴上。大腿部由座板、座板骨架、T形杆、水平仪、大腿重块和膝部角度盘组成。T形杆的横臂和纵臂长度均可调节，纵臂模拟大腿姿态。大腿重块左右各一，对称安装在座板上。膝部角度盘左右各一，安装在T形杆横臂两端。小腿部由左右小腿和质量块组成。大腿和小腿的长度可从10百分位调至95百分位，并可在10、50、95百分位处固定。

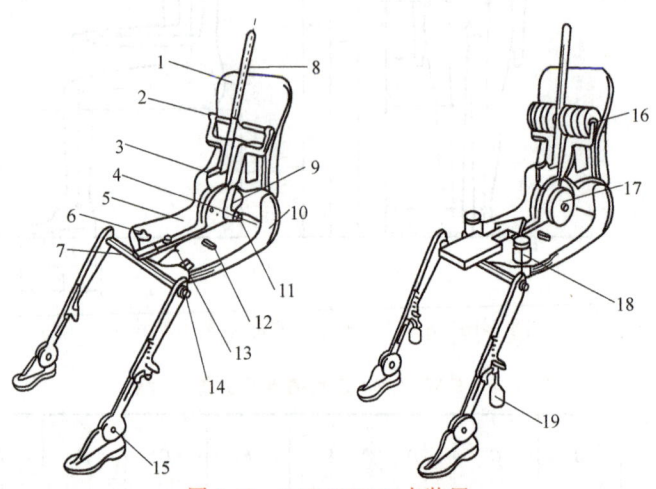

图 2-17　SAE J826 H 点装置

1—背板　2—躯干重块悬架　3—靠背角水平仪　4—臀部角度量角器　5—座板　6—大腿重块垫块　7—连接膝部关节的T形杆　8—头部空间探测杆　9—靠背角量角器　10—H 点标记钮　11—H 点支轴　12—横向水平仪　13—座板骨架　14—膝部量角器　15—踝部量角器　16—躯干重块　17—臀部重块　18—大腿重块　19—小腿重块

SAE J826 H 点装置主要用于测量室内布置参数和座椅参数，在产品开发中主要有两项用途：

1）当样车制作出来之后，要使用 H 点装置来审核（Audit）样车的精度。

2）用来测量其他厂商车型的布置参数，以获得其设计意图，称为对标（Benchmark）。审核与对标的区别在于，审核是在设计意图和尺寸已知的情况下进行。

后来研究发现，SAE J826 H 点装置的刚性躯干外壳不能很好地模拟乘员背部。鉴于此，SAE 设计设备委员会制订了重新设计 H 点装置的计划，由美国密歇根大学交通研究所（University of Michigan Transportation Research Institute，UMTRI）生物科学分部和密歇根州立大学生物机械设计研究实验室联合开展了 ASPECT（Automotive Seat and Package Evaluation and Comparison Tools）计划，开发了 ASPECT 人体模型（ASPECT Physical Manikin，APM），即现在的二代 H 点装置 HPM-Ⅱ，参见图 2-18。HPM-Ⅱ 的用途与 SAE J826 H 点装置基本相同，可以测量 H 点位置、

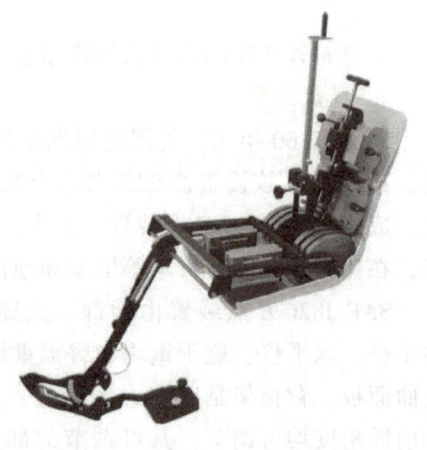

图 2-18　HPM-Ⅱ 型 H 点装置

座垫角、靠背角和腰部支撑量4个座椅参数；若与大腿、小腿和鞋配合使用可测量车内布置尺寸。HPM-Ⅱ活动的腰部能很好地模拟人体背部和靠背的相互作用，能测出腰部支撑量。SAE J826 H 点装置测得的 H 点位置与座椅高度和前后位置、大腿和小腿位置等因素有关，布置参数的改变会影响测量结果；而使用 HPM-Ⅱ 测量 H 点和座椅参数时无需将腿和鞋安装上，H 点位置不受其他因素影响，使用准确、方便。

2. 人体设计样板（布置用）

人体设计样板（HPD）是车身布置最基本的工具，常用塑料板材等按 1∶1、1∶5、1∶10 等常用制图比例制成，用于辅助制图、乘员乘坐空间布置和测量、以及校核空间尺寸等。

美国福特汽车公司 S. P. Geoffrey 通过 X 射线法确定骨骼和关节位置，并得到了躯干和肢体活动范围，据此开发了二维人体设计样板。1962 年，该人体设计样板被 SAE 收录到 J826 标准中。标准化的样板尺寸和轮廓形状与 SAE J826H 点测量装置相对应，其组成结构如图 2-19 所示。在躯干、大腿和小腿上有基准线。躯干、H 点、膝关节点和踝关节点处还有角度测量装置，用来确定关节角度。

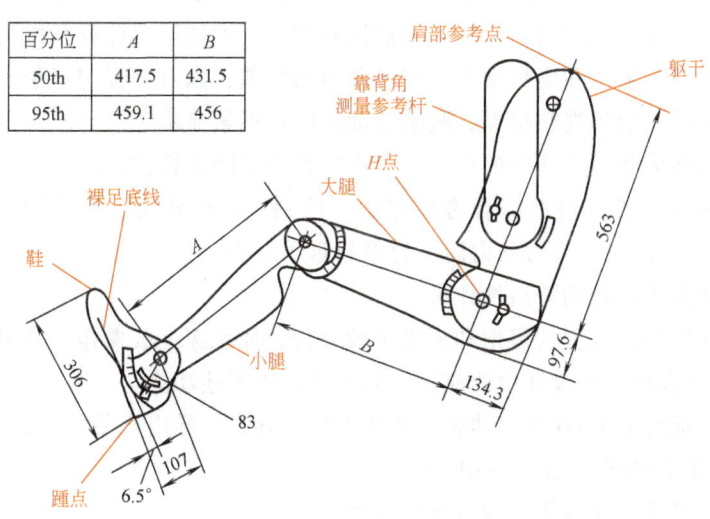

图 2-19　SAE J826 人体设计样板

（三）数字人体模型

随着计算机技术的发展和并行工程的应用，在概念阶段同时进行三维数字化人机工程设计是现代车身设计的必然要求。以人体参数为基础建立的数字人体模型是描述人体形态和力学特征的有效手段，是研究、分析、设计和评价人机系统不可缺少的测量和模拟工具。

目前已出现上百种数字人体模型软件系统，在人机工程设计领域较为成功的商用数字人体模型系统主要有 Transom/Jack、Genicom/Safework 和 Human-solutions/RAMSIS 等，在 UGNX、CATIA 等主流设计软件中有集成的模块，参见图 2-20（参见彩图）。汽车设计领域常用的是 RAMSIS，它是 TecMAth 公司（现为 Human-solutions）在众多德国汽车制造商和座椅生产商的资助下开发于 1988~1994 年间。RAMSIS 包括德国、美国、日本等国的人体数据，可生成任何百分位人体模型，并提供年限参考和预测功能；有独特的姿势求解和控制算法；能生成眼点看去的视景；外观也较逼真。

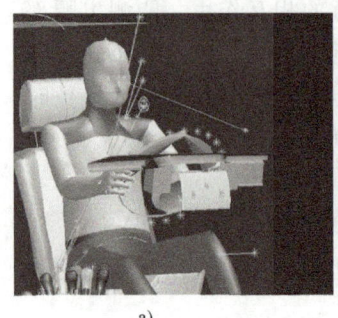  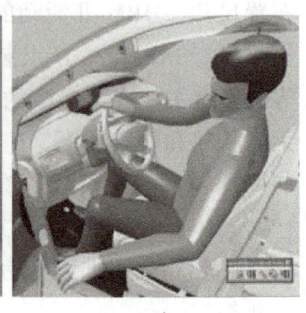

a)   b)   c)

图 2-20   RAMSIS、Jack 和 Safework 人体模型

a) RAMSIS   b) Jack   c) Safework

人机工程学领域应用的数字人体模型主要是为产品设计和人机工程分析服务的。目前，成熟的数字人体模型都具有一些典型的设计和分析功能：

1）人体建模，包括人体运动学、动力学、生物力学建模和身体特征点描述等。

2）人体数据管理和应用，包括人体数据库接口、人体尺寸计算和增长预测等。

3）肢体驱动、定位和姿势预测，姿势和运动模拟，以及过程的记录和回放等。

4）视野分析，包括视野范围、眼睛活动范围及视景显示等。

5）通过对肢体和关节活动的模拟，对人的作业空间进行仿真。

6）人体出力计算，包括综合考虑年龄、性别、身体状况、操作过程特点的操作力，静态和动态状况下关节力和力矩，脊椎间盘压力等。

7）姿势和操作过程的舒适性评价。

8）一些典型操作过程的模拟和人机工效分析，如快速上肢操作评估 RULA 等。

对于在汽车人机工程设计中的应用，通常还需要下述功能。

1）容易与流行的 CAD 软件结合。能够方便地导入、导出产品模型，或者数字人体模型作为子模块集成到 CAD 软件中。

2）能够对常见驾驶操作过程进行模拟和分析。

3）集成常见的一些设计标准，如 SAE 标准。

在汽车设计中，主要根据车辆人机工程学原理进行乘员布置设计、驾驶人视野分析、操纵件伸及性分析、舒适姿势预测及评价、布置空间分析、进出方便性分析、发动机舱盖和行李舱盖的开启方便性检查等。

二、眼椭圆

（一）眼椭圆的定义和由来

眼椭圆（Eyellipse——Eye 和 Ellipse 的合成）是指不同身材的乘员以正常姿势坐在车内时，其眼睛位置的统计分布图形；左右各一，分别代表左、右眼的分布图形，如图 2-21 所示。目前设计中主要采用驾驶人眼椭圆。

1992 年以前的 SAE J941 眼椭圆标准是基于美国福特汽车公司 Meldrum 等人的研究

成果。1963年，Meldrum等人在SAE的资助下对驾驶人眼睛位置的分布进行了试验统计。方法如下：让2300多名驾驶人（男女比例为1∶1）分别坐在三辆静止的敞篷车内，将转向盘和座椅按各自习惯调整到适宜的位置，眼睛注视前方屏幕上播放的交通场景，并如同真正驾驶一样操纵汽车，同时正前方和侧面的两架照相机同步拍摄下眼睛位置的照片，经过计算就可确定眼睛在汽车坐标系中的位置。对眼睛位置的分布数据进行统计分析，就得到其在

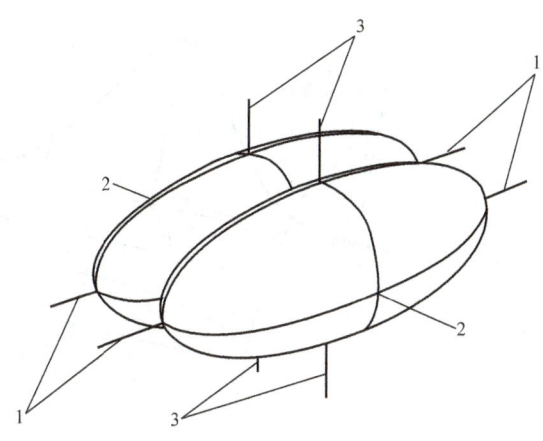

图 2-21　眼椭圆

1—长轴轴线 A_x　2—短轴轴线 A_y　3—竖轴轴线 A_z

空间的分布图形——眼椭圆。随后的几年里，SAE对眼椭圆定位方法进行了研究，并将研究结果整理后形成SAE J941标准。为方便使用，SAE按照百分位和座椅调节行程的不同制定了眼椭圆及其定位模板。1987年，SAE开发了专用于B类车的眼椭圆。1992年，后视图眼椭圆被纳入SAE J941标准，使得眼椭圆在CAD系统中能够以三维形式表现。后来，由美国汽车制造商协会（American Automobile Manufactures Association，AAMA）发起，并由美国三大汽车公司和密歇根大学交通研究所（UMTRI）主要参与，进行了大量的驾驶人眼睛位置分布研究。研究中考虑了驾驶人系安全带、调节座椅位置（前后、上下）和靠背角等因素，对驾驶人驾车后的眼睛位置、汽车布置参数（转向盘位置，座椅靠背角、座垫角、高度、调节方式和范围以及变速类型等）和驾驶人人体参数（身高、坐高等）进行统计分析，得到了更加通用、准确的眼椭圆，于2002年对新的结果进行整理并取代原来的J941标准内容。2010年针对固定座椅眼椭圆进行了部分更新，并补充了非美国人群使用的相关内容。

本教材依据2010版的SAE J941标准进行讲述，主要介绍适合A类车、可调节座椅的眼椭圆。

（二）眼椭圆尺寸的计算和定位（A类车，可调节座椅）

1. 眼椭圆尺寸的计算

（1）长轴长度 L_x　研究表明，驾驶人眼睛位置沿眼椭圆长轴方向（A_x方向）的分布与驾驶人身高呈现0.473的相关关系。例如，若两个驾驶人身高相差10mm，则其眼睛位置在 A_x 方向相差4.73mm。令变量 $X = 0.473(S-S_R)$ 表示眼睛在 A_x 方向上的位置，S 代表身高，S_R 为参考身高；由于单一性别驾驶人群体的身高符合正态分布，则男子和女子的眼睛位置沿 A_x 方向各自呈正态分布，如图2-22所示。

记 $M = 0.473(S_M - S_R)$，$F = 0.473(S_F - S_R)$，M 和 F 分别为目标驾驶人群体男子和女子眼睛位置分布的均值，S_F 和 S_M 分别为平均女子身高和平均男子身高。如图2-22所示，CM 和 CF 分别为男子、女子眼睛位置分布的上、下 $1-p$ 分位点，p 为眼椭圆的

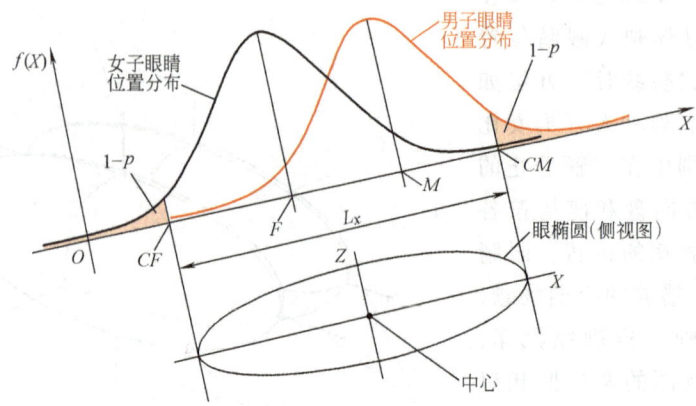

图 2-22 眼椭圆长轴的计算原理

百分位值,则驾驶人眼睛位置落在 CF 左边的概率 $1-p$ 为

$$1-p = P\{X<CF\}$$
$$= p_M P\{X_M<CF\} + (1-p_M) P\{X_F<CF\}$$
$$= p_M P\left\{\frac{X_M-M}{\sigma_M} < \frac{CF-M}{\sigma_M}\right\} + (1-p_M) P\left\{\frac{X_F-F}{\sigma_F} < \frac{CF-F}{\sigma_F}\right\}$$
$$= p_M \Phi\left(\frac{CF-M}{\sigma_M}\right) + (1-p_M) \Phi\left(\frac{CF-F}{\sigma_F}\right) \tag{2-2}$$

式中,X_M 和 X_F 分别为男子和女子眼睛位置分布变量;p_M 为目标驾驶人群体中男子出现的概率;Φ 表示标准正态分布函数;σ_M 和 σ_F 分别为男子和女子眼睛位置分布标准差,并且

$$\sigma_M = (0.473^2 \sigma_{SM}^2 + 41.87^2)^{\frac{1}{2}} \tag{2-3}$$

$$\sigma_F = (0.473^2 \sigma_{SF}^2 + 41.87^2)^{\frac{1}{2}} \tag{2-4}$$

式中,σ_{SM} 和 σ_{SF} 分别为男、女驾驶人身高分布的标准差。

同理,有

$$p = P\{X<CM\}$$
$$= p_M P\{X_M<CM\} + (1-p_M) P\{X_F<CM\}$$
$$= p_M P\left\{\frac{X_M-M}{\sigma_M} < \frac{CM-M}{\sigma_M}\right\} + (1-p_M) P\left\{\frac{X_F-F}{\sigma_F} < \frac{CM-F}{\sigma_F}\right\}$$
$$= p_M \Phi\left(\frac{CM-M}{\sigma_M}\right) + (1-p_M) \Phi\left(\frac{CM-F}{\sigma_F}\right) \tag{2-5}$$

由于 p 为眼椭圆的百分位值,根据式(2-4)和式(2-5)可以计算 CM 和 CF 的值,则眼椭圆长轴的长度为

$$L_x = CM - CF \tag{2-6}$$

(2)短轴和竖轴长度 对于一定的驾驶人群体,当其坐在适宜的驾驶位置时,其眼睛位置在汽车坐标系三个方向上均呈正态分布。研究发现,眼椭圆的短轴和竖轴长度

第二章 基于人机工程学的车身布置设计

基本上不受驾驶人身高和布置参数的影响。因此,可以根据眼睛位置一维正态分布变量的标准差和眼椭圆百分位值 p 来计算 L_y 和 L_z,即

$$L_y = 18.34[\Phi^{-1}(p) - \Phi^{-1}(1-p)] \quad (2\text{-}7)$$

$$L_z = 28.39[\Phi^{-1}(p) - \Phi^{-1}(1-p)] \quad (2\text{-}8)$$

式中,Φ^{-1} 表示标准正态分布函数的反函数。

(3) 适合美国人的 A 类车、可调节座椅眼椭圆尺寸 根据美国人体数据(男女比例为 1∶1;男子平均身高为 1755mm,标准差为 74.2mm;女子平均身高为 1618mm,标准差为 68.7mm)计算,可以得到适合美国人的 A 类车、可调节座椅眼椭圆尺寸,参见表 2-13。

表 2-13 适合美国人的 A 类车、可调节座椅眼椭圆尺寸

百分位	TL23/mm	长轴 L_x/mm	短轴 L_y/mm	竖轴 L_z/mm
95th	1~133	173.8	60.3	93.4
	>133	206.4	60.3	93.4
99th	1~133	242.1	85.3	132.1
	>133	287.1	85.3	132.1

2. 眼椭圆的定位

眼椭圆的定位包括确定椭圆中心位置和倾角。影响眼椭圆定位的布置参数包括:转向盘在前后方向相对于加速踏板参考点(PRP)的距离($L6$)、座椅高度($H30$)、变速类型(手动还是自动)和座椅升程($A19$)等,如图 2-23 所示。

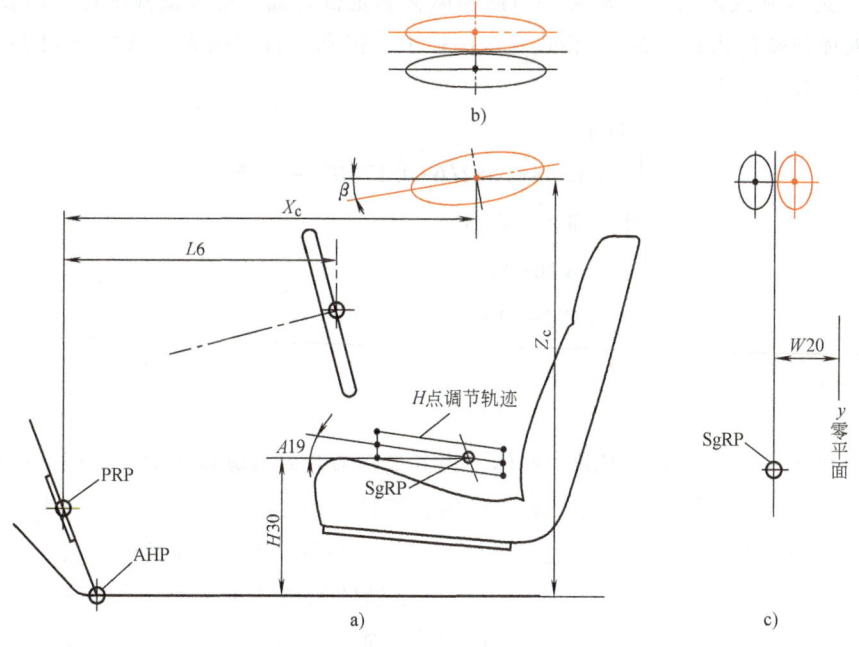

图 2-23 影响眼椭圆定位的布置参数
a) 侧视图 b) 俯视图 c) 后视图

2002版SAE J941标准采用的是有关乘员眼睛位置分布规律最新的研究成果,其眼椭圆不再根据设计乘员背部角度$A40$定位;而是认为:转向盘前后位置和座椅高度是影响眼椭圆中心位置的主要因素。新的定位方法采用了更多、更准确的参数作为定位因子,提高了灵活性和准确性。这些在2010版标准中延续下来。

(1) 椭圆倾角的计算 眼椭圆的三个轴线互相垂直。轴线A_y方向平行于汽车坐标系y轴方向。对于A类车可调节座椅的眼椭圆,长轴轴线A_x与水平面的夹角应根据H点调节轨迹倾角$A19$(座椅行程)计算,即

$$\beta = 18.6° - A19 \tag{2-9}$$

(2) 椭圆中心的计算 椭圆中心的三个坐标分量X_c、Y_c(分别以Y_{cl}和Y_{cr}代表左、右眼椭圆中心的y坐标)和Z_c分别以PRP、y零平面和过AHP的水平面为定位基准,其计算公式为

$$\begin{cases} X_c = 664 + 0.587L6 - 0.176H30 - 12.5t + \dfrac{CM+CF}{2}\cos\beta^{\ominus} \\ Y_{cl} = W20 - 32.5 \\ Y_{cr} = W20 + 32.5 \\ Z_c = 638 + H30 + \dfrac{CM+CF}{2}\sin\beta \end{cases} \tag{2-10}$$

式中,$L6$为转向盘中心到加速踏板参考点(PRP)的前后距离;$H30$为座椅高度;t为变速类型,当有离合踏板时$t=1$,否则$t=0$;CM和CF分别为男子和女子眼睛位置分布的上、下$1-p$分位点;β为侧视图眼椭圆倾角;$W20$为SgRP点在汽车坐标系中的y坐标。

(3) 适合美国人的A类车可调节座椅眼椭圆定位公式 通过试验统计得出$\beta=12°$。将美国人体数据代入式(2-9)和式(2-10)中,得到适合美国人的A类车可调节座椅眼椭圆定位公式,即

$$\begin{cases} \beta = 12° \\ X_c = 664 + 0.587L6 - 0.176H30 - 12.5t \\ Y_{cl} = W20 - 32.5 \\ Y_{cr} = W20 + 32.5 \\ Z_c = 638 + H30 \end{cases} \tag{2-11}$$

(三) 眼椭圆的理论解释

1. 眼椭圆的数学含义

如前所述,对于一定的驾驶人群体,当其坐在适宜的驾驶位置时,其眼睛位置在汽车坐标系三个方向上呈正态分布。设二维随机变量(x_1, x_2)中,x_1、x_2代表眼睛位置坐标在汽车坐标系相应视图方向上的两个分量,由正态分布总体的性质可知,x_1、x_2的联合分布为二维正态分布。该视图方向的眼椭圆轮廓实际上是二维随机变量(x_1, x_2)的概率密度函数在某高度上的水平截面线,如图2-24所示,下面给出数学证明。

$\ominus$ 当式中变量取所注明单位或默认单位时(此处为默认单位mm),其数值满足方程所示关系,下文不再赘述。

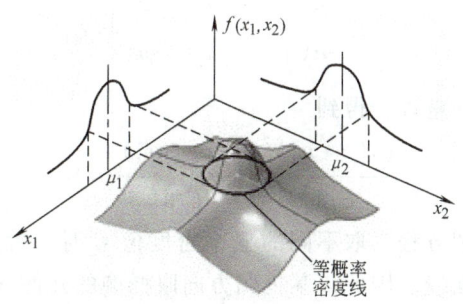

图 2-24 二维正态分布概率密度函数图形和等概率密度线

二维正态分布变量的概率密度函数 $f(x_1, x_2)$ 可写为

$$f(x_1,x_2)=\frac{1}{2\pi\sqrt{|\boldsymbol{\Sigma}|}}e^{-\frac{1}{2}\begin{pmatrix}x_1-\mu_1\\x_2-\mu_2\end{pmatrix}^{\mathrm{T}}\boldsymbol{\Sigma}^{-1}\begin{pmatrix}x_1-\mu_1\\x_2-\mu_2\end{pmatrix}}$$

$$=\frac{1}{2\pi\sigma_1\sigma_2\sqrt{1-\rho^2}}e^{\left\{-\frac{1}{2(1-\rho^2)}\left[\left(\frac{x_1-\mu_1}{\sigma_1}\right)^2-2\rho\left(\frac{x_1-\mu_1}{\sigma_1}\right)\left(\frac{x_2-\mu_2}{\sigma_2}\right)+\left(\frac{x_2-\mu_2}{\sigma_2}\right)^2\right]\right\}} \tag{2-12}$$

式中，x_1、x_2 为眼点位置的坐标分量；μ_1、μ_2 分别为 x_1、x_2 的数学期望（均值）；σ_1、σ_2 分别为 x_1、x_2 的标准差；ρ 为相关系数；$\boldsymbol{\Sigma}=\begin{pmatrix}\sigma_1^2 & \rho\sigma_1\sigma_2 \\ \rho\sigma_1\sigma_2 & \sigma_2^2\end{pmatrix}$ 为 x_1、x_2 的协方差矩阵。

令式（2-12）等号右边等于常数 C，即

$$\frac{1}{2\pi\sqrt{|\boldsymbol{\Sigma}|}}e^{-\frac{1}{2}\begin{pmatrix}x_1-\mu_1\\x_2-\mu_2\end{pmatrix}^{\mathrm{T}}\boldsymbol{\Sigma}^{-1}\begin{pmatrix}x_1-\mu_1\\x_2-\mu_2\end{pmatrix}}=C \tag{2-13}$$

将式（2-13）进一步整理，得

$$\begin{pmatrix}x_1-\mu_1\\x_2-\mu_2\end{pmatrix}^{\mathrm{T}}\boldsymbol{\Sigma}^{-1}\begin{pmatrix}x_1-\mu_1\\x_2-\mu_2\end{pmatrix}=C_1=-2\ln(2\pi C|\boldsymbol{\Sigma}|) \tag{2-14}$$

考虑一般情况，$\boldsymbol{\Sigma}$ 为非对角阵。根据协方差矩阵的性质，$\boldsymbol{\Sigma}$ 为正定、对称和非奇异矩阵，其特征矢量相互正交，则存在坐标变换矩阵 $\boldsymbol{T}=(\boldsymbol{v}_1,\boldsymbol{v}_2)$，使 $\boldsymbol{\Sigma}=\boldsymbol{T\Lambda T}^{-1}$。其中，$\boldsymbol{v}_1$、$\boldsymbol{v}_2$ 为 $\boldsymbol{\Sigma}$ 的规范化特征矢量，$\boldsymbol{\Lambda}=\begin{pmatrix}\lambda_1^2 & 0\\0 & \lambda_2^2\end{pmatrix}$ 为对角阵，λ_1、λ_2 为 $\boldsymbol{\Sigma}$ 的特征根。于是，式（2-14）变为

$$\begin{pmatrix}x_1-\mu_1\\x_2-\mu_2\end{pmatrix}^{\mathrm{T}}\boldsymbol{T\Lambda}^{-1}\boldsymbol{T}^{-1}\begin{pmatrix}x_1-\mu_1\\x_2-\mu_2\end{pmatrix}=C_1 \tag{2-15}$$

作变换 $\begin{pmatrix}x_1'-\mu_1'\\x_2'-\mu_2'\end{pmatrix}=\boldsymbol{T}^{-1}\begin{pmatrix}x_1-\mu_1\\x_2-\mu_2\end{pmatrix}$，则式（2-15）变为

$$\begin{pmatrix} x'_1 & -\mu'_1 \\ x'_2 & -\mu'_2 \end{pmatrix}^{\mathrm{T}} \boldsymbol{\Lambda}^{-1} \begin{pmatrix} x'_1 & -\mu'_1 \\ x'_2 & -\mu'_2 \end{pmatrix} = C_1 \tag{2-16}$$

将式（2-16）展开并整理，得到

$$\frac{(x'_1 - \mu'_1)^2}{C_1 \lambda_1^2} + \frac{(x'_2 - \mu'_2)^2}{C_1 \lambda_2^2} = 1 \tag{2-17}$$

式（2-17）是标准的椭圆方程。取不同的概率密度值 C 时，就对应着概率密度函数图形上不同高度的水平截面线。因此，某视图方向眼椭圆的几何含义，就是该方向眼睛坐标变量二维正态分布概率密度函数的等概率密度线。

2. 眼椭圆的视切比

视切比定义为眼睛位置落在眼椭圆切线包含眼椭圆一侧的概率。对于眼椭圆的任意切线，眼睛位置落在包含眼椭圆一侧的概率都相等，且等于眼椭圆的百分位。图 2-25 示意了眼椭圆视切比的含义。容易与视切比混淆的概念是包含比，它定义为眼睛位置落在眼椭圆内的概率。视切比总是要大于包含比。

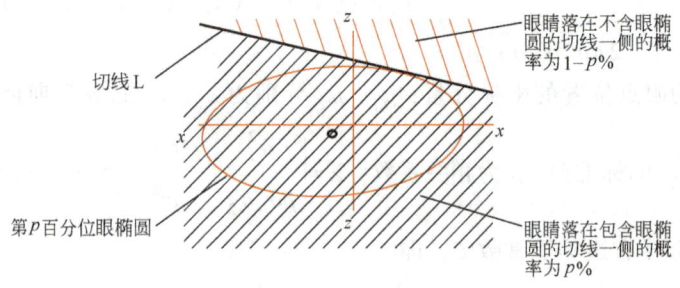

图 2-25 眼椭圆视切比的含义

由于眼睛位置在 x、y、z 三个方向上的正态分布性质，决定了它在三维空间中的分布呈椭球状，称为三维眼椭圆。在数学上，三维眼椭圆也是用视切比来定义的，即三维眼椭圆是由无数个平面所形成的包络面，每个平面都与椭球相切，且把空间分为包含三维眼椭圆和不包含三维眼椭圆两个部分；眼睛位置落在其任意切平面包含三维眼椭圆一侧的概率都等于视切比。三维眼椭圆左右各一，分别表示左、右眼的分布图形。

（四）眼椭圆的应用

眼椭圆是汽车视野设计的基础，但只有与视线（切线）一起使用才有意义。以驾驶人前方下视野设计为例，进一步说明应用眼椭圆进行视野设计的原理，如图 2-26 所示。若要驾驶人前下视野不被发动机舱盖、前风窗下边缘、仪表板上边缘或转向盘上缘所阻挡，并能看到车头前方一定距离 d 以外的路面，做法如下：在侧视图上，从地面上距离车头 d 处的一点 P_d 作 95 百分位眼椭圆的下切线 L_d，则眼睛位置落在切线 L_d 上方的概率是 95%。如果使发动机舱盖、前风窗下边缘、仪表板上边缘和转向盘上缘都在切线 L_d 的下方，就能以 95% 的概率保证驾驶人的眼睛不被上述物体遮挡而能看到 P_d 点前方的路面，从而满足上述视野要求。以 SAE 眼椭圆为理论依据，可进行如下视野设计内容：内、外视镜布置，驾驶人前方视野的设计和校核，车身 A、B、C 柱盲区的计算，仪表板上可视区的确定、刮水器的布置和刮扫区域校核，以及遮阳带位置的确定等。

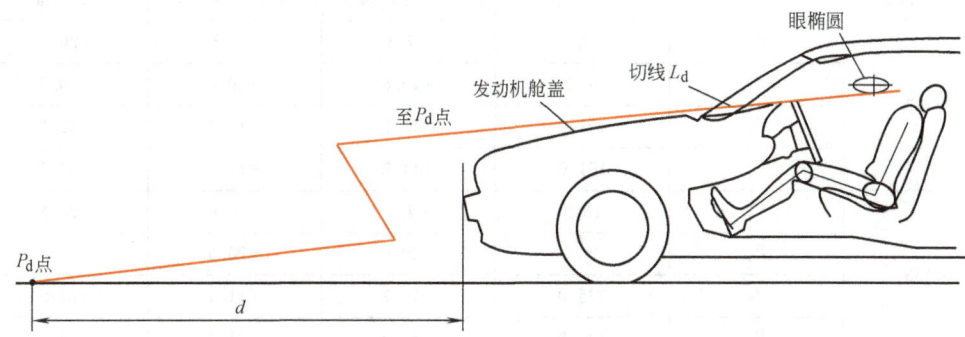

图 2-26　利用眼椭圆进行驾驶人前方下视野设计的原理

（五）眼点

眼椭圆为驾驶人视野设计提供了科学依据，但实际应用中也有诸多不便。例如，设计后视野时，需以眼椭圆轮廓上距离后视镜最远的点作为眼点，但这个眼点不容易找到。经过统计研究，SAE 给出了方便某些场合使用的视原点，借助它们可方便地得到眼点。

1. E 点

E 点（眼点）代表眼睛位置，是视野设计过程中视线的出发点。眼点有 E_L 和 E_R 两个，分别代表左、右眼睛的位置，左、右眼点的距离为 65mm。

2. P 点

P 点是驾驶人头部水平转动的中心点，与 E 点等高，位于左、右眼点 E_L 和 E_R 连线中点后方 98mm 处，如图 2-27 所示。其中，图 2-27a 所示的头部水平转动角为零；图 2-27b 中头部绕 P 点水平转动了 α 角，新的眼点为 E_L' 和 E_R'。SAE 中只定义了 A 类车的 P 点，B 类车没有 P 点的相关定义。P 点采用相对于 95 百分位中央眼椭圆中心的偏移量来定位，参见表 2-14，其中"+"表示该值沿汽车坐标系轴线正方向起作用。中央眼椭圆是大小和眼椭圆相同，其中心位于左、右眼椭圆中心的连线中点的辅助椭圆。

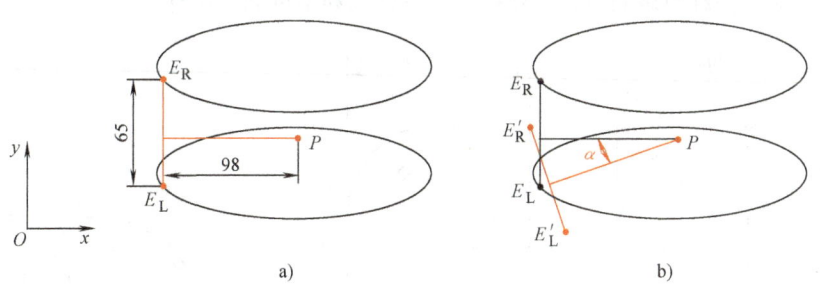

图 2-27　眼点与 P 点的相对位置

头部转动点 P_1 和 P_2 分别用来计算驾驶人左、右侧 A 柱的双目视野障碍角。头部转动点 P_4 和 P_3 分别用来计算驾驶人左、右侧后视镜的间接视野。

表 2-14 P 点相对于 95 百分位中央眼椭圆中心的偏移量

$TL23/mm$	P 点	$\Delta x/mm$	$\Delta y/mm$(左侧驾驶)	$\Delta y/mm$(右侧驾驶)	$\Delta z/mm$
>133	P_1	0	-7.3	+7.3	-20.5
	P_2	26.2	+20.6	-20.6	-20.5
	P_3	191.0	-11.2	+11.2	+22.5
	P_4	191.0	+11.2	-11.2	+22.5
<133	P_1	16.3	-7.3	+7.3	-20.5
	P_2	39.2	+20.6	-20.6	-20.5
	P_3	175.0	-11.2	+11.2	+22.5
	P_4	175.0	+11.2	-11.2	+22.5

三、头廓包络

(一) 概述

头廓包络指不同身材的乘员以正常姿势坐在适宜的位置时，其头廓的包络；用于在设计中确定乘员所需的头部空间。它是基于早期 SAE 主持的乘员头部和眼睛位置，以及头部尺寸等方面的研究而开发的，1974 年被纳入 SAE J1052 标准。1997 年修订的 SAE J1052 标准中，适应 CAD 的需要用头廓包络面取代了头廓包络线；且前排外侧乘员的头廓包络面考虑了头左右环顾的情况，包络面左、右部分之间增加了 23mm 平段。2002 年修订的 SAE J1052 标准中更新了头廓包络的定位方法，使其应用更灵活，适应性更强。2008 年更新了固定座椅头廓包络尺寸。2017 年更新了头廓包络的定位方法，并增加了前排中央乘员和前排外侧固定座椅的头廓包络。

通过对人的头部尺寸进行测量和统计，SAE 制定了平均头廓线，来描述侧视和后视方向头廓的平均尺寸，如图 2-28 所示。将平均头廓线样板上的眼点沿着眼椭圆轮廓上半部分运动，平均头廓线随之平动，描绘出的各个位置平均头廓线的包络就是头廓包络线，如图 2-29 所示。1997 年后的头廓包络面，其开发采用的是 CAESAR 人体数据库中三个平均身材男子头廓的三维扫描数据。为方便使用，SAE 将头廓包络面简化成为上半椭球面。与眼椭圆相对应，头廓包络面也包括座椅行程可调式和不可调式两种。

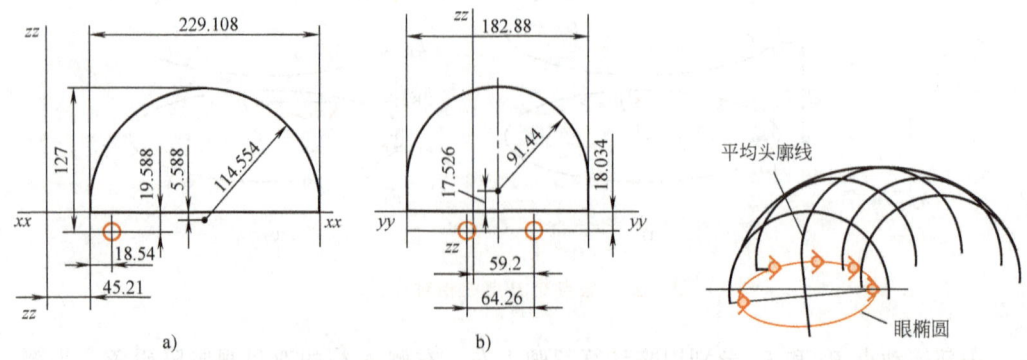

图 2-28 SAE 平均头廓线
a) 侧视图 b) 后视图

图 2-29 头廓包络面生成原理

（二）头廓包络面的尺寸和定位

1. 头廓包络面的尺寸

头廓包络面的尺寸包括长轴、短轴和竖轴的长度。对应各种座椅水平调节行程的乘员头廓包络面尺寸参见表 2-15，尺寸代号的含义如图 2-30 所示。

表 2-15 头廓包络面的尺寸

百分位	乘员	$TL23$/mm	L_x/mm	L_y/mm（车内侧）	L_y/mm（车外侧）	L_z/mm
95th	驾驶人和前排外侧乘员	>133	±211.5	143.75	166.75	+133.50
		≤133	±198.76	143.75	166.75	+133.50
		0	±173.31	143.41	166.41	+147.07
	前排中央乘员	>133	±211.25	143.75	143.75	+133.50
		≤133	±198.76	143.75	143.75	+133.50
	其他	0	±173.31	143.41	143.41	+147.07
99th	驾驶人和前排外侧乘员	>133	±246.04	166.79	189.79	+151.00
		≤133	±232.40	166.79	189.79	+151.00
		0	±181.25	165.20	189.20	+171.20
	前排中央乘员	>133	±246.04	166.79	166.79	+151.00
		≤133	±232.40	166.79	166.79	+151.00
	其他	0	±181.25	165.20	165.20	+171.20

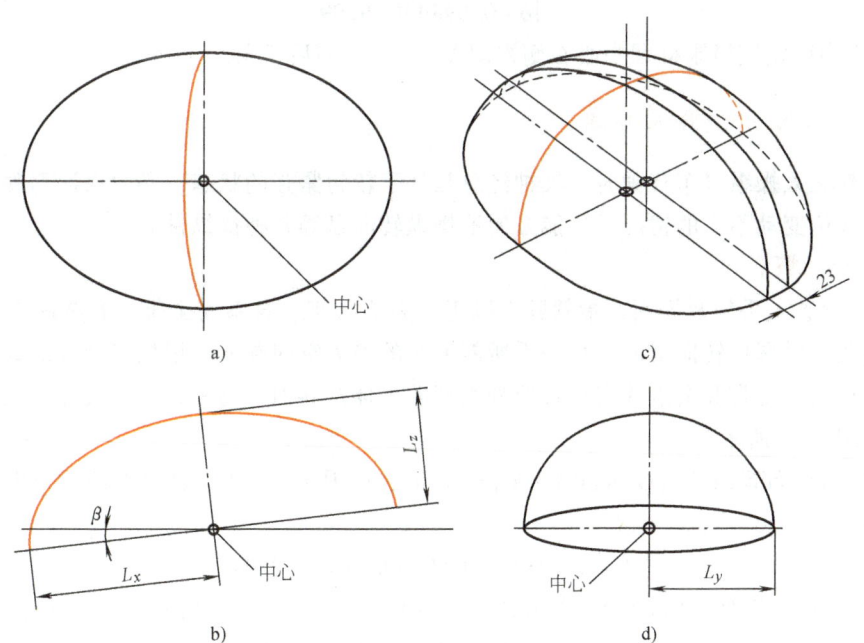

图 2-30 头廓包络面尺寸的含义

a) 俯视图　b) 侧视图　c) 驾驶人和前排外侧乘员头廓包络面　d) 后视图

2. 头廓包络面的定位

2002 版的 SAE J1052 标准中，适合 A 类车的头廓包络面只在侧视图有向前下方的

倾角 β。对于可调节座椅，倾角为 $12°$；对于固定座椅，在各个视图方向倾角均为零。

头廓包络面中心的三个坐标分量 X_c、Y_c 和 Z_c 分别以 PRP、y 零平面和过 AHP 的水平面为定位基准。当座椅水平调节量 $TL23$ 大于零时，有

$$\begin{cases} X_c = 664\text{mm} + 0.587L6 - 0.176H30 - 12.5t + X_h \\ Y_c = W20 \\ Z_c = 683\text{mm} + H30 + Z_h \end{cases} \quad (2\text{-}18)$$

式中，$L6$ 为转向盘中心到加速踏板参考点（PRP）的前后距离；$H30$ 为座椅高度；t 为变速类型，当有离合踏板时 $t=1$，否则 $t=0$；X_h、Z_h 的取值参见表 2-16；$W20$ 为 SgRP 点在汽车坐标系中的 y 坐标。

表 2-16 X_h 和 Z_h 的取值

$TL23$/mm	X_h/mm	Z_h/mm	$TL23$/mm	X_h/mm	Z_h/mm
>133	90.6	52.6	0	96.7	44.8
≤133	89.5	45.9			

对于固定座椅（座椅水平调节量 $TL23$ 为零），有

$$\begin{cases} X_c = 619\sin\delta + X_h \\ Y_c = W20 \\ Z_c = 619\cos\delta + Z_h \\ \delta = 0.698A40 - 9.09 \end{cases} \quad (2\text{-}19)$$

式中，δ 为固定座椅眼椭圆中心在侧视图关于 SgRP 的后摆角。

四、驾驶人手伸及界面

当驾驶人操纵汽车行驶时，其神经总是处于较为紧张的状态，必须保证驾驶人在身体躯干部位变动不大的情况下，能方便地操纵转向盘等各种操纵件。

1. 相关概念

1) 驾驶人手伸及界面，指驾驶人以正常姿势入座、身系安全带、右脚踩在加速踏板上以及一手握住转向盘时，另一手所能伸及的最大空间廓面。根据安全带形式，有对应于三点式安全带和两点式安全带两种类型的手伸及界面。驾驶人手伸及界面在车内的位置如图 2-31 所示。

2) 通用布置因子（General Package Factor，G 因子），是反映乘坐环境布置的代数式，即

$$G = 0.00327H30 + 0.00285H17 - 3.21 \quad (2\text{-}20)$$

3) HR 参考面（Hand Reach Reference Plane），用于定位驾驶人手伸及界面的平面。它平行于汽车坐标系 yz 平面，位于 AHP 后方，到 AHP 的距离为

$$HR = 786 - 99G \quad (2\text{-}21)$$

2. 手伸及界面的描述

驾驶人手伸及界面数据是在手伸及界面测量台上测得，再经统计分析后得到的。将在测量台上测得的数据根据 G 因子和男女比例进行分类，对于三点式安全带和两点式安全带各列

第二章 基于人机工程学的车身布置设计

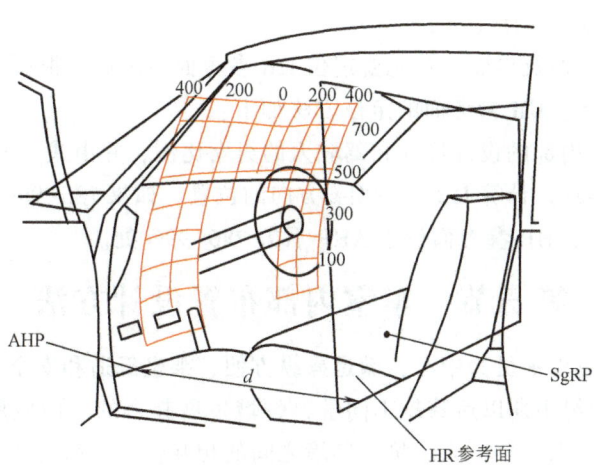

图 2-31 驾驶人手伸及界面在车内的位置

成 21 张数据表格，用来构造手伸及界面。其中，G 因子分成 G<-1.25、-1.24<G<-0.75、-0.74<G<-0.25、-0.24<G<0.24、0.25<G<0.74、0.75<G<1.24 和 G>1.25 七档；驾驶人男女比例分为 50∶50、75∶25 和 90∶10 三种。因此，每张表格对应着一定范围的 G 因子值、确定的驾驶人男女比例和安全带形式。表 2-17 给出了手伸及界面数据表格的示例。

手伸及界面上的点位于 HR 参考面前方，表 2-17 中的数据表示这些点沿 x 方向到 HR 参考面的距离。数据在 z 方向以通过 H 点的水平面为基准，向上为正，向下为负；在 y 方向以通过 H 点的纵向垂直平面为基准，驾驶人中心线左侧为外侧，右侧为内侧。由于测量时测量杆的一端是一个 25mm 的三指抓捏式操作按钮，在实际应用时应根据操作按钮的形式进行一定的修正。例如，指点式按钮的伸及范围应比抓捏式的往前加长 50mm；手推式按钮的伸及范围要比抓捏式的往后缩短 50mm。

表 2-17 手伸及界面数据表格 （单位：mm）

H 点高度	驾驶人中心线外侧							驾驶人中心线内侧								
	400	300	250	200	100	50	0	0	50	100	200	250	300	400	500	600
800	387	438	456	470	490	490	502	493	501	504	495	483	468	426	377	
700	463	506	520	531	546	551	556	550	562	566	557	546	532	499	455	
600	519	555	567	576	586	586	586	590	605	611	604	595	584	555	514	449
500	556	586	598	606	609	603	589	614	630	638	637	631	622	595	553	486
450	567	595	607	615	615	604	583	620	636	645	649	644	636	609	565	498
400	574	600	612	621	618	601	571	621	637	648	656	654	646	619	572	506
350	576	601	614	623	616	594	555	619	633	646	660	660	654	625	574	511
300	574	597	612	622	611				639		660	662	658	626	572	510
250	567	590	605	617	602				628		657	662	658	624	564	506
200	557	578	596	608	590				613		649	658	656	618	551	498
100	524	544	566	581							624	639	640	593	510	469
0	474										584	607	610	551	449	423
-100	410										528	561	567	493	367	360

3. 驾驶人手伸及界面的定位

要建立驾驶人手伸及界面，首先要定位 HR 参考面；之后，根据表格中的数据就可以构造出手伸及界面。HR 参考面的定位方法如下：

1) 确定驾驶室内部的设计尺寸和驾驶人的男女比例，并由式 (2-20) 计算 G 值。

2) 根据式 (2-21) 计算 HR 参考面 x 方向的位置。如果 786-99G>$L53$，HR 参考面位于 SgRP 处；反之，HR 参考面位于 AHP 后方 786-99G 处。

第三节　车室内部布置设计方法

车室内部布置应以乘员为中心，满足操纵方便、乘坐舒适和安全可靠等要求。汽车人机工程学是 20 世纪中期以后跨越不同学科领域发展起来的一门应用科学，它以人的生理和心理特性为依据，分析人、机、环境之间的相互作用，研究如何改善和设计这些关系，从而使汽车设计适合人体的特征。汽车人机工程学为车室内部布置奠定了理论基础。

一、内部布置设计的要求

车室内部布置设计时应考虑：

1) 乘员坐姿和座椅布置符合目标乘员群体舒适乘坐的要求。

2) 保证车内必需的空间（如腿部空间、头部空间以及转向盘与驾驶人躯干之间的空间等），以保证驾驶人操作灵活、准确，增强舒适性和安全性。

3) 操纵装置的布置位置和作用力大小符合人体操纵范围和操纵力特点，使驾驶人操纵自然、迅速、准确而轻便，降低操纵疲劳。

4) 驾驶人视觉信息系统适合人眼视觉特性和驾驶人视野要求，且能及时获得正确的驾驶信息。

5) 具有被动安全措施，这些措施要符合人体生物力学特点和车内环境。例如，正确地设置安全带铰接点位置和对人体的约束力，可以降低车辆正碰时二次碰撞的伤害程度。

为了扩大有效空间，结构设计师要同时考虑结构的最佳优化设计方案和结构零件的紧凑性问题。

二、内部布置设计

（一）H 点布置设计

乘员座椅的布置，通过确定不同百分位乘员的设计 H 点位置来实现。对于驾驶人座椅，不仅要确定设计 H 点的位置和行程，还需确定合理的设计 H 点调节方式和调节轨迹，为座椅调节机构设计提供参考。所确定的 H 点位置，是驾驶人下肢舒适的乘坐位置，它与驾驶人坐姿密切相关。

1. 舒适乘坐姿势

人体乘坐的舒适和疲劳程度与坐姿关节角度有关。舒适关节角度通常因车型而异。图 2-32 为轿车驾驶人舒适关节角度的范围，仅供参考。

第二章 基于人机工程学的车身布置设计

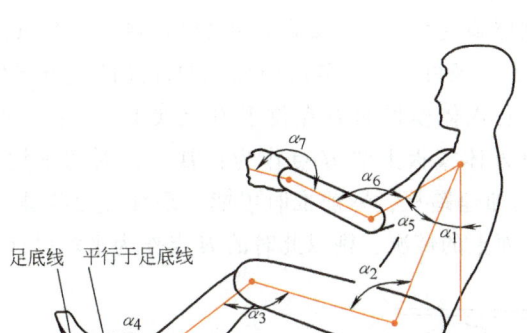

图2-32 舒适姿势下的人体关节角度范围

硬点尺寸 $H30$ 是与座椅高度密切相关的重要尺寸。统计分析表明，对于不同类型的汽车，$H30$ 的取值不同，驾驶人姿势随着 $H30$ 的增大呈一定的变化规律，如图 2-33 所示。对于 A 类车，$H30$ 通常在 127~405mm 之间。

2. 驾驶人的设计 H 点布置

由于驾驶人乘坐位置与周围部件存在密切的人机关系，所以驾驶人座椅的布置对驾驶人安全性、坐姿舒适性、视野和操作方便性都具有重要的影响，是车室内部布置中的重要内容。

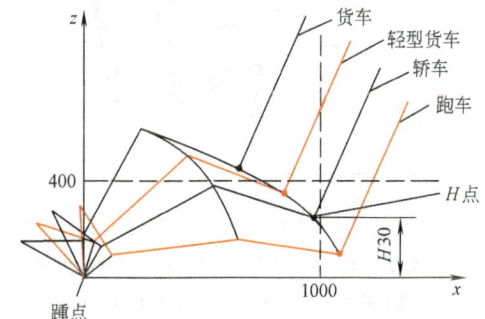

图2-33 不同类型汽车 H 点高度（$H30$）和乘坐姿势

正常驾驶时，有三个重要的设计 H 点位置：最前位置、最后位置和平均位置。身材高大的驾驶人乘坐位置通常偏后、偏下，以便于获得良好前方上视野、降低顶盖高度和避免进出时腿部与转向盘干涉；身材矮小的驾驶人乘坐位置则偏前、偏上，以满足前方下视野和操作转向盘的要求。为保证驾驶人乘坐区域能容纳 90% 的驾驶人乘坐，应以 95th 百分位男子的设计 H 点作为正常驾驶时的最后 H 点，以 5th 百分位女子的设计 H 点作为正常驾驶时的最前 H 点，如图 2-34 所示。

设计 H 点的调节范围（包括水平调节量 $TL23$ 和垂直调节量 $TH17$），根据 5th 百分位女子和 95th 百分位男子的设计 H 点位置确定。如果调节轨迹为曲线，还要根据其他百分位驾驶人的设计 H 点位置确定调节轨迹的形状。座椅调节机构设计需参照设计 H 点调节轨迹，其调节范围应大于正常驾驶时设计 H 点的调节范围。例如，座椅调节机构的前调极限位置可参照 1th 百分位女子的设计 H 点确定，后调极限位置参照 99th 百分位男子的设计 H 点确定，如图 2-35 所示。

已知考虑地毯压塌量（常取 5mm）后的地板线位置、自由状态加速踏板的位置和正常驾驶时 D 点相对于 AHP 高度，则驾驶人的 H 点布置过程如下：

1）确定平均设计 H 点。选定具有 50th 百分位下肢的人体设计模板。根据乘坐时的

D 点高度画出 D 点高度线。根据体腿夹角 $A42$、膝关节角 $A44$ 和踝关节角 $A46$ 设置肢体姿势；然后在保持 $A46$ 不小于 $87°$ 的条件下，将鞋沿地板线向加速踏板方向前推，前推时保证踵点始终在地板线上，并且人体模板的 D 点位于 D 点线上。前推至鞋底与自由状态的加速踏板接触后停止，以人体模板上的 H 点作为正常驾驶时的平均设计 H 点，如图 2-36 所示。对于地板铰接式加速踏板，鞋前推时可能出现踵点首先碰到踏板铰接点，而鞋底面仍不能踏到踏板表面上的情况，则以此时的 H 点作为平均设计 H 点位置。

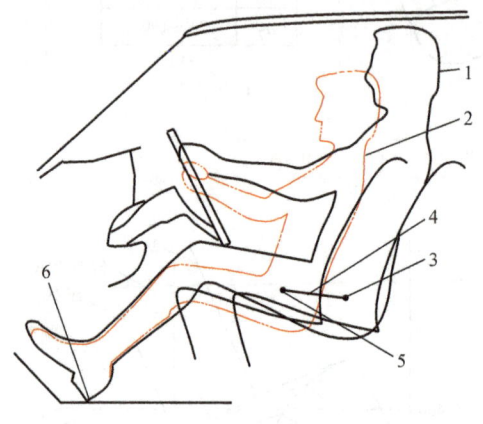

图 2-34 驾驶人 H 点布置原理

1—大身材男子 2—小身材女子 3—95th 百分位男子 H 点
4—H 点调节轨迹 5—5th 百分位女子 H 点 6—AHP

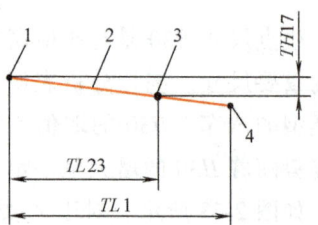

图 2-35 H 点位置及其调节范围

1—最前 H 点 2—H 点调节轨迹
3—正常驾驶的最后 H 点（SgRP）
4—最后 H 点

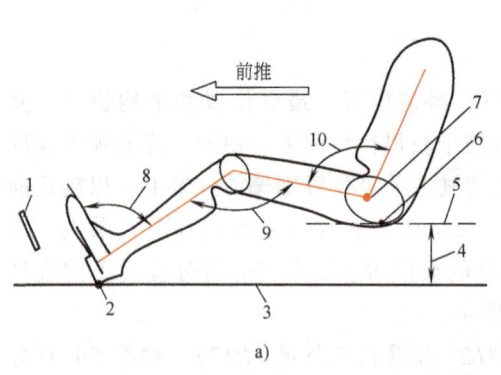
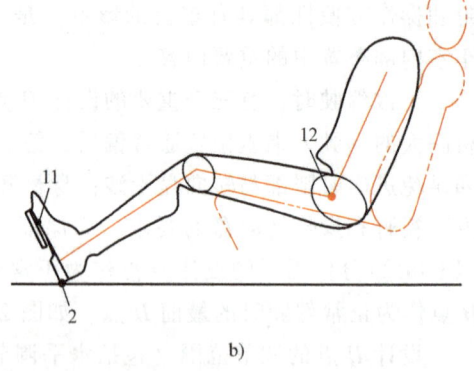

a)

b)

图 2-36 确定正常驾驶时的平均设计 H 点位置

a) 定位前 b) 定位后

1—加速踏板 2—踵点 3—考虑地毯压塌量的地板线 4—D 点高度 5—D 点高度线 6—D 点
7—设计 H 点 8—踝关节角 9—膝关节角 10—体腿夹角 11—拇趾点（BOF） 12—平均设计 H 点

2）确定最前、最后设计 H 点。通过分析和经验确定最前、最后设计 H 点相对于平均设计 H 点位置的前后调节量，从而确定最前、最后设计 H 点，以及设计 H 点的水平和垂直调节行程。

第二章 基于人机工程学的车身布置设计

3) 将 5th 百分位女子和 95th 百分位男子的人体设计模板根据地板线和加速踏板定位，检查关节角度的舒适性。定位方法是将人体模板上的 H 点与设计 H 点重合，在保持 $A46$ 不小于 87° 的条件下，将鞋底的踵点沿地板线前推，直至鞋底与加速踏板接触，完成定位。定位后 95th 百分位男子的人体模板踵点、拇趾点和设计 H 点分别为 AHP、BOF 和 SgRP。

4) 根据最前、最后和平均设计 H 点位置确定 H 点的调节轨迹。

由于 H 点布置结果与驾驶人乘坐舒适性、上肢和下肢的操作空间、视野性和头部空间等人机关系密切相关，为方便 H 点布置，研究人员对 H 点位置的确定进行了许多研究。

在 20 世纪 80 年代，美国通用汽车公司的 Nancy L. Philippart 等人提出了驾驶人适意 H 点位置曲线模型，用它来预测驾驶人的 H 点位置。1985 年，该模型被美国汽车工程师协会收录在 SAE J1517 中。该模型为一组不同百分位驾驶人适意驾驶时的 H 点位置曲线，其中每一条曲线都表征了 H 点位置与定位参考点之间水平和垂直方向的位置关系。对于 A 类车，x 方向的定位参考点位于 BOF，z 方向的定位参考点是 AHP，如图 2-37 所示。SAE J1517 中的适意 H 点位置曲线是根据美国 20 世纪 60 年代的驾驶人人体和试验数据经统计分析之后生成的。统计时，A 类车的驾驶人男女比例为 1∶1；B 类车的男女比例分成 90∶10、75∶25 和 50∶50 三个档位。A 类车的 H 点位置曲线模型为

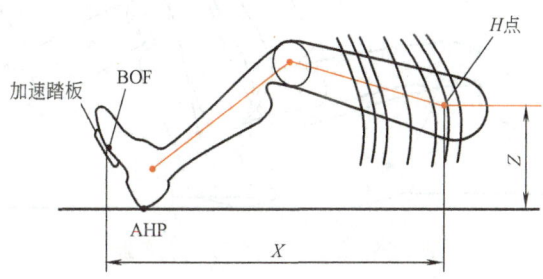

图 2-37　A 类车 SAE J1517 中的适意 H 点位置曲线

$$\begin{cases} X_{97.5} = 936.6 + 0.613879Z - 0.00186247Z^2 \\ X_{95} = 913.7 + 0.672316Z - 0.00195530Z^2 \\ X_{90} = 885.0 + 0.735374Z - 0.00201650Z^2 \\ X_{50} = 793.7 + 0.903387Z - 0.00225518Z^2 \\ X_{10} = 715.9 + 0.968793Z - 0.00228674Z^2 \\ X_5 = 692.6 + 0.981427Z - 0.00226230Z^2 \\ X_{2.5} = 687.1 + 0.895336Z - 0.00210494Z^2 \end{cases} \quad (2-22)$$

式中，X 为 H 点到 BOF 的水平距离（mm）；Z 为 H 点到 AHP 的垂直距离（mm）。

SAE H 点位置曲线是统计学模型，其中隐含了人体尺寸、布置约束和姿势等方面的因素，用它确定的 H 点调节范围理论上满足所需的适应度。但是，该模型是对美国 20 世纪 60 年代的人体数据和车型数据进行统计分析之后得出的，对于不同时代、不同国

家的人体统计数据和现代车型不一定适用；应用时考虑的因素太少（只有 H 点高度这一个因素），灵活性差；预测因子中没有考虑目标驾驶人群体的人体尺寸，例如：身高。

3. 后排乘客的 H 点布置

乘客座椅多为行程不可调节座椅。乘客的 H 点布置需将选定的人体模板根据地板线（考虑压塌量）和前排座椅来定位，以第二排乘客的 H 点布置为例，过程如下：

1）将前排座椅定于最后、最低位置，并选定合适的人体模板。

2）根据乘坐时的 D 点高度画出 D 点高度线。后排乘客座位常常是三个，如果整车发动机布置形式和驱动方式采用 FR 型方案，则地板中间的凸包会影响中间乘客座椅的高度。为保证舒适性，必须将中间乘客和两旁乘客的 D 点高度差控制在一定范围内。

3）在保持踝关节角 $A47$ 不大于 $130°$ 的条件下，将人体模板鞋沿地板线前移，并保证在 D 点始终位于 D 点线上的同时躯干也相应前移，直至鞋或小腿与前排座椅接触。此时的 H 点作为 SgRP，如图 2-38 所示。

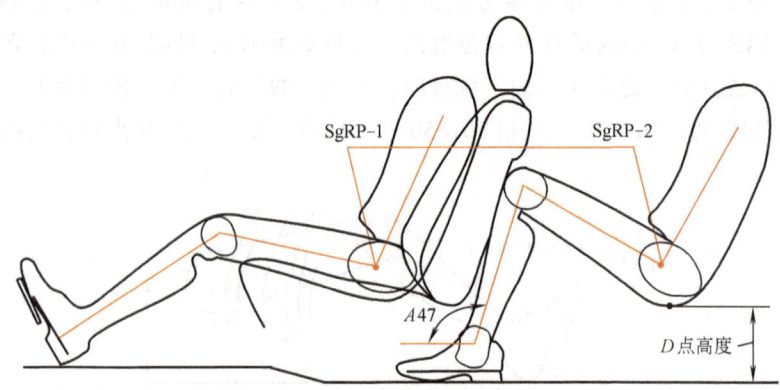

图 2-38　第二排乘客的 H 点布置

不同类型的车，对乘坐空间的要求也不同，应选用合适的人体模板。例如，有些家庭用车，前排用于夫妇乘坐，而后排则专门为儿童设计，此时可选用小尺寸的人体模板。

乘客的搁脚位置和脚的姿势对前后座椅的间距影响很大。考虑到舒适性和腿部空间的要求，一般将乘客的脚布置在前排座椅下面，并使乘客的膝盖与前排座椅靠背的后面保持必要的间隙。采用阶梯地板布置可保证前排座椅的下部留有足够的搁脚空间，且前后座椅的间距变小有利于小型轿车的布置。座椅靠背的厚度对乘坐空间的影响很大，应根据车的级别合理选择。

（二）顶盖和前后风窗的布置

前、后座 SgRP 点确定后，可将头廓包络面定位。根据有效头部空间尺寸 $H61-1$、$H61-2$ 的经验值，考虑头部间隙尺寸 $L38$、$H41-1$、$L39$ 和 $H41-2$ 可确定顶盖的高度，如图 2-39 所示。

根据发动机舱盖高度和前围位置，考虑造型上的要求，可确定前风窗下边缘发动机舱盖 C 点位置。根据行李舱盖高度和后围位置，考虑造型上的要求，可确定后风窗下缘行李

第二章 基于人机工程学的车身布置设计

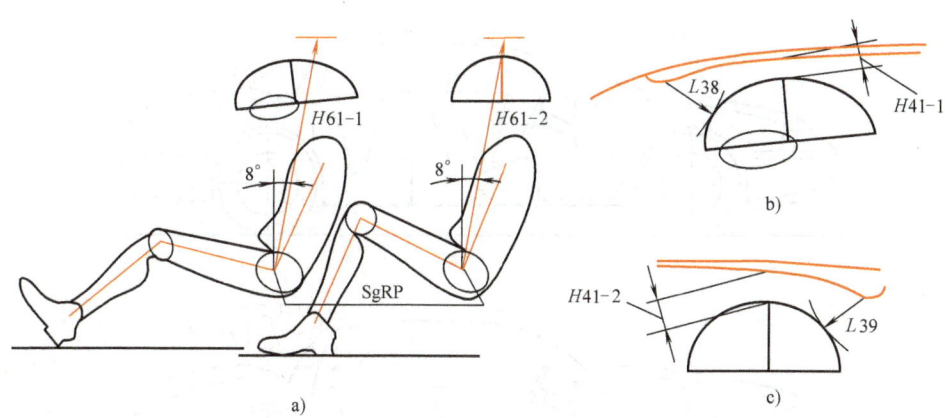

图 2-39 确定顶盖的高度（侧视图）
a) 有效头部空间尺寸 $H61-1$、$H61-2$ b) 前排头部间隙尺寸 c) 后排头部间隙尺寸

舱盖 D 点位置。发动机舱盖 C 点决定了车头长度，行李舱 D 点决定了车尾长度，二者之间的长度决定了乘员车室的大小，如图 2-40 所示。确定前、后风窗角度和开口大小时需要兼顾驾驶人视野、造型和空气动力学等方面的要求，其关键尺寸如图 2-41 所示。

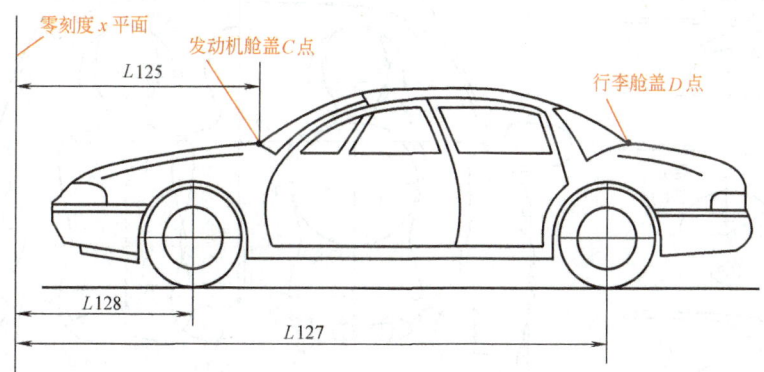

图 2-40 发动机舱盖 C 点、行李舱 D 点和长度尺寸

（三）车身宽度方向的布置

车身宽度方向的尺寸要保证乘员头部与侧窗、肩部与车门，以及肘部与车门之间的间隙，如图 2-42 所示；车身外表面的各点则与顶盖厚度、玻璃下降的轨迹、门锁和玻璃升降的尺寸以及车门厚度等因素有关。在横截面上布置门槛梁和顶盖梁，可以确定门槛和门框的高度。

确定车身侧壁倾斜度时，在满足乘员所需空间的基础上，还应考虑上下车的方便性。如图 2-43a 所示，当 K 值（车门上下边缘的水平距离）为零时，乘员的上身必须倾斜 30°以上才能进入车内，入座非常不便；如果取 $K=100\sim150\text{mm}$（图 2-43b），则人的上身稍许倾斜即可入座。K 值也不能过大，否则将由于上下比例失调而影响汽车外观，内部空间的利用也不好；下车不方便；而且玻璃升降占用车门内腔的空间太大，使车门增厚，如图 2-43c 所示。

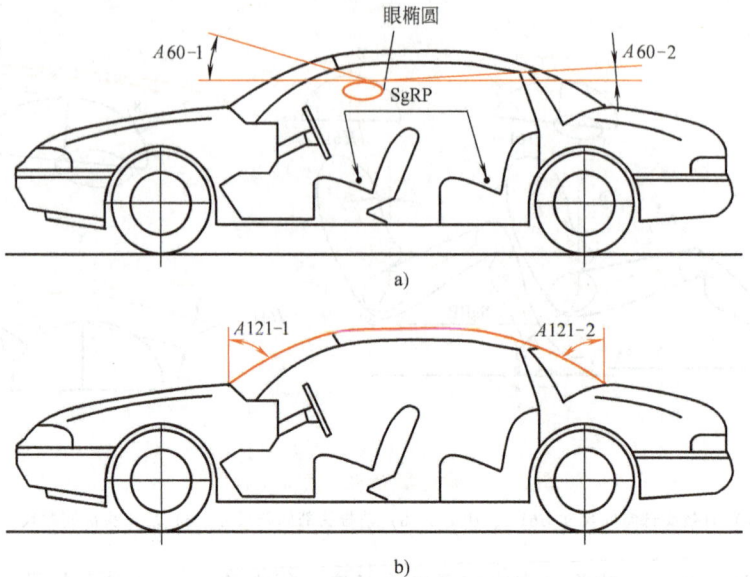

图 2-41 前、后风窗的布置参数

a）前、后视野参数 b）前、后风窗倾角

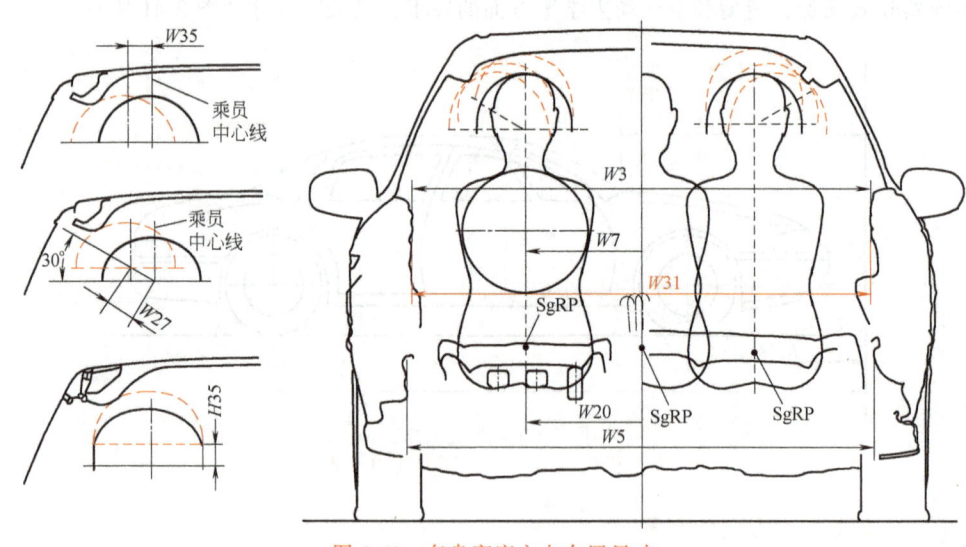

图 2-42 车身宽度方向布置尺寸

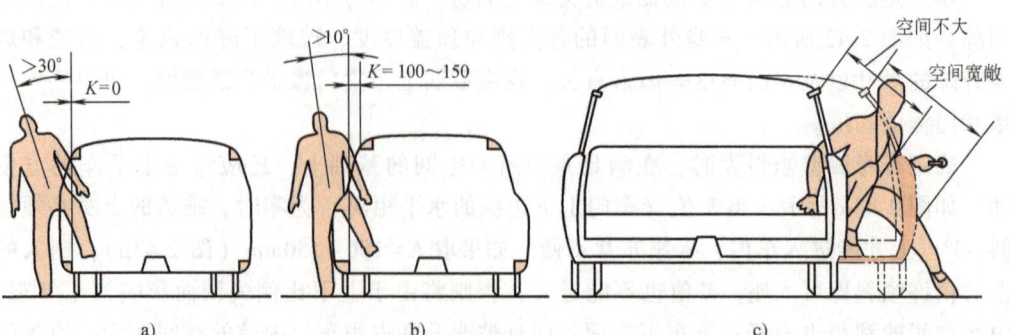

图 2-43 K 值和车身侧壁倾斜度对上下车方便性的影响

三、布置方案校核

安全性是汽车设计需要考虑的重要内容。在行车过程中,有 80% 的交通信息通过驾驶人的视觉获得,因此良好的驾驶人视野是保证主动安全性的必要条件。仪表板可视性、操纵杆件和按钮伸及性等也是与主动安全性密切相关的内容。本节主要讲述这些人机关系的校核方法。

(一) 人眼视觉和驾驶人视野

1. 人眼的视觉特性

眼睛是人们认识世界、获取外界信息的重要感觉器官。通过它我们能辨别物体的大小、形状和颜色,这就是通常所说的视觉;而眼睛所看到的空间范围就称为视野。视野可分为:

1) 单眼视区,为一只眼睛所能看到的范围。
2) 双眼视区,为两只眼睛同时能看到的范围。
3) 左右单眼总视区,为左右两只眼睛的单眼视区的总和。

人在观察物体时,通常要转动眼睛或头部来获得更大的视野范围。眼睛或头部的转动按照感觉是否舒服可分为自然转动和勉强转动。在自然转动时,眼睛和头部均无不适感;而勉强转动则相反。眼睛自然转动的范围为水平方向左右各 15°,垂直方向上下各 15°。眼睛勉强转动的范围为水平方向左右各 30°;垂直方向向上 45°,向下 65°。头部自然转动的范围为水平方向左右各 45°,垂直方向上下各 30°;勉强转动的范围为水平方向左右各 60°,垂直方向上下各 50°。眼睛和头部的转动范围如图 2-44 所示。

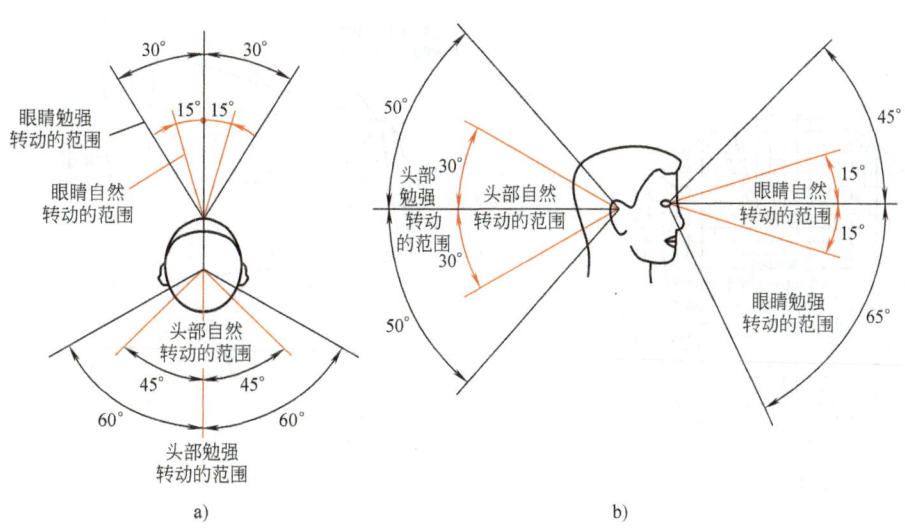

图 2-44 眼睛和头部的转动范围
a) 水平方向 b) 垂直方向

2. 驾驶人视野和盲区

驾驶人视野是指驾驶人处于正常驾驶位置,并且当其眼睛和头部在正常活动范围内时，能直接或借助于辅助设备看到的范围，可分为直接视野和间接视野。驾驶人直接视野是指驾驶人直接看到的范围；驾驶人间接视野是指驾驶人借助后视镜等辅助设备看到的范围。

阻碍驾驶人视线的物体称为视野障碍。被视野障碍挡住而驾驶人看不见的区域称为盲区。按照眼睛的使用情况，盲区有单眼盲区和双眼盲区之分。所谓单眼盲区，是指左眼或右眼单独观察时由于视野障碍的阻挡而看不见的区域；双眼盲区是由于视野障碍的阻挡而两眼不能同时看见的区域。

以驾驶人环绕视野为例，驾驶人在驾驶位置向周围地面观察时，由于立柱、车门、发动机舱盖和行李舱盖等的阻挡会形成盲区，如图 2-45 所示，盲区之外的地方就是可见区域。

3. 视野校核中眼点的选取方法

视野校核必须选定合适的眼点，而眼点的选定又要以眼椭圆为根据。眼点的选取原则：选取眼椭圆轮廓上视野性能最差的眼点。例如，计算可视区要选择使视野最小的眼点；而计算盲区则应选择使盲区最大的眼点。

以计算驾驶人右后方的视野为例说明眼点的选取（图 2-46）：首先在视镜上选择距 95th 百分位眼椭圆最远的一点 M；然后在距点 M 较远的驾驶人左侧眼椭圆轮廓上，选取距离点 M 最远的点 E_L（连同对应的右眼点 E_R）作为眼点来计算后视野。作 E_L 处的左眼椭圆切线 L，则左眼落在切线 L 包含左眼椭圆一侧的概率是 95%。因为 E_L（连同 E_R）是眼椭圆上距离后视镜最远的个体的眼点，以它计算出的视野最小。如果此时视野满足要求，则能以足够的概率保证其他眼点的视野也满足要求。

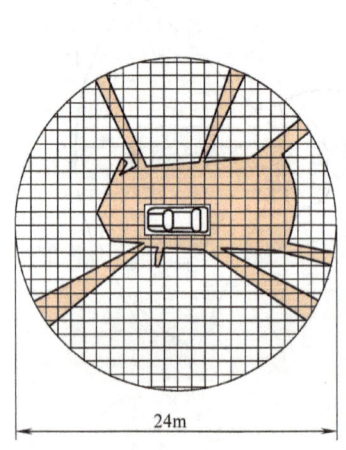

图 2-45 环绕视野和盲区

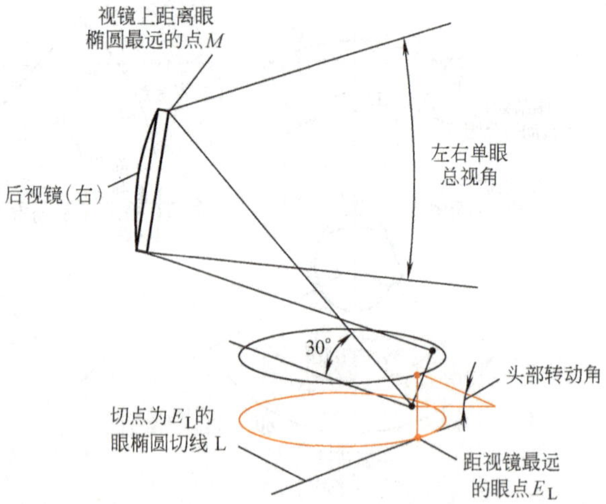

图 2-46 右后方视野求作眼点的选取

（二）前方视野校核

1. 前风窗开口视野校核

前风窗开口上沿应该具有足够的高度，以使驾驶人能够方便地观察车头前方 12m 远、5m 高的交通灯。前风窗开口下沿高度与前方下视野有关，其高度的选取应保证地面盲区长度在许可范围内。对于轿车和微型车，前方上视野必须给予重视。此外，不合理的前方上、下视野还会影响驾驶人颈部的舒适性。设计时，需要做出各种条件下的上、下视野线，以检查前风窗的布置，如图2-47所示。其中，V_1、V_2两点的定义参见 GB 11562。

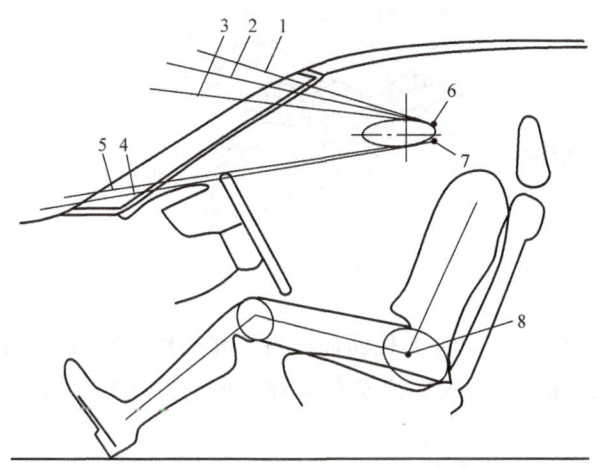

图 2-47　前方视野线及视角

1—观察交通灯的眼椭圆视切线（最小为14°）　2—过前风窗玻璃刮扫区域上边界的眼椭圆视切线（通常为10°）
3—过V_1点的前风窗玻璃透明区上边界视线（7°）　4—过V_2点的前风窗玻璃透明区下边界视线（5°）
5—过V_2点的转向盘轮缘上切线　6—V_1点　7—V_2点　8—SgRP

2. A柱盲区校核

驾驶人一侧的A柱（包括所有能够阻挡驾驶人视线的附件、玻璃密封条、玻璃上黑边等）盲区，是驾驶人前方视野盲区中最主要的部分。由于A柱对驾驶人视线的阻挡，驾驶人常常需要转动眼睛和头部观察驾驶人一侧前方的交通状况，容易引起疲劳，对安全行车不利。A柱盲区用双目障碍角表示，其大小与A柱本身的结构尺寸和驾驶人眼睛到A柱的距离有关。在国标GB 11562《汽车驾驶员前方视野要求及测量方法》中规定，每根A柱的双目障碍角不能超过6°。这里以SAE J1050推荐标准为例，讲述A柱盲区的校核方法。

SAE J1050标准评价A柱盲区只使用眼点高度上的A柱截面尺寸。以计算左侧A柱盲区为例（图2-48），求作过程如下：

1）计算头部转动点P。因为是驾驶人左侧的A柱，应使用P_1的公式计算P点；反之，则根据P_2的公式计算P点。

2）按照头部转动角为零时计算两个眼点的坐标。

3）在眼点高度上作一水平面，截左A柱得到左A柱断面。

4）计算头部的最小水平转角。通常左眼点转动到极限位置（30°）仍不能看到左A柱断面外侧，因此需要向左转动头部。头部最小水平转角是在保持左眼点向左转动30°的状态下，再向左转动头部至左眼完全看见A柱断面时的头部水平转角。

5）计算A柱双目障碍角。在眼点高度上的水平面内，从左眼点E'_L向A柱断面的

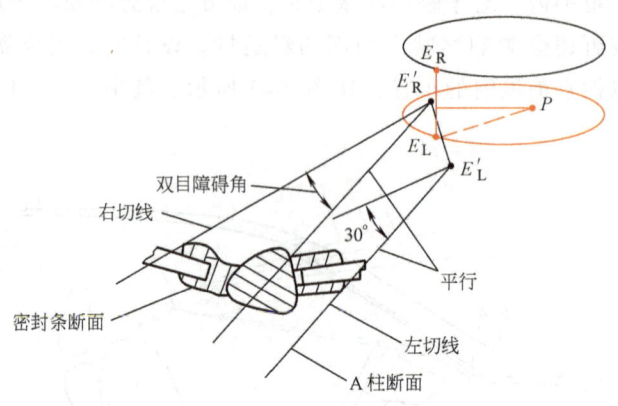

图 2-48 SAE J1050 推荐的 A 柱盲区求作方法

左侧作切线,再从右眼点 E'_R 向 A 柱断面的右侧作切线,左右切线的夹角就是 A 柱双目障碍角。有可能出现左右切线平行或在 A 柱截面前方相交的情况,这时认为 A 柱盲区不存在。

3. 前风窗刮水器刮扫区域校核

刮水器的功能是刮除风窗玻璃上的雨、雪和其他污物,保持风窗玻璃有良好的视野性。刮扫面积指刮水器在风窗玻璃上能刮扫到的有效面积。保证该刮扫区域满足驾驶人的视野要求是布置刮水器的依据。刮扫面积与刮水器的布置位置、刮扫摆角和刮片尺寸有关。在布置刮扫系统时,不仅应保证有足够的刮扫面积,还要有正确的刮扫部位。

在标准中定义了理论刮扫区,它是重点要刮扫的部位。图 2-49 为 SAE J903c 规定的理论刮扫区,它是由眼椭圆上下左右四个切平面与前风窗玻璃的交线围成的区域。轿车各眼椭圆切平面角度、各刮扫区的刮扫部位和要求见表 2-18。

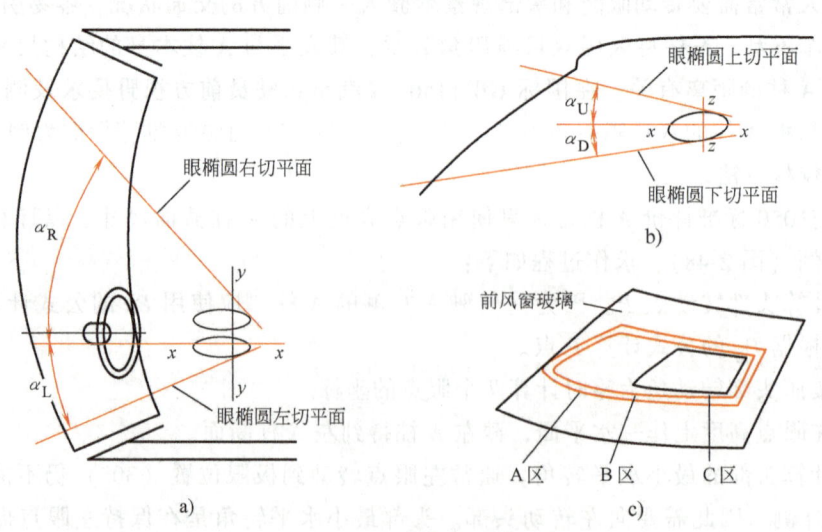

图 2-49 SAE J903c 理论刮扫区
a) 俯视图 b) 侧视图 c) 斜视图

第二章　基于人机工程学的车身布置设计

表 2-18　轿车刮水器的刮扫部位和要求

区域	刮净率(%)	角度/(°)			
		α_L	α_R	α_U	α_D
A	80	18	56	10	5
B	95	14	53	5	3
C	100	10	15	5	1

由于刮水器的空间运动特性、刮扫轴线空间的布置及前风窗玻璃的空间形状为曲面等因素，刮水器实际刮扫到的区域常常不能完全覆盖理论刮扫区。为评定刮水器刮扫的有效性，需要计算刮净率，它定义为实际刮扫区和理论刮扫区重合部分的面积与对应的理论刮扫区面积之比。不同理论刮扫区的刮净率要求不同，在驾驶人经常观察的前风窗玻璃区域，刮净率要求要高一些。为求得实际刮扫区，应该对刮水器进行运动分析，建立刮水器的运动学模型，设定刮片的起始角和终止角等运动参数来模拟刮水器的工作过程，将刮片在前风窗玻璃上扫过的实际刮扫区求出来。图 2-50 为根据 SAE 推荐的方法作出的各理论刮扫区、实际刮扫区及实际刮扫区与理论刮扫区 A 重合部分的区域。在布置刮水器时，应该合理地确定刮扫中心轴的方向，保证刮片均匀地扫过玻璃表面，确保刮水器具有足够的刮扫能力。

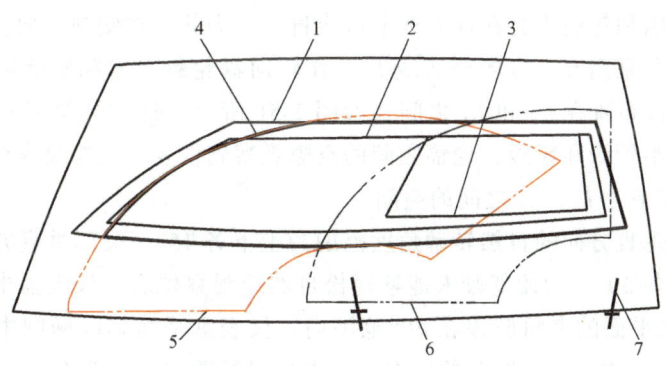

图 2-50　理论刮扫区、实际刮扫区及其重合区域
1—理论刮扫区 A 边界　2—理论刮扫区 B 边界　3—理论刮扫区 C 边界
4—实际刮扫区与理论刮扫区 A 重合部分的边界　5—右实际刮扫区边界
6—左实际刮扫区边界　7—刮水器旋转轴线

（三）仪表板布置及视野校核

仪表板是汽车操纵控制与显示的集中部位，是汽车的操纵中心和信息传递中心。仪表板设计必须满足视野性、操纵性和空间布置的要求。设计得好的仪表板会使驾驶人感到方便而舒适，反之则可能影响行车安全。

1. 仪表板高度的确定

仪表板高度不仅受高个驾驶人腿部空间要求的制约，还受矮个驾驶人前方下视野要求的制约，设计时要综合考虑。如图 2-51 所示，根据驾驶人前方地面盲区大小的要求作前方下视野线 L_d，同时与发动机舱盖和眼椭圆下方相切，则 L_d 与水平面所成的角度即为驾驶人前方下视野角 α。为保证前方下视野的要求,应该使仪表板上方最高点和转向盘轮缘都低于下视野线 L_d。

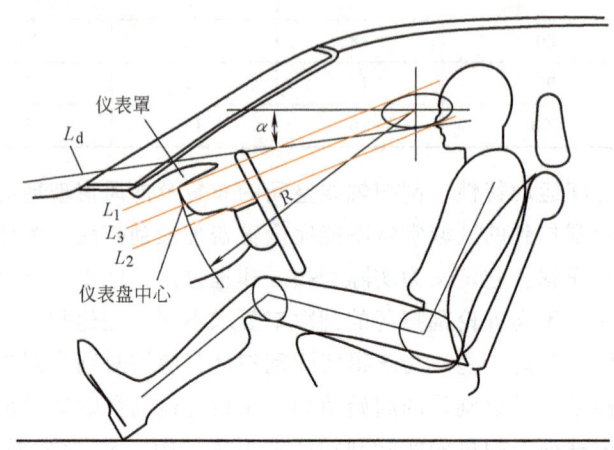

图 2-51　汽车仪表板视野设计

2. 仪表盘布置和仪表视野校核

(1) 仪表盘布置　仪表盘应是驾驶人最容易观察到的地方,但驾驶人在观察时,转向盘轮缘、轮辐和轮毂都会在仪表板上形成盲区。为此,在侧视方向,作转向盘轮缘最高处截面下方和眼椭圆上方的公切线 L_1,作转向盘轮毂上方和眼椭圆下方的公切线 L_2,则仪表盘应该布置在 L_1 和 L_2 之间,如图 2-51 所示,这样能保证 90% 的驾驶人可以通过转向盘上半轮缘和轮毂、轮辐之间的空隙观察到仪表。连接仪表盘中心和眼椭圆中心的直线 L_3 应平分 L_1、L_2 之间的空间。

考虑到人眼垂直方向的自然转动角度范围为上下各 15°,头部垂直方向的自然转动角度范围为上下各 30°,为使驾驶人能够轻松自然地观察仪表,仪表盘中心和眼椭圆中心的连线 L_3 与水平面的夹角应该在 30° 范围内。仪表盘平面到眼椭圆中心的距离称为视距 R。按照 Henry Dreyfuss 协会的标准,仪表板目视距离最大为 711mm,推荐距离为 550mm。为保证仪表数字的正确读识,仪表盘平面要有恰当的倾角,仪表盘平面与直线 L_3 的夹角一般控制在 90°±10° 范围内。仪表盘和仪表在宽度方向的位置应布置在可视区域内。

(2) 仪表视野校核　驾驶人在观察仪表等显示装置时,其视线会受到转向盘轮缘、轮毂或轮辐的阻挡,在仪表板上会形成盲区。如果仪表和控制件布置在盲区内,就会影响驾驶人对仪表的读识和对控制件的操作,不利于安全行车。因此,必须确定仪表板上盲区和可视区的范围,将仪表布置在驾驶人无须转动头部和躯干就能看到的地方。

转向盘在仪表板上形成的盲区包括转向盘轮缘形成的盲区和轮毂及轮辐形成的盲区两部分。在计算盲区之前,先要建立仪表板工作面,它应该位于仪表显示面处,且与之平行。

1) 转向盘轮缘盲区的求作

① 求取特征盲区。所谓特征盲区,就是选取左、右眼椭圆中心点为左、右眼点时

第二章 基于人机工程学的车身布置设计

计算出来的双眼盲区,它是左、右眼点单眼盲区的公共部分,如图 2-52a 所示。某眼点的单眼盲区是仪表板上被转向盘轮缘阻挡而该眼点看不见的部分。以左眼点为例,其求取方法如下:过左眼点作一系列转向盘上半轮缘的内、外切线,这些切线与仪表板工作平面相交得一系列交点,交点围成的区域就是左眼点的单眼盲区。

② 求取最严重障碍点。在特征盲区中,最不容易被眼睛看到(考虑头部转动等因素)的点称为最严重障碍点(C 点),它是由左、右眼点连线中点出发向转向盘轮缘上截面的中心点所作射线与仪表板工作平面的交点。

③ 确定 C 点运动轨迹椭圆。过转向盘轮缘上截面的中心点作一系列中央眼椭圆的切线,与仪表板工作平面相交得一系列交点,交点围成的椭圆就是 C 点运动轨迹,如图 2-52b 所示。所谓中央眼椭圆,就是大小与眼椭圆相同,中心位于左、右眼点中点的椭圆。

④ 求取对应 95% 驾驶人的转向盘轮缘总盲区。将 C 点沿其运动轨迹椭圆移动一周,特征盲区随之平动,在仪表板工作平面上扫过的区域便是双眼总盲区,如图 2-52c 所示。

2)转向盘轮毂、轮辐盲区的求作。

① 确定眼点。自转向盘轮毂中心点分别作左、右眼椭圆最下端的切线,分别取左、右切点作为左、右眼点。根据眼椭圆视切比定义可知,用上述眼点计算出来的盲区具有统计意义。

② 求取盲区。过左眼点作一系列转向盘轮毂和轮辐上切线,与仪表板工作平面相交得一系列交点,交点连线下方的区域就是左单眼盲区;同理可得右单眼盲区。如图 2-52d 所示,左、右单眼盲区的公共部分即为对应 95% 驾驶人的总盲区。

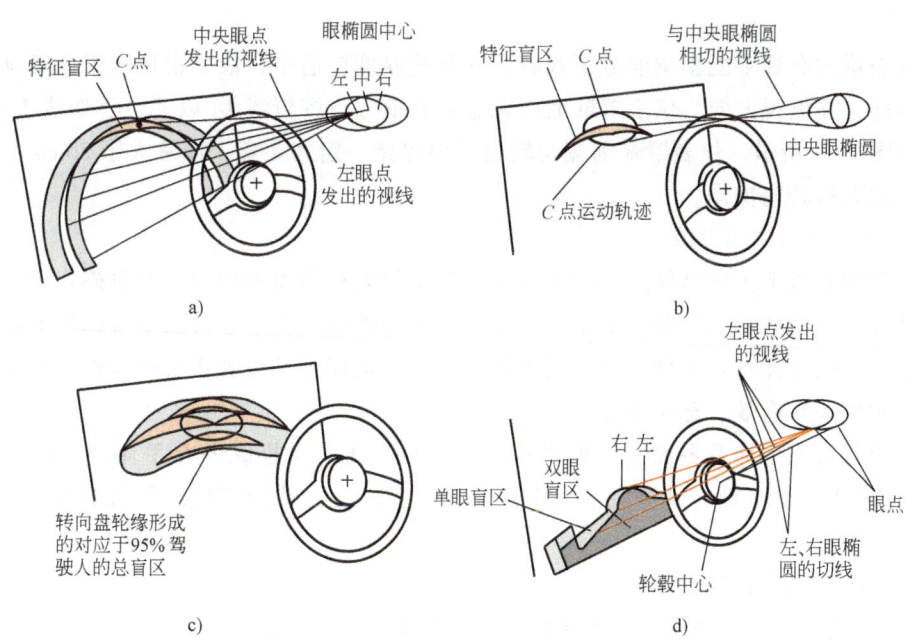

图 2-52 求取转向盘形成的仪表板盲区

a)求取特征盲区和 C 点 b)确定 C 点运动轨迹 c)求取转向盘轮缘总盲区 d)求取转向盘轮毂、轮辐盲区

3. 仪表罩布置

仪表罩（遮光罩）的功能是防止光线对驾驶人造成眩目。仪表罩要有足够的深度，以遮住射向仪表盘玻璃的光线。设计时应进行眩目检查，如图 2-53 所示。如果入射光经过仪表面反射后不会与眼椭圆相交，就不会产生眩目现象。

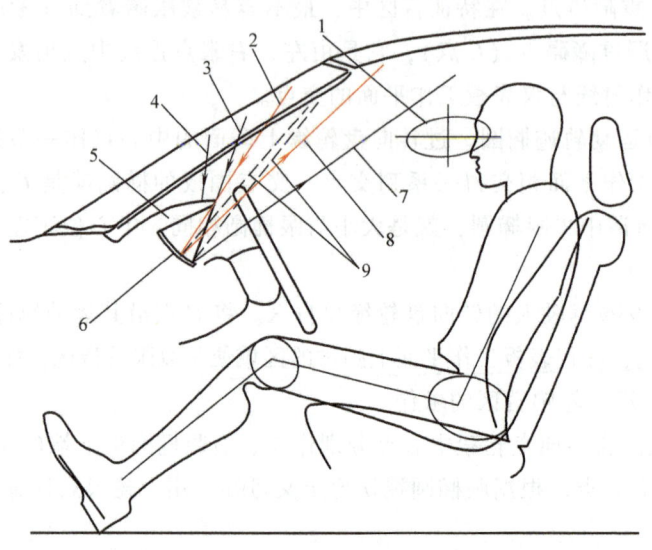

图 2-53　仪表防眩目检查

1—眼椭圆　2—入射光线　3—入射光线（射到仪表盘玻璃下边界）
4—被仪表罩遮挡的入射光线　5—仪表罩　6—仪表玻璃　7—入射光线 3 的反射线
8—入射光线 2 的反射线　9—法线

仪表罩的布置不能影响前方下视野，并且其厚度要适中，以少占用布置仪表盘的空间。因此，在侧视方向，仪表罩断面应该布置在前方下视野线 L_d 以下、公切线 L_1 的上方，如图 2-51 所示。仪表罩最前端与转向盘要保持一定的距离，通常大于 80mm，以免干涉驾驶人打转向操作。

4. 操纵件和按钮布置

由于仪表板上手操纵件或按钮的位置相当于仪表板表面的位置，所以确定仪表板断面形状和位置时应考虑驾驶人的手伸及能力，确保驾驶人在不需要大动身体躯干部位的情况下，就能方便有效地操作仪表板上的操纵件，从而满足驾驶人舒适操作要求和减缓疲劳，确保操作有效、迅速而方便。

作出驾驶人手伸及界面后，即可检验操纵件布置。当操纵件在手伸及界面的内侧（靠近驾驶人一侧）时，认为其满足手伸及性的要求。设待检测操纵件位置为点 T，检测方法如下：

1）定位手伸及界面。

2）将待检测点 T 沿 x 方向向手伸及界面投影，得到投影点 P。

3）比较待检测点的 x 坐标 x_T 和投影点的 x 坐标 x_P，得出结论。若 $x_T > x_P$，则待检测点是可伸及的；反之，则待检测点不可伸及。

（四）后视镜布置及其视野校核

驾驶人后方视野是驾驶人借助后视镜间接观察到的范围，一般分为两种：驾驶人借助车外后视镜看到的外后视野和借助车内后视镜看到的内后视野，它们与后视镜尺寸、形式和安装位置有关。内视镜通常为平面镜，外视镜有平面镜和曲面镜两种型式。

1. 后视镜布置

汽车后视镜布置应充分考虑人眼的视觉特性，以尽量靠近驾驶人直前视线为宜；这样，驾驶人不用经常转动眼睛和头部就能获得足够的信息。人机工程学推荐：后视镜水平方向的位置位于驾驶人直前视线左右各60°（45°头部自然转动角与15°眼睛自然转动角之和）范围内，垂直方向的位置位于驾驶员直前视线上下各45°（30°头部自然转动角与15°眼睛自然转动角之和）范围内。对于驾驶人侧后视镜，一般推荐镜中心与靠近视镜一侧眼点的连线（或眼椭圆切线）与驾驶人直前视线的夹角不大于55°。观察后视镜的视线不应被立柱阻挡。若通过前风窗观察后视镜，后视镜应布置在通过前风窗刮扫区域看得到的范围内。对于副驾驶人侧后视镜，应安装在驾驶人直前视线75°范围内，如图2-54所示。

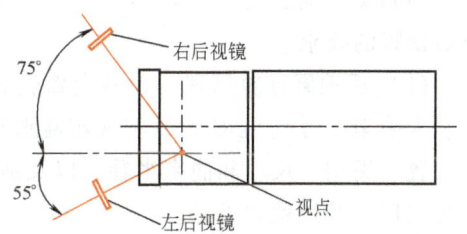

图2-54 汽车后视镜的布置

我国强制标准 GB 15084 规定：M 和 N 类汽车必须在左、右两侧各装一个外后视镜。M1 和 N1 类汽车上必须安装一个内后视镜；当汽车满载，外后视镜的底边离地面高度小于 1800mm 时，其单侧外伸量不得超出汽车最大宽度以外 200mm。

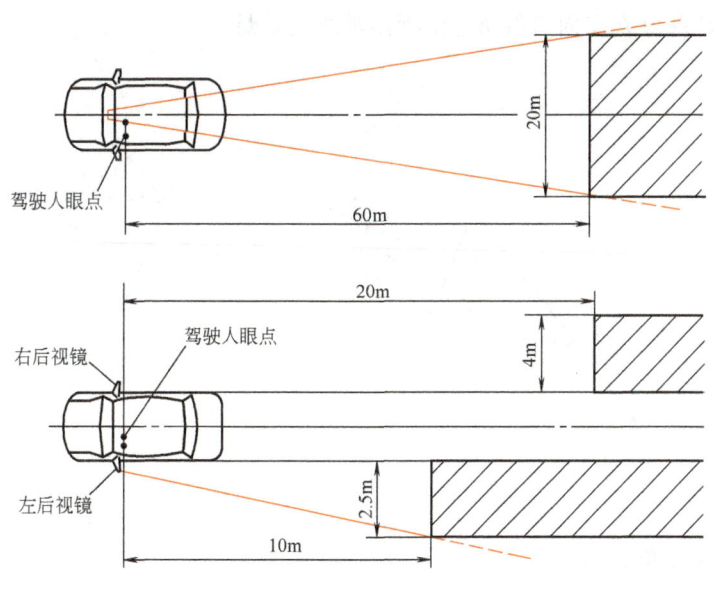

图2-55 总质量小于2000kg 的 M1 和 N1 类汽车的后视野要求

2. 后视野法规、计算及校核

(1) 后视野的法规要求　欧美、日本和我国都制定了法规和标准来保证驾驶人的后视野。GB 15084 要求汽车在整车整备质量状态,并且前排具有一名乘客的条件下,达到下述视野要求:对于内后视镜,要求驾驶人借助它能在水平路面上看见一段宽度至少为 20m 的视野区域,其中心平面为汽车纵向基准面,并从驾驶人的眼点后 60m 处延伸至地平线。对于驾驶人侧外后视镜,要求驾驶人借助它能在水平路面上看见一段宽度至少为 2.5m 的视野区域,其右边与汽车纵向基准面平行,且与汽车左边最外侧点相切,并从驾驶人眼点后 10m 处延伸至地平线。对于总质量小于 2000kg 的 M1 和 N1 类汽车的乘客侧外后视镜,要求驾驶人借助它能在水平路面上看见一段宽度至少为 4m 的视野区域,其左边与汽车纵向基准面平行,且与汽车右边最外侧点相切,并从驾驶人的眼点后 20m 处延伸至地平线。图 2-55 为 GB 15084 对总质量小于 2000kg 的 M1 和 N1 类汽车后视野的要求。

(2) 后视野计算原理　在确定驾驶人后视野之前,首先明确基本布置参数,包括驾驶人乘坐参考点 SgRP、驾驶人座椅水平调节行程 $TL23$ 和靠背角 $A40$、后视镜镜面中心位置、类型、尺寸和曲率半径,以及地平面位置等参数。后视野的求取根据光线追踪原理实现,其过程如下:

1) 根据镜面转动中心、尺寸和曲率半径等参数,建立镜面周边的空间描述。

2) 计算头部水平转动点（P 点）,并根据头部水平转动角 β 计算左、右眼点的位置。采用 SAE 标准时,可根据 P_3、P_4 的公式计算 P 点；GB 15084—2013 则规定了初始眼点的位置。

驾驶人观察后视镜时,有时在眼睛转动范围内不能完全看到后视镜,必须转动头部,因此需要计算头部转动角,并根据头部转动角来计算眼点位置。以左侧后视镜为例,计算公式参见式 (2-26),计算原理如图 2-56 所示。其中,M 点为距离眼点最远的视镜周边点,G 点为 P 点向直线 $E'_R M$ 所作垂线的垂足。

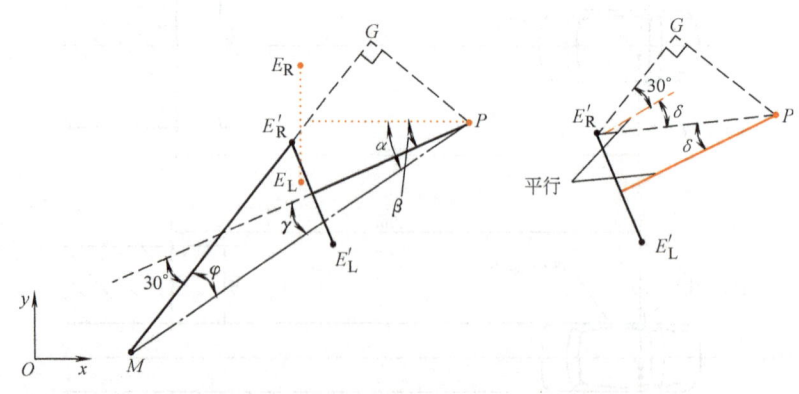

图 2-56　头部转动角计算原理

头部水平转动角 β 为

$$\beta = \alpha - \gamma = \alpha - (30° - \varphi) = \alpha + \varphi - 30°$$

$$= \arctan\left(\frac{Y_P-Y_M}{X_P-X_M}\right) + \arcsin\left(\frac{PG}{PM}\right) - 30°$$

$$= \arctan\left(\frac{Y_P-Y_M}{X_P-X_M}\right) + \arcsin\left(\frac{E'_R P\sin(30°+\delta)}{PM}\right) - 30°$$

$$= \arctan\left(\frac{Y_P-Y_M}{X_P-X_M}\right) + \arcsin\left(\frac{77.4}{PM}\right) - 30° \quad (2-23)$$

3）根据镜面成像规律计算左、右眼点和头部转动点在镜中的成像点，以及从眼发出射向镜面周边点射线的反射线。例如，对于平面镜，某镜面周边点处的反射线为自眼点的成像点指向该镜面周边点的射线。

4）计算镜面周边的反射线与地面的交点（交线），并进而计算出视距。视距是指从视点（GB 15084）或驾驶人 SgRP 点（SAE）到地面交线的水平距离。

5）计算水平和垂直视角。水平视角为驾驶人借助后视镜在水平方向上两只眼睛所看到的范围总和，因此要计算左右单眼总视角。图 2-57 为内后视镜（平面镜）单眼视角、双眼视角和左右单眼总视角的计算原理。

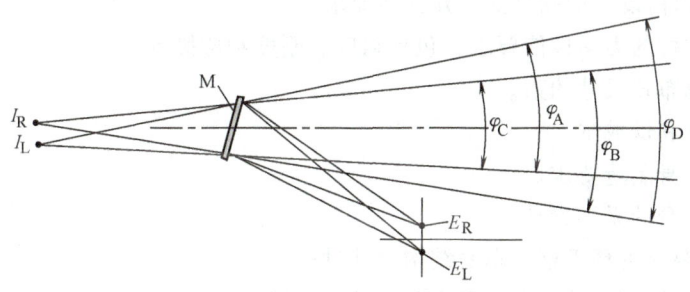

图 2-57　左右单眼总视角计算原理

M—内后视镜　E_L、E_R—驾驶人眼点　I_L、I_R—眼点虚像　φ_A—左眼视角
φ_B—右眼视角　φ_C—双眼视角　φ_D—左右单眼总视角

(3) 后视野校核　基本原理是将计算出的后视野区域与法规或标准要求的区域进行对比，能够完全将法规区域包括在内则认为满足视野要求。基本步骤如下：

1）根据布置参数按照前述方法计算后视野区域。

2）判断当前的后视野区域是否与法规区域对齐。其标准如下：在水平方向，对于内后视镜，其水平左右单眼总视角被 y 零平面平分；对于外后视镜，则水平左右单眼总视角靠近车身一侧的边与 y 零平面平行。在垂直方向，垂直视角最上边与 z 零平面平行。对齐时的镜面倾角称为设计倾角。设计倾角的位置是保证后视野满足法规要求的最基本位置。如果此时后视野不满足法规要求，则其他镜面位置的后视野也必然不满足法规要求。

3）如果当前的后视野区域没有与法规要求区域对齐，则分别在水平和垂直方向按一定步长转动镜面，以调整后视野方向，直至对齐为止。每次调整镜面位置后，都必须重新计算头部转动角和眼点位置，然后根据新的眼点位置计算视野。

4）计算对齐后的视野参数（后视角和视距），并将它们与法规要求对比。

第三章 车身结构拓扑模型与力学模型

白车身（Body In White，BIW）通常指已经装焊好的白皮车身，主要包括车身结构焊接总成和车身闭合件（Closure）焊接总成，不包括车身附属设备和装饰件。车门、发动机舱盖、行李舱盖等都是闭合件。在这一章中提到的车身主要指白车身。

现代车身结构设计应满足如下几方面要求：
1) 车身结构的力学性能要求，包括强度、刚度和碰撞等。
2) 遵循总布置尺寸约束。
3) 轻量化和低成本。
4) 满足车身制造要求。
5) 基于平台的系列设计。

这些原则要求贯穿于整个车身结构设计过程。

本章着重介绍车身结构设计所需要的基础知识。

第一节 作用在车身（车架）系统上的载荷

车身（或车架）与汽车的车轮、悬架系统构成汽车的行驶系统，是汽车行驶时的主要承载部件，承担着全部载荷，包括由发动机、传动系及悬架系统传来的载荷，以及各种路面工况下的作用力和力矩。因此也将车身和车架称为承载系统。在承载系统中，按车身承载形式的不同可将车身分为非承载式和承载式两大类。

一、车身结构承载形式

1. 非承载式车身

非承载式车身结构即带有独立完整车架的车身结构，由车头（车前板制件）（图3-1a）、车室（图3-1b）和车架（图3-1c）组成。动力总成、悬架和转向系统，以及其他部件均安装于车架；车身通过各个橡胶垫或悬置用螺栓与车架连接。载荷主要由车架承担，因此顾名思义，这种结构的车身不承受载荷。但这只是相对车架而言，实际上车身除了承受车室内的装载外，还在一定程度上承受着由于车架变形或振动所引起的载荷。这种车身结构多用于有较宽松空间的高级轿车上。其优点是由于车身与车架间的弹性连接，使乘坐舒适性提高，同时也便于车身的改型。

第三章 车身结构拓扑模型与力学模型

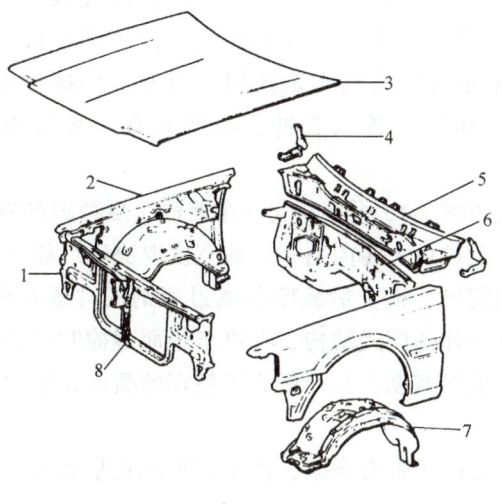

a)

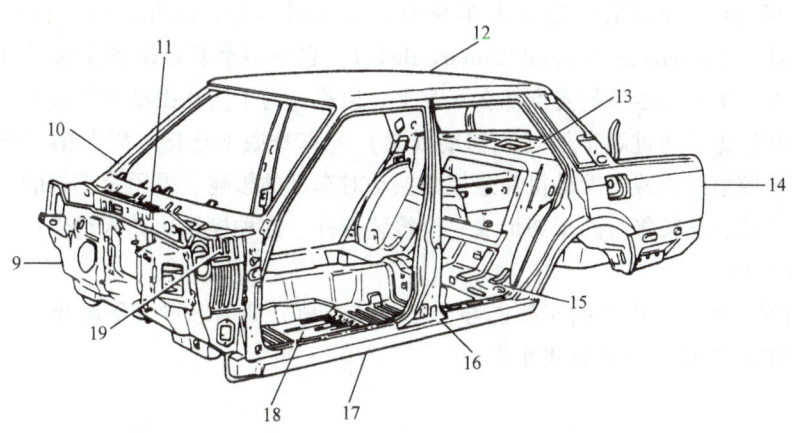

b)

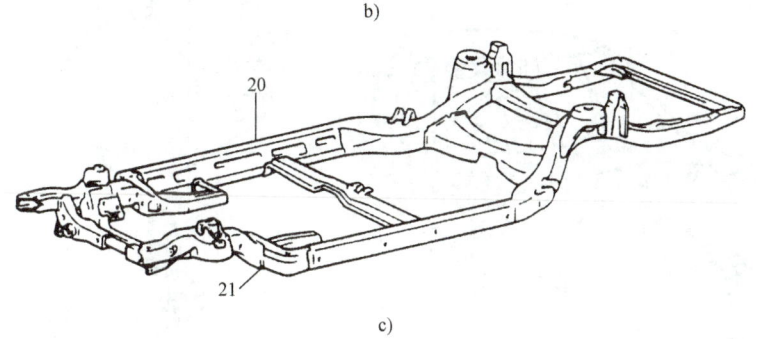

c)

图 3-1 非承载式车身（丰田）

1—散热器支架 2—前翼子板 3—前盖（发动机舱盖） 4—铰链 5—导风板
6—前围板 7—前轮罩（挡泥板） 8—前盖锁支架 9—前围板 10—前立柱（A柱）
11—导风板 12—顶盖 13—上后隔板 14—侧围 15—中地板 16—中柱（B柱）
17—外门槛 18—前地板 19—外侧导风板 20—车架边梁 21—抗扭盒

轿车车架大多由闭式箱形梁组成，板厚2～3mm，因此具有较高的抗弯刚度和抗扭刚度。当发生正面碰撞时，能量首先由车架承受；通过有目的的由前向后以车身横断面分级，可以将碰撞能量传递到指定区域。当发生侧碰撞时，由于撞点位置往往在门槛梁的上部，车门和门柱首当其冲，因此只有一部分能量由车身门槛传到车架。

一般轿车周边式车架如图3-1c所示，这种车架前、后两段的宽度收缩，中段加宽。其前段宽度取决于前轮轮距和最大转向角，后端宽度取决于后轮轮距，中段宽度取决于车身左、右门槛梁的内侧宽度。前、后狭窄段通过所谓的"缓冲臂"或"抗扭盒"与中段纵梁焊接相连，形成一种曲柄式结构，在汽车正面碰撞时可吸收部分能量。由于车架中段宽度接近于车身地板的宽度，从而提高了整车的横向稳定性，并便于车身室内地板布置。

非承载式车身的缺点是由于带有车架，使承载系统重量加大，车辆总高度加大。

2. 承载式车身

承载式车身是将车架的作用融入车身的结构（图3-2），因此又称整体式车身结构（Unitized Body、Unibody 或 Integral/Unitary Body），它承担承载系统的全部功能。由于取消了车架，发动机和行走系的支点都在车身上。但是，为了防止振动直接传入车身，经常是将发动机和行走系通过副车架（或辅助横梁）与车身底架连接。副车架与车身底架纵梁之间设有橡胶垫，以减弱发动机和悬架的振动对车身的影响。采用副车架的另一好处是可以将动力总成和悬架等与副车架形成一个组装部件，这种模块化结构给生产和使用都带来方便（图3-3）。

当采用副车架时，由于副车架能够分担一些载荷，使前纵梁变形减小，因此也有人称带有副车架的车身为半承载式车身。

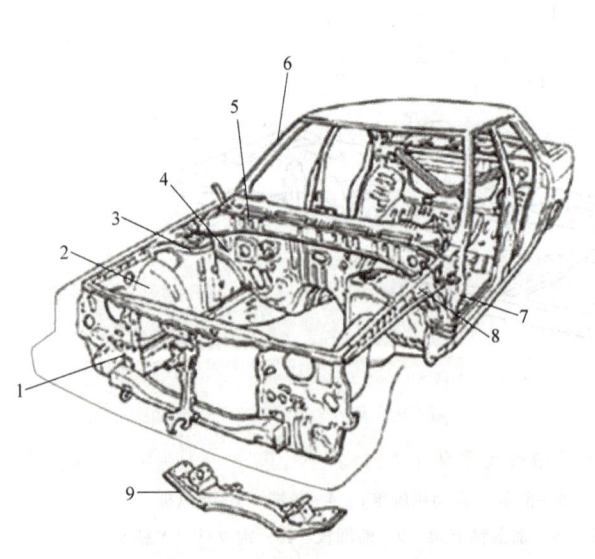

图3-2 承载式车身（丰田）

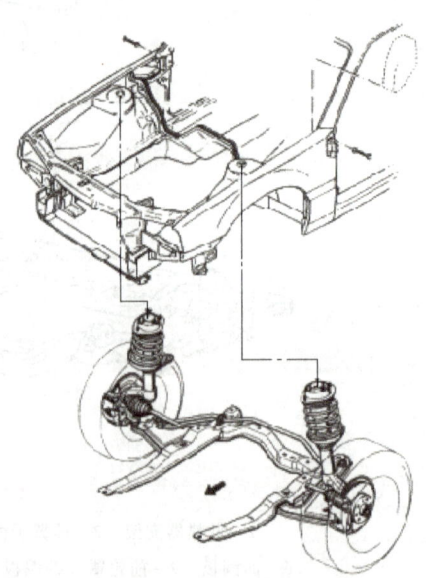

图3-3 前副车架（欧宝）

1—散热器支架　2—前轮罩（挡泥板）　3—前悬架支座　4—前围挡板
5—导风板　6—A柱　7—铰链柱　8—前指短梁　9—辅助横梁

由于承载式车身是空间框架结构,充分利用了车身承担载荷,因此具有整体刚度大、重量轻、整车高度低等优点;而且生产效率高,是现在轿车中常见的结构。本书重点围绕承载式车身进行讨论。

二、作用在车身、车架上的载荷

(一) 在各种典型路况下车身、车架所受的载荷

就悬挂质量系统(车身、车架)而言,取通过其质心的坐标系 $Oxyz$,如果将系统视为刚体,则它在悬架系统上有六个自由度,即沿 x、y、z 轴的线位移和绕这三个轴的角位移;相应有沿 x、y、z 轴方向的三个力 F_x、F_y、F_z 和绕三个坐标轴的转矩 T_x、弯矩 M_y 和 M_z,如图 3-4 所示。

图 3-4 作用在车身上的力

汽车行驶时,一般作用在车身上的力为

$$F_m = \frac{G_r + G_e}{g} a_m = k_m (G_r + G_e) = k_m \sum F_i \quad (m = x, y, z)$$

式中,k_m 为在 x、y、z 方向的动荷系数,$k_m = a_m / g$;a_m 为沿 x、y、z 方向的汽车加速度;g 为重力加速度;G_r 为汽车悬挂着的车身系统自身载荷,是指由悬架的弹性元件所承受的那些部件,如车身、车架及固定在车身或车架上的所有总成和设备的重力;G_e 为车身有效载荷,指额定装载时乘员及行李或货物的重力。G_r、G_e 都是静载荷,按集中载荷 F_i(或均布载荷)分布在车身、车架的适当位置 i($i = 1, 2, \cdots$)上,即 $G_r + G_e = \sum F_i$。

动荷系数主要决定于三个因素:道路条件、汽车行驶状况(如车速)和汽车的结构参数(如悬架弹性元件的刚度、轮胎刚度和汽车的质量分布等)。如前所述,由于这些因素很复杂,使动荷系数难以用数学分析法确定。因此,过去在分析时往往分别对某些简单的路面情况进行研究,动荷系数则取一些理论研究与试验修正相结合的半经验数值。

图 3-5 示意性地表示了路面最简单的基本类型。路段Ⅰ由 n 个高度为 h 的对称不平度组成,使汽车质量只承受垂直加速度的作用,从而产生对称于汽车纵向对称面的垂直力 F_{zs};路段Ⅱ具有半径为 r 的垂直方向的曲率,所产生的加速度与速度平方成正比,与曲率半径成反比;路段Ⅲ的特点是具有高度为 h_n 的非对称不平度,致使左、右车轮的垂直加速度不同;路段Ⅳ是具有高度为 h_p 的障碍物的平坦路面,当汽车碰撞到这个

障碍物时，将产生垂直加速度和纵向力 F_x，另外，汽车制动时也存在 F_x 方向的制动力；路段Ⅴ具有半径为 ρ 的水平曲率，汽车质量由于惯性离心力产生侧向加速度和侧向力 F_y。而路段一定，加速度大小主要取决于行驶速度。

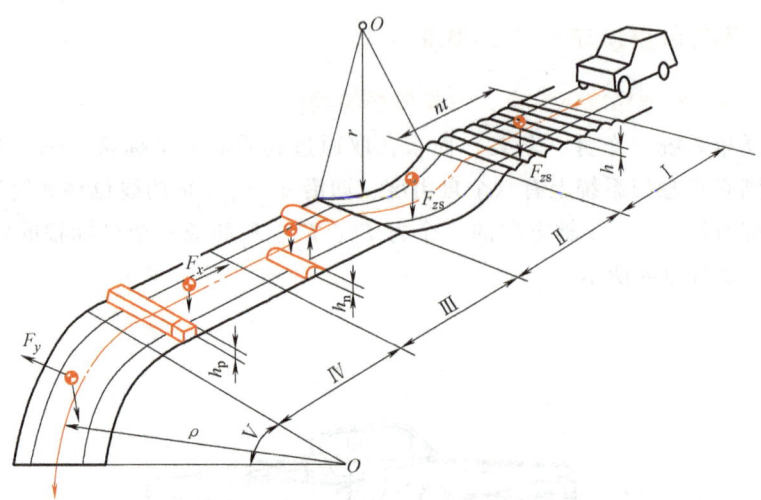

图 3-5　道路路面模型

Ⅰ和Ⅱ—对称垂直载荷　Ⅲ—非对称垂直载荷　Ⅳ—纵向载荷　Ⅴ—侧向载荷

典型的载荷又可以分为两类基本类型：瞬间极限载荷和疲劳载荷，参见表 3-1。实践表明，在上述载荷中，影响车身和车架强度的基本载荷有以下典型的情况。

表 3-1　基本载荷类型

载荷类型	重复次数	载荷幅值/N	评价准则	典型例子
瞬间极限载荷	<10 次	10^4 级别以上	许可应力、许可永久变形、结构不失效	极限制动、车轮驶过凸起或洼坑、碰撞、一轮悬空、过载
疲劳载荷	100 次以上	10^3 级别及以下	应力循环数、结构不失效	搓板或砂石路面上行驶

1. 对称垂直载荷

当汽车行驶在Ⅰ和Ⅱ路段上，前、后车轮同时驶过相同高度的凸起或洼坑时，假设汽车结构左右对称，则承载系统将经受与汽车纵向轴线相对称的垂直作用力 F_{zs}，它是汽车正常行驶情况下的主要动载荷成分。

$$F_{zs} = k_{zs} \sum F_i$$

式中，k_{zs} 为对称垂直动荷系数。日本曾推荐，汽车前、后轮同时驶上具有相等凸起高度的地面时，动荷系数 k_{zs} 为

$$k_{zs} = 1 + \frac{C_1 + C_2}{G_a} \frac{h}{1 + \frac{\lambda}{v_a^2}}$$

式中，h 为路障高度，$h = 100$mm（普通货车），$h = 80$mm（轿车及客车）；λ 为经验系数，取 1000 $(km/h)^2$；v_a 为车速（km/h）；G_a 为汽车总重（N）；C_1、C_2 分别为前、

后悬架与轮胎的合成刚度（N/mm），且有

$$C_1 = C_{t1}C_{s1}/(C_{t1}+C_{s1})$$

$$C_2 = C_{t2}C_{s2}/(C_{t2}+C_{s2})$$

式中，C_{t1}、C_{t2} 分别为前、后轮胎刚度（N/mm）；C_{s1}、C_{s2} 分别为前、后悬架刚度（N/mm）。

以上半经验公式说明了动荷系数与路面不平度、车速和汽车结构参数的关系。例如：动荷系数随车速增大而增大，但当 $v_a>100$km/h 时，式中 $\lambda/v_a<0.1$，此时动荷系数将趋于一定值；当路面凸起高度增大或悬架系统刚度提高时，动荷系数都将随之增大。

由试验和计算表明，在强度校核时，各类车型的对称垂直动荷系数可取如下数值：轿车和客车取 $k_{zs}=2.0\sim2.5$，货车取 $k_{zs}=2.5\sim3.0$，越野汽车取 $k_{zs}=3.5\sim4.0$。

2. 非对称垂直载荷

当汽车在图 3-5 所示路段Ⅲ上行驶时，任一车轮从平坦路面驶上凸起物或进入凹坑，而使左、右车轮接地点出现高度差 h_n，则承载系统上将作用有非对称于汽车纵轴线的垂直载荷（图 3-6a）。这时的载荷可分解为装有载荷下的对称垂直作用力 F_{zn}（弯曲工况，图 3-6b）和由于路面凸起而产生的反对称于汽车纵轴的垂直载荷，形成车身绕 x 轴的转矩 T_x（扭转工况，图 3-6c），有

$$F_{zn} = k_{zn}\sum F_i$$

$$T_x = k_{zn}(F_{1L}-F_{1R})\frac{B_1}{2}$$

式中，F_{1L}、F_{1R} 分别为左、右前轮上的作用力；B_1 为前轮距（图 3-6）；k_{zn} 为非对称垂直动荷系数，$k_{zn}=1.3$（轿车和客车），$k_{zn}=1.5$（货车），$k_{zn}=1.8$（越野车）。

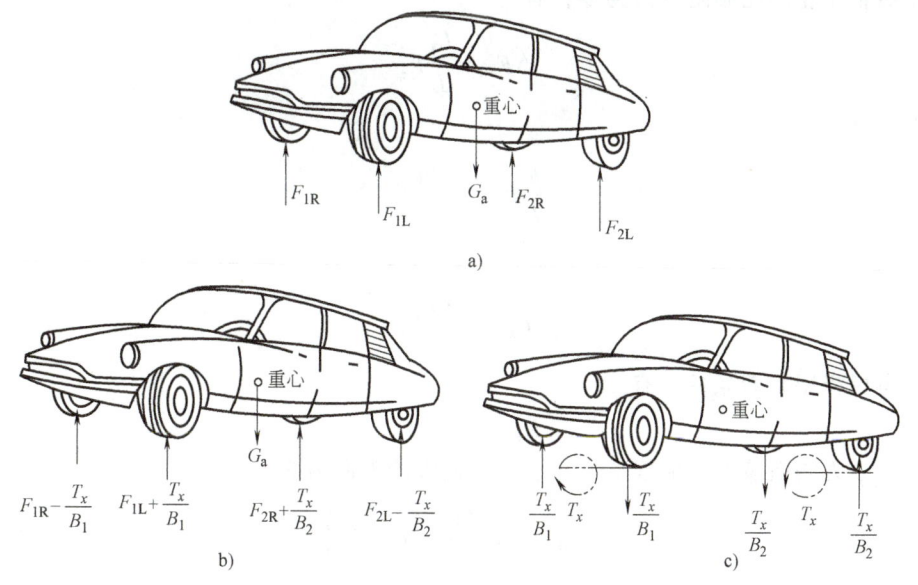

图 3-6 非对称垂直加载
a) 一般工况　b) 弯曲工况　c) 扭转工况

应该指出,实际汽车行驶时,由于承载系统在六个自由度方向运动,各点的位移或加速度是不相等的;而且重要的是系统并非刚体,也就是说研究中不应把车身看成刚体。现代计算手段完全能够充分考虑车身是一个高度超静定的弹性体,可以包含车身结构弹性对载荷的影响,并计算各构件所受的载荷(结构内力)。下面均以弹性体讨论车身的载荷。

3. 极限行驶工况下的载荷

极限行驶工况下的载荷主要包括汽车纵向和横向载荷。

汽车纵向载荷主要是由于极端加速或制动引起,而极限载荷的情况对应前、后轴荷再分配导致轮胎附着力达到极限的情况。通常制动导致的极限载荷更大,考虑到刚刚要翻车的临界状态,此时后轴车轮的轮胎接地力为零,则由于制动力引起的后轴荷变化量为(图3-7)

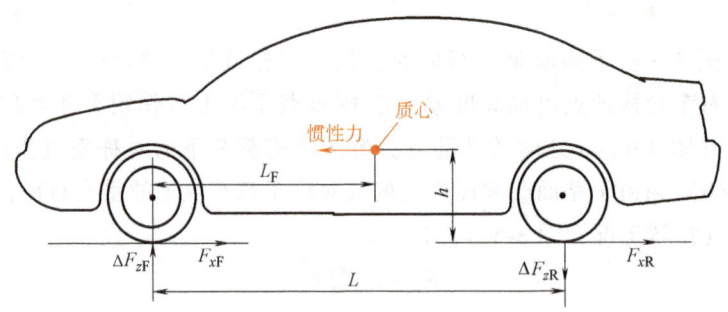

图 3-7 制动导致的极限载荷

$$\Delta F_{zR} = \frac{h}{L} F_{x\max}$$

且由于后轴车轮的轮胎附着力为零,有

$$\Delta F_{zR} = \frac{L_F}{L} F_z$$

于是有

$$\frac{h}{L} F_{x\max} = \frac{L_F}{L} F_z$$

即

$$F_{x\max} = \frac{L_F}{h} F_z$$

再考虑极限附着条件,有

$$F_{x\max} = \rho_{\max} F_z$$

式中,$\rho_{\max}$ 为路面最大的附着系数。于是,最大的纵向力为

$$F_{x\max} = \min\left(\frac{L_F}{h} F_z, \rho_{\max} F_z\right)$$

汽车横向载荷主要是由于转弯引起的。汽车转弯时会受到离心力的作用,在极限转弯情况下,考虑到刚刚要翻车的临界状态(图3-8),向心一侧的车轮接地力为零,则

由于离心力引起的轴荷变化量为

$$\Delta F_z = \Delta F_{zR} = \frac{h}{W} F_{y\max}$$

且由于向心一侧的车轮接地力为零，有

$$\Delta F_z W = F_z \frac{W}{2}$$

即

$$F_{y\max} = \frac{W}{2h} F_z$$

上述的前提同样是要求车轮轮胎提供足够的地面附着力，即

$$F_{y\max} = \rho_{\max} F_z$$

于是，最大的侧向力为

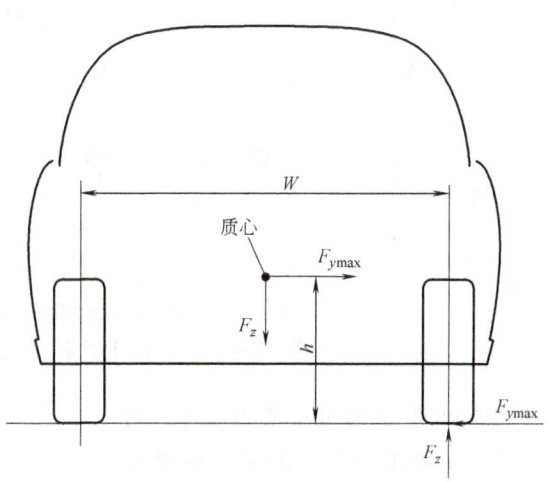

图 3-8 转弯导致的极限载荷

$$F_{y\max} = \min\left(\frac{W}{2h} F_z, \rho_{\max} F_z\right)$$

（二）随机载荷——疲劳载荷

实际汽车在不平道路上行驶时所经受的外载荷都带有随机性质。因此汽车的车身和车架承受着悬架传来的路面随机载荷——随时间而变化的载荷（称载荷-时间历程或时域负荷）。该载荷引起构件反复交变的应力，即使这些应力不大，甚至不超过构件材料弹性极限，但会导致汽车结构疲劳损坏，故又称疲劳载荷。产品开发中常常采用路试（Proving Ground Test）、道路试验或者台架试验来提供不低于产品应用级别的载荷，以对整车结构进行验证。外部载荷-时间历程作用在结构上引起结构的响应形成应力-时间历程，经过计数处理得到应力的累积频次分布，称为载荷谱（Load Spectrum）。用于结构设计和试验的载荷谱分别称为设计载荷谱和试验载荷谱。载荷谱的采集常通过实际路试得到。汽车行驶中结构会经历各种可能的外部载荷工况，如转弯、制动、加速、车轮瞬间悬空、驶过台阶、路面颠簸等，而疲劳载荷谱主要是其中频率较高的成分，因此，需要通过滤波等方法将所需的载荷成分分离出来。

（三）标准载荷——G 载荷

设计载荷的制订涉及产品竞争。现在世界各大公司都权衡利弊，根据各地区使用条件制定了各自的标准载荷，对带装备的车身结构上的悬架螺旋弹簧作用位置施加约束，完成标准工况的载荷分析，可以模拟车身具体的变形现象，并看出车身上载荷的分布和高应力区。一些汽车公司对欧洲地区承载式车身采用三种标准 G 载荷工况，如图 3-9 所示。

图 3-9a 所示为颠簸载荷工况，图中数字表示约束的方向；对车身各点质量在 $-z$ 方向施加 3.5g 载荷系数（g 为重力加速度），使结构呈现弯曲变形。测得某车高应力出现在车身前端，如接近蓄电池、液罐、气罐和鼓风机集中质量处的车身前围挡板和内侧护板上；此外，散热器支架接近格栅开口处和散热器支架与前指短梁接头处也出现高应力（图 3-10）。

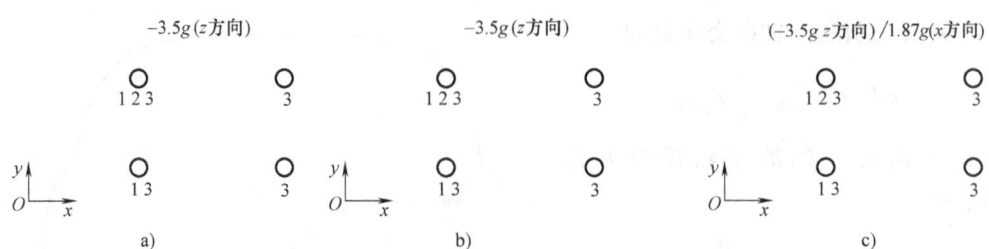

图3-9 汽车公司用于欧洲地区整体车身的标准载荷
a）颠簸载荷工况 b）扭转载荷工况 c）颠簸和制动工况
○—车身支撑点 1—x方向约束 2—y方向约束 3—z方向约束

图3-9b所示为扭转载荷工况，对车身各点质量在$-z$方向作用$3.5g$载荷系数，且右后悬架螺旋弹簧处完全不约束，因此呈现歪扭变形状况。这种扭转工况是最严重的载荷工况，测得某车高应力区出现在内侧护板、散热器支撑板上部、前围挡板，以及后柱到地板的接头处。与颠簸冲击载荷不同的是，这些应力不是围绕大集中质量分布的，而是分布于整个结构。

图3-9c所示为颠簸和制动工况，对车身各点质量在$-z$方向作用$3.5g$载荷系数，同时在x方向作用$1.87g$载荷系数，约束条件与颠簸工况相同。

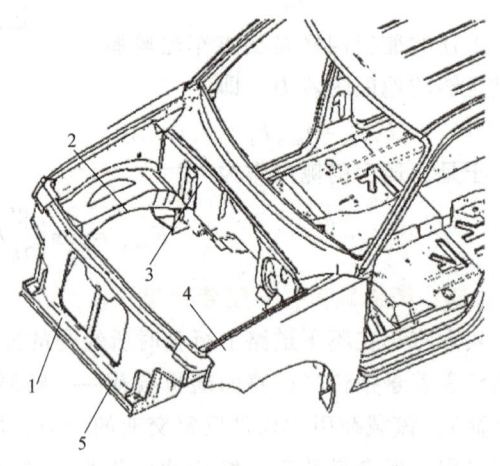

图3-10 高应力区示意
1、5—散热器支架接近格栅开口处 2—液罐、气罐位置
3—蓄电池位置 4—散热器支架与前指梁接头处

此时应力比扭转工况小，应力分布更局部化，高应力出现在前轮罩上部开口处的内侧护板上。

G载荷一般用于已建立车身拓扑模型和几何参数模型的车身设计阶段，通过计算可得指导性的应力信息。检查在G载荷作用下的结构强度和刚度时，取许用应力为材料的屈服极限，而且应力分布图初步提供了可能影响寿命的潜在的高危区域信息。标准载荷分析的主要缺点是不能预测疲劳寿命，要预测高危区域疲劳寿命必须测得并输入该汽车的时域负荷。但在车身设计早期阶段，详细结构模型尚未建立，还不能实测或仿真得到用于疲劳分析的车身支承处的载荷-时间历程。因此，只有在设计第二阶段构造详细结构后，方可进行疲劳寿命预测。

（四）作用在车身上的其他非破坏性的作用力

除了上述悬架传来的作用力外，还有如轻微冲撞力、发动机和传动系传来的力、牵引力和拖拽力、千斤顶和悬吊作用力，以及安全带固定点的作用力等非破坏性作用力。车身结构设计时要考虑在这些作用力下车身的强度和刚度。

（五）碰撞载荷

碰撞载荷是当今车身设计必须研究的重要内容，将在第六章中专门叙述。

第三章　车身结构拓扑模型与力学模型

第二节　车身结构的拓扑模型

车身结构布置形式因汽车的总体布置形式的不同而大不一样，如发动机前置还是后置，是前轮驱动还是后轮驱动，以及悬架、转向器、发动机的支撑方式等。也就是说车身结构布置首先受整车布置和造型的制约。这里主要以发动机前置的轿车承载式车身结构为例进行讨论。

一、车身结构

白车身结构由构件及其接头（Joint，节点）和板壳零件共同组成，是承受载荷和传递载荷的基本系统。结构设计决定了载荷路径。

一般钢结构车身，其构件是由成形钢板制件焊接组合而成的，截面为闭口或开口的薄壁零件，在车身中起支撑和加强的作用。车身下部（底架总成）包括前纵梁、后纵梁，底架各横梁，地板及其两侧边梁与侧围外板组成的门槛，地板中间通道，前围板、后隔板、悬架支座及轮罩（挡泥板）等。车身上部包括侧围的A、B、C柱，顶盖及其边梁，风窗上、下横梁等。也可以将车身分成前部车身、中部车身和后部车身。车身前部敞开部分承受比较大的集中力，如动力总成、散热器、车前板制件的重力和前悬架支撑力等，这些力主要由底架的前纵梁支撑，并传至整个车身前部结构。前部车身的导风板及散热器框架等板壳零件也是车身结构的承力构件。受到高速撞击时车头首当其冲，车身设计必须使其能有效地吸收冲击能量。此外，前围板前应具有可将外部空气导入车室内的通风口，并阻止发动机噪声透过前围板传入车室；还要在散热器框架周围安装前照灯、散热器和空气冷凝器等，所以前部车身结构比较复杂（图3-11）。

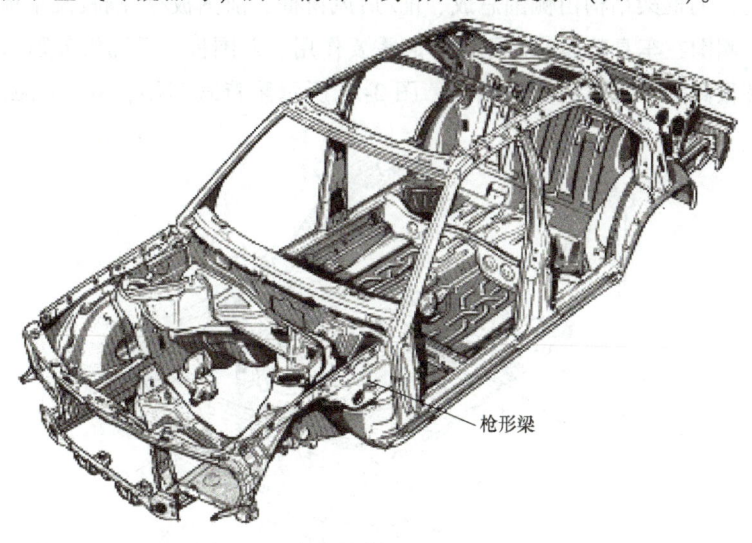

图3-11　车身结构

中部车身乘坐室部分主要承受分散在地板上的重力，如车身装备和乘员的重力，悬挂在门柱上的车门重力等。后部行李舱承受油箱、备胎和行李等重力，后纵梁承受后悬架支撑力。

因此，当汽车运动时车身结构中易出现载荷分配不均衡和结构刚度不适应载荷要求的情况，这将影响承载系统的总变形，出现结构变形不均衡的现象。构件布置设计时，尤其要注意乘坐室与前部敞开部分相连接区域刚度的加强，如纵梁到门槛的扭矩盒，前铰链柱上端向前指的枪形梁（前指梁）、斜梁或接头圆角的设计。为避免大的力流集中由前纵梁通向乘坐室，结构件的布置应使通过前纵梁的力流分散地过渡到前围板区域及地板和门槛。图 3-12 是由图 3-11 分解出来的底架梁结构，由前纵梁上部平面悬架支座附近往后下方分叉斜伸出两根短梁，通到地板中间通道横梁和 A 柱的铰链柱段。

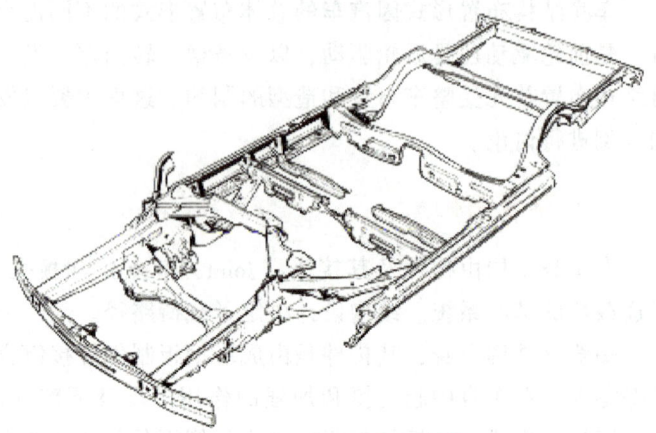

图 3-12　车身的底架梁结构

在前纵梁的后面，即底架总成的中部，是由地板和前围板组成的，其支撑结构主要是门槛梁和与地板焊接在一起的帽形横梁。横梁布置位置往往取决于座椅的布置，主要用于加强左右门槛之间的联系，固定座椅和加强地板刚度，并用于承受侧向碰撞力。地板的中间通道有利于提高地板的抗弯能力，并便于地板下传动轴和排气管等的布置。

乘坐室上部的框架结构由侧围总成、前/后风窗框、前围板/后隔板及车顶梁构成，并焊装上顶盖。侧围在车身整体弯曲刚性中起重要作用。前围板、后隔板分别与前、后风窗框相连，具有很高的车身横向剪切刚度。图 3-13 所示阶背式车尾，其后隔板是由上部后

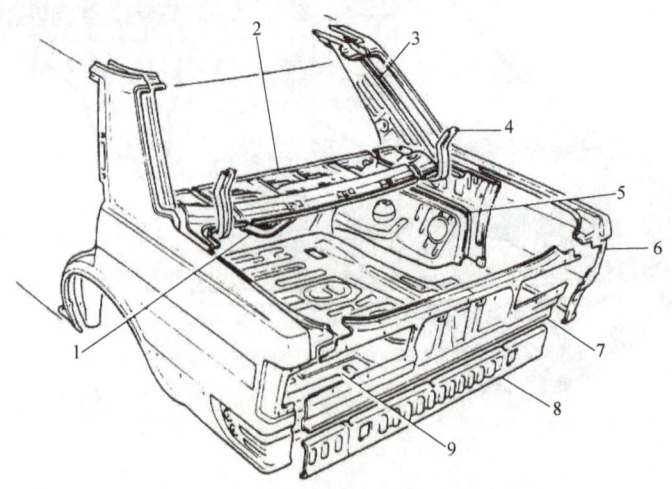

图 3-13　阶背式车尾

1—后座椅支撑板　2—后隔板　3—车顶侧围连接加强板　4—行李舱盖合页
5—后轮罩　6—侧围　7—下后围板　8—后封板　9—后地板

窗隔板和后座椅支撑板组成,用于承受车身扭转时的剪力。对于斜背式(图3-14)或快背式车尾,在扭转时的剪力则主要由后部的框架来承受。

地板总成的后部零件承担着后悬架传来的力,这些力主要由后纵梁和后地板分担。后纵梁与乘坐室的连接原则上与前纵梁相同,即将载荷分流是有利的。

车身结构件布置应使车身构成一个连续完整的受力系统,形成合理的载荷路径,结构中的载荷路径合理与否可以通过应变能的计算进行检验。

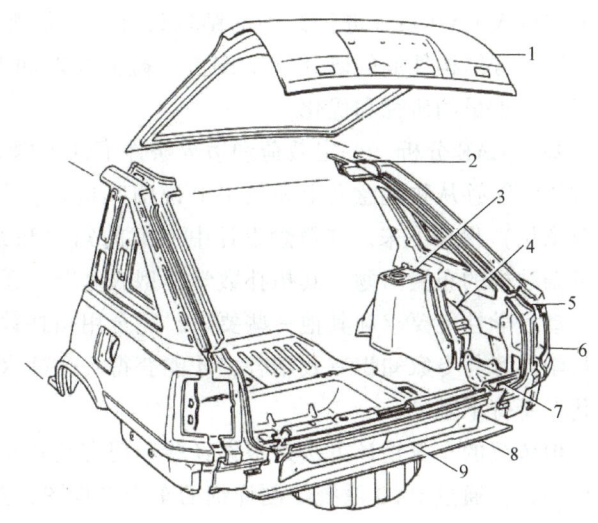

图3-14 斜背式车尾

1—后背门 2—内车顶侧梁 3—后内轮罩 4—后外轮罩 5—后内车顶侧梁 6—侧围 7—背门口下梁 8—后地板 9—下后围板

二、车身结构拓扑模型的建立

车身结构的布置设计(Topology Design)是车身概念设计中要首先完成的工作。车身拓扑模型(Topology Model)是指车身结构中承载件的空间布置形式,如图3-15所示。

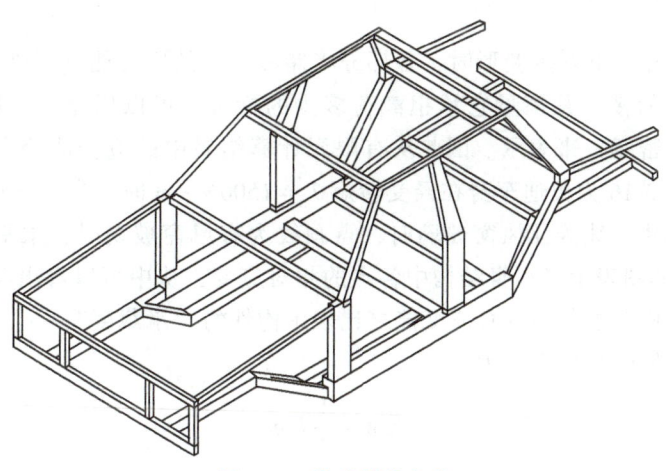

图3-15 构造结构拓扑

白车身结构的布置空间受车辆总体外形和内部布置要求(特别是安全法规对内部布置空间的要求)的约束。在这内外之间的结构布置空间中,由高水平有经验的工程师构造车身结构草图。构件的布置是否合理可以通过简化模型的载荷计算分析进行判断,这是结构概念设计阶段极其重要和复杂的工作。在这个阶段要研究结构拓扑模型和定义初始的几何尺寸参数,而拓扑模型是研究构件几何参数(如构件断面、接头参数和板料厚度等)的基础。设计师应该研究如何发挥材料的作用,哪些地方需要材料,而哪些地方不需要材料,以便得到最佳的车身拓扑模型。将根据经验初步构造的拓扑几何方案输入 CAD 系统进行详细的结构设计，才能开始后续的车身结构开发研制工作，包括对车身结构性能的研究（如刚度、碰撞性能和 NVH 性能等），以及制造加工方法和成本、重量的研究和优化。

基于 CAE 分析（一定载荷和边界条件下结构内力和构件应变能计算等）的拓扑优化方法，能够从物理意义上和数字上说明其机理，并将信息（包括设计专家的知识和修改意见）保存下来。在概念设计中专家的知识和经验是至关重要的。尤其像车身这样复杂结构的布置问题，其拓扑数学模型太复杂，还需要考虑许多要求，如安全结构要求、动力学性能要求和其他一些要求，完全用拓扑数学优化的方法是难以解决的；只有将科学计算与专家知识有效结合，才能获得一个高水平的拓扑模型，为设计高性能、轻量化车身打下基础。

但传统的车身设计方法是根据经验和现有某轿车结构作为基础，先定下拓扑模型和几何参数，通过 CAD 系统绘制详细的车身结构图，然后才进行 CAE 分析。这种方法使计算结果不能在概念决策时被利用。尤其是当需要对结构做变动时，由于 CAE 分析时间的滞后而难以指导结构设计，在当今，我国面对自主开发的要求和快速开创高质量产品的挑战，这种传统的方法需要改进。

国外一些大公司具有长期积累的开发经验和庞大的数据库支持，车身结构拓扑设计和几何参数模型设计往往都有据可依。即使如此，只要结构做局部修改，必定紧跟着进行 CAE 分析认证。CAE 分析是指导设计的重要方法和手段。

三、应变能分析

结构在载荷作用下发生变形时，各部分将储藏一定的应变能（弹性势能）。结构的构件储藏应变能的多少是衡量它承担载荷多少的标志，可以用比应变能（应变能/质量，又称应变能密度）来表示。因此从有限元计算结果中的应变能分布可以看出每一构件的作用。图 3-16 为奥迪车身在经受转矩 T_x = 1500N·m 时，半边车身构件的比应变能计算结果（图中实线为无风窗玻璃时，点画线为有风窗玻璃时，水平虚线表示平均应变能）。应变能图表示了车身结构中各点的相对应变，从中可以看出高应变能结构区域。可用构件的应变能与结构总应变能之比表示构件的"承载度"。

由于车身扭转时总应变能为

$$\sum W = \frac{1}{2}T_x \phi$$

式中，ϕ 为对应 T_x 的车身扭转角。

总应变能小，则说明车身刚度足够大，或材料没有被充分利用。可以将比应变能小的构件取消或减薄板厚，以便减轻重量。应变能大的区域是高负荷区，一般这里变形也较大，因此对车身刚度影响较大，要考虑是否需要加强。为了最大限度地发挥材料的效用，应该尽可能使材料在结构中的分布与各处的应变能成比例，使比应变能均匀化。

某一车身构件的刚度变化对总刚度的影响是可以估计的。如果某个区要改变刚度 ΔSE（%），而该区在总应变能中所占的比例为 AE（%），那么总刚度变化量 ΔSG（%）粗略估算为

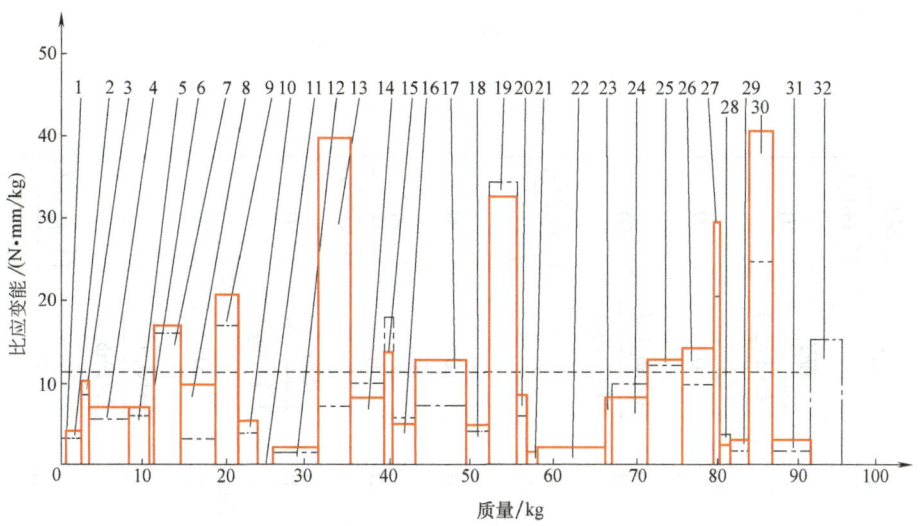

图 3-16　轿车车身构件的比应变能（Audi）

1—风窗上横梁　2—风窗下横梁　3—风窗横梁加强板　4—纵梁1　5—副车架　6—支撑板　7—前轮罩及与A柱连接板
8—仪表板横梁　9—落水桶　10—前围板横梁　11—前座椅横梁　12—带前围板的前地板　13—A柱　14—B柱
15—C柱前板　16—C柱后板　17—门槛　18—通道　19—后纵梁　20—后座椅横梁　21—稳定杆支座
22—后地板　23—D柱与轮罩连接板　24—后轮罩　25—后翼子板　26—后内板　27—上后横梁
28—下后横梁　29—车尾后封板　30—车顶框　31—车顶　32—内窗玻璃

$$\Delta SG = (\Delta SE \cdot AE)/100$$

如果白车身某局部的刚度变化范围为 0.4~2.5，那么这种估计的误差不超过 10%。

第三节　车身结构的力学特性和力学模型

一、车身结构内力

在车身概念设计初期阶段，车身可以被简化为一个空间框架结构，用有限元法求得结构在外载荷作用下各个构件的内力。有限元模型是用梁单元来模拟梁、柱的简化模型。对于空间梁单元，每一个节点有六个自由度（位移分量），即相对于空间坐标系的三个线位移 u、v、w 和三个角位移 θ_x、θ_y、θ_z，并相应有三个分力 F_x、F_y、F_z 和弯矩 M_y、M_z、转矩 T（图 3-17）。

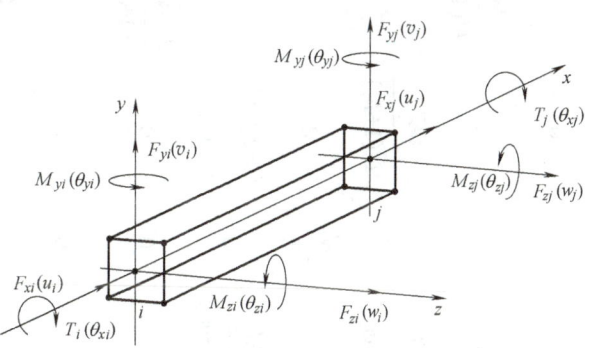

图 3-17　空间梁单元的节点力和节点位移（括号内为位移）

因此，节点 i 处的位移矢量 $\boldsymbol{\delta}_i = (u_i, v_i, w_i, \theta_{xi}, \theta_{yi}, \theta_{zi})^T$，相应有节点 i 处的力矢量 $\boldsymbol{F}_i = (F_{xi}, F_{yi}, F_{zi}, T_i, M_{y_i}, M_{z_i})^T$。单元节点位移矢量 $\boldsymbol{\delta}^e = (\boldsymbol{\delta}_i, \boldsymbol{\delta}_j)^T$，单元节点力矢量 $\boldsymbol{F}^e = (\boldsymbol{F}_i, \boldsymbol{F}_j)^T$，则单元刚度方程为

$$\boldsymbol{F}^e = \boldsymbol{k}^e \boldsymbol{\delta}^e \tag{3-1}$$

式中，单元刚度矩阵 $\boldsymbol{k}^e$ 为

$$k^e = \begin{bmatrix}
\frac{EA}{L} & 0 & 0 & 0 & 0 & 0 & -\frac{EA}{L} & 0 & 0 & 0 & 0 & 0 \\
0 & \frac{12EI_z}{L^3(1+\phi_y)} & 0 & 0 & 0 & \frac{6EI_z}{L^2(1+\phi_y)} & 0 & -\frac{12EI_z}{L^3(1+\phi_y)} & 0 & 0 & 0 & \frac{6EI_z}{L^2(1+\phi_y)} \\
0 & 0 & \frac{12EI_y}{L^3(1+\phi_z)} & 0 & -\frac{6EI_y}{L^2(1+\phi_z)} & 0 & 0 & 0 & -\frac{12EI_y}{L^3(1+\phi_z)} & 0 & -\frac{6EI_y}{L^2(1+\phi_z)} & 0 \\
0 & 0 & 0 & \frac{GJ_k}{L} & 0 & 0 & 0 & 0 & 0 & -\frac{GJ_k}{L} & 0 & 0 \\
0 & 0 & -\frac{6EI_y}{L^2(1+\phi_z)} & 0 & \frac{(4+\phi_z)EI_y}{L(1+\phi_z)} & 0 & 0 & 0 & \frac{6EI_y}{L^2(1+\phi_z)} & 0 & \frac{(2-\phi_z)EI_y}{L(1+\phi_z)} & 0 \\
0 & \frac{6EI_z}{L^2(1+\phi_y)} & 0 & 0 & 0 & \frac{(4+\phi_y)EI_z}{L(1+\phi_y)} & 0 & -\frac{6EI_z}{L^2(1+\phi_y)} & 0 & 0 & 0 & \frac{(2-\phi_y)EI_z}{L(1+\phi_y)} \\
-\frac{EA}{L} & 0 & 0 & 0 & 0 & 0 & \frac{EA}{L} & 0 & 0 & 0 & 0 & 0 \\
0 & -\frac{12EI_z}{L^3(1+\phi_y)} & 0 & 0 & 0 & -\frac{6EI_z}{L^2(1+\phi_y)} & 0 & \frac{12EI_z}{L^3(1+\phi_y)} & 0 & 0 & 0 & -\frac{6EI_z}{L^2(1+\phi_y)} \\
0 & 0 & -\frac{12EI_y}{L^3(1+\phi_z)} & 0 & \frac{6EI_y}{L^2(1+\phi_z)} & 0 & 0 & 0 & \frac{12EI_y}{L^3(1+\phi_z)} & 0 & \frac{6EI_y}{L^2(1+\phi_z)} & 0 \\
0 & 0 & 0 & -\frac{GJ_k}{L} & 0 & 0 & 0 & 0 & 0 & \frac{GJ_k}{L} & 0 & 0 \\
0 & 0 & -\frac{6EI_y}{L^2(1+\phi_z)} & 0 & \frac{(2-\phi_z)EI_y}{L(1+\phi_z)} & 0 & 0 & 0 & \frac{6EI_y}{L^2(1+\phi_z)} & 0 & \frac{(4+\phi_z)EI_y}{L(1+\phi_z)} & 0 \\
0 & \frac{6EI_z}{L^2(1+\phi_y)} & 0 & 0 & 0 & \frac{(2-\phi_y)EI_z}{L(1+\phi_y)} & 0 & -\frac{6EI_z}{L^2(1+\phi_y)} & 0 & 0 & 0 & \frac{(4+\phi_y)EI_z}{L(1+\phi_y)}
\end{bmatrix}$$

(3-2)

式中，$\phi_y = \dfrac{12EI_z}{GA_yL^2}$；$\phi_z = \dfrac{12EI_y}{GA_zL^2}$；$\phi_y$、$\phi_z$ 分别为对主惯性轴 y 方向和 z 方向的剪切影响系数；G、E 分别为材料剪切和拉伸弹性模量；A_y、A_z 分别为截面在 y 和 z 方向的有效抗剪面积；I_y、I_z 分别为截面对 y 和 z 轴的惯性矩；J_k 为截面对 x 轴的扭转惯性矩；L 为单元长度；A 为梁单元截面积。

可见，在杆长一定的情况下，梁单元的刚度主要取决于梁的材料和截面性质。

对于整个结构，则有

$$K\delta = P \tag{3-3}$$

式中，P 为外载荷矢量；K 为总刚度矩阵；δ 为整个结构的位移矢量。它们均对应于整体坐标系。

根据已知的外载荷和结构约束条件即可通过求解式（3-3），求得结构每个节点位移并进而求得各单元节点力，也就可求得每个构件所受的内力。

为便于表示，在这里用一个简化的框架结构示例来表示内力和位移。假设结构和载荷是完全对称于车身的纵轴，如图 3-18 所示，于是，车身框架是个近似平面弯曲问题，每个构件节点有六个自由度。但 x-z 面内的弯曲变形和受力是重点考虑的，此时的框架弯曲变形、弯矩和内力如图 3-19 所示。

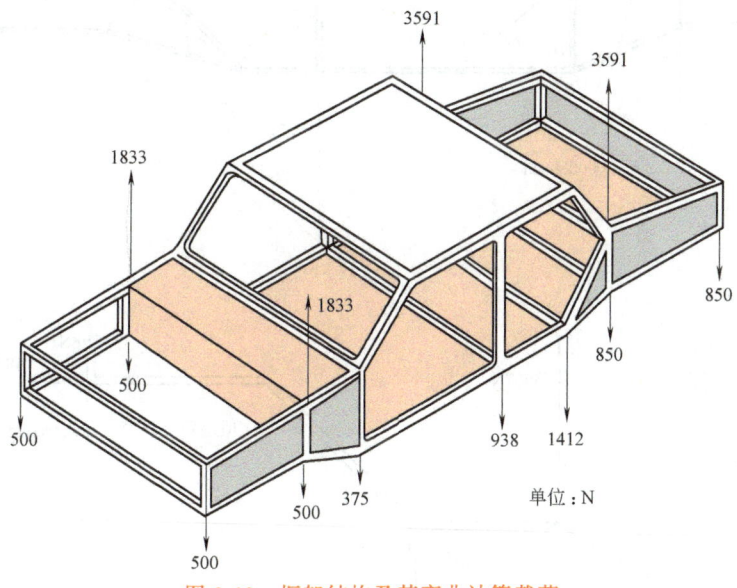

图 3-18　框架结构及其弯曲计算载荷

当简化的框架结构承受扭转工况时，则结构呈现反对称变形。此时，车身框架是个空间扭转问题，每个构件节点有六个节点位移分量和相应的六个节点力分量，如图 3-17 所示。图 3-20 所示是车身结构扭转工况下的变形。

二、构件的截面特性

车身构件大多是由薄板成形件组成的，其截面可分为开口和闭口两类，截面形状和尺寸对其截面特性有很大影响。由刚度矩阵式（3-2）中的系数可见，与结构刚度有关

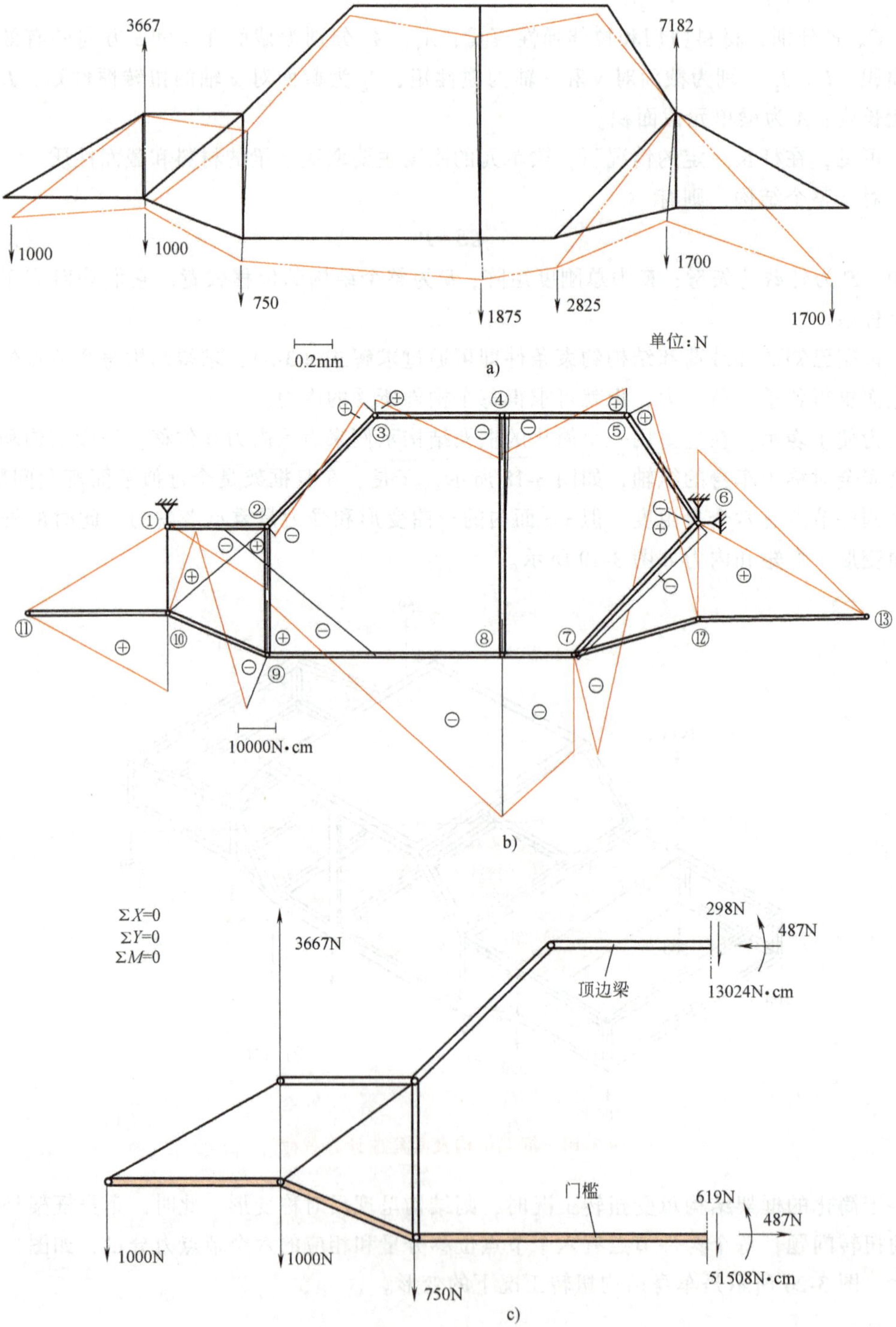

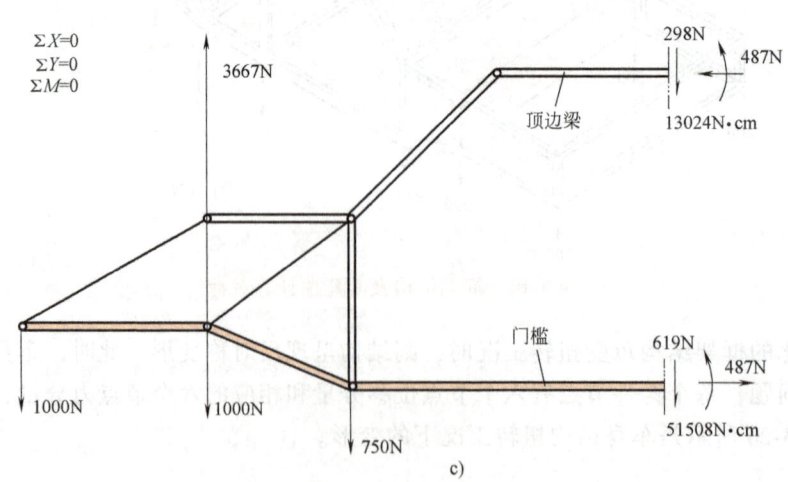

图 3-19 弯曲载荷下的位移和内力

a) 位移图　b) 弯矩图　c) 靠近 B 柱上、下接头的内力

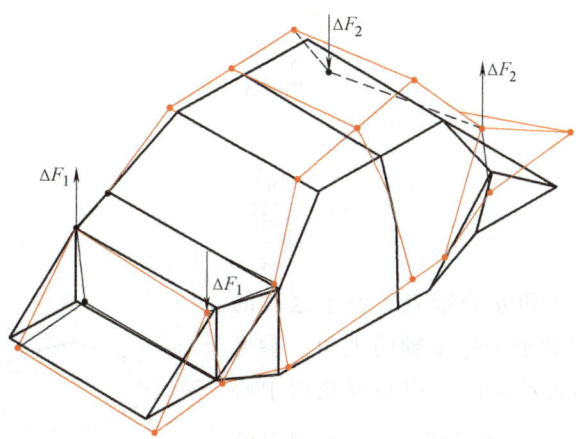

图 3-20　车身结构扭转工况下的空间变形

的参数除了材料性质以外，主要是截面特性参数。下面列出复杂截面特性的计算公式，参见图 3-21。

板料截面积为

$$A = \sum lt \tag{3-4}$$

截面惯性矩 I 如下：

对水平轴 y 有

$$I_y = \sum \left(\frac{lt^3}{12}\cos^2\theta + \frac{l^3 t}{12}\sin^2\theta + tlc_y^2 \right) \tag{3-5}$$

对垂直轴 z 有

$$I_z = \sum \left(\frac{lt^3}{12}\sin^2\theta + \frac{l^3 t}{12}\cos^2\theta + tlc_z^2 \right) \tag{3-6}$$

惯性积为

$$I_{yz} = \sum \left(\frac{l^3 t - lt^3}{24}\sin 2\theta + tlc_y c_z \right) \tag{3-7}$$

当 y、z 不是主惯性轴（即 $I_{yz} \neq 0$）时，根据 I_y、I_z 和 I_{yz} 即可求得截面的主形心惯性轴方向及最大、最小主惯性矩。

最大主惯性矩为

$$I_{\max} = \frac{1}{2}(I_z + I_y) + \sqrt{\frac{1}{2}(I_y - I_z)^2 + I_{yz}^2} \tag{3-8}$$

最小主惯性矩为

$$I_{\min} = \frac{1}{2}(I_z + I_y) - \sqrt{\frac{1}{2}(I_y - I_z)^2 + I_{yz}^2} \tag{3-9}$$

主轴方向角 θ_p 为

$$\tan\theta_p = \frac{2I_{yz}}{I_z - I_y} \tag{3-10}$$

截面极惯性矩 I_p 如下：

对于开口截面有

$$I_p = \sum \frac{lt^3}{3} \tag{3-11}$$

对于闭口截面有

$$I_p = \frac{4\overline{A}^2}{\oint \frac{dl}{t}} \tag{3-12}$$

上述各式中，l、t 和 θ 分别表示各个区段的长度、板厚和区段相对于坐标 y 轴的夹角，参见图 3-21；c_y、c_z 分别表示从区段中心到截面中心 y 方向和 z 方向的距离；$\overline{A}$ 表示闭口截面板料厚度中线所围成的面积。

为了计算截面特性，首先要划分区段（长 l、厚度 t），用截面中的区段连接点（图 3-21 中节点）的坐标值定义截面形状，按式（3-4）~式（3-12）进行计算。

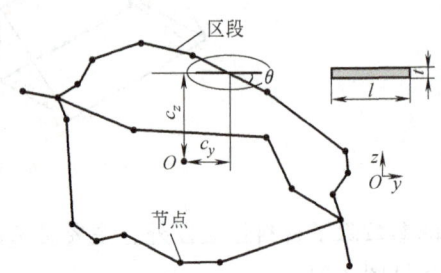

图 3-21 截面分析

表 3-2 为材料面积 A 相等（即周边的长度和料厚均相等）而形状不同的截面特性的比较示例。表中，J 为极惯性矩，I_y 和 W_y 分别表示对主惯性轴 y 的抗弯惯性矩和抗弯断面系数，W_k 为抗扭断面系数。

由图 3-21 截面分析可见，在材料面积 A 和壁厚 t 保持不变的情况下，闭口截面的抗弯性能稍次于开口截面，但闭口截面的扭转惯性矩要比开口截面大多了。

表 3-2 截面特性比较

截面形状	截面尺寸/cm	A	J	I_y	W_y	W_k
	$h = 12.8$ $b = 4.8$ $t = 0.4$	1	0.0044	1	1	0.0043
	$h = 6.4$ $b = 4.8$ $t = 0.4$	1	0.59	0.69	0.733	0.768
	$h = 7.13$ $t = 0.4$	1	1	0.691	0.656	1

注：表中除尺寸外的各截面参数的数值是归一化后的数值，即分别以三种截面的最大值为 1。

对于薄板所围成的闭口截面，中线周长一定，材料厚度一定，抗扭惯性矩与 $\overline{A}$ 平方成正比；而截面形状对力学特性无独立意义，所围面积大小则很重要。圆形截面对抗扭最有利；矩形截面中，正方形抗扭能力最高，当矩形两边之比 $h/b>2$ 时，抗扭惯性矩明显下降。

但是设计截面时还需要考虑构成截面的其他因素，如结构功能、配合关系及制造工艺等。因此，实际车身构件的截面形状往往是比较复杂的。图 3-22 所示为承载式轿车车身构件截面实例。为了提高扭转刚度，大都采用闭口截面。

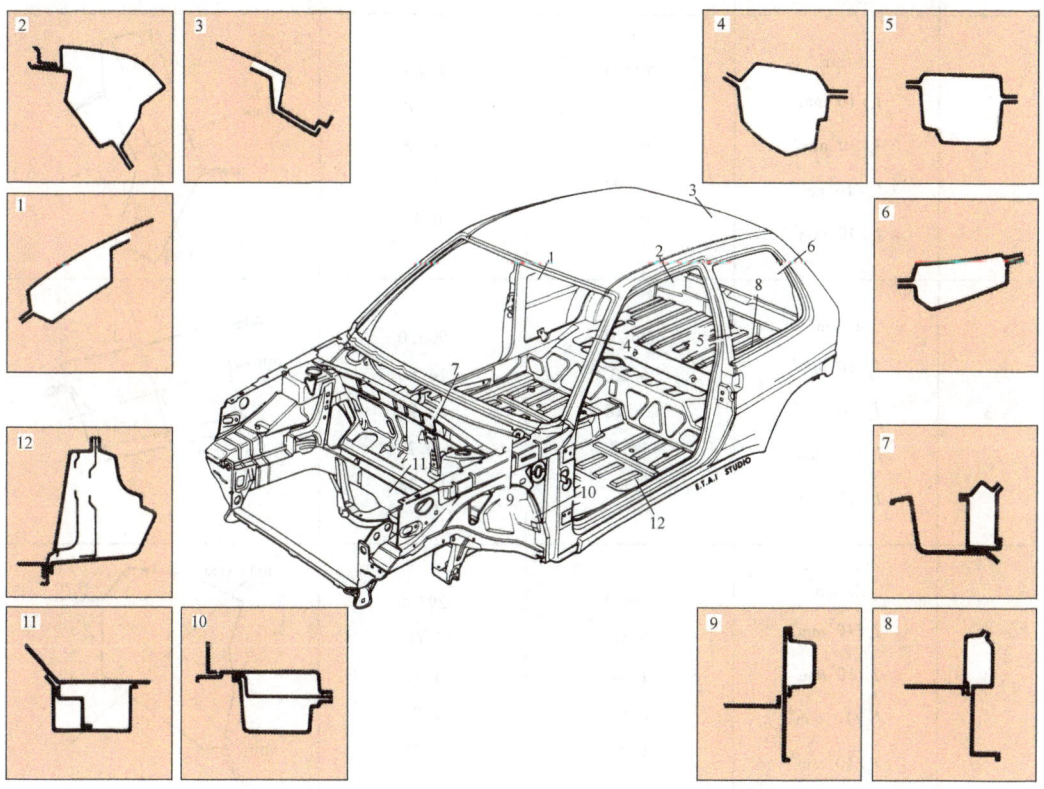

图 3-22　承载式轿车车身构件截面实例

图 3-23 所示为某车侧面主要截面位置，其部分设计截面特性与参考样车截面特性的比较见表 3-3。

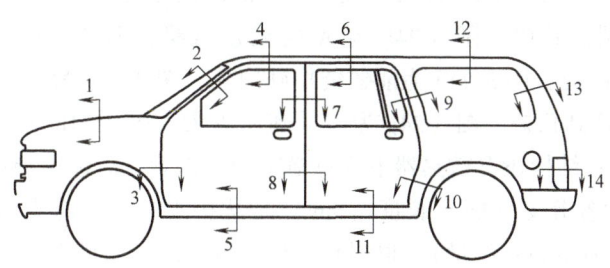

图 3-23　某车侧面主要截面位置

表 3-3　设计截面特性与参考样车截面特性的比较

截面号	特性	样车截面特性	设计截面特性	设计图形
1	A/mm^2 $I_y/10^5\ mm^4$ $I_z/10^5\ mm^4$ $I_{yz}/10^5\ mm^4$ $I_p/10^5\ mm^4$	468.0 13.45 1.61 0.79 1.19	375.0 12.22 1.42 0.95 2.37	
2	A/mm^2 $I_y/10^5\ mm^4$ $I_z/10^5\ mm^4$ $I_{yz}/10^5\ mm^4$ $I_p/10^5\ mm^4$	280.0 0.96 0.59 −0.03 0.29	279.0 1.96 0.96 0.41 0.67	
3	A/mm^2 $I_y/10^5\ mm^4$ $I_z/10^5\ mm^4$ $I_{yz}/10^5\ mm^4$ $I_p/10^5\ mm^4$	820.0 6.23 26.18 1.17 7.85	905.0 14.80 35.97 −6.21 19.38	
4	A/mm^2 $I_y/10^5\ mm^4$ $I_z/10^5\ mm^4$ $I_{yz}/10^5\ mm^4$ $I_p/10^5\ mm^4$	276.0 2.16 1.31 0.65 1.27	293.0 2.07 1.82 1.01 1.32	

三、车身结构中构件接头（节点）的性质

车身结构中两个以上承载构件相互交叉连接的部位称为接头（节点），图 3-24 为各主要接头模型简图。其中，图 3-24a 为 A 柱至顶盖梁，图 3-24b 为 B 柱至顶盖梁，图 3-24c 为 B 柱到门槛，图 3-24d 为前铰链柱到门槛，图 3-24e 为 A 柱到前铰链柱和短梁，图 3-24f 为 C 柱到顶盖，图 3-24g 为门槛到后纵梁，图 3-24h 为上散热器支架到短梁。此外，轿车车身结构还有散热器下支撑横梁到前纵梁、后纵梁到后横梁等都可认为是接头。图 3-24 中各分支（腿）长度（mm）是从接头中心（黑点所示）到构件截割面的距离（沿横截面中心线度量）。根据具体情况也可能有大的差别，如有的接头像个扭矩盒，没有明确的分支。截割面视为刚性平面，用于约束和加载。

第三章 车身结构拓扑模型与力学模型

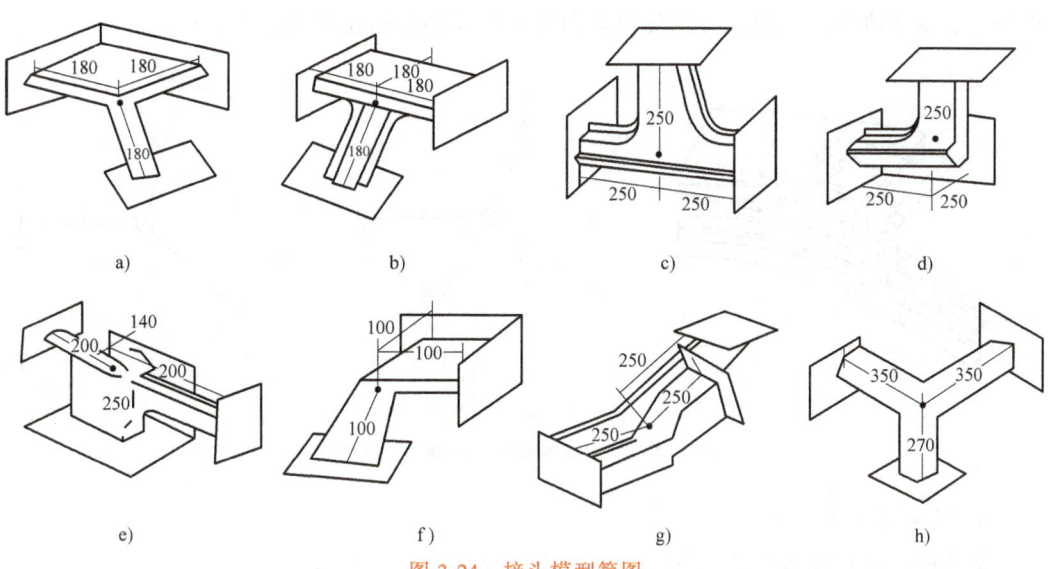

图 3-24 接头模型简图

1. 研究接头的意义

从构造上说，白车身结构总成是由承载构件、接头和板壳焊接组成。构件的截面性质、接头的刚度和板壳的形状和板厚都影响车身的刚度，而且在很大程度上接头决定整个车身的刚度和振动模态，因此影响车身的振动、噪声性能（NVH）和耐久性（Durability）。

在式（3-3）中总刚度矩阵 K 没有考虑接头的柔度，也就是说假设接头为刚性的。实际研究表明，将接头视为刚性的计算结果会使整车刚度提高50%以上，可见接头的柔性是不可忽略的。实际研究接头的意义在于：

1）指导接头设计，即研究如何提出接头的设计目标刚度，以及如何设计接头来达到这个目标。

2）为在车身开发的概念设计阶段建立车身简化模型提供支持，即研究在车身简化模型中如何模拟接头。

2. 接头力学特性

接头的特性由设计参数表征。选择设计参数要考虑其用意，不同的设计参数用于不同的研究方面和应用方面。设计参数太多会加重后续的迭代计算量和不同方案的比较工作量。重要的是设计参数必须是能体现与设计变量（如轮廓尺寸：腿长、角度、截面尺寸等，内部结构：焊点布局、零件数、内加强板的布置和设计，圆角半径等）的联系，而且是对车身性能影响最明显的那些参数，以便于在车身性能概念设计过程建立简化的接头模型和修改设计变量。

考虑了上述诸多方面，选择了物理意义明确的接头刚度作为设计参数，具体包括接头各腿的扭转刚度，内、外刚度，前、后刚度或上、下刚度。

所谓内、外和前、后分别是指各接头分支端面中心相对车身横向和纵向的方向，具体方向取决于每个接头局部坐标系的选取；分支的扭转方向则始终是指正交于分支的截面，绕其形心轴扭转的方向，参见图 3-25a。A柱分支端面对顶盖接头绕 y 轴的方向相当于前、后方向（或上、下方向），绕 z 轴的方向相当于内、外方向。这三个设计参数影响车身整体刚度，如内、外刚度值对白车身结构的总体扭转刚度影响较大。

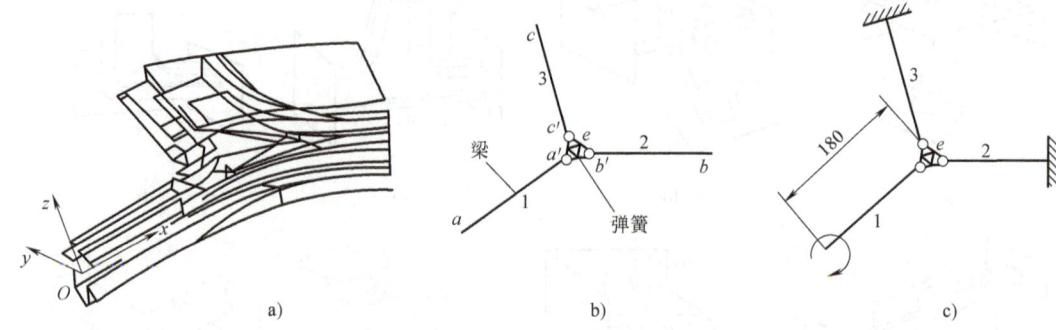

图 3-25 接头的简化

1—A 柱 2—顶盖侧纵梁 3—顶盖前纵梁

3. 接头刚度的模拟计算

接头刚度可以用分析法或测试技术获得。下面介绍分析法。

(1) **接头模型** 接头模型可分为详细接头模型和简化的接头模型。

详细接头模型主要采用板单元模拟，一般是从用于振动和噪声（NVH）分析的详细车身结构模型中抽取下来的接头模型，这些接头模型用于接头参数化和引导设计。但是建立详细车身模型是为了完成整个车身系统的分析，用于研究整体的刚度性能，而不着重局部的刚度，所以建模不可能太细致。因此，这种抽取局部模型方法虽比较方便，但其计算结果往往与试验数据相比误差可能较大。为了提高模拟精度，也可以建立更细化的接头模型，该模型也是采用板单元，更逼真地模拟几何形状，能更好地用于接头的参数化，但是这种模型的网格更密、更复杂，除了专门研究接头细节对接头性能的影响，一般很少用这种模型。

简化的接头模型是将详细接头模型简化成由梁单元和弹簧元模拟（图3-25b），它用于车身概念设计时将构件用梁单元模拟的简化车身模型。它具有参数少、模型简单、便于更改的优点，适合用于车身设计初期的整车系统分析，方便于优化技术中的反复迭代。图3-25c是腿1（A柱）刚度的计算模型。其中，e近似代表三支腿（梁单元）形心轴线的交点，约束腿2、3端的全部自由度，在腿1端加单位扭矩。但这种简化技术比较复杂（可参见相关文献）。为了方便也可以用超单元技术来描述接头力学特性。因为超单元可缩减接头详细模型的自由度数，便于计算。

所谓超单元是将系统或子结构的自由度分为主自由度和副自由度，副自由度依附于主自由度而被消去，通常称为 Guyan 减缩。这样可以简化有限元模型而性质基本不变，如图3-26所示，接头子结构详细有限元模型（图3-26a），其刚度方程可以写成

$$\begin{pmatrix} K_{mm} & K_m \\ K_{ms}^T & K_{si} \end{pmatrix} \begin{pmatrix} D_m \\ D_s \end{pmatrix} = \begin{pmatrix} F_m \\ F_s \end{pmatrix} \tag{3-13}$$

式中，D_m为主自由度，将每个腿端面的形心点看成是主节点，它有六个主自由度，三个线位移和三个角位移；D_s为副自由度，接头的其他（无作用力）所有内部节点自由度都是副自由度；F_m为作用在主节点上的力；F_s为作用在副节点上的力，在这里等于零。接头的刚度矩阵，即减缩的刚度矩阵K_m为

$$\boldsymbol{K}_{\mathrm{m}}=\boldsymbol{K}_{\mathrm{mm}}-\boldsymbol{K}_{\mathrm{ms}}\boldsymbol{K}_{\mathrm{ss}}^{-1}\boldsymbol{K}_{\mathrm{ms}}^{\mathrm{T}} \tag{3-14}$$

缩减
Km
1
2
3
a)
b)

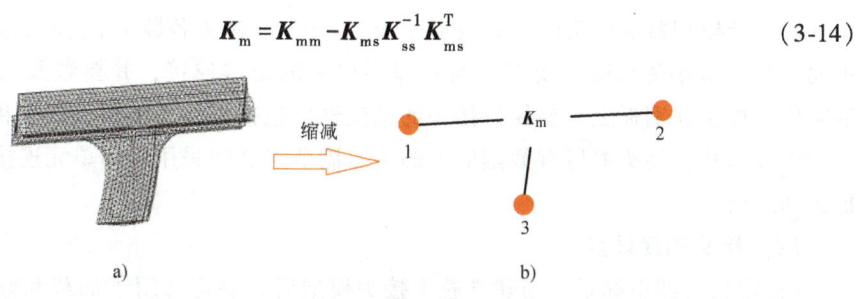

图 3-26　接头有限元模型自由度减缩

因此，接头有限元模型由图 3-26a 简化成模型图 3-26b，其刚度矩阵 $\boldsymbol{K}_{\mathrm{m}}$ 是一个 18×18 的实刚度矩阵，就是超单元的刚度矩阵。通过三个主节点 1、2、3 分别与相邻梁单元连接。图 3-27 是某车型若干接头的有限元模型。

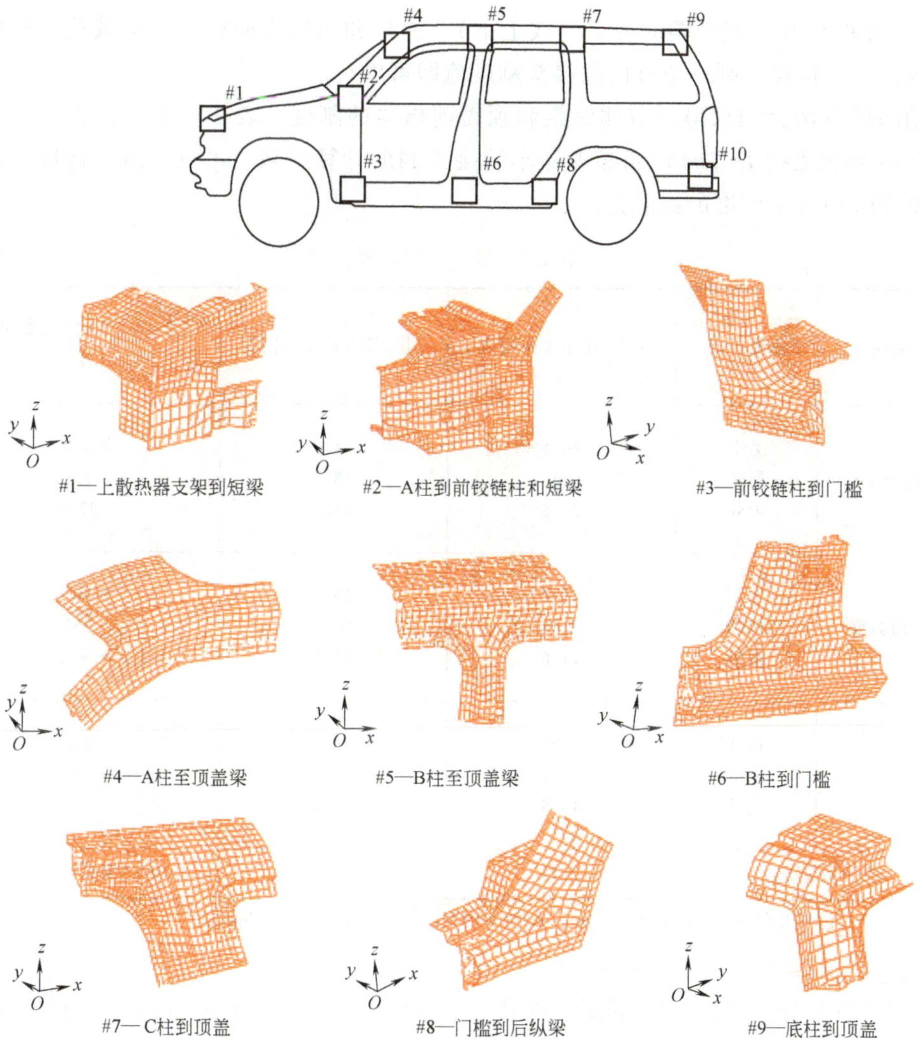

#1
#2
#3
#4
#5
#6
#7
#8
#9
#10
#1—上散热器支架到短梁
#2—A柱到前铰链柱和短梁
#3—前铰链柱到门槛
#4—A柱至顶盖梁
#5—B柱至顶盖梁
#6—B柱到门槛
#7— C柱到顶盖
#8—门槛到后纵梁
#9—底柱到顶盖

图 3-27　某车型若干接头有限元模型

从车身模型截取接头时，首先要正交于构件（接头各腿）的轴线截割接头，截割平面位置（最小腿长度）要考虑与相邻梁单元的正常连接，并要顾及实际接头测试刚度时便于焊接在钢板上。要保持接头的完整性，包括它的加强板、翻边和为接近或减轻重量而设的孔。接头的所有截割面上的主、副节点之间采用刚体单元连接，主节点用于加载和约束。

（2）接头刚度计算

1）定义局部坐标系。当建立整个接头模型后，要定义用于加载和输出的局部坐标系。为了计算前、后刚度，内、外刚度和扭转刚度，对于不同部位的接头，分别定义局部坐标系。例如：图3-25a中，对于A柱到顶盖接头的A柱（腿1），扭转方向正交于截面（局部坐标x方向）；前后方向是A立柱截面上，垂直于风窗表面的方向（局部坐标z方向）；内外方向应该是截面上风窗表面切线的方向（局部坐标y方向）。

2）将顶盖侧纵梁和前横梁（腿2、3）远端的所有自由度均约束，参见图3-25c。

3）分别在A柱截割端的前后（或上下）、内外和扭转方向施加一个载荷，先后得到相应的三个位移，则三个方向的接头刚度值即可求得。

用同样方法分别求得顶盖侧纵梁和顶盖前横梁的刚度。表3-4列出了图3-27中设计的A柱到顶盖接头（#4）和参考样车的接头刚度计算结果。可见，新设计接头质量增加9.30%时接头刚度的提高量。

表3-4 接头刚度比较

加载腿	刚度方向	（Ⅰ）样车接头刚度	（Ⅱ）新设计接头刚度	（Ⅱ）与（Ⅰ）的刚度变化（%）
顶盖侧纵梁	上下	28.5	51.0	+75.8
	扭转	6.54	18.2	+178
	内外	25.6	48.0	+87.6
顶盖前横梁	上下	12.4	15.0	+20.1
	扭转	2.44	10.6	+355
	前后	21.6	28.9	+34.0
A柱	扭转	3.55	15.2	+329
	上下	24.9	61.2	+145
	内外	15.8	56.0	+254
接头质量/kg		2.15	2.35	+9.30%（接头质量变化率）

注：上下、内外方向刚度单位为10^3N/mm，扭转方向刚度单位为10^6N·mm/rad。

4. 接头刚度对整体车身刚度的影响

车身结构的内力通过接头传递，在传力的过程中接头的变形影响整个车身结构的变形。研究表明，车身接头刚度对整个车身刚度的影响可达50%~70%，图3-28简示了某车身的各接头刚度对车身扭转刚度及弯曲刚度的影响。当然，对不同车身结构，其规律可能不同。图中已将刚度规一化,即取刚性接头刚度为 1 时的车身刚度为 100%。

车身结构的梁和柱的截面设计对接头的刚度有很大的影响。设计师在设计截面形状时,应尽可能在不增加重量(材料截面积)的条件下提高截面性质。

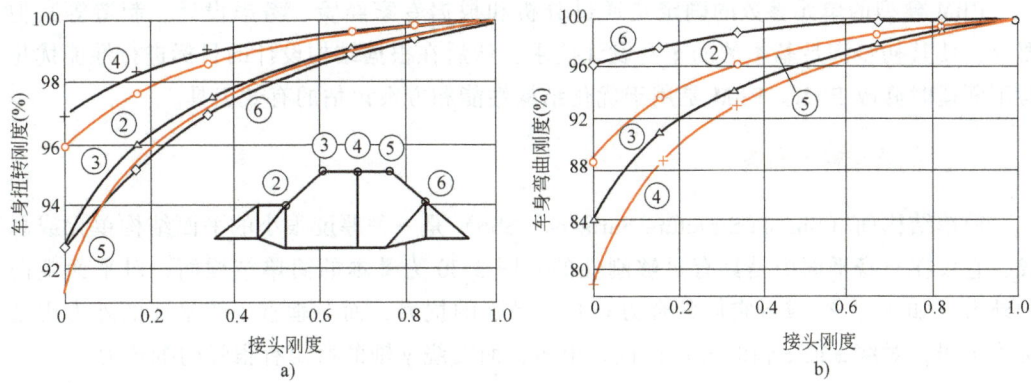

图 3-28 接头刚度对车身刚度的影响

a) 车身扭转 b) 车身弯曲

四、车身参数化模型

车身结构主要由杆件、接头和地板、顶盖等板壳组成,所以在简化模型中可以用梁单元、接头单元(由弹簧元和梁单元组成)和板壳单元模拟,建立车身有限元模型。概念设计也可用一个基于性质的参数化模型(Property Based Models, PBM)代表车身的力学特性。PBM 定义了主要结构的拓扑(布局),其结构部件,如接头、梁和板壳在拓扑定义的节点处连接。在 PBM 有限元模型中,结构分别用梁单元、代表接头的超单元和代表地板等的板壳单元的力学特性表示,如图 3-29 所示。

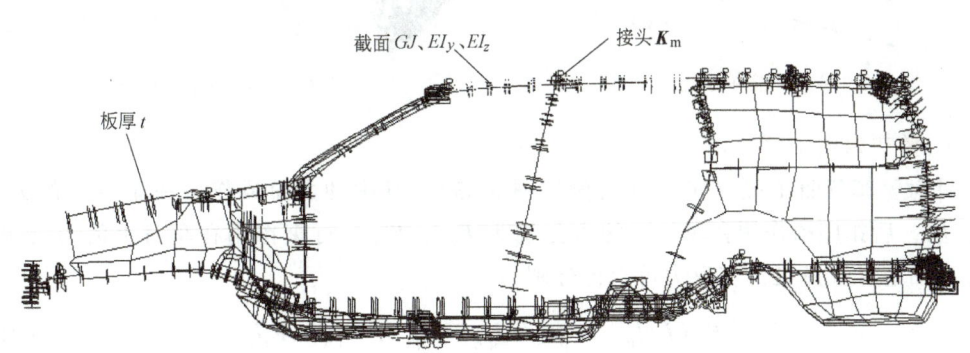

图 3-29 基于性质的参数化模型

1) 梁的弯曲刚度用 EI_y 和 EI_z(材料的弹性模量乘以主惯性矩)描述,扭转刚度用 GJ(即材料的剪切模量乘以极惯性矩)描述。

2) 接头刚度可以按前面所述的梁单元和弹簧元组合表示,但为了方便,这里用超单元（刚度矩阵 K_m）技术来描述。

3）板壳单元用板厚和材料的弹性模量来描述。对于线弹性分析，板壳单元可以用以模拟较大的承载板件，如顶盖、地板和风窗等。

PBM 模型的单元参数的确定是通过分析和根据专家经验，考虑设计、制造等其他要求，使其初步满足基本的的车身设计要求；然后在根据结构设计的目标进行性能优化时不断适时修改 PBM。PBM 是用于优化结构性能和方案评估的有效工具。

五、简单结构面法

简单结构面（Simple Structure Surfaces，SSS）是一种厚度很小的平面结构单元或总成，它仅在自身平面内是具有足够刚性的。图 3-30 为基本的简单结构面，对平面走向的外力（如 F_x、F_z 或者它们的合力）具有较强的抗力，而对垂直于该平面的外力则抵抗力很弱；对绕 x 或 z 轴的弯矩抵抗力很弱，而对绕 y 轴的弯矩有很强的抵抗力。

基于简单结构面建立典型车身结构（图 3-31）的计算分析模型，主要用于载荷路径和结构刚度分析，如图 3-32 所示。

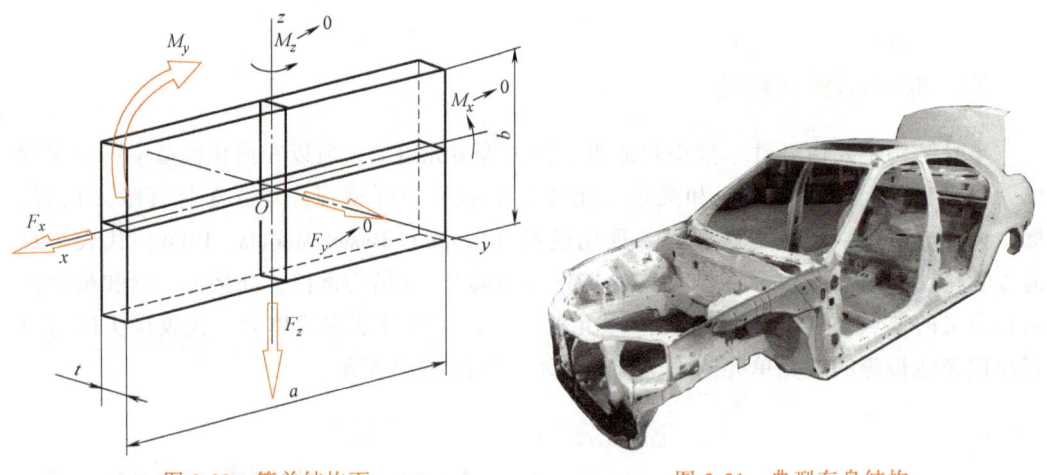

图 3-30　简单结构面　　　　　图 3-31　典型车身结构

1. 整车弯曲工况

针对整车弯曲工况（车身外载荷见图 3-33），其中动力总成作用在车身上的力为 F_{pt}，前、后排座椅作用在车身上的力分别为 F_{pF}、F_{pR}，行李作用在车身上的力为 F_1。在前、后悬架支座处的支反力可求得分别为

$$F_F = [F_{pt}(L+l_{pt}) + F_{pF}(L-l_{pF}) + F_{pR}(L-l_{pR}) - F_1 l_1]/L \quad (3\text{-}15)$$

$$F_R = [F_{pF} l_{pF} + F_{pR} l_{pR} + F_1(L+l_1) - F_{pt} l_{pt}]/L \quad (3\text{-}16)$$

从地板横梁处开始，依次对每一个简单结构面列力平衡方程，求得每个简单结构面的边界上的内力 $F_{P_1} \sim F_{P_{13}}$，参见图 3-34 和表 3-5。对于重要的承载梁构件，进一步可求得弯矩和剪力分布。图 3-35 为前地板横梁（图 3-32 中 1）和前行李架（图 3-32 中 6）的弯矩和剪力分布。

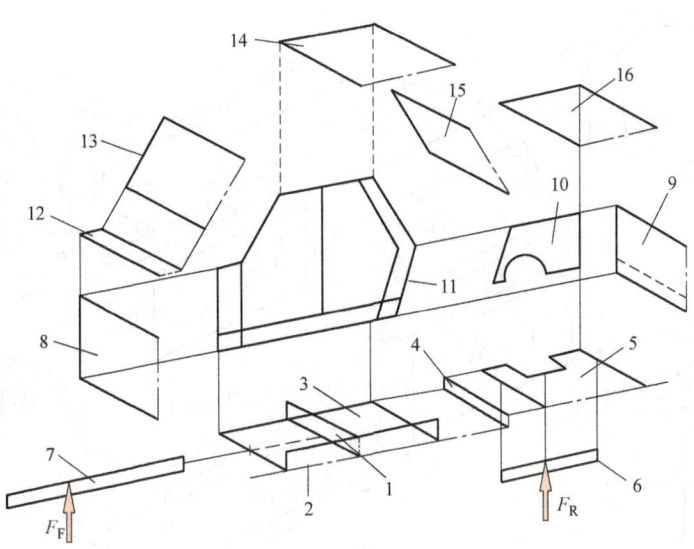

图 3-32 基于简单结构面的车身结构模型（左半部分车身）

1—前座椅下面的地板横梁 2—中央通道 3—地板 4—后座椅下面的地板横梁 5—行李舱地板 6—后纵梁
7—发动机动力总成支架 8—前围板 9—后端板 10—后顶盖侧板（quarter panel） 11—侧边梁
12—前围板上横梁 13—前风窗梁 14—顶盖 15—后窗梁 16—后背舱上梁

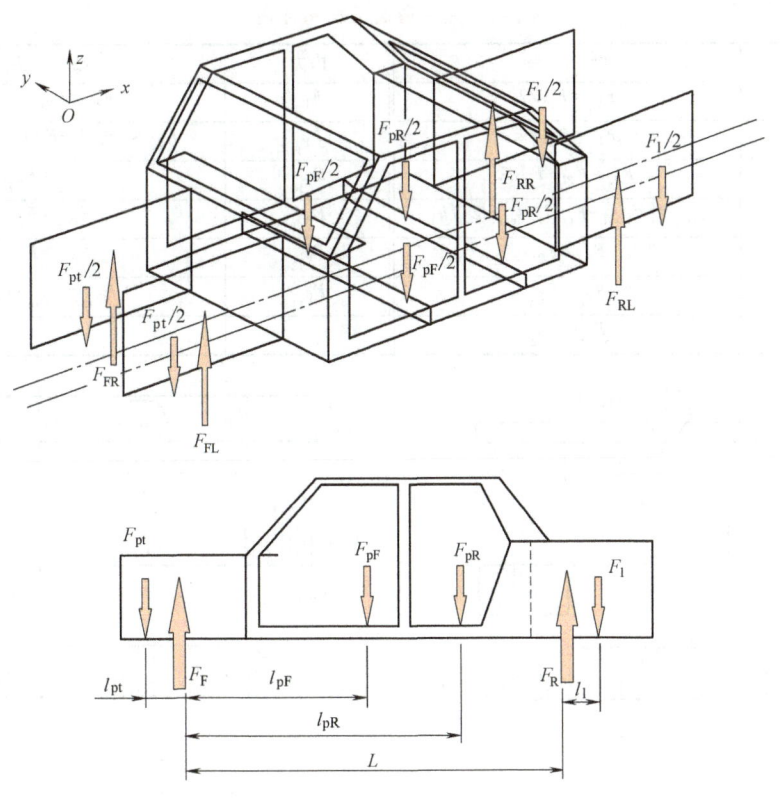

图 3-33 整车弯曲工况车身所受外载荷

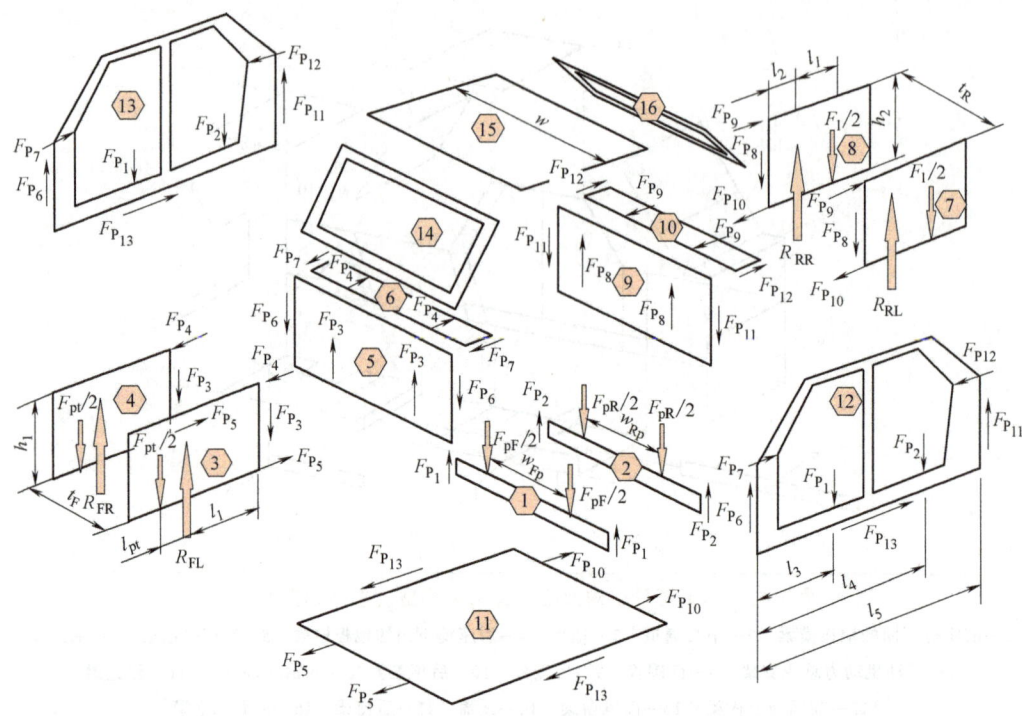

图 3-34 整车弯曲工况车身简单结构面内力计算

表 3-5 整车弯曲工况构件内力

内力	结　果	内力	结　果
F_{P_1}	$F_{P_1} = F_{pF}/2$	F_{P_8}	$F_{P_8} = F_{RL} - F_1/2$
F_{P_2}	$F_{P_2} = F_{pR}/2$	F_{P_9}	$F_{P_9} = [F_{RL}l_2 - F_1(l_1+l_2)/2]/h$
F_{P_3}	$F_{P_3} = F_{FL} - F_{pt}/2$	$F_{P_{10}}$	$F_{P_{10}} = F_{P_9}$
F_{P_4}	$F_{P_4} = [F_{FL}l_1 - F_{pt}(l_1+l_{pt})/2]/h_1$	$F_{P_{11}}$	$F_{P_{11}} = F_{P_8}$
F_{P_5}	$F_{P_5} = F_{P_4}$	$F_{P_{12}}$	$F_{P_{12}} = F_{P_9}$
F_{P_6}	$F_{P_6} = F_{P_3}$	$F_{P_{13}}$	$F_{P_{13}} = F_{P_{10}} - F_{P_5}$
F_{P_7}	$F_{P_7} = F_{P_4}$		

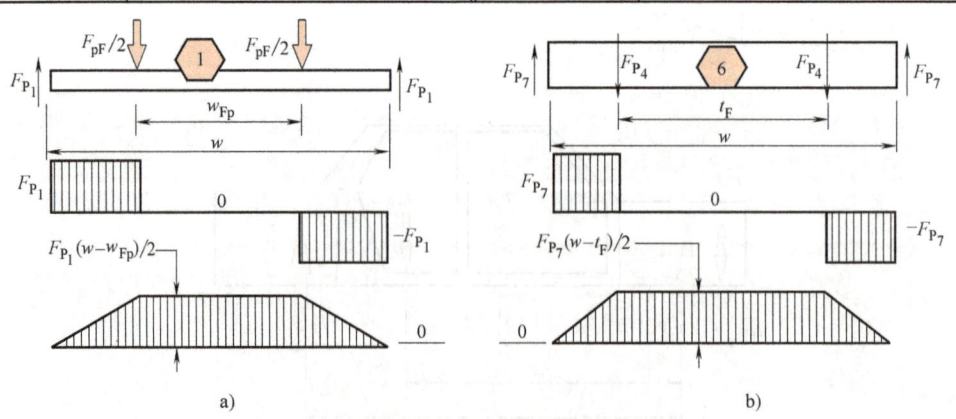

图 3-35 前地板横梁和前行李架的弯矩和剪力分布

a) 前地板横梁　b) 前行李架

2. 整车扭转工况

考虑纯扭转的情况，参见图3-36，有

$$T = F_{FT}L_F = F_{RT}L_R \tag{3-17}$$

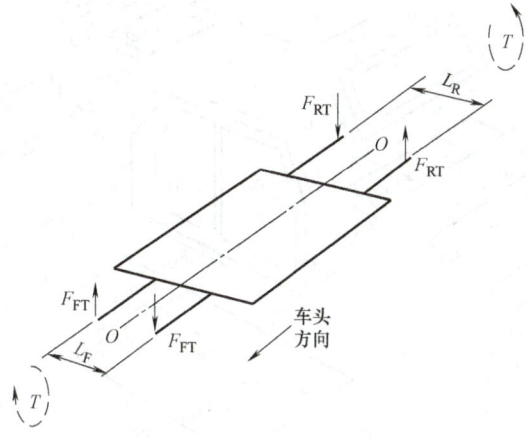

图3-36 整车纯扭转工况外载荷

参见图3-37，分别从前、后端承载结构开始，依次列力平衡方程来求解每个简单结构面的边界上的内力 $F_{Q_1} \sim F_{Q_7}$，有

$$\begin{pmatrix} L_5 & 0 & 0 & 0 & 0 & 0 & -B \\ h_1 & B & 0 & 0 & 0 & 0 & 0 \\ -h_3 & 0 & B & 0 & 0 & 0 & 0 \\ -L_7 & 0 & 0 & B & 0 & 0 & 0 \\ -h_4 & 0 & 0 & 0 & B & 0 & 0 \\ h_2 & 0 & 0 & 0 & 0 & B & 0 \\ 0 & -r_2 & r_3 & r_4 & r_5 & -r_6 & r_7 \end{pmatrix} \begin{pmatrix} F_{Q_1} \\ F_{Q_2} \\ F_{Q_3} \\ F_{Q_4} \\ F_{Q_5} \\ F_{Q_6} \\ F_{Q_7} \end{pmatrix} = \begin{pmatrix} F_{FT}L_F + F_{RT}L_R \\ T \\ 0 \\ 0 \\ 0 \\ T \\ F_{Q_{x1}}(h_1 - z_C) + F_{Q_{x2}}(h_2 - z_C) \end{pmatrix} \tag{3-18}$$

式中，$F_{Q_{x1}} = F_{FT}L_F/B$；$F_{Q_{x2}} = F_{RT}L_R/B$；z_C 为计算侧围构件内力的时候列力矩平衡方程时所选取的参考点关于门槛中心线 z 方向距离（图3-38）。

六、车身详细模型

实际车身由于结构和载荷都很复杂，所以是个复杂的空间问题。精确计算必须用板壳单元模拟。一个轿车车身的单元至少有数万个，所以其自由度可达数十万个；单元尺寸大多在20mm左右，目前正在向更小的方向发展；单元边长之比控制在1:5以内为宜。

当单元尺寸足够小时，车身板壳模型可以用板单元来模拟壳体的几何形状。板单元的变形可分解为垂直于板面的弯曲变形和板中面内的变形，因此单元的应力状态是平面应力和弯扭应力的组合。四边形板单元在平面应力状态下（图3-39a），每个节点有两个自由度。

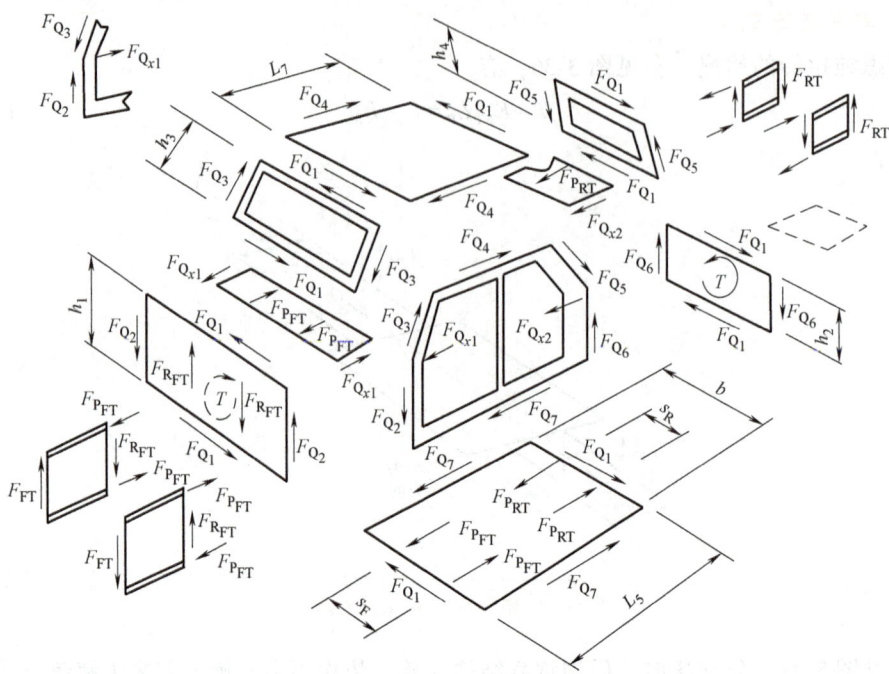

图 3-37 整车纯扭转工况内力

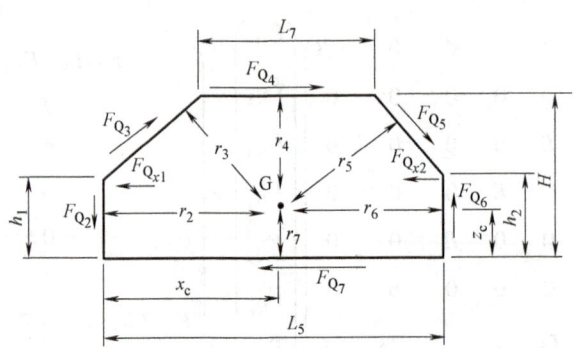

图 3-38 侧围构件内力计算

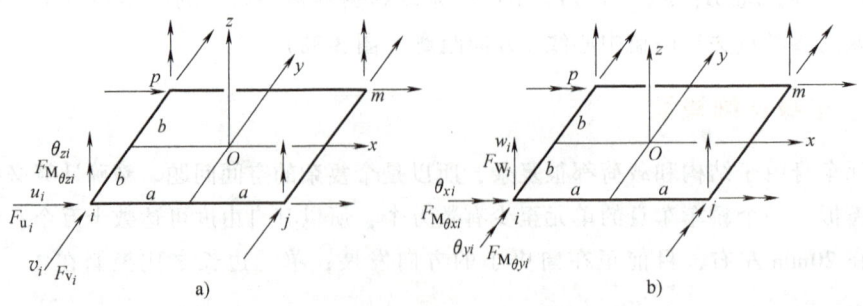

图 3-39 板单元的节点位移和节点力

节点位移矢量为

$$\boldsymbol{\delta}_r^P = [u_r v_r]^T \quad (r=i,j,m,p)$$

相应节点力为

$$\boldsymbol{F}_r^p = [F_{U_r}\ F_{V_r}]^T \quad (r=i,j,m,p)$$

为了求得平面应力 σ_x^p、σ_y^p、τ_{xy}^p，需建立单元平面刚度方程，即

$$\boldsymbol{F}_r^p = \boldsymbol{K}_{rs}^p \boldsymbol{\delta}_s^p \quad (r=i,j,m,p;s=i,j,m,p) \tag{3-19}$$

在弯扭应力状态下（图3-39b），每个节点有三个自由度。

节点位移矢量为

$$\boldsymbol{\delta}^b = [w_r\ \theta_{xr}\ \theta_{yr}]^T \quad (r=i,j,m,p)$$

相应的节点力为

$$\boldsymbol{F}_r^b = [F_{W_r}\ F_{M_{\theta xr}}\ F_{M_{\theta yr}}]^T \quad (r=i,j,m,p)$$

为了求得弯扭应力 σ_x^b、σ_y^b、τ_{xy}^b，需建立单元弯扭刚度方程，即

$$\boldsymbol{F}_r^b = \boldsymbol{K}_{rs}^b \boldsymbol{\delta}_s^b \quad (r=i,j,m,p;s=i,j,m,p) \tag{3-20}$$

对于组合应力状态下的矩形单元 i、j、m、p，其特性如下：

节点位移为

$$\boldsymbol{\delta}_r = [u_r\ v_r\ w_r\ \theta_{xr}\ \theta_{yr}\ \theta_{zr}]^T$$

相应的节点力为

$$\boldsymbol{F}_r = [F_{U_r}\ F_{V_r}\ F_{W_r}\ F_{M_{\theta xr}}\ F_{M_{\theta yr}}\ F_{M_{\theta zr}}]^T$$

因此，板单元的单元刚度方程可写为

$$\boldsymbol{F}_r = \boldsymbol{K}_{rs} \boldsymbol{\delta}_s \quad (r=i,j,m,p;s=i,j,m,p) \tag{3-21}$$

在这里，转角 θ_{zr} 并不影响单元四个节点的节点力和应力，也就是说，为了计算该单元的应力，无须计算 θ_{zr}。但是空间节点有六个自由度，为了计算不共面的相邻单元的弯扭应力，θ_{zr} 是必须考虑的。因此，根据互不相关原理，并考虑 $\boldsymbol{K}_{rs}$ 是 6×6 的对称方阵，将 $\boldsymbol{K}_{rs}$ 写成分块形式如下：

$$\boldsymbol{K}_{rs} = \begin{pmatrix} \boldsymbol{K}_{rs}^p & 0 & 0 & 0 & 0 \\ & & 0 & 0 & 0 & 0 \\ 0 & 0 & & & & 0 \\ 0 & 0 & & \boldsymbol{K}_{rs}^b & & 0 \\ 0 & 0 & & & & 0 \\ 0 & 0 & 0 & 0 & 0 & 0 \end{pmatrix} \tag{3-22}$$

式中，子矩阵 $\boldsymbol{K}_{rs}^p$ 和 $\boldsymbol{K}_{rs}^b$ 分别为平面应力问题及薄板弯曲问题中的矩形单元的相应子矩阵。这两个子矩阵中的刚度系数只与板的几何尺寸（如长度 $2a$、宽度 $2b$ 及板厚 t）和材料性能有关。具体刚度系数可参见相关书籍。

通过单元的组合，即可获得如同式（3-3）形式的板单元模型的结构整体刚度方程，并计算出各节点的位移和各单元应力（平面应力和弯扭应力）等。

图3-40是板单元模拟的白车身结构有限元模型。

七、设计各阶段对模型的要求

把车身结构抽象为一组由力学单元构成的模型，同时要给出约束条件和载荷的数学描述，即模型化。模型化的关键在于尽可能真实地反映车身结构的力学特性。模型化技

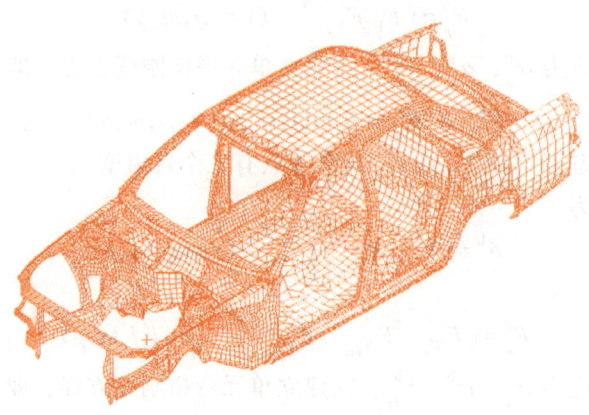

图 3-40 车身结构板壳模型

术关系到计算成本、计算工作量,以及计算结果的真实性,还受计算机软、硬件条件的限制,甚至与分析人员技术水平、习惯有关。此外,在车身开发过程的不同设计阶段对模型的要求也不同。

一般在产品概念设计阶段可能只有几个粗略的尺寸草图,提出几种概念构造方案,包括与竞争车型的比较。计算目的往往只是对这些初步设计构思的初步评价,给设计人员选型提供帮助。因此,这种目的和条件下的分析模型应是抓住主要构造参数,只求反映各种设计思路之间的差别,模型规模不宜大,力求简单、快速、节省,便于优化。

在车身产品设计中期,构造方案已经确定,结构处于推敲、研讨和与竞争车型比较阶段。计算的目的可能是预测和优化车身设计性能(如车身刚度、重量和应力等),寻找薄弱环节,进行灵敏度分析和结构参数优化,使设计达到目标性能和满足各方面的要求。因此,设计中期的计算模型要随着结构设计的进展而逐步细化,认真模拟,力求真实。

在产品设计的后期是结构完善化的阶段,这时要对结构和性能进行全面的平衡和评估,并将仿真计算结果与样机测试结果进行对比,最终完成计算资料和文件归档。因此,分析模型要求保证计算精度,模型规模可能很大,强调反映车身结构和性能的全面准确评估。

现在的计算机容量和速度以及自动划分网格软件功能已经可以解决这种大型的计算。所以有些大型公司在车身研制的初期就采用全板壳单元的车身模型,以便更真实地反映车身结构性能。静力计算结果可以提交一系列的信息,包括每个节点的位移、单元应力和应变能等;动力计算结果可以有车身的正交模态信息,以及车身在激励下的响应等;灵敏度分析和优化技术频繁运用于设计。仿真计算包括整车碰撞安全性计算、NVH 性能计算和耐久性计算等。

第四章 车身结构刚度和动力学性能设计

车身是由许多薄壁结构件组成的多自由度弹性系统,在外界激励作用下将产生变形,引起系统的振动。当外界激振频率与系统固有频率接近或成倍数关系时,将发生共振。共振不仅使乘员感到很不舒适,而且带来噪声和部件的疲劳损坏,还会破坏车身表面的防护层和车身的密封性,从而削弱耐蚀性。

汽车振动特性与车身刚度密切相关。高刚度车身不仅有利于悬架的支持,使汽车系统正常工作,而且有利于改进振动特性。

无论是出于节约能源或环保的考虑,或是为了汽车车速的提高,除了要有一个好的发动机传动系性能外,都需要减轻汽车的重量。降低重量不仅能提高汽车驾驶的动力性、经济性,而且使悬架上的横摆惯量减小,有利于提高汽车的操纵稳定性。

因此,高刚度、轻量化成为当今汽车设计追求的目标。但是如何处理高刚度/轻量化,以便提高汽车性能水平,除了采用合适的材料外,车身结构动力学设计是一关键技术。与结构动力学相关的车身结构基础性能主要是车身刚度,包括车身静刚度(车身弯曲刚度、扭转刚度和局部刚度等)和车身动刚度(模态特征、传递特性等);车身刚度最终影响汽车的目标性能——NVH [Noise(噪声)、Vibration(振动)、Harshness(声振粗糙感)]特性和车身结构耐久性(Durability)。本章讲解车身结构刚度和车身动力学特性的设计方法。

车身结构刚度和动力学性能设计一般过程如下:

1)选定当前有竞争力的同类车型,对其性能水平进行测试、分析和评价研究,其结果作为提出新设计车型性能指标的参考,称为对标(Benchmarking)。

测试内容包括:整车及车身的刚度、车身模态及用户界面点振动和噪声响应等。

2)对新设计提出具体的目标要求,如用户界面点动力响应、车身一阶模态频率、车身总体刚度和局部刚度水平。这时要综合考虑其他方面的要求,如碰撞性能、耐久性、布置要求、重量和成本要求等,并将目标要求分解到子结构,分派到各专业小组进行部件设计。

3)实施车身拓扑构造技术,选择结构方案。这时要理解整车水平与部件参数的关系,构造与性能的关系。

4)研究车身CAE内容和CAE方法,建立CAE模型。CAE模型用于研究不同设计参数对不同性能要求的影响,计算灵敏度系数,用于结构优化、结构修改和性能调整。

随着项目的进展，在不同设计阶段建立不同的 CAE 模型。CAE 是仿真、分析和评估的有效工具，以数据引导设计。

5）结构优化。建立优化模型，反复调整部件的结构参数和性质；修改模型，各子系统结构再平衡，直至获得满足目标性能各方面要求的最佳方案。

6）试验验证。硬件试验验证是伴随产品开发过程每个阶段的工作，包括 CAE 分析模型和分析方法的验证（建立模型的规范应该是被 CAE 部门承认生效的），以及新设计完成的各阶段和最终阶段都必须有硬件验证方可生效。

7）完善化。在物理样车试验过程中出现的问题，在投产前、后应尽可能使其完善化。这时只能做小的变动。

8）结论——产品设计的全面评估。

第一节 车身结构刚度设计

汽车刚度分为整体刚度和局部刚度。整体刚度主要取决于汽车部件的布置和车身结构刚度设计；局部刚度主要是指安装部位和连接部位的刚度，决定于局部车身结构的断面形状和加强构件的采用等；此外还有大面积板壳件的刚度。车身刚度设计是满足车身结构动力学要求的基础。

车身刚度设计一般采用如下方法。

一、刚度测试和分析

在汽车总体设计时，从提高汽车操纵性、安全性和舒适性等方面考虑，应该研究对整车刚度的要求，研究各主要部件的刚度匹配及其对整车刚度的贡献。因此，首先需要对同类有竞争力的车型的刚度水平有所了解。试验表明，车身的刚度在整车刚度中占很大分量，所以尤其要注重车身刚度对整车刚度的影响。

整车刚度和部件刚度的贡献可以通过测量获得，方法简述如下：

（1）整车弯曲刚度　在车身侧围门槛中段对称施加垂直载荷，如 2kN，测量底架的垂直位移。

（2）整车扭转刚度　在左、右前车轮与地面接触处施加方向相反的力，形成对整车的扭矩，如 1kN·m，测量底架的垂直位移。

（3）每个部件的贡献　通过逐个拆除部件而测得的结果与整车刚度进行比较。

图 4-1 为某车型的主要部件刚度贡献率实例。

由图 4-1 可见，车身的刚度贡献率最大；如该车在扭转刚度中，车身的刚度贡献率达 64%，而前悬架横梁、前风窗和后背门（Lift gate）均有超过 10% 的贡献率，其他部件（指仪表板、发动机舱盖、保险板、护板和座椅等）贡献率很小，为 5%，而稳定杆由于是布置在前悬架前面，所以对整车的刚度贡献率为负值。

根据对已有车型的试验分析表明，研究整车刚度的匹配和车身刚度的匹配可以为研制新车型的刚度指标提供参考，并进行对标。当新设计车型各主要部件的结构和刚度匹配确定后，即可获得车身的初步目标刚度指标（弯曲刚度和扭转刚度，或模态频率要求；提出频率要求更全面、更直观，参见本章第二节），并进一步分析车身各子部件对

第四章 车身结构刚度和动力学性能设计

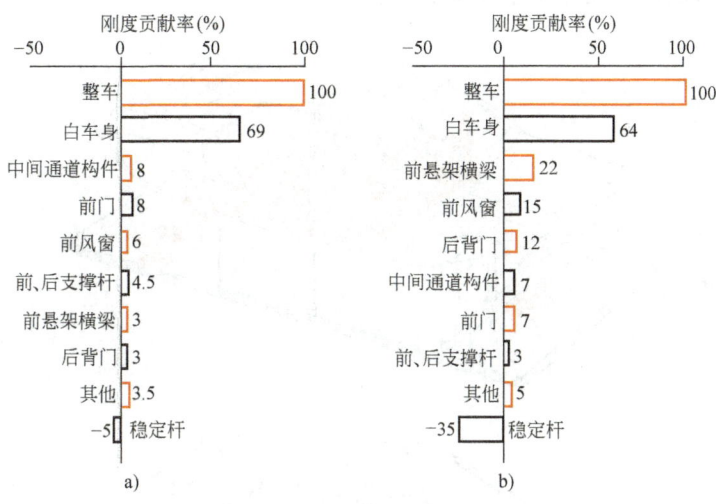

图 4-1 汽车部件刚度贡献率的实例
a) 弯曲刚度　b) 扭转刚度

车身刚度的贡献率。

例如，前风窗（由顶盖前横梁、风窗下横梁、A柱及玻璃等组成）在车身经受扭转时阻抗四边形变形，对整车的扭转刚度贡献率达15%，对整车弯曲刚度贡献为6%，说明新设计中加强A柱横截面和顶盖前横梁截面，以及加强A柱上、下接头的刚度是很有意义的。

又如，地板的中间通道构件（Tunnel Member）在实例中对整车的弯曲刚度贡献率为8%，对整车扭转刚度贡献率为7%，贡献来自于它有约束通道横向张开变形的通道横向构件，如图4-2所示。可见，增加通道横向构件能使通道更好地起到承载结构件的作用。在该车1kN·m扭转试验中，拆除前地板的通道横向构件后，使通道口变形扩开0.4mm。

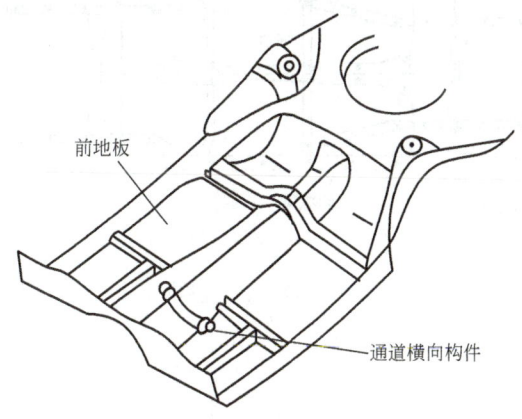

图 4-2 地板通道构件

车身刚度测量装置如图4-3所示。车身的支撑点必须使力的传入尽可能符合实际情况。例如，装上行驶系统，并将悬架弹簧锁死后进行测量。图4-4为测出的底架梁垂直弯曲和扭转变形曲线,测点位于底架下侧。

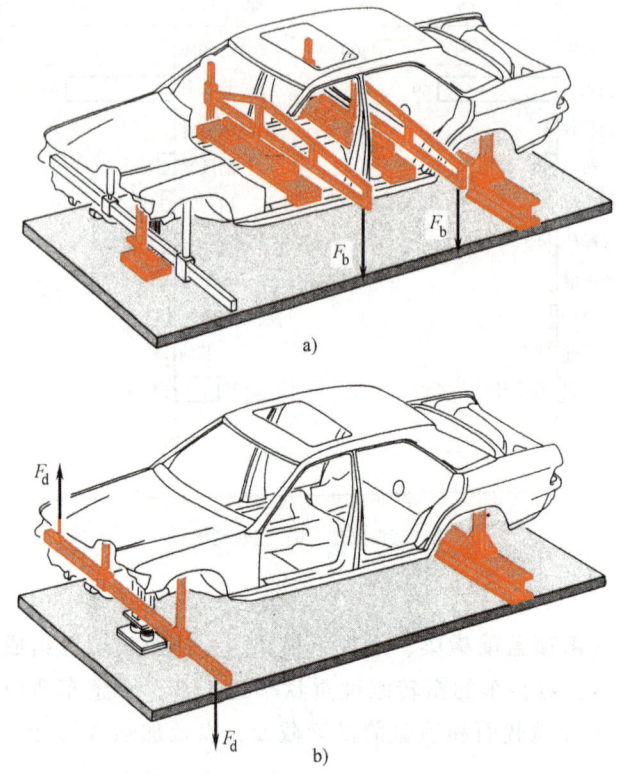

图 4-3 车身刚度测量装置
a) 测量弯曲刚度(在座椅位置,左右同向垂直加载 F_b)
b) 测量扭转刚度(固定后轴处结构,前轴处左右反向垂直加载 F_d)

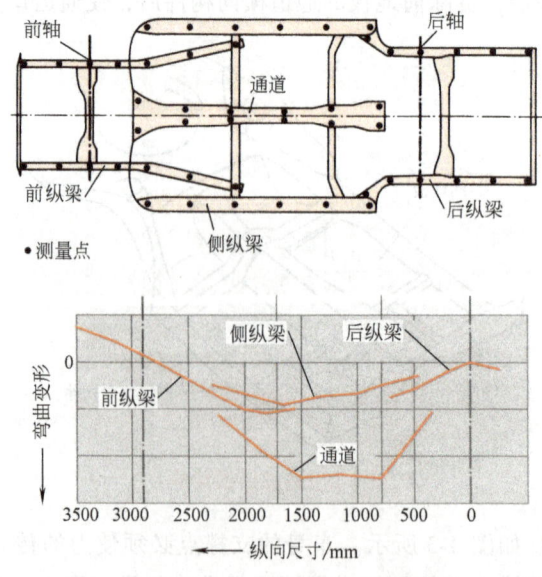

图 4-4 测出的底架梁变形曲线

第四章 车身结构刚度和动力学性能设计

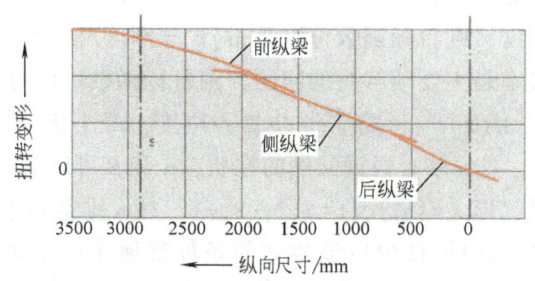

图 4-4 测出的底架梁变形曲线（续）

二、车身整体刚度设计

车身整体刚度主要指车身的弯曲刚度和扭转刚度。良好的刚度能防止结构在载荷作用下产生大的变形，从而引起各部件大的相对位移，或车身结构与车室内空腔发生声固耦合的变化而引发高的噪声；而且良好的车身整体刚度，尤其是扭转刚度，也是汽车操纵性所要求的。

车身整体刚度设计方法如下所述。

（一）构造车身的基本结构，建立概念设计模型并计算位移（变形）曲线

车身基本结构是指主要用以传递载荷的车身结构。在概念设计阶段，可基于当前有竞争力的参考车型或在数据库支持下，考虑汽车总布置和造型等要求，进行基本结构设计，初步建立结构拓扑模型。

为分析结构刚度，要根据拓扑模型建立简化的车身有限元分析模型并进行计算。

为直观，车身刚度通过力作用下的结构位移（变形）来评估。参见图 4-4，若在前、后轴之间沿车身长度的变形均匀，即车身底架各纵梁位移曲线的斜率变化很小且最大垂直位移和转角幅值控制在允许范围内，则是较为理想的结构。若结构有刚度突变的部位，则将显示出轴线斜率变化不连续，并影响整体刚度。

（二）车身刚度优化

结构设计阶段是对结构不断优化的过程。通过优化计算和经验设计，适时修改模型，直到模型各个部分的性质得到合理的匹配，满足总的刚度设计目标。优化后的模型（PBM）的各部分性质，就是下一步车身设计的指南。反复计算和修改 PBM 直到满足性能目标要求的过程，就是优化设计过程。

1. 关于优化设计的基本概念

（1）设计变量 x 一个结构设计的方案是由若干个参数来描述的。根据具体情况，这些参数可以是各个构件的截面尺寸、面积和惯性矩等设计参数，也可以是杆件长度、间距和节点坐标等结构总体的拓扑几何参数，以及类似弹性模量等材料的物理参数。这些参数中的一部分可以是事先给定的，它们在优化过程中是常数；另一部分在最优设计过程中则是变化的，就称为设计变量。

（2）目标函数 $M(x)$ 目标函数是设计变量的函数。在许多可行的方案中，哪个方案最优？目标函数就是用来作为选择的标准，很多情况是将结构最轻或刚度最大取为目标。如果目标是高刚度，则目标函数可以是 $M(x)$ = 刚度/质量　最大化；如果要求轻质量且低成本，而且成本是主要须解决的问题，则目标函数可以写成

$$M(x) = (\alpha \text{成本} + \beta \text{质量})/\text{刚度} \quad \text{最小化}$$

式中，α 和 β 为权系数，且 $\alpha > \beta$。根据问题的性质，α 和 β 可以取不同的数值；x 代表 n 个设计变量组成的矢量，即 $x = \{x_j\}$ $(j = 1, 2, \cdots, n)$，是 n 维空间中的一个设计点。

（3）**约束条件**　在结构设计中应该遵守的条件都属于约束条件。关于这类条件，大体上可以分为两类：第一类是保证结构正常工作的，如强度、刚度等；第二类为规范中的有关规定和理所当然的一些构造或工艺上要求的条件，如板料厚度在 0.6~1.0mm 范围内，以及构件截面 A_i 不能为负值，即 $-A_i \leq 0$ 等，称为界限约束。

（4）**可行域**　把 n 个设计变量组成一个 n 维设计空间，若其中满足约束函数 $f_i(x_1, x_2, \cdots, x_n) \leq 0$ 的所有点组成的区域称可行域，则可行域以外的区域是不满足约束条件的区域，应被排除。

因此，优化设计问题可表达为下面数学规划问题的形式，即

$$\begin{cases} \text{求设计变量的矢量 } x \\ x = \{x_j\} \quad (j = 1, 2, \cdots, n) \\ \text{使目标函数 } M(x) \text{ 最小（或最大）} \\ \text{约束条件为 } f_i(x) \leq 0 \quad (i = 1, 2, \cdots, m) \end{cases}$$

以上就是关于优化设计的基本概念。

目前关于优化问题的算法很多，并有相应的软件可供使用。但是复杂工程问题往往不能用函数形式来表达，这时优化过程就成为采用逐个方案的数值计算、反复迭代的过程。优化结果有时可能有多个方案可取，设计师根据具体情况选取其中的一个。

车身整体刚度优化的目标是高刚度/轻质量。对刚度的要求，除了参考前面对竞争车型预测和分析而确定的静刚度指标外，因为一阶频率与车身刚度和质量密切相关，并对车身的动态特性有很大的影响，所以现在常以车身结构的一阶模态频率作为优化目标或约束条件。对于轻质量设计，则是通过应变能计算，根据各组件的应变能分布图分析每个组件（或局部材料）的贡献。对一些变形大或应变能大的零部件采用加强板，改变截面尺寸或增加板厚；而对应变能小的零件，则可以撤除加强板或减小板料厚度。如此合理地利用材料，以便减轻质量。

高刚度和轻质量在某种程度上是相互矛盾的，这是一个多目标优化问题。对于设计目标之间冲突的问题，通常需要权衡利弊，协商解决。因此，有必要认识车身多种目标性能之间的相互关系，有效集成各目标之间的规律。

图 4-5 描述了为达到目标刚度所要增加的最小质量的优化计算过程，并可见质量增加而取得的刚度效果。

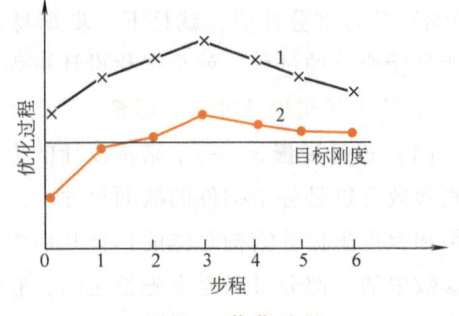

图 4-5　**优化过程**

1—质量　2—刚度

2. 灵敏度和灵敏度分析

为了优化结构，需要量化研究构件截面特性和接头刚度关于材料几何尺寸变化的灵敏度（Sensitivities），以及结构整体刚度关于截面特性、接头刚度或板厚变化的灵敏度，以便选择较灵敏的变量或部位进行修改，引导结构优化的方向。

（1）**截面特性关于板厚变化的灵敏度** $\dfrac{\Delta I}{\Delta t}$　已知原设计的截面特性 I，改变截面各零件的板厚 t，由原来的 t_0 增加到 $t_0 + \Delta t$，则可计算出截面特性关于板厚变化的灵敏度，即

$$\frac{\Delta I_\mathrm{H}}{\Delta t} = \frac{(I_\mathrm{H})_{t_0+\Delta t} - (I_\mathrm{H})_{t_0}}{\Delta t} \tag{4-1}$$

$$\frac{\Delta I_\mathrm{V}}{\Delta t} = \frac{(I_\mathrm{V})_{t_0+\Delta t} - (I_\mathrm{V})_{t_0}}{\Delta t} \tag{4-2}$$

$$\frac{\Delta I_\mathrm{p}}{\Delta t} = \frac{\Delta I_\mathrm{H}}{\Delta t} + \frac{\Delta I_\mathrm{V}}{\Delta t} \tag{4-3}$$

式中，I_H、I_V 和 I_p 分别是绕截面水平轴、垂直轴的惯性矩和极惯性矩。

这里，对于由薄板围成的截面，其板厚变化只是微量的改变（摄动），所以惯性矩增量和板厚增量之间的关系可近似为线性，即 ΔI 正比于 Δt。

因此，当截面外形尺寸已定时，可以通过改变组成截面的各零件的板厚找到对截面特性最灵敏的零件，以便对其进行优化而获得满足惯性矩要求的最小材料面积；或在限定的材料面积下提高截面惯性矩，从而提高车身刚度。

（2）**接头刚度关于板厚变化的灵敏度**　已知原设计的接头刚度 K，分别改变接头各零件的尺寸，如板厚增加 Δt，则可计算出接头刚度对板厚变化 Δt 的灵敏度 $\dfrac{\Delta K}{\Delta t}$。

设原设计的接头刚度 $K = \dfrac{T}{\theta}$，T 为作用于一个腿端的扭矩，θ 为相应的转角。对接头各零件给一微小板厚增量 Δt，相应有接头转角增量 $\Delta \theta$。由于板料厚度只是微量的改变，因此可以认为接头刚度的变化量 ΔK 与板厚的变化量 Δt 成正比，则接头刚度对板厚变化的灵敏度为

$$\frac{\Delta K}{\Delta t} = -\left(\frac{T}{\theta^2}\right)\left(\frac{\Delta \theta}{\Delta t}\right) \tag{4-4}$$

如果已知接头的刚度目标要求，通过灵敏度分析，选择宜首先进行结构修改的零件和部位，以及质量和成本等数据作为约束条件，即可对接头的设计进行优化和评估。

（3）**车身结构第 i 个自由度静态位移关于板厚变化的灵敏度** $\dfrac{\Delta \delta_i}{\Delta t}$（记为 $\delta_{i,t}$）　在有限元分析中，已知结构刚度方程为

$$K\delta = P \tag{4-5}$$

式中，K 为结构总刚度矩阵；δ 为结构的位移矢量；P 为结构外载荷。

可以用如下直接求导法求灵敏度。

记 $\boldsymbol{\delta}_{,t}$ 和 $\boldsymbol{P}_{,t}$ 分别为 $\boldsymbol{\delta}$ 和 $\boldsymbol{P}$ 对板厚 t 的偏导数，$\boldsymbol{K}_{,t}$ 为矩阵 $\boldsymbol{K}$ 对 t 的导数矩阵，则有

$$\boldsymbol{K}_{,t}\boldsymbol{\delta} + \boldsymbol{K}\boldsymbol{\delta}_{,t} = \boldsymbol{P}_{,t} = 0$$

所以
$$\boldsymbol{\delta}_{,t} = -\boldsymbol{K}^{-1}\boldsymbol{K}_{,t}\boldsymbol{\delta} \tag{4-6}$$

因为 $\boldsymbol{K} = \sum_e \boldsymbol{K}^e$，其中 $\boldsymbol{K}^e$ 为扩阶后的单元刚度矩阵，且 $\boldsymbol{K}_{,t} = \sum_e \boldsymbol{K}^e_{,t}$，式（4-6）可写为

$$\boldsymbol{\delta}_{,t} = -\boldsymbol{K}^{-1}\sum_e (\boldsymbol{K}^e_{,t}\boldsymbol{\delta}^e) \tag{4-7}$$

式（4-7）即为结构位移矢量 $\boldsymbol{\delta}$ 关于设计变量 t 的灵敏度算式。$\boldsymbol{\delta}_{,t}$ 值越大，则结构位移关于板厚变化的灵敏度越大。其中，$\boldsymbol{\delta}^e$ 为 $\boldsymbol{\delta}$ 中对应单元 e 的分量，即单元位移矢量，$\boldsymbol{K}^e_{,t}$ 为单元刚度对 t 的导数矩阵。

工程结构分析中仅需要考虑 $\boldsymbol{\delta}_{,t}$ 中的极少数分量。对第 i 个自由度对应的位移分量 δ_i 关于设计变量 t 变化的灵敏度算式为

$$\begin{aligned}\delta_{i,t} &= -\boldsymbol{K}_i^{-1}\sum_e \boldsymbol{K}^e_{,t}\boldsymbol{\delta}^e \\ &= \sum_e -[(\boldsymbol{K}^e_i)^{-1}\boldsymbol{K}^e_{,t}\boldsymbol{\delta}^e] = \sum_e \delta^e_{i,t}\end{aligned} \tag{4-8}$$

式中，$(\boldsymbol{K}^e_i)^{-1}$ 为 $\boldsymbol{K}^{-1}$ 的第 i 行 $\boldsymbol{K}_i^{-1}$ 中对应单元 e 自由度的分量；$\delta^e_{i,t}$ 为模型中第 i 个自由度对应的位移分量关于单元 e 的板厚变化的灵敏度。

可见，结构全部自由度中第 i 个位移分量 δ_i 关于某个子结构或零件（如门槛外板）板厚变化的灵敏度，是 δ_i 对于该零件所有单元板厚变化灵敏度之和，$e = 1, 2, \cdots, m$，m 为该零件的单元总数。

为了简化计算，将结构分析程序中常见的板壳单元的单元刚度矩阵[参见式（3-18）]，表示为

$$\boldsymbol{K}^e = \boldsymbol{K}_{rs} = \boldsymbol{K}^p_{rs} + \boldsymbol{K}^b_{rs} = Et\boldsymbol{K}^e_1 + Et^3\boldsymbol{K}^e_2 \tag{4-9}$$

式中，$\boldsymbol{K}^p_{rs}$ 和 $\boldsymbol{K}^b_{rs}$ 分别为壳单元的平面刚度矩阵和弯曲刚度矩阵；E 为材料弹性模量；t 为单元板厚；$\boldsymbol{K}^e_1$、$\boldsymbol{K}^e_2$ 是与 E、t 无关的单元常数矩阵。

因此
$$\begin{aligned}\boldsymbol{K}^e_{,t} &= E\boldsymbol{K}^e_1 + 3Et^2\boldsymbol{K}^e_2 \\ &= FC\boldsymbol{K}^e_1 + FC^3\boldsymbol{K}^e_2\end{aligned} \tag{4-10}$$

式中，$C = \sqrt{3}\,t$，$F = \dfrac{E}{C}$，均为常数。

因此，求灵敏度 $\delta^e_{i,t}$ 时，只需再计算一次各单元的 $\boldsymbol{K}^e_1$ 和 $\boldsymbol{K}^e_2$ 而无需求导数，可减少计算量。

3. 接头的优化设计

以满足整车刚度要求的接头优化为例说明优化过程。接头优化以达到车身整体刚度或性能要求并降低成本的流程如图 4-6 所示，说明如下：

1）根据当前有竞争力的同类车型测试所得基准（Baseline），为新设计车型定位于所要求的车身 NVH 性能水平，并初步分派各接头刚度指标。

第四章 车身结构刚度和动力学性能设计

2）根据分派的接头刚度，参考样车和积累的数据，进行接头初步构造和尺寸选择。

3）建立在接头刚度约束下的板厚（成本、质量）优化模型如图 4-7 所示。

4）根据材料单价和质量估算初步设计接头的总成本，提出优化价格目标——成本约束。

5）基于冲压的可行性和工程判断，决定板厚的上限和下限——尺寸约束。

6）对初步构造的各接头进行接头刚度关于零件板厚的灵敏度分析，并将不灵敏的零件作为减轻质量的对象（减小板厚）；对相对灵敏的零件作为提高刚度的对象。

7）输入已知量，并在约束变量的限制下通过优化程序进行反复迭代计算，最终收敛于一个解，并输出新的接头总成本、质量和新接头的刚度值。然后对新的结构进行 CAE 计算，评估是否满足 NVH 的目标性能要求，如果满足则释放设计的零件；如果不满足，则需再调整尺寸或约束条件，再进行分析和评估，直到满意为止。这时，将同时得到新的接头刚度及其关于 NVH 性能的灵敏度。

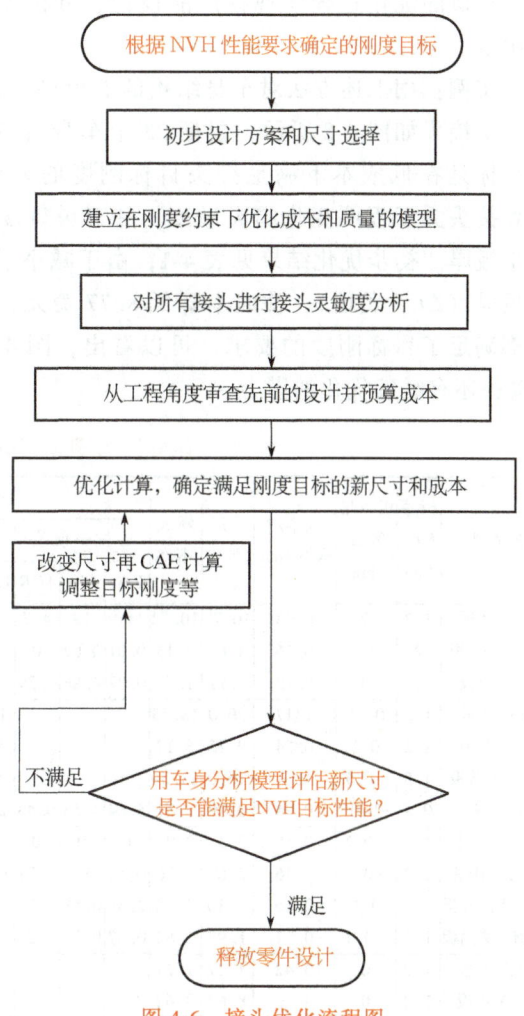

图 4-6 接头优化流程图

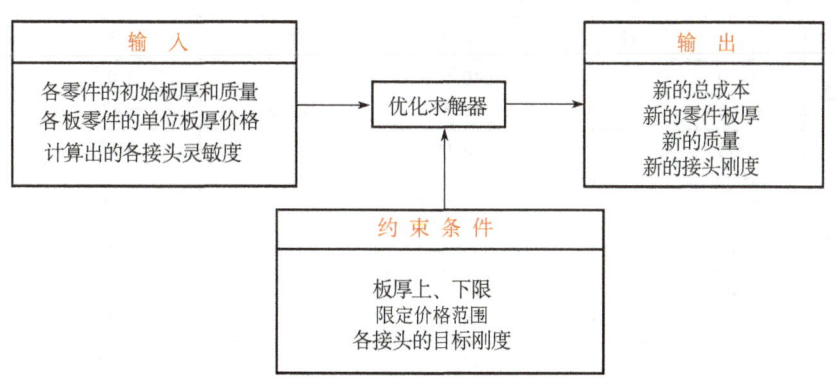

图 4-7 接头优化模型

类似的优化过程体现在产品设计、分析和研究的各个阶段。

实例：用上述方法对车身结构的 5 个接头进行优化，这 5 个接头如图 4-8 所示，包括 23 个车身板零件。分析的目标是在低成本下满足接头目标刚度的要求。因此，计算接头关于板厚变化的灵敏度，并对灵敏度小的零件减小板厚。初步优化结果见表 4-1，由于减小了一些零件的板厚（Δt 为负值），使成本降低 8.77 美元，而接头刚度都满足了目标刚度的要求。可以看出，图 4-8 中的 2、4 接头还有继续优化的潜力。

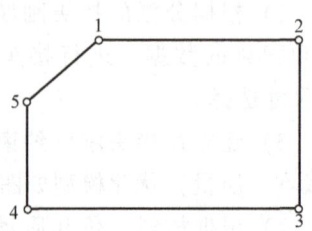

图 4-8　车身结构接头示意图
1—A 柱到顶盖　2—B 柱到顶盖
3—B 柱到门槛　4—铰链柱
到门槛　5—A 柱到铰链柱

表 4-1　车身结构接头优化结果

板零件	板厚 t /mm	板厚增量 Δt /mm	成本/$ 板厚/mm	原成本/$	新成本/$	接头刚度关于零件板厚变化的灵敏度 $\Delta K/\Delta t$											
						A 柱—顶盖			B 柱—顶盖			B 柱—门槛			A 柱—铰链柱			铰链柱—门槛		
						F/A	I/O	TOR	F/A	I/O	TOR	F/A	I/O	TOR	F/A	I/O	TOR	F/A	I/O	TOR
A 柱外板	1.2	0	0.63	10.72	10.72	34.9	19	4.7							47	15	6.9	207	78	67
A 柱加强板	2	-0.3	0.16	4.64	4.15	0.01	0.02	0							7.7	1.4	1.3			
A 柱内板	1	0	0.12	1.71	1.71	0.92	4.86	1.39							15	9.9	5.8			
B 柱外板	1.2	0.11	1.17	20.0	18.75				100	40	69	399	179	129						
B 柱内板	1.2	0.2	0.54	9.25	8.17				93	26	99	0.8	0.1	0.6						
B 柱加强板	1.5	-0.5	0.7	15.0	11.50				51	18	19	121	16	11						
顶盖板	0.8	-0.05	0.96	8.99	8.51	5.64	4.53	0.45	216	58	45									
顶边梁外板	1.5	-0.7	0.16	3.37	2.27	0	0	0												
顶边梁内板	1.2	-0.2	0.16	2.67	2.36	0.86	0.4	0.07	0.3		0.1									
风窗上梁外板	1	0.1	0.16	2.30	2.46	2.39	0.58	0.22												
风窗上梁内板	1.2	-0.1	0.11	1.93	1.82	0.47	0.21	0.28												
前围侧板	1.2	0	0.42	7.27	7.27										7.7	4.5	0.7	245	98	105
前围外板	1.2	0	0.5	8.62	8.62										0.8	0.4	0.1			
前围内板	1.2	0	0.63	9.09	9.09										0.4	0.5	0			
⋮	⋮	⋮	⋮	⋮	⋮															
总计				157.18	148.41															

优化后的接头刚度计算结果与目标刚度进行比较：

接　头	F/A	目标(%)	I/O	目标(%)	TOR	目标(%)
A 柱—顶盖	(42) 46.513	110.7	(40.50) 43.87	108.3	(8.0) 8.42	105.3
A 柱—铰链柱	(81) 85.69	105.8	(33.00) 35.57	107.8	(8.0) 13.6	170.2
B 柱—门槛	(979) 1386.2	141.6	(316.00) 340.03	107.6	(242) 242	100.0
B 柱—顶盖	(146) 321.08	219.9	(50.00) 88.46	176.9	(57) 157	274.8
铰链柱—门槛	(422) 639	150.9	(78.00) 226.00	289.7	(171) 236	138.0

注：括弧内数值是目标刚度。

然后应根据新的接头刚度验算车身性能。

总之，车身整体刚度设计过程大致如下：

1）对竞争车型测试参数。

2）汽车刚度研究，注意到整车刚度匹配和车身刚度的匹配，分派各子系统刚度指标。

3）初步构造结构，并建立系统简化分析模型。

4）结构计算研究，包括：

① 静态扭转刚度和弯曲刚度计算。

② 计算车身一阶弯曲和扭转模态频率。

③ 通过灵敏度分析和应变能分布图进行各部件的刚度贡献分析，在此基础上进行平衡，再布置构件或调整部件的基本尺寸。

5）通过结构系统优化计算，获得最佳性能匹配。为了满足目标刚度要求，需要多次反复修改结构和模型。

6）建立细化模型，进行详细的结构设计并验证性能。全网格板单元模型可以提高计算结果的精确性并充分地探讨零件的形状。

三、车身局部刚度

车身局部刚度主要是指车身结构安装部位和服务部位的刚度，如悬架、发动机和传动系的安装部位，拖钩、吊挂装置、装运装置和千斤顶的作用部位，以及安全带固定器的安装部位等。

1. 车身支撑部位的刚度

悬架支撑部位的车身支座结构刚度（Body Mount Stiffness）是车身结构重要的安装部位刚度。该部位良好的局部刚度可防止载荷通过悬架、动力总成的安装点进入车身时发生大的变形，并便于这些总成和车身结构之间的支撑和协调。一般根据车身支撑件（悬架弹簧）的刚度决定车身结构支座区域的目标刚度；基于车身耐久性的考虑，根据国外经验，推荐车身支座区域的目标刚度取为相应的支撑件刚度的 5 倍。

在车身刚度设计时，必须对支座区域的刚度进行有限元分析，计算这个区域在车身坐标系 x、y、z 三个方向的刚度和应力。计算模型是从白车身模型上截割下来的，对截割区域的大小有统一的规定。图 4-9 是车身支座中的一个支撑模型的实例，可见 z 方向的刚度一般远小于其他两个方向的刚度。支座结构 z 方向的刚度对车身结构的动力响应和耐久性影响很大，在车身结构设计时，必须将它的刚度值与现有

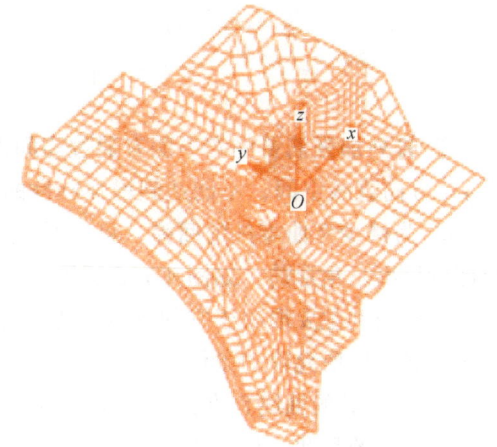

支撑方向	支撑刚度/(kN/mm)
x	15.86
y	66.83
z	3.09

图 4-9 支撑模型实例

车型进行比较,并通过安装点的动力传递率(点机械导纳,Point Mobility,见图4-28)计算和车身NVH性能验算来确定支座结构方案;最后还要计算疲劳应力。此外,对xy平面内的刚度,也要适当考虑车身横摆、后碰撞等对支座结构刚度的要求。

2. 板壳零件的刚度

大型板壳零件(如地板、挡板和顶盖等)的刚度不足不仅易引发板的振动,尤其是发生共振时,板的低频响应使车身内部产生很大的噪声,令人感觉很不舒适,还会造成部件的疲劳损坏;而且零件刚度差会给生产、搬运等都带来困难。因此,设计板壳零件时,尤其要注意提高零件的刚度,并考虑如下几点:

1) 板壳零件的刚度取决于零件的板厚及形状;曲面和棱线等的造型及拉深成形过程中零件材料的冷作硬化对提高刚度有利,平直的零件造型是不可取的。

2) 可在内部大型板件和不显露的外覆盖件上冲压出各种形状的加强筋。设计加强筋时,应注意如下几点:

① 在平的或稍鼓起的零件上,沿零件对角线方向布置加强筋可以使零件在所有方向的刚度得到提高,但采用交叉筋时要避免交叉处产生大的应力集中;为此,在交叉处用半径大于2倍筋宽度的圆弧来过渡,或者不用交叉筋,如图4-10a所示。

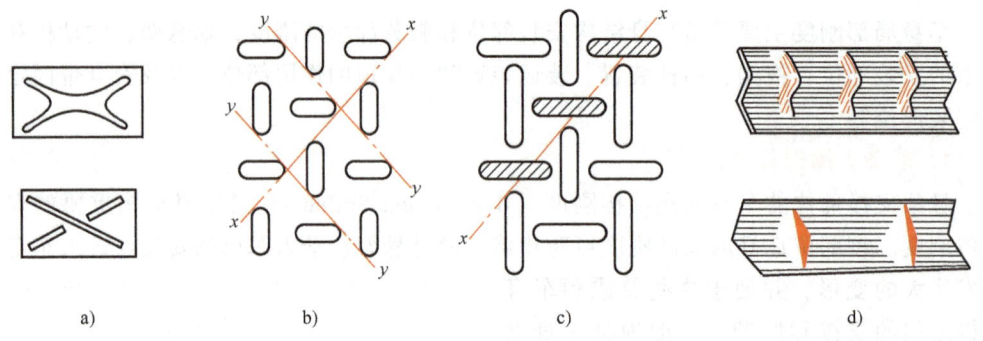

图4-10 加强筋的布置

② 排列加强筋要注意不能有通过筋间的空间直线。如图4-10b所示,由于存在x-x或y-y方向直线空间,不能达到增强刚性的目的;而图4-10c的布置方式较好。

③ 为减少弯曲零件的回弹,可以垂直于零件的弯曲轴线方向布置条形筋,或在弯曲部位压出三角形筋,如图4-10d所示。

筋的刚度主要取决于它的形状。为防止拉深时破裂,深度不宜太大,原则上应满足板料拉深成形所允许的条件。

④ 加强筋的轴线宜直,否则在振动时会引起扭转。为防止大的应力,要注意设计筋两端出口的形状,如图4-11所示。

3) 如果外覆盖件上不允许出现加强筋,可以在零件上贴装加强板,如图4-12a所示。

4) 用沉孔来加强刚度,如图4-12b所示。沉孔还可以提高零件焊接过程中的操作性和接近性,又可减轻质量。加工沉孔是先拉深后冲孔。

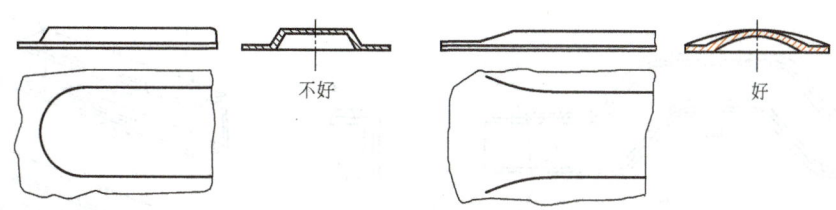

图 4-11 加强筋端部形状及贴装加强板

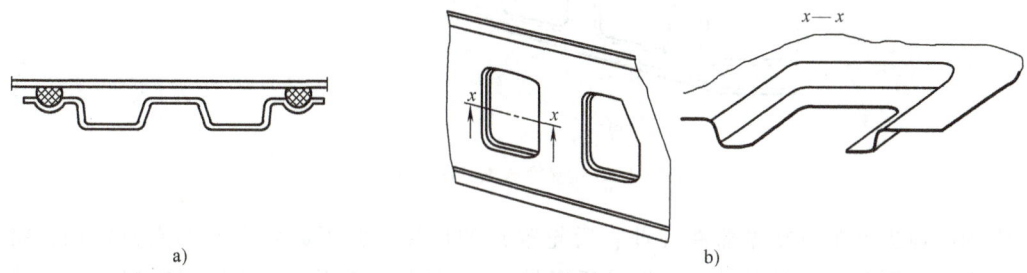

图 4-12 其他加强刚度的方法
a）在零件上贴装加强板 b）用沉孔来加强刚度

3. 防止结构中的应力集中

当受力杆件的截面发生突变时，会由于刚度突变而引起截面变化处的应力集中。在经常承受交变应力的汽车车身上，应力集中可能诱发进展性裂缝，导致疲劳损坏。这是车身结构损坏的原因之一。因此，在结构设计时，要避免截面急剧变化，特别是要注意加强板和接头设计时刚度的逐步变化。

如图 4-13a 所示，为了加强底架纵梁弯曲部分的刚度和强度，在梁上装一加强梁，但由于在加强梁两端 a-a 和 b-b 处刚度突变，易出现应力集中而断裂。若将加强梁两端的形状改为类似双曲线形（如虚线所示），则这种加固会使应力均匀些。当纵梁从封闭截面过渡到开口截面时，加强梁端部也应做类似处理，或者由纵梁腹板逐渐过渡到加强梁腹板，如图 4-13b 所示。如果不采用加强梁，而将纵梁截面逐渐加高，从加强的观点看效果最好，并可减轻质量，如图 4-13c 所示。在梁截面的中心线附近冲孔，不仅可以减轻质量，而且对强度影响很小。

此外，车身承载杆件上往往需要开一些孔，以便安装各种导线、管道和机构等。显然，由于这些孔将产生应力集中，开一个大孔要比开数个小孔应力集中更严重。应尽可能将孔位选在应力较小的部位，如截面中性轴附近。

在车身上有许多受有集中力需要使用加强板的部位，如固定车门铰链的地方、悬挂操纵踏板处等。但是应合理设计加强板的大小和厚度。加强板太小，不足以将集中载荷通过加强板分散到较大的面积上；加强板太大则会增加质量。一般加强板的厚度比被加强件的板料厚，但厚度不宜相差太悬殊，否则，不仅在加强板边缘由于刚度突变会引起应力集中而出现裂纹，而且对焊接强度也是不利的。如图 4-14 所示，1 与 2 是不适宜的板厚结合。必须对薄板 2 进行加强处理。

行驶系统（前、后悬架）在车身上的固定点是载荷的传入点，由于力流集中，要

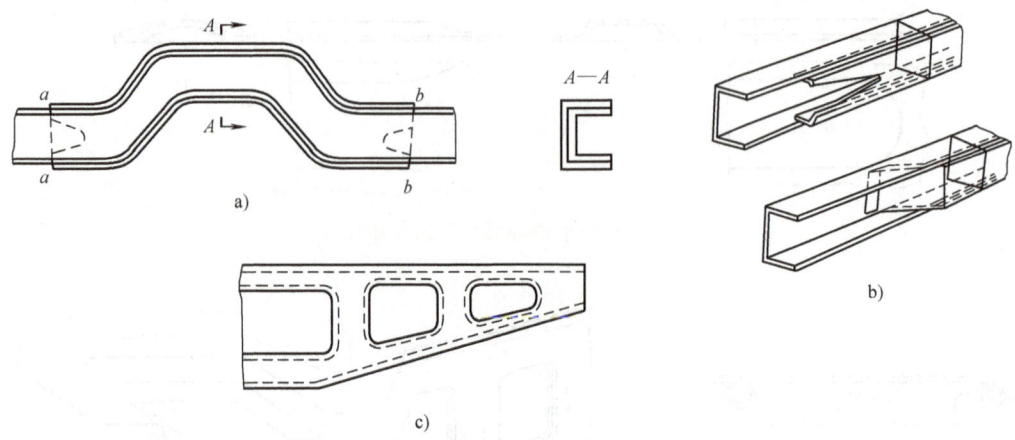

图 4-13 避免截面急剧变化

非常细心地进行车身支撑部件（前、后轮罩）的设计。为了起到良好的支撑作用，将轮罩零件板厚分级，即支撑部位板厚逐级加大，如图 4-15 所示，或采用拼焊板（见第九章），既加强了刚度，又控制了应力集中。

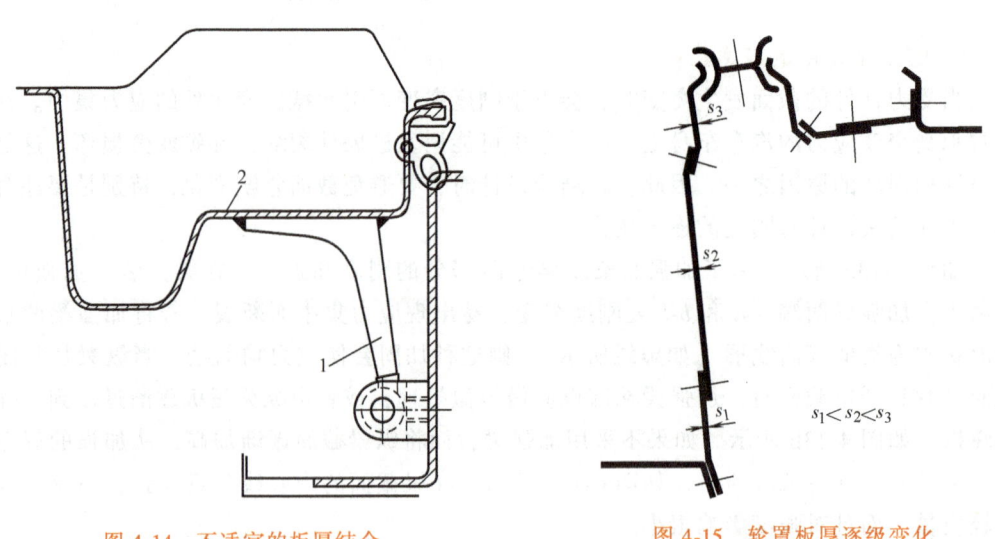

图 4-14 不适宜的板厚结合
1—门铰链 2—门柱外板

图 4-15 轮罩板厚逐级变化

第二节 车身结构的动力学性能设计

一、车身振动特性

（一）振动模态分析

由振动理论可知，无阻尼单自由度系统在初始激励的作用下，将以其固有频率在某一种自然状态下进行振动。对于多自由度系统，它的自然状态是指整个系统在运动过程中的某一位移形状。多自由度系统不只有一种位移形状，而是具有与自由度数相等数量

第四章 车身结构刚度和动力学性能设计

的位移形状,这些位移形状称为系统的固有振型。对于不同的初始激励,系统将按这些振型中的某一种进行简谐振动,此时所有质点都同步运动,各质点的位移比始终不变;每一振型对应有唯一的固有频率。系统的振动特性可用固有频率和固有振型来表示。无阻尼自由振动系统的特性分析又称模态分析,模态概念是振型概念的推广。

车身的振动特性分析基于有限元法和线性振动理论。因此,根据结构的有限元模型所用单元的刚度特性组合整体刚度矩阵 K;同时将各单元的均布质量和阻尼集中到单元的各节点上,组合成结构总质量矩阵 M 及结构的总阻尼矩阵 C。随时间变化的外载荷也都移到相应的节点上,形成载荷列阵 $P(t)$。如此具有有限个自由度的弹性系统的运动方程可应用虚功原理写出,其形式为

$$M\ddot{\delta}+C\dot{\delta}+K\delta=P(t) \tag{4-11}$$

式中,δ、$\dot{\delta}$、$\ddot{\delta}$ 分别表示节点位移、速度和加速度。

由于要分析的是结构的固有特性,取 $P(t)=0$;同时因车身结构阻尼很小,对固有频率和振型的影响可略去不计,则式(4-11)就成为如下所示的无阻尼自由振动方程

$$M\ddot{\delta}+K\delta=0 \tag{4-12}$$

这是一个常系数齐次微分方程,设它的解为

$$\delta=\delta_M e^{j\omega t} \tag{4-13}$$

式中,δ_M 为振幅列矢量;$j^2=-1$;t 为时间;ω 为振动的固有频率,令 $\omega^2=\lambda$。

将式(4-13)代入式(4-12),则可得到一个代数方程组

$$(K-\lambda M)\delta_M=0 \tag{4-14}$$

式(4-14)就是数学上的广义特征方程。可见,系统自由振动特性的求解(模态分析)问题就是求特征值 λ 和特征矢量 δ_M 的问题。

式(4-14)要有非零解的条件是系数行列式必须等于零,即

$$P(\lambda)=\det(K-\lambda M)=0 \tag{4-15}$$

$P(\lambda)$ 为 λ 的 n 次多项式(n 为总自由度数),M 为正定阵,只要 K 也为对称正定阵,则 $P(\lambda)$ 必有 n 个正实根 $0<\lambda_1\leq\lambda_2\leq\cdots\leq\lambda_n$,使

$$P(\lambda_i)=\det(K-\lambda_i M)=0 \quad (i=1,2,\cdots,n)$$

参照式(4-14),于是由

$$(K-\lambda_i M)\delta_{Mi}=0 \tag{4-16}$$

可以解得 δ_{Mi}。δ_{Mi} 是特征值 λ_i 所对应的第 i 阶特征矢量,即对应于各阶固有频率 ω_1,ω_2,$\cdots$,ω_n,有各阶固有振型 δ_{M1},δ_{M2},$\cdots$,δ_{Mn}。这是齐次方程式(4-12)的通解。

1. 车身整体振动模态

无阻尼线性系统的一般运动都可以表达为各阶固有振型的线性组合。对应于较低频率的固有振型(低阶振型)对构件的动力影响大于高阶振型,也就是说,低阶成分的能量比较大;而且求解系统的高阶特征值势必花费更多的计算机时。因此,对于一般车身工程结构,在模态分析时只求低阶的振动频率和振型;除非研究 NVH 特性时才需要计算中、高阶频率。

车身系统的低阶振型可能是扭转振型或弯曲振型。某些大型轿车的非承载式车身结构,最低阶的振型有可能是低于 20Hz 的扭转振动;而整体扭转刚度较大的车身结构,

最低阶振型有可能是车身的垂直弯曲振型。图 4-16 所示为车身一阶弯曲振型（有两个节点——位移为零的点，频率为 20~40Hz）及二阶弯曲振型（有三个节点，频率为 30~50Hz）。对于硬顶轿车承载式车身，一般要求一阶扭转频率大于 30~40Hz。

图 4-17 为轿车各部分的固有振动频率和激振频率的分布图（假设各子系统固有频率是不耦合的）。由图可见，车身低阶模态频率大致在 20~50Hz。汽车在轮胎上的振动频率及发动机在其悬置上的振动频率等，与车身低阶模态频率很接近。因此，车身设计要非常注重结构低阶模态频率的设计，注意提高车身整体的刚度和部件刚度，通过修改结构，使车身或部件的模态频率避开激励频率，以防止共振。此外，通过模态振型可以判断出车身振动变形较小的部位，在这个部位（节点处）振动响应较小。如果将动力总成等的悬置点设置在这些部位，从减振的角度看是有利的。还应注意到，在车

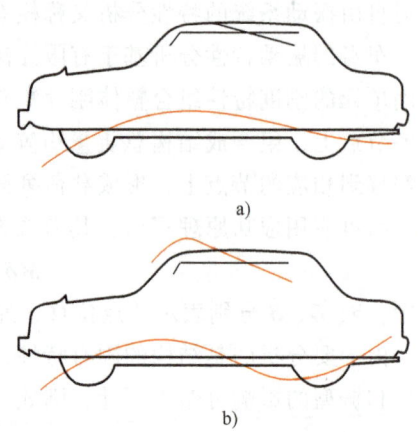

图 4-16 车身的弯曲振型

a) 一阶振动　b) 二阶振动

身装上内饰件后，车身的扭转和弯曲频率最多可分别下降 15% 和 25%。

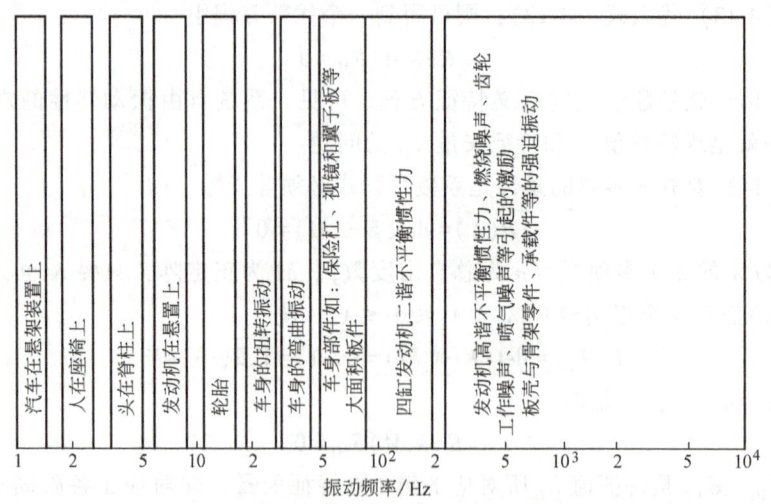

图 4-17 轿车激振频率与固有振动频率分布图

图 4-18 为某轿车车身结构一阶扭转和一阶弯曲模态，是利用 MSC.Nastran 的 SOL103 求解器进行结构模态分析所得。

2. 部件模态分析

设计车身部件刚度时，往往需要对结构方案进行分析比较。如果车身刚度分布不均衡，不适应质量分布，如轿车前车身开口部分（即装有集中质量的车头结构）的刚度，及其与乘员舱连接处的弯曲刚度较弱，其模态频率就会下降。当不平路面激励引起的汽车在悬架上的振动频率与车身整体模态频率接近或成倍数关系时，就会产生前车身抖动

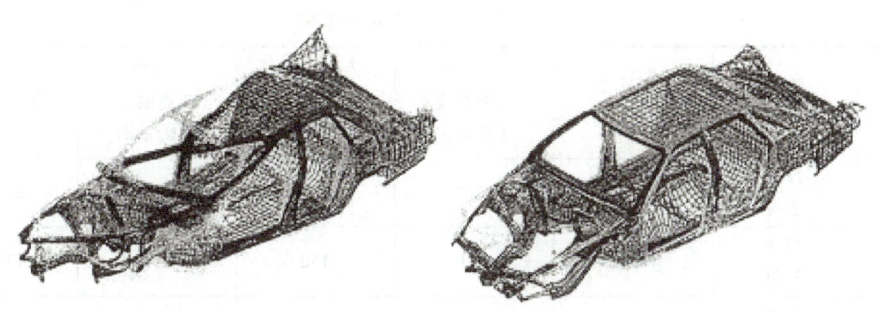

图 4-18 一阶扭转模态和一阶弯曲模态

(弯曲振型的组合)。严重时可从转向盘上感受到或用眼睛看出前车身的这种抖动。因此,在车身结构设计时应对各部件进行刚度和模态分析。

前车身结构计算实例如下:

分别从三种车型的有限元模型上切割下前车身,如图 4-19 所示。对三种模型进行分析比较,分析内容如下:

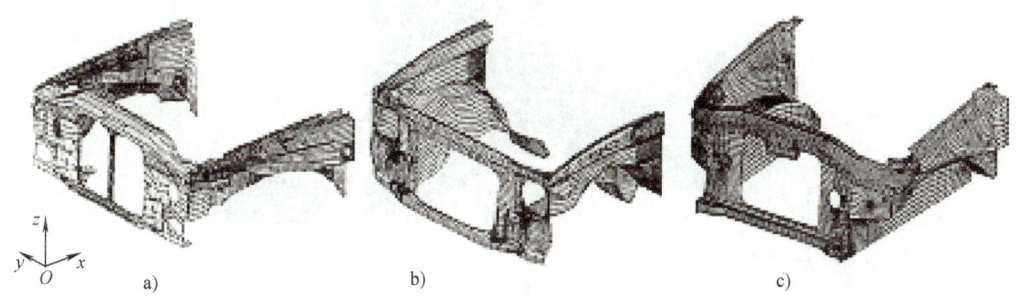

图 4-19 前车身有限元模型
a) 原车型　b) 竞争车型　c) 新车型

1) 正交模态频率和振型。

2) 四种静刚度,即扭转刚度和平行于 xy 平面分别在 x、y 方向的弯曲刚度,以及在 xz 平面 z 方向的弯曲刚度。

计算模型在切割处约束全部自由度。

计算扭转刚度时,分别在前车身模型的左、右悬架支撑处沿正、负 z 方向作用单位载荷;计算弯曲刚度时,在前车身模型的两个悬架支承处先后沿 x (及 y 和 z) 方向作用单位载荷。

计算结果列于表 4-2,可见,原车型的前车身在 xy 平面中的弯曲刚度差,一阶模态频率仅 18.5Hz;新车型一阶模态频率为 53.3Hz,而质量却降低到 15.4kg。

为了满足对车身一阶模态频率的要求,除了需加强车头结构刚度外还必须加强车头与车室连接部位的刚度。刚度不足是前车身发生抖动的主要原因。根据车身模态应变能图和邻近表面的变形图 (图 4-20),可分析出前车身结构与车室连接处的载荷传递路径并评估连接刚度。由表 4-3 可见,提高新车型车头结构刚度及其与车室的连接刚度后,车身一阶频率提高了 6.9Hz;表 4-3 中列出了结构修改过程。

表 4-2 前车身计算结果比较

车型	一阶频率/Hz	扭转刚度/(N/mm)	x方向弯曲刚度/(N/mm)	y方向弯曲刚度/(N/mm)	z方向弯曲刚度/(N/mm)	质量/kg
原车型	18.5 横向	719	47.9	78.0	440	20.1
竞争车型	27.6 横向	891	384	150	292	13.4
新车型	53.3 横向	1595	3823	292	943	15.4

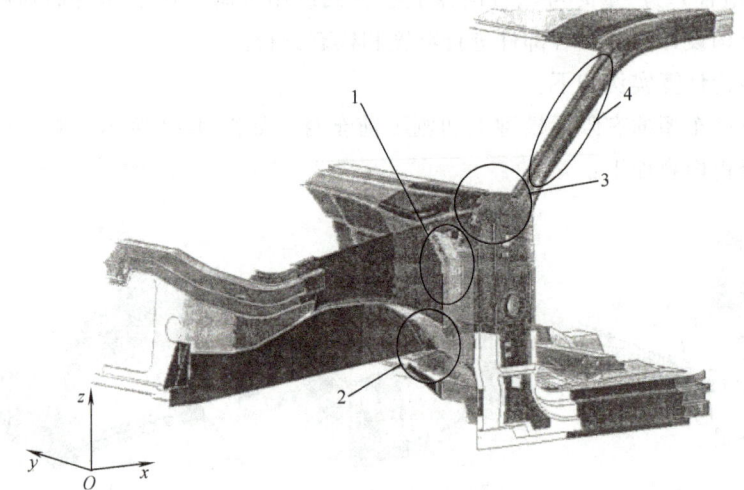

图 4-20 新设计方案的修改部位

1—前指梁与内护板及前挡板的连接区（图中未示出前指梁） 2—轮罩板与前挡板的焊接
3—前指梁与前挡板上梁的焊接 4—加大 A 柱截面

表 4-3 新方案设计修改结果

设计修改次序	车身一阶频率/Hz	修改后频率变化/Hz	频率累计增量(%)	修改内容
0	19.9			基础 CAE 模型
1	21.3	+1.4	7.0	增加前指梁与内护板及前挡板的连接
2	23.8	+2.4	19.0	加强轮罩板与前挡板的焊接
3	25.9	+2.2	30.0	加强前指梁与前挡板上梁的焊接
4	26.8	+0.9	34.0	A 柱截面加大 50%

3. 车身板壳的局部振动模态

刚度差的大型覆盖件容易在振源激励（如发动机的振动、汽车行驶时传动系的共振及噪声波的冲击等）的作用下引起板壳（如轿车前、后地板等）的强迫振动。当激振频率接近车身内、外板的固有振动频率时将发生板壳共振。车身大型板件的共振频率通常在 40～300Hz 或更高的范围。板件振动造成的辐射声和车室内空腔体积的变化（从而引起气动压力变动）是产生车内噪声的重要原因。例如，轿车地板的共振频率在50~60Hz左右，共振时发出敲鼓式的声响。

由薄板振动理论可知，四边简支长方形板的固有振动频率 ω_n 为

$$\omega_n = \pi^2 \sqrt{\frac{D}{\rho t}} \left(\frac{m^2}{a^2} + \frac{n^2}{b^2} \right) \tag{4-17}$$

式中，m 和 n 为沿板边 a 方向和板边 b 方向的振动阶数；a 和 b 为板的长度和宽度；ρ 为材料的密度；t 为板的厚度；D 为板的弯曲刚度或抗挠刚度，则

$$D = -\frac{Et^3}{12(1-\mu^2)} \tag{4-18}$$

式中，μ 为泊松比；E 为材料的弹性模量。

对应不同的 m 和 n 值，可计算出相应的各阶固有振动的频率和振型（图4-21）。低阶振动频率是最主要的，因为大部分噪声是由低阶振动引起的。

长方形板的最低阶频率 f_1（即 $m=1$，$n=1$ 时）应为

$$f_1 = \frac{\omega_n}{2\pi} = \frac{\pi}{2} \sqrt{\frac{D}{\rho t}} \left(\frac{1}{a^2} + \frac{1}{b^2} \right) \tag{4-19}$$

由式（4-19）可知，如果材料厚度不变，则固有振动频率几乎与板边尺寸的平方成反比。因此，可以用改变板边尺寸的办法来避免共振。最有效的办法是在板上冲压筋。因为振动波总是朝刚性最差的方向前进，冲压筋和棱线能切断路径，使振动受到抑制。如图4-21d所示，沿 x-x 方向冲压筋相当于改变板边尺寸，如图4-21e所示。

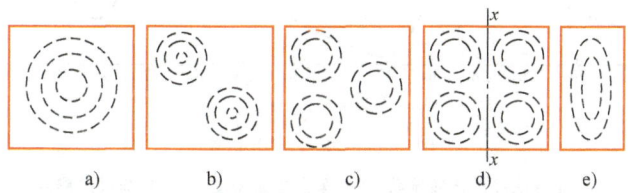

图4-21 板壳的各阶振型（模态）

（二）车身振动响应分析

如果计算系统在激励下的响应，则应求方程式（4-11）的通解，它是由齐次方程式（4-12）的通解（代表自由振动）与非齐次方程的特解（代表强迫振动）叠加而得。计算响应时，应该采用车身整备模型（即包括汽车上所有非结构的标准装备质量的模型），建立整车仿真计算模型，并输入激振力或道路功率谱密度函数，求得的可以是频域中的位移、速度、加速度、力或应力等频率响应。建立整车仿真计算模型的方法在第五章叙述。整车CAE仿真计算是车身设计中的重要内容。

计算振动响应时，除非研究NVH特性时需要计算中、高阶频率，大部分情况下只需取低阶车身模态振型的线性组合，其余高阶部分被截去，称模态截断，相应被截去的模态频率称截断频率。截断频率通常是根据外界随时间变化的道路载荷的频率范围，及所关注的结构本身的重要特征频率来选取的。一般取前十几阶就可满足精度要求；大于截断频率的载荷激励频率也难以激起明显的振型，就是说激振力只能激起相对较低的激

励频率所对应的部分振型。

阻尼对响应的影响有赖于载荷持续的情况。汽车车身经受的是长时间的持续载荷,阻尼的作用不可忽略。响应计算时,一般取钢结构车身的阻尼为临界阻尼的3%~5%。

(三) 振动特性测试

通常可通过测试方法,即用电磁激振器对车身激振,迫使车身产生各阶简谐振动;借助加速度传感器测量响应;找出共振频率及产生共振的原因;由加速度振幅 a_0 和激振频率 Ω 算出位移振幅 $s_0(s_0=a_0/\Omega^2)$;再根据各点振幅画出振型。例如,在车身前端的左、右纵梁上以同方向的力激振,即激起车身弯曲振型;或以相反方向的力激起车身扭转振型;得到左前梁测点3处激振频率与振动速度或加速度的关系(频率响应)(图4-22)。由曲线可见,该车身出现数个共振频率(峰值频率),尤其是在扭转振动时。为了避开这些共振点,需要对结构进行修改设计。

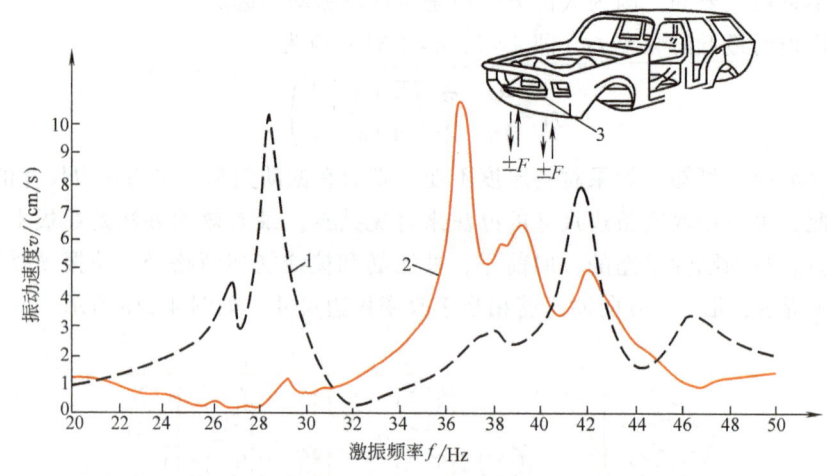

图 4-22 车身频率响应

1—车身前部的扭转振动 2—车身弯曲振动 3—左前梁的测点

由于车身振动模态是结构的固有特性,白车身振动测试(模态参数识别)大多采用自由—自由方法,也就是说可用软底座支撑或软弹簧悬挂,使刚体模态频率接近于零;而标准车身装备的振动模态识别一般是采用支撑—支撑方式,测试时用轮胎和悬架装置支撑。

图4-23所示为自由—自由底架系统的二阶弯曲振型,有三个节点(位移为零的点),频率为37Hz,同相位激励分别作用于左、右前纵梁上。

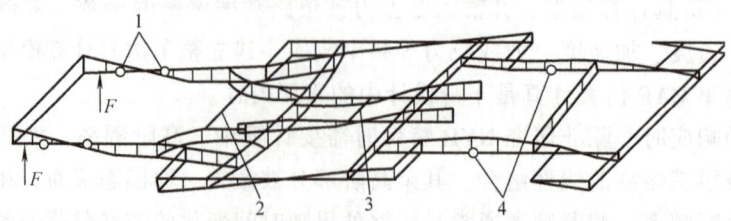

图 4-23 底架的二阶弯曲振型

1—前附加横梁(副车架)固定点 2—发动机后悬置横梁 3—传动轴中间支撑梁 4—后悬架支撑点

二、车身结构动力学性能设计

（一）主观评价和客观测量

车身刚度和模态都不是最终的评价指标，汽车的性能指标应体现在实际汽车使用性能的最终综合水平上。因此，在设计的最初阶段应对有竞争力的同类车型进行实际考察和评价，并具体测量驾驶人界面点的振动响应特性。

1. 主观评价

由于汽车的乘坐舒适性最终表现为人体的感觉，不能完全用物理量来表示，所以由专家实际驾驶和主观评价的方法在汽车振动性能的研究中起着重要的作用。对主观评价认为最好的车型要进行客观测量。

例如，某汽车公司在设计新敞篷车时，对7种竞争车型（各国的运动车）进行评价，其方法如下：

专家驾驶竞争车型，先后以低速、高速行驶于粗糙路面上。选择诸如转向盘、座椅和后视镜等驾驶人界面特征点，对其振动特性进行主观评价。图4-24是驾驶者对7种车型（A、B、C、D、E、F、G）在粗糙路面上对转向柱振动的打分，共分为10级，第10级最好；等级是以G型车为标准进行归一化比较而得到，黑色带是80%置信区间，这种表示方法可以明显标识出差异。

由图4-24可见，7种车型中对D型车转向柱振动特性的主观评价最好。

2. 道路响应测量

在与主观评价时同样的路面上进行三种车型（包括原敞篷车、闭篷车和硬顶D型车）的道路响应测量。图4-25表示了这三种车型以72km/h车速行驶时，在0~50Hz范围内的转向柱振动加速度响应。由图可见，D型车的响应最低，证实了主观评价的正确性。

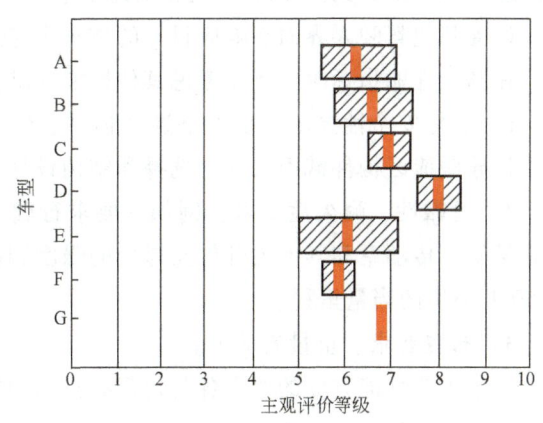

图4-24 竞争车型在粗糙路面上对转向柱振动特性的主观评价

结构模态频率是影响汽车结构动力学性能和乘坐感觉的关键指标。这三种车型的一阶振动模态频率分别是：原敞篷车为13.9Hz（扭转）、闭篷车为16.1Hz（弯曲）、硬顶D型车为22.1Hz（弯曲）。可见D型车的一阶模态频率最高，这也是该车主观感觉最好的主要原因。通过对竞争车型的主观评价和响应测试，从结构动力学角度分析了新设计车型应具备怎样的性能水平，同时也可看到该性能车型的结构特点。

（二）确定性能指标

测试同类竞争车型所获得的指标为新车设计提供了一个清晰的动力学性能水平。从这个水平出发，并考虑汽车的其他要求，就可确定所希望的各项性能指标，作为结构设计的指南。例如，为使水平超前，公司要求新的敞篷车要达到图4-25中粗实线的水平，

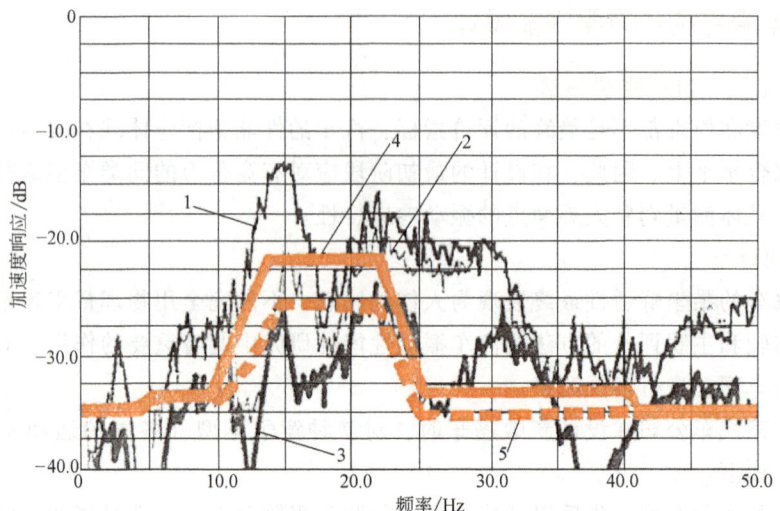

图 4-25 三种车型在道路试验中转向柱的加速度测量值及新车目标性能
1—原敞篷车（实线） 2—闭篷车（细实线） 3—硬顶 D 型车（中粗实线）
4—新敞篷车目标性能（粗实线） 5—新硬顶车目标性能（粗虚线）

而闭篷运动车要达到图 4-25 中粗虚线的水平。

设置其他驾驶人界面点响应目标的方法也与上述相同。

在确定性能指标时，还需考虑其他性能要求，如：

1）碰撞安全性要求，如严格遵守标准、低修理费、碰撞空间和碰撞力的级别等，用于指导碰撞区构件截面尺寸的选择和结构设计。

2）可靠性、耐久性要求，例如，要求行驶 20 万公里后结构不丧失功能；特别要注意悬架、传动系和其他大部件支撑处的强度和疲劳要求，疲劳寿命目标是要求能经受住 50 万公里的当量里程。

3）布置要求、重量要求等。

对于主要性能方面的要求各公司都有自己的规范和标准。

（三）性能综合

综合考虑上述各种各样明显不同的要求完成一个设计的过程称为综合。

如上所述，通过与竞争车型测试和性能指标的比较研究提出了对新车型的噪声、振动特性和结构刚度的要求，并将这些要求与其他方面的竞争要求紧密结合来定义一个设计，这是一项高水平的工作。为了引导初期的概念设计，各大公司都应用了一套综合/分析 CAE 方法，以确保将来指标的实现。

充分理解所有性能要求，有效地综合一个设计，其关键在于弄清整车性能要求与部件设计参数（如构件布置尺寸、材料厚度和截面特性等）之间的关系。建立基于性质的参数化模型（PBM）可帮助弄清这个关系。该模型用于调整部件的性质，直到满足整个结构的性能要求；而这一系列部件性质的确定为下一步结构设计指明了方向。

当然，这个设计初期的过程不能获得确定的设计，只是为后续优化设计以及并行考虑其他性能要求，如制造可行性研究或商业因素讨论等提供一个初始方案。

（四）结构动力学设计

1. 模态研究与控制（模态分布图设计）

按上述方法提出的车身动力学性能要求必须分派到各子系统和部件，由子系统和部件的性能保证将来整车性能目标的实现。

如前所述，汽车振动响应是汽车子系统和零部件的简谐振动的函数，是汽车与道路或发动机激励等彼此作用的结果。设计时，为降低驾驶人界面的振动响应级，必须控制上述简谐振动的频率，使其互不耦合并避开通常的激励频率。因此，分派指标时需要根据最初对标时所做的分析和测量，以及数据库的数据支持，设计一个模态分布图，标明频域中各子系统的模态及其与输入（激励频率）的关系。对这些谐振特性和防止耦合的管理（控制）是建立低响应的基础。例如，图 4-26 是某设计车型的模态图，模态之间的线段指出为了使耦合最小而应该隔离的部件模态；尤其要注意避免一阶车身垂直弯曲和扭转模态频率接近悬架和动力总成的固有频率。模态研究与控制（模态分布图设计）提供了制定一系列子系统模态匹配的方法，为各子系统定下了振动特性的基调。

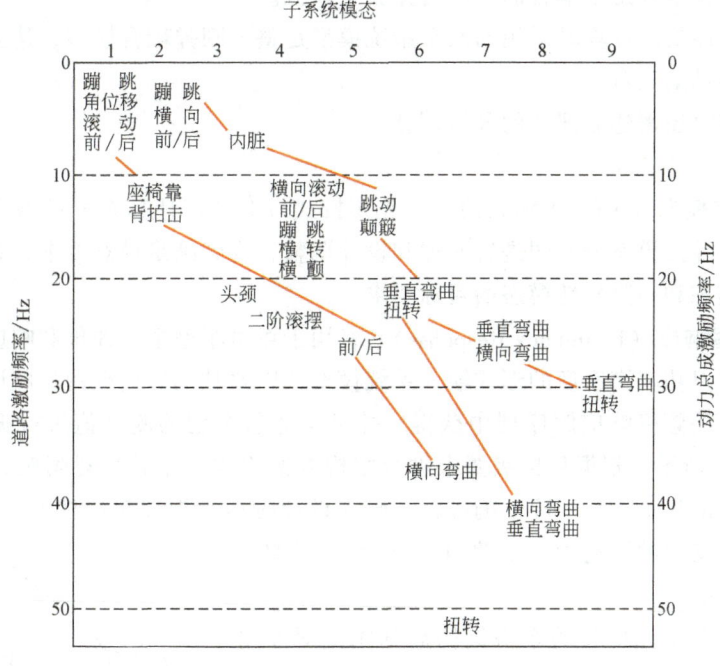

图 4-26 激励频率和子系统模态分布图

1—车身在悬架上　2—人坐在座椅上　3—乘员人体（组织器官）　4—动力总成在悬置上
5—悬架子系统　6—车身结构弯扭　7—动力总成子系统　8—转向柱子系统　9—风窗子系统

2. 建立系统模型

即便子系统模态的基调定得很好，但也不一定能保证满足目标振动级的要求。必须在设计的各个阶段建立相应的系统有限元模型，用于计算和评估系统性能水平。系统模型有如下几类：

（1）车身概念模型（Concept Body Models） 一般早期模型通常是个简化模型，其结构参数少，便于各方面的评估和完成概念设计，所以也称其为概念模型。

概念模型用于选择结构。该结构既要在刚度/质量方面具有潜力，又要考虑碰撞、耐久性、组装和制造等方面的约束。此外，该模型还用于采用先进技术进行可行性分析研究，所以概念模型是结构研制过程早期的集成。可能存在几个概念模型版本，用于不同方案的比较。

（2）整备车身模型（Trimmed Body Models） 仅仅是描述白车身的概念模型一般不能用于分析动力响应性能，响应分析必须采用整备车身模型。整备车身模型是将所有与结构无直接联系的非结构质量，如电子系统，内、外附件，燃油系统等，按集中质量或分布质量附加到车身结构上的模型。该模型通常用于仿真计算和优化构造的研究。

（3）汽车系统模型（Vehicle System Models） 整备车身模型与所有用橡胶垫隔开的子系统（如动力总成和底盘等）联合在一起就是汽车系统模型，它包含模态分布图中全部谐振子系统和全部质量。汽车系统模型用于寻求合适的汽车加速度响应，要求整备车身的模态频率和振型与用橡胶垫隔开的子系统的振动模态频率，以及与路面输入、动力总成的输入频率都是不耦合的，以避免发生共振。

在整车性能仿真计算时采用的汽车系统模型是整车刚弹耦合模型，建立该模型的理论和方法可参见第五章。

此外，有时还需建立部件的分析模型。

3. 动力学计算分析

（1）正交模态（Normal Modes） 首先要按式（4-12）计算系统模型中所有子系统的正交模态，并按模态分布图进行匹配和设计调整，直到满足模态要求。尤其要注意车身一阶弯曲模态和一阶扭转模态的目标要求。

（2）频率响应（Frequency Response） 将用于竞争车型主观评价和响应测试时所记录的路面谱，以功率谱密度的形式输入系统模型，则驾驶人界面点的响应谱就可以从有限元计算结果的频率响应解序列中获得，并可与竞争车型的测试值进行振动幅值的比较，如图4-25所示。根据目标级要求进行结构方案修改，尤其是对驾驶人很敏感的响应，如转向盘的抖动。为了降低响应，一般在设计时尽量提高转向柱安装支架的刚度，并增大上、下支架的距离 L_1，如图4-27所示，以避免怠速时发生共振。

又如，悬架支撑部位的车身结构局部刚度对车身动力响应影响很大，因此在车身设计的第二阶段还需要评价所有车身安装点的动力适应性，即进行机械导纳（传递率）分析。图4-28表示对车身安装点结构（图4-9）的两种方案在100~400Hz的激励频率范围内的速度响应分析结果；为了方便，图中采用dB（分贝）作为度量单位，它表示在 x、y、z 三个方向的速度响应级——速度响应与参考速度响应比值的对数函数，其参考速度响应取为 $1mm/(s·N)$；dB为负值表

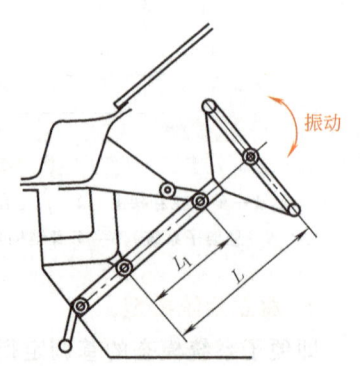

图4-27 避开共振的
转向柱支架设计

第四章 车身结构刚度和动力学性能设计

明通过车身安装点的能量衰减,所测得的速度响应低于参考速度响应值;目标要求(粗实线)是根据 NVH 性能要求提出的。可见在 y 方向和 z 方向的 $100\sim190$Hz 激励频率范围内,原车身安装点结构的动力响应(虚线)没有完全达到目标要求,会影响总体性能,新结构有了改进(细实线)。但在确定方案时,应通过对系统 NVH 性能的验证,再决定是否需要对该车身安装点的局部刚度进行适当加强。

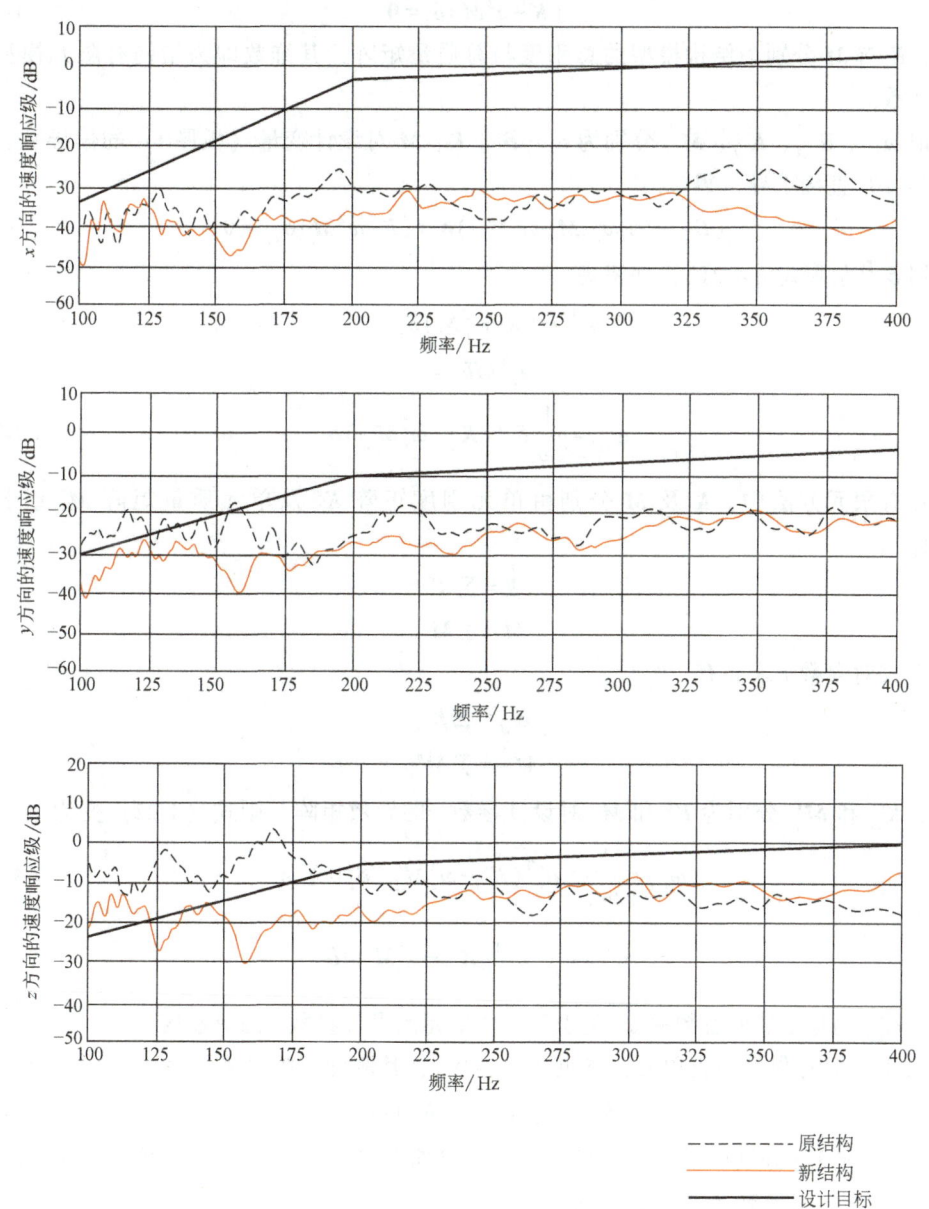

图 4-28 车身支撑结构的速度响应分析

总之,为了降低响应,需要参考模态分布图要求设计车身结构的总刚度和局部刚度,并确保悬架支撑处的车身结构有良好的动力阻抗。

(3) 灵敏度（Sensitivities）

1) 结构第 i 阶模态频率关于板厚变化的灵敏度 $\Delta\omega_i/\Delta t$（即 $\omega_{i,t}$）。车身结构模态关于板厚变化的灵敏度计算建立在车身模态分析的基础上，采用直接求导的方法。下面就灵敏度计算的基本理论做简要介绍。

设 ω_i 及 $\boldsymbol{\delta}_i$ 分别是车身结构第 i 阶模态的固有频率与振型矢量，则它们满足

$$(\boldsymbol{K}-\omega_i^2\boldsymbol{M})\boldsymbol{\delta}_i = \boldsymbol{0} \tag{4-20}$$

式中，$\boldsymbol{K}$ 与 $\boldsymbol{M}$ 分别为结构模型的总刚度与总质量矩阵，其维数即为结构有限元模型的自由度数。

记 $\omega_{i,t}$、$\boldsymbol{\delta}_{i,t}$、$\boldsymbol{K}_{,t}$、$\boldsymbol{M}_{,t}$ 分别为 ω_i、$\boldsymbol{\delta}_i$、$\boldsymbol{K}$、$\boldsymbol{M}$ 对设计变量（板厚 t）的偏导数，则对式(4-20)直接求导，得

$$(\boldsymbol{K}_{,t}-2\omega_i\omega_{i,t}\boldsymbol{M}-\omega_i^2\boldsymbol{M}_{,t})\boldsymbol{\delta}_i+(\boldsymbol{K}-\omega_i^2\boldsymbol{M})\boldsymbol{\delta}_{i,t}=\boldsymbol{0} \tag{4-21}$$

用 $\boldsymbol{\delta}_i^{\mathrm{T}}$ 左乘式（4-21），并考虑

$$\boldsymbol{\delta}_i^{\mathrm{T}} \cdot (\boldsymbol{K}-\omega_i^2\boldsymbol{M})\boldsymbol{\delta}_{i,t}=0$$

$$\boldsymbol{\delta}_i^{\mathrm{T}}\boldsymbol{M}\boldsymbol{\delta}_i=1$$

则有

$$\omega_{i,t}=\frac{1}{2\omega_i}\boldsymbol{\delta}_i^{\mathrm{T}}(\boldsymbol{K}_{,t}-\omega_i^2\boldsymbol{M}_{,t})\boldsymbol{\delta}_i \tag{4-22}$$

在有限元方法中，$\boldsymbol{K}$ 及 $\boldsymbol{M}$ 分别由单元刚度矩阵 $\boldsymbol{K}^e$ 及单元质量矩阵 $\boldsymbol{M}^e$ 组装而成，即

$$\boldsymbol{K}=\sum \boldsymbol{K}^e$$

$$\boldsymbol{M}=\sum \boldsymbol{M}^e$$

上式对参数 t 求导有

$$\boldsymbol{K}_{,t}=\sum \boldsymbol{K}^e_{,t}$$

$$\boldsymbol{M}_{,t}=\sum \boldsymbol{M}^e_{,t}$$

式中，$\boldsymbol{K}^e_{,t}$ 和 $\boldsymbol{M}^e_{,t}$ 分别为 $\boldsymbol{K}^e$ 和 $\boldsymbol{M}^e$ 对设计参数 t 的导数矩阵，则式（4-22）变为

$$\omega_{i,t}=\frac{1}{2\omega_i}\sum\boldsymbol{\delta}_i^{e\mathrm{T}}(\boldsymbol{K}^e_{,t}-\omega_i^2\boldsymbol{M}^e_{,t})\boldsymbol{\delta}_i^e=\sum\omega_{i,t}^e \tag{4-23}$$

$$\omega_{i,t}^e=\frac{1}{2\omega_i}\boldsymbol{\delta}_i^{e\mathrm{T}}(\boldsymbol{K}^e_{,t}-\omega_i^2\boldsymbol{M}^e_{,t})\boldsymbol{\delta}_i^e \tag{4-24}$$

式中，$\omega_{i,t}^e$ 为第 i 阶模态频率 ω_i 关于第 e 个单元的设计参数 t 灵敏度。

对于一般有限元板壳单元，参见式（3-19），其刚度矩阵可表示为

$$\boldsymbol{K}^e=\boldsymbol{K}^{\mathrm{p}}_{\mathrm{rs}}+\boldsymbol{K}^{\mathrm{b}}_{\mathrm{rs}}=Et\boldsymbol{K}^e_1+Et^3\boldsymbol{K}^e_2$$

式中，$\boldsymbol{K}^{\mathrm{p}}_{\mathrm{rs}}$ 和 $\boldsymbol{K}^{\mathrm{b}}_{\mathrm{rs}}$ 分别表示单元的平面刚度和弯曲刚度成分；E 为材料弹性模量；$\boldsymbol{K}^e_1$ 和 $\boldsymbol{K}^e_2$ 为与 E 和 t 无关的单元常数矩阵。

则

$$\boldsymbol{K}^e_{,t}=E\boldsymbol{K}^e_1+3Et_e^2\boldsymbol{K}^e_2=FC_e\boldsymbol{K}^e_1+FC^3\boldsymbol{K}^e_2 \tag{4-25}$$

式中，$F=\dfrac{E}{C}$；$C=\sqrt{3}\,t$。

一般有限元板壳单元的单元质量矩阵可表示为

第四章 车身结构刚度和动力学性能设计

$$M^e = \rho A t M_1^e$$

式中，ρ 为材料密度；A 为单元中性层面积；M_1^e 为与 t 无关的单元常数矩阵。

对上式求导，则有

$$M^e_{,t} = \rho A M_1^e = \frac{\rho}{\sqrt{3}\,t} A(\sqrt{3}\,t) M_1^e = q A C M_1^e \tag{4-26}$$

式中，$q = \dfrac{\rho}{C}$；$C = \sqrt{3}\,t$。

因此，只要简单地将材料参数 E、ρ 及板厚 t 改为 F、q 及 C，并重新计算单元的刚度及质量矩阵，即可由式(4-24)计算模型的第 i 阶模态频率对单元 e 的板厚参数 t 的灵敏度。

为求得结构第 i 阶模态频率 ω_i 关于某零件（或子结构）的单元板厚的灵敏度 $\omega_{i,t}$，则可按式（4-23）求得 $\sum \omega^e_{i,t}$，$e=1,2,\cdots,m$，m 为零件单元总数。

2）灵敏度应用。在结构动力学设计时，灵敏度用于引导车身模态频率的设计。例如，为了关于接头刚度（或板厚）的模态频率最大化（即要找出对模态修改最灵敏的结构或部位），使用 MSC.Nastran 设计灵敏度分析功能对前几阶白车身振动模态进行设计灵敏度分析。灵敏度的输出形式可以是由于接头刚度的变化而带来的车身系统第 i 阶频率的变化，即 $\Delta \omega_i / \Delta K$，或由于接头零件板厚的变化而带来的车身系统第 i 阶频率的变化，即 $\Delta \omega_i / \Delta t$。

将车身结构的接头看成一个子系统，每个接头都由一个设计变量（板厚）控制，对每个零件的原始厚度给予一个同样百分比的摄动量 Δt，这就起到接头在所有方向刚度均匀变化的作用。例如，表4-4是图3-28中所示10个接头由于板厚的变化对该白车身7个正交模态的灵敏度。这7个模态体现了接头的各种变形。正的灵敏度反映频率随板厚的增加而增加。数字①～⑩是一个模态中10个接头灵敏度的排序；最右边一栏是每个接头刚度变化对所有模态累计灵敏度的平均值，是大量测试或计算的结果。累计灵敏度的平均值集中体现了各接头对这些模态的贡献。例如，前铰链柱到前指梁的接头灵敏度平均值最高，这意味着它对提高车身结构模态频率的作用最大。

表 4-4　车身结构主要模态频率对于车身接头刚度变化的灵敏度 $\Delta\omega_i/\Delta K$

接头名称	车头横向弯曲 19.9Hz	车身和顶盖一阶弯曲 26.8Hz	车身一阶扭转 27.5Hz	车身纵向错动 28.4Hz	车头悬臂弯曲 29.4Hz	顶盖二阶弯曲 32.1Hz	车身二阶弯曲 33.1Hz	对所有模态各接头累计灵敏度的平均值
前铰链柱到前指梁	104①	10.9③	27.6③	80.9①	48.4③	33.0①	28.2③	38.6
前铰链柱到门槛	25.7③	3.2⑥	49.1①	6.4⑦	61.0①	12.0②	25.6④	17.4
前指梁到散热器支架	8.2④	0.33⑨	48.0②	25.0⑤	60.1②	10.2⑤	3.2⑦	9.37
A柱到顶盖	27.1②	9.92④	8.29⑧	27.8④	0.65⑨	11.3④	8.91⑥	8.79
B柱到顶盖	1.11⑤	1.81⑧	9.58⑦	3.87⑧	3.88④	11.3③	38.3①	5.38
D柱到顶盖	0.33⑧	14.9②	23.6④	54.5②	1.12⑥	10.3④	0.78⑩	4.77

（续）

接头名称	车头横向弯曲 19.9Hz	车身和顶盖一阶弯曲 26.8Hz	车身一阶扭转 27.5Hz	车身纵向错动 28.4Hz	车头悬臂弯曲 29.4Hz	顶盖二阶弯曲 32.1Hz	车身二阶弯曲 33.1Hz	对所有模态各接头累计灵敏度的平均值
B柱到门槛	-1.4⑨	7.98⑤	10.6⑥	1.32⑨	1.02⑦	2.49⑧	31.1②	3.80
C柱到顶盖	0.37⑦	21.5①	0.97⑨	-5.04⑩	1.81⑤	9.24⑥	15.4⑤	3.70
D柱到后门槛	-2.09⑩	2.32⑦	18.1⑤	48.6③	-0.70⑩	-0.12⑩	1.84⑨	2.52
C柱到门槛	0.90⑥	-0.15⑩	0.64⑩	5.69⑥	0.41⑨	4.61⑦	0.92⑧	0.978

这种联系部件性质的方法使得可以从结构整体而不是分割地观察结构。这些灵敏度信息很简明，而且在研究复合响应和确定载荷路径时很有用。例如，对激励变形最灵敏的接头是最危险的接头部件，应注意提高其刚度；对相对变形大而灵敏度低的接头，则表明结构的效率低，不能充分发挥作用，或者结构不连续，应该考虑重新设计。如果灵敏度值比较均匀，说明设计中结构平衡较好。

系统模型也用于计算驾驶人界面响应对该结构的子系统模态频率的灵敏度。从这些灵敏度可看出对界面响应影响较大的子系统，或表明为了优化子系统模态频率最有效的修改结构的部位，即提供了修改方向。例如，图4-29表示某车型正碰撞保险杠时座椅轨道处加速度峰值和响应方均根值与车辆结构一阶弯曲和一阶扭转模态频率的关系。由曲线峰值可见，汽车结构弯曲和扭转模态频率应远离17~20Hz。图中，B10/T12表示弯曲频率为10Hz，扭转频率为12Hz。

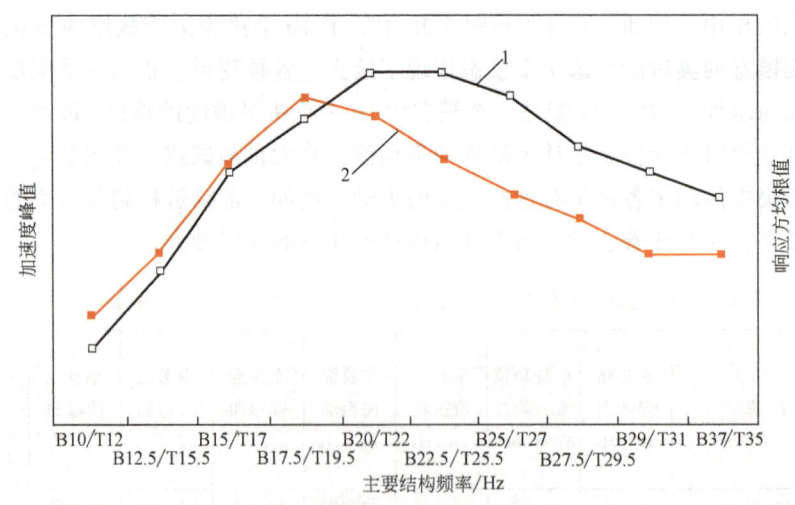

图4-29 座椅轨道处加速度峰值和响应方均根值与结构一阶弯曲和一阶扭转模态频率的关系
1—加速度峰值 2—响应方均根值

4. 分析流程

对于每个结构方案，其子系统和部件特性设计都需按顺序进行，从初始设计、调整到完善。图4-30是从振动性能要求往下分级到结构部件详细部分的分析流程（Rolldown）。

第四章 车身结构刚度和动力学性能设计

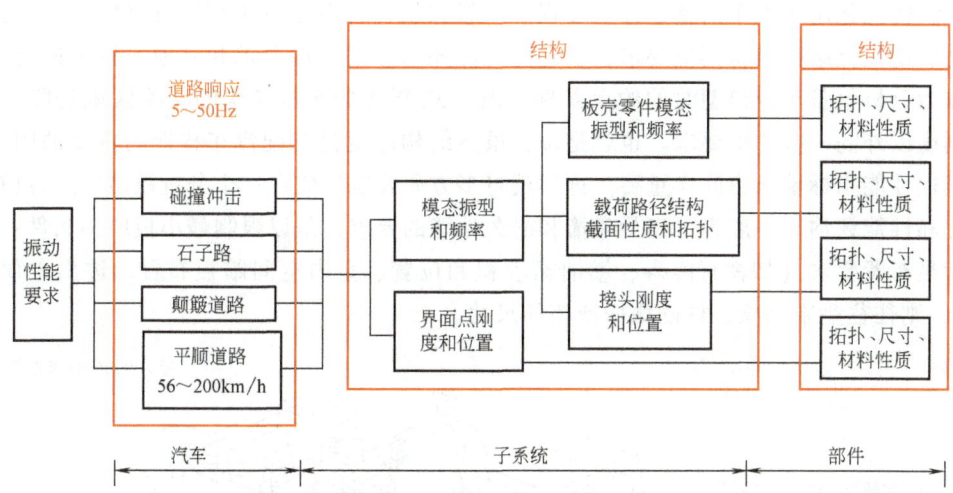

图 4-30　振动目标到结构参数的分析流程

5. 性能平衡

按上述方法设计和优化每个子系统时，其结果往往不能满足汽车其他方面的要求，必须采取折衷的方法改变系统模型，实现汽车各方面性能的平衡（Rebalance）。所有设计决策都应在对整车的动力学性能影响具有定量认识的前提下做出。例如，装配厂要求将复杂的垫片螺钉连接方式改为胶接，因此导致一系列设计需要改变。设计者同意选择胶接方案，是因为认识到采用胶接可提高结构的模态频率并减轻质量。也就是说性能平衡是很细致的工作，决策者对此必须有全面的认识。

6. 结构优化

在结构优化（Structural Optimization）过程中，利用有限元分析、设计灵敏度分析和数值优化算法反复迭代来更新结构设计参数，使某个给定的响应量（如质量或频率）在各种约束条件下最小化（或最大化）。优化程序数千次搜索求解，在优化程序逐步修正模型使之趋向最佳解的过程中每个优化运行多次，适时更新设计灵敏度，确保优化结果的有效收敛。

图 4-31 表示结构优化系统流程，包括预处理器、求解器和后处理器三部分。MSC.Nastran 用于振动分析，各种计算配合优化模型和优化程序进行结构优化设计。

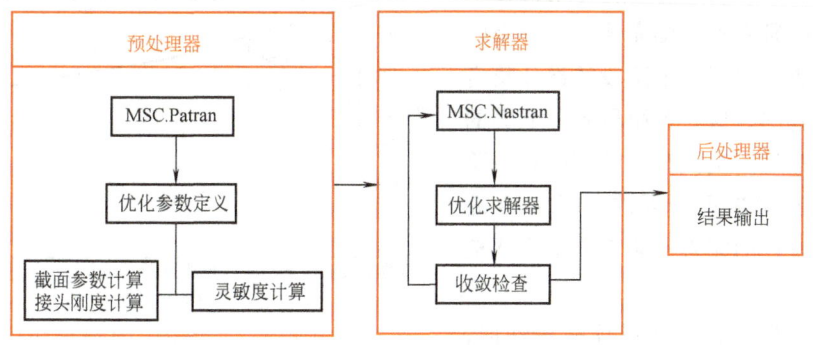

图 4-31　结构优化系统流程

结构优化用于汽车的整个开发过程。一般在设计初期是着重高刚度/轻质量,而到设计后期优化结构时将其他要求,如碰撞性能要求、耐久性要求和其他非性能的要求,都作为分析整备车身模型时的约束条件。图 4-32 指出的车身结构的某些区域是除了结构刚度以外的一些约束要求。也就是说,虽然结构刚度是支配汽车构造的重要的因素,但其他性能指标要求也同样重要。这样就将多方面要求集成在一个分析模型中进行质量优化和性能评估。一般为了满足碰撞和耐久性能的要求,是以限制最小板厚为条件;为了满足布置要求(如视野障碍、燃油箱容积和位置、室内空间踏板布置、进出方便性等),则往往是限制梁、柱的截面或拓扑尺寸。

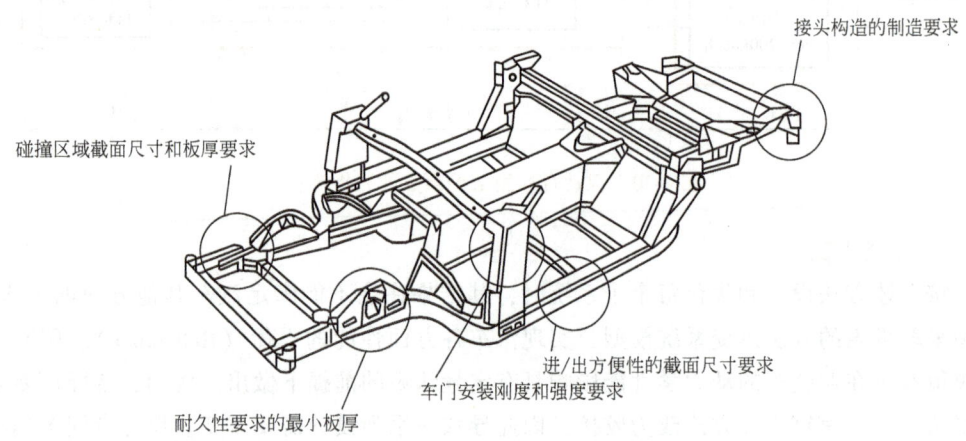

图 4-32 多性能结构优化的约束

在设计初期利用简化分析模型,优化设计的参数是截面尺寸、接头刚度和零件板厚;而在设计后期利用板单元模型时,截面或拓扑的尺寸已经定下来了,只有板厚是设计参数。然而,近几年由于计算机容量和计算速度都有很大发展,自动划分网格的软件功能也愈加成熟,一些大公司已经陆续不再使用梁单元简化模型,在设计早期阶段就在车身 CAD 外形、布置和结构构造的控制下按子系统直接建立板单元模拟的组合整体模型,用于结构性能优化设计。这样不但可以减少简化模型带来的一些技术的上麻烦,而且可以提高设计和计算精度,缩短设计周期。

(五) 结构设计

结构设计分三个阶段,即结构方案设计、结构研究和结构完善。前一个阶段设计的成功为下一个阶段的设计奠定了良好的基础。这三个阶段各种方案的共同特点都是围绕汽车一阶弯曲和一阶扭转模态频率进行研究的。图 4-33 表明,随着设计的完善,频率范围将逐渐收敛。

总之,为了有效地设计结构性能,必须依赖于 CAE 分析数据的驱动和引

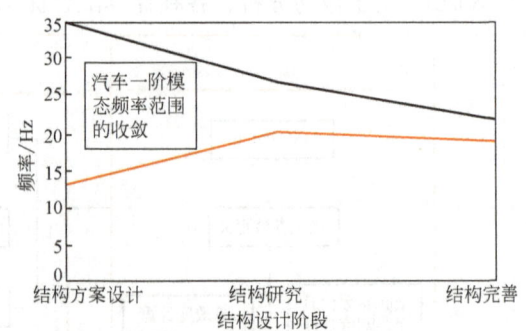

图 4-33 各设计阶段汽车一阶模态频率范围的变化趋势

导。CAE 方法包括 CAE 模型的建立和适时变化，优化过程的反复迭代，并经常要使用设计灵敏度分析功能。

第三节　结构设计过程与性能实现

下面通过某公司 C_5 敞篷车车身设计实例说明结构设计的三个阶段。

根据对竞争车型水平的研究，公司提出了新设计敞篷车的性能要求，即一阶结构模态频率是 21Hz，二阶结构模态频率不得小于 23Hz，这是一般轿车的水平，但对敞篷车则是史无前例的。由调查数据可知，与新设计车型尺寸类似的敞篷车一阶扭转模态频率在 11~17Hz。显然，新设计要实现高水平的刚度/质量目标，必须对结构设计付出很大的努力。

一、结构方案设计阶段

设计 C_5 的基础是 C_4 敞篷车，其一阶结构模态频率是 13Hz，比目标低了 8Hz。设计者在最初阶段基于竞争车型和原车型（C_4）载荷路径的了解，首先力图改进 C_4 的结构，如采用连续的通道结构，焊接闭口截面的保险杠，仪表板和座椅背后附加闭口截面横梁，或有效地构造前、后扭矩盒等。这就形成了 C_4 的四种不同的加强方案，使一阶频率提高 4~6Hz。其中，对提高刚度/质量最有效的方案是采用地板的中间通道结构；虽然这个方案受到 C_4 内部布置上的限制，但给 C_5 设计指出了方向。

1. 结构方案比较和选择

结合参考竞争车型的结构和新制造技术可行性的研究提出了几个新设计的结构方案。所有这些方案都潜在满足总布置要求、制造要求、耐久性和碰撞安全性要求。每个方案都在一阶结构模态频率为 23Hz 的约束条件下进行最轻质量的优化。对多个方案的利弊权衡结果剩下三个方案如图 4-34 所示。三个方案都有中间通道（脊梁），但车身周边梁与通道脊梁的连接方式不同。图 4-34c 所示方案是一般非承载式车身概念，而图 4-34b 所示方案是半承载式车身概念。图 4-34a 所示整体框架构造方案是一般承载式车身的概念，它将车身周边框架和脊梁结构完全结合在一起，成为一个连续纵梁、闭口截面构件和中央通道结构相结合的方案。

（1）**方案比较**　对图 4-34 中的三个构造方案都建立了最简单的模型（其中，图 4-34c 所示方案有基于同一个底盘的四个不同版本 C.1、C.2、C.3、C.4），各方案初始截面尺寸和板厚相同，都采用原先 C_4 的典型截面或参考样车的经验值，以此为基础进行优化。三个方案的最初优化结果如图 4-35 所示。上面一条曲线是在质量约束为 300kg 时使频率最大化的结果。可见整体框架结构的一阶结构模态频率约为方案 C.4 版本的模态频率的两倍；螺钉连接方案的一阶频率比整体框架结构的一阶频率低 20%。

图 4-35 中的下面一条曲线表示一阶结构模态频率都约束在 23Hz 时对三个方案进行质量优化的结果。比较可见，C.4 版本方案的一阶结构模态优化频率不能超过 18.5Hz，其他两个方案在一阶模态频率均为 23Hz 时螺钉连接结构方案的质量要比整体框架结构重 38kg。

（2）**方案选择**　比较可见，周边框架和通道结合的整体焊接框架结构的质量效率

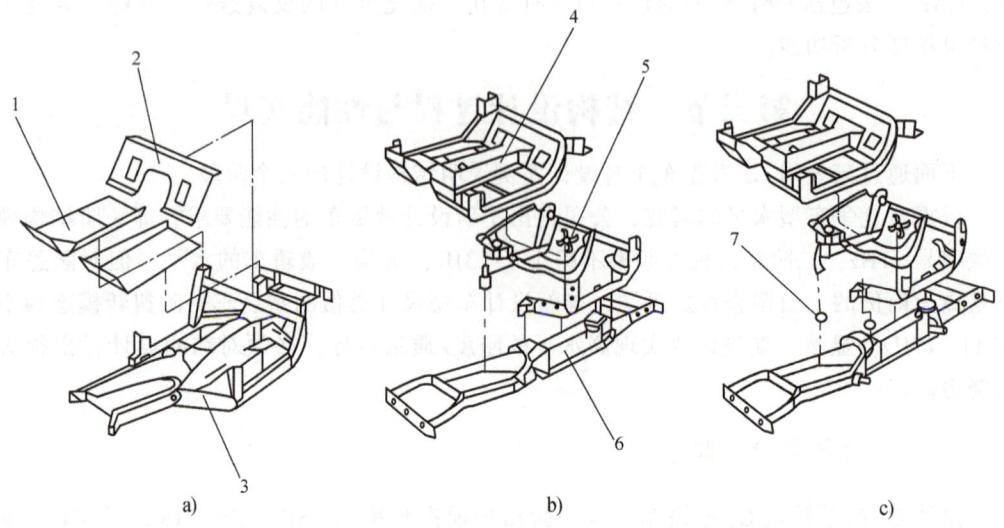

图 4-34 用于选择的方案草图
a) 整体（焊接）框架构造 b) 螺钉连接车身构造 c) 通过橡胶垫连接车身的构造
1—地板 2—后围 3—底架分总成 4—地板/后围分总成 5—周边梁分总成 6—脊梁分总成 7—橡胶垫

最高，而且其构造明显具有高刚度/轻质量的潜力。联系考虑抗碰撞性、耐久性的要求，以及在布置、加工和成本等方面的要求，决定选择整体框架结构作为新设计 C_5 的结构方案。包含主要承载构件的初期结构草图，如图 4-36 所示。

在确定结构方案后，新设计的特征就固定下来了。这些特征体现在从前横梁到后横梁之间的连续纵梁及周边框架的路径布置，通道路径和周边梁之间的连接构件（如剪力板、横梁等）的位置等。下一步是研制详细载荷路径的尺寸和板厚，使其最有效地满足所有车身结构性能要求。

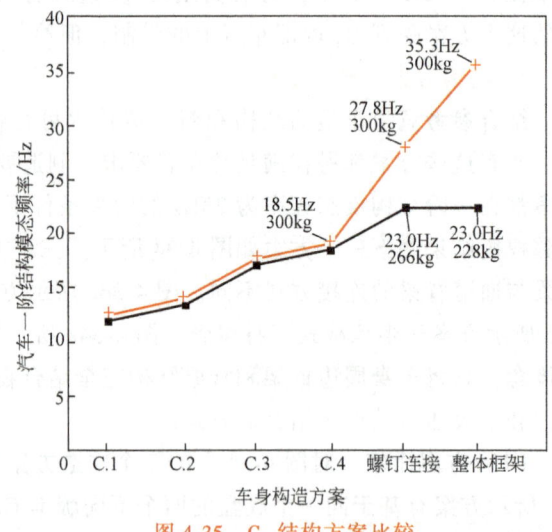

图 4-35 C_5 结构方案比较

2. 分析模型更新

用于选择车身结构方案的概念分析模型，它只是根据概念方案和总体布置建立的车身拓扑结构粗模型，或是基于性质的参数化模型（PBM），模型中梁单元截面的初始参数值是参考先前 C_4 的典型截面或经验值。从这些截面尺寸和板厚的初始值出发开始进行结构拓扑优化设计。描述接头的弹簧元或超单元的初始值是由参考车型局部接头的详细模型导出的；但是，如果在选择构造时还没有详细的接头模型，则接头刚度可参考先前类似结构的数据或凭经验来取用。

第四章　车身结构刚度和动力学性能设计

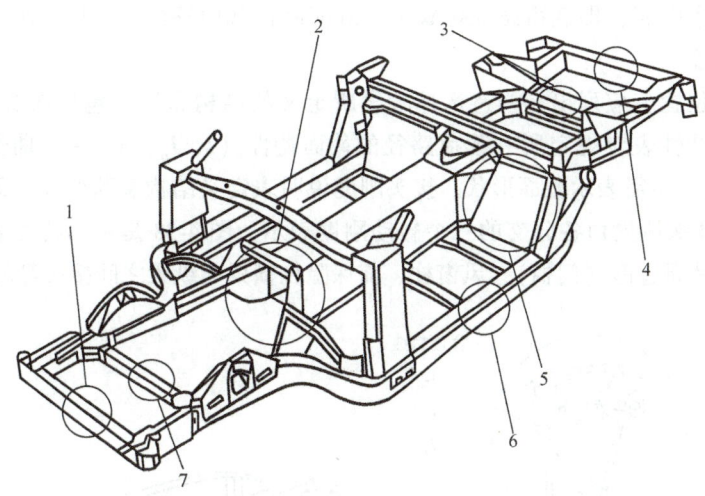

图 4-36　整体框架结构主要承载构件

1—闭口截面前保险杠　2—剪力板构成的闭合截面通道（脊梁）　3—第五横梁　4—闭口截面后保险杠
5—剪力板（后座椅靠背板）　6—闭口截面周边梁　7—第二横梁

随着设计逐步细化，分析模型也并行地进行改版，使其更加详细。图 4-37 是结构概念设计阶段靠近末期的概念分析模型（PBM），是整备车身分析模型，但还不是详细模型。

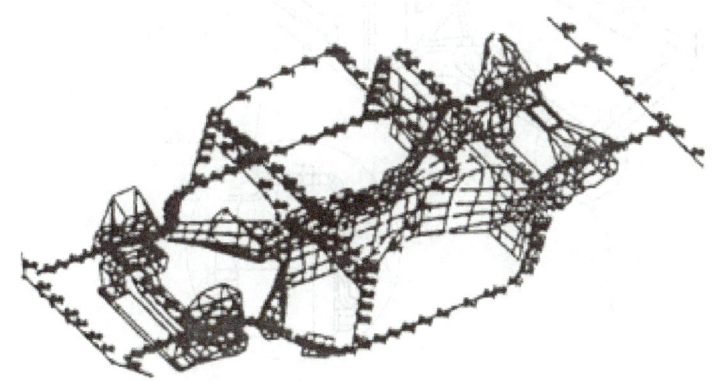

图 4-37　接近概念设计末期的分析模型

3. 多目标优化

类似于方案比较和选择过程的方法，汽车结构的其他性能，如图 4-32 所示碰撞性能和耐久性等约束条件，再次被组合到整备车身分析模型。用这个多目标集成方法，使结构概念集成在同一个分析模型中并进行优化和评估，使质量最小化。

因此，当载荷路径、路径的截面尺寸及全部板结构的零件板厚都初步确定后，概念设计就算完成了。

4. 结构定义和详细说明书

为了确认结构概念设计，要提供一个结构详细说明书。根据优化整备车身分析模型的结果，说明书要写明达到刚度和质量要求的所有载荷路径、相关尺寸和零件板厚度。

说明书列出四个图表,即载荷路径位置表、载荷路径截面特性表、接头刚度说明表和结构板零件的厚度表。

载荷路径位置表应列出在构造选择阶段所定义的结构布置,包括次要的载荷路径。载荷路径截面特性表应规定所有载荷路径的截面特性(I、I_p、A——弯曲惯性矩、极惯性矩和截面积),不需表示截面形状。接头刚度说明表定义结构载荷路径之间所要求的接头连接刚度,接头刚度由各分支的三个转动刚度表示。图 4-38 是截面特性表和接头刚度说明表示例,是周边框(门槛)、风窗柱、前保险杠横梁与纵梁之间接头等的说明。

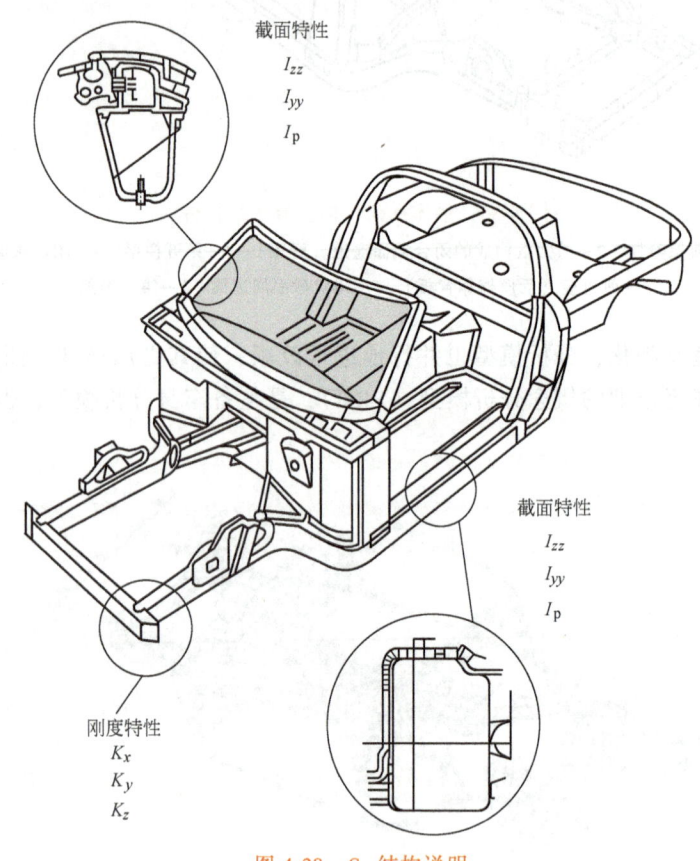

图 4-38 C_5 结构说明

二、结构研究阶段

上述的详细说明文件列出了结构的属性要求。如果研究的仅是汽车中的一个子系统,这些表就足以说明问题了。但是在新车开发的过程中,尽管这个说明文件是用分析模型在布置和制造等约束条件下得到的结果,下一步还需要进行各子系统间的性能再平衡工作。

1. 结构设计灵敏度分析

结构修改和性能再平衡还是要借用性能灵敏度的概念查出载荷路径、接头或板厚的改变对汽车结构前几阶弯曲和扭转模态频率影响的灵敏度。对性能灵敏度小的区域是可被再调整的区域,因为这个区域的变化对结构性能影响最小。在对汽车性能进行再平衡时灵敏度图是很有用的,它便于在识别潜能的基础上做出结构修改决定。

例如,由图 4-39a 可看出连续纵梁的截面特性 I_p 的重要性,尤其是对门槛段的影响最大。由图 4-39b 可看出前、后保险杠横梁和纵梁之间的接头的重要性,尤其是接头扭转刚度对绕车辆纵轴(x 轴)的一阶扭转频率影响最大。由图 4-39c 可看出通道板厚对一阶弯曲和一阶扭转都很重要,特别是对扭转模态频率影响很大。

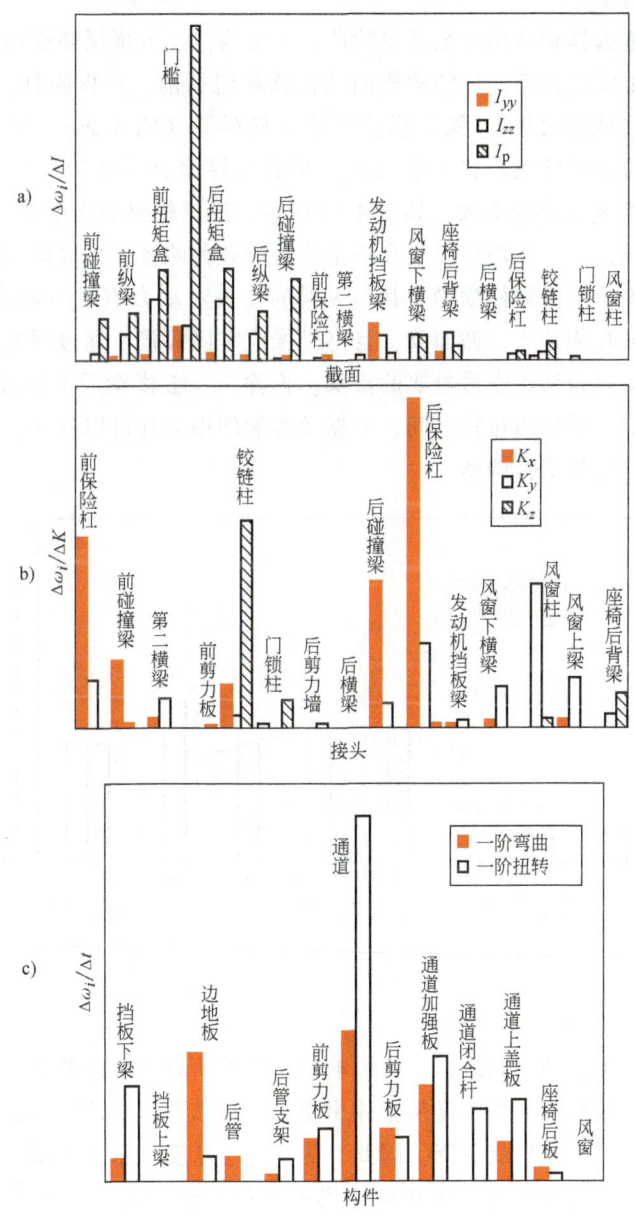

图 4-39 模态灵敏度对比图

a) 车辆一阶扭转模态频率关于载荷路径截面弯曲和扭转特性的灵敏度 b) 车辆一阶扭转模态频率关于车身结构接头刚度的灵敏度 c) 车辆一阶扭转和弯曲模态频率关于车身结构板厚度的灵敏度

2. 在已经确定的性能水平下的结构调整

在进一步平衡的过程中，灵敏度分析结果为结构调整提供了方向。但是在设计过程中，往往由于大量的平衡工作使得其他子系统发生变化，造成新的要求或者约束的变化，从而影响性能。另外，在设计初期的方案研究不是很详细，此时结构变化对性能影响较大；而在设计过程的后期，方案研究更详细，但结构变化对性能的影响却逐步变小。也就是说，设计后期不大容易靠结构再平衡来提高性能，而只能在已经确定的性能水平下进行结构调整。

例如，在构造选择和结构方案开发阶段，认为第二、五横梁是横向载荷路径，对扭转刚度的提高有重要的贡献。该结构横向载荷路径包括前、后保险杠，发动机挡板梁，座椅靠背后横梁（或剪力板），第二横梁和第五横梁等（图4-36）；但是研究其对结构响应和模态频率的贡献发现，有无第二横梁对乘员界面点（如转向柱、座椅轨道和风窗上梁）的加速度响应影响不大，如图4-40所示。第五横梁的作用也类似。也就是说，从结构振动响应看，二、五两根横梁几乎是多余的载荷路径，可以取消。研究表明：如果拆除二、五横梁，则保险杠横梁及其与纵梁的接头对动力响应的影响就变得很灵敏。因此，保险杠横梁必须是闭口截面梁，且与纵梁应牢固焊接。通过对接头的专门分析和研究表明，该接头成为结构中最重要的接头。拆除二、五横梁后可以减轻质量约10kg，还可以加大车身前、后端的布置空间，而振动性能的损失却可以忽略。这就是在已经确定的性能水平下进行的结构调整。

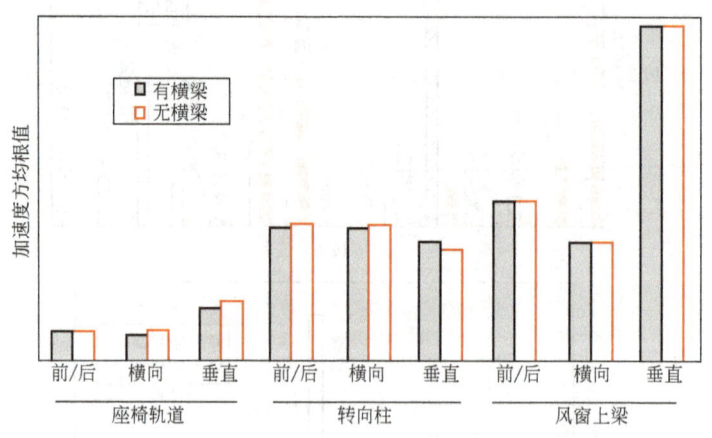

图4-40　驾驶人界面点振动加速度响应的比较

3. 基于总体性能的结构研究

由于车身是一个大的子系统，它会影响汽车几乎所有子系统的设计，伴随着影响多方面的综合性能。显然，如果不是从整体出发，只追求单个子系统达到先进水平，则综合后的整体结构水平也有可能下降。因此，为了便于从整车水平着眼，对每个阶段的结构进行再平衡需要列表研究每一个结构方案的变化与整车水平（如重量、一阶扭转频率等）的关系，如螺钉连接改为胶接、部件布置的变化等对总体性能的影响。

4. 物理样机验证

分析模型是使结构设计满足高刚度/轻质量的有效工具，而且分析方法是成熟的、

第四章　车身结构刚度和动力学性能设计

经过验证的。但对于一个全新的设计来说，物理样机认证仍旧是非常重要的，包括整车性能的全面测试，如用户界面点加速度响应、一阶模态频率等。

三、结构完善阶段

通过第一阶段的结构概念设计和第二阶段的结构研究，新设计的车身结构的分析和硬件认证都证实了车身的大多数性能目标已经达到后，还需进一步完善结构设计，以确保最优的性能，并引导汽车各方面要求的再平衡。

结构完善包括结构研究、最终零件板厚最佳化和硬件（样车）再造。

1. 详细的模型

整车各方面要求（包括制造要求）的再平衡是一个整车优化的过程。描述这个过程，首先还是要建立用于这个阶段研究的分析模型。

一旦构造已经确定，而且方案研究已经到了硬件认证的阶段，一个完善的分析模型就已经逐渐形成了。该模型反映了设计的成熟水平。但在设计后期，为了更精确地模拟结构性能，应该建立更详细的模型。在开发过程中，这种模型如果建得太早，则不便于引导设计；只有在这最后的设计阶段才需要建立这种详细的模型。

完善的车身结构分析模型用板单元来模拟所有的结构，包括液压成形或管型构件、薄板冲压件、铝质挤压件、铸件、复合板和固定的玻璃等。模型总单元数达数万个，甚至数十万个。另外，还有实体单元、刚体单元和弹簧元等模拟结构的胶接、气焊接、点焊接和螺钉连接等。

整车系统板单元模型是指整备车身板单元模型和用橡胶件分割的动力总成及底盘系统组合的模型。在结构完善阶段要用这个整车系统模型进行模拟仿真，并将其结果与客户的感觉以及对车辆的认识相对照。这时，驾驶人界面点对道路和动力总成激励的响应分析是用于对新设计车型的测试与评判的，而不再是确定指标。此外，这个整车系统模型还用于追踪计算最终的一阶整车结构模态，因为这是个确保大多数性能要求的关键指标。

虽然这个整车系统模型是用于进行结构选择和优化研究的最精确的模型，但通常的结构调整还是用整备车身板模型进行研究。因为这个整备车身板模型能对改变结构引起的频率变化提供正确的信息，而且具有计算时间短和便于使用的优点。

2. 汽车要求的再平衡

在结构完善阶段，对汽车的要求是指布置、质量等非性能要求。

汽车要求的再平衡是汽车开发过程的继续。竞争系统之间的折衷、平衡在设计早期效果比较大，影响结构性能在 1~2Hz 间变化；随着项目的进展，竞争方案的选择对结构的影响幅度变小，一般在 0.2~0.5Hz 范围。

在新车设计的结构完善阶段，项目经理还会提出一些变量需要再平衡。例如，在 C_5 设计中提出两个要求，一个是增加乘员放脚地板的区域，另一个是再减轻车身质量。这两个要求对一阶结构模态频率有较大的影响，放脚地板加宽导致车辆的一阶弯曲和一阶扭转频率减小了 1~2Hz；减轻质量本来就是设计的一个主要目标，已被分派到每一个汽车子系统，而且必须以不降低碰撞、耐久性等其他性能要求为前提。然而，减轻质量一般会引起一阶模态（刚度）下降，所以在设计的后期要再减轻质量是困难的。

上述只是要求再平衡的两个例子。这时，其他各式各样的折衷平衡研究可能有上千个，由尺寸问题到尽可能不影响性能的控制问题，对大多数设计推断往往需要几个月的时间去分析和硬件评估。这就是技术部门的日常工作。

3. 结构性能再平衡

（1）频率和质量设计灵敏度研究 为了获得最大的结构效益，这个阶段还需要经常运用灵敏度分析引导结构设计的修改。对于整备车身模型和整车系统模型，主要是计算一阶弯曲和一阶扭转频率对所有结构零件板厚改变的灵敏度，是在假设线性范围内预测频率变化与每个零件板厚变化的关系。但是，为了一阶模态频率最大化和质量最小化，必须将结构频率灵敏度和薄板质量灵敏度结合起来考虑（即联合灵敏度）。

质量灵敏度表示一个零件质量的变化关于零件板厚变化的关系。单位厚度的变化使质量变化越大，则该零件质量灵敏度越高。因此，联合灵敏度就是每单位质量变化所得到的频率变化，单位为Hz/kg。图4-41是每个结构零件单位质量的改变所引起相应的一阶整车扭转模态频率变化的实例。排在第一位的联合灵敏度表示该零件厚度具有最大的提高一阶整车结构模态频率的质量效益，或者说为保持一定的模态频率而减小该板厚时要慎重。灵敏度排序图表是让项目经理认识车身结构某些零件重要性的有用的图形工具。

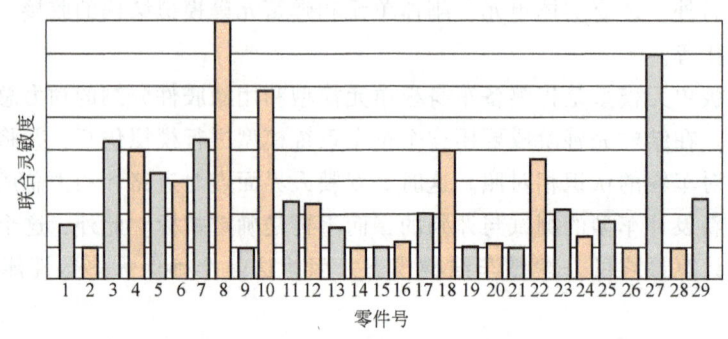

图4-41 零件的联合灵敏度

（2）多目标完善 在项目的结构完善阶段，设计已趋于成熟；这时整车系统模型被再次用于碰撞性能、耐久性和NVH性能仿真分析，认证其各自的性能。这些分析结果可为整备车身模型进一步结构优化提供一套严密的约束条件。这个过程可以进一步优化零件的厚度（变量），以便求得最小的整车质量（目标），同时满足整车结构一阶模态频率要求（约束条件），保持已确立的耐久性、碰撞性能和NVH性能，并且满足风格、布置和制造的要求；有时还以所要求的质量为约束条件，目标是使一阶模态频率最大化。

在C_5开发的整个过程中，优化运行数千次。图4-42为在一次运行中随着迭代次数变化的整车频率和车身结构质量变化曲线图。曲线表明，结构优化程序在不断修改设计方案，使其满足规定的一阶结构模态频率（21Hz）约束，而使质量最小化。由图可见，质量减轻的潜力已经很小，因为设计方案和变量值范围都已受到限制。

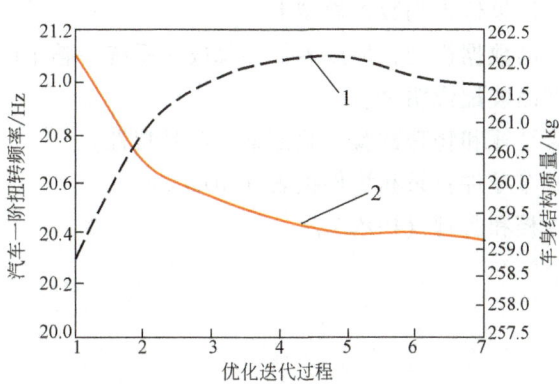

图 4-42 车身结构质量最小化的优化过程
1—频率曲线 2—质量曲线

（3）**结构性能的硬件认证** 经过上述结构修改和性能的再平衡，需要进行第二轮样车试制，并对物理样机进行性能的全面测试，认证一阶模态频率和用户界面点响应等。

（4）**物理样机试验后或产品投产后的结构性能改进** 上述阶段完成后，不再接受大的修改。零件几何形状和具体零件板厚被冻结。现在主要的工作只能是从小的方面，即对其他子系统影响不大的方面，或不可避免地要略微影响制造成本和质量但对性能有较大意义的方面，来努力争取设计水平的提高。要进一步认识设计的完善程度，应变能密度图仍然是一个有用的可视工具，可用于鉴别整车结构主要模态的高应变能区；正交模态解中的应变能图表示了结构中各点之间的相对应变。

物理样机试验后或产品投产后再做修改是晚了点，但是不断完善产品的努力是有价值的。

四、白车身结构设计完成的总结

车身结构设计是从项目启动开始就着手样车（竞争车型）的调查和水平测试；在总布置设计和造型设计阶段就同时开始选择车身结构方案，并着手提出性能指标和要求。一旦车身总体布置和造型冻结时，也是车身结构设计全面展开之时。

车身结构设计分三个阶段：

1）结构方案设计阶段。在这个阶段布置车身载荷路径，构造结构拓扑模型，初步选择构件尺寸参数，并通过简化模型的计算模拟与方案比较确定初步设计方案。

2）结构研究阶段。为达到性能指标，要花大力气研究具体的结构，并不断细化，对子系统、零件结构和制造工艺进行分析和优化，要考虑各方面的性能要求和成本，进行系统性能平衡。

3）结构完善阶段。对结构参数进行进一步优化，通过不断细化的模型仿真计算来模拟结构特性，反复修改和完善，使结构性能达到目标性能；进行样车试制和验证；估算成本和质量。

最后必须完成的工作：

1）将产品优化的结果体现到数控模型上。
2）建立完整的产品数据模型,形成零件—总成—系统—整车的产品结构层级。
3）编制详细的产品装配说明书。
4）通过模拟仿真计算和物理试验,验证整车产品特性。
5）建立和维护整车零件目录和零件报表(BOM)。
6）产品数据的存档和管理(PDM)。

第五章 车身 NVH 特性研究

NVH 是指 Noise（噪声）、Vibration（振动）和 Harshness（声振粗糙感），由于它们在车辆等机械中是同时出现且密不可分的，因此常把它们放在一起进行研究。汽车 NVH 特性是指在车室振动、噪声的作用下，乘员舒适性主观感受的变化特性。它是人体触觉、听觉及视觉等方面感受的综合体现，也可以用振动、噪声等性能的客观物理量加以衡量。

噪声是 NVH 特性研究的核心内容。因此，本章将紧紧围绕研究车内声场声学特性进而改善车内噪声响应水平这个中心，介绍 NVH 特性研究在车身结构设计过程中的应用。

第一节 汽车 NVH 特性

一、概述

汽车上的振动主要包括由路面不平度引起的车身垂直方向振动、发动机不平衡往复惯性力产生的车身振动、转向轮的摆振和传动系的扭转振动等。由于汽车的结构和使用工况十分复杂，如果不进行适当的分解简化，这些振动都是随机振动，通常用振动量（如位移、速度、加速度）的均方根值来衡量，并且按照频率加权计算。一般来说，对人体舒适性影响较大的振动主要表现为座椅、地板对人体输入的低频振动，其频率范围在 1~80Hz 左右。此外，转向盘、仪表板等部件的抖动还会对驾驶人舒适性产生较大的影响。

早期对车辆系统振动进行研究采用的多是集中质量法，将车身看成一个刚体（有时也考虑其主要的变形），用理想的刚体质量、线性弹簧和阻尼元件建立整车集中质量模型（图 5-1a），计算整车系统的模态和响应，进行汽车平顺性的分析。它的特点是模型简单，参数少且容易测量，计算量小，对簧载质量刚度大的汽车较为合适。但集中质量模型与真实的车辆差别较大。随着计算机技术的发展和系统动力学分析软件的完善，现在已经能够建立更准确的车辆振动系统模型——刚弹耦合模型（图 5-1b）并进行更准确的分析。

噪声是 NVH 问题中最主要的部分。车内噪声主要包括车身壁板振动产生的噪声、空气冲击摩擦车身形成的噪声，以及外界噪声源（如发动机、轮胎、制动器等）传入

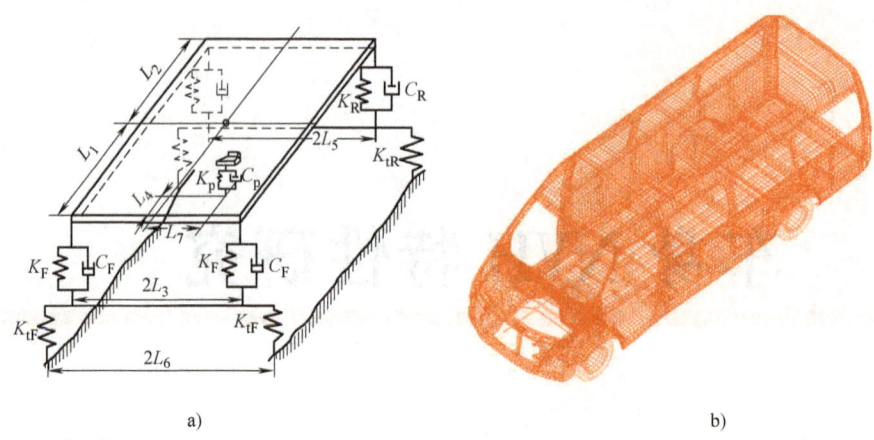

图 5-1 整车振动系统模型
a) 集中质量模型 b) 刚弹耦合模型

的噪声。另外，车外噪声是城市环境主要的噪声源，必须严格控制。国家标准 GB 1495—2002《汽车加速行驶车外噪声限值及测量方法》规定：汽车加速行驶时车外噪声要小于 88dB，M1 类汽车应小于 77dB；而车内噪声会影响乘员的语言交流，损害驾乘人员的听力，美国在 1985 年就规定公共汽车的车内噪声不得超过 80dB。我国对车内噪声尚无强制性法规限制。本章将重点介绍有关车内噪声方面的内容。

由于噪声的计算十分复杂，因此早期汽车噪声的研究以试验方法为主，利用诊断技术识别出噪声源，然后通过改进声源结构减小其产生的噪声，或切断噪声的传播途径来控制车内噪声。随着计算机技术的发展，逐渐完善的噪声分析软件可以方便地建立声学模型并相当准确地预测车内噪声，进而分析其产生机理和传播途径，从而在产品设计阶段就可以对噪声进行有效控制。

声振粗糙感指的是振动和噪声的品质，它并不是一个与振动、噪声相并列的物理概念，它描述的是人体对振动和噪声的主观感觉，不能直接用客观测量方法来度量。因为汽车的乘坐舒适性最终要表现为人体的感觉，所以声振粗糙感在 NVH 特性研究中占有十分重要的地位，这也是世界各大汽车公司坚持采用专家实际乘坐汽车的方式来最终评价汽车 NVH 特性的缘故。

由于声振粗糙感描述的是振动和噪声使人不舒适的感觉，因此有称之为"不平顺性"的。又因为它经常用来描述冲击激励（如道路的接缝或凸起）产生的使人极不舒适的瞬态响应，因此也有称之为"冲击"的。总的说来，声振粗糙感描述的是振动和噪声共同产生的使人感到极度疲劳的感觉。

为了更好地了解和研究车内噪声，下面对声学的基础理论做简要的介绍。

二、声学基础理论

1. 噪声的客观量度

声压 p 是指媒质受到声扰动后压强的改变量。如果假设静态大气压强为 p'_0，空气受到声扰动后的压强为 p'，则有

$$p = p' - p'_0 \tag{5-1}$$

声波是机械波，因此声场中某处的声能量包含了该处媒质在声扰动下振动的动能和形变的位能。在单位时间内通过垂直于声传播方向的面积 S 的平均声能量称为平均声功率（平均声能通量），而流过垂直于声传播方向上的单位面积的平均声能通量则定义为声强 I，有

$$I = wc_0 \tag{5-2}$$

式中，w 为声能密度，即单位体积的声能量；c_0 为声速。

由于声压、声强等物理量的变化范围很大（如人耳可听到的声压范围是 2×10^{-5} ~ 20Pa），而且人耳对声音的感受与这些物理量的大小并不呈线性关系，而是与它们的对数值大致成正比，因此噪声的客观量度通常用它们的对数形式来表示，分别称为声压级、声强级等，单位是分贝（dB）[⊖]。常用的是声压级（Sound Pressure Level, SPL）L_p，有

$$L_p = 20\lg\frac{p_e}{p_0} \tag{5-3}$$

式中，p_e 为待测声压，是测点处瞬时声压 $p(t)$ 在时间间隔 T 内的均方根值，即有效声压，有

$$p_e = \sqrt{\frac{1}{T}\int_0^T p^2(t)\,\mathrm{d}t} \tag{5-4}$$

$p_0 = 2\times10^{-5}$ Pa 为参考值，是人耳能感觉到 1kHz 空气声的最低声压（可听阈声压）。

声强级定义为

$$L_I = 10\lg\frac{I}{I_0} \tag{5-5}$$

式中，I 为待测声强；$I_0 = 10^{-12}\text{W/m}^2$ 为参考值，即可听阈声强。

2. 噪声的主观量度与计权声级

声压等噪声的客观量度指标并不能完全准确地描述人对声音的主观感觉和生理反应。与人体对振动的反应相类似，人耳对噪声的主观感受不但与声音的强弱有关，还与频率有关，在人耳敏感频段的声音听起来会更响一些，因此对噪声需要进行主观量度和评价。

以 1000Hz 纯音为标准定义其声压级为响度级，单位为方（phon）。其他频率声音的响度级则通过与 1000Hz 的纯音相比较而确定。在声级频谱图上，将不同频率下具有同样响度级的各点连接起来，就得到等响曲线（图 5-2）。可见人耳对 4000Hz 的声音最敏感，而且声音越弱，即响度级越小，则频率变化引起主观感受的变化越显著，即等响曲线斜率越大。

为了使声音的量度与人耳听觉感受一致，在声级计等测量仪器上都设置了频率计权网络（即滤波器），对所测量的噪声信号按频带进行衰减。根据频率响应特性不同，计权网络可分为多种（图 5-3），其中 A 级计权网络是按照 40phon 的等响曲线修正的，代

⊖ 1dB = 0.1B，式（5-3）、式（5-5）均为以 dB 为单位时的声压级、声强级定义公式。

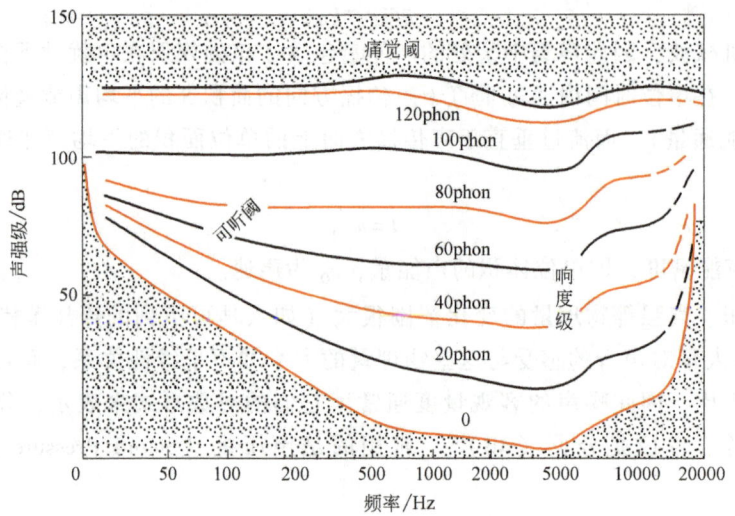

图 5-2 等响曲线

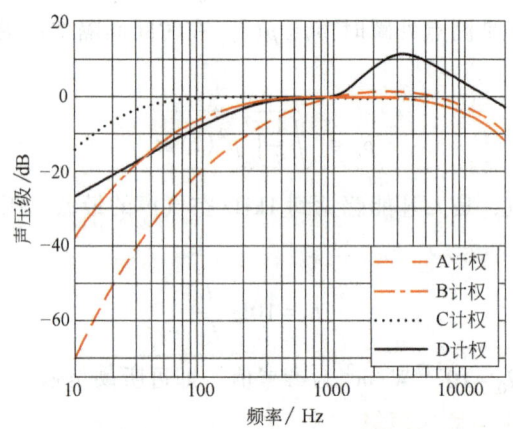

图 5-3 计权网络的频响特性

表着人耳对低声压噪声响亮程度的感觉,它与噪声对人体的危害程度有良好的相关性,最能反映人耳与噪声频率响应特性之间的关系,因此应用最为广泛。

三、汽车中的 NVH 现象

从 NVH 的观点来看,汽车是一个由激励源、传递器和响应器组成的系统。激励源主要包括发动机、传动系统、车轮和轮胎、不平路面和风等。它们产生的振动、噪声通过悬架系统、悬置系统、车身结构系统等传递器的作用传入车身和车室空腔,形成振动和声学响应。汽车中 NVH 问题的响应最终表现为座椅、地板和转向盘的振动,以及驾驶人和乘客的耳旁噪声等现象。

汽车上的 NVH 现象描述的是乘员的主观感受,可以详细地划分为振动、噪声等方面很多种感觉。它们将乘员的主观感受与客观的描述联系起来,可以用于对汽车 NVH 特性的评价与诊断。表 5-1 列出了汽车上重要的声学 NVH 现象及其声学描述。

第五章　车身 NVH 特性研究

表 5-1　汽车上重要的声学 NVH 现象及其声学描述

NVH 现象	声学描述	NVH 现象	声学描述
轰隆声（Boom）	低频宽带噪声（20~100Hz）	鸣鸣声（Whine）	中、高频纯音（200Hz 以上）
咆哮声（Growl）	中频宽带噪声（100~1000Hz）	咔嗒声（Rattle）	瞬态的低频噪声
嗡嗡声（Drone）	低频纯音（200Hz 以下）	尖叫声（Squeal）	瞬态的高频噪声

一些 NVH 现象只是在某些特定的工况下才产生，而一些工况下总是某些 NVH 现象占据主要成分。例如：长的尖叫声一般只在制动工况下才产生，而在匀速行驶工况总是路面产生的低频振动、噪声和发动机噪声占据主要地位。这说明汽车中的 NVH 现象与它的使用工况有着密切的联系，在研究不同工况下的 NVH 特性时，可以针对不同的 NVH 现象建立不同的模型进行研究。

随着行驶时间和行驶里程的积累，汽车结构中的一些对 NVH 特性有重要影响的关键零部件（如衬套、铰链、接头等）将产生磨损，正常间隙受到破坏，可能导致汽车 NVH 特性的下降，这就要求所设计汽车的 NVH 特性对这些关键元件破坏程度的灵敏度要低，以提高汽车在高行驶里程下的 NVH 特性。

四、车身的 NVH 特性

如前所述，车身系统是整车 NVH 系统的响应器，其振动响应特性直接影响着整车的 NVH 特性。另外，车身作为振动、噪声传递途径中的重要环节，其声学传递特性也对车内的噪声水平有重要的影响。

车内噪声根据形成及传播的机理不同，可以分为结构噪声和空气噪声。外界激励引起车身壁板振动产生的噪声是结构噪声，而车室外通过车身孔隙进入车内的噪声则是空气噪声。

作为结构噪声的响应器，车身壁板承受路面、发动机等激励源引发的振动并向车内辐射噪声，其本身的刚度、阻尼特性对产生噪声的大小有直接的影响。加强车身的刚度，改善振动能量在车身结构中的传递与分布，可有效地降低车内的噪声水平。

为了实现车内通风以及布置操纵机构等的需要，车身结构上留有许多孔隙，发动机等激励源产生的空气噪声经由这些孔隙进入车室内，增大了车内的噪声水平。这些孔隙的布置与形状以及密封装置的设计都将影响车内的噪声水平，采用正确的结构和材料可以有效地隔声，降低车内的噪声水平。

车室空腔作为封闭的声学系统，它的形状和大小对车内声场的声学特性有直接影响，车室的形状以及座椅的布置位置将影响到车内声压的分布以及声学共振特性。车内声场是典型的混响场，各种声波在空腔内反复反射，形成复杂的声学环境。因此，汽车内饰的吸声特性对降低车内总体的噪声水平有着重要的意义。合理地选择内饰材料及厚度可以有效地改善声学阻尼特性，降低车内噪声。

综上所述，车身系统既是直接向车内辐射噪声的响应器，又是传递各种振动、噪声的重要环节，同时车室空腔决定着车内声场的声学特性，它的吸声、隔声特性对减少车内噪声有着重要的意义，因此车身系统在整车 NVH 特性的研究中占有重要的地位。车身结构及其形成的空腔构成了乘员乘坐的基本环境,乘员的各种舒适性感觉都与车身系统有着直接的联系,整车的NVH特性最终将表现为车身的NVH特性。

第二节　NVH特性设计方法

汽车的NVH特性设计方法是建立在计算机辅助工程(CAE)基础之上,以改善汽车NVH特性为设计目标的一种设计方法,而以降低车内总体噪声水平为目的的声学设计方法则是它的主要内容。与安全性设计、可靠性设计相类似,它贯穿于新车型的研发过程。另外,它也可以在现有车型的改进设计中起到重要作用。

在整车研发过程中,NVH特性的研究可以分为以下四个阶段:

1) 调研并确定整车NVH特性目标。

2) 进行整车仿真分析并分级匹配各系统、子系统的NVH目标。

3) 通过部件的结构设计实现子系统和整车的性能目标(即防振、隔声、吸声设计,参见本章第六节和第四章)。

4) 样车的试验与调整(试验方法参见本章第七节)。

一、整车NVH目标的确定

根据公司产品的计划策略,在项目的论证期间就必须明确新车型的市场定位。整车水平的NVH目标(如驾驶人耳旁噪声等)在项目的早期就应该制订出,这些目标必须在性能上具有竞争力,并且在这个市场定位上是可以实现的,即整车低的目标成本是可以保证的。通常整车NVH目标设定过程包含以下主要步骤:

1) 根据目标人群(Focus Groups)的特点和顾客的驾驶评估确定出顾客的需求,识别出与汽车NVH特性相关的重要项目,如车内噪声、地板振动、转向盘抖动等。

2) 选择同级别中最好的(Best-in-Class,BIC)汽车作为"对标"汽车,通过顾客和专家的驾驶评价以及对将要开发汽车性能的未来规划制订出主观NVH目标,如车内的噪声水平、振动感受等。

3) 对"对标"汽车进行大量的试验以确定其客观性能,将主观NVH目标转化为客观的整车NVH目标(如驾驶人耳旁声压级、敏感点加速度响应、车身振动模态频率等)。同时要研究并规划在这个市场定位水平上的未来NVH特性的改进趋势,据此建立整车NVH目标。例如:如果在新车推出时预计NVH特性将提高10%,那么整车NVH目标必须比目前"对标"汽车的相应指标要好10%。

所有主要的NVH特性项目都要确定出整车水平的NVH目标,它们包括:与不平路面有关的前座椅振动、转向盘抖动;与风噪声有关的高速时的前座椅处的噪声水平;与动力总成有关的起动时的抖动,急速期间驾驶人的右耳噪声和踏板振动水平等。此外,还包括汽车各系统模态频率的分配。

不同系统和子系统(部件)的模态频率对于确定汽车整体NVH特性起着关键作用。为了防止出现共振,应保证这些模态频率彼此之间很好的分离并与经常出现的激励频率错开。例如:某汽车装备V6或V8型的发动机,其稳态急速转速分别为650r/min和600r/min;在常用的稳态急速工况,发动机产生的首阶激励(V6发动机是第3阶,

V8是第4阶）分别出现在32.5Hz和40Hz，它们对怠速工况下转向管柱的抖动特性影响很大。根据转向管柱支撑系统的实际情况，将其垂直方向模态频率设置为（29±2）Hz，横向模态频率设置为36Hz，保证与激励频率分开，从而降低了转向管柱的抖动，改善了整车的NVH特性。整个车身的弯曲和扭转模态以及局部板件子系统的共振频率的目标也可以根据相似的分析进行设置。

二、NVH目标的分级

为了在设计过程中保证整车NVH目标的实现，应结合试验和CAE方法将整车NVH目标往下逐级进行分派（分级），为部件设计提供设计准则。"分级"指的是将整车目标水平通过CAE分析转化为车身结构、动力总成悬置等系统和部件目标水平的过程。系统的NVH特性目标包括车身系统的弯曲和扭转刚度、模态特性、声学振动灵敏度、噪声的衰减特性，以及动力总成的振动及其辐射的噪声、底盘悬架系统的动态特性等方面。

车轮与路面之间产生的振动通过悬架系统传递到车身，并激励车身壁板振动形成车室内部的噪声。在这个过程中，车身结构和空腔以及前、后悬架的动态特性对车室噪声起到关键作用。它们相互之间复杂的动态关系可以通过数学模型来描述，这就要建立整车的CAE模型并进行仿真研究。如图5-4所示，利用由系统设计变量构成的悬架频响函数等形成整车模型。通过仿真分析并将结果（耳旁噪声）与整车目标相比较，如果合格则说明构成整车模型的各系统目标（悬架频响函数）是合理的，否则需要进行调整，直到满足整车目标为止。这样就得到各系统的目标，为进一步的分解提供依据。当然，各系统目标的确定也要符合其他方面（如安全性、可靠性等）的设计要求。

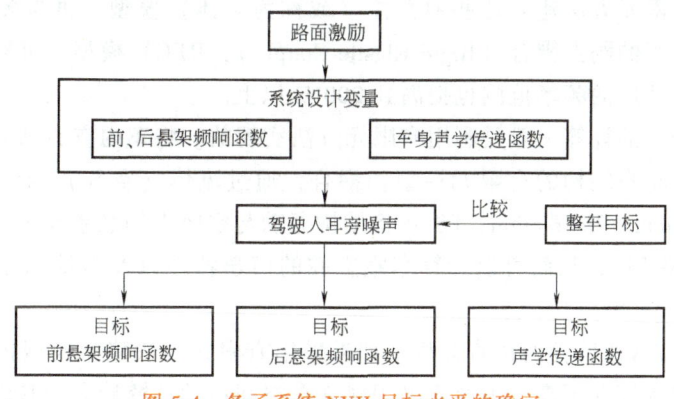

图5-4　各子系统NVH目标水平的确定

系统的NVH目标需要进一步以结构的具体指标向下分级到各子系统和部件的水平，为设计人员提供相关部件设计的详细准则。例如：一阶模态频率、车身接头刚度、车身在悬架上的安装部位刚度或动力传递率（Point Mobility）等车身部件设计目标，以便于车身结构设计人员进行部件设计工作。此外，部件的NVH目标还包括悬架系统的衬套刚度等。

通常新开发汽车的分级过程是参考BIC汽车的基本数据实现的。BIC的系统和部件

NVH特性水平（可以测量得到）被认为是初始的设计目标，然后根据经验结合实际情况进行修改，作为早期的设计准则（即系统和部件的NVH目标），这就是"对标"的过程。结构设计师按照部件的目标要求进行结构设计。具体结构设计方法可参见第四章和本章第六节关于防振、隔声、吸声设计相关内容。

在项目后期，生产出样车后，汽车的设计过程可以同时结合样车试验和CAE仿真进行改进。这时的试验可以在试验室中或道路上进行，一般是用三向加速度传感器测量人车接触面之间的振动信号，用传声器测量乘员耳旁的噪声信号，以测试产品的性能与设计目标之间的差异，从而进行必要的调整与修改。具体试验方法见本章第七节。

三、NVH设计中的CAE方法介绍

通过前面的介绍可以知道，在NVH设计过程中，计算机CAE分析和仿真计算一直起着重要作用，尤其是在系统与子系统的NVH目标分级匹配的过程中更是如此。相关的CAE理论及其应用将在后面详细介绍，下面只对NVH设计中经常使用的主要CAE方法做简单介绍。

在NVH设计过程中，为了进行NVH目标的分级、评价并改善汽车的NVH特性，应建立用于整车NVH特性研究的CAE模型。对于不同的汽车子系统以及不同的NVH问题，采用的CAE方法也不相同。

对于悬架、转向系等进行大范围空间运动的系统，在研究其低频范围的动力学特性时主要采用多刚体系统动力学方法，将系统内各部件抽象为刚体，建立模型并进行仿真分析。试验表明：利用多刚体系统动力学整车模型对40Hz以下NVH特性的模拟非常准确。

对于汽车中刚度较小的系统（如车身系统），若仍采用刚体建模，则计算误差较大，一般采用有限元方法建立这些弹性体（或称为柔体）模型，再与多刚体系统模型相结合，建立整车的刚弹耦合（Rigid Elastic Coupling，REC）模型，可以大大提高仿真计算的准确度，适用的频率范围也提高到200Hz以上。

车内低频噪声的计算一般是利用有限元方法实现的。将车内空腔划分网格，建立有限元模型，再与车身结构的有限元模型相耦合，通过流体（空气）与结构之间的相互作用（Fluid Structure Interaction，FSI）将结构振动与空腔声场联系起来，建立FSI模型（也称声固耦合模型），从而可以计算车室空腔的声学特性以及由结构振动产生的车内噪声响应。

对于中高频NVH特性的仿真分析，如果采用有限元方法建立模型将大大增加工作量，并且其准确程度并不高，因此应采用建立在空间声学和统计力学基础上的统计能量分析（Statistical Energy Analysis，SEA）方法。实践证明：利用SEA模型分析汽车在250Hz以上的NVH特性能得到令人满意的结果。

下面介绍REC、FSI、SEA方法的理论以及在车身NVH设计中的应用。

第三节 刚弹耦合系统的仿真分析

为了提高整车低频NVH特性仿真计算的准确度，常常利用有限元方法与多刚体系统动力学方法相结合，建立整车的刚弹耦合模型预测车身的振动和车室内的声压。车身

第五章 车身 NVH 特性研究

等弹性部件使用有限元方法建立模型,而底盘系统的多数部件则建立刚体模型,然后将有限元模型作为柔体元件与刚体模型相连接,从而建立 REC 模型。这种由多个刚体和柔体组成的动力学模型称为多体系统动力学模型。图 5-5 是利用刚弹耦合系统模型进行车内噪声预测并与目标比较的过程。

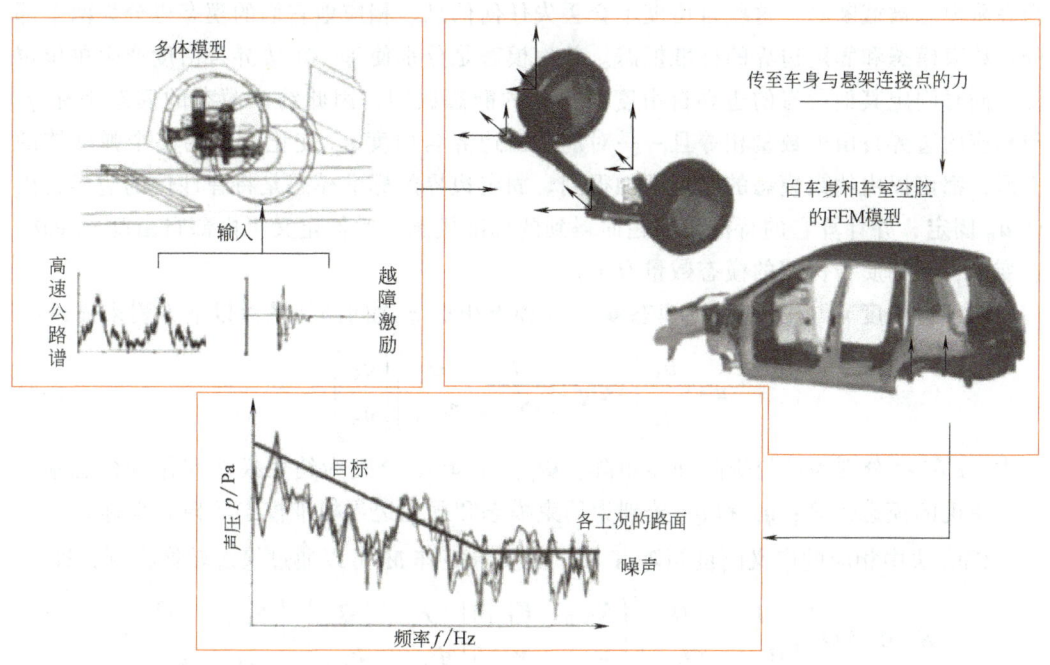

图 5-5 利用刚弹耦合系统模型进行车内噪声预测并与目标比较

一、刚弹耦合系统的建模理论

1. 用模态方法描述弹性体——模态综合法

在将有限元模型与多刚体模型相连接时,由于有限元模型的自由度数目巨大,因此必须将给定的动力学数学模型缩减为一个具有较少自由度的模型,这个过程称为动力缩减。动力缩减的方法有多种,下面介绍由 Craig 和 Bampton 提出的部件模态综合(Component Mode Synthesis,CMS)法,MSC.ADAMS 软件与有限元软件连接采用的就是这种方法。

在多体模型中,假设弹性体在它本身的局部坐标系中做小的线性变形,而弹性体的局部坐标系在多体系统模型中进行大的非线性的整体运动。根据模态理论,弹性体有限元模型节点的位移 $\boldsymbol{\mu}$ 可以近似看作它的部分模态振型 $\boldsymbol{\phi}_i$ 的线性叠加,即

$$\boldsymbol{\mu} = \sum_{i=1}^{m} \boldsymbol{\phi}_i q_i \tag{5-6}$$

式中,q_i 为模态坐标;m 为选用模态坐标(振型)的数量。m 远小于原模型物理坐标(位移 $\boldsymbol{\mu}$)的数目,这种自由度的缩减称为模态截断。

为了更好地选择模态以减少模态截断产生的误差,以便用尽可能少的模态坐标全面准确地描述原模型,在有限元分析中可以利用部件模态综合法,通过超单元(Super-Element）实现动力缩减，并将超单元模型转换为弹性体元件连接到多体系统动力学模型中。

在 CMS 法中，弹性体有限元模型的自由度被划分为边界自由度 u_B 和内部自由度 u_I，而边界自由度（也称为连接自由度）不进行模态转换，它们被完整地保存下来，当高阶模态被截断时，这些自由度不会丢失任何信息。相应地它们的模态也分为两个部分：约束模态和固定边界的标准模态。约束模态是分别使每一个边界自由度产生单位位移，同时固定其他所有的边界自由度而得到的静态振型，因此约束模态的模态坐标 q_C 与相应的边界自由度数量相等且一一对应，由边界自由度 u_B 变化引起的整个弹性体的变形，都可以由约束模态的线性叠加得到。固定边界的标准模态是将弹性体的边界自由度 u_B 固定，并计算它的特征值问题而得到的标准模态。它们定义了内部自由度 u_I 的模态变形，其品质与保留的模态数量有关。

物理自由度 u 与 CMS 法的模态 Φ 以及模态坐标 q 之间的关系由以下方程来描述：

$$u = \begin{pmatrix} u_B \\ u_I \end{pmatrix} = \Phi q = \begin{pmatrix} I & O \\ \Phi_{I,C} & \Phi_{I,N} \end{pmatrix} \begin{pmatrix} q_C \\ q_N \end{pmatrix} \tag{5-7}$$

式中，I 和 O 分别为单位矩阵和零矩阵；$\Phi_{I,C}$ 和 $\Phi_{I,N}$ 分别为约束模态和标准模态中内部自由度的模态矩阵；q_C 和 q_N 分别为约束模态和固定边界标准模态的模态坐标。

CMS 法中相应的广义刚度矩阵 $\hat{K}$ 和广义质量矩阵 $\hat{M}$ 可以通过模态转换得到，即

$$\hat{K} = \Phi^T K \Phi = \begin{pmatrix} I & O \\ \Phi_{I,C} & \Phi_{I,N} \end{pmatrix}^T \begin{pmatrix} K_{B,B} & K_{B,I} \\ K_{I,B} & K_{I,I} \end{pmatrix} \begin{pmatrix} I & O \\ \Phi_{I,C} & \Phi_{I,N} \end{pmatrix} = \begin{pmatrix} \hat{K}_{C,C} & O \\ O & \hat{K}_{N,N} \end{pmatrix}$$

$$\hat{M} = \Phi^T M \Phi = \begin{pmatrix} I & O \\ \Phi_{I,C} & \Phi_{I,N} \end{pmatrix}^T \begin{pmatrix} M_{B,B} & M_{B,I} \\ M_{I,B} & M_{I,I} \end{pmatrix} \begin{pmatrix} I & O \\ \Phi_{I,C} & \Phi_{I,N} \end{pmatrix} = \begin{pmatrix} \hat{M}_{C,C} & \hat{M}_{N,C} \\ \hat{M}_{C,N} & \hat{M}_{N,N} \end{pmatrix} \tag{5-8}$$

式中，下角标 I、B、N 和 C 分别表示内部自由度、边界自由度、标准模态和约束模态；矩阵 $\hat{K}_{N,N}$ 和 $\hat{M}_{N,N}$ 是解特征方程得到的，因此是对角矩阵，并且可以证明刚度矩阵中的约束模态刚度和标准模态刚度是解耦的。

CMS 法通过改造模态算法，在保存弹性体外点（边界点）连接作用的同时还得到了期望的弹性体模态。通过对内部标准模态的截断可以大大减少计算量，达到模态缩减的目的。保留的模态数量可以在有限元分析（超单元分析）过程中定义。缩减后的子结构（超单元）可以与其他子结构或剩余结构（不属于任何子结构）通过外点进行连接，得到完整系统后再进行动力学分析。

与其他模态缩减方法（如 Guyan 静态缩减方法）相对比，CMS 法不是将子结构的内部质量聚集到边界上，而是用精确的特征向量来表示（只要模态截断合理）。子结构（超单元）的动力学特性是由其真实模态和静态变形共同表征的，这就使结果更加精确。另外，CMS 法还可以直接利用模态试验的结果。

2. 多体系统中弹性体的动力学方程

当弹性体连接到多体模型中时，它所有的模态信息（包括模态坐标、模态转换矩阵、模态质量矩阵、模态刚度矩阵，以及模态频率等）都被传入多体系统中。在多体

系统中，首先要确定弹性体上各点的运动学关系式以及弹性体所受的作用力，然后根据这些条件利用拉格朗日方程推导弹性体的动力学方程。

描述弹性体系统的拉格朗日方程为：

$$\frac{\mathrm{d}}{\mathrm{d}t}\left(\frac{\partial L}{\partial \dot{\xi}}\right) - \frac{\partial L}{\partial \xi} + \frac{\partial F}{\partial \dot{\xi}} + \left(\frac{\partial \Psi}{\partial \xi}\right)^{\mathrm{T}} \lambda - Q = O \tag{5-9}$$

式中，L 是拉格朗日函数，定义为系统动能 T 与势能 V 的差；F 是系统的能量耗散函数；Ψ 为代数约束方程；λ 为约束方程的拉格朗日乘子；ξ 是系统的广义坐标，由超单元分析得到的模态坐标处理得到；Q 是广义作用力（作用力在广义坐标 ξ 上的投影）。

弹性体的动能、势能、耗散函数都可以根据其各点的运动学特性推导出，并将拉格朗日方程改写为弹性体关于广义坐标 ξ 的动力学微分方程，这样就可以与其他系统耦合在一起进行仿真了。在仿真过程中，描述弹性体的每一个特征向量被设定为一个系统状态变量，并且在每一次时间分析中都计算各特征向量的相对振幅，然后用线性叠加原理在每一个时间步长上合并模态振型，重新生成弹性体的全部变形。

综上所述，在多体系统中建立刚弹耦合系统模型时，首先要利用有限元方法建立超单元模型，缩减它的自由度并用模态方法描述它；然后把它转换为弹性体的模态文件并作为一个元件连接到多体系统的模型中；最后利用拉格朗日方程建立刚弹耦合系统模型的动力学微分方程并进行仿真计算。

二、模型的建立与仿真分析

1. 建立整车刚弹耦合模型

首先建立车身有限元模型并进行超单元分析，然后利用转换程序（如 MSC. ADAMS/Flex 中的转换程序 mnfx. alt 和 msc2mnf. exe）将车身超单元转换成为多体系统中的弹性体文件，最后建立底盘的多体模型并与弹性体车身相连接，得到整车的刚弹耦合系统模型。

图 5-6 是利用 MSC. Nastran 软件建立的某国产轿车的车身结构有限元模型，通过超单元分析产生的超单元模型由系统的约束模态和固定边界的标准模态组成，在这个过程中完成了自由度的缩减。

在将有限元超单元模型转换为多体系统中弹性体模型的过程中，对 CMS 法的模态进行了正交化处理，去除了弹

图 5-6　车身结构有限元模型

性体的六个刚体模态。这时得到的弹性体模型完整地保留着超单元外节点（即连接点）的所有动力学信息，而弹性体模态与原系统模态的差异取决于超单元分析中动力缩减时高阶模态的截断误差。转换到 MSC. ADAMS/Car 多体系统中的车身弹性体模型保留了超单元模型的外节点，即车身与底盘的连接点，包括前、后悬架滑柱上支点，副车架前、后支点，以及后悬架纵向推力杆和横向推力杆与车身的连接点等。

图 5-7 是利用 MSC. ADAMS 建立的该轿车底盘多体系统模型。模型中的转向系统、前、后悬架主要部件以及动力总成（模型中未用几何形状表示出）采用了刚体模型，而前悬架的横向稳定杆和后悬架的横向推力杆、加强杆采用了弹性体模型，省略了制动系统等。在多体系统中利用车身弹性体模型的外节点与底盘系统模型相连接，就完成了整车刚弹耦合模型，如图 5-8 所示。

2. 整车刚弹耦合模型的仿真分析

图 5-7 轿车底盘的多体系统模型

在多体系统动力学软件中，设置不同路面和行驶工况可以对整车刚弹耦合模型进行仿真分析。图 5-8（参见彩图）所示为匀速直线行驶工况仿真分析中的不平路面和整车模型。

图 5-8 仿真分析中的不平路面和整车模型

例如，在汽车 30km/h 直线行驶工况，仿真分析得到的车身质心处加速度时间历程信号，以及经过傅里叶变换后的频域信号如图 5-9 所示。因为仿真开始阶段（约 0.32s 之前）只有前轮处于不平路面，相应的时间历程曲线振幅比较小；随着后轮驶上路面，振动幅度变大。在频谱图中 2Hz 附近的尖峰对应着车身垂直方向振动的刚体模态。由于悬架系统的高频滤波作用，50Hz 以上的振幅已经非常小了。

图 5-10 为计算得到的左侧车身连接点垂直方向的作用力。图中前、后悬架滑柱上支点（曲线 1 和 4）承受着大部分的簧载质量，而横向推力杆垂直方向的传递力（曲线 6）几乎可以忽略。由于后车轮在前一段时间没有驶上不平路面，因此相应的连接点传递力（曲线 4、5、6）几乎没有波动，曲线平直，传递力基本等于静载荷。

通过整车刚弹耦合模型的仿真分析，一方面可以计算整车的振动响应，得到部分整车 NVH 目标（如车身质心的振动加速度，车身上转向支柱、座椅下地板等驾驶人敏感部位振动加速度）与各系统指标（如车身刚度和前、后悬架刚度）之间的关系，从而可以对其进行分级；另一方面，计算得到的车身连接点的作用力可以用来进行车内的噪

第五章 车身 NVH 特性研究

声分析和车身耐久性计算等。

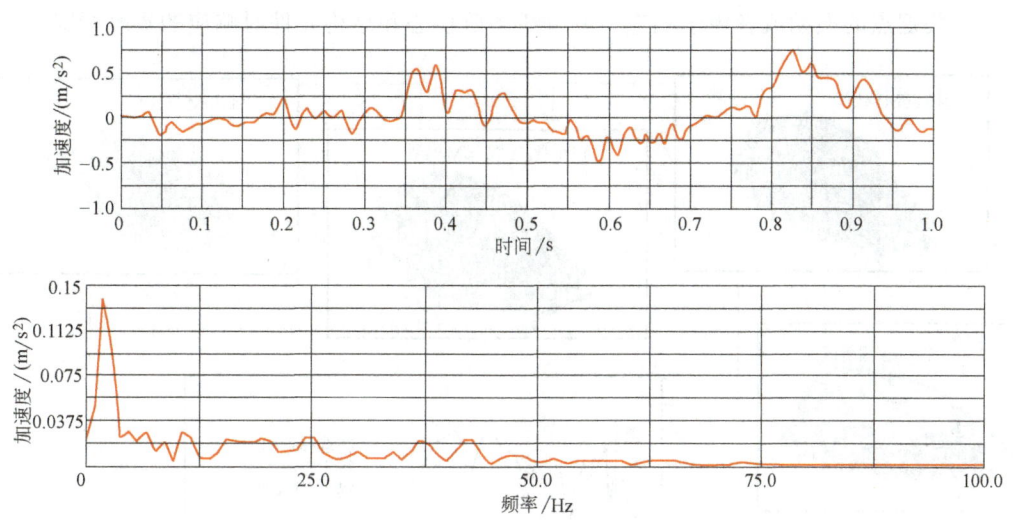

图 5-9 车身质心垂直方向加速度信号

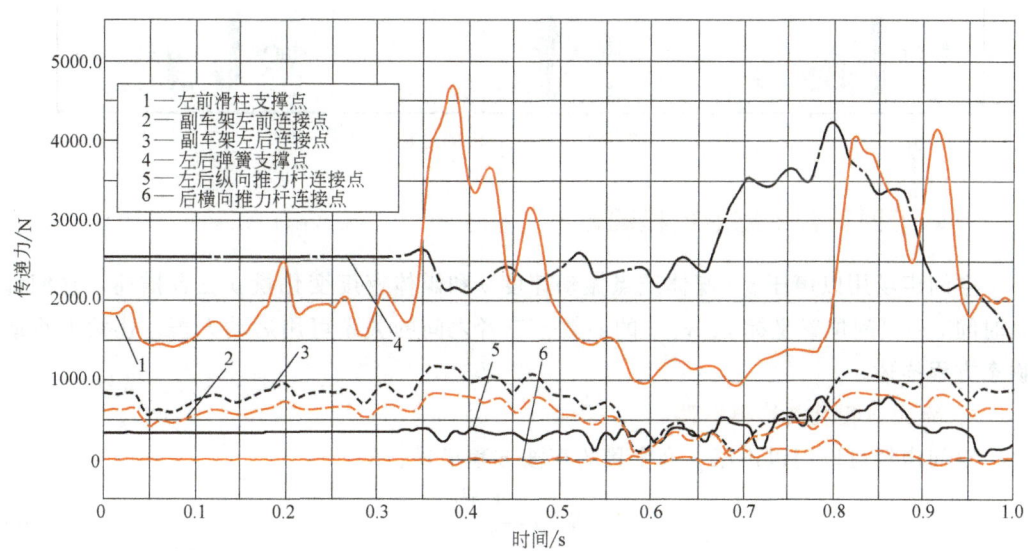

图 5-10 车身连接点垂直方向作用力

第四节 声固耦合系统的仿真分析

在车型的开发过程中，车身的 CAE 模型被逐渐细化，从概念阶段到设计完善阶段，单元、节点的数目从一万可以发展到十几万甚至几十万。在设计的后期，汽车内部的噪声预测是通过对车身结构和封闭空腔之间声固耦合作用（FSI）的模拟仿真得到的。其数学模型必须能够反映出车身结构和车室内空气的动力学特性以及两者在边界上的相互作用，采用有限元方法可以有效地解决这一问题。

图 5-11 所示为利用有限元方法进行 FSI 分析的过程。首先建立车身结构和车室空

腔的有限元模型以及二者的耦合模型,然后利用计算或者测量得到的载荷仿真计算特定工况下关键点的振动或者声学响应,并分析各阶模态和结构元件对响应的贡献情况。

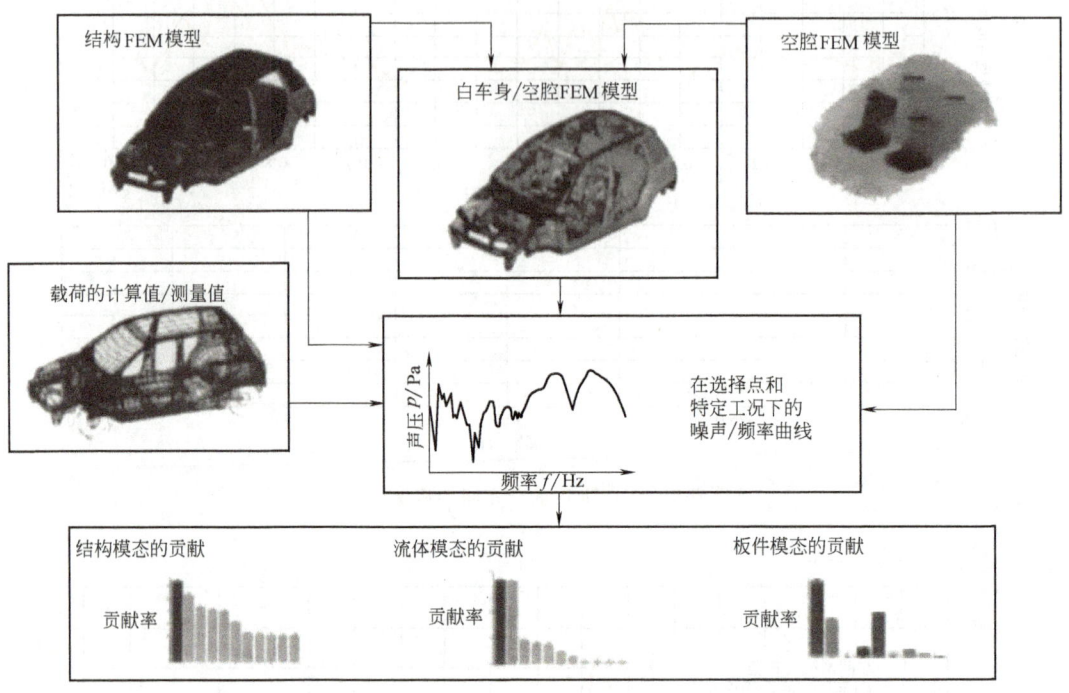

图 5-11　FSI 分析的过程

一、声固耦合系统的建模理论

空间声场用以声压 p、媒体质点振动速度 v 和媒体密度变化量 ρ 三者描述。它们都是时间 t 和空间位置坐标 x、y、z 的函数,三者之间的关系可用运动方程、连续方程或物态方程描述。

1. 声波方程及其边界条件

空间声场可以用以声压 p 为变量的声波方程描述,即

$$\nabla^2 p = \frac{1}{c_0^2}\frac{\partial^2 p}{\partial t^2} \tag{5-10}$$

式中,c_0 为声波在媒质中传播的速度;∇^2 为直角坐标系中的拉普拉斯算子,$\nabla^2 = \frac{\partial^2}{\partial x^2} + \frac{\partial^2}{\partial y^2} + \frac{\partial^2}{\partial z^2}$。

如果假设空腔边界表面不能吸收声波并且有微幅振动,则边界条件可以写为

$$\frac{\partial p}{\partial n} = -\rho_0 \ddot{u} \tag{5-11}$$

式中,n 为边界表面的法线方向;ρ_0 为空气密度;$\ddot{u}$ 为振动表面的法向加速度分量。

建立了空腔的边界条件之后,就可以对声波方程进行求解。但要想准确求解声波方

程非常困难,通常利用有限元等方法求解。

2. 车室声固耦合系统的有限元方程式

汽车车室构成封闭空腔,形成一个声学系统。将车室空腔容积离散化为有限单元,则声波方程式(5-10)可以写成以下的矩阵形式:

$$\boldsymbol{M}'\ddot{\boldsymbol{p}} + \boldsymbol{K}'\boldsymbol{p} = \boldsymbol{F}' \tag{5-12}$$

式中,$\boldsymbol{M}'$、$\boldsymbol{K}'$分别为声学质量矩阵和声学刚度矩阵;$\boldsymbol{F}'$为各单元表面传给流体的广义力矢量;$\boldsymbol{p}$为各节点的声压矢量。

上述矩阵各元素可以用下式计算:

$$M'_{ij} = \frac{\partial^2 T}{\partial \dot{p}_i \partial \dot{p}_j}, \quad K'_{ij} = \frac{\partial^2 U}{\partial p_i \partial p_j}, \quad F'_{ij} = \int_{S_i} \frac{\partial p}{\partial n} \mathrm{d}S \tag{5-13}$$

式中,$T = \int_V \frac{1}{2}(\dot{p}/c_0)^2 \mathrm{d}V$;$U = \int_V \frac{1}{2}\nabla p \cdot \nabla p \mathrm{d}V$;下角标$i$、$j$分别为行号和列号;$S$为面积。

车身结构可以视为弹性体,车室空腔的声压变化会激励车身壁板产生振动,而车身壁板的振动又会通过对临近空气的压迫改变车室的声压,在这种结构—空气(流体)相互作用的耦合系统中,将边界条件式(5-11)代入式(5-12)的广义力表达式中,则声学有限元方程式可以改写为

$$\boldsymbol{M}_{ff}\ddot{\boldsymbol{p}} + \boldsymbol{K}_{ff}\boldsymbol{p} + (\rho_0 c_0)^2 \boldsymbol{S}^{\mathrm{T}} \ddot{\boldsymbol{u}} = \boldsymbol{0} \tag{5-14}$$

式中,$\boldsymbol{M}_{ff}$和$\boldsymbol{K}_{ff}$就是车室空腔的声学质量矩阵$\boldsymbol{M}'$和声学刚度矩阵$\boldsymbol{K}'$;$\boldsymbol{S}$为车室的结构—声学耦合矩阵。

受到空气振动作用的影响,车身结构的有限元方程式可以写为

$$\boldsymbol{M}_{ss}\ddot{\boldsymbol{u}} + \boldsymbol{K}_{ss}\boldsymbol{u} - \boldsymbol{S}\boldsymbol{p}^{\mathrm{b}} = \boldsymbol{F}_s \tag{5-15}$$

式中,$\boldsymbol{M}_{ss}$、$\boldsymbol{K}_{ss}$分别为车身结构的质量矩阵和刚度矩阵;$\boldsymbol{u}$为结构位移矢量;$\boldsymbol{p}^{\mathrm{b}}$为边界节点上的声压矢量;$\boldsymbol{F}_s$为施加于结构上的外力矢量。

综合式(5-14)和式(5-15),耦合系统的有限元方程式可以写为

$$\begin{pmatrix} \boldsymbol{M}_{ss} & \boldsymbol{O} \\ (\rho_0 c_0)^2 \boldsymbol{S}^{\mathrm{T}} & \boldsymbol{M}_{ff} \end{pmatrix} \begin{pmatrix} \ddot{\boldsymbol{u}} \\ \ddot{\boldsymbol{p}} \end{pmatrix} + \begin{pmatrix} \boldsymbol{K}_{ss} & -\boldsymbol{S} \\ \boldsymbol{O} & \boldsymbol{K}_{ff} \end{pmatrix} \begin{pmatrix} \boldsymbol{u} \\ \boldsymbol{p} \end{pmatrix} = \begin{pmatrix} \boldsymbol{F}_s \\ \boldsymbol{O} \end{pmatrix} \tag{5-16}$$

3. 声学与结构力学的类比

对于符合小变形假设的线性系统,流体的连续性方程为

$$\frac{\partial p}{\partial t} + \rho(\nabla \cdot v) = 0 \tag{5-17}$$

可以简化为只有压力变量的表达形式,即

$$\nabla \cdot \left(\frac{1}{\rho_0}\right) \nabla p = \frac{1}{B}\ddot{p} \tag{5-18}$$

式中,B为流体的体积模量,$B = c_0^2 \rho_0$。

方程式(5-18)可写为

$$\frac{\partial}{\partial x}\left(\frac{1}{\rho_0}\frac{\partial p}{\partial x}\right)+\frac{\partial}{\partial y}\left(\frac{1}{\rho_0}\frac{\partial p}{\partial y}\right)+\frac{\partial}{\partial z}\left(\frac{1}{\rho_0}\frac{\partial p}{\partial z}\right)=\frac{1}{B}\frac{\partial^2 p}{\partial t^2} \tag{5-19}$$

另一方面,在结构力学中 x 方向上的平衡方程式可以写为

$$\frac{\partial \sigma_{x,x}}{\partial x}+\frac{\partial \tau_{x,y}}{\partial y}+\frac{\partial \tau_{z,x}}{\partial z}=\rho_s\frac{\partial^2 u_x}{\partial t^2} \tag{5-20}$$

式中,u_x 为 x 方向上的位移;$\sigma_{x,x}$、$\tau_{x,y}$ 和 $\tau_{z,x}$ 为应力分力;ρ_s 为结构的密度。

应用胡克定律:$\sigma_{x,x}=E\frac{\partial u_x}{\partial x}$、$\tau_{x,y}=G\frac{\partial u_x}{\partial y}$ 和 $\tau_{z,x}=G\frac{\partial u_x}{\partial z}$,方程式(5-20)可以写成

$$\frac{\partial}{\partial x}\left(E\frac{\partial u_x}{\partial x}\right)+\frac{\partial}{\partial y}\left(G\frac{\partial u_x}{\partial y}\right)+\frac{\partial}{\partial z}\left(G\frac{\partial u_x}{\partial z}\right)=\rho_s\frac{\partial^2 u_x}{\partial t^2} \tag{5-21}$$

比较式(5-19)和式(5-21),得

$$E=\frac{1}{\rho},\quad G=\frac{1}{\rho},\quad \rho_s=\frac{1}{B},\quad u_x=p$$

可见,结构位移类比于流体压力,结构材料密度类比于流体体积模量的倒数,结构的弹性模量(E、G)类比于流体密度的倒数。

这个类比说明如果声学空腔用固体单元建立模型,只要材料的特性根据以上关系定义,并设置 y、z 方向上的位移分量等于零,求解方程式(5-20)得到的 x 方向的位移将给出空腔中的压力分布。另外,与结构力学中的外力相对应,声学系统中的载荷为流体的体积加速度(体积对时间的二次导数,或流量对时间的一次导数)

$$\dot{Q}=\sqrt{\frac{8\pi c_0 W}{\rho_0}}$$

式中,W 为声源功率;c_0 是声波在媒质(空气)中传播的速度;ρ_0 为空气密度。

二、模型的建立与仿真分析

1. 建立声固耦合模型

建立车室声固耦合模型时,车身结构模型和车室空腔声学模型是利用有限元前处理程序提供的壳单元和三维实体(六面体等)单元分别建立的。图 5-12(参见彩图)是某轿车的车身结构有限元模型。图 5-13 是根据结构模型建立的车室空腔模型,在 MSC.Nastran 软件的模型数据文件中用材料卡 MAT10 定义流体的体积模量和密度,并将节点和单元卡标识为流体,根据前面所述声学与结构力学的类比关系,就得到车室空腔声学系统的模型。

为了与车身结构模型相耦合,空腔表面的节点必须与车身结构节点全部重合,并且在模型数据文件中定义两个模型中相重合的节点连接(耦合)在一起,保证它们在分析时一起运动,就完成了声固耦合系统模型,如图 5-14(参见彩图)所示。

第五章　车身 NVH 特性研究

图 5-12　轿车车身结构有限元模型

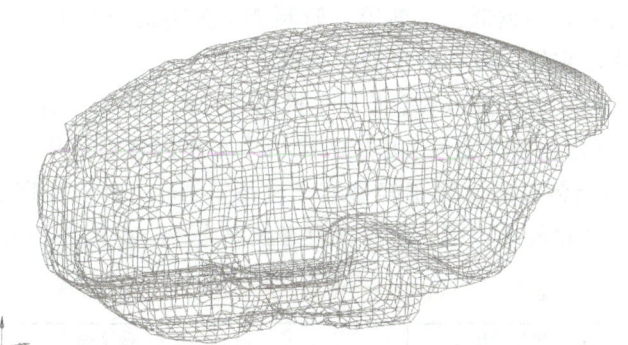

图 5-13　轿车车室空腔有限元模型

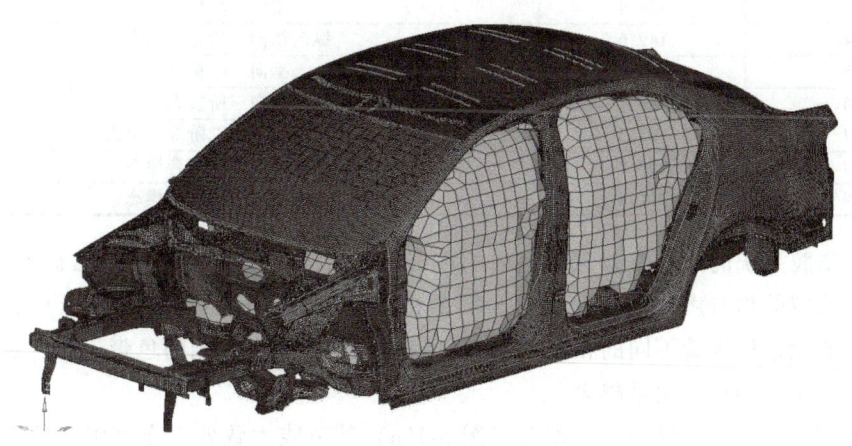

图 5-14　车室声固耦合系统模型

注：图中为看清内部的车室空腔部分，将车门隐藏了。

2. 车室声学系统模态分析

车室空腔系统的声学特征表现为与固有频率和振型（声压分布）相联系的声学振动模态。强迫振动下，车室内部各点的总压力响应取决于各个声学模态被激励的方式，车室空腔的共振会明显增大噪声响应。掌握车内空腔的声学模态频率和模态振型可以在设计过程中避免车身结构振动导致的车内共鸣噪声，合理布置和优化车内声学特性，尽量使人耳处于最重要声学模态的节线位置，从而获得较好的舒适性。对声固耦合系统进行模态分析可以识别出系统的模态频率和振型，为预测并分析声学响应准备必要的条件。

假设车身结构为刚性壁，这时车室声学系统的边界可以认为是硬的反射表面，式 (5-11) 中的 $\ddot{u}=0$，式 (5-12) 中的声学广义力向量 F' 为 0，车室空腔系统的边界没有约束作用，可以看成是一个自由边界的声学系统。

对车室空腔声学系统 [用式 (5-12) 描述] 进行模态分析，可以得到它的模态频率和模态振型（即声压的分布情况），根据它可以迅速查出耦合系统模型中以声压变化为主要模式的耦合模态。用声速的一半分别除以声学系统模型的长、宽、高，可以粗略地估算纵向、横向和垂向的首阶声学模态频率。利用这一方法可以很快地验证有限元分析的结果。空腔越长频率越低，一般第一阶频率不为零的声学模态出现在 40～80Hz 左右，表现为声压沿车室纵向分布的纵向声学模态。

利用 MSC.Nastran 软件对车室空腔声学模型进行模态分析，计算出的模态频率结果见表 5-2。第一阶模态的频率为 0，相应的振型中车室内各点声压变化的幅值相同，相当于结构模态中的刚体模态。对于轻型客车（图 5-1b），由于车室空腔比轿车的长很多，因此其模态频率也较小，第一阶纵向模态频率为 36.66 Hz。详见表 5-3。

表 5-2 车室空腔的声学模态频率（200Hz 以内）

模态阶次	频率/Hz	振型描述
1	77.47	纵向一阶模态
2	122.2	横向一阶模态
3	138.4	横向二阶模态
4	149.6	纵向横向一阶综合模态
5	164.7	垂向一阶模态
6	189.3	横向三阶模态
7	193.3	横向一阶纵向二阶综合模态
8	209.3	纵向垂向一阶综合模态
9	211.8	垂向横向一阶综合模态

车室空腔系统的声学模态（车室内的声压分布情况）如图 5-15（参见彩图）所示。图中黑色区域的相对声压最小，近似为零，相当于节线（声压为零的界线）区域。模型中不同的颜色代表着不同的相对声压，它们的大小由图中右侧的色带表示，越往上的颜色表示声压的相对变化量越大。

由图可见，第一阶纵向声学模态（图 5-15a）的节线大致处于车室中间位置，向两端声压逐渐增大。由于车室空腔模型是左右对称的，因此室内声压分布也是对称的；图 5-15b 中的声压是横向分布的，节线处于车室的纵向对称面上；而图 5-15c 的声学模态表现为声压在横、纵两个方向上分布的综合模态，它的节线近似为首阶横、纵向模态节线相叠加的结果；另外，由于在垂直方向上车室形状很不规则，导致垂向模态（图 5-15d）的声压分布也不规则，且节线变得不清晰。

3. 车室声固耦合系统模态分析

空腔声学模态是通过边界条件与车身结构的振动相耦合的，这种边界条件（开放

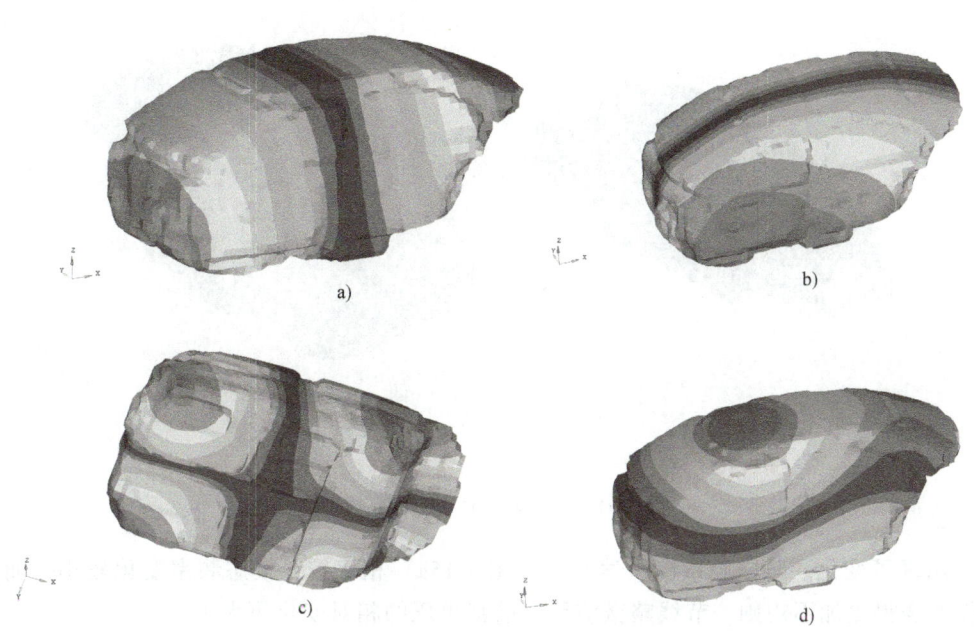

图 5-15 车室空腔的声学模态
a) 77.47Hz b) 122.2Hz c) 149.6Hz d) 164.7Hz

的、刚性的或弹性的）建立了车室内声压的变化和车身壁板的振动之间的关系，因此空腔声学特性和车身结构动力学特性共同决定了车室内部的声压。试验表明：车身壁板的振动会改动声学模态的频率，移动节线的位置，并使车室内的噪声响应发生重大变化。

为了准确模拟车身板件与车室中空气之间的相互作用，掌握耦合系统的动力学特性，进而为耦合系统的声学响应分析做准备，利用 MSC.Nastran 软件对车室空腔与车身结构的声固耦合系统模型进行模态分析。由于耦合系统的振动微分方程式（5-16）中的质量矩阵和刚度矩阵都不是对称矩阵，得到的特征值一般为复数，因此应采用复模态分析方法。

由于耦合系统是由结构和空腔相互作用形成的，因此它的模态与结构和空腔两个系统的模态基本是对应的。耦合系统的模态振型由两部分组成：结构的变形和空腔流体中声压的分布。这些模态可能是由于结构的振动引起声压分布的变化（即结构变形占主要地位），也可能是声压变化引起结构的振动而产生的（即声压变化为主），它们分别对应着结构和空腔两个系统各自的模态。

图 5-16（参见彩图）所示耦合系统模态是以车身结构变形为主的模态。车身结构的振动（图 5-16a）使空腔流体的声压发生变化，产生图 5-16b 中的振动模式。与车身结构系统相应的模态对比，耦合系统的模态频率稍有变化，但变化量很小，而车身结构的变形部位基本没有变化。

图 5-17（参见彩图）为以流体声压变化为主的耦合系统模态，结构由于流体的振动（图 5-17b）而产生变形，如图 5-17a 所示。它对应着空腔系统的第一阶纵向声学模态。由于结构壁板的振动，耦合系统中空腔流体的振动模态（即空腔内声压的分布情

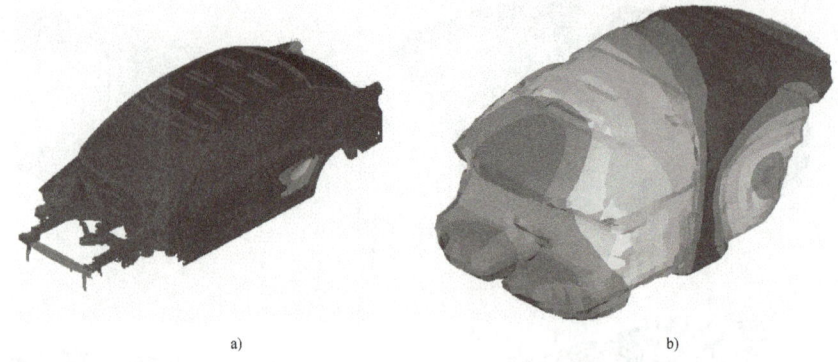

图 5-16 结构变形为主的耦合系统模态中流体的变形模式
a) 结构变形模式 b) 声压变化模式

况) 出现了变化。与空腔系统声学模态（图 5-15a）相比较，模态频率变化较小，而模态振型变得更加不规则，节线略微前移，前部声压的相对变化更大了。

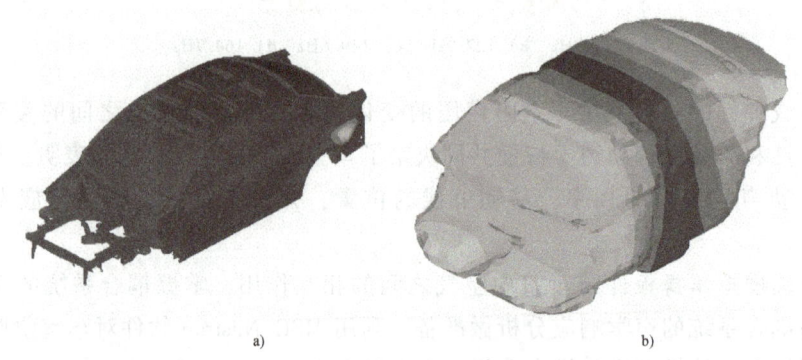

图 5-17 流体变形为主的耦合系统模态中结构的变形模式（78.81Hz）
a) 结构变形模式 b) 声压变化模式

4. 声固耦合系统的响应分析

车室内部噪声的预测是汽车 NVH 特性研究的重要内容。与耦合系统的模态分析相比，计算车身壁板振动引起的车室噪声，可以获得更直接更实际的 NVH 特性，更有利于将 NVH 目标与系统特性相联系，以便进行 NVH 目标的分级与评价。

将整车刚弹耦合模型分析（分析方法详见本章第三节）得到的车身连接点处的力作用在声固耦合模型中相应的结构节点处，就可以进行响应分析。某轻型客车（刚弹耦合模型如图 5-1b 所示）的简化的声固耦合模型如图 5-18 所示，其车室声学模态频率见表 5-3，声固耦合系统的模态振型（空腔声场的声压分布）如图 5-19（参见彩图）所示。

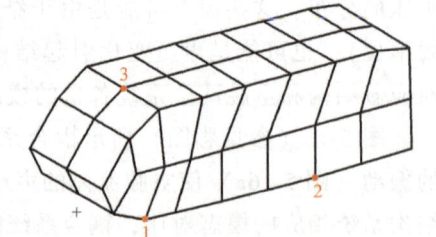

图 5-18 某轻型客车的简化的声固耦合模型

表 5-3　某轻型客车的声学模态频率

空腔模态		声学变形为主的耦合模态	
阶次	频率/Hz	阶次	频率/Hz
1	36.66	20	38.79
2	74.67	25	75.97
3	108.72	28	110.60
4	113.76	29	115.03
5	114.74	30	116.32
6	119.21	31	121.16

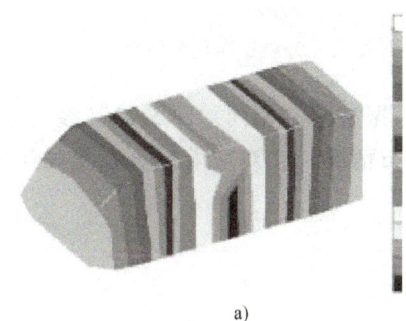
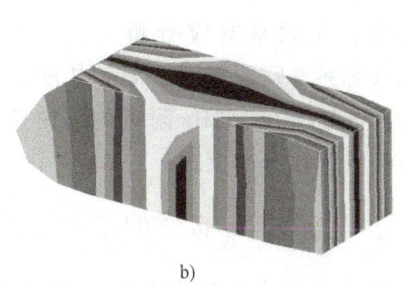

图 5-19　声固耦合系统的模态振型（空腔声场的声压分布）
a）纵向一阶模态（38.79Hz）　b）横向一阶模态（116.32Hz）

假设车身结构由前、后悬架四点支撑（图 5-18 中的 1、2 点及其对称点），计算驾驶人右耳处（图 5-18 中的 3 点）的声学瞬态响应，得到声压时间历程曲线如图 5-20 所示。图中的瞬态声压幅值比较大，主要是由于车身结构过于简化，没有考虑车身骨架对壁板的加强作用以及车身内饰的减振吸声作用导致响应被放大。另外，人耳对噪声的频率结构比较敏感，为了详细分析噪声的影响，应进行频率响应分析。

对它进行频率响应分析（激励频率为 20~500Hz），得到车室内驾驶人耳旁噪声的频域响应如图 5-21 所示，它代表着噪声信号各频率简谐波的振幅。

由图 5-21 可见，路面激励通过车身壁板的振动使车室内的声压发生变化，声学响应被放大并出现明显尖峰。前三个主要尖峰（用"×"标记）所对应的频率分别是 38Hz、114Hz 和 120Hz，与表 5-3 中列出的三阶耦合模态频率基本一致，显然尖峰是由

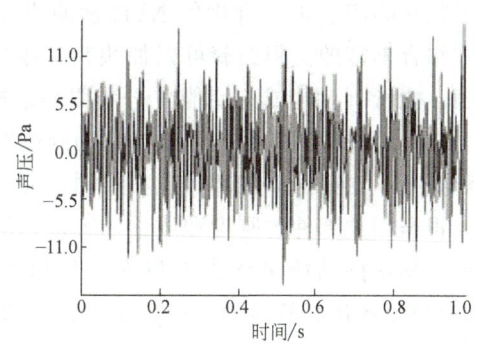

图 5-20　驾驶人耳旁的声压响应时间历程

于耦合模态共振形成的，这是驾驶人耳旁噪声增大的主要原因。通过分析可以看出，耦合模态对声学响应的贡献是不一样的，产生峰值的几个模态都是以空腔声压分布为主的耦合模态，说明在耦合系统的声学响应中空腔流体依然起到主要作用，结构变形模式对声学响应的直接作用较小。另外，即使是以声压分布为主的耦合模态，根据声学响应点所处的声压分布区域不同，各模态对响应点声压的贡献也是不同的。对于表 5-3 列出的

第20、29、31阶耦合模态，响应点所处区域的声压较大（图5-19a），因此该点的声压响应在这些模态频率处出现尖峰；而对于25、28、30阶模态，由于响应点处于声学节线附近（图5-19b），导致声压响应较小，并没有出现共振尖峰。

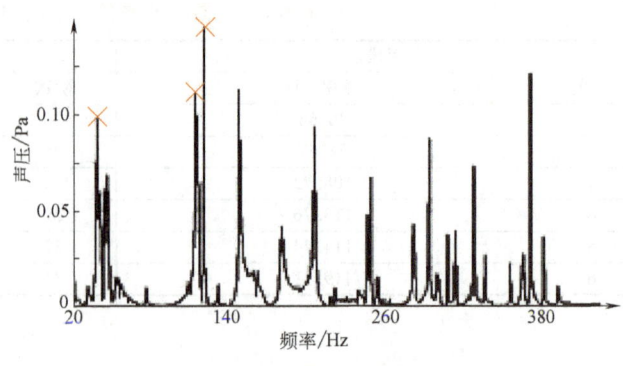

图5-21 驾驶人耳旁声压响应的频谱图

另外，在频率响应分析中，在模态频率附近声压在车室内的分布与其模态振型基本相同。图5-22（参见彩图）所示为前述轿车在152Hz附近的车内声压响应分布情况，它对应着耦合系统的第一阶垂直方向的声压分布模式。

三、汽车NVH特性的诊断技术

应用整车模型和模拟激励（如整车分析中的不平路面）可以计算乘员耳旁的声压级和关键位置（如车身质心、座椅和转向盘）的振动，通过分析可以发现不符合设计目标的NVH响应，称为临界响应（Critical Response）。临界响应产生的机理极为复杂，设计人员应能够分析并识别其产生的本质原因，以消除或降低临界响应。采用合理的NVH诊断方

图5-22 轿车车室内声压分布图（152Hz）

法并结合丰富的工程经验可以加快判定本质原因的过程。NVH诊断技术包括强迫响应动画、能量（动能或应变能）分布图和结构（声学）模态贡献图等。

在某一峰值频率处的强迫响应动画能够直观地识别出该频率下活跃的部件。载荷工况和频率不同则振动的部件也不相同，为此需要对不同频率下的动画进行全面研究。

根据相关部件的刚度和质量计算得到的能量图能够识别出含有应变能或动能较高的部件，显示振动能量和声能量在部件以及车室中的分布情况，可以分析出临界频率（即响应值超出目标值的频率）下载荷传递的途径，进而确定存在问题的机构以便改进设计。利用车身部件的应变能分布图可以分析并识别出薄弱的设计环节。一个部件的应变能密度过低，表明它可能是设计强度过大或者是不在此载荷传递的途径上。

部件模态贡献图能够识别出不同车身结构模态对临界响应的贡献情况。通过观察车身模态的动画，可以深入地探讨在临界频率附近的车身振动模态产生的原因，从而确定移频或改变其振型的措施。声学模态贡献图可识别出对临界响应峰值贡献较大的声学空腔和车身结构模态，模态使响应增大则贡献因子为正，反之为负。板件声学贡献（Panel Acoustic Contribution，PAC）图则显示出与空腔相接触的车身板件对车内声学响应的

贡献情况。将 PAC 图和受迫响应动画相结合，可以描述不同板件的振动幅值及其相位差对车室内声压级的影响。

利用这些诊断技术可以识别出超过 NVH 目标值问题的本质原因，并最终确定解决方案。

第五节 统计能量分析及其应用

一、概述

统计能量分析方法是利用所研究对象各子系统之间具有统计意义的能量参量的变化来研究其动力学特性的方法。它对于求解高频区模态十分密集的复杂系统的动力学问题非常有效。

由于系统受到的激励是随机的，响应也是随机的，必须用统计学的理论对各子系统振动特性进行统计分析。另外，用能量来描述动力学子系统的状态，用功率的流动平衡方程描述耦合子系统间的相互作用，这样就可以用"能量"作为独立的动力学变量解决结构、声场间的耦合动力学问题了。

声振子系统之间振动能量的传递关系类似于热力学中热能的传递关系。在热力学问题中，热能是从其高温载体流向低温载体，载体中储存热能的多少依赖于其热容量；两载体之间的热能流量正比于它们的温度差，此比例常数就是传热系数；此外，两载体都存在向外的热辐射损耗。

声振系统中的振动能量类似于热能，子系统的模态密度类似于热力学中的热容，而子系统的平均模态能量类似于热力学中的温度。声振系统的能量损耗（由阻尼消耗）类似于热力学中的热辐射损耗，其损耗能量的多少用内损耗因子来衡量。声振子系统间的耦合损耗因子是用来描述耦合系统之间耦合强度的一个无量纲物理量，它是统计能量分析中的一个重要参数。

虽然"统计能量分析"方法出现的时间很短，但它的基本思想却已经存在很长时间了。L. Rayleigh 和 H. Nyquist 在研究热体电磁能量辐射问题和电路中的热噪声问题时，就曾采用类似方法。1960 年，R. H. Lyon 等学者通过研究认为统计能量分析方法可以有效地解决声振系统的高频动力学问题。到 1965 年，统计能量分析的基本概念已经形成，并逐渐应用于工程实际中。在 20 世纪 70 年代后期，国外相继出现用统计能量分析方法预测声振环境的计算机软件，如美国国家航空航天局（NASA）研制的 VEPEPS、欧洲宇航局的 GENSTEP，以及 SEAM、AutoSEA2、VA One 等软件。

由于统计能量分析方法中的"能量"是依赖于子系统的模态密度（单位频带宽度内模态数量的多少）的，因此系统模态密度的大小直接影响到它的准确程度。统计能量分析适用于解决高频区（单位带宽内的振型数 $n \geq 5$）的复杂动力学问题，而模态法和有限元法则适用于解决低频问题（$n \leq 1$）。

统计能量分析的估计精度一般随系统模型的细化而提高，但由于统计能量分析给出的是空间的和频域的平均量，因此得不到系统内特殊位置上和特殊频率处响应的详细信息，即它不能预测子系统内某个局部位置的精确响应，但能较精确地从统计意义上预测整个子系统的响应级。例如：对于车室空腔声学子系统，它可以预测出车内的平均声压级，但不能给出驾驶人耳旁位置处的声压响应信号。这是统计能量分析方法的局限性之一。

在统计能量分析的理论中，一些基本关系方程都是在保守、弱耦合、激励源不相关等假设条件下建立的，并且在数学上也不是很严密。这样，在实际结构与理想系统相差较大时就会给预测结果带来较大误差。例如：实际结构中，子系统之间的边界连接（如螺纹连接、焊接、销接和铰接等）是具有耦合阻尼的，这种阻尼不能被忽略，但它们对内损耗因子、耦合损耗因子的不同影响还不能从理论上区分开。此外，如何将统计能量分析方法推广到强耦合系统以及相关激励作用下的系统，都是需要进一步解决的问题。

在统计能量分析中，一般都假定模态参数是按泊松过程分布的，但这一假设对复杂系统并不成立，这将对预测能量响应的方差产生很大影响，从而制约了它在中、低频范围内的应用。

在建立统计能量分析模型时，需满足以下基本假设：

1）在统计能量分析模型中，各子系统的耦合是线性的、保守的耦合，不存在非保守性质的耦合，这些耦合都是弹性耦合、惯性耦合或回转力耦合。

2）在给定频带内，子系统中所有共振模态之间能量等分。

3）在给定频带内，能量在各个具有共振频率的子系统间流动。

4）各子系统间满足互易原理。

5）系统所受的激励为互不相关的宽带随机激励，在统计上是独立的，因此具有模态非相干性，且可以应用能量的线性叠加原理。

6）任意两个子系统间的能量流与振动时耦合子系统间的实际能量差成正比。

统计能量分析中的子系统必须是可储存能量的子系统，而只有相似共振模态组成共振的子系统才能将能量储存起来，因此，具有相似模态的群组可被视为统计能量分析的一个子系统。一个子系统在分析带宽内的模态数是由子系统的模态密度决定的，所以，模态密度足够高是建立统计能量分析模型子系统的一条重要的原则，通常，分析带宽内的模态数需要大于5。

模态相似准则是振型要具有相同的动力学特性，即具有相同的阻尼、相同的耦合损耗因子和相同的模态能量等。除了相同的动力学特性以外，还通常根据复杂结构耦合系统的自然几何边界条件、动力学边界条件、材料介质特性等来建立统计能量分析模型的子系统，并根据实际情况、任务阶段要求和经验建立统计能量分析模型。

综上所述，在建立统计能量分析模型时需满足以下基本原则：

1）子系统的模态密度需足够高，通常分析带宽内的模态数需大于5。

2）子系统间要进行较好的耦合（包括点、线、面耦合），以保证能量可以通过耦合点、线、面在子系统间进行传递。

3）外界激励不能作为统计能量分析模型的子系统，如动力总成悬置激励、发动机舱声激励、车外风激励，以及路面对车身的激励，外界激励只能作为统计能量分析模型的外部能量输入。

4）简单板件结构子系统可以简化成平板或曲面板，近似梁结构可以简化成梁。
5）保证能量传递路径的正确性。

二、统计能量分析的基本理论

1. 二子系统统计能量分析模型

一个受到单一频率激励的单自由度稳态系统，其输入功率与耗散功率 P_d 是相等的。

$$P_d = C\dot{x}^2 = 2\zeta\omega_n m\dot{x}^2 = 2\zeta\omega_n E = \omega_n E\eta_n \quad (5\text{-}22)$$

式中，C 为黏性阻尼系数；ζ 为阻尼比；ω_n 为固有圆频率；m 是系统质量；E 是系统能量；η_n 是系统损耗因子。

对于在一定频带宽度内具有多个模态的子系统，有

$$P_d = \omega \overline{E} \eta \quad (5\text{-}23)$$

式中，ω 为频带的中心频率；$\overline{E}$ 为子系统的平均模态能量（$\overline{E} = E/n$，n 是子系统的模态密度）；η 为频带内所有模态的平均损耗因子。

在统计能量分析中，系统的能量主要指的是平均模态能量，为方便起见，以下内容中就用 E 代替 $\overline{E}$。

当两个子系统耦合到一起时，由子系统 1 传递到子系统 2 的平均净功率为

$$P_{1,2} = \omega E_1 \eta_{1,2} - \omega E_2 \eta_{2,1} \quad (5\text{-}24)$$

式中，$\eta_{1,2}$、$\eta_{2,1}$ 为子系统之间的耦合损耗因子。

对于由两个子系统组成的统计能量分析模型（图 5-23），子系统 1 由外力驱动，子系统 2 则通过耦合受到激励。根据功率平衡关系得到

$$\begin{aligned}\omega E_1 \eta_1 + \omega E_1 \eta_{1,2} - \omega E_2 \eta_{2,1} &= P_1 \\ \omega E_2 \eta_2 + \omega E_2 \eta_{2,1} - \omega E_1 \eta_{1,2} &= 0\end{aligned} \quad (5\text{-}25)$$

对于多子系统的统计能量分析模型，上式可以写成如下的矩阵形式：

$$\omega LE = P \quad (5\text{-}26)$$

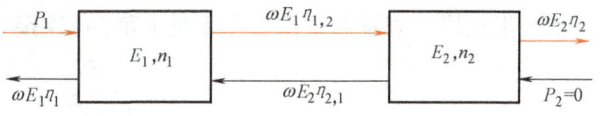

图 5-23　两个子系统统计能量分析模型

式中，L 为包含阻尼和耦合损耗因子的系数矩阵；E 为子系统的模态能量矢量；P 为输入功率矢量。由此方程可以解出各子系统的平均能量水平。

2. 统计能量分析中的主要参数及分析的一般步骤

统计能量分析中的子系统必须是可储存振动能量的子系统，而只有一些相似共振模态组成的子系统才可储存振动能量，因此一群相似模态就构成了统计能量分析中的一个子系统。例如：一根梁可以分为纵向振动子系统（即纵向振动相似模态群）、横向振动子系统和扭转振动子系统等。子系统在分析带宽 Δf 内的模态数是由其特性参数模态密度确定的。建立 SEA 模型子系统的一条重要原则是子系统的模态密度必须足够高。

统计能量分析中的模态密度（Modal Density）是描述振动系统储存能量能力大小的一个物理量，可以用下式定义：

$$n(f) = \frac{dN(f)}{df} \tag{5-27}$$

式中，f 为频率（Hz）；$N(f)$ 为模态数的频率函数。

简单系统的模态密度可以通过计算得到。首先通过系统的振动方程得到频率方程，然后找到用频率表示的共振频率数的数学表达式 $N(f)$，再根据定义式计算模态密度。但对于形状复杂的系统，计算模态密度可能相当困难，这时可以用试验方法测量。用单频激励信号在感兴趣的带宽内慢扫描被测系统，然后在响应曲线上数出共振峰的数目（共振频率个数），即可得到分析带宽内模态的数目，从而得到系统的模态密度。对于结构系统，激励通过激振器施加，拾振时使用加速度传感器；而测试声系统时，用扬声器激励系统而用传声器拾取声场的响应信号。

系统能量的损耗包含子系统内损耗因子和子系统间耦合损耗因子的作用。内部损耗是指由系统阻尼特性所决定的那部分能量损耗，内损耗因子也称作阻尼损耗因子；而耦合损耗因子描述的是子系统之间能量传输时的损耗。

内损耗因子是指子系统在单位频率（每振动一次）内单位时间损耗能量与平均模态能量之比，由式（5-23）可得到其定义式为

$$\eta = \frac{P_d}{\omega E} \tag{5-28}$$

在声学系统中用混响时间 T_R 来描述声场的阻尼特性，它与内损耗因子有如下关系：

$$T_R = \frac{2.2}{f\eta} \tag{5-29}$$

内损耗因子是由三部分组成的，即 $\eta = \eta_s + \eta_r + \eta_b$，它们分别是结构子系统本身材料内摩擦阻尼、振动声辐射阻尼和边界连接阻尼形成的损耗因子，可以分别通过计算、查表或试验得到。

耦合损耗因子表示两个耦合子系统 i 和 j 在连接处振动能量的传输损耗，即

$$\eta_{i,j} = \frac{P'_{i,j}}{\omega E_i} \tag{5-30}$$

式中，$P'_{i,j}$ 为从子系统 i 传递到子系统 j 的单向平均功率；E_i 为子系统 i 的平均模态能量。

在研究子系统间的能量流动时，连接方式决定了子系统之间的耦合作用。借助于耦合作用，直接激励子系统的能量传向被间接激励的子系统。不同子系统之间的耦合损耗因子是不同的，可以通过计算或试验得到。

在统计能量分析中，假设子系统之间是弱耦合连接的，即耦合损耗因子在数值上明显小于每个子系统的内损耗因子。当子系统之间是强耦合连接时其动力学特性将改变，计算结果很不准确。

输入功率是统计能量分析中来自外界的激励，对于不同的工程实际问题有着不同的计算方法。通常在规定的频率带宽上进行试验测量或分析计算得到输入功率。一般需要知道激励源的激励水平及其在空间和时间域上的分布、激励源系统的输出阻抗、接受系统的输入阻抗等。

确定了系统模型和参数以及系统激励之后，就可以利用各子系统之间的功率流动平

衡方程来求解各子系统的能量响应。振动能量最终通过位移、速度、加速度、压力、应力、应变等物理量以功率谱密度或响应级的形式表现出来。

由于子系统的能量响应是统计能量的概念，并不是子系统实际能量的准确值，因此要计算响应的标准差等统计量，以估计响应结果的真实性。

综上所述，应用统计能量分析解决工程动力学问题时，可分为以下三个步骤：①分析实际系统的结构，划分子系统并建立 SEA 模型；②确定各子系统以及它们之间的统计能量分析参数并计算各子系统的振动能量；③估算各子系统的动力响应。

三、利用统计能量分析研究车内噪声

为了研究并改善某轿车的车内中高频噪声特性，根据统计能量分析模型的基本假设和建模的基本原则，采用统计能量分析方法建立轿车的统计能量分析几何模型，模型如图 5-24 所示。该模型共划分为 45 个子系统，各子系统及子系统结构性质与材料见表 5-4。从表 5-4 可以看出，在车内噪声 SEA 预测模型中主要包括平板、曲面板、锥壳、梁、夹层板及声腔，其中乘坐室声腔与行李舱声腔模型如图 5-25 所示，各子系统所用材料的物理属性见表 5-5。

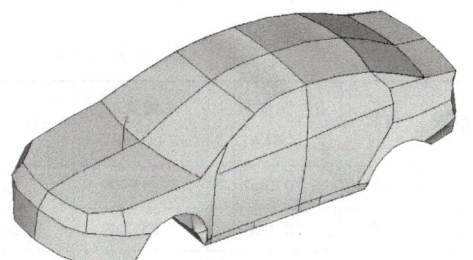

图 5-24　轿车统计能量分析几何模型

表 5-4　轿车结构、声腔子系统划分及其结构性质与材料

编号	子系统	结构性质	材料	编号	子系统	结构性质	材料
1	左前门	曲面板	钢	24	右前门	曲面板	钢
2	左后门	曲面板	钢	25	右后门	曲面板	钢
3	左前门玻璃	平板	玻璃	26	右前门玻璃	平板	玻璃
4	左后门玻璃	平板	玻璃	27	右后门玻璃	平板	玻璃
5	左前翼子板	曲面板	钢	28	右前翼子板	曲面板	钢
6	左后翼子板	曲面板	钢	29	右后翼子板	曲面板	钢
7	左前钟形座	锥壳	钢	30	右前钟形座	锥壳	钢
8	左前挡泥板	曲面板	钢	31	右前挡泥板	曲面板	钢
9	左后挡泥板	曲面板	钢	32	右后挡泥板	曲面板	钢
10	左后钟形座	锥壳	钢	33	右后钟形座	锥壳	钢
11	发动机舱盖	平板	钢	34	行李舱盖	平板	钢
12	风窗玻璃	平板	玻璃	35	后窗玻璃	平板	玻璃
13	车前地板	平板	钢	36	车后地板	平板	钢
14	前保险杠	曲面板	塑料	37	后保险杠	曲面板	塑料
15	乘坐室前声腔	声腔	空气	38	乘坐室后声腔	声腔	空气
16	左 B 柱	梁	钢	39	右 B 柱	梁	钢
17	副车架	梁	钢	40	行李舱地板	平板	钢
18	防火墙	平板	钢	41	后座隔板	平板钢	钢
19	行李舱声腔	声腔	空气	42	衣帽架板	平板	塑料
20	左 A 柱	梁	钢	43	右 A 柱	梁	钢
21	左 C 柱	梁	钢	44	右 C 柱	梁	钢
22	驾驶人座椅	夹层板	多孔材料	45	副驾驶座椅	夹层板	多孔材料
23	后排座椅	夹层板	多孔材料				

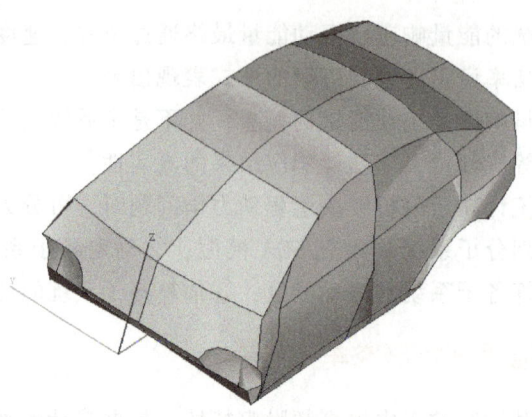

图 5-25　乘坐室与行李舱声腔模型

表 5-5　轿车 SEA 模型各子系统材料属性

编号	材料	弹性模量 /MPa	密度 /(t/mm³)	泊松比	编号	材料	弹性模量 /MPa	密度 /(t/mm³)	泊松比
1	钢	207000	7.85E-09	0.29	24	钢	207000	7.85E-09	0.29
2	钢	207000	7.85E-09	0.29	25	钢	207000	7.85E-09	0.29
3	玻璃	70000	2.40E-09	0.20	26	玻璃	70000	2.40E-09	0.20
4	玻璃	70000	2.40E-09	0.20	27	玻璃	70000	2.40E-09	0.20
5	钢	193000	7.85E-09	0.28	28	钢	193000	7.85E-09	0.28
6	钢	207000	8.01E-09	0.29	29	钢	207000	8.01E-09	0.29
7	钢	207000	8.01E-09	0.29	30	钢	207000	8.01E-09	0.29
8	钢	207000	8.01E-09	0.29	31	钢	207000	8.01E-09	0.29
9	钢	207000	8.01E-09	0.29	32	钢	207000	8.01E-09	0.29
10	钢	207000	8.01E-09	0.29	33	钢	207000	8.01E-09	0.29
11	钢	207000	7.85E-09	0.29	34	钢	207000	7.85E-09	0.29
12	玻璃	70000	2.40E-09	0.20	35	玻璃	70000	2.40E-09	0.20
13	钢	194000	7.85E-09	0.28	36	钢	194000	7.85E-09	0.28
14	塑料	540	1.24E-09	0.41	37	塑料	540	1.24E-09	0.41
15	空气	0.139298	1.21E-12	0	38	空气	0.139298	1.21E-12	0
16	钢	207000	8.01E-09	0.29	39	钢	207000	8.01E-09	0.29
17	钢	210000	7.82E-09	0.30	40	钢	207000	8.01E-09	0.29
18	钢	207000	8.01E-09	0.29	41	钢	207000	8.01E-09	0.29
19	空气	0.139298	1.21E-12	0	42	塑料	540	1.24E-09	0.41
20	钢	207000	8.01E-09	0.29	43	钢	207000	8.01E-09	0.29
21	钢	207000	8.01E-09	0.29	44	钢	207000	8.01E-09	0.29
22	钢+多孔材料	—	—	—	45	钢+多孔材料	—	—	—
23	钢+多孔材料	—	—	—					

系统模型的激励主要来自于路面不平度通过悬架传递到车身的激励、动力总成悬置激励、动力总成声辐射激励、风激励、轮胎噪声激励和排气噪声激励等。通过计算和试验获得不同工况下的统计能量分析模型输入激励。

关于子系统的模态密度、损耗因子等参数，模型中比较规则的平板、玻璃板等简单子系统是通过理论计算获得的，而挡泥板、悬架钟形座、车门等形状复杂的子系统都是通过试验测得的；声场子系统的阻尼损耗因子通过测试车内声音衰减 60dB 的时间（即混响时间）来计算。

为了使 SEA 模型更加完善、车内噪声预测结果更为准确，需要测试车内声学包装材料的吸隔声性能，并将其加入到所研究轿车的 SEA 模型中。采用 B&K4206 型声学材料测试系统对车内声学包装材料的吸隔声性能进行测试，主要有顶板内饰总成、防火墙内饰总成、乘坐室地毯总成、后座隔板、搁物架板、发动机舱盖吸隔声材料总成、行李舱地板总成等。其中，防火墙内饰总成和乘坐室地毯总成的吸声系数如图 5-26 所示，从图中可以看出，防火墙内饰总成的吸声系数随着频率的增加而起伏波动，但整体呈上升趋势，且在 6300Hz 时，吸声系数最大，最大值为 0.81，在 630Hz 和 2000Hz 分别出现两个波峰，其吸声系数分别为 0.56 和 0.75；乘坐室地毯总成的吸声系数随频率的增加先增大后减小，在 2000Hz 时吸声系数最大，最大值为 0.88，乘坐室地毯总成的吸声性能整体上优于防火墙内饰总成的吸声性能。

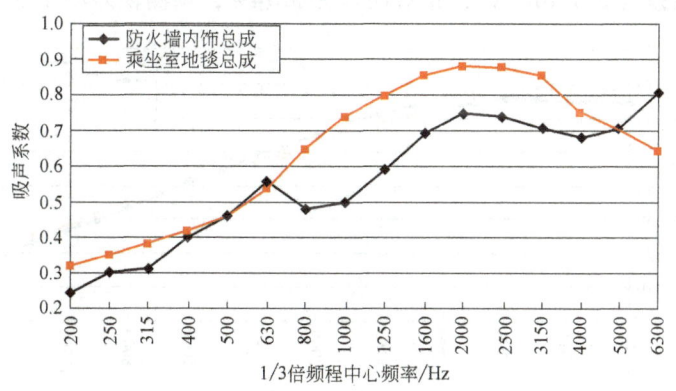

图 5-26　防火墙内饰总成和乘坐室地毯总成的吸声系数

防火墙内饰总成和乘坐室地毯总成的传递损失如图 5-27 所示，从图中可以看出，防火墙内饰总成的传递损失除 200~250Hz 外，随着频率的增加而增大，在 250~1250Hz 频率范围内，传递损失呈近似直线上升趋势，在 1250Hz 以上，传递损失增长缓慢，在 6300Hz 时传递损失达到最大，最大值为 48.5dB；乘坐室地毯总成的传递损失在 200~1250Hz 频率范围内近似呈一条水平直线，随着频率的增大，在 2000Hz 时出现一个波谷，在 2000Hz 以上，随着频率的增加，传递损失不断增大，在 6300Hz 时传递损失达到最大，最大值为 35.6dB。

根据前面的计算和测量可以得到式（5-26）中的系数矩阵 L 和输入功率向量 P，进而求解出各子系统的模态能量向量 E，并转化为工程实际应用的噪声指标。车辆速度为 120km/h 时驾驶人耳旁噪声预测结果与试验结果对比如图 5-28 所示。从图中可以看出，

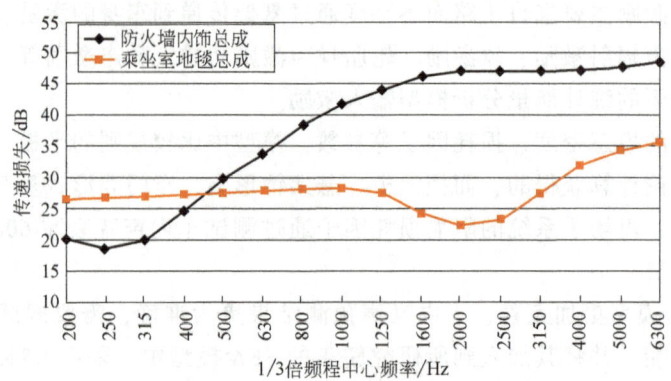

图 5-27 防火墙内饰总成和乘坐室地毯总成的传递损失

车内驾驶人耳旁噪声的 SEA 预测结果与试验结果相比，在 200~800Hz 频率范围内预测结果比试验结果大，二者在 200Hz 时相差最大，最大值为 4.35dB(A)；在 1000~3150Hz 频率范围内，预测结果比试验结果小，在 2500Hz 时，二者相差较大，最大差值为 2.96dB(A)；在 3150Hz 以上时，驾驶人耳旁噪声的预测结果比试验结果大，在 6300Hz 时相差最大，最大值为 2.88dB(A)。车内驾驶人耳旁噪声预测总声压级为 76.87dB(A)，试验测得的驾驶人耳旁噪声总声压级为 74.10dB(A)，预测结果与试验结果间的绝对误差为 2.77dB(A)，相对误差为 3.74%，预测误差小于 3.00dB(A)。

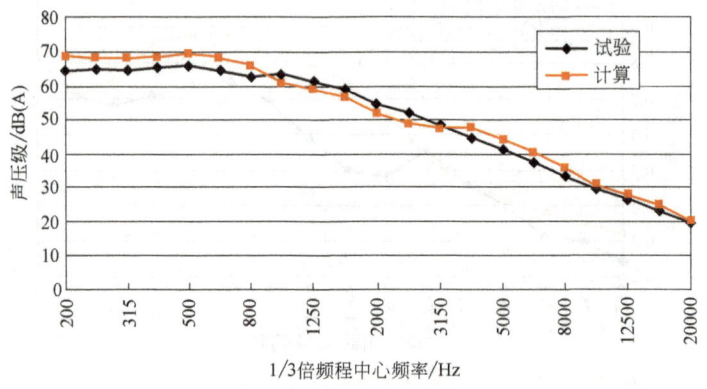

图 5-28 车速为 120km/h 时车内噪声预测结果与试验结果对比

车内噪声主要是由车身所受的各种激励引起车身板件振动向车内辐射的结构传噪声，因此，车内声腔周围的各个车身板件均会对车内噪声产生一定的影响，称为对车内噪声贡献度。

以车速为 120km/h 的行驶工况为例，计算左前门玻璃、风窗玻璃、左前门、防火墙、车前地板、顶板、后窗玻璃、衣帽架板、后座隔板、左后门，以及左后门玻璃对车内噪声的贡献度，如图 5-29（参见彩图）所示。从图 5-29 中可以看出，在整个频率范围内，各子系统对车内噪声的贡献度随着频率的增加而逐渐减小，在 2500Hz 时，减小幅度较大；防火墙、风窗玻璃、左前门玻璃、车前地板、左前门对车内噪声的贡献度较大，在 200~2500Hz 频率范围内尤为明显；衣帽架板和后座隔板对车内噪声的贡献度较小。

第五章 车身 NVH 特性研究

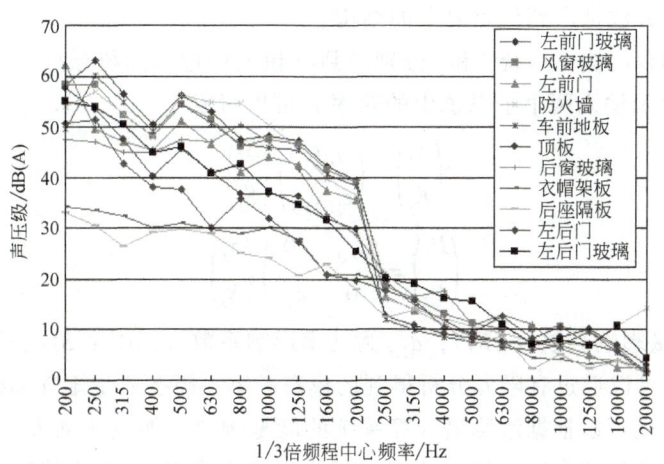

图 5-29 车速为 120km/h 时的各子系统对车内噪声贡献度

将防火墙声学包装结构、地板声学包装结构、防火墙声学包装厚度、地板声学包装厚度作为优化对象进行优化，最优组合声学包装的总质量比原声学包装质量减轻了 7.72kg。在车速为 120km/h 时，优化前与优化后的车内噪声对比如图 5-30 所示，从图中可以看出，在 200～20000Hz 频率范围内，驾驶人耳旁噪声均有不同程度的降低，在 200～3150Hz 频率范围内，驾驶人耳旁噪声降低稍小，而在 3150Hz 以上，车内噪声降低较大，且在 10000Hz 时驾驶人耳旁噪声降低最大，最大值为 3.01dB（A），驾驶人耳旁总声压级从优化前的 76.11dB（A）降低到优化后的 74.90 dB（A），共降低了 1.21 dB（A）。这说明优化后的防火墙与地板的声学包装不仅可以衰减中低频噪声，而且对高频噪声也具有较好的控制作用。

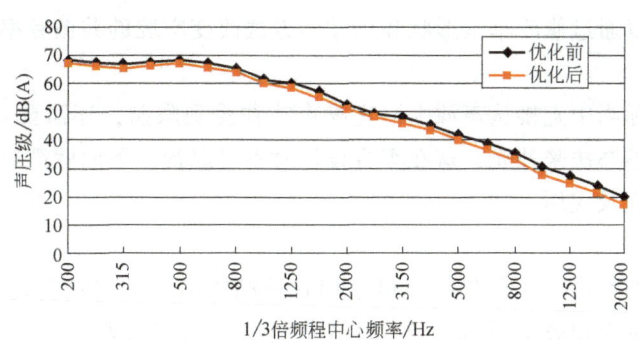

图 5-30 车速为 120km/h 时优化前后车内噪声对比

四、能量流动方法

如前所述，有限元方法和统计能量分析方法在解决振动噪声问题时都存在一些局限性。为此，一些学者尝试综合利用这两种方法进行 NVH 预测。

1982 年，学者开始将整体结构利用模态描述为一个连续的系统，研究振动能量在耦合结构中的传递。1999 年前后，提出了强耦合系统基于有限元分析的能量流动方法（Energy Flow Method，EFM）。利用有限元方法的模态分析结果提取出 EFM 的相关参数，从而使能量流动方法推广到任意复杂的结构。

假设两个耦合的线性系统 i 和 j 分别受到不相关的稳态随机激励的作用,则两个子系统的能量 E 以及输入两个子系统中的功率 P 可以写成

$$\begin{pmatrix} E_i \\ E_j \end{pmatrix} = \begin{pmatrix} c_{i,i} & c_{i,j} \\ c_{j,i} & c_{j,j} \end{pmatrix} \begin{pmatrix} S_i \\ S_j \end{pmatrix} \tag{5-31}$$

$$\begin{pmatrix} P_i \\ P_j \end{pmatrix} = \begin{pmatrix} d_{i,i} & 0 \\ 0 & d_{j,j} \end{pmatrix} \begin{pmatrix} S_i \\ S_j \end{pmatrix} \tag{5-32}$$

式中,$c_{i,j}$ 为能量影响系数(EIC);$d_{i,j}$ 为功率影响系数(PIC);S_i 为激励函数的自谱。

EIC 和 PIC 可以通过有限元分析得到的模态频率、模态质量矩阵和模态阻尼矩阵计算得到。这样,就可以根据激励谱计算系统的能量响应。能量流动方法在 MSC. Nastran 中是利用超单元分析技术实现的,计算时需要定义用于 EFM 计算的频带范围、阻尼损失因子、频率阻尼等参数。

第六节 车内的降噪措施

一、隔声与吸声

车内噪声产生的机理十分复杂,但都是由激励源、传递途径和声学响应这几个环节组成的,因此要想控制噪声,应该从减小声源、隔断噪声的传递途径和声场内消声等几个方面入手。为了减小声源,对于发声的部件采用消声器,对于振动的部件采用减振器,结构设计时要使固有频率相互错开并避开激励频率;为了抑制风噪声,有效的办法是消除泄漏气流的间隙或采取改进密封元件、增加密封压力等措施将缝隙堵塞;为了避免空腔共鸣,可以通过修改车室形状和尺寸的方法改变空腔的共振频率,以避开常见激励的频率。

然而,在实际当中直接从声源上治理噪声往往受到限制,还需要采取防振、隔振、吸声、衰减处理等办法来补充,这在车身设计时不可忽视。下面就简要介绍隔声、吸声与衰减处理的机理及应用。

1. 隔声

对于发动机的噪声和车外噪声,可采用各种结构措施并选择合理的隔声材料来隔离。隔声效果用透射损失 TL 评价,TL 的单位为 dB,其定义为

$$TL = 10\lg \frac{W_i}{W_t} \tag{5-33}$$

式中,W_i 为射到隔声壁的声能量;W_t 为透过隔声壁的声能量。

对于垂直入射的声波,单层隔壁的透射损失 TL_0 的数值可按以下近似公式计算:

$$TL_0 \approx 20\lg mf - 47.5 \tag{5-34}$$

式中,m 为单位面积隔壁的质量(面密度,kg/m^2);f 为声频率(Hz)。

这个公式称作单层壁的质量定律。可见,隔壁面密度越大,声频率越高,则隔声效果越好。

前置发动机的工作噪声对车内噪声影响最大，它主要是通过前围挡板传入车内，但由质量定律可知，面密度或声频率大 1 倍，隔声量仅增加 6dB，发动机最大转速时噪声可达 110dB 左右，如果希望 TL_0 为 40~50dB，则前围挡板的质量要相当大。

由于在汽车上质量受到限制，加之隔壁本身的振动还会增加透过声能，所以采用单层隔壁的隔声效果往往不好。在结构工艺允许时，用双层隔壁会显著提高隔声效果。

实际上，像汽车的前围挡板、地板，由于其上有许多穿线孔、安装孔等，既能引起风啸声又会大大降低透射损失，所以应尽量给予密封。图 5-31 给出了三种穿线胶套的隔声效果比较实例。

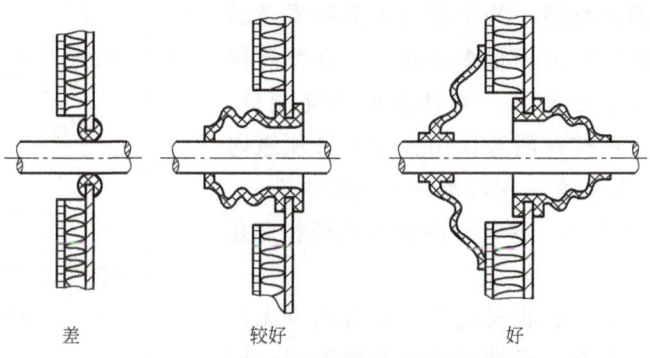

图 5-31　三种穿线胶套的隔声效果比较

如果车辆的发动机舱盖位于车厢内，最好设计成双层结构，内层表面涂阻尼材料，两层之间填充吸声隔热材料，四周密封性要好。

由质量定律可知，大多数隔声结构对高频噪声的隔声效果较好，而对低频噪声较差。图 5-32 是某货车的发动机噪声与由其引起的驾驶室内噪声的比较，可见，要进一步降低车内噪声，应研究提高隔壁在 250Hz 以下的透射损失。

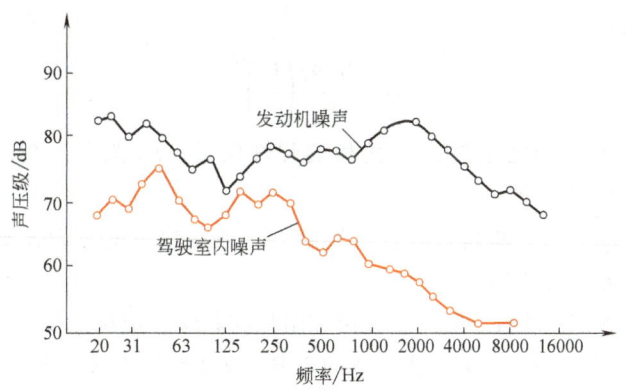

图 5-32　某货车发动机噪声与由其引起的驾驶室内噪声的比较

2. 吸声

对传入车内的噪声，常辅以吸声处理，即利用吸声材料作为内饰，吸收入射到其上的声能，减弱反射的声能，从而降低车内噪声。吸声效果可用吸声系数 α 表示，即

$$\alpha = \frac{E_a}{E_i} = 1 - \frac{E_r}{E_i} \tag{5-35}$$

式中，E_i、E_a、E_r 分别为吸声材料接受入射的声能、吸收的声能和反射的声能。

在汽车上使用的吸声材料有如下几类：

(1) 多孔性吸声材料 其机理是当声波进入材料表面的空隙，引起空隙中空气和材料微小纤维的振动，由于内摩擦和黏滞阻力，使相当一部分声能转化为热能。汽车上常用的这类吸声材料有玻璃棉、毛毯、聚氨酯泡沫塑料等，它们的吸声系数如图 5-33 所示，α 随频率增加而增加，故常用于中、高频吸声。

(2) 开孔壁吸声材料 为了提高中低频噪声的吸声系数，往往在材料上开很多小孔，小孔背后保存有一定的空气层，使其能产生共振而消耗能量。它往往与多孔性吸声材料混合使用，如车身顶篷内饰面是开孔的，背后贴有一层薄泡沫塑料的人造革，吸声系数如图 5-33 所示。其吸声性能与孔径和穿孔率有关。

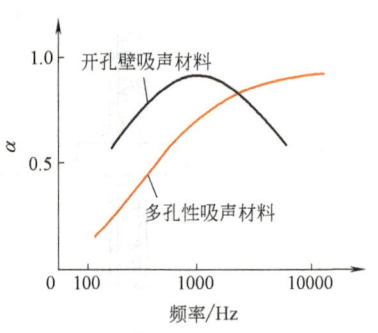

图 5-33 吸声系数

吸声处理主要用于吸收反射声，对直达声无明显效果，故在车身上有利于抑制车内共鸣噪声。同时，吸声处理往往与隔声、防振（阻尼）处理等措施一起采用。

3. 衰减处理

在一些容易引起振动的钣金件上，如地板、顶盖、前围挡板等，应涂以防振阻尼材料来减少噪声辐射，即衰减处理。阻尼材料是一种内损耗大的材料，如沥青基物质和其他高分子涂料（橡胶、树脂等）。进行衰减处理后，板和阻尼材料的综合损耗系数 η_1 可由下式近似求出：

$$\eta_1 \propto \frac{\eta_2 E_2}{E_1} \left(\frac{t_2}{t_1}\right)^2 \tag{5-36}$$

式中，η_2 为阻尼材料的损耗系数；E_1 为板的弹性模量；E_2 为阻尼材料的弹性模量；t_1 为板厚；t_2 为阻尼材料厚度。

由上式可知，t_2/t_1 对衰减特性有很大影响，一般涂料厚度应为金属板料厚度的 2~3 倍，而且必须粘贴紧密才有效。

图 5-34 是车身各部位防振、隔声、吸声和阻尼材料综合应用的实例。在设计车身内饰时，既要考虑艺术造型及安全性对室内软化的要求，又要满足控制振动和噪声的要求。

二、车内噪声的主动控制

噪声的主动控制（Active Noise Control，ANC）也称为有源消声，是根据两个声波相消性干涉或声辐射抑制的原理，通过抵消声源（次级声源）产生与被抵消声源（初级声源）的声波大小相等、相位相反的声波辐射，相互抵消，从而达到降低噪声的目的。其理论基础是声波的杨氏干涉理论。与传统的降噪技术相比，有源消声技术具有控

第五章 车身 NVH 特性研究

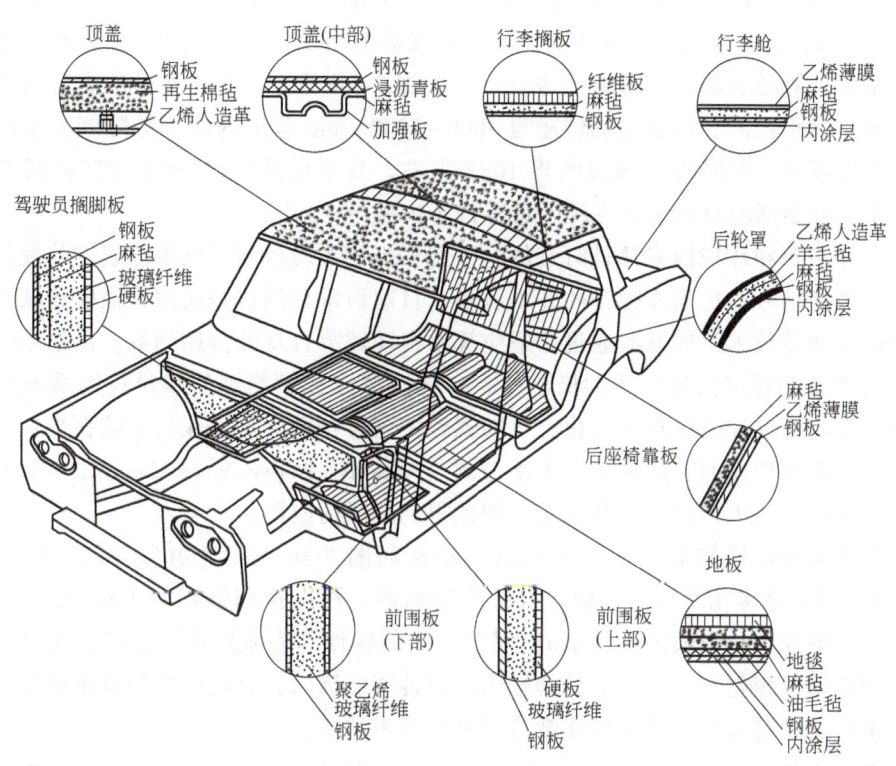

图 5-34 车身各部位防振、隔声、吸声和阻尼材料的综合应用实例

制低频噪声效果好，控制系统体积小、重量轻，噪声控制更具有针对性，对汽车结构及工作特性的影响小等优点。

有源消声的概念是由德国人 Pual Lueg 提出的，1934 年申请专利，1936 年撰文阐明其基本原理，如图 5-35 所示。通过在管道上游采用前置传声器拾取噪声信号，经电信号处理后，馈送给管道下游的次级声源（扬声器），调整次级声源的输出，使其与上游原噪声信号的幅值相等、相位相反，从而达到噪声抵消的目的。但由于没有考虑声反馈等制约因素，直接按照其设想设计出来的系统无法正常工作。但作为最早的前馈有源消声系统，其方法为有源消声技术的发展奠定了理论基础。

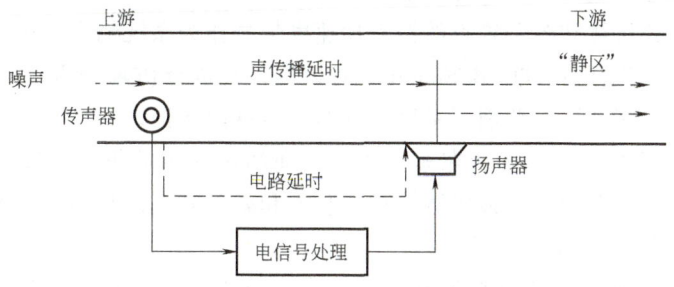

图 5-35 Pual Lueg 的前馈有源消声系统原理图

1953 年，美国 RCA 公司的 Harry olson 等人研究了在室内、管道内、耳机内等不同

情况下进行噪声主动抵消的可行性,还提出了与 Pual Lueg 控制思想完全不同的反馈控制结构。20 世纪 80 年代初,由于高速信号处理器的出现,人们开始尝试采用自适应滤波方法来发展管道有源消声系统。1987 年,英国 Lotus 汽车公司将自适应有源消声技术应用于轿车噪声控制。在发动机转速为 3000~5000r/min 范围内明显地降低了车内低频发动机谐振噪声,可降低车内轰鸣声 10dB 左右。日本尼桑公司 1991 年在其新型 Blue Bird 轿车上开始试验有源消声系统,可降低车内噪声 5.6dB。

由于噪声源和环境因素都是时变的,因此要想使主动控制系统跟踪它们的变化,实时调节次级声信号以达到降噪目的并不容易。目前最常见的就是使用自适应滤波技术。

自适应滤波技术是滤波器通过自适应算法自动调节自身的传递函数,以使系统的目标函数(即残余噪声信号)达到极小值。自适应滤波技术能够使噪声控制系统连续不断地跟踪噪声源及环境参数的变化,自动调整控制器参数,从而保持系统在最佳工作状态下工作,由此构成的自适应噪声主动控制(Adaptive Active Noise Control,AANC)系统能够自动调节次级声源至最新状态,因此得到广泛的应用。

单次级声源前馈控制有源消声系统的结构如图 5-36 所示。由参考信号拾取装置(传声器)测得参考信号 $x(t)$ 输入自适应控制器,再由控制器对参考信号进行滤波、移相、放大等处理,使输出信号 $y(t)$ 满足一定的特性后去激励次级声源。次级声源的输出与初级信号相叠加,消声后的信号由误差传声器读入,自适应控制器根据反馈的误差信号来修正控制参数,使系统逐渐达到最佳消声状态。

有源消声应用于工程实际的核心技术是自适应控制算法和控制器硬件系统。AANC 系统最常用的控制算法有自适应控制算法和神经网络算法等。硬件系统主要分为基于模拟电路的简易 ANC 系统、基于微机的通用 ANC 系统和基于微处理器的 ANC 应用系统三种。随着微电子技术的发展,数字信号处理器(Digital Signal Prosecser,DSP)等微处理芯片在计算速度、存储容量、接口控制等方面的功能越来越强,配合以性能优良、计算量小的滤波器控制算法,使之成为 AANC 系统实用化的主要发展方向。

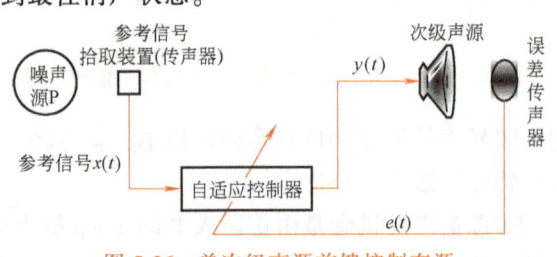

图 5-36　单次级声源前馈控制有源消声系统结构示意图

利用发动机的机体和各悬置点的振动加速度信号作为系统输入,用动态神经网络实时预测车内噪声。利用 MATLAB/Simulink 对控制系统进行仿真分析,并采用以 DSP 为核心运算器的车内多通道有源消声系统控制器进行试验验证。

图 5-37 所示为驾驶人两耳所在车内横向截面消声区域的等声压线。结果显示,通过合理地布放次级声源和误差传感器,在驾驶人和副驾驶人两耳活动的范围内得到了较好的消声效果,可达 14dB。

图 5-38 所示为车内主要消声区域(误差传声器的布放位置处)在进行主动消声前后声压信号的时域、频域曲线。可见,主动消声系统可以明显降低车内噪声,对发动机谐振产生的车内峰值噪声具有明显的抵消作用,总消声量可达 16.4dB。

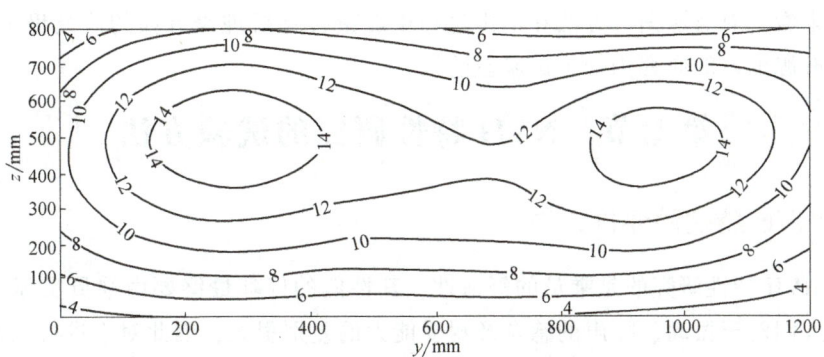

图 5-37　车内横向截面消声区域的等声压线

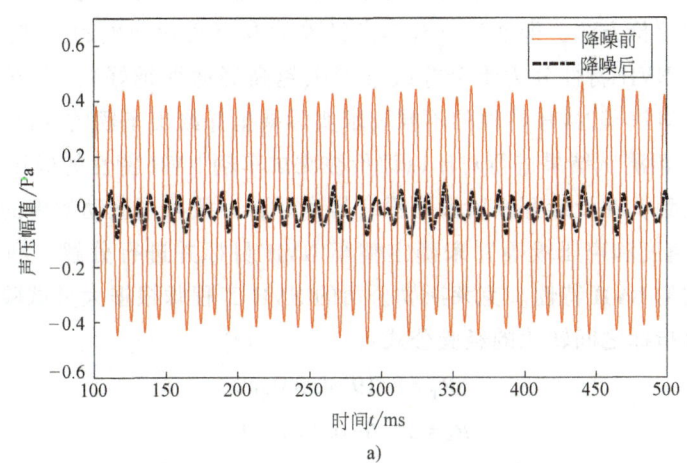

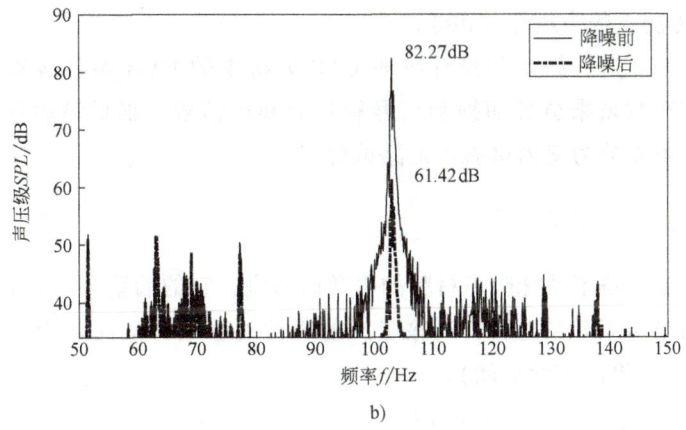

图 5-38　主动降噪前后的时域、频域曲线（发动机转速 3100r/min）
a）时域曲线　b）频域曲线

在进行噪声主动控制的过程中，传声器测得的信号不是单纯初级声源的信号，而是初、次级声源信号的混叠，从而影响了自适应主动控制系统的稳定性。另外，目前空间有源消声的试验研究主要是针对单频或窄带噪声信号，当初级声源是非线性、时变和宽带信号时，其算法不能保证消声系统的稳定性和消声量。

总的来看，对有源消声方法在消声过程中能量转化机理等方面的研究仍不够深入，三维空间有源消声的研究仍处于试验室阶段。

第七节　NVH 特性研究的试验方法

一、NVH 特性的评价方法

汽车 NVH 特性研究的是乘员的舒适性，其性能的好坏最终要由乘员实际乘坐来评价。由于人们对于振动、噪声的感觉及耐受能力的差别很大，因此对它进行主观评价具有很大的难度。为此，各国专家学者通过大量的实际调查和研究提出许多参数和指标用于评价声质量（Sound Quality），如响度、尖锐度、粗糙度、抖动度等。但许多公司仍然坚持采用主观评价方法，即通过具有丰富经验的专家实际乘坐的方式进行综合评价。一般是将汽车的 NVH 特性分为十个等级（等级越高舒适性越好），专家们针对不同的车型及消费群体对汽车 NVH 特性的不同要求实际乘坐并给出车辆的 NVH 特性评分，通过与"对标"车辆测试结果进行对比以评价被测试车辆 NVH 特性的好坏。

前面已经提到，在设计开发阶段还没有样车时，一般采用振动噪声的客观评价指标（振动速度、加速度和声压级等）来确定整车 NVH 目标并进行分解，利用这些指标的仿真结果评价它的 NVH 特性。克莱斯勒公司的 NVH 工程师根据大量试验，提出一种用于主、客观评价指标之间转化的经验公式：

$$R_T = 8.19 - 4.34 \lg v$$
$$R_S = 13.6 - 0.175 SPL \tag{5-37}$$

式中，R_T 为触觉方面的主观等级；R_S 为听觉方面的主观等级；v 为测点的运动速度（mm/s）；SPL 为测点的声压级（dB）。

样车生产出来之后，为了与设计阶段 CAE 分析中的 NVH 特性客观评价指标相对比，通常要用实车测量乘员界面振动信号和耳旁噪声信号。根据试验环境不同，NVH 特性研究的试验可以分为室内试验和道路试验。

二、消声室内的噪声试验

消声室是墙壁装备了特殊吸声材料的声学试验室。它的墙壁可以有效地吸收各种频率的声波，平均吸声系数接近 1，消除了反射声波的影响，从而成为近似的自由声场（可以认为是没有边界的声学空间）。

1. 车身声学和触觉传递函数的测量

乘员的 NVH 感觉来自于通过结构和空气传递的各种力或压力的总和。每一个触觉和声学传递函数都影响着有多少输入力可以传递到乘员。因此，传递函数的测量对于研究车身系统振动噪声的传递特性及连接点本身的动力学特性具有十分重要的意义。

传递函数 $H(\omega)$ 是指安装在车内特定位置上的加速度传感器（触觉）和传声器（声学）测得响应的频率函数 $X(\omega)$ 与作用在车身连接点上的激励力的频率函数 $F(\omega)$ 之比，即

$$H(\omega) = \frac{X(\omega)}{F(\omega)} \tag{5-38}$$

试验中采用的车身是指整车除去动力总成、悬架和排气系统之外,剩下的所有车身内外结构及部件。试验时将车身安装在固定平台上的空气软弹簧上,以使车身处于自由状态。

利用冲击锤激励车身的连接点。这些点包括动力总成悬置元件连接点,前、后悬架的弹簧座和减振器支架连接点,副车架连接点,以及排气系统的悬置元件连接点。这些点非常重要,它们的动态特性测试结果还要与 CAE 中的仿真结果进行相关性分析。

测量车身系统的响应信号包括驾驶人座椅的内、外导轨和转向盘处的加速度信号以及驾驶人和乘客耳旁的声压信号。试验时激励和响应信号的测量布置方案如图 5-39 所示。

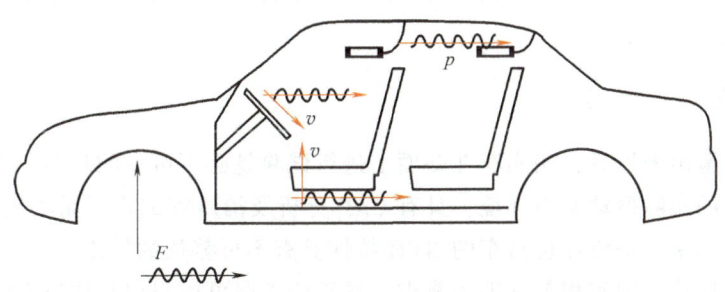

图 5-39 试验时激励和响应信号的测量布置方案
F—激励力信号　v—振动速度或加速度响应信号　p—声压响应信号

试验的频率范围根据具体情况而定,一般为 10~600Hz。10~100Hz 的低频范围用于测量振动(触觉)传递函数以及车身连接点的机械导纳;而 50~600Hz 的高频范围主要用于获得声学传递函数。通常用软橡胶锤施加低频激励,而高频激励采用塑料-尼龙锤。试验的平均次数一般为 10 次。在数据的采集和处理过程中,对冲击激励采用均匀窗,对于响应通道采用指数窗以降低干扰噪声并强制响应信号在时间窗的末端衰减至零。

2. 车室空腔声学模态的测量

声学模态是车内声场重要的声学特性,在 NVH 设计过程中起着重要的作用。声学模态的测量主要用于验证 CAE 的仿真结果,进而为声学设计提供准确可靠的试验依据。

声学模态试验通过测量声学激励信号和响应信号之间的传递函数来确定车内空腔的模态参数,一般采用单点输入多点输出的方法,其测量系统布置如图 5-40 所示。

信号发生器产生低频白噪声信号,通过功率放大器激励扬声器产生声信号。试验时声源不要布置在声压的波节位置并应尽量接近实际激励源。利用布置在扬声器上的传声器信号作为该系统的输入信号。用精密声级计测量车内空腔不同测点处的声压响应信号。用标准 FFT 分析仪计算激励和响应的自谱和互谱,进而计算凝聚函数和传递函数,最后利用模态分析软件确定空腔的声学模态参数,图 5-41(参见彩图)表示了试验测得的 47.37Hz 的声学模态阵型。

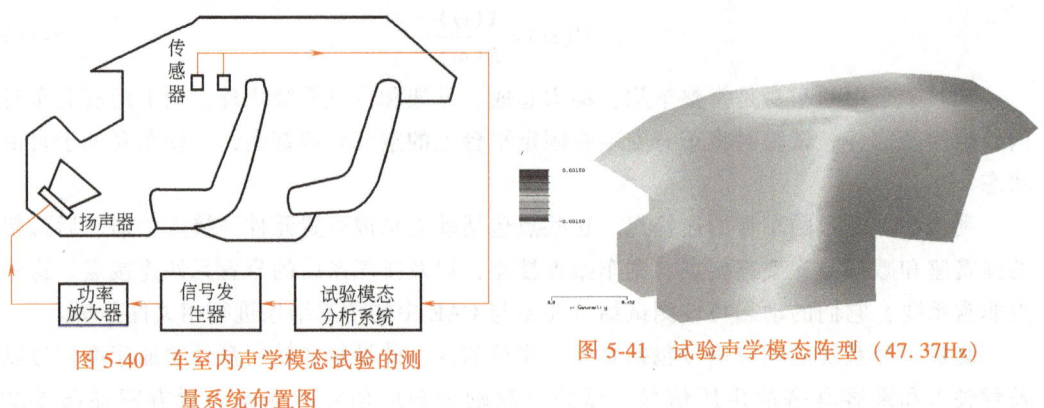

图 5-40　车室内声学模态试验的测量系统布置图　　图 5-41　试验声学模态阵型（47.37Hz）

此外，还可以利用声强测试技术对车身内表面进行声强扫描，以掌握车室表面声能量的流动状况。

三、道路噪声试验

在样车制造出来以后，用实车在路面上进行试验是必不可少的环节。它可以提供不同工况下车内的实际振动噪声环境，具有 CAE 分析及消声室试验所无法比拟的真实性，对于验证仿真结果、最终评价整车的 NVH 特性具有不可替代的作用。

实车试验应符合国家相关标准的要求。试验的工况可以根据具体研究内容而定，包括不同车速下的匀速行驶工况、规定档位下的加速行驶工况、怠速工况，以及不同制动强度下的制动工况等。激励信号可以来自于发动机悬置连接点、副车架连接点，也可以是悬架与车身的连接点或车桥轴头处的激励，还可以是制动器元件产生的振动和噪声。测量的响应信号主要包括车内关键位置（驾驶人耳旁、乘客耳旁等）的声压信号及乘员界面上（座椅及其靠背、地板、转向盘等）的振动加速度信号。一方面可以用车内的总体响应水平评价整车的 NVH 特性，另一方面也可以通过测量不同激励与响应之间的传递关系校对试验室中的测量结果，为以后的改进设计和新车的研发提供必要的试验依据。

第六章 车身结构抗撞性

第一节 概　述

随着汽车保有量的增加，交通事故逐年上升，已成为全球范围内的一大问题。在世界汽车工业不断发展壮大的今天，尤其是随着高速公路的不断增多，人们已经认识到由于驾驶人本身、道路环境、气候和汽车技术状态等因素的作用，交通事故不可能完全避免，因此，如何最大限度地保证碰撞时乘员的安全与减少事故造成的损失，具有重要的现实意义。现在，安全已经和节能、环保一起成为当今汽车发展的三大主题。

汽车安全性分为主动安全性和被动安全性。其中，汽车主动安全性是指汽车所具有的减少交通事故发生概率的能力，所研究的内容包括汽车的操纵稳定性能、制动性能、灯光系统和驾驶人视野性能等；汽车被动安全性是指汽车所具有的在交通事故发生时保护乘员免受伤害的能力，所研究的内容包括车身结构抗撞性、约束系统性能和转向系统的防伤性能等。汽车主动安全性和汽车被动安全性是汽车安全性的两个主要方面，对于提高汽车安全性都具有重要意义。

"抗撞性（Crashworthiness）"这个词首先出现于 20 世纪 50 年代早期的美国航空工业，它提供了一种对某一结构和其任何零件在碰撞中保护乘员能力的描述。同样，在汽车工业中，抗撞性用于描述汽车结构在碰撞过程中保护乘员、降低乘员伤害和主要结构、总成损害的能力，而这种保护能力主要是车身结构提供的，因此，车身结构抗撞性是汽车车身结构性能的主要内容之一。

本章以"应将车身结构的抗撞性设计成什么样、怎样实现这种设计以及相关的分析和试验方法"为主导，主要介绍被动安全性法规与新车评估程序、车身结构抗撞性设计要求、车身结构抗撞性分析方法和模拟技术、抗撞性设计的基本原理和主要内容；碰撞模拟的基本理论；抗撞性试验等。

一、汽车碰撞的形式

汽车碰撞通常分为正面碰撞、侧面碰撞、后面碰撞，还有滚翻和撞行人的情况等。在交通事故中，发生不同形式碰撞的比例和人员死亡率是不同的。从图 6-1 和图 6-2 中可见，正面碰撞事故占总数的 67%，但由于设计上对此已采取了很多成功的措施，所以人员死亡数只占碰撞事故死亡总人数的 31%。侧面碰撞事故占总数的 28%，但由于侧撞中对乘员的保护更困难，因此人员死亡率较高（占事故死亡总人数的34%）。有时事故发生后汽车会滚翻，虽然发生这种情况的概率较低，但死亡率很高（占事故死亡总人数的33%），其中多数是由于乘员被甩出乘员舱造成的，在死亡的乘员中只有13%系上了安全带。后面碰撞事故发生的比例也很小，而且通常是低速碰撞，死亡比例也很低，颈部的鞭梢性伤害是经常出现的伤害形式。

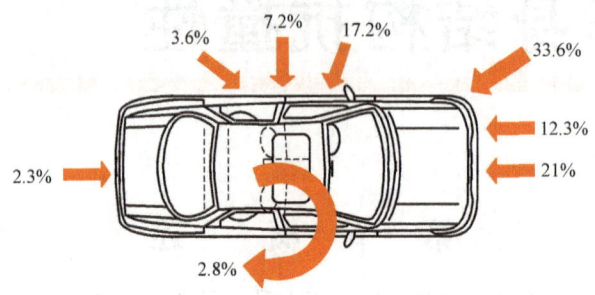

图 6-1 不同碰撞形式发生的比例

除乘员以外，行人在交通事故中也常受到伤害。过去，汽车被动安全研究中的乘员保护一直是核心内容，而行人安全技术却发展较慢。现在，这个问题已经引起了普遍的重视。

二、汽车被动安全法规与新车评价规程

目前，关于汽车被动安全性要求的公开规范主要有法规和民间性质的评价规程，它们规定了对汽车被动安全性的

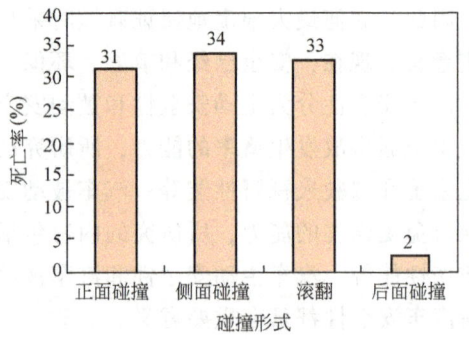

图 6-2 不同碰撞形式的人员死亡率

要求和规范化的试验方法，也为车身抗撞性设计指明了目标。本节将讲述这些法规体系，相应的试验方法将在本章后面加以简单介绍。

（一）被动安全法规

由于汽车交通事故会带来严重的人身和经济损失，从20世纪50年代起，许多国家相继开始制定汽车安全法规，实施汽车产品安全认证制度。所谓汽车产品认证制度，是国家对汽车产品管理的一种方式，产品只有通过认证才能在市场上销售。在此条件下，汽车安全法规已经成为推动汽车工业技术进步和不断提高汽车安全性的主要动力之一。

世界汽车安全法规中比较有代表性的是美国联邦机动车安全法规（Federal Motor Vehicle Safety Standards，FMVSS）和欧洲法规（联合国欧洲经济委员会 Economic Commission for Europe，ECE 和欧洲经济共同体 European Economic Community，EEC）体系，其他如日本、加拿大、澳大利亚等国家的法规基本上是参照欧美法规制定的。我国汽车安全法规的制定工作也正在发展中，陆续出台了许多强制性的汽车安全法规。

第六章　车身结构抗撞性

1. 美国汽车被动安全法规

美国汽车安全法规，即美国联邦机动车安全法规（FMVSS），是在美国《国家交通及机动车安全法》的授权下，由美国运输部下属的国家公路交通安全管理局（National Highway Traffic Safety Administration，NHTSA）制定的，它们都被收录在"联邦法规集"（Code of Federal Regulation，CFR）第49篇第571部分。从1968年1月10日实行以来，经过不断的修改，各条款的要求越来越严格。

美国汽车安全法规将汽车的安全问题分为三大部分，第一部分是主动安全法规，在FMVSS的100系列编号内；第二部分是被动安全法规，在FMVSS的200系列编号内，见表6-1；第三部分是发生撞车后防止火灾事故的法规，在FMVSS的300系列编号内。

表6-1　美国FMVSS汽车被动安全法规

编号	内容	编号	内容
201	车内碰撞乘员保护	213	儿童约束系统
202	头部约束	214	侧面碰撞保护
203	减轻转向机构对驾驶人伤害的碰撞保护	215	车外装置保护
204	转向机构后移量	216	车顶抗压强度
205	窗玻璃材料	217	大客车紧急出口和车窗的固定与开启
206	门锁及车门保持件	218	摩托车头盔
207	座椅系统	219	风窗玻璃区域的侵入
208	乘员碰撞保护	220	校车滚翻保护
209	安全带总成	221	校车车身连接点强度
210	安全带固定点	222	校车乘员座椅和碰撞保护
211	车轮螺母、轮辐及轮毂盖	223	后面碰撞保护装置
212	风窗玻璃安装	224	后面碰撞保护

2. 欧洲汽车被动安全法规

欧洲各国除了有自己的汽车法规外，主要有两个地区性的汽车法规，一是ECE制定的汽车法规，二是EEC制定的指令（Directive）。ECE法规由各国任意自选，是非强制性的；而EEC指令则作为成员国的统一法规，是强制性的；但ECE法规也已被大多数国家所接受，并引入本国。由于两大组织机构彼此间有着极为密切的关系，从EEC指令的法规内容看，与ECE法规大多数项目基本相同，其他许多项目也具有很大程度的相似性。

ECE法规自1958年制定以来，经不断的修改、补充，至今已颁布实施100多项法规。表6-2是ECE的汽车被动安全法规。

3. 我国的汽车被动安全强制性标准

我国汽车强制性标准体系主要参考欧洲ECE/EEC法规体系，在具体内容上紧跟欧、美、日三大汽车法规体系的协调成果。因此，我国强制性标准从技术要求的角度看，其内容与国际上先进的法规体系基本相同。1993年第一批强制性标准发布，有关汽车安全方面的标准包括主动安全、被动安全和一般安全。已颁布的被动安全标准见表6-3。

表 6-2　ECE 汽车被动安全法规

编号	内容	编号	内容
R11	车门锁及铰链	R44	儿童乘员约束装置
R12	防止转向机构对驾驶人的伤害	R58	后下部防护装置及安装
R14	安全带固定点	R61	驾驶室后挡板前向外部凸出物
R16	安全带和约束系统	R66	大客车车顶结构强度
R17	座椅、座椅固定点和头枕	R73	货车、挂车及半挂车侧面碰撞
R21	内饰件	R80	大客车座椅及固定点
R25	头枕	R93	前下部防护装置
R26	外部凸出物	R94	正面碰撞乘员保护
R29	商用车驾驶室安全	R95	侧面碰撞乘员保护
R32	后面碰撞车辆结构特性	R126	乘客隔离保护系统
R33	正面碰撞车辆结构特性	R127	行人安全
R34	火灾防止	R129	增强型儿童约束系统
R42	前、后端碰撞保护装置	R135	车辆侧面柱碰撞性能

表 6-3　我国强制性汽车被动安全性标准

标准编号	标准名称	标准编号	标准名称
GB 11550	汽车座椅头枕性能要求与试验方法	GB 15086	汽车门锁及车门保持件的性能要求和试验方法
GB 11566	轿车外部凸出物	GB 11552	乘用车内部凸出物
GB 14166	机动车乘员用安全带、约束系统、儿童约束系统 ISOFIX 儿童约束系统	GB 14167	汽车安全带安装固定点、ISOFIX 固定点系统及上拉带固定点
GB 9656	汽车安全玻璃	GB 15083	汽车座椅、座椅固定装置及头枕强度要求和试验方法
GB 11567	汽车及挂车侧面及后下部防护装置要求	GB 11557	防止汽车转向机构对驾驶人伤害的规定
GB 17354	汽车前、后端保护装置	GB 20182	商用车驾驶室外部凸出物
GB 11551	乘用车正面碰撞的乘员保护	GB 20071	汽车侧面碰撞的乘员保护
GB 20072	乘用车后碰撞燃油系统安全要求	GB 27887	机动车儿童乘员约束系统
GB 24406	专用校车学生座椅系统及其车辆固定件强度	GB 13057	客车座椅及其车辆固定件强度
		GB 26134	乘用车顶部抗压强度
GB 17578	客车上部结构强度要求	GB 26511	商用车前下部防护装置
GB 7063	汽车护轮板	GB 18296	汽车燃油箱　安全性能要求和试验方法
GB 26512	商用车驾驶室乘员保护	GB 11568	汽车罩(盖)锁系统

我国汽车技术法规体系 CMVDR 是参照 ECE 法规体系建立的，1999 年 10 月 28 日，原国家机械工业局颁布了我国第一项汽车技术法规 CMVDR294《关于正面碰撞乘员保护的设计规则》，到目前为止已经颁布了 40 项 CMVDR。

(二) 新车评估规程

新车评估规程（New Car Assessment Program，NCAP）1978 年首先在美国开始实施，主要目的是准确和全面地为消费者提供汽车安全性能的信息，以帮助他们做出购车决定。NCAP 的最终目标是通过市场激励机制而不是通过强制性法规，促使汽车生产商自主地开发出能在碰撞中更好保护乘员的汽车。与强制性安全法规相比，NCAP 有以下几个特点：

1) 执行机构的中立性质。它是由行业性组织操作，定期对企业无偿提供或者市场上出现的新车进行碰撞试验。尽管它不是政府的强制性标准，但因为其更严格的要求和权威、公正、公开的测评程序而得到了消费者广泛承认，并由此得到各个汽车厂家的重视，将其视为汽车开发的重要评价依据。

2) 试验内容更严格和全面。它规定的实车碰撞速度往往比安全法规中规定的高。

3) 对试验结果的评定更加细化，并向社会公开评定结果。它把试验结果由简单的"合格"和"不合格"变成量化后的具体分数，并根据分数给出某种碰撞形式中乘员保护的星级评价或针对多种碰撞形式的总体星级评价。

现在，实施 NCAP 的主要有美国、欧洲、日本、澳大利亚等国家和地区。美国新车评价规程（US-NCAP）从 1978 年开始，由美国国家公路交通安全管理局负责进行。目前，所进行的试验包括与刚性固定壁障的正面碰撞试验、移动可变形壁障与静止试验车的侧面碰撞试验和汽车抗滚翻（Rollover Resistance）试验。欧洲新车评价规程（Euro-NCAP）从 1997 年开始，所进行的试验包括与可变形固定壁障 40%重叠率的正面碰撞试验、移动可变形壁障与静止试验车的侧面碰撞试验、横向移动试验车侧面撞击刚性柱形障碍物试验和撞行人试验。关于这些内容的详细情况，读者可查阅相关文献。

2006 年，中国汽车技术研究中心（Chinese Automotive Technique And Research Center，CATARC）推出了我国的新车评估规程（C-NCAP），建立了我国汽车行业结构碰撞安全的验证依据和手段。

第二节　车身抗撞性要求和设计

一、汽车碰撞时的乘员伤害

(一) 乘员伤害的原因

如前所述，汽车碰撞包括正面碰撞、侧面碰撞和后面碰撞等，有时还会发生汽车滚翻。在各种汽车碰撞事故中，造成乘员伤害的原因主要可以归结为：①生存空间丧失；②二次碰撞；③碰撞后不能快速逃逸或被救援；④碰撞火灾。以下分别简要说明。

1. 生存空间丧失

汽车碰撞事故中，由于乘员舱外部结构的侵入或乘员舱的变形，会导致乘员生存空间的丧失，使乘员受到挤压或撞击。比较典型的情况有，在正面碰撞中，转向盘将乘员挤在座椅靠背上；在侧面碰撞中，受撞击后侵入乘员舱的侧门直接撞击乘员；滚翻事故中，车顶结构严重挤压变形使乘员头部受到挤压等。另外，在正面碰撞和滚翻事故中，如果有车门打开，乘员的生存空间也被破坏了，也会成为导致乘员伤害的原因。

2. 二次碰撞

碰撞中，在乘员生存空间未丧失的情况下，乘员与汽车内部结构（包括安全带和安全气囊）的碰撞或被抛出车外后与外面的地面或物体碰撞，被称为二次碰撞，这也是造成乘员伤害的主要原因。在车身设计中，主要通过座椅和安全带对乘员的约束来避免或减轻二次碰撞对乘员的伤害。通过内部吸能装置，如吸能式转向柱、吸能式仪表板和内饰、安全气囊等，也可以起到减轻二次碰撞对乘员伤害的作用。

由于本章主要介绍轿车白车身抗撞性设计，因此，不涉及关于减轻二次碰撞乘员伤害的相关设计内容，如乘员约束系统、仪表板与内饰及吸能式转向柱等。

3. 碰撞后不能快速逃逸或被救援

汽车发生碰撞事故后，如果乘员不能及时逃逸或获救，也会使伤害加重。例如，碰撞后，如果乘员有失血发生，且不能及时逃逸或被救，就可能由于失血过多而导致死亡。碰撞后不能快速逃逸或被救援的主要结构原因可以归结为两类，一类是乘员的逃逸空间丧失，如驾驶人被挤住或被安全带卡住；另一类是碰撞后乘员逃逸或被救援时车门难以打开。

4. 碰撞火灾

如果碰撞后燃油系统发生泄漏，就可能导致火灾，这也会造成对乘员的伤害。

因此，车身抗撞性是指车身结构在碰撞过程中保证乘员免受伤害和碰撞之后安全逃逸的能力。这也正是对车身抗撞性的设计要求。

（二）乘员伤害机理

进行车身抗撞性设计的最终目的是保护汽车碰撞事故中人员的安全，其中很重要的内容是保护乘员的安全。了解汽车碰撞事故中乘员伤害的机理，有助于将各种碰撞形式下对乘员保护的要求转化为对车身结构碰撞响应特性的要求，从而有的放矢地进行车身抗撞性的设计。

汽车碰撞事故中乘员伤害机理涉及很多医学和生理学的知识。以下只就人体各部位的伤害机理和原因分别做简单介绍。

1. 头部伤害

汽车碰撞事故中的头部伤害，除头部被压碎那样的极端情况外，一般都是由冲击产生颅骨与脑的相对运动而引起的；轻者会引起脑震荡，严重的会导致脑挫伤及大量动脉血进入脑内，使该部位机能产生障碍。一般把脑组织具有肉眼可见及病理组织变化的脑伤害称为脑挫伤，缺乏形态改变的称为脑震荡。

大脑是浮在颅骨内淋巴液（脑脊髓液）中的豆腐样的黏弹性体。一种观点认为：脑伤害的主要原因是作用在脑本体的正压力、负压力和由压力梯度引起的剪切作用，或者说是脑本体相对于颅骨的运动。当头部受到撞击或产生平动加速度时，在脑本体的一侧将产生正压力或压应力，而在对侧将产生负压力或拉应力。正压力会导致脑挫伤，而负压力对脑本体的伤害则是由于拉伸载荷的作用造成的。这些压力将被颅骨的变形加强，在撞击或加速度的作用下，颅骨将在一侧产生向内的弯曲变形，而在对侧产生向外的弯曲变形。当因冲击使头部产生转动加速度时，脑在颅骨腔内回转，脑本体会由于受到剪切力而引起损伤。

第六章 车身结构抗撞性

因此,为了防止碰撞中对乘员头部的伤害,应当减小头部受到的冲击或头部的减速度。

2. 颈部伤害

在汽车碰撞事故中,颈部成为致命部位的情况不超过4%。但是,由于这是一个有食道、气管、大量神经和血管通过的重要部位,即使极轻的冲击也容易留下很麻烦的后遗症。即使脊髓受到暂时性撞击或挤压,也会产生对脊髓的伤害。

颈部伤害发生的机理基本上可分为四类:①椎体相互间前后方向错动产生的剪切力使脊髓损伤;②脊柱向前弯曲或向后伸展产生过大拉伸或压缩引起的损伤;③因压缩产生的椎间盘突出引起的损伤;④由于椎体骨折引起的损伤。

通常认为由后面碰撞引起的"鞭梢综合症"是颈部被头部惯性力过度拉伸的结果。在使用安全气囊的情况下,当前排乘员的位置不正确或驾驶人的身材较矮小时,气囊的展开可能会造成颈部的拉伸伤害,其中的一些情况是由于下巴受到冲击后,使颈部过度伸展所致。

由压缩引起的颈部伤害一般是从顶部对头的冲击造成的,冲击对颈部产生很大的压缩载荷,并伴有弯曲载荷。头部、颈部的初始方位和表面摩擦决定了颈部所受弯曲载荷的大小。这种伤害在汽车事故中不经常出现,但是当人体撞到风窗玻璃上或在滚翻事故中头部撞击车顶盖时会出现。在这些情况下,由于身体运动在头顶受到外部阻挡,颈部在躯干和四肢惯性力的作用下将受到压缩载荷。因此,减小头部受到的载荷可以减轻对颈部的伤害。

3. 胸部伤害

严重的汽车碰撞事故中,作用在胸部的载荷经常大得足以折断肋骨和胸骨,撕裂胸部大动脉,心脏和肺也会被折断的肋骨端部刺伤。其中,汽车碰撞事故死因的35%~40%是胸部大动脉被撕裂,由前后方向减速度引起的剪切力是胸部大动脉裂伤的主要原因。对胸部前面和侧面的撞击都会导致大动脉破裂。

由于胸腔内组织的黏弹性特性,胸部伤害的形式还取决于载荷的速度。对于对胸部撞击速度小于3m/s的低速载荷,胸部伤害主要是由于对胸腔的挤压造成的胸部变形或骨折。在高速载荷的作用下,如非正常状态下安全气囊打开时对胸部撞击或钝器对胸部高速撞击所形成的压缩波通过胸部时,会造成肺泡组织破裂,伤害的严重程度是压力波或碰撞速度的函数。这是由于声速在这些组织中非常低,因此,这样的压缩波会产生类似超声波的效果。在这种类似拍击的作用下,也会造成肺的挫伤、心室壁的挫伤或致命的心室纤维颤动。

汽车正面碰撞事故中,乘员胸部可能与转向盘和仪表板发生高速碰撞,佩戴安全带还会受到安全带压迫,气囊过硬也会对乘员的胸部产生撞击伤害。为了减轻对乘员胸部的伤害,在正面碰撞事故中,一方面应减少仪表板和转向盘的后移量;另一方面应对安全带、安全气囊、吸能式转向柱进行合理设计,并采用吸能式仪表板、转向盘和内饰。

汽车侧面碰撞事故中,侵入乘员舱的侧围结构会从侧面高速撞击该侧乘员胸部。因此,为减小对乘员胸部的伤害,在侧面碰撞中,不仅要控制侧面结构对乘员舱的侵入量,还应当对侧围内饰进行合理设计,包括软化处理和内部凸出物管理。

4. 腹部伤害

腹腔中的器官包括消化器官、泌尿器官、生殖器官、肝脏、脾脏,以及与此有关联的软组织和血管等。在汽车碰撞事故中,对腹部的伤害同样取决于作用力的强度和速度。内脏的伤害多为因强烈打击引起的挫伤、裂伤。实体器官比中空器官更容易受到伤害。肝脏和脾脏受伤害的频率较高,对它们的伤害会危及生命。

在汽车正面碰撞事故中,对腹部的伤害经常是由于转向盘的挤压或撞击、安全带的作用造成的。在侧面碰撞事故中,对腹部的伤害一般是由侵入乘员舱的侧围结构从侧面撞击和挤压乘员腹部造成的。

5. 骨盆伤害

在汽车正面碰撞事故中,对骨盆的伤害通常是由于膝盖猛然撞击仪表板所产生的载荷造成的。这时,大腿骨的头部被推向关节窝,如果髋部是外展的,对大腿骨向后的撞击可能引起髋关节脱臼。如果大腿被挤在座椅靠背与仪表板之间,骨盆可能会在骶骨关节与骶骨分离。

在汽车的侧面碰撞事故中,车门撞击股骨大转子,导致向内侧推髋关节窝。在这种情况下,最经常出现的伤害是髋骨臼部骨折。另外,当从侧面撞击大腿时,也经常发生髋骨臼部骨折或髋关节脱臼。

6. 下肢伤害

下肢由三个主要人体部位和两个高度灵活的关节组成。三个人体部位分别是大腿、小腿和脚,两个高度灵活的关节是膝关节和踝关节。在汽车正面碰撞事故中,对驾驶人放脚空间的较大侵入经常造成对下肢关节和骨骼的伤害。除非是大出血,这种伤害一般不会危及生命,但往往会留下比较严重的后遗症。

(1) 膝关节 在汽车碰撞事故中,当膝盖与仪表板接触时,经常会发生膝盖伤害。在以前的汽车碰撞事故中,会发生小腿在膝盖以下的部分受到仪表板撞击而膝盖没有与仪表板接触的情况,这时,常会发生十字韧带的撕裂。现在,汽车仪表板下部都有一个向远离乘员方向倾斜的斜面,从而在碰撞中保护了十字韧带。但是,汽车的仪表板仍然有相对较硬的表面,在碰撞事故中,当膝盖与其接触时,仍会导致膝盖骨的骨折。

(2) 踝关节 对踝关节的伤害一般包括中间和侧面脚踝骨的骨折、跗骨颈部和胫骨末端的骨折。软组织伤害包括围绕在踝关节四周的韧带撕裂。在碰撞事故中,对放脚空间的侵入会使脚向脚面相反方向或外侧弯曲。这些旋转运动是导致踝关节骨折和韧带损伤的主要原因。

(3) 长骨骨折 下肢长骨包括股骨(大腿骨)、胫骨和腓骨。通常,在弯曲载荷的作用下会发生股骨和胫骨中间折断。对于股骨,当膝盖插入较软的仪表板时,作用在膝盖上的力会产生这种弯曲力矩。胫骨中间折断一般是由于力直接作用在骨的中段造成的。当小腿与仪表板底部过渡处结构撞击时,会产生这种伤害。

(4) 脚骨骨折 目前,对脚骨伤害的研究较少,伤害机理还不太清楚。汽车碰撞事故中,对放脚空间的侵入往往会造成脚骨损伤,如制动踏板在碰撞中的运动会折断跖骨;当造成脚向脚面相反方向的运动时,会导致在跗骨的颈部发生骨折。

(三) 乘降和侧撞车门侵入速度对乘员伤害的影响

1. "乘降"(Ride-down) 的概念

在正面碰撞乘员保护中,乘降是一个重要的概念。乘降是指碰撞过程中乘员的一部分初始动能在汽车减速过程中被消耗。利用乘降可以减小约束系统对乘员胸部的作用力,这对减轻乘员胸部、头部和颈部伤害都有利。以下分析它的原理。

对于正面碰撞,设乘员质量为 m_0,汽车质量为 m_v,在 t 时刻相对于地面上的坐标系,乘员位置是 $x_0(t)$,汽车位置是 $x_v(t)$。设碰撞开始时 $t=0$,则 $x_0(t)$ 和 $x_v(t)$ 分别是碰撞过程中乘员相对地面的位移和汽车的压缩变形量。碰撞发生后,乘员在约束系统的作用下经历了减速度 $a_0(t)$,被吸收的乘员动能为

$$E_0 = \int_0^t m_0 a_0(t) \mathrm{d}x_0(t)$$

设

$$s(t) = x_0(t) - x_v(t)$$

则

$$E_0 = \int_0^t m_0 a_0 \mathrm{d}s(t) + \int_0^t m_0 a_0 \mathrm{d}x_v(t) \tag{6-1}$$

式中,$E_0 = \frac{1}{2} m_0 v_0^2$;$s(t)$ 是 t 时刻乘员相对于汽车的位移,也是约束系统作用下乘员的运动距离。

由式 (6-1) 可知,耗散的乘员初始动能被分成两部分:第一个积分代表被约束系统吸收的能量,第二个积分代表通过乘降所耗散的能量。

定义乘降效率 η_{Rd} 为通过乘降吸收的能量和乘员初始动能之比,即

$$\eta_{Rd} = \frac{\int_0^t m_0 a_0 \mathrm{d}x_v(t)}{E_0} \tag{6-2}$$

图 6-3 是一组汽车正面碰撞中乘降效率 η_{Rd} 与乘员胸部合成加速度最大值的对应关系,试验是按照美国 NCAP 的规定做的。由图可知,乘员胸部合成加速度的最大值随着乘降效率的提高而降低,这也有助于减小乘员头部和颈部的伤害。

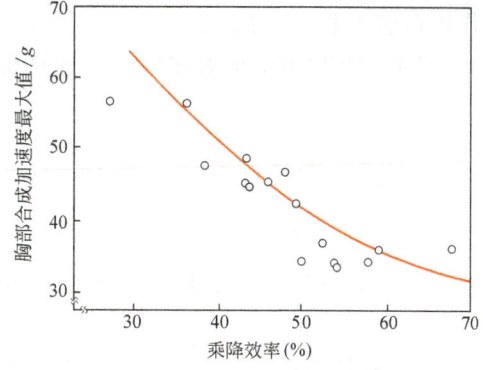

图 6-3 乘降效率与胸部合成加速度最大值的关系

2. 车门侵入速度对乘员伤害的影响

以移动可变形壁障(Moving Deformable Barrier,MDB)侧面撞击静止试验车的试验为例,在撞击中将发生如下动量交换:

1) 主要的动量交换发生在 MDB 与被撞汽车之间。在碰撞过程中,随着 MDB 速度的减小,被撞汽车的刚体速度逐渐增加,直到它们的速度相同为止。

2）车门与 MDB 之间的动量交换。车门迅速获得与 MDB 相同的速度。

3）最后，动量交换发生在侵入乘员舱的车门与静止的侧面碰撞假人（Side Impact Dummy，SID）接触时。被快速侵入的车门撞击后，假人在侧向方向上迅速加速。

图 6-4 所示为对侧面碰撞中车门受侧向力情况的简化，其中，F_{MDB} 是 MDB 作用在车门上的撞击力；F_{dummy} 是车门与假人的相互作用力；$F_{structure}$ 是被撞汽车侧面结构对车门侵入的抵抗力。这个抵抗力由车门的支撑结构提供，主要包括车门框结构（由铰链柱、A 柱、车顶边梁、B 柱和门槛梁组成）、地板及地板横梁、仪表板、仪表板横梁和车顶蒙皮等。这个力是车门支撑结构对作用在车门外表面所有压力的反作用力的合力。为说明方便，将其简化为如图 6-4 所示的两个集中载荷。

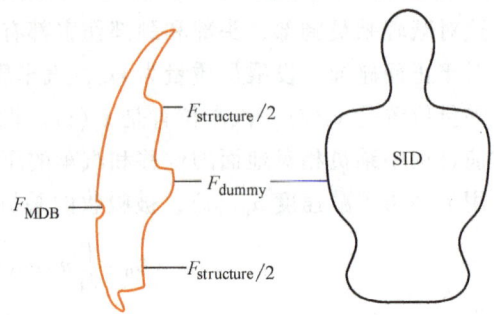

图 6-4　侧面碰撞中车门的受力

在车门撞击假人过程中，以 m_{door} 和 v_{door} 分别代表车门质量和侵入速度。根据牛顿第二定律，有

$$-\frac{d}{dt}[m_{door}v_{door}] = \sum F = F_{MDB} - F_{structure} - F_{dummy}$$

解得

$$F_{dummy} = F_{MDB} + \frac{d}{dt}[m_{door}v_{door}] - F_{structure} \tag{6-3}$$

通过上式可知：

1）减小 MDB 对车门的撞击力 F_{MDB} 将减小作用在假人上的力 F_{dummy}。

2）通过减轻车门的质量或减小车门的侵入速度，进而减小车门动量的变化率，将减小作用在假人上的力 F_{dummy}。

3）增加车身侧围结构对车门侵入的抵抗力 $F_{structure}$，也可以减小作用在假人上的力 F_{dummy}。

二、抗撞性设计要求和有关规定

（一）车身抗撞性设计要求

在了解乘员伤害机理的基础上，给出如下轿车白车身抗撞性的具体设计要求。

1. 正面碰撞

1）确保乘员生存空间，减小乘员舱变形和对乘员舱的侵入。为确保乘员生存空间，需要控制碰撞时的仪表板或 A 柱后移量、转向盘后移量和上移量、脚踏板后移量和上移量、放脚位置空间等。这样，一方面，可以防止发生对乘员的直接挤压伤害；另一方面，可以减轻二次碰撞中对乘员的伤害。

2）减小车身减速度。减速度越大，使用乘员约束系统减轻乘员伤害的难度越大。

如果减速度很大,即使采用安全带、安全气囊等措施,仍会造成对乘员头部、颈部、胸部和腹部的严重伤害。因此,乘员舱前部结构的吸能功能非常重要。

3)碰撞过程中车门不能自动打开。碰撞后可以不使用工具打开至少一侧车门。

2. 侧面碰撞

由于侧面碰撞中允许的乘员舱变形量很小,而对乘员舱过大的侵入是造成乘员伤害的主要原因,所以抗侧面碰撞设计应当以减小乘员舱侵入、维持乘员生存空间为重点。具体设计要求包括:

1)减小侧围结构对乘员舱的侵入量,防止侵入量过大时对乘员的挤压伤害。

2)减小侧围结构对乘员舱的侵入速度,特别是与乘员接触时车门的速度,减轻对乘员的撞击力。

车门与乘员接触时的动量越大,在撞击乘员过程中其动量的变化率越大,因此对乘员胸部和骨盆的撞击力也越大。此时,乘员的侧向加速度也会较大,这一般又会加重对乘员胸部、头部和颈部的伤害。因此,为了减轻侧面碰撞中对乘员的伤害,应当减小侧围结构对乘员舱的侵入速度。

3)碰撞过程中车门不能自动打开,而碰撞后可以不使用工具打开非碰撞侧的车门。

3. 后面碰撞

1)减小乘员舱变形。通常用后排座位 R 点的前移量来衡量。

2)减小碰撞中车身的减速度,减轻乘员颈部的鞭梢性伤害。

3)在碰撞中维持燃油箱的存放空间,减小对燃油箱、油路的挤压。

燃油箱一般被布置在汽车的后部,如果碰撞中由于燃油箱、油路受到结构变形的挤压而引起燃油泄漏,将有可能引起火灾。

4. 滚翻

1)提高车顶的支撑刚度,减小乘员舱的变形量。

滚翻事故中,汽车顶部结构可能发生严重变形,图 6-5 是车顶三种典型的变形形式。这样的变形会造成乘员生存空间的丧失,并进而引起严重的乘员伤害。

2)滚翻过程中车门不能打开,碰撞后可以不使用工具打开车门。

图 6-5 滚翻事故中车顶三种典型的变形

5. 低速碰撞

低速碰撞主要关心的是避免汽车重要部件的损坏,以减少因撞车带来的维修费用。因此,要求设置低速碰撞吸能区,使低速碰撞汽车的动能主要通过低速碰撞吸能区的变形被吸收,并尽量不使低速碰撞吸能区后部的车身主要结构发生永久变形。

6. 行人保护

撞行人时，汽车对行人的伤害一般包括一次碰撞时由保险杠、前散热器罩和发动机舱盖前端等产生的下肢伤害，行人与发动机舱盖和风窗玻璃等二次碰撞产生的对行人头部的伤害，以及受撞击后的行人与路面三次碰撞产生的伤害。针对前两项内容，在车身结构设计时应将相应部位的刚度设计得软一些，以缓冲对人体的撞击。这些部位通常包括前保险杠、前散热器罩、发动机舱盖前端、发动机舱盖上表面，以及风窗玻璃等。

另外，在行人保护措施中，防止车外凸出物对行人的伤害也很重要。

（二）法规中有关车身抗撞性的规定

由于美国采用残缺产品召回制度，FMVSS 法规仅对作为最终指标的乘员伤害等内容进行了规定，因此在美国法规中没有对车身抗撞性进行详细的规定。由于受当时试验设备和技术所限，早期欧洲汽车被动安全法规规定的汽车碰撞试验中未采用假人，也没有关于假人伤害指标的要求，只对汽车结构的碰撞性能进行了规定。其中，ECE R33 对正面碰撞中被撞汽车结构的性能进行了规定。这些规定主要针对车身结构的抗撞性，它们都适用于 M1 类汽车（除驾驶人座位外，乘客座位不超过八个的载客汽车）。我国被动安全法规也仅对作为最终指标的乘员伤害等内容进行了规定，没有详细规定车身结构的碰撞性能。

ECE R33 规定，试验车以（50±2）km/h 的速度与刚性固定壁障进行 100%重叠率的正面碰撞时，汽车结构应满足如下要求：

1）碰撞后，通过座椅 R 点的横向平面与通过仪表板最后边投影线的横向平面间的距离不小于 450mm（确定平面位置时不考虑按钮、开关等的影响）。

2）碰撞后，通过座椅 R 点的横向平面与通过制动踏板中心的横向平面间的距离不小于 650mm。

3）放脚位置空间的左右隔板间的距离不小于 250mm。

4）汽车地板与顶篷的距离减少量不超过 10%。

5）碰撞过程中车门不能被撞开。

6）碰撞后，侧门应能不使用工具被打开。

汽车碰撞安全法规是汽车碰撞安全设计的依据。改善碰撞安全性的措施一般都瞄准如何实现法规所规定的伤害指标，即以人体在碰撞中的响应为核心所定义的总目标。

例如，正面碰撞时头部损伤指标用 $HIC = a_m^{2.5} \Delta t$ 表示，a_m 为任何一个时间段 Δt 中头部加速度的平均值。美国 FMVSS 208 规定正面碰撞时，要求头部 $HIC \leq 1000$，胸部骨压缩变形量≤76.2mm 或减速度（3ms）≤60g，大腿骨轴向压力≤10kN，转向盘位移量≤127mm。其他国家或地区都有自己的类似法规指标。

（三）NCAP 进行碰撞结果评价时对结构因素的考虑

NCAP 对结构抗撞性的要求参见表 6-4。

在正碰方面，按 US-NCAP，以 56km/h 车速对刚墙的正碰撞，如表 6-4 中 a 图。碰撞性能评估要求项目包括：整体动变形（≥650mm），结构能量控制，车辆减速脉冲，A 柱变形和转向柱位移（X 方向，≤80mm）。按 Euro-NCAP，以 64km/h 的车速对可变形障碍 40%偏置碰撞，如表 6-4 中 b 图。碰撞性能评估要求包括：A 柱位移<50mm，侵

第六章 车身结构抗撞性

入搁脚区<150mm,转向柱位移≤80mm（X方向）。

在侧碰方面，按 US-SINCAP，1370kg 台车，以 61.6km/h 车速，朝向与车辆纵轴（X轴）63°方向移动，如表 6-4 中 c 图。碰撞性能要求最大侵入速度 6~7m/s。侧柱碰撞，见表 6-4 中 d 图，以 32km/h 速度撞击一根立于乘员头部重心侧面、直径为 254mm 的刚柱，柱高从离地面 100mm 处到车辆顶线以上。碰撞性能要求打击乘员时最大刚柱侵入速度<8m/s。

在后碰方面，见表 6-4 中 e 图，1814kg 活动刚墙以 56km/h 速度撞击松开制动踏板的车辆尾部。要求油箱区域变形最小，以保证油箱系统的完整性；以及后座椅 R 点的移动量<50mm。

对于顶盖碰撞/滚翻，类似 FMVSS 216，用一个倾斜的刚性加载装置，如同静态地施力于 A 柱/顶盖侧面结构，该力相当于车辆重量的 2.5 倍。本试验用以测量上部结构在车辆滚翻时的支持能力，见表 6-4 中 f 图。要求顶盖变形<127mm。

对于低速碰撞，以 15km/h 车速对刚墙正碰，检查保险杠的损坏和可修复性。

表 6-4 NCAP 对结构抗撞性的要求

正碰（US-NCAP）	正碰（Euro-NCAP）	侧碰（US-SINCAP）
a)	b)	c)
侧碰	后碰	顶盖碰撞/滚翻
d)	e)	f)

欧洲和日本的 NCAP 在对正面碰撞结果进行评价时都考虑了结构因素的影响，虽然它们考虑结构因素的方式不同，但目的都是关心乘员生存空间的保持和碰撞后逃逸和救援的难易度，因此，考虑的内容基本一致。它们在对侧面碰撞结果进行评价时，对结构因素的考虑较少。

欧洲和日本的 NCAP 在对正面碰撞结果进行评价时，考虑的结构因素主要包括仪表板的运动、转向盘的运动、放脚空间的变形、踏板的运动、车门开口的变形、碰撞中车门是否打开和碰撞后车门开启的难易。

第三节 车身抗撞性分析方法和模拟技术

一、概述

（一）车身抗撞性分析方法的发展

由于汽车结构复杂，在其碰撞过程中又存在大量的非线性变形情况。因此，汽车碰撞变形的过程是一个非常复杂的过程。

在20世纪60年代末以前，汽车对障碍物的碰撞试验是评价车身抗撞性唯一可用的方法。为了评价汽车能否满足各项汽车安全标准，汽车制造厂要花费大量的费用，反复进行试验。这种研发手段的主要缺点是周期长、成本高，并且无法在汽车重量和抗撞性方面使设计达到最优化。这个阶段，包含抗撞性设计的传统车身结构设计流程是以"设计←→试验"循环为主的过程。

自20世纪60年代以来，由于汽车市场的激烈竞争和人们对汽车安全性重视程度的不断提高，通过试验方法研究车身抗撞性的缺点越来越显著地暴露出来。早在20世纪60年代中期，国外就开始在计算机上进行碰撞模拟的研究工作。随着计算机运算能力的提高，汽车碰撞的数值模拟技术得到迅速发展。汽车碰撞模拟技术的应用不仅可以得到车身抗撞性更全面的信息，而且也减少了研发成本，缩短了研发周期。随着汽车碰撞模拟等数值模拟技术在车身结构设计过程中的应用，现代车身结构设计过程已变为依托数值模拟技术的设计目标分解和保证的过程，即通过数值模拟技术进行设计目标的分解，并在设计方案不断细化的过程中利用数值模拟技术同步对各种设计方案进行评估和选择，以保证相应设计目标的实现，其流程已变为以"设计←→分析"循环为主的过程。通过数值模拟技术在车身结构设计中的应用，设计人员实现了对最终设计的更有效控制，减小了设计风险。

（二）碰撞模拟技术的发展

20世纪70年代初，美国通用汽车公司的Kamal等人就使用图6-6所示的凝聚参数模型（Lumped Parameter Model，LPM）研究汽车的抗撞性。该模型由单自由度的集中质量、弹簧和阻尼器构成，是在当时计算工具运算速度受限制的条件下产生的，其优点是构造和计算快，因此使其成为一种可以为汽车快速开发提供设计方向的工具。然而，这种方法需要部件或子系统试验为其提供数据，而且在被用于仿真计算之前模型还需要用汽车的试验数据进行验证。因此，进行成功的模拟计算需要大量的试验和模型操作经验。

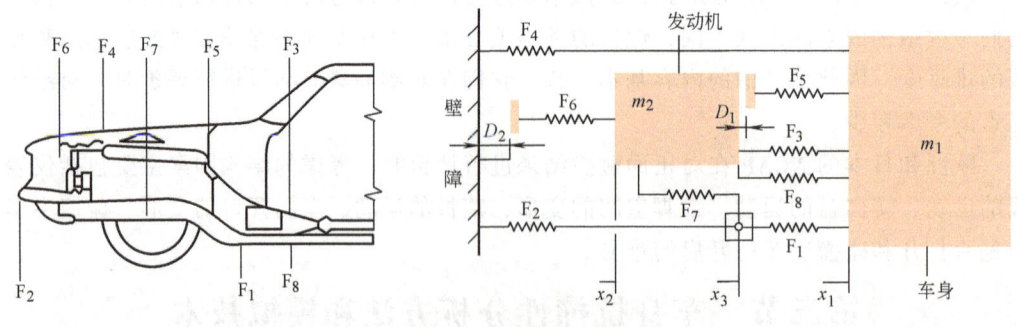

图6-6 正面碰撞的凝聚参数模型

F_1—抗扭箱梁　F_2—前梁（包括保险杠及其前支架）　F_3—传动系　F_4—钣金组件　F_5—驾驶室前壁　F_6—散热器　F_7—发动机安装垫块　F_8—变速器安装垫块　D_1—驾驶室前壁间隙　D_2—散热器间隙　m_1，m_2—车身和发动机质量　x_1，x_2，x_3—坐标位置

第六章 车身结构抗撞性

随着20世纪70年代中期高速计算机与有限元技术的结合，人们在有限元技术的各个领域进行了大量而有意义的研发工作。在它们当中，显式非线性有限元技术表现出了解决结构高速碰撞问题的能力。这种技术的优点在于能在模型中反映汽车的具体结构，从而真实地描述结构的动态变形。20世纪80年代初，这种技术开始应用于车身抗撞性数值模拟，并得到不断发展。图6-7为德国大众汽车公司在1985年构造的POLO车前部正面碰撞的有限元模型。在这个模型中，使用梁单元对模型的后部进行了很大的简化，共包括5555个壳单元和106个梁单元。图6-8为德国欧宝汽车公司ASTRA车的正

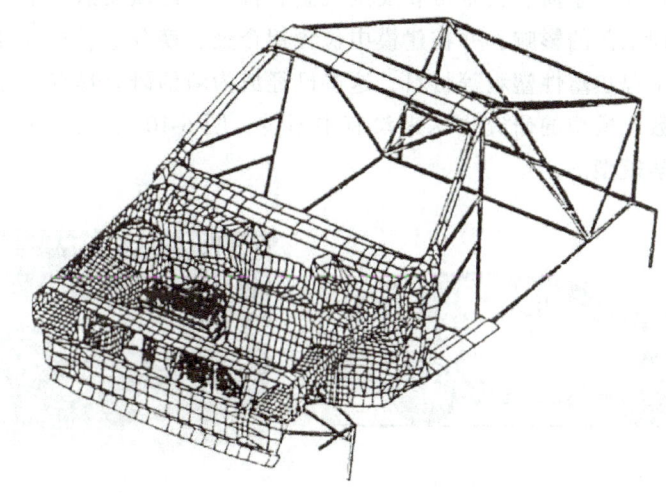

图6-7 POLO车前部的正面碰撞有限元模型

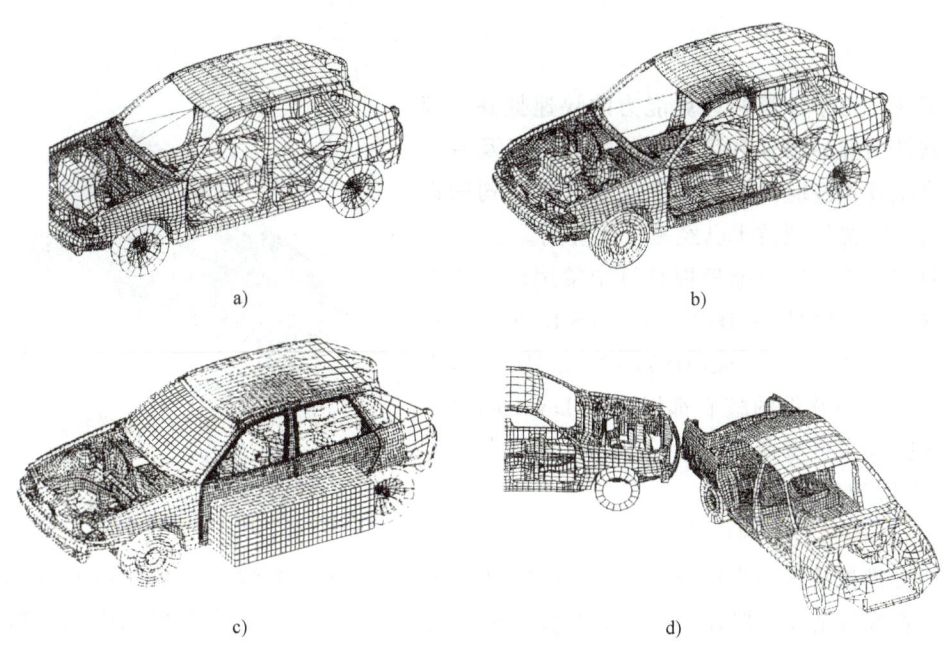

图6-8 ASTRA的四种碰撞有限元模型
a) 正面碰撞模型 b) 50%偏置碰撞模型 c) 侧面碰撞模型 d) 车-车碰撞模型

面碰撞（16000个单元）、50%偏置碰撞（20700个单元）、侧面碰撞和车-车碰撞的有限元模型。在这些模型中包括了发动机、前桥和悬架，但是没有假人、转向系统、座椅、安全带和安全气囊。从这四个模型可以看出，由于用途不同，它们存在较大的差别。现在，由于计算技术有了巨大的飞越，设计人员在建立汽车碰撞仿真模型时更关心的是模型的精度和通用性，即同一个模型经很少改动或不改动就可以进行多种碰撞形式的模拟。因此，模型的规模已经变得相当巨大。图6-9为德国宝马汽车公司BMW X5车的模型。在这个模型中，使用单元的数目超过50万个，不仅包括发动机、前桥和悬架，还包括假人、转向系统、座椅、安全带和安全气囊。目前，碰撞模拟开始考虑车身冲压成形过程和材料处理工艺的影响，并在建模中包含铝合金、镁合金、复合材料、聚氨酯泡沫、蜂窝材料、工程热塑性塑料等材料，这些已经成为新的研究热点。另外，对用于概念设计阶段的参数化模型的研究也从来没有中断过，图6-10为可应用于此阶段的正面碰撞的多体动力学模型。

a) b)

图6-9 BMW X5的正面碰撞变形
a) 模拟计算 b) 试验

现在，由于计算机计算能力的快速提高、商业化软件功能的增强和可靠性的提高，以及专业人员模拟计算经验的增加，在许多汽车公司的设计部门，碰撞模拟技术已经被广泛应用。

目前，在汽车碰撞模拟计算中常用的显式非线性有限元软件有 DYNA3D（LS-DYNA3D 和 OASYS-DYNA3D）、MSC/DYTRAN 和 ESI/PAM-CRASH。上述软件的核心都以美国 Lawrence Livermore 国家实验室在20世纪70年代开发的 DYNA 公开版的理论为基础。

图6-10 正面碰撞的多体动力学模型

（三）碰撞模拟的应用

碰撞模拟技术作为车身抗撞性分析的现代方法，对车身结构设计各阶段的工作都有帮助。在设计的不同阶段，分析工作所承担的任务是不同的，导致建模思想也不相同，用于碰撞模拟的模型有时会有较大的差别。也就是说，将碰撞模拟应用到车身抗撞性设计中时，应当根据设计内容的特点采用合适的模型。

第六章　车身结构抗撞性

碰撞模拟在车身结构设计中的应用可以被分为三个阶段，即概念开发阶段、结构设计阶段和结构确认阶段。以下将分别介绍碰撞模拟在这三个阶段的应用。

1. 在概念开发阶段的应用

对于车身结构要全新设计的情况，在设计初期进行抗撞性分析时，可知的设计要求是对汽车被动安全性的最终要求，即对碰撞中乘员保护的要求，此时的主要问题是如何将此要求转化为对车身结构设计的具体要求。这些具体要求的确定可以根据对已有同级车型的对标确定，也可以通过分析的方法确定。

在通过分析方法确定对车身抗撞性设计的具体要求时，通常采用简化模型。这一方面是由于概念设计阶段车身结构的几何数据有限，而建立简化模型所要求的信息也很少；另一方面是由于简化模型参数少、改动灵活、计算迅速，便于进行设计优化或对不同设计方案进行快速评估。

可用于概念开发阶段的模型有凝聚参数模型、基于有限元理论的参数化模型和基于多体理论的参数化模型。通过模型分析可进行结构刚度组织，即主要部件的布置及其刚度的匹配；可以得出对主要部件刚度或吸能特性的具体要求，如对前纵梁轴向压缩载荷-变形特性的要求。

在概念设计阶段，对每个设计方案中车身结构各主要性能的分析是同时进行的，此阶段的成果也是多种约束综合作用的结果。

2. 在结构设计阶段的应用

在此阶段，需要实现上一阶段提出的对主要部件特性的要求。此阶段结构分析的工作主要有两类，一是对不同设计方案进行比较；二是在分析原设计方案的基础上提出改进建议。在它们当中，对设计方案进行评价是核心工作。

由于设计信息不断地被加入到设计方案中，所以用于分析的模型也越来越详细。但是，由于仿真计算毕竟是近似计算方法，在设计过程的重要阶段往往要通过真实试验对以前的工作进行确认。试验的零件可以通过手工钣金试制、设计简易模具试制或由已有的零件改制。

3. 在结构确认阶段的应用

碰撞模拟在结构确认阶段的应用包括两个方面：

1）在结构设计的重要阶段需要通过真实试验对以前的工作进行确认。一般应先进行一轮虚拟试验，当虚拟试验的结果令人满意时，再进行真实试验。

2）在整个车身结构设计完成一轮之后，需要首先使用虚拟试验的方法对其进行评价。如果不满意，将在计算结果的基础上提出改进意见，然后转入相应的设计修改循环；如果满意，就可以进行接下来的真实试验。同样，如果对试验结果不满意，将在此基础上提出改进意见，然后转入相应的设计修改循环；如果满意，则车身结构的设计方案就被最终确定了下来。

在结构确认阶段所进行的工作包括对所有车身结构性能的评价，这其中很重要的一项就是对车身抗撞性的评价。在此阶段，碰撞模拟的目的是进行虚拟试验，所以，在计算条件允许的情况下模型应当尽量详细。

二、整车碰撞模拟模型的建立

以下介绍整车碰撞模拟模型建立的一般过程及方法。

(一) 车身模型的建立

1. 几何模型的简化

车身结构从刚度和惯性两方面影响汽车的抗撞性，因此车身有限元模型必须尽可能真实地反映实际结构这两方面的特性。由于在碰撞仿真中整个模型的计算量主要集中在车身部分，可在结构简化和网格密度安排上采取措施，在保证计算精度的前提下，减少有限元模型中单元和节点的数量，从而减少计算时间。此外，在计算速度允许的情况下，建立可用于多种碰撞模拟的统一模型，可以大幅度减少建模工作量。

2. 零件有限元模型的建立

首先，各零件的几何模型被分别导入前处理软件中；然后，进行有限元网格的划分。由于模型的计算速度通常取决于模型中单元的最小边长，考虑到对模型最终运算速度的要求，通常要求零件有限元网格的最小边长不小于设定值。

3. 各零件有限元网格的装配

当生成各零件的有限元网格之后，需要将它们装配在一起。所谓装配，即将各零件的有限元网格导入一个文件中。由于各零件的三维几何模型都是采用车身坐标描述的，所以将车身各个零件的有限元网格导入一个文件后，它们的相互位置关系与各零件三维几何模型的装配情况一致。图 6-11（参见彩图）为某微型客车正面碰撞模型的车身有限元网格。

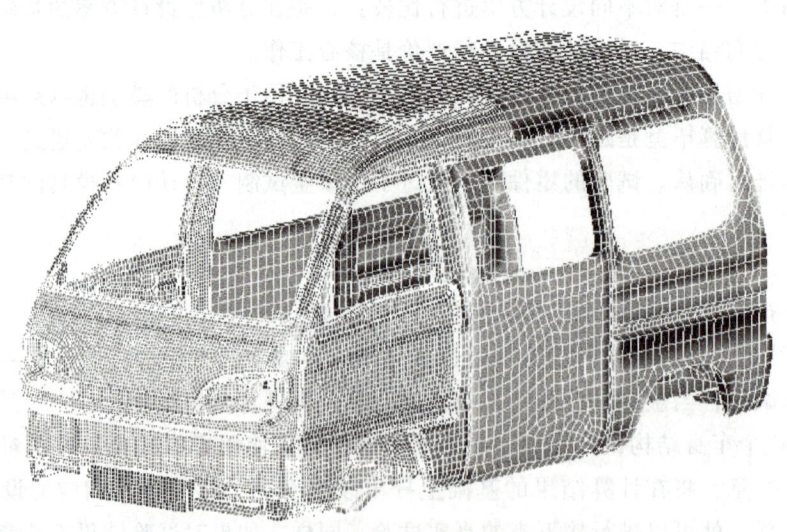

图 6-11 微型客车车身的有限元网格

4. 零件材料特性

考虑到制造车身通常选用延展性好的低碳钢冷轧钢板，且碰撞中车身的变形主要是高速的塑性变形，因此在车身有限元模型中，材料模型应使用考虑了材料应变率行为的弹塑性模型。

5. 点焊连接的模拟

车身零件一般为钢板冲压而成，相互之间通过点焊进行连接。碰撞模拟软件中一般提供点焊连接的模拟方法。

（二）其他部分模型的建立

在整车仿真模型中，除了车身之外，还要建立其他部分的有限元模型，包括动力总成、传动系统、转向系统和行走系统等。这些系统不仅影响汽车的惯性，还将通过改变结构刚度和力的传递的方式影响碰撞模拟的计算结果。以下仅简单介绍这些部件、系统有限元模型的建立。

1. 刚硬结构的模拟

在碰撞模拟软件中，刚体（Rigid Body）用来模拟结构中不变形的部分。在将某有限元网格指定为刚体后，还需要指定刚体的惯性和质心。其材料模型一般选用"空材料（Null Material）"，其优点是将不再计算单元内部的力，从而节省了计算时间。"空材料"的属性一般只有密度、弹性模量和厚度，这些参数不仅在由网格计算刚体惯性时用到，还在计算单元时间步时用到。通常可用刚体模拟发动机、变速器和离合器等刚硬的总成。

2. 杆/梁形结构的模拟

对于底盘中许多杆/梁形结构，为了节省计算和建模时间，可以根据它们在碰撞过程中的不同表现采用不同的模拟方式。对于发生严重塑性变形的杆/梁形结构，用实体单元（Solid Element）进行网格划分；对于没有发生塑性变形或塑性变形很微小的杆/梁形结构，可用梁单元（Beam Element）进行模拟，并通过其截面属性的设定使其与原结构的弹性和惯性属性相当。对于某些不变形的非梁形结构，如转向节，也可用一个或多个梁单元进行模拟，同样应通过其截面属性的设定使其与原结构的刚性和惯性属性相当。但是，当对建模时间和计算速度影响不大的情况下，以上这些结构都可以用实体单元进行网格划分。

3. 机构的模拟

在传动系统、转向系统和行走系统中存在许多运动副，如果忽略这些运动副，将增大这些系统的刚度，从而影响整个系统的计算结果。因此，对这些运动副的模拟是必要的。通常，可以使用梁单元在这些结构间过渡，并通过松弛梁单元节点自由度的方式模拟各种无摩擦运动副。

由于每个梁单元的节点有6个自由度，所以通过松弛不同的自由度可以模拟各种平动和转动运动副或它们的组合。但是，应当注意，梁单元两端节点自由度的方向是由梁单元的局部坐标系确定的。因此，一个正确的运动副模拟不仅需要正确的节点自由度松弛，还要保证单元局部坐标系的正确。

4. 轮胎的模拟

在汽车碰撞试验中，轮胎弹性对碰撞结果的影响主要体现在轮胎通过其弹性变形参与吸能过程，并影响结构的变形。通常，可用气囊进行轮胎的模拟。

5. 惯性的调整

汽车的刚度特性和惯性是影响其碰撞响应的两个重要属性，但是，由于在建立有限元模型时存在大量未建模的结构或零件（如连接件、内饰等），所以有必要对整车有限元模型的惯性进行调整。常用的调整方式包括改变材料的密度（改变材料厚度不可取，因为会同时改变结构的刚度特性）、增加集中质量（集中质量被分配到相应节点上）、改变刚体的惯性属性和增加配重等。

图6-12（参见彩图）为用于正面碰撞仿真的某微型客车的有限元模型，共使用节点65431个；各种单元64825个，其中，体单元5114个、壳单元59503个、梁单元204个以及杆单元6个。图6-13（参见彩图）为此微型客车底盘的有限元模型。

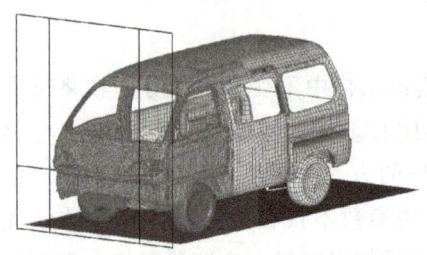

图6-12 微型客车正面碰撞有限元模型

图6-13 微型客车底盘的有限元模型

（三）模型验证

建立有限元模型之后，应当通过仿真结果与试验结果的对比进行模型检验。对于出现的问题，应当思考其产生的原因，并通过对模型的调整来解决。在通过试验数据检验之后，模型就可以用于进一步的研究开发工作了。

三、碰撞模拟结果的分析

进行整车或部件碰撞模拟的目的是评价其抗撞性。通常对碰撞模拟计算结果进行的分析包括能量分析、力分析、变形分析、刚度特性分析、减速度分析、速度分析和碰撞时序分析等。每项分析的目的不同，方法也不同。

1. 能量分析

由于碰撞中汽车是通过结构吸能来缓冲撞击的，所以了解碰撞中结构内能的变化情况是非常重要的。经常分析的项目有碰撞过程中汽车总内能和总动能的变化情况、单个部件内能的变化情况和各零件吸能多少的比较。由于结构内能的增加来自其动能的减少，所以通过能量分析可知汽车动能的去向，这将为汽车碰撞中的能量管理提供依据。

碰撞分析软件一般都提供整车和单个零件内能变化情况的计算结果。图6-14为某轿车（总质量为1300kg）的碰撞有限元模型。图6-15是正面碰撞时前部主要吸能结构吸能情况的对比图。碰撞模拟是按照美国NCAP

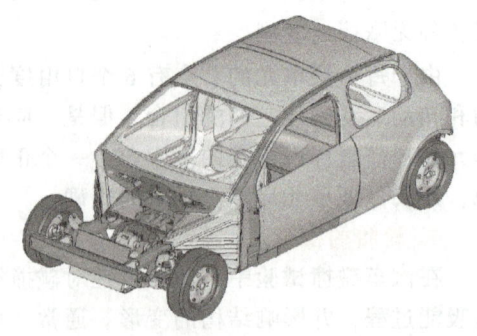

图6-14 某轿车的碰撞有限元模型

规定进行的。

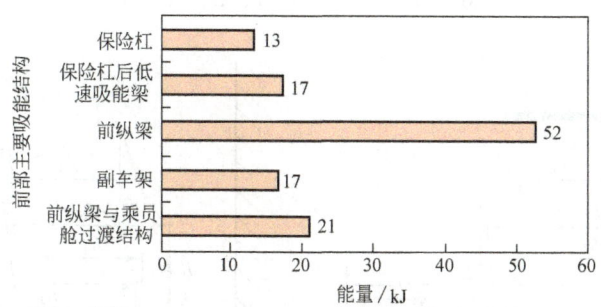

图 6-15 前部主要吸能结构吸能情况的对比

2. 力分析

在进行车身抗撞性设计时，经常要分析碰撞载荷在结构中的传递情况，找到载荷传递的主要路径和次要路径，并据此开展设计。

碰撞分析软件一般都提供结构截面轴向力和刚性墙反作用力计算结果的输出。对于前者，只要定义截面，即可得到计算结果。但是，由于计算过程中舍入误差带来的高频干扰，这些力-时间历程的原始数据一般不直接用于分析，而需要对其进行滤波。滤波器的选取应当按照相应的标准进行，关于滤波器的选取请参阅相关文献。图 6-16 是图 6-14 中的轿车按照美国 NCAP 规定进行正面碰撞模拟后得到的前部主要结构截面轴向力的对比图。由此图可知，前纵梁在碰撞中向后传递的轴向力最大。

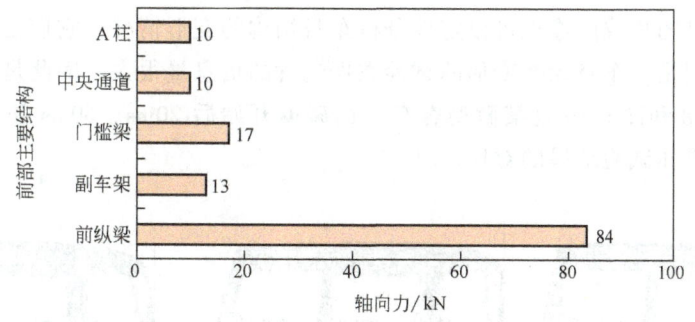

图 6-16 前部主要结构截面上的轴向力对比

3. 变形分析

碰撞过程中对乘员舱的侵入是衡量车身抗撞性的主要内容。对乘员舱的侵入可以通过目标点相对车身上基本不变形区上的一个点的位移描述。图 6-17 是用于评价微型客车正面抗撞性的变形量，分别是仪表板后移量 ΔL_1、转向盘上移量 ΔL_2 和后移量 ΔL_3、制动踏板后移量 ΔL_4 和前门框变形量 ΔL_5、ΔL_6 和 ΔL_7。其中，ΔL_1 为碰撞过程中通过座椅 R 点的横向平面和通过仪表板最后边投影线的横向平面（yz 平面）距离的变化量；ΔL_2 和 ΔL_3 分别为碰撞过程中转向盘中心点和不变形区上的参考点 O 的距离在汽车坐标系 X 方向和 Z 方向投影的变化量。这些评价指标对于衡量轿车乘员舱的变形同样适

用。其计算式为

$$\Delta L_i = L_i - L'_i \qquad i=1,2,\cdots,7 \qquad (6-4)$$

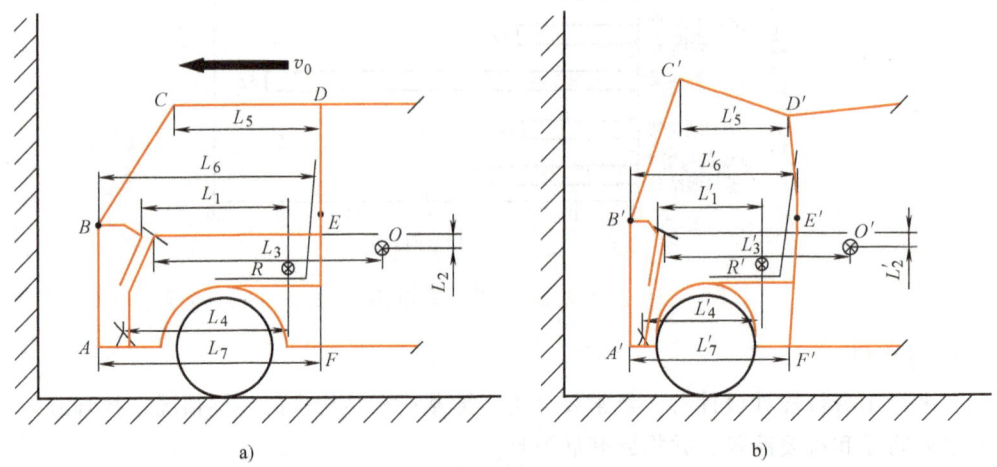

图 6-17 评价微型客车正面抗撞性的变形量
a) 碰撞前 b) 碰撞后

一般碰撞分析软件都提供节点的位移-时间历程曲线。两个节点位移-时间历程曲线纵坐标相减后,就是它们相对变形的时间历程曲线。在与试验结果进行比较时,可以采用某处碰撞结束后的变形,也可以采用某处变形的时间历程曲线。前者容易在试验后测量,后者的试验数据则较难获得。

另外,通过图片或图像也可以定性分析车身结构的变形情况,它们也是变形分析的重要内容。特别是,车身动态变形的试验数据包含的信息量很大,因此是一项非常重要的内容。图 6-18 和图 6-19 是某微型客车正面碰撞开始后 20ms、60ms 和 100ms 时,车身变形计算结果和试验结果的对比。

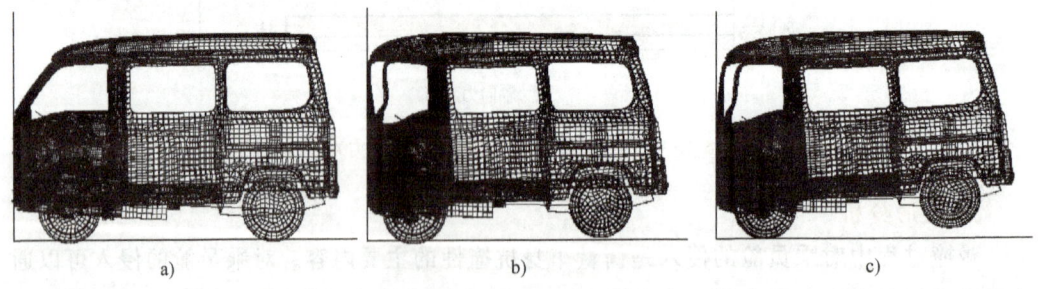

图 6-18 微型客车动态变形的计算结果

4. 刚度特性分析

合理组织车身结构各部分的刚度是车身抗撞性设计的重要内容。因此,分析碰撞中车身各部分的刚度情况具有很重要的意义。

分析碰撞过程中结构的刚度变化情况通常是通过分析其受力与变形的关系曲线实现

第六章 车身结构抗撞性

a) b) c)

图 6-19 微型客车动态变形的试验结果

的。用前面讲述的办法得到碰撞过程中结构截面内力的时间历程曲线和变形的时间历程曲线之后，就可以绘出结构的刚度特性曲线。

在分析车身结构刚度情况时，可以将刚性墙划分为几个部分，分别研究各刚性墙对应车身结构的刚度情况。

5. 减速度分析

碰撞过程中车身的减速度也是评价其抗撞性的主要内容之一。当进行车身结构和乘员约束系统的分离仿真时，即在使用有限元软件（如 ESI/PAM-CRASH）进行整车的碰撞模拟后，将相应的结果输出作为多体软件（如 MADYMO）的输入进行乘员及其约束系统的仿真时，车身减速度是前者为后者提供的主要数据之一。另外，进行模型检验时，车身减速度试验结果与计算结果的对比也是一个重要内容。因此，减速度分析也是经常进行的碰撞模拟分析项目。

在提取车身减速度结果时，测量点位置的选择是非常重要的，通常要求测量点是车身上基本不变形区上的点，并应尽量减少碰撞过程中该点运动对测量结果的影响。在正面和后面碰撞中，通常在 B 柱下方靠近 B 柱的位置取测量点。

基于与力分析时同样的原因，车身减速度时间历程的原始数据一般不直接用于分析，而需要对其进行滤波。滤波器的选取应当按照相应的标准进行，关于滤波器的选取请参阅相关文献。图 6-20a 和图 6-20b 分别是图 6-14 中的轿车分别按照美国 NCAP 和 FMVSS 301 的规定进行正面碰撞和后面碰撞模拟后得到的 B 柱测量点减速度-时间历程曲线。其中，在进行后面碰撞时，移动刚性壁障的速度被提高到了 56km/h。

6. 速度分析

速度分析也是经常分析的项目，如侧面碰撞中车门对乘员舱的侵入速度对于乘员伤害的情况就很重要。一般碰撞分析软件都提供单元节点速度-时间历程的输出，侧面碰撞中车门对乘员舱的侵入速度可以通过目标点与参考点速度-时间历程曲线相减得到，通常要求参考点是车身上基本不变形区上的点，如侧面碰撞中非撞击侧门槛梁上的节点。

7. 碰撞时序分析

碰撞时序分析的内容是各零件在碰撞过程中参与碰撞变形或受力的时间顺序。将这种分析与前面的分析内容结合起来，往往可以发现结构设计与碰撞结果的关联。

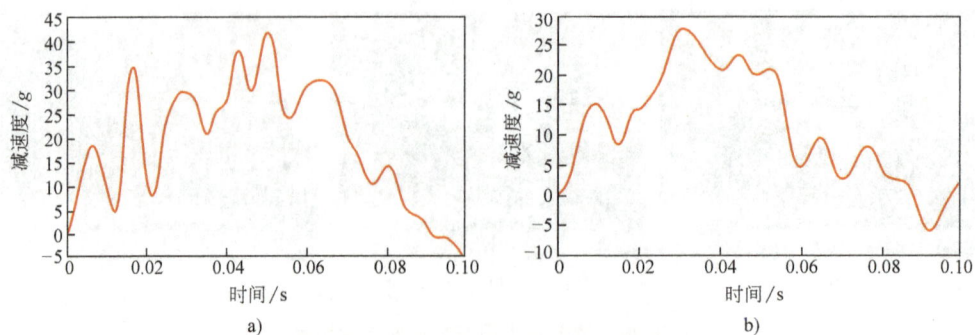

图 6-20　正面碰撞和后面碰撞模拟得到的 B 柱减速度-时间历程曲线
a）正面碰撞　b）后面碰撞

第四节　结构抗撞性设计

一、基本原理

汽车碰撞会导致乘员与车内部件的碰撞，汽车碰撞称一次碰撞，乘员与车内部件的碰撞称二次碰撞。除了车内应对乘员二次碰撞的保护措施，如设置安全带、气囊等以外，车身结构缓冲和吸能措施是碰撞安全性设计的关键技术。如何由结构设计参与实现法规要求，通过多年的研究与实践，已逐步探索出应对不同碰撞形式下的理想碰撞特性，并形成了基本的设计模式。

1. 撞击缓冲

图 6-21 所示系统由一个质量为 m 的质量块和其前端一个无质量的弹性元件组成。这个系统以速度 $v=v_0$ 撞向一个固定的刚性墙。假设这个弹性元件具有图 6-22 所示的刚度特性，即在压缩过程中弹性元件的力恒定为 F_0。在这个系统的速度减为零时，设弹性元件的压缩变形量为 δ，则根据能量守恒定律有

$$\frac{1}{2}mv_0^2 = F_0\delta \tag{6-5}$$

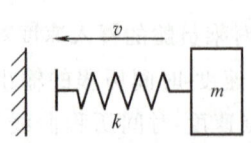

图 6-21　弹性元件质量系统与固定刚性墙的撞击

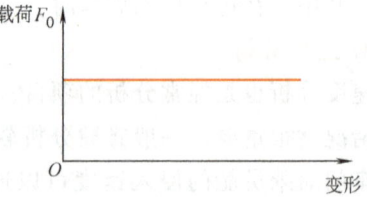

图 6-22　弹性元件的刚度特性

由式（6-4）可知，当 δ 大的时候，F_0 就小，在撞击时 m 的减速度就小。因此，为了减小在撞击时 m 受到的力或 m 的减速度，应当减小 F_0，即将弹性元件的刚度设计得

小一些，这样压缩变形δ也会大一些，这就是撞击缓冲的原理。

由这个原理可知，在进行车身结构正面抗撞性和后面抗撞性设计时，应通过在乘员舱前部和后部布置较软的吸能结构，一方面减小车身的减速度；另一方面减小作用在乘员舱上的碰撞力，从而降低对乘员舱刚度的要求。这也是车身结构正面和后面抗撞性设计的基本原则。但是，乘员舱前、后部结构也不能设计得太软，如果这样，对于给定的碰撞车速，就会出现在较软的结构压缩完成之后（此时结构继续压缩的刚度很大），汽车的动能仍未全部转化为结构的应变能，剩余的动能将通过刚性较大的乘员舱的变形来吸收，这样一方面会增加乘员舱的变形，另一方面会增加车身的减速度。

2. 安全框架

首先，分析图 6-23 中的四种情况：

1）在图 6-23a 中，悬臂梁 AB 的 A 端固定在刚性的地面上，B 端受到横向载荷 F 的作用，在弯矩的作用下，在 B 点产生挠度 δ。

2）在图 6-23b 中，两个相同的悬臂梁 AB 和 DC 通过刚性横梁 BC 相连，组成了一个二维框架，悬臂梁与刚性梁通过可以自由转动的柱铰相连。B 点受到横向载荷 F 的作用，分别在两个梁的端部产生 δ/2 的挠度。由此可知，载荷 F 被平均分配给悬臂梁 AB 和 DC。与图 6-23a 中的悬臂梁相比，这个框架抵抗侧向载荷的刚度提高了。

3）在图 6-23c 中，横梁 BC 不再是刚性的，当 B 点受到横向载荷 F 之后，横梁产生了 δ_{BC} 的压缩变形。由材料力学知识可知，δ_{BC} 越大，悬臂梁 AB 在末端 B 的挠度越大，同时，悬臂梁 DC 在末端 C 的挠度越小，并满足式（6-6），即

$$\delta > \delta_B > \frac{\delta}{2} > \delta_C \tag{6-6}$$

当横梁 BC 的轴向压缩刚度非常小时，可认为 $\delta_B = \delta$，$\delta_C = 0$。由此可见，横梁 BC 的轴向压缩刚度对将横向载荷平均分配给两个悬臂梁是非常重要的。为了实现这一点，相对于梁 AB 和 DC 的弯曲刚度，横梁 BC 必须有足够的轴向刚度。

4）在图 6-23d 中，梁 AB 和 DC 通过接头结构和刚性地面相连，这种接头结构可以简化为带扭簧的柱铰，扭簧的刚度为 k。假设梁 AB、梁 DC 和横梁 BC 的刚度足够大，当侧向力作用于 B 点时，在铰链 A 处产生了转角 θ，B 点的位移取决于 θ。当扭簧的刚度较小时，θ 会较大，接头部位的作用类似于单纯的铰链，称之为铰链效应。这时，B 点和 C 点的位移也很大。由此可知，为了减小框架结构的变形，接头部位的刚度也是非常重要的，特别是要防止铰链效应的发生。同理，在铰链 B 和 C 处采用接头结构也可以减小框架的变形。

由以上分析可知，为了提高框架结构抵抗横向载荷的能力，应当从以下三方面着手：

1）提高接头结构的刚度，防止发生铰链效应。

2）提高横梁 BC 的轴向压缩刚度，以实现载荷的均匀分担。

3）提高梁 AB 和 DC 的弯曲刚度。

然而，仅仅某个梁的刚度很大是没有意义的。为了提高结构的效率，必须合理匹配它们的刚度。以上结论对于提高乘员舱三维框架结构的刚度同样适用。

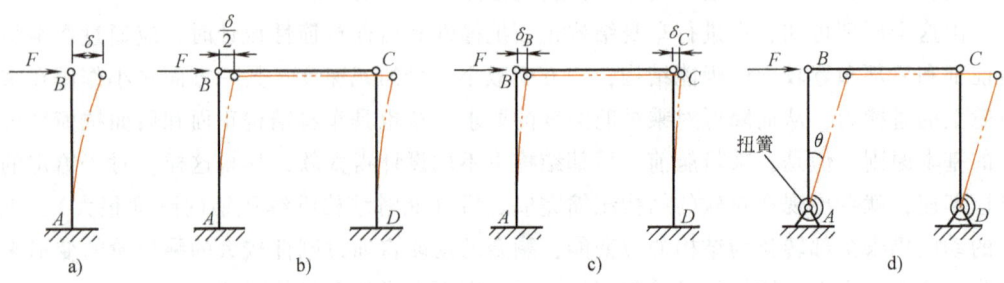

图 6-23 安全框架

二、主要内容

车身抗撞性设计的核心内容就是合理组织车身结构各部分的刚度。因此，可以将车身抗撞性设计的主要内容分为以下三个方面：

(1) 车身结构刚度组织 车身结构刚度对汽车的平顺性、操纵性、耐久性和被动安全性等很多重要性能都影响。因此，进行车身结构刚度设计时，应当综合考虑它们的要求。但是，此处仅从被动安全性角度阐述车身的刚度组织。

车身结构刚度组织是从各种碰撞形式中乘员保护的角度出发，考虑到车身结构的特点，合理布置车身的主要承载结构（如主要的梁形结构和接头结构），并合理配置它们的刚度。

根据车身抗撞性设计的基本原则，车身结构刚度组织主要包括以下内容：

1) 合理组织结构的吸能，就是将吸能要求合理地分解为对相应吸能部件的要求。考虑到车身结构的特点，车身前后部分各结构的吸能能力是不一样的。因此，要求在理解各部分结构特点的基础上，区分它们在吸能能力上的不同，使主要吸能部件吸收主要的碰撞动能，次要吸能部件少量吸能，并使尽可能多的结构参与吸能，以提高材料的使用效率。

2) 合理组织碰撞载荷的传递，即合理设计碰撞载荷的传递路径。这部分工作主要应以满足如下要求为目的：①减小乘员舱的变形或对乘员舱的侵入；②为吸能结构提供牢固、稳定的支撑，保证吸能部件吸能能力的实现；③使承载能力强的部分分担较多的载荷，承载能力弱的部件分担少量的载荷；④使尽可能多的结构部件参与载荷的传递，以提高材料的使用效率。

(2) 车身结构刚性设计 车身结构刚性设计的目的是减小乘员舱在各种碰撞形式中的变形，保证乘员的生存空间。其主要工作是在车身结构刚度组织设计完成后，进行主要梁形结构和接头结构的设计，在满足重量约束的条件下，达到在刚度组织中对部件刚度特性提出的要求，进而满足乘员舱的刚度要求。

(3) 车身结构吸能设计 在正面和后面碰撞中，允许通过车身前部或后部结构的变形来缓冲撞击，并减小碰撞过程中车身的减速度。如何在车身前部或后部结构允许变形区有限的情况下很好地完成这一任务，就是车身结构吸能设计要完成的工作。

三、刚度组织与设计

下面从不同碰撞形式对车身抗撞性的设计要求出发，说明刚度组织的要点。

1. 正面碰撞

通过撞击缓冲原理可知，将车身前部结构刚性设计得软一些，同时将乘员舱的刚性设计得大一些，则在碰撞中，汽车动能大部分通过前部结构的塑性变形转化为车身结构的应变能，一方面可以减小对乘员舱的作用力，降低在同样条件下对乘员舱刚性的要求；另一方面，可以减小车身减速度。为此，需要合理组织车身前部结构和乘员舱的刚度。

对于纵向碰撞而言，将车身结构分为乘员安全区（A 区）和缓冲吸能区（B 区）的两类区域设计模式，见图 6-24a。车身的乘坐室（A 区）应有足够的刚度，不允许发生大的碰撞变形，以保证乘员有足够的生存空间。而且发动机变速器等刚性部件不得因碰撞而侵入驾驶区；转向柱、转向盘以及一些操纵机构的碰撞位移不得威胁乘员的安全。碰撞后车门仍旧能正常开启，以确保营救乘员。乘坐室以外的车身前部结构和后部结构（B 区），在前后碰撞时允许较大的变形，以便合理吸收撞击能量，使得作用于乘员身体上的力和加速度不超过规定的人体的忍耐极限。图 6-24b 显示了该车辆前后碰撞时力流方向和变形位置（箭头为力流方向，圆圈为主要变形部位）。为此，车辆前碰撞的理想特性曲线应如图 6-25 所示。图中表示了在碰撞中车头的三个变形吸能区域。第一区段表示的是低速碰撞，其车辆的变形及变形力值都应比较小，以利于保护行人和车辆；第二区段为相容区，变形力值应均匀，即在中速碰撞过程中能量比较均匀地被吸收，尽量降低撞击加速度峰值；第三区段表示在高速碰撞时使汽车乘员舱具有自身保护能力，在这个区段车身结构应有较大的刚度，从悬架到车身前围板之间的变形力值急剧上升，阻止变形扩展到乘员舱；而且要求在这个碰撞过程中，必须通过相应结构措施使汽车动力总成向下移动，不致挤入乘员舱，如图 6-26 所示。

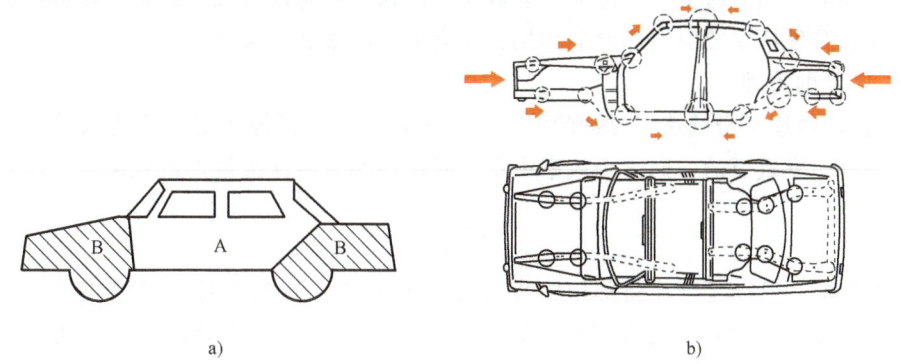

图 6-24 车身结构的碰撞安全区和缓冲吸能区、以及纵向碰撞时力流方向和变形位置

为了实现图 6-25 中第一段特性，保护行人的碰撞安全，需采用吸能材料的保险杠和软质发动机舱盖。但这同时必须使发动机舱盖与舱内的硬质部件保持一定的空间（一般约为 10cm）。其他措施如风窗玻璃采用软支撑和玻璃刮水器采用埋入式安装等。

随着行人保护法规融入车辆开发流程,将导致目前车辆设计相应的变化,特别是造型和总布置的变化。在正面碰撞的总动能中,车身前部结构吸收的能量约占80%,驱动部件和车身前围板各占约10%。而车身前部结构吸收的能量约有70%分配给纵梁,25%分配给轮罩,5%由翼子板、发动机舱盖等承担。因此为了实现图中第二段特性,前纵梁应在能正常发挥支撑和承载作用的前提下设计成吸能变形模式。

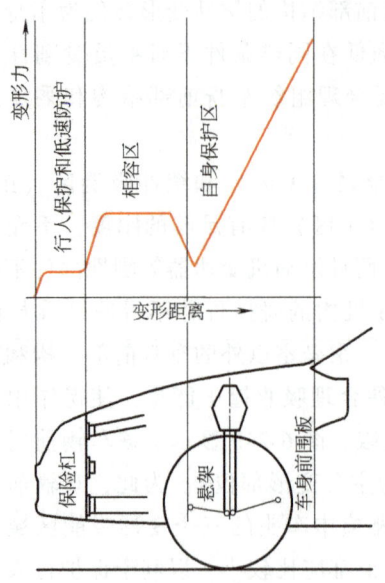

图 6-25　纵向碰撞理想特性曲线

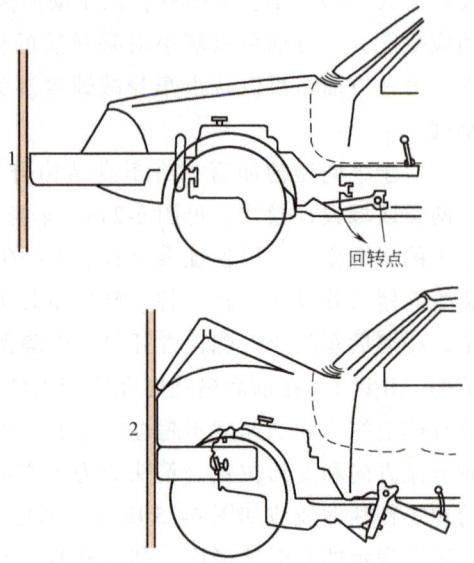

图 6-26　在碰撞中使动力总成向下移动

(1) 车身前部结构刚度设计

1) 吸能的组织。图 6-15 和图 6-16 (参见本章第三节)分别是某轿车正面碰撞中前部主要结构的吸能情况和截面上轴向力情况,由图看出,乘员舱前部的纵梁(包括前端低速碰撞吸能的部分和后端与乘员舱的过渡部分)是主要的吸能部件,在碰撞过程中由它向后传递的碰撞力也最大。多数轿车的情况都与此类似。因此,在进行吸能组织时,应充分发挥主要吸能部件的作用,使它们吸收多数的碰撞动能。

2) 吸能的管理。

a) 正面碰撞车身减速度脉冲的波形。由于汽车前部碰撞吸能区是有限的,因此其利用效率是非常重要的,而这个效率决定于碰撞中车身减速度波形的效率 η,其定义为

$$\eta = \frac{A}{A_0} \tag{6-7}$$

式中,A 为车身减速度与其前部压缩变形关系的曲线(以后简称为减速度-变形曲线)所围区域的面积,图 6-27 是某轿车正面碰撞时车身的减速度-变形曲线;A_0 为一个方波或矩形脉冲的减速度-变形曲线(图中虚线)所围区域的面积。

用同样的方法也可由载荷-变形曲线关系定义结构吸能的效率。

由车身减速度波形效率 η 的定义可知,方波形状的减速度的效率是100%。这时,在对后部结构最大作用力一定的情况下,同样变形时吸收的动能最多;而在吸能相同的情况下,可以减小对后部结构的最大作用力和车身减速度波形的最大值。因此,方波是

正面碰撞车身减速度的理想波形。

然而，在现实中，通过结构设计使正面碰撞中减速度波形是矩形通常是不可能的，但是可以通过对前部结构吸能特性的管理实现对前部结构压缩变形量的有效利用。

b）吸能模式与对薄壁梁变形模式的要求。在正面碰撞中，前部结构变形是一种轴向压溃和弯

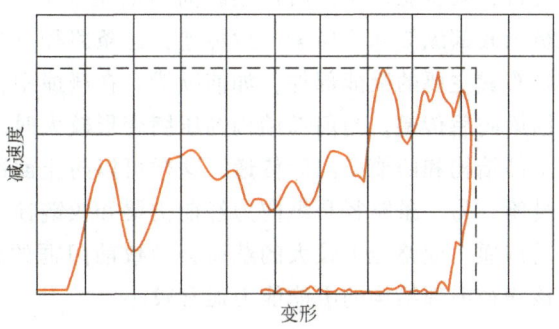

图 6-27　正面碰撞中车身的减速度-变形曲线

曲的混合模式。由于弯曲变形需要的外部做功少，所以结构变形倾向于以弯曲为主。但弯曲又是一种吸能效率较低的变形模式，因此，对于作为乘员舱前部主要吸能部件的纵梁，应尽可能使其变形模式为吸能效率较高的轴向压溃，防止出现弯曲变形模式。

由于车身前部纵梁通常是薄壁梁形焊接结构，因此，对这类结构变形模式的控制具有较典型的意义。

c）碰撞吸能区。将乘员舱前部结构根据功能划分为三个压缩变形区，分别是行人保护和低速防护区、相容区和自身保护区。

第一个压缩变形区是较软的低速碰撞和行人保护区，用于减轻在撞行人时对其的伤害。

第二个压缩变形区是相容吸能区，在此布置了汽车的主要吸能结构。现代轿车多为发动机前置前驱动的形式，乘员舱前部为发动机舱，通常发动机、离合器、变速器、主减速器和差速器作为一个大总成支撑在副车架上。这个总成质量大、刚度大，受到撞击后基本不变形。在正面碰撞中，这个总成受到撞击后会随着支撑的变形向后运动，并直接撞击前围板。由于前围板的刚性一般较小，所以由此引起的变形会造成对乘员舱的侵入，严重时会直接挤伤乘员。因此，相容吸能区通常布置在这些刚硬的结构之前。

最后一个压缩变形区是乘员舱保护区，是吸能结构与乘员舱之间的结构。通常，这部分结构会伸到乘员舱之下。

（2）乘员舱的刚度设计

1）载荷路径分析与设计。对于正面碰撞，在设计碰撞载荷向后传递的路径时，应当考虑如下因素：

a）纵向的梁形结构是乘员舱前部结构中的主要吸能部件。

b）纵向压缩刚度大的结构，在吸收相同碰撞动能的情况下，对后部支撑结构的作用力也大。

c）如果乘员舱某个部位可以承受较大的纵向力，则可以在其前端布置纵向压缩刚度较大的吸能结构或引导纵向压缩力由此向后传递。

d）在纵向力向后传递时，应尽量通过多个结构对其进行分流，这一方面可以增强对前部传递来的纵向力的支撑能力；另一方面，可以降低对各分支结构刚性的要求。

通常，乘员舱用于向后传递纵向力的主要路径有两条，如图6-28所示。一条是通过乘员舱底部纵梁和门槛梁向后传递，这条路径承受纵向力的能力最大。因此，通常在其前端布置主要的吸能部件，如前纵梁。在碰撞中，纵向力经前纵梁、门槛梁和乘员舱底部纵梁向后传递。当前部结构的压缩变形较大时，前轮参与碰撞，纵向力经前轮、铰链柱下部结构和门槛梁向后传递，这样可以防止前部结构继续变形而使动力传动总成撞向乘员舱。另一条路径是纵向力经前指梁和铰链柱、A柱、车门及其抗侧撞梁和门槛梁而向后传递。此路径上较大的载荷会导致前门框的较大变形，使碰撞后车门开启困难，因此该路径前部结构的吸能能力通常较小。

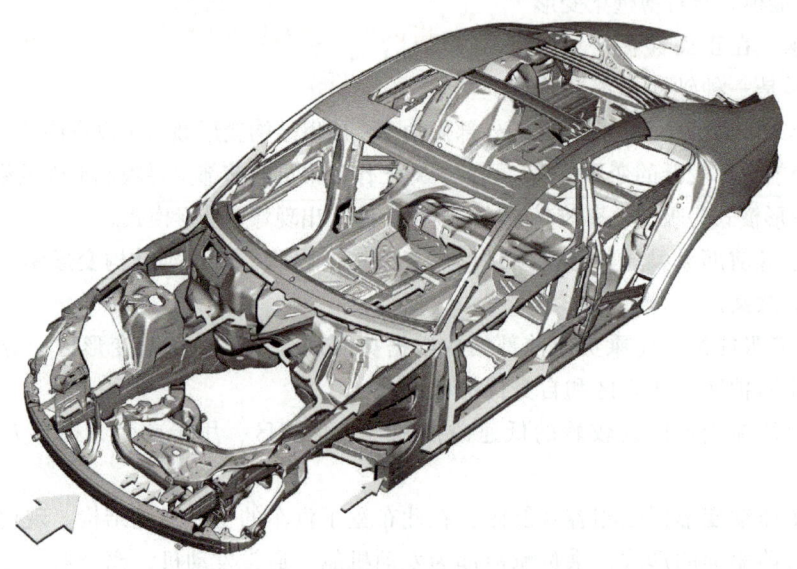

图6-28 正面碰撞载荷在车身结构中的传递路径

2) 对主要部件的要求。为了满足为前部吸能结构提供牢固支撑的要求，应将乘员舱设计得刚一些，也就是乘员舱与载荷路径相关结构在承受前部传递来的载荷时有较大的刚度。这其中比较重要的是前纵梁与门槛梁间过渡结构的刚度和门槛梁的轴向压缩刚度，还有A柱与铰链柱的接头、A柱上接头和铰链柱下接头承受纵向力的刚度。为了在偏置碰撞中更有效地发挥两侧结构的能力，采用弯曲刚度较大且与端部结构连接刚度大的风窗下横梁和仪表板安装横梁是有益的。

另外，乘员舱结构刚度不应随着变形的增加而突然减小，因为在碰撞速度更大的时候，需要通过乘员舱变形进一步吸收剩余的碰撞能量。

(3) **其他措施** 发动机前置前驱动汽车的动力总成位于发动机舱中，在碰撞中基本不变形，为防止这些部件侵入乘员舱，可以采取措施使其受到撞击后向后下方移动，如图6-26所示。

2. 侧面碰撞

当车辆受到侧面碰撞时，受到撞击的部位一般是车门或立柱。由于车门、立柱与乘员之间的空间很小，在乘员胯点高度上，内板允许侵入量最多也只有300mm左右（见

图6-29),像车身前、后部那样设计吸能缓冲区比较困难。因此侧面碰撞的理想特性是要求侧面结构有足够大的刚度,确保车门和立柱不发生大的变形,加强B柱铰链柱刚度及其与门槛的接头刚度尤其重要。此外,还可通过车门设置抗撞梁,地板下面设置横梁,加大门槛梁,车门下边缘与门槛重叠以加强车门的支撑等,使门槛梁和地板能更好地起到承受侧向力和吸能的作用。因此,车身结构侧面抗撞性设计应以提高乘员舱刚度、减小乘员舱变形为主要目标。

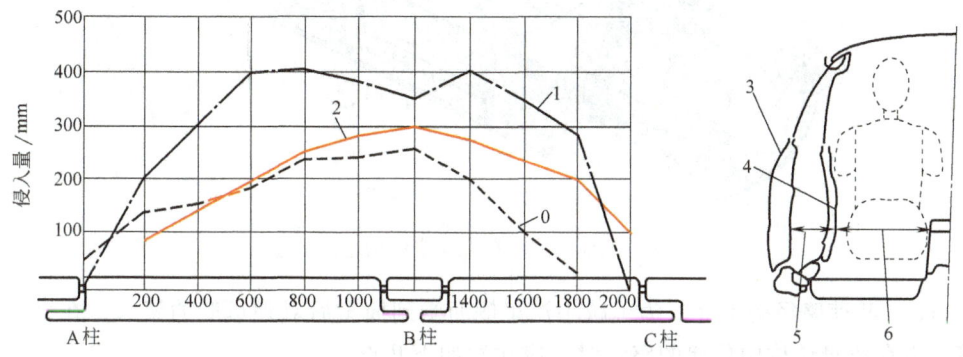

图6-29 轿车以50km/h车速侧面碰撞的变形
0—门槛梁 1—通过胯点水平面上 2—侧窗台高度上 3—碰撞前车门位置
4—碰撞后的门内板 5—允许侵入量 6—乘员生存空间

(1) **侧向撞击力的传递** 当汽车侧面受到撞击时,车门在侧向撞击力的作用下产生向车内运动的趋势,这种趋势受到车门框的阻挠,同时,车门框受到车门传递来的侧向力的作用。如果车门内布置了抗侧撞梁,前门受到的侧向撞击力将主要被传递到铰链柱和B柱;后门受到的侧向撞击力将主要被传递到B柱和C柱。

铰链柱在侧向力的作用下也有向车内运动的趋势,对于这种运动趋势的抵抗,在铰链柱上端主要由风窗下横梁和仪表板安装横梁的轴向刚度提供;在铰链柱下端主要由该处车身底部横向结构的刚度提供。C柱受到侧向力时,情况与此类似。

车门受到侧向撞击后,其向车内运动的趋势使B柱受到向车内弯曲的弯矩的作用。对B柱向车内变形的抵抗主要来自其弯曲刚度和B柱上、下接头的刚度。

通过B柱上接头,作用在B柱上的部分力通过车顶边梁、车顶横梁和相关的接头结构向非撞击侧传递。B柱上接头对B柱向车内运动的抵抗由车顶结构提供,主要是车顶横梁的轴向刚度、车顶边梁的弯曲刚度、A柱和C柱的弯曲刚度,还有在以上情况下各接头结构相应的刚度;通过B柱下接头,作用在B柱上的部分力被传递给门槛梁。

作用在门槛梁上的侧向力,一方面来自外部的直接撞击;另一方面来自B柱的作用。当B柱受到弯矩作用后,通过B柱下接头,使门槛梁受到向车身内侧的推力、弯矩和绕门槛梁中心线的扭矩的作用。在这些载荷的作用下,门槛梁将产生向车内侧的弯曲变形。对这种变形的抵抗来自两方面,一方面是门槛梁的弯曲刚度和其与铰链柱和C柱接头结构的弯曲刚度;另一方面是车身底部横向结构对门槛梁向车内运动的抵抗。最终,门槛梁受到的侧向力通过车身底部的横向结构被传递到非撞击侧。

图6-30是汽车受到侧向撞击时侧向力在车身结构中的传递情况。

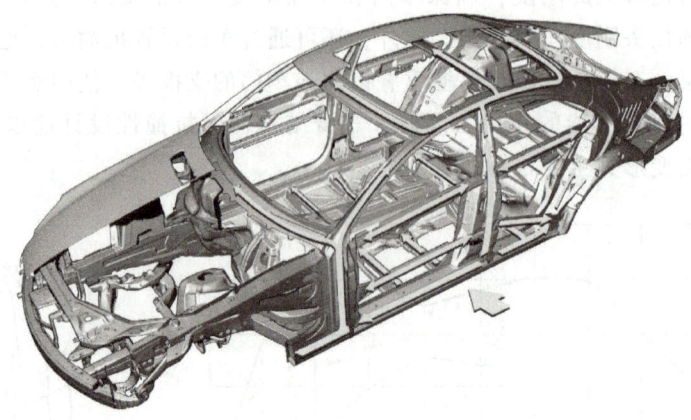

图6-30　侧向碰撞载荷在车身结构中的传递

（2）载荷路径的设计　为了减小汽车侧面受到撞击后对乘员舱的侵入，在设计侧向撞击力在车身结构中传递的路径时，应注意如下几点：

1）乘员舱横向结构对侧向结构向车内的运动或变形起到了重要的抵抗作用。

2）侧围结构自身的刚度对其向车内的运动或变形也起到了重要的作用。

3）车门抗侧撞梁和B柱将侧向撞击力分流给侧围框架，并经乘员舱的横向结构传递到非撞击侧。如何将侧围结构组织成一个刚性的整体对于减小车门对乘员舱的侵入非常重要。

（3）对主要部件刚度特性的要求

1）车门。通过设置抗侧撞梁可以将车门受到的载荷分散给两侧的立柱，减小车门受撞击区域的变形。图6-31为车门中抗侧撞梁的布置。在设计时，应当防止碰撞过程中抗侧撞梁出现受弯失稳。

通过对车门铰链和门锁的设计，使车门抗侧撞梁与车身结合为一体，有利于将车门所受的撞击力有效地传给两侧的立柱。

2）B柱。通过前面的分析可知，B柱抵抗向车内弯曲变形的弯曲刚度是非常重要的，希望将这个刚度设计得足够大。另外，由于B柱各截面形状很复杂，在各截面处

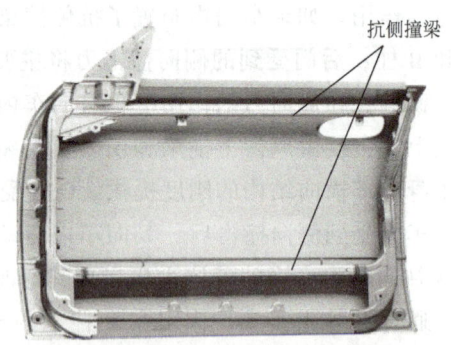

图6-31　车门中抗侧撞梁的布置

抵抗弯曲的能力是不同的。其分布也很重要，如果分布不合理，在撞击中B柱会产生受弯失稳，这时，B柱抵抗侧向撞击的能力会急剧下降。汽车侧面受撞击时，通常B柱中段受到的弯矩较大。为防止因局部进入塑性变形阶段而产生塑性铰，通常采取加强措施，图6-32中B柱加强板的作用就在于此。可以通过各截面的弯曲惯性矩来分析B柱弯曲刚度的分布是否合理，如图6-33所示。弯曲惯性矩变化曲线图的理想形状应当是一条变化均匀的、中间大、两端小的曲线，不应出现剧烈的变化，如果出现这种情况就

应当采取结构改正措施。

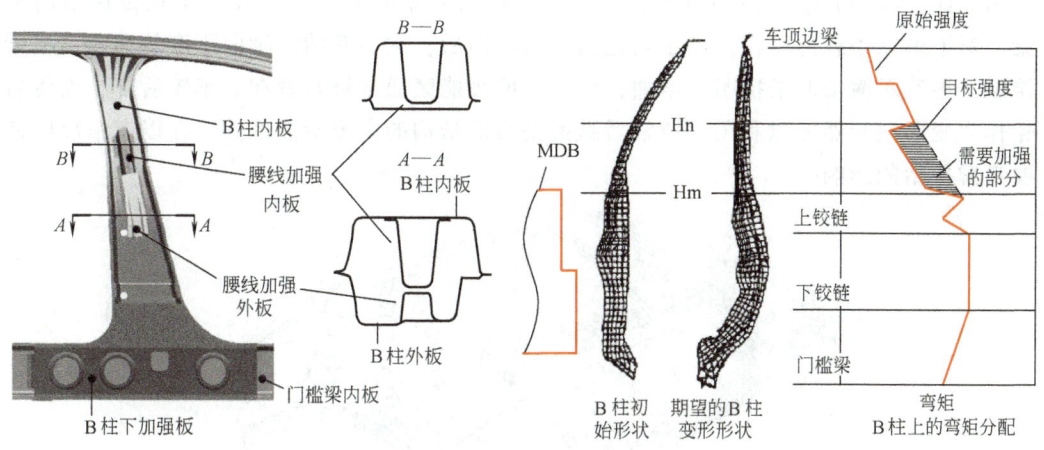

图 6-32　B 柱的加强结构　　　　图 6-33　B 柱抵抗弯矩薄弱环节的分析

3）门槛梁。侧撞时门槛梁的变形主要是向车内侧的弯曲变形。从防止这种变形的角度出发，门槛梁中部受到侧向撞击力后向车内变形的弯曲刚度大小和分布都很重要，这一点与对 B 柱的要求相似。为了提高门槛梁的弯曲刚度或改变其分布，同样可以使用加强板，也可以采用其他方法，如填充发泡材料等。

对车顶边梁的要求与此相似。

4）接头结构。为了防止出现铰链效应，应当提高接头结构的刚度，以使侧面撞击载荷可以通过接头结构传递给其他主要承载结构。

5）乘员舱底部横向结构。在侧面碰撞中，乘员舱横向结构对侧围结构起到了支撑的作用，起主要作用的是横向的梁结构，如顶盖横梁、风窗下横梁、仪表板安装横梁和地板横梁等。从车身结构抗侧面碰撞设计要求的角度，应当提高它们的刚度并防止在受到轴向载荷时

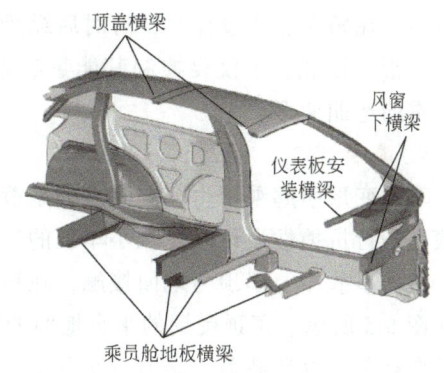

图 6-34　某轿车乘员舱主要横向梁结构的布置

发生弯曲失稳。图 6-34（参见彩图）为某轿车乘员舱主要横向梁结构的布置情况。

3. 后面碰撞

对于低速的后面碰撞，抗撞性设计的主要目的是减少因维修带来的费用，这一点和正面低速碰撞相似，相关内容将在低速碰撞中讲解。当碰撞速度较大时，希望降低车身的减速度以降低乘员受鞭梢性伤害的可能，并希望乘员舱的变形小。将后部结构设计得软一些，即通过设置吸能结构缓冲撞击可以实现这些要求，这种措施和正面碰撞相似。为了防止后面碰撞中由于后部结构变形对燃油箱的挤压，通常将燃油箱布置在压缩变形区之外。当车轮参与碰撞时，后轮前面一条新的、刚度较大的载荷路径开始参与对撞击的抵抗，车身后部结构的压缩量一般不再明显增加，所以许多轿车的燃油箱被布置在后轮的前面。

后面碰撞中，撞击力向车前方传递的路径通常主要有两条，如图 6-35 所示。第一条由后保险杠经后纵梁传递给门槛梁；第二条由后车轮后部结构经后车轮传递给门槛梁。对于第二条载荷路径，由于当轮胎参与碰撞后，它与其前面轴向刚度较大的门槛梁接触，导致对撞击的抵抗明显增加，所以碰撞吸能区通常被布置在后车轮后部，而将后轮作为变形限制器加以利用。通常后纵梁是后部结构的主要吸能部件。在以上情况中还要考虑备胎的影响。

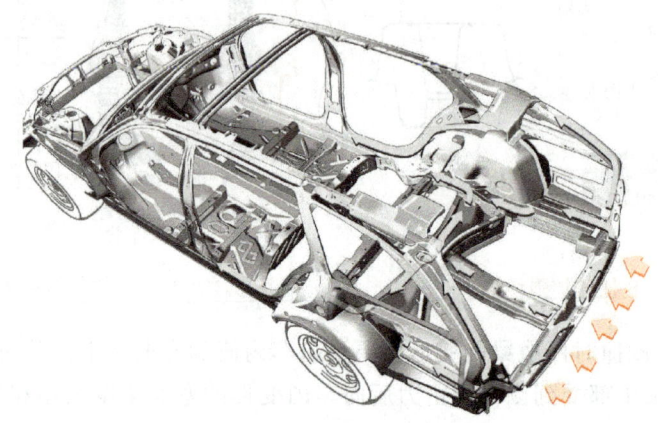

图 6-35　后面碰撞载荷在汽车结构中的传递

为了实现轿车轻量化，车身后部长度有变短的趋势。因此，应当提高后部结构吸能的效率。在轿车总体设计时，有时后纵梁前端不得不采用折曲的形状，它的变形也易成为 Z 字形。因此，不仅要控制其能量吸收特性，而且必须控制它的变形模式，防止发生严重的弯曲变形。

4. 滚翻

车顶变形引起乘员生存空间丧失是滚翻事故中乘员伤害的主要原因之一。因此，针对滚翻进行抗撞性设计时，减小车顶的变形是设计的重点。

滚翻事故中，车顶与地面接触，在地面的作用下发生变形，车顶的三种基本变形形式如图 6-5 所示。车顶受到的来自地面的作用主要可分为前、后方向的载荷，侧向载荷和垂向载荷，这些载荷都是通过车顶立柱及相应接头传递到刚度相对较大的车身底部和前、后围结构的，如图 6-36 所示。

由前面对安全框架的分析可知，为了减小车顶结构在滚翻中的变形，应当通过立柱、车顶边梁/横梁和相应接头结构组成的框架整体抵抗车顶受到的载荷。为此，在车身结构设计中应当注意如下内容：

1) 合理组织框架的拓扑，将作用在局部的载荷分散给整个框架。
2) 合理匹配框架各部分的刚度，防止因应力集中造成局部失稳而导致失效。
3) 提高立柱和车顶边梁/横梁的弯曲/轴向刚度、以及接头对各分支弯矩的抵抗刚度。

5. 低速碰撞

根据车身抗撞性的设计要求，为了在低速碰撞时减少因撞车带来的维修费用，应当在汽车前端设置低速吸能区。低速吸能区一般由能量吸收式保险杠构成，也可以在其后

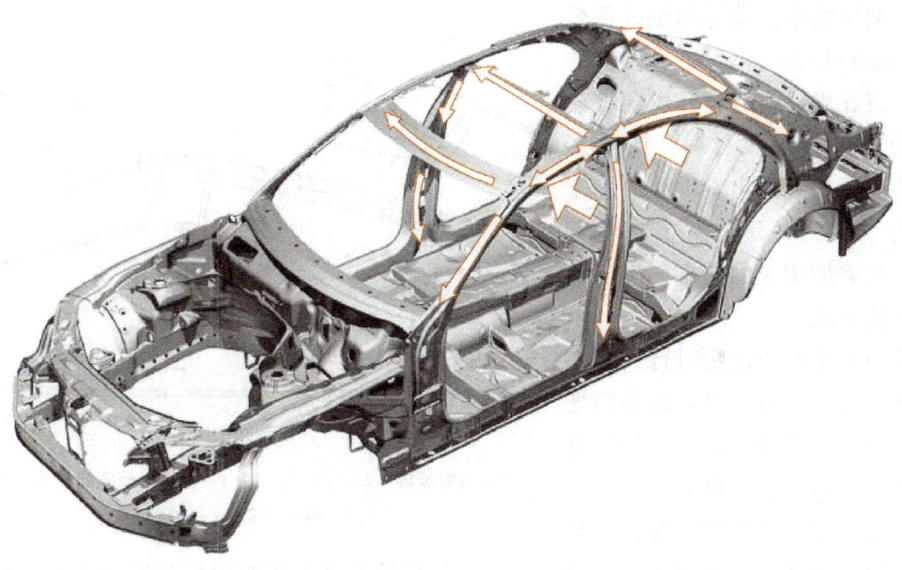

图 6-36　作用在车顶上的横向载荷的传递

部和前纵梁之间再布置低压缩刚度的结构，如图 6-37（参见彩图）所示，它们与主要结构的连接是可拆卸的方式，如螺栓连接。

吸能式保险杠由保险杠外板、能量吸收体和骨架构成。按能量吸收体的不同可分为不同的类型。能量吸收体的种类有泡沫材料、蜂窝材料、波纹管和筒状油液缓冲器等。图 6-38 是筒状油液缓冲器结构的示意图。这种装置通过油的黏性阻尼力抵抗碰撞，吸收碰撞能量，具有能量吸收率高、热敏性能稳定等优点。

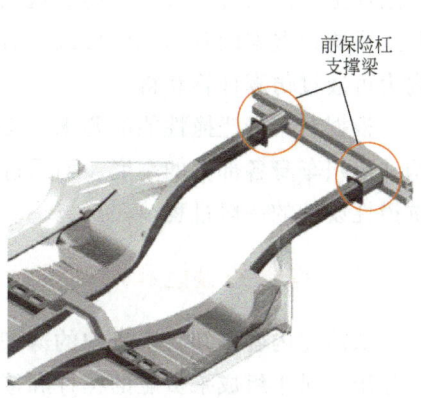

图 6-37　低压缩刚度结构的布置

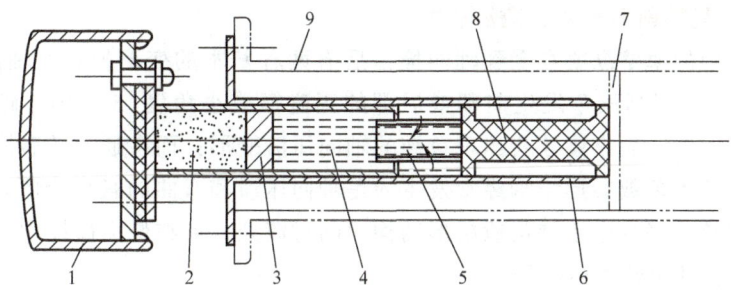

图 6-38　筒状油液缓冲器结构的示意图

1—保险杠横梁　2—氮气　3—浮动活塞　4—油液　5—节流孔　6—液压缸
7—车身纵梁内台阶　8—塑性变形元件（钢管）　9—车身纵梁

6. 行人保护

为了减轻对行人的伤害，应当对车身结构相应部位进行软化或在其周围使用能量吸收材料。具体措施包括：为减轻行人与汽车一次碰撞的伤害，应当对保险杠、前散热器罩和发动机舱盖前端等部位进行软化；为减轻行人与汽车二次碰撞的伤害，应在发动机舱盖和风窗玻璃周围使用能量吸收材料。图6-39所示为从保护行人出发设计的汽车头部的"软"外形。对于减轻行人由三次碰撞带来的伤害，应当从外部环境解决。

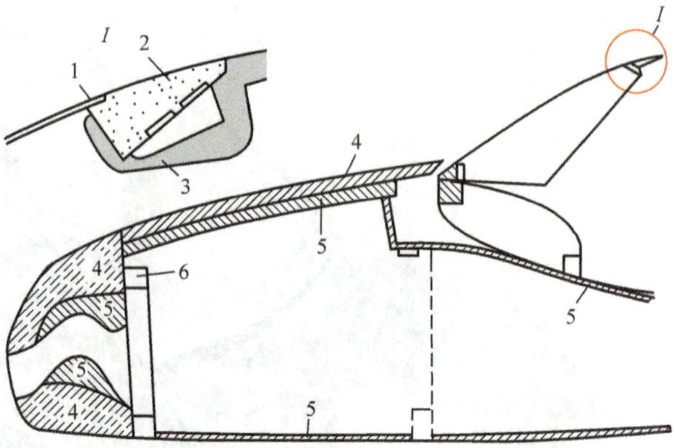

为防止车外凸出物对行人的伤害，在车身设计时，可采取将门把手等装置设计成内凹式、采用具有缓冲机构的后视镜等措施。

总之，车身结构的刚度设计是车身结构抗撞性设计的主要内容之一，主要的目的是减小碰撞中乘员舱的变形。乘员舱的刚性主要是由薄壁梁形结构所组成的框架提供的，而梁形结构和连接它们的接头结构是组成这种框架的基本元件形式。对于空间框架结构，在各种形式碰撞载荷作用下，其内力可通过仿真计算获得。

图6-39 汽车头部的"软"外形
1—风窗玻璃 2—缓冲垫 3—内衬 4—吸收能量的泡沫
5—隔声材料 6—挡板

根据对车身碰撞性能的要求，参考有竞争力的样车车身结构和尺寸参数构造车身结构，组织车身各部分的刚度，而后进行碰撞仿真计算和分析，并通过试验验证。这就是抗撞性设计的一般过程。

四、构件的吸能和刚性设计

从前述内容可知，车身中的薄壁梁形结构在吸收碰撞动能和缓冲撞击中发挥着重要的作用。对于组成乘员舱的构件和接头，则需要具有足够的刚度，以减小碰撞力造成的乘员舱变形。

1. 薄壁梁受轴向撞击后的变形模式

汽车结构中的薄壁纵梁在受到轴向撞击后有两种基本的变形模式：轴向压溃（axial collapse）和弯曲。仅当汽车发生前部或后部的正碰撞或小角度（5°~10°）碰撞时，作为主要吸能部件的前、后纵梁才会出现单纯的轴向压溃变形；而在通常的碰撞事故中，车身前部和后部的大多数梁形结构经常发生的是轴向压溃和弯曲的联合变形。更复杂的变形模式，如扭转，多发生于乘员舱梁形结构间的过渡处，如在侧面碰撞中，门槛梁在与B柱接头处会受到扭转载荷的作用。

对于吸能而言，轴向折叠压缩被认为是效率最高的变形模式。然而，由于与之相关的各种不稳定因素的存在，这种单纯的变形模式是最难实现的。图6-40所示为典型的方形薄壁梁的轴向压溃变形。在这种情况下，变形由相互一致的折叠组成。

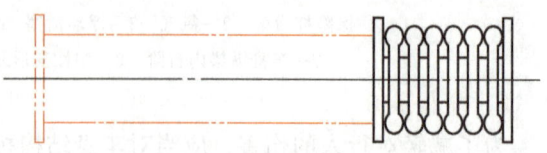

图6-40 薄壁梁的轴向压溃变形

弯曲是一种吸能效率较低的变形模式，涉及局部铰链机构的形成和连杆形式的运动。在碰撞中，车身前部结构总有发生这种变形的倾向。即使对于设计通过轴向压溃吸能的结构，除非采取特殊措施提高对斜向载荷的稳定性和抵抗力，否则当受到斜向载荷时也会发生弯曲变形而导致设计失败。由于过早的损失吸能能力将彻底改变结构的压缩特性，而这种情况又通常是以一种不可预测的方式出现的。因此，在进行车身抗撞性设计时，防止出现这种情况是非常重要的。图 6-41 所示为方形薄壁梁在轴向压缩载荷作用下发生的典型弯曲变形。

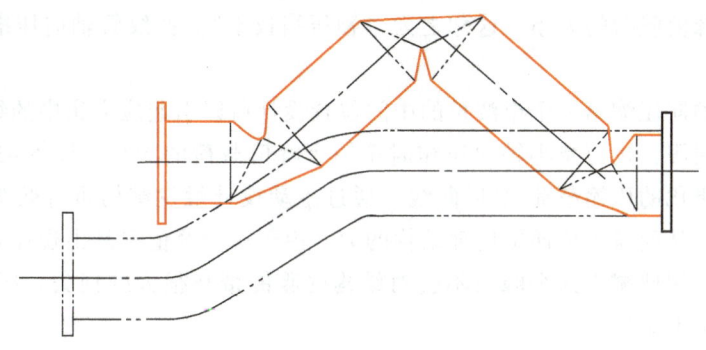

图 6-41　薄壁梁的弯曲变形

2. 薄壁梁结构吸能的管理

（1）**轴向压溃变形的产生**　薄壁梁轴向压溃变形的产生可以分为如下几步：

1）在撞击之后轴向载荷迅速增加。

2）当轴向载荷达到某点 P_b 时，最薄弱的侧板发生屈曲，称作局部屈曲，如图 6-42a 所示。在这种局部屈曲的影响下其他侧板先后屈曲，并在整个板上产生屈曲变形波。

3）随着侧板变形的增加，在棱线处产生应力集中，此处对应于半波长的中间，如图 6-42b 所示。

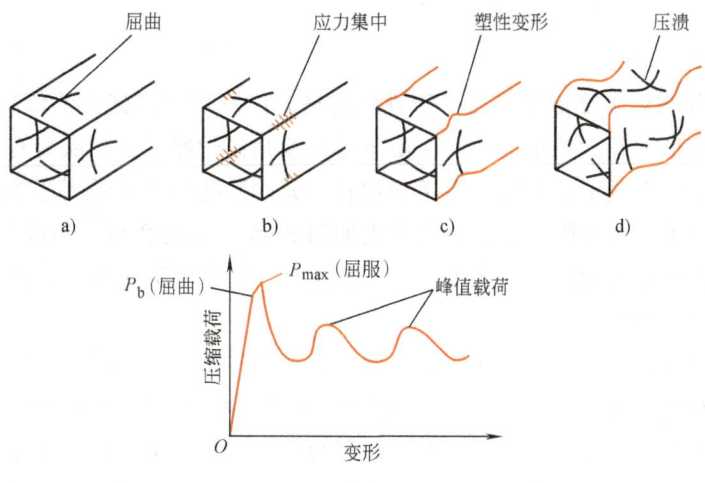

图 6-42　薄壁梁轴向压溃变形的产生

4）当载荷在 P_{max} 点达到最大值，棱线应力集中的部位发生屈服与塑性变形，薄壁梁被压溃，沿着先前产生的压缩波开始发生折叠，如图6-42c所示。

5）接着产生第二次屈曲和屈服。由于在第一次局部屈曲时各侧面的整个板上都产生了小变形波，因此随后的峰值载荷都比第一个峰值载荷 P_{max} 明显减小。

（2）触发结构的应用　由前面对薄壁梁轴向压溃变形过程的分析可知，在第一次局部屈曲时，梁各侧面的整个板上产生的变形波使轴向载荷随后的峰值都比第一个峰值 P_{max} 明显减小。因此，可以利用该原理使薄壁梁预先产生微小的变形波，以减少轴向压缩时第一个峰值载荷的大小，这称之为"预压缩技术"。波纹管轴向压缩的情况与此类似。

在薄壁梁轴向压缩第一个半波长的中间位置设计可以引起应力集中的结构，可以提前触发屈曲和屈服，进而减小轴向压缩时第一个峰值载荷的大小。图6-43所示为薄壁梁轴向压溃理想化的压缩载荷-变形曲线。通过主动设计触发结构可有效减小轴向载荷的第一个峰值，从而减小传递给后部结构的力。由于这个峰值只是出现在开始一段很小的压缩变形内，因此减小这个峰值不会对结构的吸能带来很大的损失。图6-44是薄壁梁的几种典型触发结构。

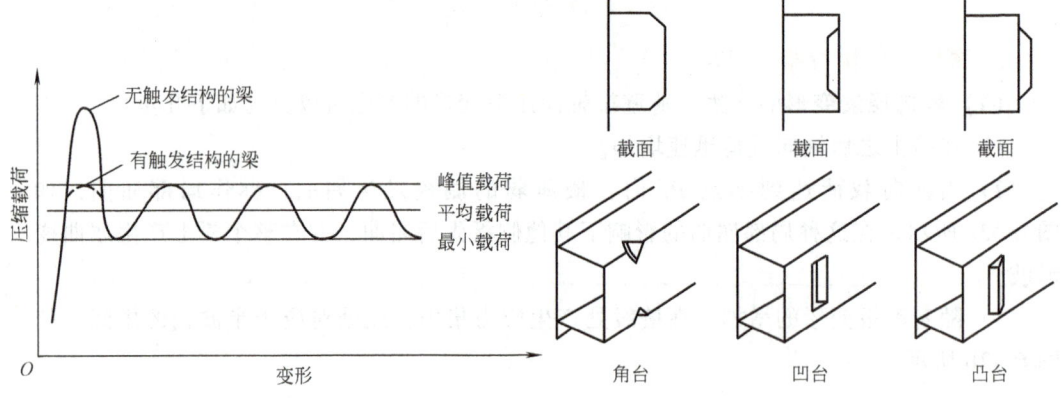

图6-43　触发结构的应用　　　　图6-44　薄壁梁的典型触发结构

（3）塑性铰与弯曲变形的产生　塑性铰的概念广泛用于描述梁形结构的弯曲变形，特别是当弯曲变形涉及大转角的时候。由于载荷或几何的原因，如载荷有垂直梁轴线方向的分量或梁的中心线不是直线，在压缩过程中梁的某些部分会受到弯矩的作用。当某处在弯矩的作用下产生屈服时，该处将产生如图6-45所示的变形；当载荷继续增加时，此处两侧的梁将有很大的转角，产生"V"形变形，发生屈服的部位起到了类似铰链的作用，通常称之为塑性铰。

在多数碰撞事故中，涉及轴向压缩、弯曲甚至扭转的混合变形是薄壁梁形结构的主要变形模式。在这些情况中，当某处出现塑性铰后，由于该处承受的弯矩不能继续增加，弯矩的分布将发生变化。随着外部压缩载荷的进一步增加，将产生新的塑性铰，直到最后塑性铰的数量和分布将结构变成一种类似铰链连接的可动机构，如图6-41所示。这时，结构对外部压缩的抵抗显著减小。

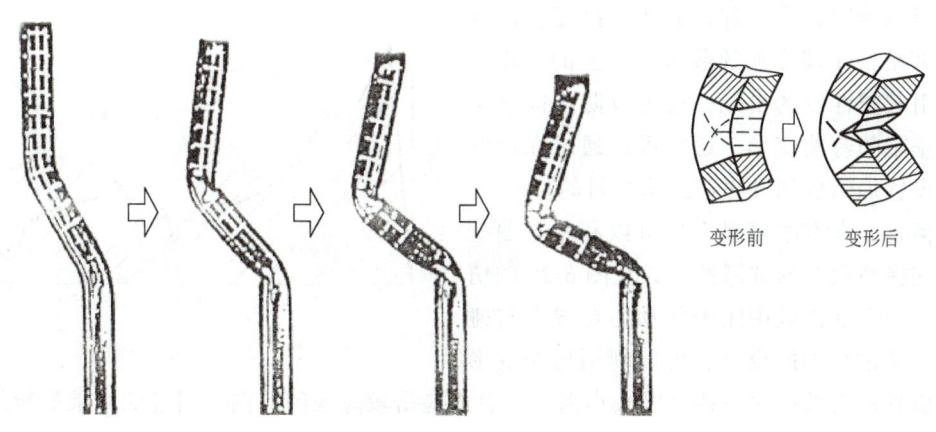

图 6-45 薄壁梁的弯曲变形与塑性铰

（4）防止轴向压溃过程中弯曲变形模式的发生 由以上分析可知，产生塑性铰的要素主要有两个，一个是梁的某个部位受到弯矩的作用，另一个是弯矩的作用引起了屈服。因此，为了防止产生塑性铰变形，应当从如下方面采取措施：①减小受弯部位所受的弯矩；②增加受弯矩部位的弯曲变形刚度。这也是防止产生弯曲变形模式的两个措施。

为了减小受弯部位所受的弯矩，应尽量使薄壁梁的轴线为直线。另外，在梁的前端布置触发结构以降低第一个峰值压缩载荷，可以减小受弯部位所受弯矩的最大值。图 6-46 是一个纵梁正面碰撞变形过程的模拟计算结果，其中图 6-46a 中纵梁前端未设计触发结构，图 6-46b 中纵梁前端设计了触发结构。图 6-47 是这两种情况的压缩载荷-变形曲线。通过对比可以发现，无触发结构的纵梁在 15ms 时发生了明显的弯曲变形，使其能量吸收能力显著下降；而布置触发结构后，不仅降低了压缩载荷的第一个峰值，而且由于减小了弯曲变形，获得了很好的能量吸收性能。

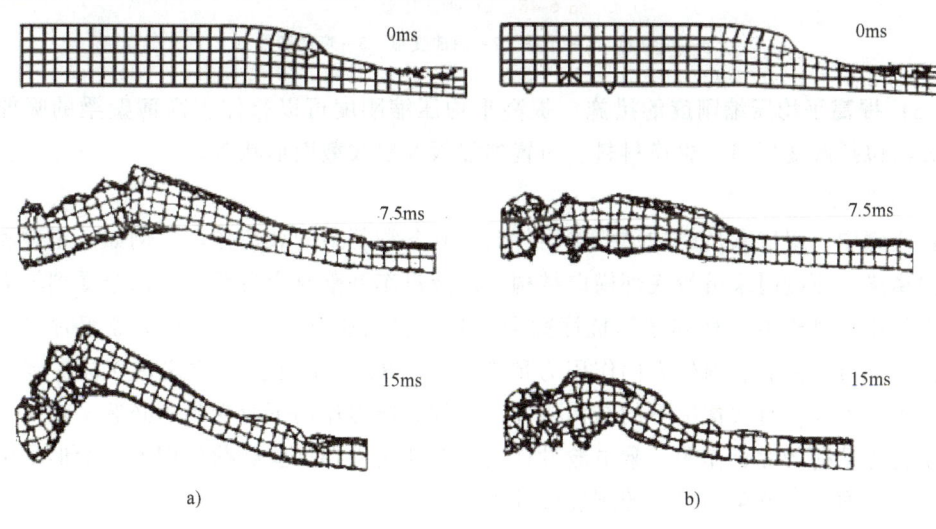

图 6-46 纵梁的压缩变形
a) 无触发结构 b) 有触发结构

增加薄壁梁受弯部位的弯曲刚度，使导致前部结构压溃变形的载荷所产生的弯矩不足以引起塑性铰的出现，也可以防止前纵梁等薄壁梁的弯曲变形。通常可以通过在这些部位设置加强板的方法达到这个目的。

但是，在有些情况下也可以利用弯曲变形模式提高汽车的抗撞性，如在图 6-26 的情况中，当发动机舱中刚硬的动力总成参与碰撞后，通过合理的设计，可以利用弯曲变形

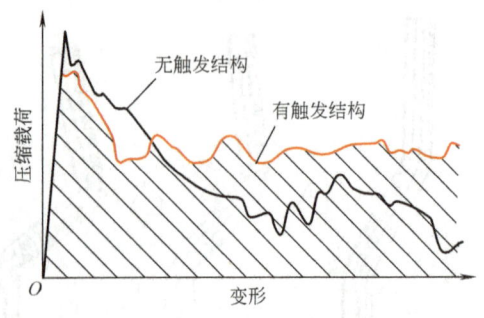

图 6-47　压缩载荷-变形曲线

模式引导动力总成向下移动以减小因动力总成撞击较薄弱的前围板引起的对乘员舱的侵入。此外，将纵梁预弯曲（图 6-48），并削弱弯曲部位的内凹陷处（如图 6-48 中 3 所指），或加强外凸起处，则碰撞时构件发生进一步弯曲变形，变形的方向和程度决定于设计的引导。但采用这种弯曲吸能的方法如果设计不当（弯曲过早），会使区段 2 结构的折叠变形压缩特性丧失，很快失去吸能能力。

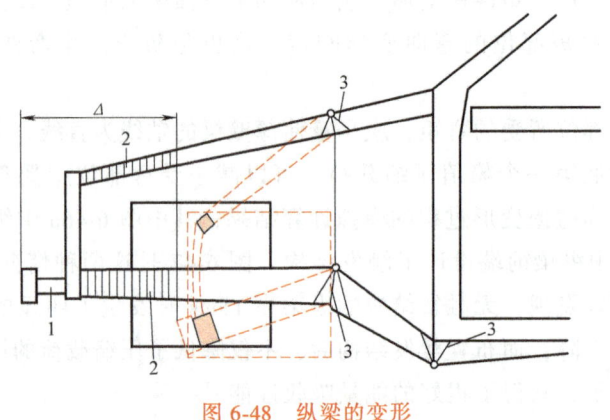

图 6-48　纵梁的变形

Δ—位移量　1—压扁　2—屈曲变形　3—弯曲变形

（5）提高平均压缩刚度的措施　提高平均压缩刚度可以整体提高薄壁梁的吸能能力，方法包括改变板厚、更换材料、布置加强板及更改截面形状等。

3. 构件的刚性设计

在碰撞中，组成乘员舱的薄壁梁构件会受到各种复杂的载荷作用。例如，正碰和后碰时门槛梁、侧碰时乘员舱底部横向结构、以及汽车跌落时乘员舱立柱都会受到较大的轴向力作用；侧碰中 B 柱和车门抗撞梁会受到侧撞力引起的弯矩，汽车翻滚时车顶将所受到的乘员舱前后、内外方向作用力传递给 A、B、C 立柱，导致这些立柱受到弯矩作用。不仅如此，真实情况下的结构构件在各种碰撞力作用下所受到的必然是轴向、弯曲、扭转等载荷的综合作用。乘员舱设计则需要使构件在这些载荷作用下的变形尽可能小，这主要通过薄壁梁和接头的刚性设计来实现。

（1）构件的轴向和弯曲刚度设计　如前述，受到轴向载荷作用的薄壁梁的变形模式主要有两种：轴向压溃和弯曲。而在弯矩作用下薄壁梁更容易产生塑性弯曲变形。为

了提高轴向和弯曲刚度，应该从以下方面着手：

1）通过增加板料厚度、改变截面形状、使用加强板等措施，从而增加有效截面面积，能够改善薄壁梁构件的轴向刚度。

2）产生塑性弯曲变形的原因主要是薄壁梁构件局部存在应力集中，或者局部所受到的弯矩较大（大于当量的弯曲惯性矩），因此，首先应当防止出现局部的应力集中，并且在提高梁构件整体弯曲刚度的同时根据弯矩的分布优化各处截面上的弯曲惯性矩，使受弯矩大的部位弯曲惯性矩也大。这种措施常常用在 B 柱的结构设计上。

3）使用强度更高的材料，这对于抵抗任何一种载荷通常都是有效的。

（2）接头的刚度设计 足够的接头刚度对于减小碰撞中乘员舱变形非常重要，并能够防止出现铰链效应。碰撞中接头受到的载荷主要是其分支所受沿着前后、左右、内外方向的作用力所引起的弯矩，类似于悬臂梁在自由端受到垂直于梁轴线方向集中力的情况，所以通常分支根部受到的弯矩最大。而各种碰撞形式中乘员舱接头结构失效主要是在接头根部出现塑性铰，引起接头结构对弯矩的抵抗力显著下降。图 6-49 为正面碰撞中 A 柱上接头根部产生的塑性铰，此时 A 柱上接头抵抗 A 柱下端

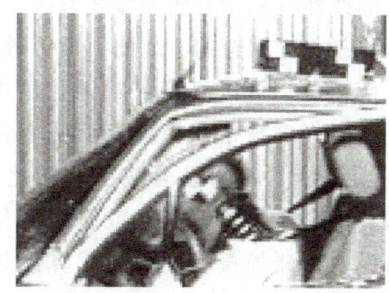

图 6-49　A 柱上接头塑性铰变形

受到的向后碰撞作用力引起的弯矩的能力显著下降。图 6-50 为侧围容易失效的接头部位。

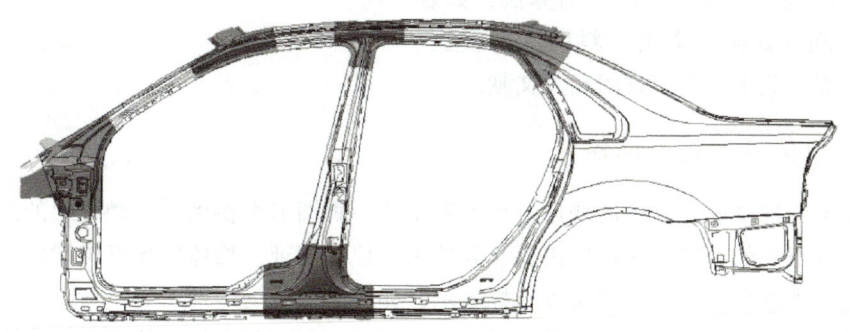

图 6-50　侧围容易失效的接头部位

由材料力学可知，弯曲应力超过许用值是引起弯曲失效的主要原因，而某截面处的弯曲应力与所受的弯矩和此处的弯曲惯性矩有关，因此，为了提高接头结构抵抗来自分支的弯矩的能力，应当提高接头结构在此分支的弯曲惯性矩，或者更换材料以提高最大许用弯曲应力。为了提高分支的弯曲惯性矩，通常可以改变截面形状、增加板厚、布置加强板或使用填充材料，以及采用激光焊接、激光拼焊等工艺措施等。

五、材料和工艺的考虑

在进行车身抗撞性设计的时候,应当考虑新材料和新工艺的使用,恰当地应用它们可以带来性能改进、结构轻量化、节约成本等多种好处。例如,激光焊接薄壁梁形结构的轴向刚度和弯曲刚度比点焊连接的都大;采用激光拼焊技术,可以在使用较少高强度材料的情况下提高结构的刚度;采用泡沫材料充填梁形结构,可以提高其刚度或吸能能力。

第五节 碰撞模拟的基本理论

汽车碰撞过程是结构的复杂变形过程,涉及结构的大位移、大变形和大转动。在进行汽车碰撞模拟时,一般采用非线性有限元方法。按照求解平衡方程组的方法,可分为隐式非线性有限元方法和显式非线性有限元方法。在隐式方法中,推导出的非线性平衡方程组是相互耦合的,因此,需要进行迭代求解。在显式方法中,非线性平衡方程组是相互解耦的,可以直接求解。在显式方法中还使用了很多技术,使求解高速变化的非线性问题的计算时间显著减少。相比较而言,隐式算法更适合求解静态或缓慢变化的非线性问题。在碰撞模拟中,显式算法具有明显的计算优势。

以下将介绍显式非线性有限元方法的一些基本方程和概念,如单元的单点积分、时间积分的中心差分法、时间积分的稳定性与时间步长控制。还有许多重要的算法,如各种单元的刚度矩阵、常用材料的本构模型、接触算法等。关于它们请查阅相关文献。

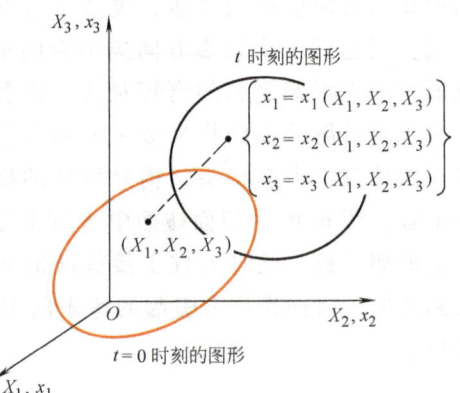

图 6-51 物体变形过程的描述

一、物体变形过程的描述

从变形角度来说,物体的变形过程实际是从一种图形变换到另一种图形的过程。物体是由质点组成的,其形状可以用质点间的相互位置表征。物体中质点位置的标定,用质点在笛卡儿直角坐标系中的位置坐标表示,如图 6-51 所示。

设质点 α 在 $t=0$ 时刻的位置坐标为 $X_\alpha (\alpha=1,2,3)$,这时由质点构成的物体图形称为初始态图形;设在此后的任意时刻 t,质点移动到另一位置,由于质点间的相互位置关系发生了变化,物体因此改变了形状。在 t 时刻,物体经过变形后,质点 α 的位置坐标为 $x_i(i=1,2,3)$。它是坐标 X_α 和时间 t 的函数,即

$$x_i = x_i(X_\alpha, t) \qquad i=1,2,3 \tag{6-8}$$

由位置坐标为 $x_i(i=1,2,3)$ 的质点构成的物体图形,称为变形态图形。

在初始态图形和变形态图形中,点的位置坐标在两个图形中是彼此一一对应的。因此,式(6-8)所表示的函数是单值连续的,它有唯一的反变换关系。要满足单值连续条件,由式(6-8)得出的雅可比行列式 J 不为零,即

$$|J| = \left|\frac{\partial X_\alpha}{\partial x_i}\right| = \begin{vmatrix} \dfrac{\partial X_1}{\partial x_1} & \dfrac{\partial X_1}{\partial x_2} & \dfrac{\partial X_1}{\partial x_3} \\ \dfrac{\partial X_2}{\partial x_1} & \dfrac{\partial X_2}{\partial x_2} & \dfrac{\partial X_2}{\partial x_3} \\ \dfrac{\partial X_3}{\partial x_1} & \dfrac{\partial X_3}{\partial x_2} & \dfrac{\partial X_3}{\partial x_3} \end{vmatrix} \neq 0 \quad (\alpha, i = 1, 2, 3) \tag{6-9}$$

二、控制方程

1. 质量守恒定律

物体的一个基本参数是质量。一个实际物体的质量在所有时刻都是相同的，它与时间无关。设 ρ_0 为物体在初始态图形时的密度，它是质点初始态坐标的函数，即

$$\rho_0 = \rho_0(X_\alpha) \tag{6-10}$$

又设 ρ 是物体在变形态图形时的密度，它是质点变形态坐标的函数，即

$$\rho = \rho(x_i) \tag{6-11}$$

在变形过程中，质量守恒定律表达式的积分形式为

$$\int \rho(x_i) \mathrm{d}x_1 \mathrm{d}x_2 \mathrm{d}x_3 = \int \rho_0(X_\alpha) \mathrm{d}X_1 \mathrm{d}X_2 \mathrm{d}X_3 \tag{6-12}$$

按体积积分的坐标变换关系，式(6-12)可以写成

$$\int \rho(x_i) \mathrm{d}x_1 \mathrm{d}x_2 \mathrm{d}x_3 = \int \rho_0(X_\alpha) \left|\frac{\partial X_\alpha}{\partial x_i}\right| \mathrm{d}x_1 \mathrm{d}x_2 \mathrm{d}x_3 \tag{6-13}$$

这个关系式对物体所有部分都是有效的。因此得到

$$\rho(x_i) = \rho_0(X_\alpha) \left|\frac{\partial X_\alpha}{\partial x_i}\right| \tag{6-14}$$

关系式(6-14)等价于式(6-12)表达的质量守恒定律。

2. 动量方程

在某一时刻 t，一个规则空间区域所含的动量 p_i 为

$$p_i = \int_V \rho v_i \mathrm{d}V \tag{6-15}$$

如果作用在物体表面 S 上的应力分量是 T_i，物体的单位体积力是 F_i，则作用在物体上的合力为

$$R_i = \int_V F_i \mathrm{d}V + \int_S T_i \mathrm{d}S \tag{6-16}$$

按照柯西(Cauchy)应力原理，有

$$T_i = \sigma_{ij} \nu_j \tag{6-17}$$

式中，σ_{ij} 为应力场，ν_j 为物体表面 S 上单位外法线矢量 ν 的分量。于是，式(6-16)可以写成

$$R_i = \int_V F_i \mathrm{d}V + \int_S \sigma_{ij}\nu_j \mathrm{d}S \tag{6-18}$$

应用高斯定律，又有

$$R_i = \int_V \left(F_i + \frac{\partial \sigma_{ij}}{\partial x_j} \right) \mathrm{d}V \tag{6-19}$$

按照牛顿定律

$$\frac{\mathrm{d}}{\mathrm{d}t} p_i = R_i \tag{6-20}$$

由体积积分物质导数的表达式知

$$\frac{\mathrm{d}}{\mathrm{d}t} p_i = \int_V \left[\frac{\partial}{\partial t}(\rho v_i) + \frac{\partial}{\partial x_j}(\rho v_i v_j) \right] \mathrm{d}V \tag{6-21}$$

由式(6-20)可得

$$\int_V \left[\frac{\partial}{\partial t}(\rho v_i) + \frac{\partial}{\partial x_j}(\rho v_i v_j) \right] \mathrm{d}V = \int_V \left(F_i + \frac{\partial \sigma_{ij}}{\partial x_j} \right) \mathrm{d}V \tag{6-22}$$

这个关系式对物体的任何部分都成立。因此，得到

$$\frac{\partial}{\partial t}(\rho v_i) + \frac{\partial}{\partial x_j}(\rho v_i v_j) = F_i + \frac{\partial}{\partial x_j} \sigma_{ij} \tag{6-23}$$

式(6-23)等号左边可写成

$$\frac{\partial}{\partial t}(\rho v_i) + \frac{\partial}{\partial x_j}(\rho v_i v_j) = v_i \left[\frac{\partial \rho}{\partial t} + \frac{\partial}{\partial x_j}(\rho v_j) \right] + \rho \left(\frac{\partial v_i}{\partial t} + v_j \frac{\partial v_i}{\partial x_j} \right) \tag{6-24}$$

由连续性方程知

$$\frac{\partial \rho}{\partial t} + \frac{\partial}{\partial x_j}(\rho v_j) = 0 \tag{6-25}$$

因而，由物质导数的定义知

$$\rho \left(\frac{\partial v_i}{\partial t} + v_j \frac{\partial v_i}{\partial x_j} \right) = \rho \frac{\mathrm{d}v_i}{\mathrm{d}t} \tag{6-26}$$

式中，$\frac{\mathrm{d}v_i}{\mathrm{d}t}$ 为质点的加速度。

这样，经过上面的一些变换后，式(6-23)变为

$$\rho \frac{\mathrm{d}v_i}{\mathrm{d}t} = F_i + \frac{\partial}{\partial x_j} \sigma_{ij} \tag{6-27}$$

又可写为

$$\rho \ddot{x}_i = F_i + \sigma_{ij,j} \tag{6-28}$$

此式即为物体的动量方程。

3. 能量方程

对所研究的物体，由能量守恒定律，有

$$E_k + E_g + E_i = W \tag{6-29}$$

式中，E_k、E_g 和 E_i 分别为物体的动能、重力势能和内能；W 为外界对物体做的功。

在某时刻 t，物体的动能为

$$E_k = \int_V \frac{1}{2}\rho v_i^2 \mathrm{d}V \tag{6-30}$$

式中，v_i 为质点所在体积元 $\mathrm{d}V$ 速度矢量的分量，ρ 是物体的密度。

重力势能与质量分布有关，可写为

$$E_g = \int_V \rho \phi \mathrm{d}V \tag{6-31}$$

式中，ϕ 为单位质量的重力势能。

内能可写为如下形式

$$E_i = \int_V \rho e \mathrm{d}V \tag{6-32}$$

式中，e 为单位质量的内能。

将式(6-29)写为变化率的形式，则为

$$\frac{\mathrm{d}}{\mathrm{d}t}(E_k + E_g + E_i) = \dot{W} \tag{6-33}$$

式中，$\dot{W}$ 为单位时间内 W 的变化率。

在 V 内，单位体积的体力 X_i（不包括重力部分）和外表面 S 上的面力 T_i 以某种速率对物体做功，即是功率

$$\dot{W} = \int_V X_i v_i \mathrm{d}V + \int_S T_i v_i \mathrm{d}S \tag{6-34}$$

应用柯西应力原理和高斯定律，有

$$\dot{W} = \int_V X_i v_i \mathrm{d}V + \int_V (\sigma_{ij} v_i)_{,j} \mathrm{d}V \tag{6-35}$$

由于式(6-33)中，E_g 项包含了重力势能，所以体力 X_i 不包括重力部分。把式(6-30)、式(6-31)、式(6-32)和式(6-35)代入式(6-33)，并利用物质导数的定义，经过一系列计算后，得

$$\frac{1}{2}\rho \frac{\mathrm{d}v^2}{\mathrm{d}t} + \frac{v^2}{2}\frac{\mathrm{d}\rho}{\mathrm{d}t} + \frac{v^2}{2}\rho \mathrm{div}v + \rho\frac{\mathrm{d}e}{\mathrm{d}t} + e\frac{\mathrm{d}\rho}{\mathrm{d}t} +$$

$$e\rho \mathrm{div}v + \rho\frac{\mathrm{d}\phi}{\mathrm{d}t} + \phi\frac{\mathrm{d}\rho}{\mathrm{d}t} + \phi\rho \mathrm{div}v$$

$$= X_i v_i + \sigma_{ij,j} v_i + \sigma_{ij} v_{i,j} \tag{6-36}$$

由连续性方程和动量方程知

$$\frac{\mathrm{d}\rho}{\mathrm{d}t} + \rho \mathrm{div}v = 0, \quad \rho\frac{\mathrm{d}v_i}{\mathrm{d}t} = F_i + \sigma_{ij,j} \tag{6-37}$$

式中，F_i 为单位体积的总体力。

F_i 与 X_i 之差为重力，并由下式确定

$$F_i - X_i = -\rho \frac{\partial \phi}{\partial x_i} \tag{6-38}$$

同时，考虑到对于一个不随时间变化的重力场有 $\partial \phi / \partial t = 0$，由物质导数的定义，有

$$\frac{\mathrm{d}\phi}{\mathrm{d}t} = \frac{\partial \phi}{\partial t} + v_i \frac{\partial \phi}{\partial x_i} = v_i \frac{\partial \phi}{\partial x_i} \tag{6-39}$$

将式(6-37)、式(6-38)和式(6-39)代入式(6-36)，得

$$\frac{1}{2}\rho \frac{\mathrm{d}v^2}{\mathrm{d}t} + \rho \frac{\mathrm{d}e}{\mathrm{d}t} = \rho v_i \frac{\mathrm{d}v_i}{\mathrm{d}t} + \sigma_{ij} v_{i,j} \tag{6-40}$$

又

$$\frac{1}{2}\rho \frac{\mathrm{d}v^2}{\mathrm{d}t} = \rho v_i \frac{\mathrm{d}v_i}{\mathrm{d}t} \tag{6-41}$$

且

$$\sigma_{ij} v_{i,j} = \sigma_{ij}\left[\frac{1}{2}(v_{i,j}+v_{j,i}) + \frac{1}{2}(v_{i,j}-v_{j,i})\right] = \sigma_{ij}\dot{\varepsilon}_{ij} + 0 \tag{6-42}$$

其中

$$\dot{\varepsilon}_{ij} = \frac{1}{2}(v_{i,j}+v_{j,i}) \tag{6-43}$$

为应变率张量。这样，方程式(6-40)就能简化，最终得到能量方程的如下形式

$$\rho \frac{\mathrm{d}e}{\mathrm{d}t} = \sigma_{ij}\dot{\varepsilon}_{ij} \tag{6-44}$$

即

$$\rho \dot{e} = \sigma_{ij}\dot{\varepsilon}_{ij} \tag{6-45}$$

4. 边界条件

物体在变形过程中应满足的边界条件如图 6-52 所示，其中：

1) 在 S^1 面边界上的边界条件为

$$\sigma_{ij}\nu_j = T_i(t) \tag{6-46}$$

式中，$\nu_j(j=1,2,3)$ 为现时构形边界 S^1 的外法线矢量 $\boldsymbol{\nu}$ 的分量；$T_i(i=1,2,3)$ 为面力载荷。

2) 在 S^2 面边界上的边界条件为

$$x_i(X_j,t) = K_i(t) \tag{6-47}$$

式中，$K_i(t)(i=1,2,3)$ 为给定的位移函数。

3) 当 $x_i^+ = x_i^-$ 接触时，沿滑动接触边界 S^0 的边界条件为

$$(\sigma_{ij}^+ - \sigma_{ij}^-)\nu_j = 0 \tag{6-48}$$

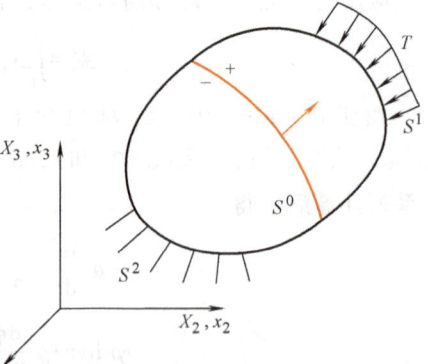

图 6-52 边界条件

5. 有限元法的变分列式

伽辽金法弱形式平衡方程为

$$\int_V (\rho\ddot{x}_i - \sigma_{ij,j} - F_i)\delta x_i \mathrm{d}V + \int_{S^0}(\sigma_{ij}^+ - \sigma_{ij}^-)\nu_j\delta x_i \mathrm{d}S + \int_{S^1}(\sigma_{ij}\nu_j - T_i)\delta x_i \mathrm{d}S = 0$$

(6-49)

式中，δx_i 在 S^2 边界上满足位移边界条件式(6-47)。

应用散度定理：

$$\int_V (\sigma_{ij}\delta x_i)_{,j}\mathrm{d}V = \int_{S^0}(\sigma_{ij}^+ - \sigma_{ij}^-)\nu_j\delta x_i \mathrm{d}S + \int_{S^1}\sigma_{ij}\nu_j\delta x_i \mathrm{d}S \tag{6-50}$$

并注意到分部积分

$$(\sigma_{ij}\delta x_i)_{,j} - \sigma_{ij,j}\delta x_i = \sigma_{ij}\delta x_{i,j} \tag{6-51}$$

式(6-49)可改写为

$$\delta\pi = \int_V \rho\ddot{x}_i\delta x_i \mathrm{d}V + \int_V \sigma_{ij}\delta x_{i,j}\mathrm{d}V - \int_V F_i\delta x_i \mathrm{d}V - \int_{S^1} T_i\delta x_i \mathrm{d}S = 0 \tag{6-52}$$

此式即为虚功原理的变分列式，其中 $\delta\pi$ 为虚功。

三、空间有限元离散化

单元内任意点的坐标用节点坐标插值表示为

$$x_i(\xi,\eta,\zeta,t) = \sum_{j=1}^{m}\phi_j(\xi,\eta,\zeta)x_i^j(t) \qquad i=1,2,3 \tag{6-53}$$

式中，ϕ_j 为参数坐标(ξ,η,ζ)下的形函数；m 为该单元的节点数；x_i^j 为节点 j 的 i 方向坐标。

式(6-53)用矩阵表示为

$$\bm{x}(\xi,\eta,\zeta,t) = \bm{N}\bm{x}^e \tag{6-54}$$

式中，单元内任意点坐标矢量 $\bm{x}(\xi,\eta,\zeta,t)^{\mathrm{T}} = [x_1 \quad x_2 \quad x_3]$；单元节点坐标矢量 $\bm{x}^{e\mathrm{T}} = [x_1^1 \quad x_2^1 \quad x_3^1 \quad \cdots \quad x_1^k \quad x_2^k \quad x_3^k]$，$k$ 为单元的节点数目；$\bm{N}$ 为插值矩阵。

对于 n 个单元，将式(6-54)代入式(6-52)，得矩阵形式的表达式为

$$\delta\pi = \sum_{m=1}^{n}\delta\pi_m = \sum_{m=1}^{n}\delta\bm{x}^{e\mathrm{T}}\left(\int_{V_m}\rho\bm{N}^{\mathrm{T}}\bm{N}\mathrm{d}V\ddot{\bm{x}}^e + \int_{V_m}\bm{B}^{\mathrm{T}}\bm{\sigma}\mathrm{d}V - \int_{V_m}\bm{N}^{\mathrm{T}}\bm{F}\mathrm{d}V - \int_{S_m^1}\bm{N}^{\mathrm{T}}\bm{T}\mathrm{d}S\right) = 0$$

(6-55)

式中，$\bm{\sigma}$ 为柯西应力矢量，$\bm{\sigma}^{\mathrm{T}} = [\sigma_x \quad \sigma_y \quad \sigma_z \quad \sigma_{xy} \quad \sigma_{yz} \quad \sigma_{zx}]$；$\bm{B}$ 为应变矩阵；$\bm{F}$ 为体积载荷矢量，$\bm{F}^{\mathrm{T}} = [F_1 \quad F_2 \quad F_3]$；$\bm{T}$ 为面力载荷矢量，$\bm{T}^{\mathrm{T}} = [T_1 \quad T_2 \quad T_3]$。

在一般的显式方法中，单元的质量矩阵 $\bm{m} = \int_{V_m}\rho\bm{N}^{\mathrm{T}}\bm{N}\mathrm{d}V$ 的同一行矩阵元素都合并到对角元素项，形成集中质量矩阵。

经单元计算并组集后，式(6-55)可写成

$$\delta\bm{x}^{\mathrm{T}}[\bm{M}\ddot{\bm{x}}(t) + \bm{F}_t(x,\dot{x}) - \bm{P}(x,t)] = 0 \tag{6-56}$$

考虑到 $\delta\bm{x}^{\mathrm{T}}$ 的任意性，有

$$\bm{M}\ddot{\bm{x}}(t) + \bm{F}_t(x,\dot{x}) - \bm{P}(x,t) = 0 \tag{6-57}$$

或

$$\bm{M}\ddot{\bm{x}}(t) = \bm{P}(x,t) - \bm{F}_t(x,\dot{x}) \tag{6-58}$$

式中，M 为总体质量矩阵；$\ddot{x}$ 为总体节点加速度矢量；P 为总体载荷矢量，由节点载荷、面力和体力组成；F_t 由单元应力场的等效节点力矢量组集而成，即

$$F_t = \sum_{m=1}^{n} \int_{V_m} B^T \sigma \mathrm{d}V \tag{6-59}$$

四、单元积分和沙漏控制

当按时间步 $t=0, t_1, t_2, \cdots, t_n, t_{n+1}$ 求解运动方程式（6-58）时，需要计算 $\int_{V_m} B^T \sigma \mathrm{d}V$。此时需要根据材料本构关系由应变率 $\dot{\varepsilon}$ 求 σ，而 $\dot{\varepsilon}$ 与单元速度场 $\dot{x}_1, \dot{x}_2, \dot{x}_3$ 有关，即

$$\dot{\varepsilon}_1 = \frac{\partial \dot{x}_1}{\partial x_1}, \quad \dot{\varepsilon}_2 = \frac{\partial \dot{x}_2}{\partial x_2}, \quad \dot{\varepsilon}_3 = \frac{\partial \dot{x}_3}{\partial x_3}$$

$$\dot{\varepsilon}_{12} = \frac{1}{2}\left(\frac{\partial \dot{x}_1}{\partial x_2} + \frac{\partial \dot{x}_2}{\partial x_1}\right), \quad \dot{\varepsilon}_{23} = \frac{1}{2}\left(\frac{\partial \dot{x}_2}{\partial x_3} + \frac{\partial \dot{x}_3}{\partial x_2}\right), \quad \dot{\varepsilon}_{31} = \frac{1}{2}\left(\frac{\partial \dot{x}_3}{\partial x_1} + \frac{\partial \dot{x}_1}{\partial x_3}\right) \tag{6-60}$$

对于有 m 个节点的单元，其内部任意点的速度分量为

$$\dot{x}_i(\xi, \eta, \zeta, t) = \sum_{j=1}^{m} \phi_j(\xi, \eta, \zeta) \dot{x}_i^j(t) \quad (i=1,2,3) \tag{6-61}$$

计算应变率 $\dot{\varepsilon}$ 时，由下式计算 $\frac{\partial \dot{x}_i}{\partial x_1}, \frac{\partial \dot{x}_i}{\partial x_2}$ 和 $\frac{\partial \dot{x}_i}{\partial x_3}$（$i=1,2,3$），即

$$\begin{cases} \dfrac{\partial \dot{x}_i}{\partial x_1} = \sum_{k=1}^{m} \dfrac{\partial \phi_k(\xi,\eta,\zeta)}{\partial x_1} \dot{x}_i^k \\[6pt] \dfrac{\partial \dot{x}_i}{\partial x_2} = \sum_{k=1}^{m} \dfrac{\partial \phi_k(\xi,\eta,\zeta)}{\partial x_2} \dot{x}_i^k, \text{ 而} \begin{pmatrix} \dfrac{\partial \phi_k}{\partial x_1} \\ \dfrac{\partial \phi_k}{\partial x_2} \\ \dfrac{\partial \phi_k}{\partial x_3} \end{pmatrix} = J^{-1} \begin{pmatrix} \dfrac{\partial \phi_k}{\partial \xi} \\ \dfrac{\partial \phi_k}{\partial \eta} \\ \dfrac{\partial \phi_k}{\partial \zeta} \end{pmatrix} \\[6pt] \dfrac{\partial \dot{x}_i}{\partial x_3} = \sum_{k=1}^{m} \dfrac{\partial \phi_k(\xi,\eta,\zeta)}{\partial x_3} \dot{x}_i^k \end{cases} \tag{6-62}$$

这样，由式（6-60）、式（6-61）和式（6-62）求出 $\dot{\varepsilon}$，进而求出 σ，并在进行单元积分时采用在单元形心处（$\xi=\eta=\zeta=0$）进行单点高斯积分的方法，即可计算出 $\int_{V_m} B^T \sigma \mathrm{d}V$。

在单元计算中采用单点高斯积分，可以极大地节省数据存储量和运算次数。对于 8 节点六面体单元而言，与采用 2×2×2 点高斯积分和 3×3×3 点高斯积分相比，采用单点高斯积分的数据存储量和计算机时要分别降到 1/8 和 1/27。但是，单点积分可能引起零能模式，或称沙漏模态（Hourglassing Mode），需要加以控制。PAM-CRASH 软件采用

沙漏黏性阻尼控制零能模式。将各单元节点的沙漏黏性阻尼力组集成总体结构沙漏黏性阻尼力 $\boldsymbol{H}$，并考虑阻尼影响后，非线性运动方程组(6-58)应改写为

$$\boldsymbol{M}\ddot{\boldsymbol{x}}(t) = \boldsymbol{P}(x,t) - \boldsymbol{F}_t(x,\dot{x}) + \boldsymbol{H} - \boldsymbol{C}(\dot{x},t) \tag{6-63}$$

式中，$\boldsymbol{C}$ 为总体阻尼力矢量。

五、时间积分与时间步长控制

1. 时间积分的中心差分法

由于采用集中质量矩阵 $\boldsymbol{M}$，运动方程组(6-63)的求解是非耦合的，故在 t_n 时刻有

$$\ddot{\boldsymbol{x}}(t_n) = \boldsymbol{M}^{-1}[\boldsymbol{P}(t_n) - \boldsymbol{F}_t(t_n) + \boldsymbol{H}(t_n) - \boldsymbol{C}(t_n)] \tag{6-64}$$

对时间积分采用显式中心差分法，则有

$$\dot{\boldsymbol{x}}(t_{n+\frac{1}{2}}) = \dot{\boldsymbol{x}}(t_{n-\frac{1}{2}}) + \frac{1}{2}(\Delta t_{n-1} + \Delta t_n)\ddot{\boldsymbol{x}}(t_n)$$

$$\boldsymbol{x}(t_{n+1}) = \boldsymbol{x}(t_n) + \Delta t_n \dot{\boldsymbol{x}}(t_{n+\frac{1}{2}})$$

式中，$t_{n-\frac{1}{2}} = \frac{1}{2}(t_n + t_{n-1})$；$t_{n+\frac{1}{2}} = \frac{1}{2}(t_{n+1} + t_n)$；$\Delta t_{n-1} = t_n - t_{n-1}$；$\Delta t_n = t_{n+1} - t_n$。

2. 显式中心差分法的稳定性

虽然采用集中质量矩阵 $\boldsymbol{M}$ 和显式中心差分法后可以很简便地完成式(6-63)的计算，但是，显式中心差分法是有条件稳定的。

以线性系统为例，t_n 时刻其运动方程为

$$\ddot{x}(t_n) + 2\xi\omega\dot{x}(t_n) + \omega^2 x(t_n) = \boldsymbol{\phi}^T p(t_n) \tag{6-65}$$

或

$$\ddot{x}(t_n) = \boldsymbol{\phi}^T p - 2\xi\omega\dot{x}(t_n) - \omega^2 x(t_n) \tag{6-66}$$

式中，ξ 为阻尼比；ω 为固有圆频率；p 为载荷；$\boldsymbol{\phi}$ 为正交规一化的特征矢量矩阵，且有

$$\boldsymbol{\phi}^T \boldsymbol{M} \boldsymbol{\phi} = \boldsymbol{I}$$

$$\boldsymbol{\phi}^T \boldsymbol{C} \boldsymbol{\phi} = 2\xi\omega \tag{6-67}$$

$$\boldsymbol{\phi}^T \boldsymbol{K} \boldsymbol{\phi} = \omega^2$$

式中，$\boldsymbol{M}$、$\boldsymbol{C}$ 和 $\boldsymbol{K}$ 分别为质量矩阵、线性刚度矩阵和黏性比例阻尼矩阵。

假设采用相等的时间步长，由中心差分法有

$$\dot{\boldsymbol{x}}(t_n) = \frac{\boldsymbol{x}(t_{n+1}) - \boldsymbol{x}(t_{n-1})}{\Delta t} \tag{6-68}$$

$$\ddot{\boldsymbol{x}}(t_n) = \frac{\boldsymbol{x}(t_{n+1}) - 2\boldsymbol{x}(t_n) + \boldsymbol{x}(t_{n-1})}{\Delta t^2} \tag{6-69}$$

令 $\boldsymbol{\phi}^T p(t_n) = \boldsymbol{Y}(t_n)$，由式(6-66)、式(6-68)和式(6-69)，有

$$\boldsymbol{x}(t_{n+1}) = \frac{2 - \omega^2 \Delta t^2}{1 + \xi\omega\Delta t}\boldsymbol{x}(t_n) - \frac{1 - \xi\omega\Delta t}{1 + \xi\omega\Delta t}\boldsymbol{x}(t_{n-1}) + \frac{\Delta t^2}{1 + \xi\omega\Delta t}\boldsymbol{Y}(t_n) \tag{6-70}$$

因此，有如下矩阵等式

$$\begin{pmatrix} x(t_{n+1}) \\ x(t_n) \end{pmatrix} = \begin{pmatrix} \dfrac{2-\omega^2\Delta t^2}{1+\xi\omega\Delta t} & -\dfrac{1-\xi\omega\Delta t}{1+\xi\omega\Delta t} \\ 1 & 0 \end{pmatrix} \begin{pmatrix} x(t_n) \\ x(t_{n-1}) \end{pmatrix} + \begin{pmatrix} \dfrac{\Delta t^2}{1+\xi\omega\Delta t} \\ 0 \end{pmatrix} Y(t_n) \qquad (6\text{-}71)$$

或

$$\hat{x}(t_{n+1}) = A\hat{x}(t_n) + LY(t_n) \qquad (6\text{-}72)$$

式中，A 为离散运动方程的时间积分算子。

若想得到收敛解，必须保证 A 的谱半径小于 1，即

$$|\rho(A)| < 1 \qquad (6\text{-}73)$$

也就是

$$\Delta t < \frac{2}{\omega_{\max}}\left(\sqrt{1+\xi^2}-\xi\right) \qquad (6\text{-}74)$$

因此，显式中心差分法的稳定性决定于时间步长，而临界时间步长与结构的最大自然频率有关，且结构中阻尼的存在将导致临界时间步长的减小。

3. 时间步长控制

时间步长的选择决定了求解的效率和中心差分法的稳定性。对于整个结构，第 n 个稳定时间步长的最大值（即临界时间步长）为

$$\Delta t_n = \alpha\min\{\Delta t_{n-1}^1, \Delta t_{n-1}^2, \cdots, \Delta t_{n-1}^i, \cdots, \Delta t_{n-1}^{n_e}\} \qquad (6\text{-}75)$$

式中，α 为比例系数（在计算中，考虑到稳定性的要求，α 一般取一个小于 1 的值）；Δt_{n-1}^i 为单元 i 第 $n-1$ 个稳定时间步长的最大值；n_e 为整个结构单元的数目。

不同类型单元的临界时间步长 Δt_c 采用不同的算法。在 ESI/PAM-CRASH 软件中，板壳单元的最大稳定时间步长为

$$\Delta t_c = \frac{L_s}{c} \qquad (6\text{-}76)$$

式中，c 为声速，且有 $c = \sqrt{\dfrac{E}{\rho}}$；$E$ 为弹性模量；ρ 为质量密度；L_s 为单元的特征长度，四边形单元和三角形单元特征长度的计算式为

$$L_{s1} = \max\begin{Bmatrix} \min(l_1, l_2, l_3, l_4) \\ A/\min(d_1, d_2) \end{Bmatrix} \qquad (6\text{-}77)$$

$$L_{s2} = \frac{2A}{\max(l_1, l_2, l_3)} \qquad (6\text{-}78)$$

式中，L_{s1} 和 L_{s2} 分别为四边形单元和三角形单元的特征长度；l_1，l_2，l_3 和 l_4 分别为单元的边长；d_1 和 d_2 为四边形单元的对角线长度；A 为单元的面积。

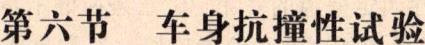

第六节 车身抗撞性试验

一、抗撞性试验分类

车身抗撞性试验是指对车身抗撞性进行分析、设计和评价所进行的试验。按照试验用途,可分为用于参数获取、仿真模型验证、设计方案研究等的开发性试验和用于整车和部件抗撞性评价的检验或认证性试验;按照试验对象,可分为整车试验和部件试验;按照试验方法,可分为实车试验、台车试验和台架试验。

由于实车试验与事故的情况最接近,是综合评价被动安全性最基本的方法。它通常是从乘员保护观点出发,以交通事故再现的方式分析汽车碰撞中的乘员保护情况与汽车的抗撞性能,并以此为依据改进汽车结构设计,增设或改进车内、外乘员保护装置;其试验结果的说服力最强,但试验费用昂贵。台车试验和台架试验基本上都是以实车碰撞试验的结果为基础确定试验条件,适合于针对零部件的试验,试验费用较低,试验稳定性好。

台车试验主要用于两种情况,一种是进行乘员约束系统性能分析、设计和评价,另一种是部件的抗冲击试验。对于前者,通常是刚性的台车以一定的速度撞击设定刚度特性的、固定的减速机构,以模拟实车碰撞的减速度波形,乘员约束系统按照在实车上的相互位置关系固定在台车上。对于后者,通常是刚性的台车被装上被试部件或总成进行各种障碍形式的碰撞试验,其质量及质量分布可以根据试验要求进行调整。台车试验能以较低的成本获得实车试验的某些结果,因此具有较高的费用成本比。

台架试验包括撞击试验和拟静态试验。撞击试验用于评价零部件冲击能量吸收性能或在冲击下的变形情况;拟静态试验主要用于评价特性对速度不敏感的部件的安全性能,可用作动态试验的补充。

二、整车碰撞试验

整车碰撞试验是对汽车被动安全性的综合评价,不仅可用于评价碰撞过程中的乘员保护,也可用于评价车身结构的抗撞性。在车身抗撞性设计过程中,不仅车身抗撞性设计的最终效果需要整车碰撞试验验证,而且为车身抗撞性设计而进行的碰撞仿真一般也是对某种整车碰撞试验的模拟。因此,了解整车碰撞试验方法是非常重要的。

整车碰撞试验按照碰撞形式可分为正面碰撞、侧面碰撞、后面碰撞和滚翻等。

用于整车被动安全性检验或认证的试验一般都有相关的技术规范;而开发性质的整车碰撞试验,则可根据试验目的自主组织,但一般也都参照相应技术规范规定的试验方法。以下将简单介绍欧美和我国规定的一些整车碰撞试验。

1. 正面碰撞试验

正面碰撞试验有多种形式,按照碰撞对象可分为与壁障的碰撞和与实车的碰撞。对于与壁障的正面碰撞,按照碰撞角度可分为汽车与垂直于汽车行驶方向壁障的碰撞和汽车与壁障成一定的角度的碰撞。通常碰撞角度是指壁障平面与垂直于汽车行驶方向的平面的夹角,因此,汽车与垂直于汽车行驶方向壁障的碰撞也可称为0°角碰撞。图6-53a

和6-53b分别为汽车与刚性固定壁障的0°和30°角碰撞的示意图。按照汽车正面与壁障的重叠率，可分为100%重叠率的碰撞和偏置碰撞。通常重叠侧为驾驶员侧，但各国试验重叠的侧面也会不同。按照壁障刚度的不同，可分为与刚性壁障的碰撞和与可变形壁障的碰撞。不同技术规范规定的可变形壁障的刚度特性是不同的，详细情况请查阅相关文献。图6-53c为汽车与可变形壁障40%偏置碰撞的示意图。对于汽车与汽车的碰撞试验，也有不同重叠率或碰撞角度之分。

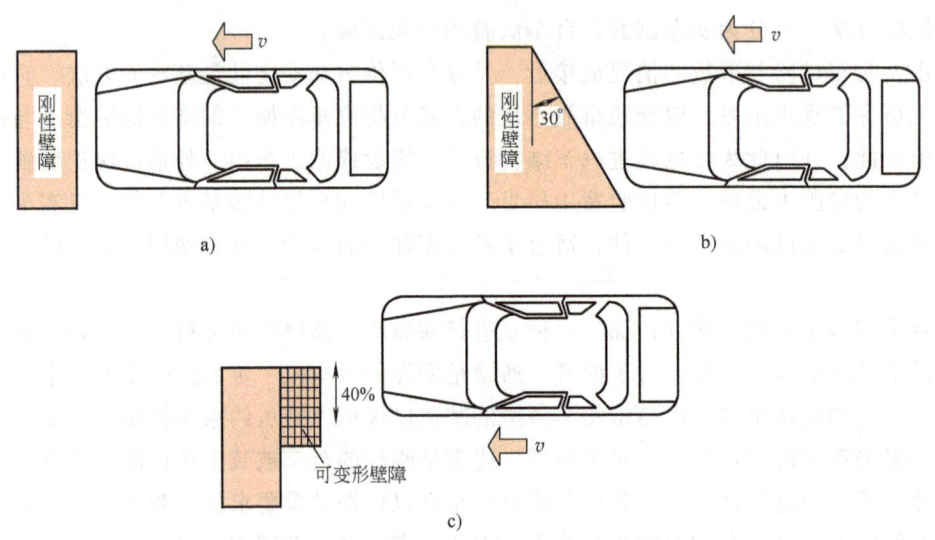

图6-53 正面碰撞形式示意图

各国的被动安全法规和NCAP都规定了正面碰撞的试验方法，而且试验方法之间有时会存在较大差别，表6-5是它们的一些情况。其中，FMVSS 301和ECE R34是燃料泄漏技术规范，ECE R33是汽车结构抗撞性能技术规范，其他是正面碰撞中乘员保护的技术规范。

表6-5 一些国家或地区正面碰撞试验方法的对比

碰 撞 形 式		技术规范名称	MDB速度/(km·h^{-1})	MDB质量/kg
移动刚性壁障与静止试验车侧面垂直碰撞	美国	FMVSS 208	32.2	1800
		FMVSS 301	48.3	1800
移动可变形壁障与静止试验车侧面垂直碰撞	欧洲	ECE R95	50±1	950±20
		EuroNCAP	50±1	950±20
	中国	GB 20071	50±1	950±20
		C-NCAP	50^{+1}_{0}	950±20
移动可变性壁障与静止试验车侧面角度碰撞	美国	FMVSS 214	53.9	1367.6
		US-NCAP	61.9	1367.6
横向移动试验车侧面撞击刚性柱形障碍物	欧洲	EuroNCAP	试验车横向运动速度：29±0.5	—

第六章 车身结构抗撞性

2. 侧面碰撞试验

侧面碰撞试验用于模拟汽车间或汽车与障碍物的侧面碰撞。按碰撞对象的不同，侧面碰撞试验可分为实车间的侧面碰撞试验和试验车与壁障的碰撞试验。目前，经常采用的试验车与壁障侧面碰撞的试验，主要包括移动可变形壁障 MDB 撞击静止试验车和横向移动的试验车撞击柱形障碍物两种。EuroNCAP 是采用后者的代表，其碰撞形式如图 6-54 所示。对于前者，又可以按照移动壁障的运动方向与试验车纵向中心面的夹角分为垂直碰撞和角度碰撞；但是它们都要求撞击试验车时，移动壁障的纵向中心面与试验车的纵向中心面垂直。在侧面碰撞试验中，采用移动壁障与试验车侧面垂直碰撞形式的比较多，图 6-55a 是其示意图。美国 FMVSS 214 规定的侧面碰撞试验是移动壁障与静止试验车侧面角度碰撞试验的代表，它要求移动壁障的运动方向与试验车纵向中心面的夹角为 63°，图 6-55b 是其示意图。

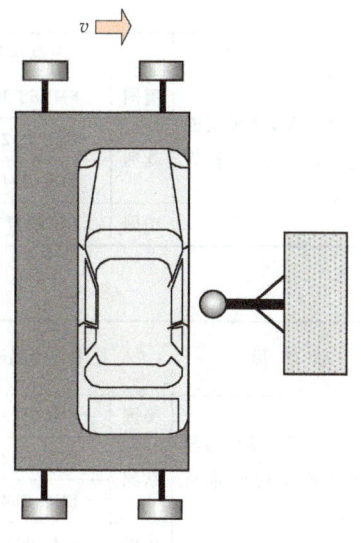

图 6-54 横向移动试验车侧面撞击柱形障碍物

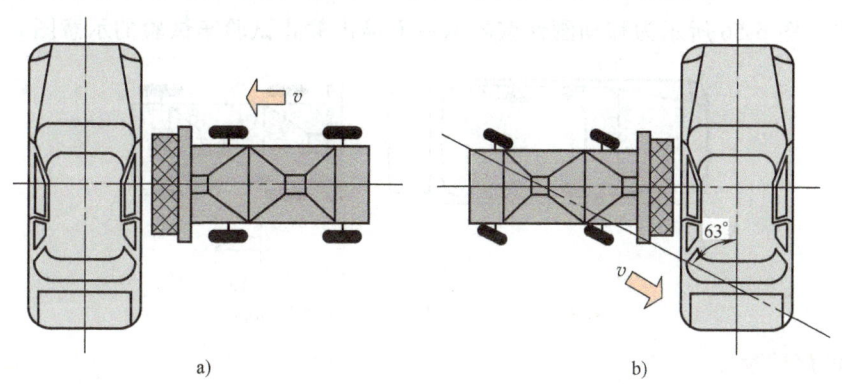

图 6-55 移动壁障与静止试验车侧面碰撞
a）垂直碰撞 b）角度碰撞

不同技术规范规定的用于侧面碰撞试验的移动可变形壁障的几何尺寸、质量、壁障刚度特性等是不同的，表 6-6 列出了对 MDB 质量的要求，其他详细情况请查阅相关文献。

一些国家或地区 NCAP、被动安全性法规和标准中规定的侧面碰撞试验是不同的，参见表 6-6。

3. 后面碰撞试验

由于后面碰撞事故中乘员伤害的程度较轻，而由燃油系统泄漏引起的火灾却会引起严重的乘员伤害，因此一些国家或地区相关规范中规定的后面碰撞试验多用作考核碰撞中燃油系统完整性。这样的技术规范包括美国的 FMVSS 301、欧洲的 ECE R34 和我国 2006 年开始实施的 GB 20072。另外，欧洲的 ECE R32 规定了 M1 类汽车后面碰撞试验时对乘员舱结构抗撞性的要求。表 6-7 是一些国家或地区被动安全法规规定的后面碰撞试验方法的一些情况。

表 6-6　一些国家或地区侧面碰撞试验方法的对比

碰撞形式		技术规范名称	壁障或摆锤的速度/(km/h)	摆锤或移动壁障的质量/kg
刚性移动壁障与静止试验车后面垂直碰撞	美国	FMVSS 301	32.2	1800
	欧洲	ECE R32	35~38	1100±20
		ECE R34	35~38	1100±20
	中国	GB 20072	50±2	1100±20

表 6-7　一些国家或地区后面碰撞试验方法的对比

碰撞形式		技术规范名称	壁障或摆锤的速度/(km/h)	摆锤或移动壁障的质量/kg
刚性移动壁障与静止试验车后面垂直碰撞	美国	FMVSS 301	32.2	1800
	欧洲	ECE R32	35~38	1100±20
		ECE R34	35~38	1100±20
	中国	GB 20072	50±2	1100±20

以上技术规范规定的后面碰撞试验方法有两种，分别是移动壁障后部撞击试验和摆锤后部撞击试验。在试验中，静止的试验车被一个以一定速度移动的刚性壁障或摆锤从后面撞击。图 6-56 所示为移动刚性壁障从后面撞击静止试验车试验的示意图。

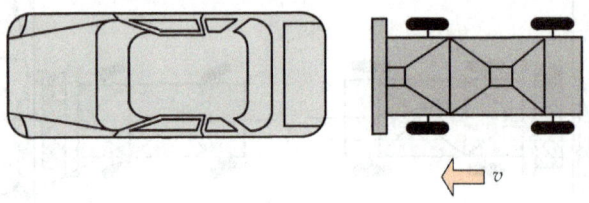

图 6-56　后面移动刚性壁障撞击试验

4. 滚翻试验

滚翻事故的再现比较困难，虽然试验方法很多，但是已成文的法规很少。美国 FMVSS 208 中规定了滚翻的台车试验方法，美国的 SAE J2114 也规定了这种方法。这种试验方法重复性好并容易进行，因而很多国家都把这个试验作为翻车试验的一个规定项目。

FMVSS 208 中的台车滚翻试验规定，试验车被放置在一个与水平面成 23°角的平台上，平台下缘有一高 100mm 且与平台垂直的凸缘，凸缘长度要足以挡住与其相靠的轮胎，如图 6-57 所示。试验时，平台沿垂直于汽车纵轴的水平方向以 48.3km/h 的速度匀速平移一段时间后，在不大于 0.915m 的距离内急剧减速为零（减速度至少为 20g，持续时间至少为 0.04s），使试验车滚翻。

这种试验方法的主要缺点是，试验过程中滚翻的汽车没有向前的速度分量，适合于研究滚翻时车内乘员相对乘员舱内部的运动学和动力学。

由于汽车滚翻的复杂性和多样性，除了常用 SAE J2114 和 FMVSS 208 规定的台车试验外，还有螺旋滚翻(Corkscrew)、路边滚翻(Curb Trip)以及 SAE J996 规定的滚翻汽车跌落试验等形式。

第六章 车身结构抗撞性

图 6-57 美国 FMVSS208 台车滚翻试验

5. 低速碰撞试验

美国 CFR 581 和欧洲 ECE R42 都从汽车前、后端碰撞保护的角度定义了汽车的低速碰撞试验。其中，ECE R42 中分别定义了纵向碰撞试验和角度碰撞试验。在纵向碰撞试验中，质量等于被撞试验车整备质量的移动刚性壁障，以 4km/h 的速度分别从前面和后面撞击静止的试验车，要求碰撞时壁障表面与汽车纵向中心面垂直。在角度碰撞试验中，移动刚性壁障以 2.5km/h 的速度分别从前面和后面撞击静止的试验车，要求碰撞时壁障表面与汽车纵向中心面成 60°角。

在企业进行产品开发时，也经常使用移动刚性壁障速度为 15km/h 的低速碰撞试验。

6. 行人保护试验

欧共体的行人保护法规于 1998 年开始生效。该法规规定的试验方法使用代替行人下肢和头部的冲击锤撞击汽车的前保险杠、发动机舱盖的前端和上表面，主要试验包括腿部模块与保险杠的碰撞试验、大腿模块与发动机舱盖前端的碰撞试验、头部模块与发动机舱盖上表面的碰撞

图 6-58 行人保护的试验方法

试验，如图 6-58 所示。另外，EuroNCAP 中也规定了行人保护试验。关于这些试验的详细情况请查阅相关文献。

三、零部件试验

由于整车碰撞试验费用较高，所以对影响汽车被动安全性的重要零部件，当对其要求可以独立提出和评价时可以通过零部件试验来分析汽车被动安全性对它们性能的要求。试验方法有动态撞击试验和拟静态试验两种。

针对汽车被动安全性进行试验的零部件通常包括车顶、侧门、门锁及门铰链、安全带及其固定点、座椅及头枕、燃油箱、转向柱、保险杠和内部凸出物等。以下仅简单介绍车顶和侧门两个试验，其他试验请查阅相关文献。

1. 车顶强度试验

车顶强度试验是评价汽车发生滚翻事故时为了确保乘员生存空间,车顶应具备的最低强度。试验目的在于减少滚翻事故中因车顶挤压变形造成的乘员伤害。

FMVSS 216 规定了车顶强度的试验方法及性能要求。试验时,将车身或汽车固定在一个刚性平面上,用 762mm×1829mm 的刚性平板对车顶加载,加载角度为前倾 5°、侧倾 25°,加载初始点在加载装置下表面中心线上并距最前端 254mm。在垂直于加载平板下表面向下的方向以 12.7mm/s 的速度加载,直至载荷达到汽车整备质量的 1.5 倍或 22246N 力中的较大者为止。此时,加载平板的位移不应超过 127mm,试验应在 120s 内完成。图 6-59 为车顶强度试验的示意图。我国 GB 26134 规定了乘用车顶部抗压强度试验方法。

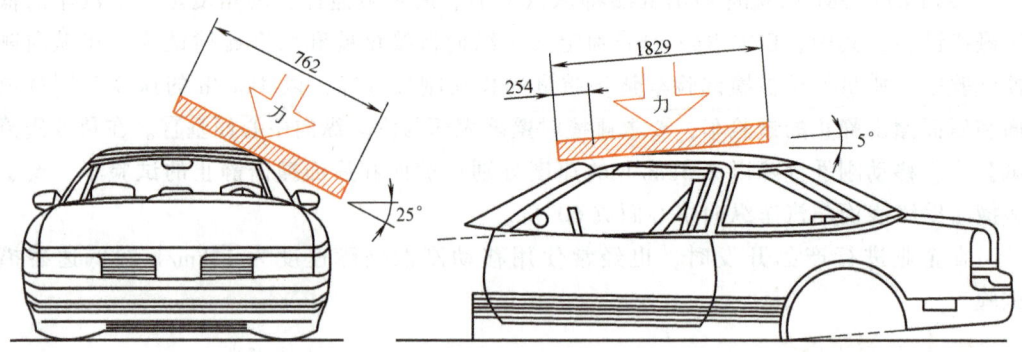

图 6-59 车顶强度试验

2. 侧门强度试验

侧门强度试验是评价汽车在侧面碰撞时为使乘员伤害最小,侧门应具有的最低强度。

FMVSS 214 规定了侧门强度的试验方法及性能要求。试验时,将车身或汽车固定在一个刚性平面上,用直径为 305mm、棱边圆角半径为 13mm 的刚性圆柱或半圆柱体进行加载。柱体长度应保证超出车窗下边缘至少 13mm,但又不接触车窗上边缘,下端在车门最低点以上 127mm 处。用不大于 13mm/s 的速度连续加载,直到加载装置移动 457mm,试验应在 120s 内完成。无座椅时,要求初始耐挤压力(挤压距离小于 152mm)不小于 10011N,中间耐挤压力(挤压距离小于 305mm)不小于 15572N,最大耐挤压力(挤压距离小于 457mm)不小于 31144N(或与整备汽车重力的 2 倍比较,取小者)。有座椅时,要求初始耐挤压力(挤压距离小于 152mm)不小于 10011N,中间耐挤压力(挤压距离小于 305mm)不小于 19465N,最大耐挤压力(挤压距离小于 457mm)不小于 53390N(或与整备汽车重力的 3.5 倍比较,取小者)。

图 6-60 为侧门强度试验的示意图。

我国的 GB/T 15743—1995《轿车侧门强度》也规定了对轿车侧门强度的试验方法及性能要求,内容与 FMVSS 214 基本相同。

第六章　车身结构抗撞性

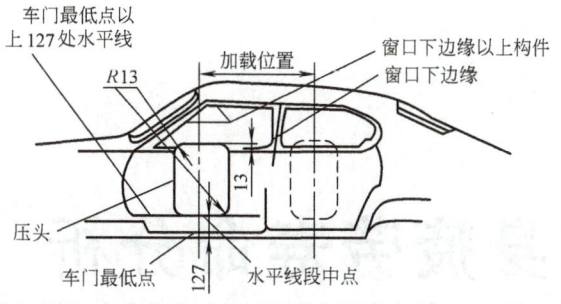

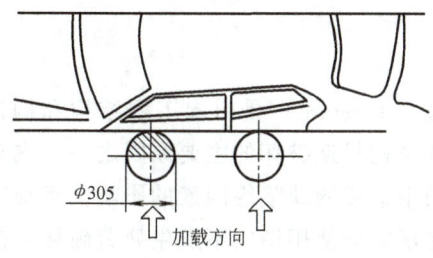

图 6-60　侧门强度试验的示意图

第七章 车身疲劳寿命分析

疲劳（Fatigue）与断裂（Fracture）是引起工程结构和构件失效的最主要的原因，也是容易导致汽车车身承载结构早期破坏的主要原因之一。汽车在行驶过程中，由于路面本身的不平整及路面使用中造成的缺陷等因素的影响，车身结构通常会受到交变载荷的作用；为确保车身结构在规定的使用期内不发生疲劳破坏，在车身设计阶段必须对车身结构进行疲劳分析，在样车试制后还要进行相应的强化疲劳试验。

什么是疲劳呢？这里引述美国试验与材料协会（ASTM）在 ASTM E206-72《疲劳试验及数据统计之有关术语的标准定义》中的定义：在某点或某些点承受扰动应力，且在足够多的循环扰动作用之后形成裂纹或完全断裂的材料中所发生的局部的、永久结构变化的发展过程，称为疲劳。所谓疲劳破坏是指材料或结构受到多次重复变化的载荷作用后，应力值虽然没有超过材料的强度极限，甚至比弹性极限还低得多的情况下就可能发生破坏，这种在交变载荷重复作用下材料或结构的破坏现象就叫作疲劳破坏。

大多数的工程结构都含有承受脉动载荷或循环载荷的构件，车身结构更是如此。因而，设计分析人员必须注意那些暗含的周期载荷、脉动载荷和外加冲击载荷。此类载荷通常会引起使结构发生疲劳失效的脉动应力或循环应力。据统计，有 80%～95% 的结构失效都是源于疲劳失效。引起疲劳失效的循环载荷的峰值往往远远小于根据静态断裂分析估算出来的"安全"载荷。因此，开展疲劳研究在车身结构设计中有着重要的意义。

设计师和工程师们正面临着巨大的挑战，因为当今的需求要求他们用合理的成本和尽量短的时间开发出高性能、低重量、寿命更高的产品。这些需求和抗疲劳设计有明显的冲突，到如今这些问题总结如下：

1）寿命计算通常不如强度计算精确。
2）疲劳特性不能从其他机械特性中精确地推断出来，必须直接测量才能得到。
3）为确保使用寿命，做整机测试是很有必要的。
4）同样环境下得到的测试试验结果可能大相径庭，这就需要用统计数据来解释。
5）材料和外形的选择必须考虑到裂纹扩展速率缓慢，如果有可能，在发生破坏前就检查出裂纹的存在。
6）为了获得一定的可靠性，必须进行"失效安全"设计，即在一个结构元件发生失效时整个结构仍能保持完好且在短期内仍能承载。

现代疲劳寿命预测方法的发展一定程度上缓解了这些问题。而且，通过对数以千计的试验数据的计算机分析，在单调拉伸试验数据和疲劳参数之间建立了可接受的近似关系，用于解决高周疲劳问题。这里所说的单调拉伸指的是中途没有卸载过程的拉伸试验，主要是为了区分疲劳研究中的循环加载试验。

第一节　疲劳破坏的特征及影响疲劳寿命的因素

一、疲劳破坏的特征

材料或构件疲劳性能的好坏是用疲劳强度来衡量的。疲劳强度的大小又是用疲劳寿命来衡量。疲劳寿命是材料或构件发生疲劳失效时所经受的循环载荷的次数或时间。疲劳破坏或者失效的准则是多种多样的。从损伤发展过程看，常见疲劳寿命模型有二阶段疲劳寿命模型、三阶段疲劳寿命模型和多阶段疲劳寿命模型，参见表7-1。

表 7-1　常见疲劳寿命模型

二阶段疲劳寿命模型	疲劳寿命分为裂纹形成和裂纹扩展两阶段
三阶段疲劳寿命模型	疲劳寿命分为无裂纹、小裂纹和大裂纹三个阶段
多阶段疲劳寿命模型	以三阶段模型为基础，又将小裂纹阶段细分为微观小裂纹、物理小裂纹和结构小裂纹阶段

构件疲劳破坏的特征和静力破坏有着本质的不同，主要有以下特征：

1）变载荷作用下，构件中的交变应力在远小于材料的强度极限，甚至小于材料的比例极限时破坏就可能发生。

2）不管是脆性材料还是塑性材料，疲劳断裂在宏观上均表现为无明显塑性变形的突然断裂，故疲劳断裂常表现为低应力类脆性断裂。这一特征使疲劳破坏往往没有明显的前兆，因而具有更大的危险性。

3）疲劳破坏在断口处外观上明显地分为两个区域，即光滑区和粗糙区，也称为疲劳裂纹扩展区和快速断裂区，这是判定是否为疲劳破坏的一个重要判据。

4）疲劳破坏常具有局部性质，而并不牵涉到整个结构的所有材料。多数时候只要改变局部细节设计或工艺措施就可能较明显地增加疲劳寿命。因此，结构或构件的抗疲劳破坏的能力不仅取决于所用的材料，而且敏感地取决于构件的形状、尺寸、连接配合形式、表面状态和环境条件等。

5）疲劳破坏是一个累积损伤的过程，通常要经历裂纹形成、裂纹扩展、裂纹扩展到临界尺寸时的快速断裂三个阶段，需要一定的时间历程，甚至是很长的时间历程。

二、影响疲劳寿命的因素

影响材料或结构疲劳寿命的因素很多，归纳起来有材料本质、零件几何形状及表面质量、工作条件、表面热处理、残余内应力等。材料本质方面的因素有化学成分、金相组织、纤维方向和内部有无缺陷等；零件几何形状及表面质量方面的因素有应力集中系数、尺寸系数和表面粗糙度等；工作条件方面的因素有载荷特性（包括应力状态、应力比、载荷顺序、载荷频率等）、环境介质和使用温度等；表面热处理及残余内应力方面的因素有冷作变形、表面热处理和表面涂层等。

了解和掌握各种因素对疲劳寿命的影响有利于更好、更正确地进行疲劳设计、分析和试验。下面，对影响疲劳寿命的一些主要因素进行简要的介绍。

1. 应力集中的影响

结构或构件存在台阶、孔、槽、切口及半径较小的凹角等。这些几何形状突变的地方也是应力集中出现的地方。大量的疲劳破坏事故和试验研究都曾表明，疲劳源总是出现在应力集中的地方，应力集中使结构或构件的疲劳寿命降低，对疲劳寿命有较大影响，而且是影响疲劳寿命的诸多因素中起主要作用的一个因素。因此，为了避免应力集中对疲劳寿命的影响，必须充分注意受力构件的细节设计和制造工艺，以避免严重的应力集中。

应力集中对静强度的影响程度与材料的性质有关，对脆性材料影响较大，对塑性较好的材料则影响较小，这是因为对于塑性较好的材料，在静载荷作用下破坏前构件内的应力已趋于均匀化；而对于承受交变载荷的构件，由于疲劳裂纹的产生高度依赖于局部的应力，故应力集中不论是对塑性材料还是对脆性材料而言都是不可忽视的影响因素。

2. 尺寸的影响

零件的尺寸对疲劳寿命也有较大的影响，这是同应力梯度有关的。一般来说，零件的疲劳寿命随其尺寸的增大而降低。这是一个值得注意的问题，因为材料的疲劳寿命总是用小试件来试验的，得到的疲劳寿命数值就比实际使用大部件能承受的值要高，如果不加修正是不安全的。

尺寸对疲劳寿命影响的解释主要有：

1）尺寸不同，在相同的载荷作用下零件的应力梯度不同（如果最大的应力值相同）。大尺寸零件的高应力区域大，从统计概率角度看，产生疲劳裂纹的概率大。

2）大尺寸零件中包含了更多可能产生疲劳裂纹的不利因素。

3）加工零件时表面将有一些硬化，在很多情况下硬化可以提高疲劳极限，此种硬化相对来说对小试件的影响较大。

3. 表面加工及表面处理的影响

疲劳裂纹源通常萌生于试件表面，这是因为一方面表面的应力水平往往最高，表面的缺陷往往也最多；另一方面表面层材料的约束小，滑移带最易开动。因此，零部件的表面状况对其疲劳强度有着显著的影响。表面状况主要包括表面加工粗糙度、表面层组织结构和表面层应力状态。

（1）表面加工粗糙度 大量的试验研究结果表明，表面加工粗糙度对疲劳强度有很大的影响，因为零件表面加工后所引起的表面缺陷是产生应力集中的原因。特别是对高强度材料，表面有一小缺陷，常成为极危险的尖锐切口，形成应力集中，这里往往就是疲劳源，在交变应力作用下会形成疲劳裂纹并不断扩展，大大降低了疲劳强度。一般来说，表面加工粗糙度越低疲劳强度就越高。从微观机制角度解释，表面粗糙相当于表面有侵入和挤出，因此缩短了疲劳裂纹形成寿命，降低了疲劳强度；从宏观角度解释，表面粗糙造成微观应力集中，从而使疲劳强度降低。

第七章 车身疲劳寿命分析

（2）表面层组织结构 由于零部件表面层对零部件的疲劳强度有着重要的影响，人们通过各种表面处理工艺来提高表面层的疲劳强度。常用的方法有表面渗碳、渗氮、碳氮共渗、表面淬火、表面激光处理等。这些处理方法的本质是改变表面层的组织结构。通常，经过表面处理后表层材料的组织结构与原材料的组织结构会有所不同，疲劳强度得到提高。

（3）表面层应力状态 表面冷作变形是提高零部件疲劳强度的有效途径之一。表面冷作变形的方法主要有滚压、喷丸、挤压等。表面冷作变形的本质是改变了零部件表面层的应力状态，同时也使表面层组织发生了一些物理性变化。

车身构件大多为冷轧钢板，在轧制过程中已经产生冷作变形；在冲压加工过程中还会产生新的冷作变形。如何根据构件的实际受力特点合理地控制冲压加工的各种工艺参数，最大限度地利用冲压成形过程产生的预变形和预应力来改善车身结构的疲劳强度，是车身疲劳设计中一个非常具有研究意义的课题。

4. 温度的影响

温度是影响疲劳寿命和损伤的另一个重要的环境因素。因为材料在不同的温度下，其疲劳强度会有很大的变化。

众所周知，在静载荷长期作用下材料在高温时存在蠕变现象，温度越高，在一定的应力下材料的蠕变变形越快，破坏所需的时间就越短。因此，材料在高温下首先需要具备高的抗蠕变性能。如果高温和交变载荷同时作用，那么就会发生蠕变和疲劳的相互作用，在这种情况下，应变率、频率和停滞时间的影响都是重要的。那些在高温下抗蠕变性能较好的合金常常也具有较好的抗疲劳性能。

如果材料在高于室温但低于蠕变温度（蠕变温度一般是金属绝对熔点的0.3~0.7倍）的高温下工作，高温对疲劳寿命的影响是降低其疲劳强度，使材料的 S-N 曲线不再会有水平的直线部分，即不存在持久极限了。这时，要评价构件的疲劳性能就需要采用对应高温条件下的疲劳曲线了。

尽管除特种车辆外，车身结构通常不会在高温下工作，但在车身焊装时会产生局部高温，涂装时的固化温度通常也在150~180℃，这些是否会对车身结构的疲劳强度带来影响，如何量化评价这些影响，也将是车身设计人员有待研究的课题。

5. 载荷频率的影响

载荷频率对疲劳强度的影响与试样处在最大载荷下的时间有关。这是因为塑性变形落后于应力；最大应力作用的时间越长，强化越强烈。另外，提高频率相当于提高加载速率，加载速率高于裂纹扩展速率时使裂纹来不及扩展，从而使其疲劳强度与寿命提高。

载荷频率对疲劳强度的影响与外加应力水平有关。应力水平越高，频率的影响越大。载荷频率由每分钟几十次增加到两三千次时，疲劳寿命增加数倍。这也是进行车身结构疲劳分析时，要重点考虑频率较低的路面载荷的原因之一。

第二节 疲劳设计方法

疲劳设计方法是用以处理动载荷以及由其产生的破坏方式的基本方法。对汽车车身结构，采用合理的疲劳设计是提高设计水平和产品质量的一个重要环节和必要保证。

由于疲劳破坏是车辆产品最主要的一种失效方式，特别是随着人们对车辆产品环保和节能要求的不断提高，车身结构的轻量化设计受到各国汽车业的高度重视，所以在车身结构的强度设计中除了考虑必要的静强度外，最主要的是考虑疲劳强度，也就是说结构必须进行疲劳分析和按疲劳观点进行设计。

一、无限寿命设计

人们第一次认识到的疲劳破坏是19世纪40年代的铁路车辆轮轴在重复交变载荷作用下发生的破坏。德国工程师August Wohler进行了一系列的试验研究后指出：对于疲劳，应力幅比构件承受的最大应力更重要。应力幅越大，疲劳寿命越短；应力幅小于某一极限值时，将不发生疲劳破坏。他最先引入了应力-寿命（S-N）曲线和疲劳极限的概念，并于1867年在巴黎展出了其研究成果。

基于上述研究成果可知，对于无裂纹构件，控制其应力水平，使其小于疲劳极限（S_r），则不萌发疲劳裂纹。于是，无限寿命设计（Infinite-life Design）条件为

$$\sigma < S_r \tag{7-1}$$

式中，σ为构件的应力值；S_r为材料的疲劳极限。

无限寿命设计是最早的疲劳设计方法，它要求构件的设计应力低于其疲劳极限，从而具有无限寿命。对于需要经历无限次循环（$>10^7$次）的零部件，如车架、车身骨架的承载区域、发动机缸体及悬架等，无限寿命设计至今仍是一种简单而合理的设计方法。

无限寿命设计方法的缺点是设计过于保守，常常使设计的构件比较笨重。随着现代工业特别是航空工业的发展，飞机、汽车及各种工程结构都朝着高性能、低重量的方向发展。另外，有些构件在整个生命周期内虽然受到交变载荷的作用，但循环次数有限，如飞机的舱门、汽车的车门、行李舱盖等。为了充分利用材料的承载潜力，设计应力水平不断提高，疲劳设计方法也从无限寿命设计进入到安全寿命设计阶段。

二、安全寿命设计

从无限寿命设计方法基础上发展起来的安全寿命（有限寿命，Safe Life）设计也是依据试验中得到的S-N曲线来进行设计的。安全寿命设计方法只保证零件在规定的使用期限内能安全使用，因此，它允许零件的工作应力超过其疲劳极限，从而减轻自重。它是当前许多机械产品的主导设计方法，如航空发动机、汽车等对自重有较高要求的产品都广泛使用这种设计方法。

安全寿命设计必须考虑安全系数，以考虑疲劳数据的分散性和其他未知因素的影响。在设计中可以对应力取安全系数，也可以对寿命取安全系数，或者规定两种安全系数都要满足。安全寿命设计可以根据S-N曲线设计，也可以根据ε-N曲线进行设计，前者称为名义应力有限寿命设计，后者称为局部应力应变法。

1. 名义应力有限寿命设计

名义应力法是最早形成的抗疲劳设计方法，它以材料或构件的S-N曲线为基础，对

第七章 车身疲劳寿命分析

照试件或结构疲劳危险部位的应力，结合疲劳累积损伤理论校核疲劳强度或计算疲劳寿命。由于构件的应力水平通常用名义应力表示，上述方法称为名义应力法。

该方法起初主要解决构件的实际应力水平在材料的弹性范围内，而且材料的失效循环次数很高的疲劳问题，即小载荷、长寿命的高周疲劳问题（HCF）。所谓名义应力，就是结构部件所受的载荷除以作用面积得到的应力值。在有限寿命设计中，当工作应力较低而失效循环数较高（$10^5 < N < 10^6$）时，这种类型的疲劳称为高周疲劳。高周疲劳的工作应力一般在弹性范围内，并且应力与失效循环数有着很好的规律。

2. 局部应力应变法

对于应力水平较高、循环次数较低的低频疲劳区问题，在疲劳区通常会存在塑性应变成分，所以名义应力法的效果不好。而研究发现，此时的疲劳寿命与应变存在着较好的关系。因此，对低频疲劳问题应该使用基于应变-寿命分析的理论，如局部应力应变（ε-N）法。

利用应变预测寿命的方法常用来预测裂纹萌生阶段的寿命，又被称为关键部位区域（Critical Location Area）方法、局部应力应变法，或者裂纹萌生法。该方法把寿命估算建立在最危险的切口或者其他应力集中部位的应力、应变的估算上，主要适用于低周疲劳问题。低周疲劳塑性应变和失效循环数的关系为

$$\frac{\Delta \varepsilon_\mathrm{p}}{2} = \varepsilon'_\mathrm{f} (2N_\mathrm{f})^c \tag{7-2}$$

式中，$\Delta \varepsilon_\mathrm{p}$ 为塑性应变；ε'_f 为疲劳延展系数；N_f 为失效循环数；c 为疲劳延展指数。此式可以和 Basquin 公式结合，推导出应用于高周疲劳的应变公式为

$$\frac{\Delta \varepsilon_\mathrm{e}}{2} = \frac{\sigma'_\mathrm{f}}{E} (2N_\mathrm{f})^b \tag{7-3}$$

式中，$\Delta \varepsilon_\mathrm{e}$ 为弹性应变；σ'_f 为疲劳强度系数；E 为弹性模量；b 为疲劳强度指数；N_f 为失效循环数。则总的应变为

$$\frac{\Delta \varepsilon}{2} = \frac{\Delta \varepsilon_\mathrm{p}}{2} + \frac{\Delta \varepsilon_\mathrm{e}}{2} = \varepsilon'_\mathrm{f} (2N_\mathrm{f})^c + \frac{\sigma'_\mathrm{f}}{E} (2N_\mathrm{f})^b \tag{7-4}$$

式中，$\dfrac{\Delta \varepsilon}{2}$ 为总应变幅值。在对数坐标系中绘出的总应变与失效循环数的关系如图 7-1 所示。

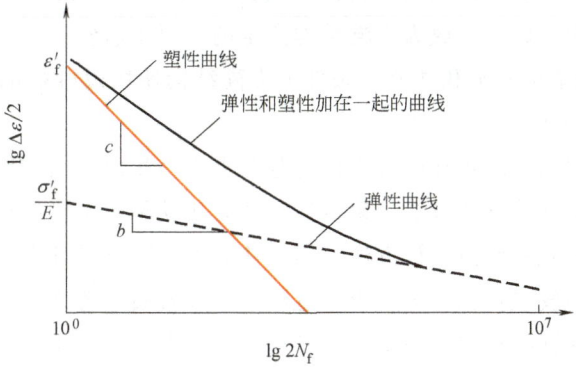

图 7-1 总应变与失效循环数的关系

三、破损-安全设计

随着现代工业的飞速发展，特别是飞机、火箭、汽车、船舶等运载工具的飞速发展，以及第二次世界大战以来疲劳破坏事故的大量涌现，对疲劳设计的安全可靠性提出了越来越高的要求。破损-安全设计方法就是在这个基础上发展起来的另一种新的设计方法。

破损-安全设计方法的实质是：结构在规定的使用年限中允许产生疲劳裂纹，并允许疲劳裂纹扩展，但其剩余结构的强度应大于限制载荷。而且在设计中要采用断裂控制措施，如采用多通道设计和设置止裂板等，以确保裂纹在被检测出来但未修复之前不致造成结构破坏。压力容器设计中的"破裂前渗漏"就是这种设计准则的一种体现。

要考虑裂纹扩展的寿命，通常需要做两方面工作：一是预测裂纹扩展速率；二是在下一个导致灾难性的裂纹来临之前预测裂纹可能达到的长度。

四、损伤容限设计

损伤容限设计是破损-安全设计方法的体现和改进。此方法首先假定零构件内存在初始裂纹，应用断裂力学方法来估算其剩余寿命，并通过试验来校验，确保在使用期（或检修期）内裂纹不致扩展到引起破坏的程度，从而保障有裂纹的零件在其使用期内能够安全使用。它适用于裂纹扩展缓慢而断裂韧度高的材料。

五、耐久性设计

前面介绍的几种方法都具有以下两个共同的特点：
1) 以保证结构的安全为目的。
2) 以构件最危险的细节（一个或几个）的疲劳破坏代表整个构件的破坏。

随着现代科技的发展，大型复杂结构件的使用条件越来越苛刻。对于重要结构件，采用缓慢裂纹扩展设计，按照损伤容限设计控制方法，以检修保安全。进一步研究，将提出如下两个问题：
1) 除若干最危险细节外，其他可能发生疲劳破坏处的损伤情况如何？它们是否会在最危险细节经多次检修之后成为影响结构安全的主要矛盾？
2) 如何在保证结构安全和功能的条件下提高结构使用及维护的经济性？或者什么时候检修既安全又经济？

为了回答上述问题，需要在已有工作的基础上进一步研究结构件细节群整体损伤状态的描述及维修经济性的评估方法。耐久性设计方法就是以结构的经济寿命分析为基础的一种更经济、更有效的疲劳设计方法。与以往的疲劳断裂设计方法相比，耐久性设计方法有两个最重要的发展：从考虑若干最危险的细节发展到考虑结构中可能发生疲劳开裂的细节全体；从保证结构的使用安全性发展到既考虑结构使用安全又追求更好的使用维修经济性。

第三节 名义应力法

一、交变载荷

1. 载荷谱

材料在循环加载下的载荷曲线称为循环加载载荷曲线，它与单调加载下的载荷曲线有很大的不同。引起实际结构产生疲劳损伤或破坏的是交变载荷（应力或应变），它们随时间变化的图形称为载荷谱，大致有以下几类。

（1）**常幅、常平均应力的交变应力** 典型的常幅、常平均应力的交变应力谱如图 7-2 所示。图中特征参数释义及数值参见表 7-2。图 7-2a 为对称循环，这种应力循环在没有过载且以恒速运转的旋转轴中最常见；图 7-2b 为变号不对称循环；图 7-2c 为脉动循环；图 7-2d 为不变号不对称循环。应力循环的性质是由循环应力的平均应力 σ_m 和交变的应力幅 σ_a 所决定的。平均应力 σ_m 是应力循环中不变的静态分量，应力幅 σ_a 是应力循环中变化的分量。应力循环的特点用循环特征 R（应力比）来表示。表 7-2 参量中，仅需要已知其中任意两个参数即可确定循环应力水平。表 7-3 是一般载荷条件下的应力比。

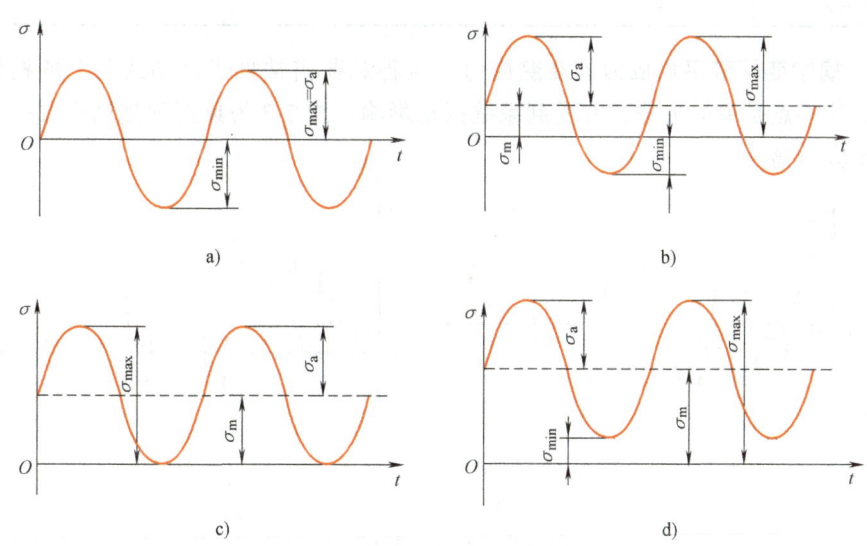

图 7-2 常幅、常平均应力的交变应力谱

a) 对称循环 b) 变号不对称循环 c) 脉动循环 d) 不变号不对称循环

表 7-2 交变载荷循环特征参数

符号	含义	计算公式	特征值		
			对称循环	脉动循环	静力
σ_{max}	单循环中最大应力	$\sigma_{max} = \sigma_m + \sigma_a$	$\lvert\sigma_{max}\rvert = \lvert\sigma_{min}\rvert$		$\sigma_{max} = \sigma_{min}$
σ_{min}	单循环中最小应力	$\sigma_{min} = \sigma_m - \sigma_a$	$\lvert\sigma_{max}\rvert = \lvert\sigma_{min}\rvert$	$\sigma_{min} = 0$	$\sigma_{max} = \sigma_{min}$
σ_m	单循环中平均应力	$\sigma_m = (\sigma_{max} + \sigma_{min})/2$	$\sigma_m = 0$	$\sigma_m = \sigma_a$	$\sigma_m = \sigma_{max}$

(续)

符号	含义	计算公式	特征值		
			对称循环	脉动循环	静力
σ_a	应力幅	$\sigma_a=(\sigma_{max}-\sigma_{min})/2$		$\sigma_a=\sigma_{max}/2$	$\sigma_a=0$
$\Delta\sigma$	应力变程	$\Delta\sigma=2\sigma_a$			
R	应力比	$R=\sigma_{min}/\sigma_{max}$	$R=-1$	$R=0$	1
A	应力幅比	$A=\dfrac{\sigma_a}{\sigma_m}=(1-R)/(1+R)$			

表 7-3 一般载荷条件下的应力比

应力比	载荷条件
$R>1$	σ_{max}、σ_{min} 都为负值,平均应力 σ_m 为负值
$R=1$	静载
$0<R<1$	波动拉伸,σ_{max}、σ_{min} 都为正值,平均应力 σ_m 为正值,$|\sigma_{max}|>|\sigma_{min}|$
$R=0$	脉动循环,$\sigma_{min}=0$
$R=-1$	对称循环,$|\sigma_{max}|=|\sigma_{min}|$,平均应力 $\sigma_m=0$
$R<0$	波动拉压,$|\sigma_{max}|<|\sigma_{min}|$,$\sigma_{max}$ 接近于 0
R 无限大	$\sigma_{max}=0$

(2) 规则变幅变平均应力的交变应力 这种载荷谱常见于自动武器上的构件承受的载荷,其特点是单向加载,并受到系统振动影响。图 7-3 为典型的规则变幅变平均应力的交变应力谱。

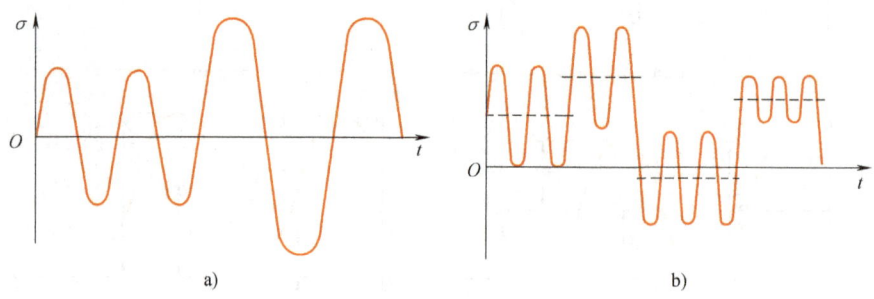

图 7-3 规则变幅变平均应力的交变应力谱
a) 平均应力为零　b) 平均应力不为零

(3) 随机交变载荷 汽车在不平道路上行驶时结构所经受的载荷都带有随机性质,这种随机载荷的特点是载荷随时间而变化,称为载荷-时间历程或时域负荷。该载荷引起构件反复交变的应力,即使应力不超过弹性极限,久之也会导致汽车结构疲劳损坏。图 7-4 为汽车结构某载荷通道的载荷 (应力)-时间历程。

(4) 疲劳载荷谱 车身结构在服役中受到的通常是不规则的、随时间变化的载荷,即载荷-时间历程。当系统受到随时间变化的工作载荷时,常常会激起系统的多个振动模态。在离加载点足够远的某一点的系统动态响应表现为应力/应变-时间历程;与载荷-时间历程相比较,它们在振幅、相位和频率上都不一样。应力/应变-时间历程决定

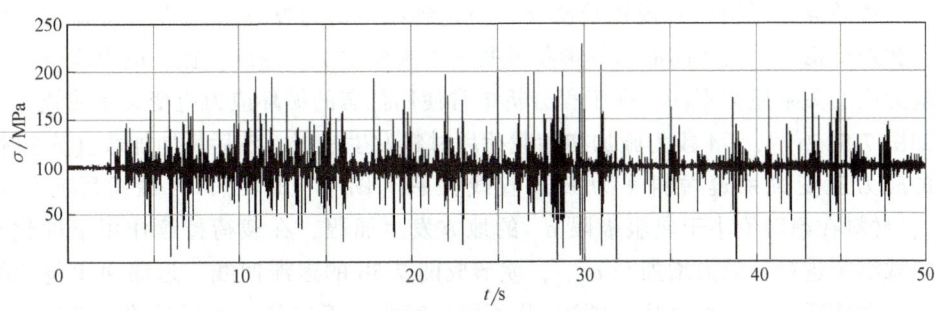

图 7-4 典型疲劳载荷-时间历程

于两方面,即外部载荷的作用和结构对这些载荷的动态响应。

在实际的测试中,通常不容易直接观察到外部载荷,只是测量结构上某些特定点的响应,如应力、力或加速度等。

由于实际载荷的随机性,为了估算结构的使用寿命和进行耐久性分析,以及为最后设计阶段所必需的全尺寸结构和零部件疲劳试验提供载荷,都必须通过处理,把实测的或者模拟的载荷-时间历程简化成能反映真实情况的具有代表性的典型载荷谱。通常的做法是简化成"程序加载"。所谓"程序加载",就是按一定程序施加不同循环次数的不同幅值的载荷循环。为此,需要通过计数法(或谱分析法)把实测的或者仿真得到的不规则的、随机的载荷-时间历程,转化为一系列不同幅值的全循环或半循环。最常用的就是雨流计数法。使用雨流计数法还可以对道路载荷进行滤波,检测单元并消除一些非损伤的工况,缩短应力历史记录。

有多种类型载荷谱,其中常幅谱的载荷最大值和最小值不随时间而变,常用于疲劳分析方法的研究和材料疲劳性能试验;常幅载荷作用下疲劳寿命估算可直接利用 S-N 曲线。

载荷可表示在时域或频域中,根据需要选用。分析使用时域,即所有的输入载荷和输出响应都指定为时间顺序形式,也就是载荷的时间历程。另一种方法是使用频域,这种情况下所有的输入载荷和输出响应都表示为不同频率的能量形式。功率谱密度函数(Power Spectrum Density,PSD)是最常用的频域表示载荷的方法。时域和频域之间的转换可通过快速傅里叶变换(Fast Fourier Transformation,FFT)实现。

2. 循环应力应变迟滞回线

在循环载荷下,当材料所受外载荷处于弹性范围内时,宏观上认为材料不产生塑性变形。但当承受的外载荷超过材料的比例极限时(存在局部屈服或塑性变形),结构经过一次完整的加载-卸载过程之后就形成了迟滞回线(Hysteresis Loop Curve),产生了滞后环,即塑性耗散。微观情况下,产生塑性变形后,位错发生运动、堆积,转变为更复杂的位错结构。位错结构在一定的循环数之后就逐渐稳定下来,直到材料损伤累积到足够程度,使裂纹萌生并扩展。如果材料往复地经受拉伸-压缩加载-卸载循环,则屈服应力在一定范围内会持续地有所增加,使得迟滞回线形状尺寸发生变化,材料也可能会变得更硬。从本质上讲,循环应力应变曲线描述的是材料瞬态的应力与应变的关系。由于材料的循环硬化/软化、循环蠕变/松弛等行为,使得每次循环应力应变滞后有所差异。

但是，这些差异在开始的时候比较明显，当达到稳定的时候（一般在其寿命的20%～50%）就趋于稳定，之后的滞后环形状就基本不再变化了。因此，循环应力应变关系与单调应力应变关系通常不同，在工程分析中常使用稳态的循环应力应变关系曲线。

如图7-5a所示，OA段为施加初始载荷后材料发生屈服，然后反向加载（先卸载），相应的应力应变关系遵循斜率为E的直线关系（图中AB段），当继续反向加载至$-\sigma_{max}$，材料在绝对值小于屈服极限σ_y的地方发生屈服，在载荷持续作用下硬化至C点。加载继续进行，应力增加至σ_{max}，就形成图7-5b的迟滞回线。迟滞回线包括的面积是一个循环耗散的能量（应变能）。将不同应变水平下的稳态滞后环的尖点连接起来就得到稳态循环应力应变曲线，如图7-6所示。

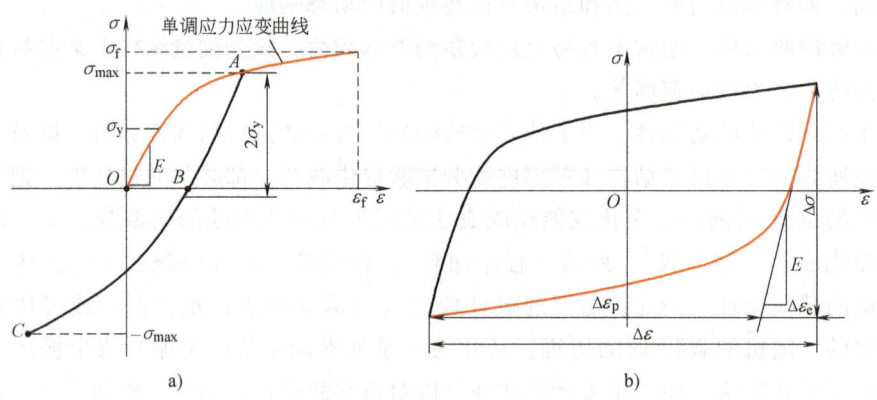

图7-5 材料在循环载荷下的应力应变迟滞回线
a）单次拉伸-压缩的应力应变关系 b）典型的循环应力应变曲线

二、S-N 曲线

1. S-N 曲线的定义及由来

材料疲劳失效以前所经历的载荷（应力或应变）循环数称为疲劳寿命，一般用N表示。将材料的标准试样按照规定的载荷在疲劳试验机上持续加载，得到的外加载荷（应力）与失效前载荷循环次数的关系曲线称为材料的 S-N 曲线。S-N 曲线为德国工程师 Wohler A 首先提出，所以又称为 Wohler 曲线。从1852年到1870年，德国铁路工程师 Wohler A 首先进行了系统的疲劳测试。Wohler A 不仅进行了车轴的疲劳试验，而且对小尺寸的试样进行了弯扭试验，还把试验推广到几种不同的材料。图7-7中为 Wohler A 记录的 S-N 数据的原始图表，其中一些是镍铬合金钢车轴的，而且是用名义应力对失效周期画出的 S-N 曲线。

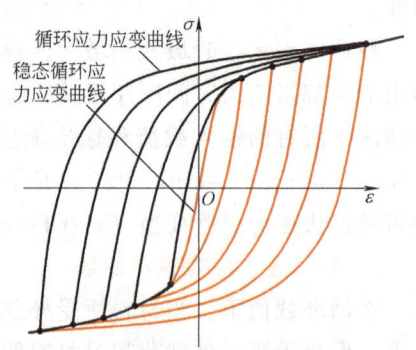

图7-6 稳态循环应力应变曲线

若把试验结果按照不同的存活率p绘制在纵坐标为应力、横坐标为寿命次数的坐标上，就得到 P-S-N 曲线。图7-8所示为45钢制成的直径25mm试件承受平面弯曲的 P-S-

N 曲线。存活率 P 与破坏概率 a 的关系为 $P=1-a$。若不加说明，一般 S-N 曲线的存活概率为 50%。

从材料的 S-N 曲线可以看出，一般应力水平越高，材料的寿命越短；当最高应力相同的时候，非对称循环比对称循环载荷对材料造成的损伤要少些。

2. 确定 S-N 曲线的步骤

大部分疲劳特性都是用完全对称循环（即 $R=-1$），即所谓的旋转弯曲来测定的。下面是 R. R. Moore 的测试例子。该试验用四点载荷法施加弯矩对旋转圆柱形的沙漏状试样进行试验。图 7-9 中试样测试部分的直径为 6~8mm，为克服试件表面缺陷对试验结果的影响，试验前对试件表面进行镜面磨光。

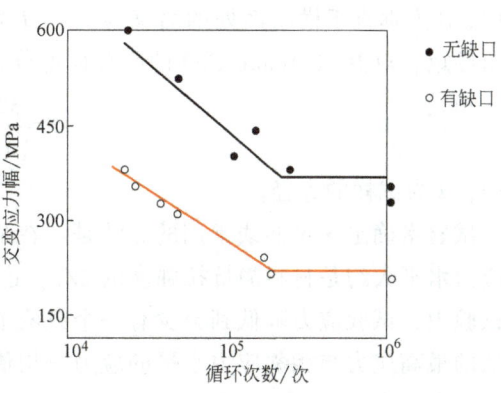

图 7-7 Wohler A 记录的 S-N 数据

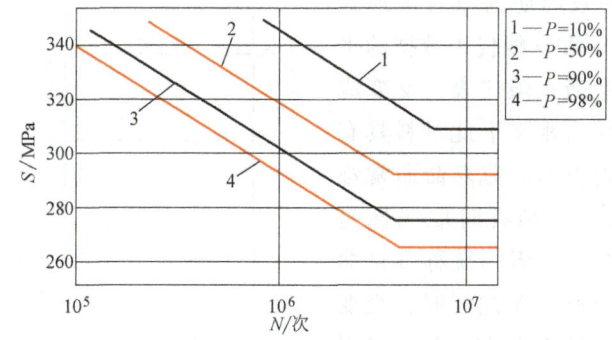

图 7-8 45 钢的 P-S-N 曲线

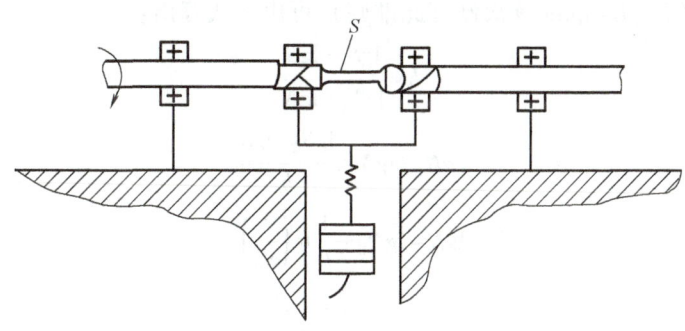

图 7-9 R. R. Moore 疲劳测试

试样表面的应力水平仍然用弹性梁方程来计算（即使计算结果超过了材料的屈服强度也按此式计算名义应力），即

$$S = \frac{Mc}{I} \tag{7-5}$$

式中，S 为垂直于横断面处的名义应力；M 为弯矩；c 为表面到中性轴的距离；I 为截面惯性矩。对 R. R. Moore 试样的圆截面部分，梁等式简写为

$$S = \frac{32M}{\pi d^3} \tag{7-6}$$

式中，d 为试样的直径。

试验室确定 S-N 曲线常用的方法是：在某一高应力水平下对第一根试样进行试验，此应力水平大约是材料静抗拉强度的 2/3，这样试样在很少循环次数下就失效。在随后的试验中，试验应力降低到至少有一个或两个试样在 1×10^7 次循环前失效。试样不发生失效的最高应力与相邻应力水平的应力平均值就是材料的疲劳极限。因为无限寿命设计需要一定的存活率，就开发了诸如 Prot 阶梯法等更复杂的测试分析方法来确定材料疲劳极限的平均值和方差。对那些不显示疲劳极限的材料，试验通常在 1×10^7 ~ 1×10^8 次循环之间终止，而且持久极限定义为 1×10^7 次或 1×10^8 次循环时的应力。S-N 曲线通常要测试 15 根试样来确定，因测试结果有很大的分散性，常常需要运用一定的统计分析。

S-N 数据一般用名义应力、应力幅 σ_a 或应力范围 σ_r 对失效周期的双对数形式画出，其中实际的 Wohler 线代表数据的平均值。某些材料的疲劳极限代表一交变应力水平，在低于此应力水平下此材料具有无限寿命。S-N 曲线中的疲劳寿命通常都使用对数坐标，而应力则有时取线性坐标，有时取对数坐标，二者均统称 S-N 曲线。在双对数坐标下画 S-N 曲线时，交变应力 S 和失效循环次数 N 的关系是一条直线（图 7-10）。

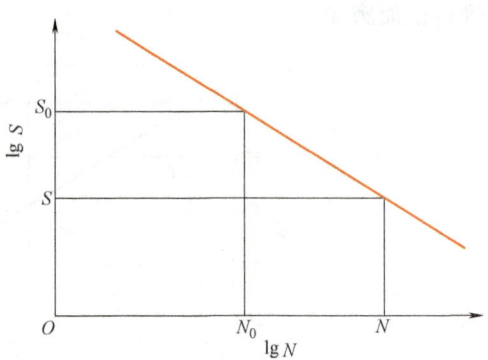

图 7-10 理想化的 S-N 曲线

直线的斜率 b（Basquin 首次制订此准则）可由下式算出：

$$b = \frac{\lg S_0 - \lg S}{\lg N_0 - \lg N} \tag{7-7}$$

$$\lg N_0 - \lg N = \frac{\lg S_0 - \lg S}{b} \tag{7-8}$$

$$\lg N = \lg N_0 + \frac{1}{b}\lg\left(\frac{S}{S_0}\right) \tag{7-9}$$

$$N = N_0\left(\frac{S}{S_0}\right)^{\frac{1}{b}} \tag{7-10}$$

式 (7-10) 表明：如果已知 Basquin 斜率、坐标 (N_0, S_0)，就可以直接算出给定应力幅下的循环次数。通常 N_0 取 10^6 次，相应的应力幅取疲劳极限 (S_e)，因此，式 (7-10) 可写为

$$N = \left(\frac{S}{S_e}\right)^{\frac{1}{b}}\times 10^6 \tag{7-11}$$

例 7-1 简单的寿命评估。

疲劳极限为 250MPa，Basquin 斜率 $b = -0.1$，试求材料在应力幅 300MPa 下的循环次数 N。由式（7-11）得

$$N = \left(\frac{300}{250}\right)^{-10} \times 10^6 \text{ 次} = 161000 \text{ 次}$$

3. S-N 曲线的极限

如上所述，S-N 曲线仅适用于循环载荷为弹性的情况。这就意味着为保证不发生明显的塑性，必须把寿命轴设定为大于 1×10^4 次。因此，在使用上述 S-N 方程时必须注意待估的寿命需不低于 1×10^4 次。图 7-11 中绘出了黑色金属和有色金属的典型 S-N 曲线。因为图 7-11 中代表的材料的屈服应力相对较低，所以寿命轴的坐标值都始于 1×10^5 附近，此时两种合金的交变应力分别为 350MPa 和 300MPa。

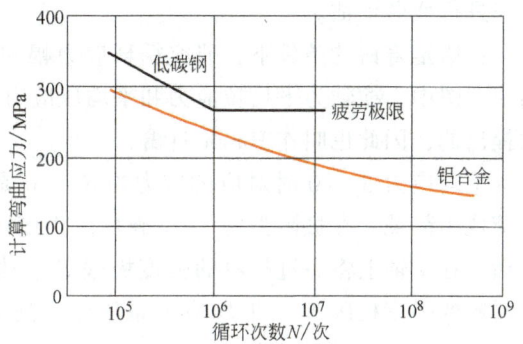

图 7-11 黑色金属和有色金属的典型 S-N 曲线

4. S-N 曲线的经验计算

经过大量的试验和多年的经验积累，得到了材料疲劳和其拉伸特性之间的经验关系（尤其是钢材的）。尽管它们之间的关系式没有充分的科学依据，但仍是工程师们评估疲劳性能的重要工具。当强度不同的钢材的 S-N 曲线用疲劳极限 S_e（即 1×10^6 次循环时的应力幅 S_6）和强度极限（S_u）绘出时（图 7-12），所有的曲线都倾向于下式表达的简单曲线：

$$\begin{cases} S_6 = S_e \approx 0.5 S_u & (S_u \leq 1400 \text{MPa}) \\ S_6 = S_e \approx 700 \text{MPa} & (S_u > 1400 \text{MPa}) \end{cases} \quad (7\text{-}12)$$

除此之外，1×10^3 次循环时的应力 S_3 可以近似为 $0.9 S_u$，用这些近似值就可以得到如图 7-12 所示锻钢的通用 S-N 曲线。

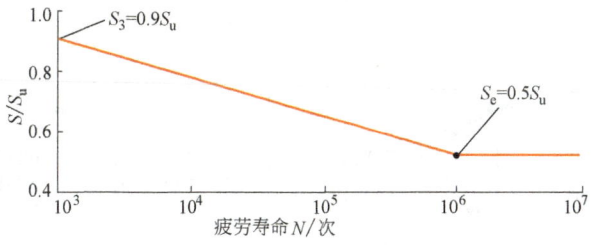

图 7-12 锻钢的通用 S-N 曲线

工程师尤其要注意 $1 \sim 1 \times 10^3$ 次循环范围内 S-N 曲线的表示方法，他们经常使用强度极限 S_u 的倍数（小于 1）或真实断裂应力 σ_f 作为衡量一个或 1/4 周期内应力幅的尺度。使用这种方法的最大困难在于在低周区 S-N 曲线非常平，这就使得对疲劳寿命的评估不很精确。S-N 曲线在低周区非常平是因为高应力水平所导致的大塑性应变。低周疲

劳分析宜采用基于应变的方法，此方法远远胜于忽略塑性影响的名义应力法。

5. S-N 曲线的修正

(1) **平均应力的影响** 多数疲劳数据都是在试验室里用对称载荷（即 $R=-1$）做试验的方法采集到的，但大多数现场的服役条件都包含非零的平均应力。因此，了解平均应力对疲劳过程的影响是非常重要的，这样才能有效地使用由对称载荷得到的试验数据来进行疲劳评估。

在给定寿命的条件下，研究循环应力幅和平均应力的关系可得到如图 7-13 所示的结果。图中，横轴为平均拉应力和平均压应力，纵轴为交变常应力幅。这是由 Haigh 首次提出的，因此也叫作 Haigh 曲线。

平均应力 $S_m=0$ 时对应的应力幅 S_a，就是 $R=-1$ 时的疲劳极限 S_{-1}。当 $S_a=0$ 时，载荷成为静载，在极限强度 S_u 下破坏。由图可知：疲劳数据点所构成的曲线如果延伸的话，在 x 轴上将经过材料的强度极限 S_u，也就是说，无论如何平均应力都不可能大于材料的强度极限 S_u。平均应力是压应力还是拉伸应力对疲劳强度的影响是不同的。拉应力比压应力更容易令材料出现疲劳。当应力幅 S_a 给定时，随着平均应力 S_m 的增大，循环载荷中的拉伸部分增大，这时更容易导致疲劳裂纹的萌生和扩展，将使得构件的疲劳寿命 N_f 降低。这一点也提示我们，在车身构件的冲压成形中，如果能适当控制工艺参数，使车身构件的疲劳危险点能事先有一个残余压应力，将会有效地提高车身结构的疲劳寿命。图 7-14 为不同平均应力水平下的 45 钢 S-N 曲线。

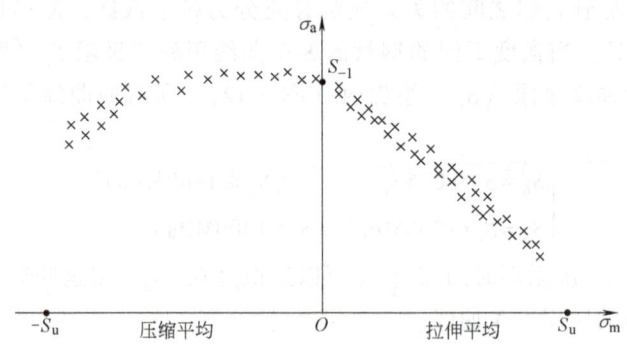

图 7-13 表示平均应力影响的高周疲劳数据

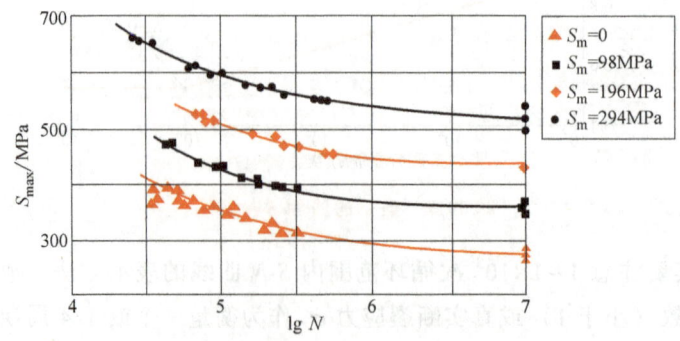

图 7-14 平均应力对 S-N 曲线的影响

材料：45 钢调质，应力集中系数 $K_T=2$，轴向加载

因为通过试验来得到 Haigh 曲线成本非常高，因此就出现了表示交变应力幅和平均应力之间关系的经验公式。这些关系式很方便地用材料的强度极限 S_u 来描述不同的材料。对于无限寿命设计，这些方法用不同的曲线连接交变应力轴上的持久极限 S_e 和平均应力轴上的强度极限 S_u 或真实断裂应力 σ_f。在这些关系式中，下面两式得到了最广泛的应用（即 Goodman 曲线和 Gerber 曲线）。

Goodman 曲线：

$$\frac{S}{S_e}+\frac{S_m}{S_u}=1 \tag{7-13}$$

Gerber 曲线：

$$\frac{S}{S_e}+\left(\frac{S_m}{S_u}\right)^2=1 \tag{7-14}$$

上述两个经验模型如图 7-15 所示，其中 S_{n1} 代表利用 Goodman 模型计算得到的等效应力幅，S_{n2} 代表利用 Gerber 模型计算得到的等效应力幅，可见 Goodman 模型相对保守，而 Gerber 模型可能偏于危险。为了进一步说明循环特征对于 Goodman 和 Gerber 两种平均应力等效修正的影响，进行下述比较：保持应力幅不变，使循环特征不断增大，得到两种模型估算的结果，如图 7-16 所示。可见，当循环特征 R 接近 -1 时（平均应力很小），两种方法有微小的差别；当 R 接近 1 时，两种方法差别较大，且用 Goodman 获得的结果总是大于 Gerber 模型的结果。

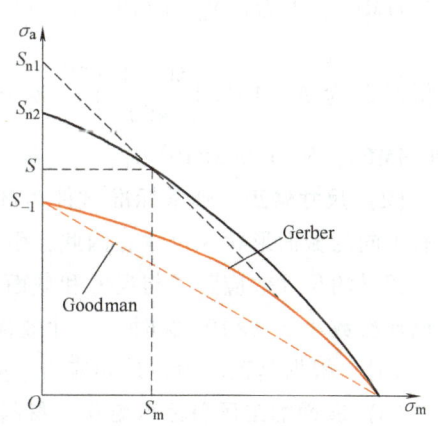

图 7-15　Haigh 曲线

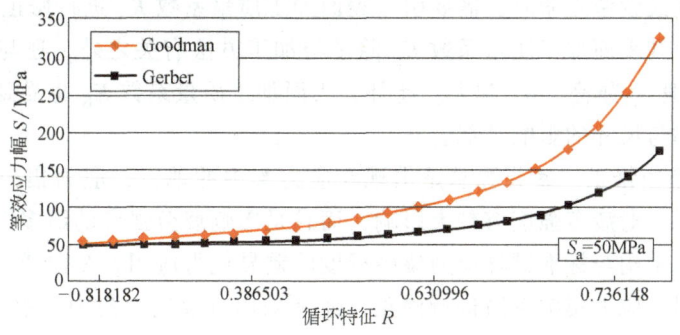

图 7-16　应力幅不变、循环特征变化时两种模型估算等效应力幅

例 7-2　构件受拉压循环应力作用，$S_{max}=520\text{MPa}$，$S_{min}=-460\text{MPa}$，材料的强度极限 $S_u=1050\text{MPa}$，测得 $N=1\times10^6$ 次时的疲劳极限 $S_6=400\text{MPa}$，当 $N=1\times10^3$ 次时的对称应力为 750MPa。试用 Goodman 和 Gerber 方程计算其疲劳寿命。

确定工作循环应力幅 S_a 和平均应力 S_m 为

$$S_a = \frac{S_{max} - S_{min}}{2} = \frac{520-(-460)}{2}\text{MPa} = 490\text{MPa}$$

$$S_m = \frac{S_{max} + S_{min}}{2} = \frac{520+(-460)}{2}\text{MPa} = 30\text{MPa}$$

下面构造寿命为 1×10^6 次和 1×10^3 次时的 Goodman 曲线。分别连接疲劳极限 S_6 和强度极限 S_u，以及寿命为 1×10^3 次时的应力 S_3 和强度极限 S_u，得到其 Goodman 曲线修正的 Haigh 曲线（参见图 7-15）。连接点（490, 30）和（S_u, 0）得到构件在任何平均应力和应力幅下的寿命曲线。此直线与对称循环轴交于应力 $S_n = 504.41\text{MPa}$。

此应力可由 Goodman 方程直接计算，即：$\frac{490\text{MPa}}{S_n} = \frac{30\text{MPa}}{1050\text{MPa}} = 1$，则 $S_n = 504.41\text{MPa}$。因为，$N_0 = 1\times10^6$ 次，$N = 1\times10^3$ 次，故 $b = -\frac{1}{3}\lg\left(\frac{S_3}{S_6}\right) = -\frac{1}{3}\lg\left(\frac{750}{400}\right)$，进而求得寿命为 $N = 10^6 \times \left(\frac{504.41}{400}\right)^{-11}$ 次 $= 7.799\times10^4$ 次。而用 Gerber 方程计算得 $S_n = 490.4\text{MPa}$，$N = 1.063\times10^5$ 次。

（2）**尺寸修正** 通常标准试件为圆形截面，有确定的截面尺寸，而实际构件或结构有不同的截面形状和尺寸，因此，引入尺寸与截面形状修正系数 K_s。

钢材的尺寸效应除了与尺寸和截面形状有关之外，还与应力循环次数有关。通常，当循环次数小于 1×10^3 次时，尺寸效应很小，不必修正；当循环次数处于 $1\times10^6 \sim 1\times10^7$ 次时，根据是正应力还是切应力，查阅相关表格得到相应的修正系数 K_s。

（3）**表面加工质量因素修正** 材料的 S-N 曲线是由标准光滑试件通过试验得到的，实际结构表面的加工质量可能与标准试样存在差异。一般而言粗糙表面相当于存在着很多的微缺陷，在循环载荷作用下容易产生应力集中，成为疲劳源，使疲劳强度降低。因此，表面加工质量不同相当于产生应力集中的程度不同。因此，在用 S-N 曲线估算实际结构的疲劳强度或疲劳寿命时，需要引入表面加工质量系数 K_β 进行修正。

对于钢材，其表面加工质量系数 K_β 除了与加工方法有关之外，还与材料的强度极限 S_u 有关。一般 S_u 越高，K_β 越大。此外，表面加工质量系数 K_β 也受到应力循环次数的影响，其规律与尺寸的影响类似。

（4）**应力集中修正** 疲劳源总是出现在应力集中的地方，应力集中使结构或构件的疲劳强度降低，对疲劳强度有较大影响，而且是影响疲劳强度的诸多因素中起主要作用的一个。实际结构与标准试样应力集中程度的差异使得应用 S-N 曲线必须要考虑这个差异，方法是引入应力集中系数进行修正，通常采用有效应力集中系数 K_T。图 7-17 为不同应力集中系数对 S-N 曲线的影响。

（5）**其他修正** 实际结构或者构件的表面与 S-N 曲线测试试样表面的加工工艺通常也不同。表面为了增强硬度、疲劳强度，常常采用渗碳、渗氮、淬火、喷丸等处理工艺，目的是改变表层结构的组织结构，因此，使用 S-N 曲线的时候，也需要进行相应的修正。

结构服役实际温度与 S-N 曲线测试温度通常是不同的。研究表明：温度是对疲劳寿命和损伤影响的重要的环境因素，而且规律也很复杂，与材料抗蠕变性能有很大关系。此外，结构在加工生产时常需要采用特殊的加工工艺，这些工艺也常常在特定的温度下进行。因此，原则上都需要考虑这些因素进行修正。

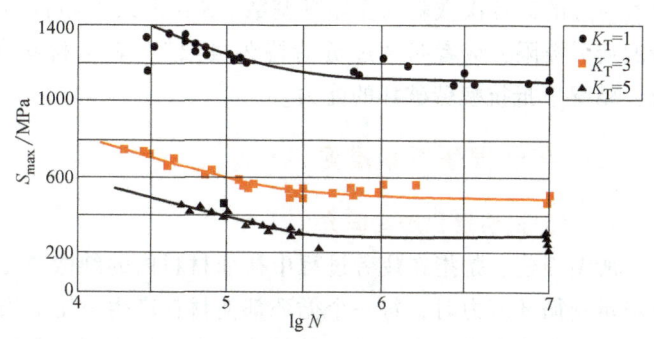

图 7-17　应力集中系数对 S-N 曲线的影响

材料：30CrMnSiNi2A 棒材，循环特征 $R=0.1$，轴向加载

结构关键部位所处的载荷状态（载荷性质、施加频率和顺序、强度、梯度等）对于材料疲劳的影响也是不可忽视的。

6. 简化 S-N 曲线

一般 S-N 曲线具有如下特点：当循环次数 N 小于 1×10^3 次时，对称循环的有限寿命疲劳极限 S_e 与材料拉伸极限 σ_b 接近，而且循环次数 N 变化不大；当循环次数 N 大于 1×10^6 次时，疲劳极限 S_e 趋近于疲劳极限 S_{-1}；当循环次数在 $1\times10^3 \sim 1\times10^6$ 次时，循环次数 N 与疲劳极限存在如下关系：

$$S_e^m N = c \tag{7-15}$$

式中，m、c 皆为常数。

等式两边取对数，得

$$m\lg S_e + \lg N = \lg c \tag{7-16}$$

式（7-16）表明，$\lg S_e$ 与 $\lg N$ 呈现线性变化规律，只要知道 1×10^3 次与 1×10^6 次两点的疲劳极限，N 在 $1\times10^3 \sim 1\times10^6$ 次之间的 S-N 曲线就确定了。所以，简化 S-N 曲线做法如下：

1) 当 $N<1\times10^3$ 次时，取 $S_e = \sigma_3 = 0.9\sigma_b$。
2) 当 $N>1\times10^6$ 次时，取 $S_e = \sigma_6 = S_{-1}$。
3) 当 1×10^3 次 $\leq N \leq 1\times10^6$ 次时，在双对数坐标系以直线连接，即

$$\lg S_e = \lg S_{-1} + \frac{6-\lg N}{3}(\lg\sigma_3 - \lg\sigma_{-1}) \tag{7-17}$$

三、材料的疲劳极限

材料在交变应力作用下抵抗疲劳破坏的能力称为疲劳强度。衡量材料或构件疲劳强度大小的指标之一就是"疲劳强度极限"，简称"疲劳极限"。

所谓疲劳极限就是指在一定循环特征 R 下，材料或构件可以承受无限次应力（或应变）循环而不发生疲劳破坏的最大应力（或应变）。因材料的疲劳极限随加载方式和应力比的不同而异，通常以对称循环下的疲劳极限作为材料的基本疲劳极限。

在 S-N 曲线上与横轴平行的水平线对应的应力就是该材料的疲劳极限，而水平段开

始时对应的循环次数就叫作循环基数。S-N 曲线上倾斜部分各点的应力水平称为有限寿命的疲劳极限，或者叫"过负荷持久极限"，表示材料在过负荷（超过疲劳极限的负荷）情况下抵抗疲劳破坏的能力。

四、疲劳损伤累积准则

1. 疲劳损伤累积理论简介

所谓损伤，是指在疲劳过程中初期材料内的细微变化和后期裂纹的形成和扩展。当材料承受循环应力时，每一个循环都使材料产生一定的损伤。疲劳损伤累积理论是研究结构演化规律和破坏准则的一种理论，是根据常幅疲劳试验结果估算变应力幅值下疲劳寿命的关键理论。不同学者根据损伤累积方式的不同提出了不同的损伤累积理论。具有代表性的疲劳损伤累积理论主要有：

（1）**线性疲劳损伤累积理论** 假定材料在各个应力水平下的疲劳损伤是独立完成的，则总的损伤可以线性叠加。最具代表性的是 Miner 线性疲劳损伤累积法则，以及修正的 Miner 线性疲劳损伤累积法则。

（2）**双线性疲劳损伤累积理论** 认为材料的疲劳损伤在疲劳初期和后期分别按照两种不同的线性累积规律，代表性的是 Manson 双线性疲劳损伤累积理论。

（3）**非线性疲劳损伤累积理论** 假定循环载荷所造成的疲劳损伤与载荷历史有关，代表性的是 Corten-Dolan 理论。

（4）**其他疲劳损伤累积理论** 多为根据试验数据分析得出的经验、半经验公式，如 Levy 理论、Kozin 理论。

目前的疲劳损伤理论通常包括损伤的定义、损伤的积累和损伤的临界值三方面要素。

2. Miner 线性疲劳损伤累积法则

Miner 线性疲劳损伤累积法则是目前最具代表性的，也是应用最广泛的理论，它假定每一个循环所造成的平均损伤为 $1/N$（N 为试样破坏前的总循环数）。而结构疲劳损伤是可以积累的，n 次恒幅载荷所造成的损伤 C 等于其循环比，即 $C = n/N$，变幅载荷所造成的损伤 D 等于各循环比之和，即

$$D = \sum_{i=1}^{l} \left(\frac{n_i}{N_i}\right) \tag{7-18}$$

式中，l 为变幅载荷的应力水平级数；n_i 为第 i 级载荷的循环次数；N_i 为第 i 级载荷下的疲劳寿命。

当损伤累积到了临界值 D_f 时，即 $D = D_f$ 时，就发生疲劳破坏。Miner 假设试样所吸收的能量达到极限时就产生疲劳破坏，也就是说，在线性条件下，损伤 $D = D_f = 1$ 时试样发生疲劳破坏。由于 Miner 法则形式简单，使用方便，在工程中得到了广泛应用。

Miner 线性疲劳损伤累积法则表明，结构失效发生在总的损伤累积超过 1 的时候，即 $D(t) > 1$。将失效时间定义为 T_f，则有

$$P\{T_f \leq t\} = P\{D(t) \geq 1\} = P\{K \leq \varepsilon D_\beta(t)\} \tag{7-19}$$

式中，ε 是与材料相关的参数，且 $K = E^{-1}\varepsilon$；K 为和材料相关的独立随机变量，通常服

从对数正态分布，即 $\ln K = -\ln E + \ln \varepsilon$，而 $\ln E \sim N(0, \sigma_E^2)$，因此，$\ln K \sim N(\ln E, \sigma_E^2)$。总的循环损伤之和 $D_\beta(t)$ 是大量小循环损伤之和。一般假定它近似服从正态分布，即

$$D_\beta(t) \sim N[d_\beta t, \sigma_\beta^2(t)] \tag{7-20}$$

式中，$d_\beta = \lim\limits_{x \to \infty} \dfrac{D_\beta(t)}{t}$；$\sigma_\beta^2 = \lim\limits_{x \to \infty} \dfrac{V[D_\beta(t)]}{t}$，$V[D_\beta(t)]$ 是方差函数。

于是，利用 K 的对数正态分布以及近似正态分布函数 $D_\beta(t)$，结构疲劳寿命分布即可计算。设其概率密度函数和分布函数分别以 $\varphi(x)$、$\Phi(x)$ 表示，则结构疲劳失效的概率可表示为

$$P\{T_f \leq t\} \approx \int_{-\infty}^{+\infty} \phi \left[\frac{\ln \varepsilon + \ln d_\beta t + \ln\left(1 + \dfrac{\sigma_\beta}{d_\beta \sqrt{t}} z\right)}{\sigma_E} \right] \phi(z) \mathrm{d}z \tag{7-21}$$

五、循环载荷的计数

在进行结构疲劳试验和强度分析时常常采用常幅载荷，主要是因为常幅载荷数据便于处理。而实际的疲劳试验和分析中遇到的却很多都是随机载荷，这就需要有一种方法能够将不规则的载荷历程转化为便于处理的常幅载荷。计数法就是一种将实测或仿真得到的随机载荷-时间历程转化为全循环或半循环的方法。

之所以进行计数，就是由于常规随机载荷（如应力）的时间历程相邻的峰值（或谷值）之间一般是不完全相同的，也不方便表示。循环计数之后，将载荷转化为一系列载荷循环或半循环，就大大简化了原载荷-时间历程。

从统计角度讲，计数法分为单参数法（只考虑载荷循环中的一个变量，如应力幅）和双参数法。典型的双参数法包括雨流计数法（Rainflow Counting Method）、极大极小计数法等。目前广泛采用的是雨流计数法。

雨流计数法（塔顶法）是目前在疲劳设计和疲劳试验中用得最广泛的一种计数方法，是变程计数法的一种。首先将载荷-时间历程缩减为一系列峰和谷，并按照时间轴向下画出时间历程图，使得历程形成一个个"屋顶"。规定雨流过程遵循一定的规则，就可以得到载荷循环迟滞回线。规则如下：

1）雨流在记录的起点和依次在每个峰值的内侧开始。
2）雨流流到波峰或波谷后下滴，直到对面有一个比起点更高的峰值为止。
3）当雨流遇到来自上面"屋顶"流下的雨时，就停止流动。
4）凡构成一个闭合回线的雨流，形成一个全循环。将所有全循环取出，并记录下相应的变程。
5）取出剩下的半循环，并记录下各自的变程。

雨流计数法的要点：载荷-时间历程的每一部分都参与计数，且只计数一次；一个大的幅值所引起的损伤不受截断它的小循环的影响，截出的小循环叠加到较大的循环和半循环上去。因此可以根据累计损伤理论，利用等幅试验得到的 S-N 曲线进行疲劳寿命估算。以图 7-18a 所示的过程为例，雨流计数过程如下：

- 雨流1：从1点流至2点，下滴到2'点，流到4点，停于5点的对面，得半循环1-2-4。
- 雨流2：从2点流经3点，停于4点的对面，得半循环2-3。
- 雨流3：从3点开始，遇到由2点滴下的雨流，停于2'点，得半循环3-2'，与半循环2-3形成全循环2'-3-2。
- 雨流4：从点4流经5点，下滴到5'点，流经7点，下滴到10点的对面，得半循环4-5-7。
- 雨流5：从5点流到6点，下滴，止于7点的对面，得半循环5-6。
- 雨流6：从6点开始，遇到由5点滴下的雨流，停于5'点，得半循环6-5'，与5-6配成全循环5'-6-5。
- 雨流7：从7点流经8点，下落到8'点，流到10点，得半循环7-8-10。
- 雨流8：从8点流至9点，下落到10点的对面终止，得半循环8-9。
- 雨流9：从9点开始，遇到由8点下滴的雨流，止于8'点，得半循环9-8'，与8-9配成全循环8-9-8'。
- 最后，得到三个全循环8-9-8'、2-3-2'和5-6-5'（图7-18b中三个阴影部分），以及三个半循环1-2-4、4-5-7和7-8-10。

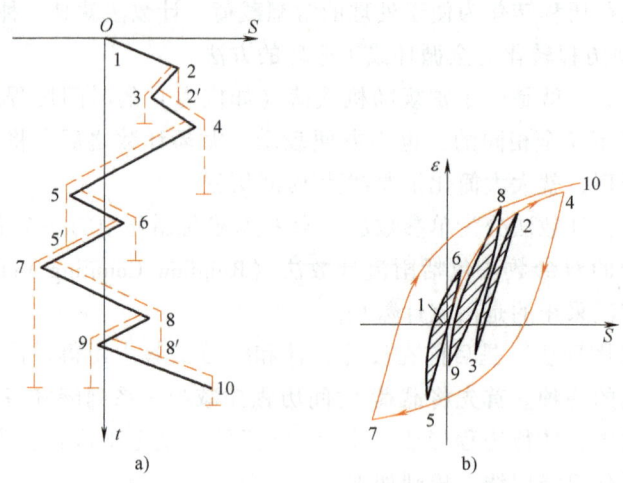

图7-18　雨流计数过程

六、疲劳的概率统计特性

疲劳是一种随机现象，疲劳裂纹的萌生和扩展是一个随机过程。构件或结构的疲劳寿命一般取决于材料性能、裂纹萌生部位的几何形状、应力-应变历史、环境和其他在结构寿命期间可能发生的一些随机因素。因此，用常规的方法进行疲劳设计无法克服疲劳过程的随机性，这样一来，用概率统计的方法就势在必行。在疲劳设计中保证结构绝对安全而不发生疲劳破坏是非常困难的，但必须把疲劳破坏的概率局限于一个合理的、经济的范围内。由于疲劳寿命和疲劳极限都是统计变量，必须意识到仅仅由少量试样确定的平均曲线存在很大的偏差。有必要考虑试样在给定的应力水平或应变水平下获得某一寿命的概率，或在疲劳极限附近的一定应力水平下的失效概率。因此，就需要测试比预料的多得多的试样。

以对数寿命 $\lg N$（N 为破坏循环数）为横坐标，以给定寿命区间内破坏的试样数 k 为纵坐标，绘出的寿命分布直方图如图 7-19a 所示；可以用正态分布描述对数寿命 $\lg N$ 的分布，或者说，可以用对数正态分布来描述寿命 N 的分布。

现在 Wohler 的 S-N 曲线已经发展成为表示应力（或应变）、失效周次和失效概率之间关系的曲面。图 7-19b 示出了不同循环应力（常幅应力）下疲劳寿命的分散性，是基于概率统计的疲劳数据的表示。可见，对于给定循环应力水平下的一组试样，可以得到一组分散的疲劳寿命。当应力为 S_1 时，N_1 次循环后，试件失效的概率为 1%；N_2 次循环后，试件失效的概率为 50%。应力水平越低，寿命越长，分散性就越大。疲劳寿命可以相差几倍，甚至几十倍，因此必须基于统计分析来处理。

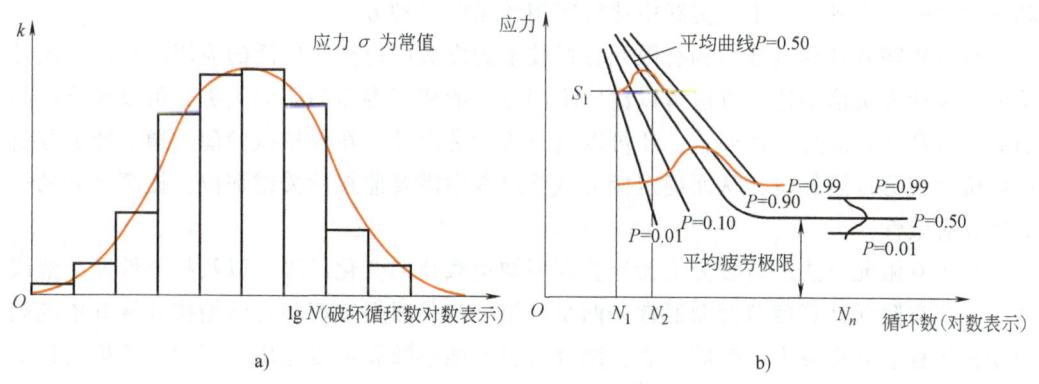

图 7-19 疲劳的概率统计特性
a) 寿命分布直方图 b) 基于概率统计的 P-S-N 曲线

第四节 车身结构疲劳寿命分析流程和方法

一、确定疲劳寿命的方法

确定结构疲劳寿命的方法主要有两类：试验法和分析法（图 7-20）。

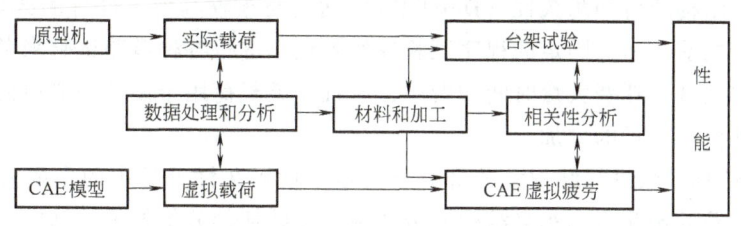

图 7-20 两类确定结构疲劳寿命的方法

试验法完全依赖于试验，是传统的方法。它直接通过与实际情况相同或相似的试验来获取所需要的疲劳数据，或者直接验证结构的疲劳寿命。例如：汽车产品、样车试制完成后通常要到专门的试验场进行强化疲劳试验。这种方法虽然可靠，但必须在样机（样车）试制之后才能进行。费用高、周期长，且无法和设计并行。此外，由于结构构造、工作状态、外部载荷、服役环境的复杂性及制造过程中的各种偏差与不一致性，常会使得试验结果不具有通用性。尽管如此，对于对疲劳寿命有明确要求的复杂机械与工程结构来说，却必须通过试验来确定整个产品的最终寿命，如飞机的全机疲劳试验、汽车的整车强化疲劳试验等。

分析法是依据材料的疲劳性能，对照结构所受到的载荷历程，按分析模型来确定结构的疲劳寿命。任何一个分析方法都包含三部分内容：材料疲劳行为的描述、循环载荷下结构的响应和疲劳累积损伤法则。分析法追求的目标之一是降低疲劳分析对于大量试验（特别是有关结构、尺寸、载荷等的统计试验）的依赖性，减少分析处理方法中的经验性成分。为此，已经发展了多种分析方法。按照计算疲劳损伤参量不同可以将疲劳寿命分析分为名义应力法、局部应力应变法、应力应变场强度法、能量法、损伤力学法和功率谱密度法等。在工程实践中比较实用的是前三种方法。

分析法随着计算机技术和有限元分析技术的发展而得到了广泛的应用。在产品设计阶段，设计人员借助这一方法可以比较不同方案的疲劳寿命品质的优劣，可以校核产品的疲劳寿命是否满足设计要求，还可以进行抗疲劳设计。在样机试验前，通过疲劳分析可以确定疲劳危险部位，从而确定疲劳试验过程中需要监控的关键部位，提高试验的针对性和有效性。

采用有限元方法进行疲劳寿命计算需要知道载荷的变化历程，以及材料性能参数或曲线。用有限元计算疲劳寿命通常分两步：第一步是根据载荷和几何结构计算其中的载荷变化历程；获得应力应变响应后，结合材料性能参数就可以应用不同的疲劳损伤模型进行寿命计算，这是第二步。疲劳寿命的理论预测精度既依赖于应力应变响应的正确模拟，也依赖于损伤模型的合理利用。在疲劳设计中有限元技术已经成为一种不可缺少的分析工具。根据有限元计算获得的应力应变结果进行进一步的疲劳寿命设计，已经在许多重要的工业领域（如航空、航天、汽车和机器制造）得到应用。与基于试验的传统方法相比，有限元疲劳计算的突出优点是可以和设计并行，能够在样车试制之前提供零部件表面的疲劳寿命分布图，以便在设计中判断零部件的疲劳寿命薄弱位置，通过修改设计可以预先避免不合理的寿命分布。因此，它能够减少试验样机的数量，缩短产品的开发周期，进而降低开发成本，大大提高市场的竞争力。

过去车身结构疲劳和耐久性（Durability）问题与车辆其他零部件耐久性问题一样，是在产品投产之前，通过固定的程序试验或驾驶汽车进行各种道路试验来考验原型机耐久性；这种方法既要耗费大量时间和费用，而且试验载荷用于设计一般很偏于安全和保守，容易导致汽车重量的增加。

用CAE仿真方法进行结构疲劳寿命分析是车辆耐久性分析中的主要内容，是近些年逐步发展完善的预测汽车车身结构疲劳和耐久性破坏的分析技术，已成为车辆设计和开发过程中一个重要方面。

用分析技术可以获得大量信息，在设计过程的早期就可以预测结构的疲劳寿命，以便减少设计工程、制造设备和样机的成本，并缩短产品开发周期。

由于车身结构构造和所经受的道路载荷的复杂性，车身的疲劳分析任务就变得艰巨。而相对成熟的商业软件使得车身结构疲劳分析成为可能。结合有限元技术和多体动力学技术而发展成长起来的虚拟试验场技术（Virtual Testing Ground）是解决结构乃至整车疲劳耐久性的一个新兴发展方向。

以前在结合有限元方法进行疲劳分析的时候，载荷-时间历程需要结合试验测量和循环计数（甚至是先施加到车身结构上计算得到车身关键部位应力应变-时间历程后再进行计数），然后再结合损伤模型对结构的寿命进行评估，其中载荷的获取还是要通过试验获取和积累。

有了虚拟试验场技术，载荷的获取有望脱离试验环节，使得完整的结构疲劳和耐久性评估完全通过仿真分析方法予以实现，这在分析方法上又是一个飞跃，可以进一步节省试验方法耗费的大量成本。于是，结构疲劳分析的三个核心问题（材料疲劳特性数据、结构在载荷下的响应计算、损伤模型）中，结构在载荷下的响应计算能够完全脱离试验环节而通过模拟仿真实现。在材料疲劳特性数据方面目前已经积累了大量的经验数据，尤其是对于传统的钢结构；但近些年来出现的高强度钢、先进铝合金、镁合金、各种金属和非金属复合材料方面还是需要试验积累，同时也通过仿真模拟寻求仿真方法获取材料特性数据的途径。

二、基于虚拟试验场的车身结构疲劳寿命分析流程

基于虚拟试验场的车身结构疲劳寿命分析流程如下（图7-21）：

1）建立整车结构多体动力学模型，并结合标准路面数据进行整车的动力学仿真，获得作用于车身结构的载荷-时间历程。

2）建立整备车身结构的有限元模型，结合子结构法、模态分析法、随机振动分析、载荷叠加法等，进行车身结构的固有特性和响应计算，得到车身结构固有频率和振型，以及结构上关键部位的应力/应变-时间历程。将仿真结果和试验数据进行对比，验证仿真结果，必要的话调整和完善仿真模型。整备车身有限元模型包括白车身结构（由板单元模拟）和全部车身安装件，如内、外饰件，闭合件（即车门、风窗、前盖、后盖等）以及一些安装在车身上的集中质量（如蓄电池、燃油箱、转向柱等）。此模型通过 MSC.Patran 创建车身 .bdf 文件（包括几何、网格、材料特性和相关的各种单元）。该文件输入到 MSC.Nastran 使用，并生成模态中性文件 .mnf 和模态结果文件 .op2（后者用于模态法）。在 MSC.ADAMS 软件系统中建成多体模型系统（包括刚体车身）。为了解决无约束问题，启动惯性释放模块。将 .mnf 文件使用部件模态综合（CMS，参见第五章）方法导入 ADAMS 软件系统中的多体模型，即以柔性（弹性）车身取代刚体车身，生成整车数据文件 .bdf。通过惯性释放分析计算，得到车身位移和应力信息文件（应力影响系数-各通道单位载荷引起的应力分布时间历程）。将应力分类显示，选择出疲劳危险单元；并对危险单元计算应力灵敏度。灵敏度用于结构优化设计。图 7-22 为建立的白车身结构的有限元模型，以及用于建立整车刚弹耦合系统动力学模型的车身/底盘安装点。

3）对应力/应变载荷-时间历程进行计数，之后结合材料数据（根据结构服役的环

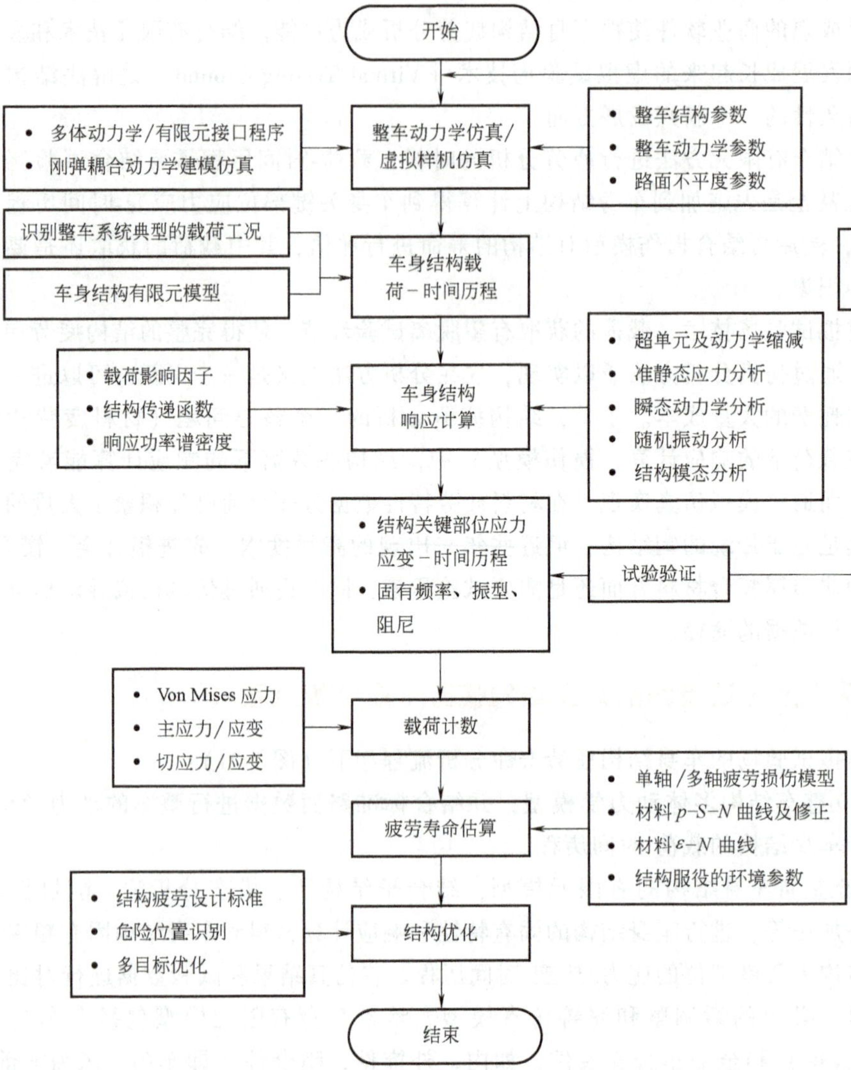

图 7-21 车身结构疲劳寿命分析流程

境修正后的 p-S-N 曲线或 ε-N 曲线），利用单轴/多轴疲劳损伤模型对疲劳寿命进行估算。或者将载荷与结构（危险点）的传递函数与载荷的功率谱密度函数相乘，得到结构响应的功率谱密度函数，据此计算载荷循环数，进而推算结构疲劳寿命。

4）根据结构设计标准对结构进行评定，识别危险部位，并进行结构多目标优化，最后获得满意的设计。

在上述流程中，为了顺利实现整个过程，需要结合行业和车辆实际服役环境，通过大量的材料试验建立结构材料的 p-S-N 曲线和 ε-N 曲线。利用 S-N 曲线法（又常称为名义应力法）估算寿命的时候，需要根据结构尺寸和外观特点、平均应力、应力集中、表面加工情况、工作温度和载荷状态等对 S-N 曲线进行修正，而这些因素对材料疲劳性能的影响需要大量的试验研究。

第七章 车身疲劳寿命分析

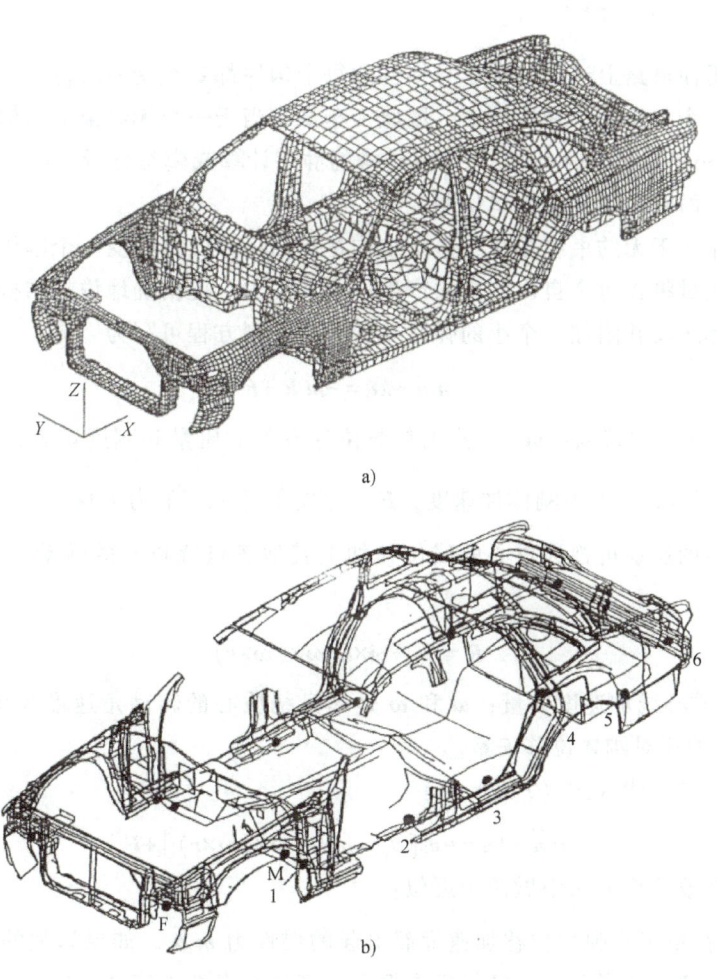

图 7-22 白车身结构的有限元模型和车身/底盘安装点
a) 有限元模型 b) 车身/底盘安装点

结构关键部位的识别常常借助静态强度（或者准静态分析，如后面介绍的惯性释放分析）、刚度分析结果来判定，可施加 G 载荷来实现。对于结构疲劳性能评估的时候所使用的载荷主要来自于试验或者仿真，可直接使用测量或仿真得到的载荷谱，也可以使用根据试验或仿真所建立的专门用于疲劳分析的标准载荷谱。载荷谱的施加依据所采用的方法不同也分为时域加载和频域加载两种方式。时域载荷通常施加在车身结构与底盘的连接点上，按照不同的载荷通道输入，根据载荷响应因子和叠加法则叠加在危险点处得到该处的响应，并根据单轴/多轴疲劳场合进行应力的计算，之后对载荷进行计数，结合修正的 S-N 曲线，依据 Miner 法则对寿命进行评价。对于频域加载的情况，事先要通过计算或者测量得到载荷与结构（危险点）的传递函数，之后与载荷的功率谱密度函数相乘得到结构响应的功率谱密度函数，据此计算载荷循环数，进而推算结构疲劳寿命。

三、惯性释放分析

车辆在粗糙道路上运动时，车身结构的每个构件都要经受由底盘传来的大的刚体运动，并叠加一个本身的小弹性变形，因此，车身相当于一个无约束的结构。惯性释放分析（Ineria Relief Analysis）用于无约束结构的静态计算或模态分析，而且可以节省很多计算时间。下面对其理论做简单说明。

当外力作用于无约束结构时，整个结构在无约束方向将经受一个刚体加速度，因而结构各点的质量将在每个自由的方向产生一个惯性力。更精确地说，结构的每个构件将经历大的刚体运动并附加一个小的弹性变形。其控制方程可写为

$$m\ddot{u} + ku = -\tilde{m}\ddot{R} + F \qquad (7\text{-}22)$$

式中，u 为小弹性位移场；m、k 分别是与位移有关的质量和刚度矩阵；$\tilde{m}$ 表示刚体总质量和惯性矩矩阵；$\ddot{R}$ 为刚体加速度；F 为结构部件之间的力矢量。

整个刚体的运动可视为重心的线位移加上其他各点绕重心的转动，所以，$\ddot{R}$ 矢量可以写成

$$\ddot{R} = a_{cg} + \dot{\omega} \times r + \omega \times (\omega \times r) \qquad (7\text{-}23)$$

式中，a_{cg} 为质心线加速度矢量；ω 和 $\dot{\omega}$ 是车身绕质心的转动角速度和角加速度矢量；r 是关于质心的相对刚体位移矢量。

将式（7-23）代入式（7-22），有

$$m\ddot{u} + ku = -\tilde{m}[a_{cg} + \dot{\omega} \times r + \omega \times (\omega \times r)] + F \qquad (7\text{-}24)$$

在惯性释放分析方法中做两个近似：

1）忽略掉由于小弹性位移加速度而引起的惯性力 $m\ddot{u}$。如果施加的外力频率接近结构的自然频率，并激起一个结构模态振型，则这个惯性力值是大的。

2）忽略刚体车身角速度引起的向心力 $[-\tilde{m}\omega \times (\omega \times r)]$。

将以上两点假设代入式（7-24），则运动方程变为

$$ku = -\tilde{m}[a_{cg} + \dot{\omega} \times r] + F \qquad (7\text{-}25)$$

在应用惯性释放分析方法时，首先将外力（如地面作用于地面的平衡力）作用于结构（视为刚体），并计算出相应的刚体车身加速度（a_{cg}，$\dot{\omega}$）。由这些加速度和结构质量可计算出所有各点的惯性力。将这些惯性力与原来的力 F（如输入道路载荷-时间历程）一起施加到结构上。最终结构被约束而无刚体运动，可按式（7-25）完成常规的静态有限元计算，方便地得到弹性结构的位移场 u。所以，惯性释放分析方法是一种准静态方法，用于计算车身结构的响应。这种方法可节省计算时间和成本。为了比较，对一个由 83346 个单元和 85214 个节点组成的白车身模型分别用惯性释放分析方法和瞬态响应法（直接法）计算，所消耗的时间比较见表 7-4，可见瞬态响应法花费时间长得多。但是惯性释放分析方法只有动载荷激励频率远低于结构一阶自然频率时，计算误差才比较小。所以惯性释放分析方法用于评估疲劳寿命时计算应力影响系数是可靠的。

表 7-4 两种方法的时间比较

方法	实际时间	用户时间
惯性释放分析法	2h:17m:58s	1h:2m:0s
瞬态响应法	43h:23m:60s	3h:16m:31s

四、瞬态响应分析方法

实际道路载荷所引发的车身结构应力响应是非稳定的瞬态响应。有两种不同的数值方法可用于瞬态响应分析，即直接法和模态法。直接法对一个完全耦合的运动方程进行数值积分，因此计算时间长。模态法利用了结构振型缩减并解耦运动方程的方法，因此是数值求解一个较小的非耦合方程系统；然后将各个模态响应叠加（线性组合）得到瞬态响应结果。

1. 直接法

直接法又称为瞬态动力学分析法，是确定受载结构动力学响应的一种时域方法，其求解的动力学方程为

$$m\ddot{u} + C\dot{u} + Ku = F \qquad (7\text{-}26)$$

式中，m 为质量阵；C 为阻尼阵；K 为刚度阵；$\ddot{u}$、$\dot{u}$、u 分别为质点（或者质心、节点）的加速度、速度和位移矢量；F 为动载荷。

对只有少数激励的小模型而言，直接法可能最为有效，因为它直接求解方程而不需要先计算模态。此外，直接法不会涉及模态截断，所以计算结果比模态法更为精确。

2. 模态法

不同方法的选择取决于结构及载荷的特点。由于动力响应计算，只需保留最低几阶模态就够了，所以较大的结构模型用模态瞬态响应法计算更为高效。另外，在模态瞬态响应分析中，计算时间主要花费在计算模态上，如果结构系统的模态特性（固有频率和振型）在前面的分析阶段已经计算出来，则用模态法更为有利。

如果以模态影响系数作为每个模态的权来定义一个点的运动，则可将权的均方根值作为其贡献的度量。通过每个模态权数的均方根值的计算和比较，可以在模态截断的基础上再去掉几个贡献小的模态，使得在不影响计算精度的条件下进一步减少计算的时间。

（1）**模态坐标下的响应计算** 在模态法中将物理坐标转换为模态坐标，则

$$u(t) = \boldsymbol{\Phi} q(t) \qquad (7\text{-}27)$$

式中，$u(t)$ 为物理坐标系下的位移矢量；$\boldsymbol{\Phi}$ 为特征矩阵，也称模态矩阵；$q(t)$ 为模态坐标系下的位移矢量，因为是模态线性组合的实际系数，亦称其为模态影响系数。若用模态位移取代物理位移，则动力学方程可按模态坐标写出和求解。

（2）**模态叠加应力计算** 在基于有限元法的数值计算中，最初应力是通过单元形函数计算节点应力；需要两个相关的矩阵：位移/应变矩阵 $k_{\varepsilon x}$ 和应变/应力矩阵 $k_{\sigma \varepsilon}$。在静态分析时，物理应变与物理位移有关；同样，在模态分析中，模态应变与模态位移有关。对于第 i 阶模态，在结构某位置 x 的应变矢量可表示为 $\varepsilon(x)$，则模态应变为

$$\varepsilon(x) = k_{\varepsilon x}\phi(x) \tag{7-28}$$

同理,模态应力张量可写为

$$\sigma(x) = k_{\sigma\varepsilon}k_{\varepsilon x}\phi(x) \tag{7-29}$$

如果将描述物理节点或单元的应力张量方程写作时间和空间的函数,则为

$$\sigma(x,t) = \sum \sigma(u)q(t) \tag{7-30}$$

式(7-30)表示:在时间和空间中定义的应力张量(物理坐标)是模态应力张量的线性组合,其系数即模态影响系数。

(3) 边界条件和载荷条件

1) 无约束结构。在用模态法对车身结构进行疲劳损伤分析时,需要对无约束结构的有限元模型进行模态分析。首先要建立车轮-悬架等底盘部件-车身系统多体模型,在多体软件(MSC.ADAMS)中将一组随时间变化的力作用于支撑上进行研究。这时应该计及整车的重力(总质量惯性力和惯性矩)和地面的平衡力,启动惯性释放功能进行静态计算,同时求得所需的车身安装部位通道载荷。最后再用有限元软件进行正交模态分析,并求车身结构响应。

2) 预载荷的影响。结构的模态响应受边界条件(约束或预载荷)的影响,而且预载荷(持续载荷)对结构的动态特性或疲劳特性的影响还可能很大。如果有预载荷存在,就会产生附加的刚度;因为刚度涉及特征频率和振型,从而会导致不同的响应,所以预载荷对刚度的影响在以后的动态分析中不能忽略。

如果有预载荷 $\sigma^{pre}(x)$ 存在,式(7-30)应写成

$$\sigma(x,t) = \sigma^{pre}(x) + \sum \sigma(u)q(t) \tag{7-31}$$

(4) 模态法疲劳寿命预测的过程

1) 完成整备车身的模态分析。

2) 将正交模态与通过功率谱密度分析得到的每个通道载荷频率范围(或载荷时间历程)进行比较,检查结构的自然频率与载荷频率是否有耦合,如有耦合则说明可能发生共振。

一般整备轿车车身一阶自然频率在 15~25Hz,引发疲劳载荷的主要路面谱频率是在 30Hz 以下,因此面临共振的概率是很高的。只能在完成模态分析又接着进行模态瞬态响应分析以后,才能看出是否有共振存在。如果有共振频率,则需对结构采取措施。

3) 联合考虑模态应力、模态影响系数和持续静载荷下的静应力,才能确定应力-时间历程,参见式(7-31),并进一步根据所选的疲劳累积损伤理论和构件材料的 $S\text{-}N$ 曲线计算疲劳寿命。

4) 如果不存在载荷频率与结构模态性能之间的耦合问题,则可以采用准静态方法,即只要将每通道单位载荷应力分布模式与相关载荷-时间历程进行简单的线性组合,如图 7-23 所示。

第七章 车身疲劳寿命分析

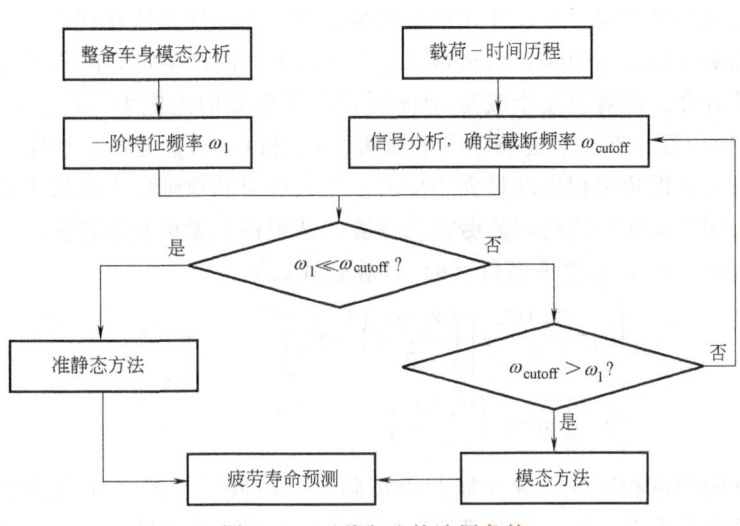

图 7-23 两种方法的选用条件

五、多轴疲劳应力的计算

1. 当量应力法

因为车身承受的是非比例的高循环随机载荷,在结构(延性材料)系统中诱发的是双轴应力循环状态。这常意味着,在任意一点,主应力的方向随着循环载荷而变化,因此是一个时间函数,而且主应力的幅值可能不再成比例。因此,载荷带有明显的多轴性质,使得疲劳分析变得复杂。对于多轴疲劳,在理解其疲劳损伤累积机制方面还有待于深入研究。实用中,一种方法是将双轴应力历程转化为单轴(一维)当量应力历程后再计算疲劳寿命。这种方法称为当量应力-应变(Equivalent Stress-Strain)方法。

一般用于计算车身结构疲劳寿命的一维当量应力有 Von Mises 应力、最大主应力和最大切应力。在双轴应力历程中的任何瞬间,三个分应力(σ_x、σ_y、τ_{xy})按如下公式转换为三个一维当量应力。

Von Mises 应力:
$$\sigma_{von} = (\sigma_x^2 + \sigma_y^2 + \sigma_x \sigma_y - 3\tau_{xy}^2)^{1/2} \tag{7-32}$$

主应力:
$$\sigma_i = \frac{\sigma_x + \sigma_y}{2} \pm \left[\left(\frac{\sigma_x - \sigma_y}{2} \right)^2 + \sigma_x \sigma_y - \tau_{xy}^2 \right]^{1/2} \quad (i=1,2) \tag{7-33}$$

最大切应力:
$$\tau_{max} = \frac{1}{2} \max(|\sigma_1|, |\sigma_2|, |\sigma_1 - \sigma_2|) \tag{7-34}$$

式中,max()为求最大值函数。

上述三种方法可以单独使用,也可以相互配合比较。Von Mises 应力预测疲劳寿命被证明是与试验数据较接近,所以用得较多;也可以与主应力同时使用。当使用主应力或切应力时,是以两个主应力中或三个切应力中较大的一个作为一维当量应力使用。要注意在识别危险结构部位、载荷和工况时,都要按统一的当量应力计算方法。

2. 平面应力法

上述一维当量应力法的问题是:没有考虑很多疲劳本质上是一个在特定平面上产生

有方向的损伤和断裂过程,且在非比例载荷情形下应用上述方法还存在一些问题。

关键平面法(Critical Plane Method) 基于预测单元内部特定方向和平面上的损伤程度来评估疲劳寿命,即对应整个载荷-时间历程计算单元的主应力(σ_1, σ_2)和主平面角(θ)的时间历程,然后对应每个主平面构造 σ_1 和 σ_2 的直方图,按序完成,并找到一个危险主应力平面角和相应的最大主应力。单轴应力和双轴应力都属于平面应力中的特殊情况,但用平面应力法进行疲劳损伤计算,从理论上说要复杂得多。

主应力(σ_1, σ_2)和主平面角(θ)计算公式如下:

$$\begin{cases} \sigma_i = \dfrac{\sigma_x+\sigma_y}{2} \pm \left[\left(\dfrac{\sigma_x-\sigma_y}{2}\right)^2 + \tau_{xy}^2\right]^{1/2} \quad (i=1,2) \\ \theta = \dfrac{1}{2}\arctan\left(\dfrac{\sigma_x-\sigma_y}{\tau_{xy}}\right) \end{cases} \quad (7\text{-}35)$$

采用正确的理论和计算步骤才能获得正确的(时间、空间)应力分布和数值。目前,上述计算都带有近似性,尤其是对于结构高周疲劳寿命计算,采用 S-N 方法所用的 Wohler 材料曲线是表示在对数坐标系中,应力计算值的误差会对寿命的预测影响很大。因此,在这方面的理论和研究还有待于深入。

六、影响系数和线性叠加

在基于整车多体动力学建模和车身有限元分析来进行结构疲劳寿命分析预测的方法中,首先需要通过多体动力学仿真分析获得底盘作用于车身连接点的载荷-时间历程,同时通过有限元分析得到单独作用于车身连接点单位载荷通道的危险节点的响应,即影响系数(Influence Coefficients)或者影响因子。之后,就可以按照叠加法则计算真实载荷-时间历程下的真实响应了。

作为最典型的时域应力分析方法,准静态分析法(准静态应力叠加法)就是用于分析外载荷作用下线弹性结构响应的方法,其基本思想就是首先(结合惯性释放分析方法)计算在每个载荷作用点的每个载荷通道任意时刻的响应(应力或者应变),然后将响应与实测或者动力学仿真得到的所有载荷作用点的所有载荷通道的载荷谱按照时间进行叠加,从而得到真实的危险点在该特定载荷下的响应。也就是说,先进行单位载荷作用下(其余载荷作用点及载荷通道载荷皆为零)的应力分析,再通过载荷-时间历程和单位载荷产生的影响因子相乘叠加来计算实际的响应。这种方法适用于大多数线弹性结构,缺点是不适用于产生塑性变形的情况;此外,有时还不能有效识别全局和局部振动影响的区域。可通过超单元方法或惯性释放分析方法实现多个通道的影响系数分析。模型有多少个载荷通道,就有多少组应力/应变的影响系数。在建立对应每个载荷通道的影响系数时,要注意部位、坐标系和载荷方向应该与测量或分析所得的载荷谱保持一致。

假定某个节点在平面应力条件下,其响应为影响系数和载荷谱叠加,即

$$\begin{cases} \sigma_x(t) = \sigma_{x1}F_1(t) + \sigma_{x2}F_2(t) + \cdots + \sigma_{xn}F_n(t) \\ \sigma_y(t) = \sigma_{y1}F_1(t) + \sigma_{y2}F_2(t) + \cdots + \sigma_{yn}F_n(t) \\ \tau_{xy}(t) = \tau_{xy1}F_1(t) + \tau_{xy2}F_2(t) + \cdots + \tau_{xyn}F_n(t) \end{cases} \quad (7\text{-}36)$$

式中，n 为通道数；σ_x、σ_y、τ_{xy} 为该载荷通道载荷 $F(t)$ 的应力影响系数。

研究各种载荷对结构的疲劳寿命的影响表明：作用于车身左侧的载荷对车身右侧结构的疲劳寿命没有大的影响，反之亦然。同样，作用于车身前端的载荷对车身后端结构的疲劳寿命没有大的影响，反之亦然。因此，整个车身系统的疲劳问题可以处理为一个非耦合问题，可以对车身的每一部分（前、后、左、右）分别在危险载荷作用下进行疲劳寿命分析，并按线性叠加。

只有在确认载荷的非耦合性之后，进行时域下的准静态应力叠加才有意义。此外，不同工况以及载荷的交错作用对车身系统的疲劳寿命或危险单元的损伤影响不大。按组合载荷计算可能疲劳寿命更高。也就是说，对组合载荷下危险单元的应力时域分析意义更大。

七、危险单元的选择

由于用于车身整体疲劳寿命分析的有限元模型很大，为了节省计算资源并便于信息管理，必须首先将潜在疲劳损伤的最危险单元选择出来进行分析。选择是基于单元的应力排序，或者采用 Soderberg 等其他方法。

1. 应力排序方法

可按载荷-时间历程的每个单元的最大和最小主应力对单元进行排序，从大应力单元中选择危险单元。同时，对于每个单元表，建立一个相应的影响系数文件，供进一步计算时用。如果结构设计已进入详细阶段，则此时危险部位的单元应该进一步细化，使模拟更精确些。而且在重新划分网格后，应重新计算危险单元表和影响系数。

2. Soderberg 方法

按如下公式计算载荷-时间历程的最大和最小应力：

$$\begin{cases} \sigma_{\max} = \sigma_m \left(1 - \dfrac{\sigma_e}{\sigma_y}\right) + \sigma_e \\ \sigma_{\min} = \sigma_m \left(1 + \dfrac{\sigma_e}{\sigma_y}\right) - \sigma_e \end{cases} \tag{7-37}$$

式中，σ_e 为材料疲劳应力；σ_m 为平均应力；σ_y 为材料屈服极限。如果单元应力超过上述 $\sigma_{\max}$ 和 $\sigma_{\min}$ 的计算值，则该单元就是危险单元。

疲劳寿命分析时将对危险单元的应力曲线进行水平截隔，计算对应各应力的循环次数和基于应力的疲劳寿命，从而选出危险单元。如果在这之前已知危险单元，或用户希望分析全部单元，则可以跳过这一步。

八、疲劳寿命分析的频域方法

1. 谐响应应力分析法

谐响应应力分析法是一种在频率域计算结构动应力的计算方法。设 $|H(\omega)|$ 为载荷与结构的传递函数，则响应的功率谱密度为

$$S_s(\omega) = |H(\omega)|^2 S(\omega) \tag{7-38}$$

式中，$S_s(\omega)$ 为响应的功率谱密度函数；$S(\omega)$ 为载荷的功率谱密度函数。

载荷与结构的传递函数一般通过对结构进行有限元分析或者进行实测获得。载荷的功率谱密度函数可以通过对时域载荷进行快速傅里叶变换（FFT）获得。在求得响应的功率谱密度函数之后，还可以再通过FFT来得到响应的时间历程，进而结合计数法和损伤累积准则对疲劳寿命进行评价。

2. 基于频域的统计参数分析法

该方法首先也需要获得载荷与结构（危险点）的传递函数，之后与载荷的功率谱密度函数相乘得到结构响应的功率谱密度函数。根据结构响应的功率谱密度函数计算载荷循环数，进而推算结构寿命。由于功率谱密度函数是描述稳态各态历经过程的参数，反映了频域范围内的载荷的能量分布情况，并与随机载荷过程的过零数 $E(0)$ 和峰值数 $E(P)$ 相关联，因此，直接可以用来预测疲劳损伤和寿命，一般分窄带、宽带和非高斯随机过程几种情况。为了计算过零数和峰值分布，需要根据功率谱密度函数计算其原点矩，其第 n 阶原点矩为

$$m_n = \int_0^\infty f^n G(f) \mathrm{d}f = \sum_{k=1}^N f_k^n G_k(f) \delta f \tag{7-39}$$

式中，$G(f)$ 为功率谱密度函数；m_n 为第 n 阶原点矩；N 为计算数值积分将整个频域划分的份数；过零数 $E(0) = \sqrt{\dfrac{m_2}{m_0}}$；峰值数 $E(P) = \sqrt{\dfrac{m_4}{m_2}}$；曲线不规则因子 $\delta = \sqrt{\dfrac{m_2^2}{m_0 m_4}}$。

利用响应（如应力范围）的功率谱密度函数可直接估计疲劳损伤为

$$E(D) = E(P) \frac{t}{k} \int_0^\infty S^m P(S) \mathrm{d}S \tag{7-40}$$

式中，t 为载荷经历的时间；k 和 m 为材料参数；载荷循环数利用峰值数 $E(P)$ 来估计。当 $E(D) > 1$ 就认为结构疲劳失效。

上述公式同样适用于时域的计算。当循环载荷通过计数之后，就得到了其功率谱密度函数，就可以运用此算法评估疲劳寿命或损伤。

对于窄带随机过程，疲劳损伤公式为

$$E(D) = \frac{E(P)t}{k} \int_0^\infty S^m \left(\frac{S}{4m_0} \right) \mathrm{e}^{-\frac{S^2}{8m_0}} \mathrm{d}S \tag{7-41}$$

窄带随机过程的解存在的问题是忽略了载荷谱正向的穿越和负的峰值，并且正的峰值在和相似的幅值进行匹配的时候没有考虑它是否形成载荷循环。为此，很多学者提出了经验校正公式。Dirlik 提出一种解决办法为

$$p(S) = \frac{\dfrac{D_1}{Q} \mathrm{e}^{-\frac{z}{Q}} + \dfrac{D_2 Z}{R^2} \mathrm{e}^{-\frac{Z^2}{2R^2}} + D_3 Z \mathrm{e}^{-\frac{z^2}{2}}}{2\sqrt{m_0}} \tag{7-42}$$

式中，$D_1 \sim D_3$、Q、R 都是 $m_1 \sim m_4$ 的函数；$Z = \dfrac{S}{2\sqrt{m_0}^{1/2}}$。

第七章 车身疲劳寿命分析

九、在设计初期疲劳计算载荷的选用

车身疲劳寿命（耐久性）设计是新车身结构设计或结构改进设计的重要内容。车身耐久性 CAE 小组必须紧密配合结构构造工程师，并支持多功能优化小组的工作。而且是从项目的初期阶段开始，直到项目的完成。

在初期阶段，需要检测一辆样车的结构性能，完成样车结构分析，并引导对新车身的概念设计。此时主要是进行最先到来的失效评估，警告单元疲劳失效的危险。但因为疲劳载荷与结构的性能有关，应由实测或计算获得。但在设计初期由于新结构设计模型尚未完成，还不能测得有效的载荷。因此为了耐久性失效预测，一般采用如下两种方法：

（1）采用代用载荷 如果某样车与新设计车型有相似的车身结构以及车身与底盘的刚度匹配关系，则认为二者有相似的车身支承载荷分布，对该样车所测得的道路载荷可用于分析新设计车型的疲劳寿命预测。

（2）采用企业自定义的标准载荷 如 G 载荷（见第三章）。在 G 载荷作用下计算出的高应力区的实例见第三章图 3-10。G 载荷一般用于已建立车身拓扑模型和几何参数模型的车身设计阶段，通过计算可得指导性的应力信息。应力分布图初步提供了可能影响寿命的潜在的高危区域信息。完成标准工况的 G 载荷分析的优点之一是可以识别高应力区是由于某种具体的变形引起的，而通过疲劳分析程序计算可以获得载荷-时间历程，但要确定造成这历程中高应力区的原因是困难的。另外，疲劳寿命分析是通过车身支撑载荷的输入进行的，所以对该载荷的精度十分敏感，而采用 G 载荷就不存在这些问题。

标准载荷分析的主要缺点是不能预测疲劳寿命，要预测高危区域疲劳寿命必须测得并输入该车的时域负荷，因此只有在设计第二阶段方可进行。因为在车身设计早期阶段详细结构模型尚未建立，还不能通过实测或仿真得到用于疲劳分析的车身支撑处的载荷-时间历程。

在车身设计过程中，要进行涉及车身性能的多功能优化，包括车身抗碰撞性能、动力性能、NVH 性能和抗疲劳性能等。对于车身耐久性分析的任务，应该包括为结构多功能优化研究梯队提供影响耐久性失效的应力设计灵敏度和疲劳寿命灵敏度。

例 7-3 轿车整备车身在随机路面上行驶时疲劳损伤分布预测。

假设已知车轮毂上有一预定义的垂直加速度-时间历程，而且通过多体动力学（Multi-Body Dynamics）程序的计算，已经得出作用于悬架上 15 个车身支撑处（90 个载荷分量）的载荷历程，历程时间是 50s，载荷样本速率为 200Hz，因此需要时间步为 10000 步。计算过程如下：

1）构造的车身模型有 135895 个板单元和 657408 个自由度。

2）实现整备车身模态分析，识别正交模态，并与通过载荷功率谱密度分析得到的每个通道载荷频率分布进行比较。

3）根据显示的载荷功率谱密度（PSDs），取载荷截断频率为 80Hz。在 80Hz 以下找到车身结构总共有 64 个正交模态，存在有重叠的频率范围，可能发生共振，宜选择用模态法进行结构动态及其疲劳响应研究。

4) 在模态分析时, 应将结构重量和地面的平衡力定义为静的预载荷加在结构上。

5) 调用疲劳分析软件, 计算整个白车身应力张量的历程, 并估算疲劳损伤和寿命。计算结果如图 7-24、图 7-25 (参见彩图) 所示, 与试验数据相比, 结构疲劳危险

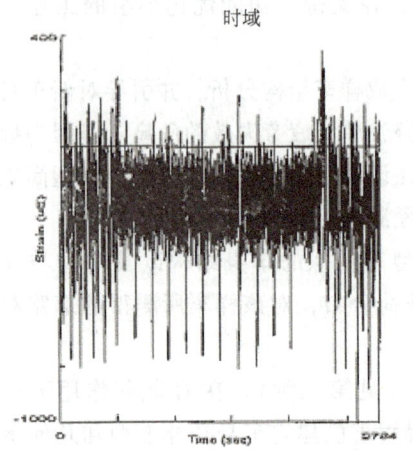
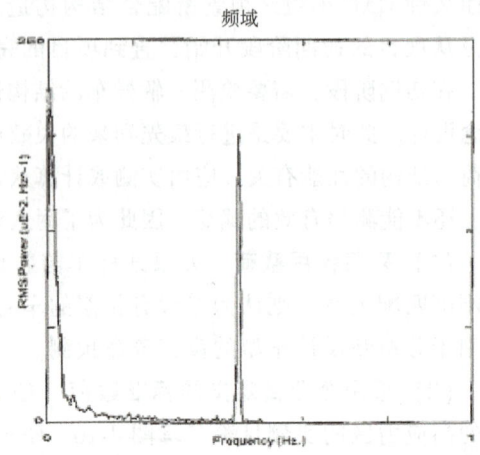

图 7-24　载荷功率谱密度时域与频域之间的转换 (FFT)

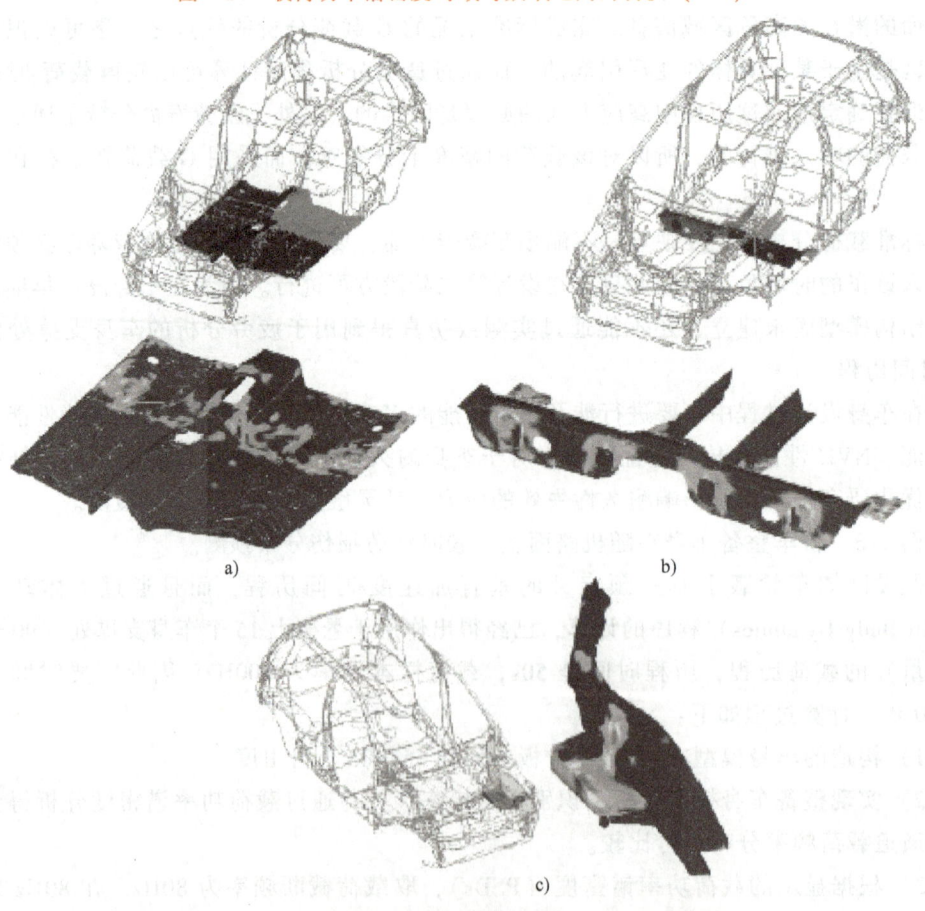

图 7-25　疲劳危险部位计算结果 (Von Mises 应力分布)
a) 座椅下地板疲劳应力　b) 座椅下横梁疲劳应力　c) 蓄电池托架疲劳应力

区很吻合。然后应对结构疲劳危险区的单元进行应力灵敏度分析，并用疲劳寿命分析程序计算疲劳寿命灵敏度，以便进行结构优化设计。

十、其他问题

1. 焊点和焊接结构疲劳

车身结构采用了大量的焊接工艺，这些焊接部位的强度（尤其是疲劳强度）受到焊接材料和焊接工艺的影响。裂纹大多从焊缝处产生，主要是由于焊材与基材相比更容易存在各种焊接缺陷（如夹渣、气泡等）。因此，焊点和焊接结构的疲劳性能更应该引起重视。焊接结构疲劳寿命预测的基本方法也主要包括四种。

（1）**名义应力法** 利用结构的名义应力和 S-N 曲线评估结构疲劳损伤和寿命。因为复杂焊接结构的名义应力常常难以有效确定，就需要根据试验数据和经验对不同焊接结构的 S-N 曲线进行修正。

（2）**热点应力法** 这种方法主要是在当用名义应力法预测焊接结构疲劳比较困难的时候采用，其主要基于焊接结构的不连续或切口影响产生裂纹的结构危险点预测疲劳寿命。通常热点定位在焊趾处的裂纹附近。本方法的优势之一就是可以对多种类型的焊接接头采用同一 S-N 曲线。

（3）**有效切口应力法** 主要用于低周疲劳，解决焊趾和焊根部位的疲劳失效，能有效地适用于不同的焊接几何形状和接头。

（4）**线弹性断裂力学法** 着重解决各种焊接缺陷（如裂缝、夹渣等）引起的疲劳问题。

目前，常用于提高焊接结构疲劳寿命的措施为：

1）尽量消除焊接缺陷。

2）改善焊趾部位的几何形状，以改善应力集中。

3）调节焊接残余应力场，尽量产生压缩的残余应力场。

2. 接头疲劳

接头是结构或零部件相互连接并传递载荷的部位。车身结构中以点焊接头为主，其主要承受剪切载荷或者剥离载荷，因而，存在多轴应力状态和应力集中，容易导致疲劳失效。

研究表明，点焊接头的疲劳性能与母材的强度和平均应力的关系并不大，而与几何特性（如钢板厚度、焊点尺寸）有很大关系。

由于轻量化对于节能降噪、提高结构性能具有重要意义，各种新型金属材料（如高强度钢、铝合金、镁合金等）和工艺（如激光拼焊、铆接、胶接等）出现在接头结构中，未来还需要大量研究。

3. 复合材料疲劳

复合材料是人们运用先进的材料制备技术将不同性质的材料组分优化组合而成的新材料，其基材和增强材料包括金属和非金属，种类繁多。复合材料的出现为结构轻量化和高性能提供了一种更为有效的解决途径，而同时也带来了更多挑战。从设计角度看，复合材料需满足以下条件：

1) 具有结构可设计性,可进行复合结构设计。

2) 不仅保持各组分材料性能的优点,而且通过各组分性能的互补和关联可以获得单一组成材料所不能达到的综合性能。

由于这些特点,使得复合材料结构设计在改善结构工艺、提高结构性能方面带来了很大的灵活性。目前,成熟的理论方法主要针对金属(钢铁),而对于其他金属、非金属和复合材料而言,其疲劳规律与传统的钢铁相差很大,研究得远远不够,这也给抗疲劳设计带来不便。未来还需要通过进行大量研究积累来丰富设计知识和经验。

第八章 车身闭合件设计

车身闭合件（Closures），包括车门、发动机舱盖和行李舱盖等部件。本章重点介绍旋转式车门系统，它是车身侧围的重要组成部分。

第一节 车门系统

一、车门系统的功能

对车门系统应有以下功能要求：

1）车门应具有必要的开度，以保证人和货物进出方便，且开启后能停止在最大开度和半开的位置上。

2）车门应安全可靠，关闭时能锁住，且能防盗（防止外人伸及锁住的车辆内部）；行车或撞车时，车门不会自动打开；发生车辆侧撞或滚翻时，车门能起到结构支撑作用，且能正常打开。

3）操作性良好。车门开关方便，玻璃升降轻便、灵活，部件系统可靠、耐久。

4）具有良好的密封性，使乘员与外界隔离。传入车室内的噪声最小，灰尘和废气的吸入量最少，并应有防止水积存于门腔内的措施。

5）具有足够的刚度，不易变形下沉；行车时不振响。

6）制造工艺性好，易于冲压成形并便于安装附件。

7）车门造型与整车协调，保证表面齐平，门缝间隙均匀；色彩与内饰和整车匹配。

8）设计应满足人机关系（如空间位置、操作件位置和视野障碍最小化等）要求，以提高乘员舒适性。

9）为了使车门系统造成的社会损失最少，在车辆使用寿命结束时，应要求拆卸分解工作最少，而且不能回收的材料最少。

二、车门系统的组成

车门系统一般由门体、车门附件和车门内饰件三部分组成。

（一）门体

门体，即白车门（Door in White），它支持和控制车门系统内所有附件的位置关系，是包括车门内、外板，车门加强板，抗侧撞梁，窗框等零件的焊接总成，如图 8-1 所示。

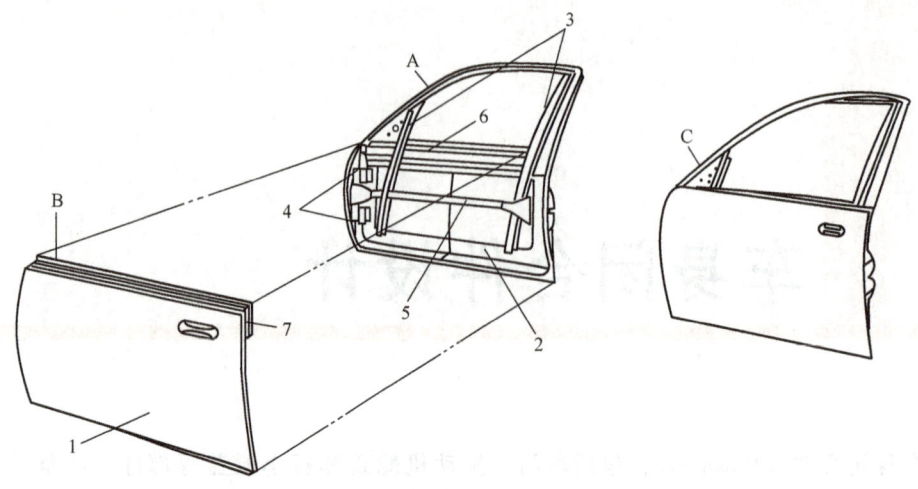

图 8-1 门体结构

A—内板总成 B—外板总成 C—前门体总成

1—外板 2—内板 3—前、后玻璃导轨 4—上、下铰链加强板 5—抗侧撞梁 6、7—内、外板加强板

1. 车门外板

车门外板一般由厚度为 0.65~0.85mm 的薄钢板冲压成形，其外形和制造的表面质量必须符合车身造型的要求。由于轻量化和侧面碰撞安全性的要求，车门外板广泛使用高强度钢板。

2. 车门内板

车门内板是几乎所有车门附件的安装体，是车门重要的支撑板件，一般采用 0.7~0.85mm 的薄钢板拉深成形。对于整体式门内板，拉深深度形成门体厚度的侧板；车门内板主要的立面，称为 J 平面，如图 8-2 所示，是与内饰板装配的面。为了安装车门附

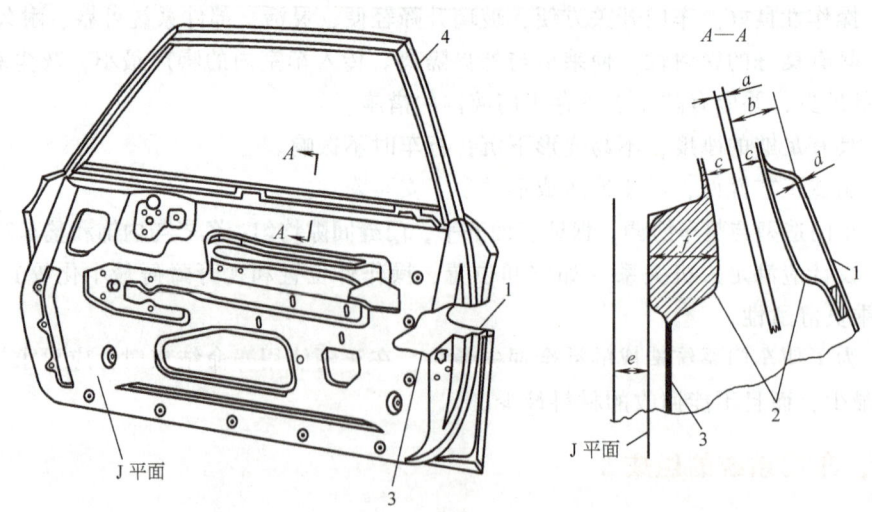

图 8-2 车门 J 平面和窗台截面

1—车门外板 2—内、外加强板 3—车门内板 4—窗框

a—玻璃厚度 b—腰线到玻璃的距离 c—金属到玻璃的距离 d—腰线上的点 e—内饰板厚度 f—内腰带梁截面宽度

件机构，J平面上需压出各种形状的凸台、窝穴、手孔和安装孔等。为了保证车门附件安装位置的精度要求和车门周边的密封间隙要求，车门内板应具有足够的刚度，所以内板周边需冲压出凸边、加强筋或使用加强板焊于母板上。

3. 车门加强板

车门加强板用以提高附件安装部位的刚度和连接强度。例如，在门体安装铰链和车门开度限位器或安装玻璃升降器底板等部位焊有 1.2~1.6mm 厚的加强板（一般加强板比母板略厚），以便将较大的局部负荷有效地传到车门内板的较大面积上；又如，为加强车门腰线处车门窗台的刚度，以保证车门内、外板之间的装配关系，并使玻璃密封性良好，一般在车门窗台处车门内、外板的内侧分别焊装横向加强板，形成封闭或开口截面的内、外腰带梁，如图 8-2 所示。内腰带梁的截面宽度 f 沿窗台是逐渐变化的，其横向刚度需经过碰撞测试。

目前，激光焊接钢板已广泛应用于车门内板的侧板，它可以省去铰链加强板及其工装模具，并可以提高车门刚度，减小车门质量。

4. 抗侧撞梁

为使车辆抗侧撞性能达到安全标准的要求，现代轿车大多在车门内装有抗侧撞梁。该梁可以是圆管，也可以是用高强度钢板冲压成形的异型截面梁，截面厚度为 33~36mm。如图 8-3 所示，抗侧撞梁两端通过连接件焊接在门内板上。

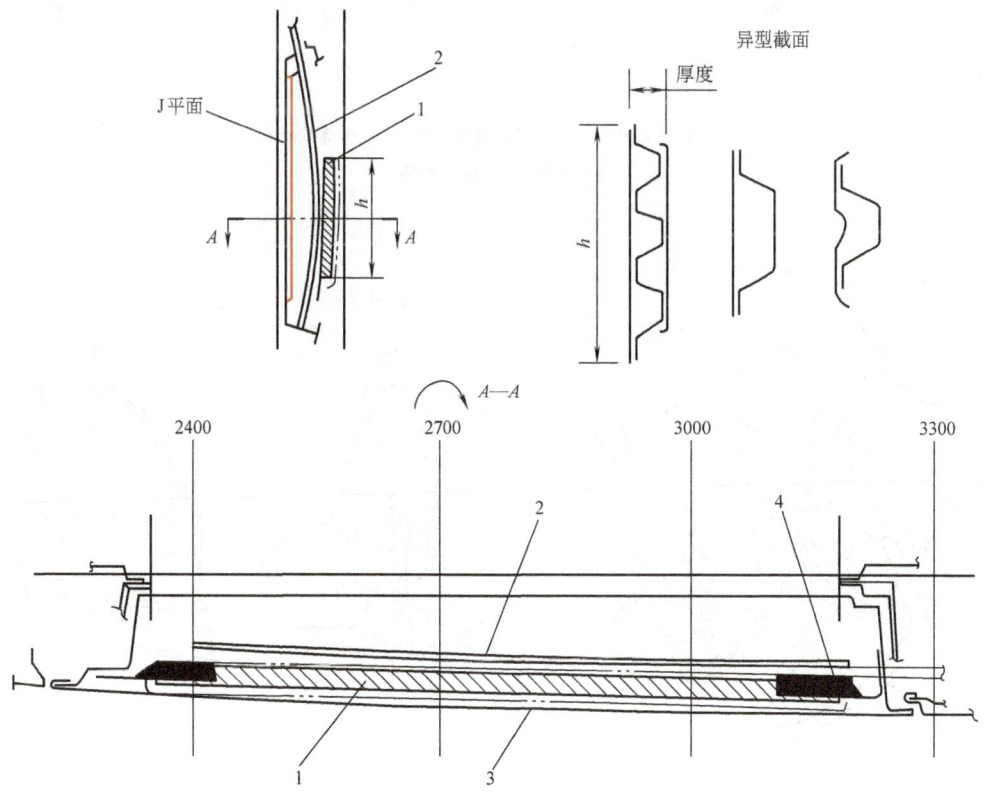

图 8-3　抗侧撞梁的截面形式

1—抗侧撞梁　2—玻璃　3—门外板　4—连接件

5. 车门窗框

车门结构按窗框的形式，可分为无窗框结构、组装式窗框结构、整体式结构和玻璃布置在窗框外侧的结构，如图 8-4 和图 8-5 所示。

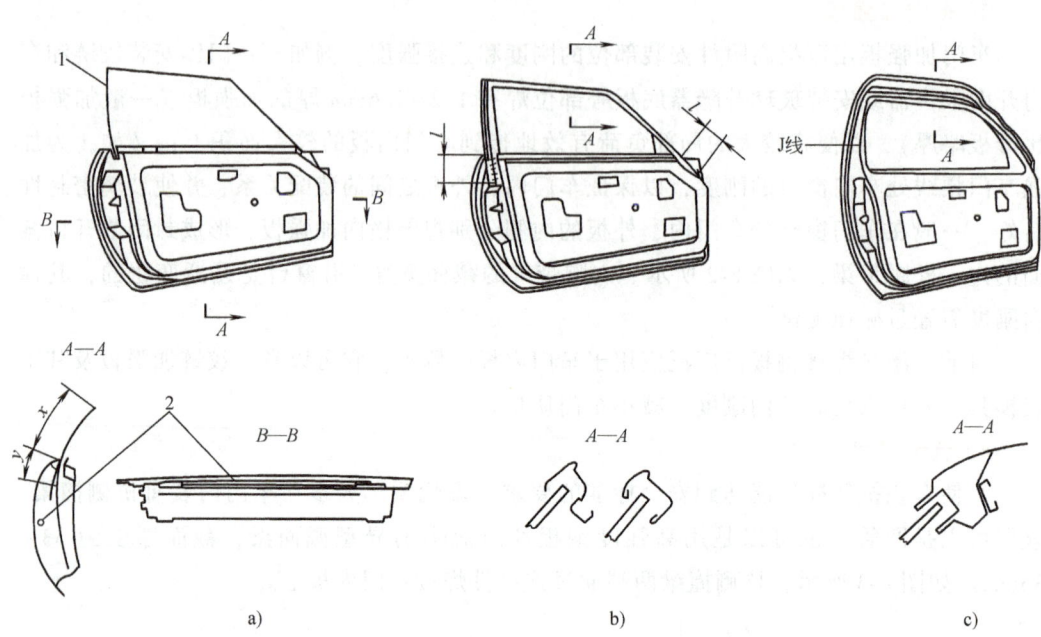

图 8-4 车门结构形式

a) 无窗框结构 b) 组装式窗框结构 c) 整体式结构

1—玻璃 2—抗侧撞梁

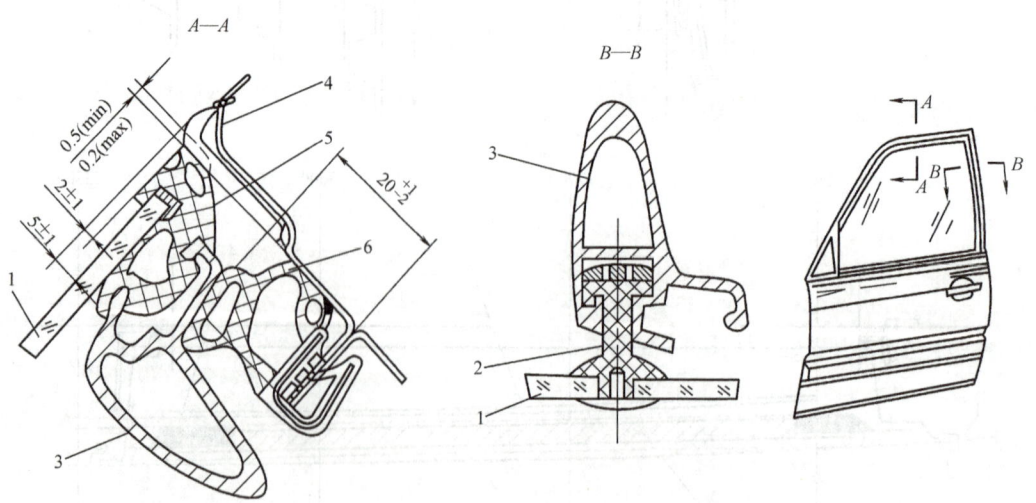

图 8-5 玻璃布置在窗框外侧（Audi100）

1—玻璃 2—玻璃导销 3—门窗框（铝铸件） 4—车身门框 5—窗玻璃密封条 6—车门密封条

第八章　车身闭合件设计

无窗框结构的优点是敞亮，外形效果好，板材利用率高，内、外板冲压方便；但玻璃运行稳定性差。为了玻璃运行的稳定性，要求 $y \geqslant (1/3)x$（y 为玻璃升至最高时留在门体内的高度），腰线位置也需提高一些，而且要安装玻璃定位托架，因此成本略高；另外，密封也较困难。

组装式窗框结构的窗框是用螺钉固定或焊接在门体上的，装配长度 $l \geqslant 100mm$；大多采用滚压成形的窗框，窗框板料厚一般为 $0.8 \sim 1.0mm$；设计其断面形状时，要考虑窗框的刚度、玻璃密封条的布置和固定、窗框与内门板的连接和安装等。其优点是板材利用率高，门内、外板冲压方便，制造质量高，表面造型效果也较好。但零件/总成装配水平要求较高；密封条的选择受限制，在窗框转角处，密封条需 45°角接。

整体式结构的车门窗框的内、外板是分别与门的内、外板一体冲压的。其特点是车门本体零件数量少，制造方便；车门刚性好并便于设两道密封条，提高了密封性能（但密封成本提高）；而且金属板材整体冲压出的内板上的 J 线是门内板 J 面与门框密封条配合的基本线，其走势有利于结构构造，内板的模锻斜度由 J 线开始。但整体式结构需较大的压力机台面尺寸，且废料较多；此外，车门外形修饰也受到一定限制。

玻璃布置在窗框外侧的结构可用于组装式窗框结构或整体式结构，使车门外形接近无窗框结构。Audi100 轿车上就采用了这种结构，使门玻璃表面与车身表面很接近，面差仅 $5mm \pm 1mm$（图 8-5 A—A 截面），减小了汽车空气阻力。玻璃是通过玻璃导销 2 在窗框中滑动，如图 8-5 中 B—B 截面（没有画出玻璃密封条）所示。

（二）车门附件

车门附件的性能及其在门体上的布置设计直接影响车门的使用性能。车门附件包括铰链和限位系统（Hinging and Check System）、锁和锁闩系统（Locking and Latching System）、玻璃升降系统（Guidance System）、密封系统（Sealing System）、外侧后视镜（O/S Mirror）和其他所要求的部件等。

1. 铰链和限位系统

如图 8-6 所示，车门通过上、下铰链悬挂在门柱上。整个车门（包括门内饰板）的重量及任何作用在车门上的力在车门关闭的状态下是由两个铰链、门锁及固定在车身门柱上的锁闩系统来承担的；而在车门打开时，则全由铰链承担。实际车门的下垂通常是由于在载荷作用下铰链与车身或车门的连接部位发生变形所致。

现代轿车车身广泛采用合页式铰链，如图 8-7 所示，两个合页分别固定在车门和车身门柱上，合页之间用销轴定位和连接。这种铰链的优点是质量小、刚度高和易于装配。

车门的开度限位器具有门半开时的支撑功能和全开时的制止功能，其作用是限制车门的最大开度，防止车门外板与车身相碰，并使车门停留在所需开度，防止车门自动关闭。

图 8-8 为车门限位器的结构。通过改变臂的形状可设定门半开的保持位置和保持力。由图可见，门全开时壳体和止动橡胶块接触。设计时考虑了过分开启和暴风吹开门的作用力。

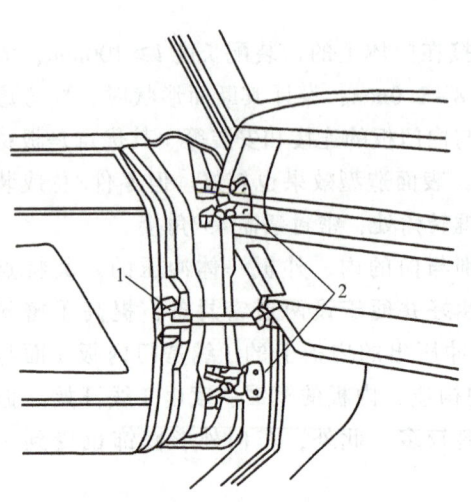

图 8-6 车门铰链和限位系统

1—限位器 2—上、下铰链

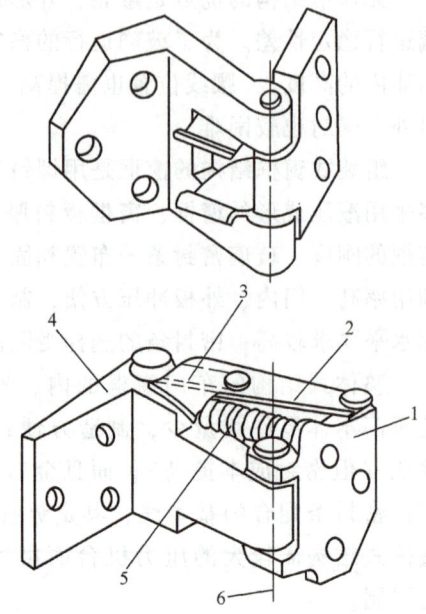

图 8-7 合页式上、下铰链

1—车门合页 2—连杆 3—二力构件
4—门柱合页 5—弹簧 6—铰链轴线

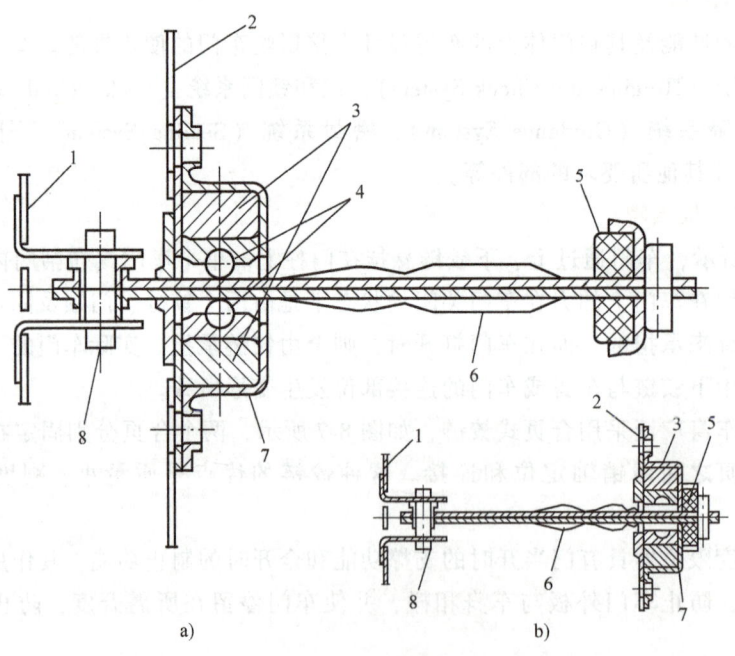

a) b)

图 8-8 车门限位器

a) 关闭时 b) 全开时（缩小）

1—车身 2—门内侧板 3—弹性体 4—滚轮 5—止动橡胶块 6—臂 7—壳体 8—销

车门的最大开度一般在65°~70°，这要根据上、下车方便，上车后关门方便以及车门与车身不干涉等条件而定。门开启时限位器安装在车辆上的状态如图8-6所示。

也有采用限位器与铰链结合在一起的结构，如图8-7中下铰链所示。它采用压缩弹簧和连杆机构来控制车门的开启状态，在弹簧力的作用下，机构对车门产生绕铰链轴转动的力矩；当车门开启到超过中间位置时，此力矩驱动车门自动打开。

2. 锁和锁闩系统

锁和锁闩系统包括啮合部分和联动机构部分。啮合部分连接车门和车身，锁闩（锁环）固定在车身门柱上，锁体装在门体内。锁闩和锁体的啮合形式有转子卡板式和齿轮齿条式。由于卡板式锁啮合可靠，可以承受较大的车辆前后方向和车门开闭方向的载荷，对装配精度要求不是很苛刻，所以现在用得最多，如图8-9所示。联动机构是门内、外侧手柄及其操作力的传动部分和锁止、开启部分，包括门内锁止杆和锁芯。锁和锁闩系统如图8-10所示。现在常有将内锁止机构放在内手柄处，更为方便可靠。

现在防盗性能设计已成为左右商品价值的重要因素。提高防盗性能大致可分为两种方法：

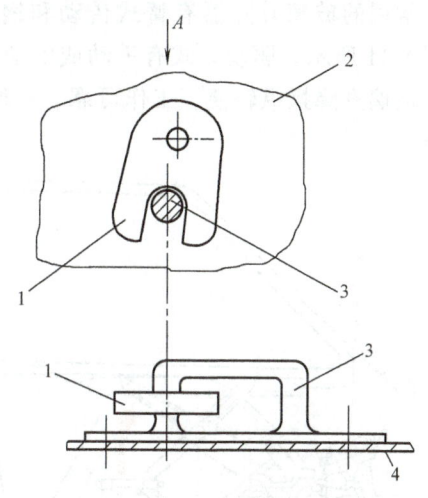

图8-9　卡板锁啮合形式
1—卡板　2—门侧板　3—门闩（锁环）　4—门柱

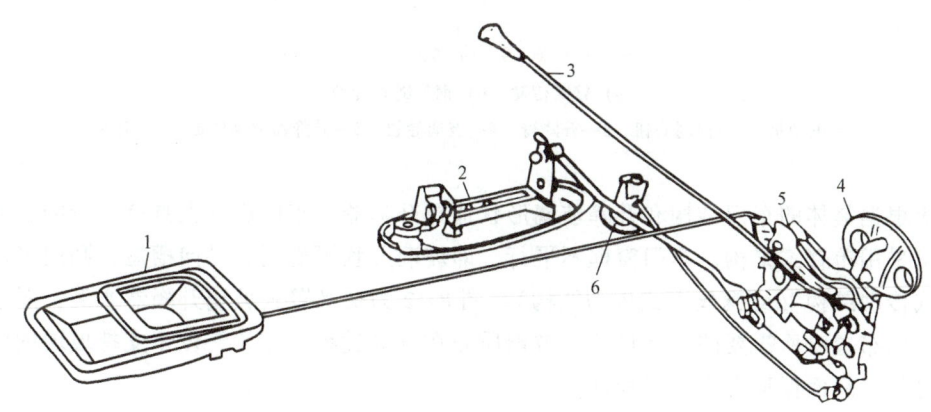

图8-10　锁和锁闩系统
1—内手柄　2—外手柄　3—内锁止杆　4—锁闩　5—锁体　6—锁芯

1) 以锁紧机构、联锁机构、锁芯及钥匙等为对象，在门锁系统上下功夫，给欲非法进入者设置障碍。

2) 设置非法进入的报警系统，如靠声音或光闪来报警。

在提高防盗性能的同时,应注意加强钥匙被遗忘在车内时采取的措施。

3. 玻璃升降系统

玻璃升降系统由支撑玻璃的托架、导轨和玻璃升降器组成。系统应满足如下要求:

1) 玻璃升降平顺,工作可靠,无冲击和阻滞现象。
2) 操纵轻便省力。
3) 具有防止玻璃受外力时升降器倒转的机构,防止人从车外能够迫使玻璃滑下。

常用的玻璃升降器有臂式传动和钢丝绳式传动(或尼龙带传动)两种结构类型,如图8-11所示。驱动方式有手动或电动两种。在车门设计中,正确选择玻璃升降器是保证玻璃升降操纵轻便,工作可靠、平稳的关键。对于电动玻璃升降器,还应考虑防夹功能。

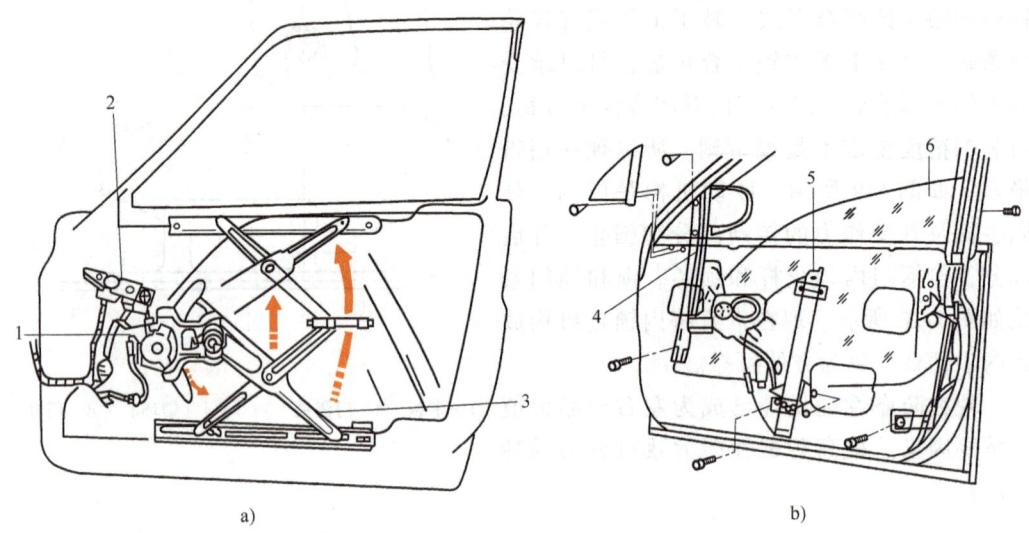

图 8-11 玻璃升降器的结构类型

a) 臂式传动 b) 钢丝绳式传动

1—电动机 2—控制按钮 3—升降臂 4—玻璃导轨 5—升降器驱动轨道 6—玻璃

应根据具体的车门结构和升降玻璃形状选择升降器。车门窗框上具有平行的玻璃导槽,可采用单臂式结构。车门窗框不平行,即玻璃形状不规则,导向槽短,则应采用交叉臂式传动结构(或钢丝绳式传动结构)。图8-12为交叉臂式玻璃升降器实例,图中标示了车门布置时所需要的安装尺寸。玻璃质心在升降过程中应始终位于支持玻璃的两个支点之间,从而保证升降的平稳性。

臂式升降器基本是平面运动。对于大曲率弧形升降面,当玻璃升降时,玻璃的横向(弧高方向)移动量较大,所以与玻璃托架相连的臂有弹性变形,使升降阻力加大而影响平顺性。因此,应采用钢丝绳式传动结构,如图8-11b所示,其中央导轨按曲面玻璃的升降面要求设计。

钢丝绳式玻璃升降器可通过改变钢丝绳长度来任意确定手柄轴的位置,尤其适用于曲面玻璃和玻璃较宽或形状不规则的情况。

第八章 车身闭合件设计

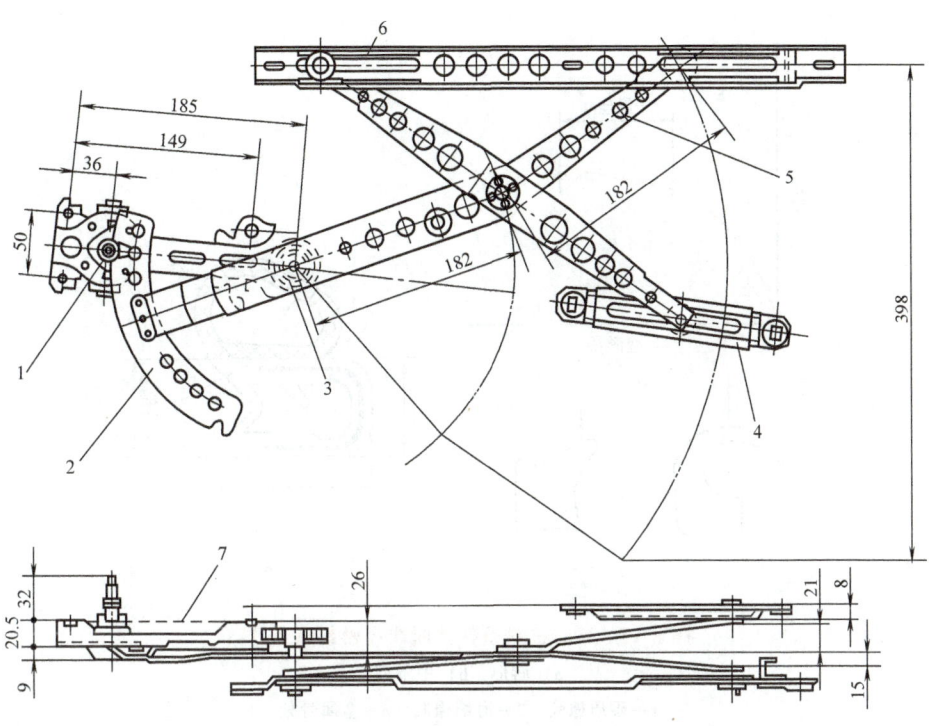

图 8-12 交叉臂式玻璃升降器实例
1—驱动小齿轮 2—从动扇形齿板 3—平衡弹簧 4—固定滑槽
5—主传动臂 6—活动滑槽 7—底板安装平面

4. 密封系统

车门的密封包括车门与车身门框之间的密封和门窗玻璃的密封。

(1) **车门与车身门框之间的密封** 车门与车身门框之间的间隙是通过安装橡胶密封条来实现车室内部与外界的隔离,以防雨水、灰尘、风和噪声侵入车内。密封条还对车门的关闭起到缓冲作用,同时防止车辆在行驶中发生振响和气流啸声。

密封条的材质一般是表面具有合成橡胶护膜的海绵橡胶。对其性能要求是:

1) 弹性好,永久变形小。
2) 良好的耐候性和耐老化性,低温下不发硬。
3) 具有一定的强度和表面护膜的耐磨性。
4) 吸水率低。
5) 便于成形(挤压成形或模具成形)和装配(如与油漆表面接触无污染性)。

密封条的布置形式有安装在车门上的,或安装在门框上的,或两种形式并用的。密封条的固定方式有粘接、卡扣固定、嵌入式固定或夹持。

当出现车门与车身门框之间间隙不均匀时(如制造误差),密封条设计应当使其载荷不会有大的变化。也就是说,密封条的弹性特性最好取用图 8-13 所示的中间一段;如果取用载荷变化大的一段,虽然密封性可以提高,也可减小车门振动,但会使车门关闭力加大,影响商品价值。

车门密封条的断面形状一般分中空型和唇形两种,现在广泛采用的中空压缩型密封

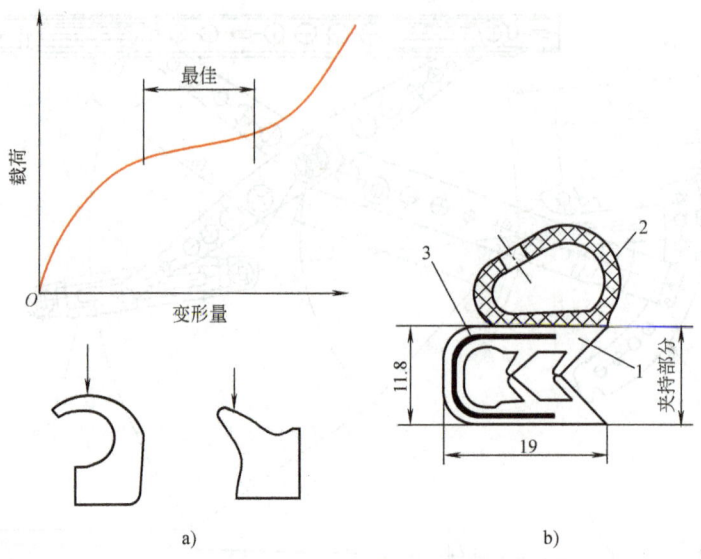

图 8-13 车门密封条特性曲线和密封条形式
a）唇形 b）中空型
1—硬质橡胶 2—海绵橡胶 3—金属骨架

条是由起密封作用的中空海绵橡胶部分和夹持于门框上的夹持部分所组成，具有良好的弹性特性，使关门时对车门的反力小，密封效果好，而且便于布置。图 8-14 为车门密

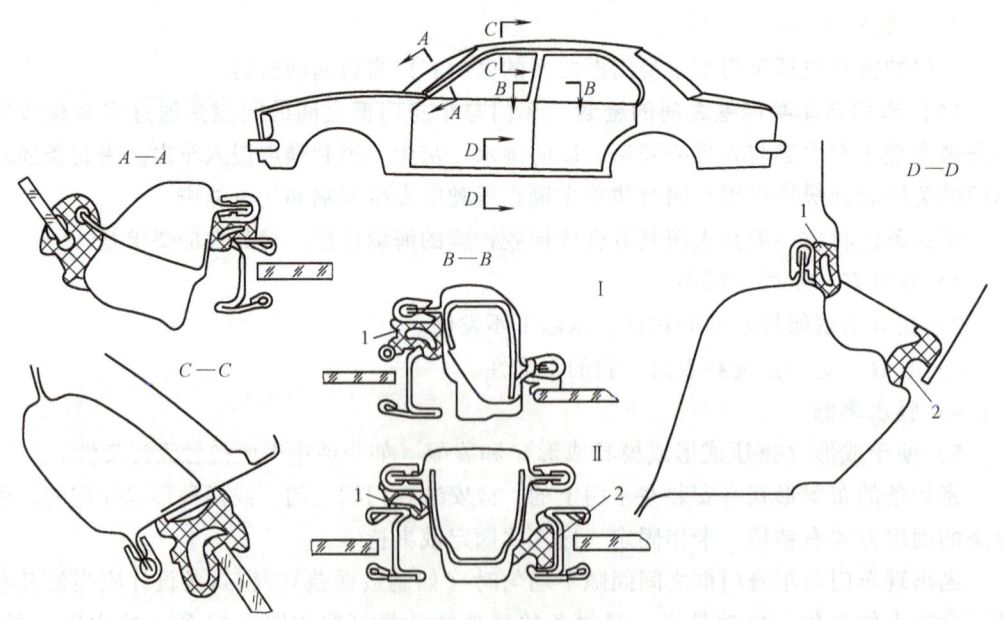

图 8-14 车门密封示例
Ⅰ—两门轿车 Ⅱ—四门轿车
1—中空压缩型的内密封条 2—唇形的外密封条

封示例,往往车门下部采用双层密封。

(2) 门窗玻璃的密封结构　当车门玻璃升起时,门窗应有良好的密封性。门窗密封是靠玻璃导槽和车门窗台处横置的密封条。

玻璃导槽一般采用胶接或嵌入的方式装配在门窗框的结构凹槽内,如图 8-15a 所示。断面形状设计时,要考虑导槽与窗框的装配关系。为了减小玻璃升降阻力,导槽两侧通过植绒的唇边或柔软的压缩面贴于玻璃,使玻璃升降平稳、轻便。

车门窗台采用双面密封形式,密封条分布在玻璃的两侧,如图 8-15b 所示,可以防止灰尘和噪声进入车室内,确保气密性;还可减少停留在玻璃上的脏物;且防止关闭车门时玻璃的振响。内、外侧密封条的唇部与玻璃的接触面经过静电植毛,要求显露部分美观。设计时还要注意安装方便。

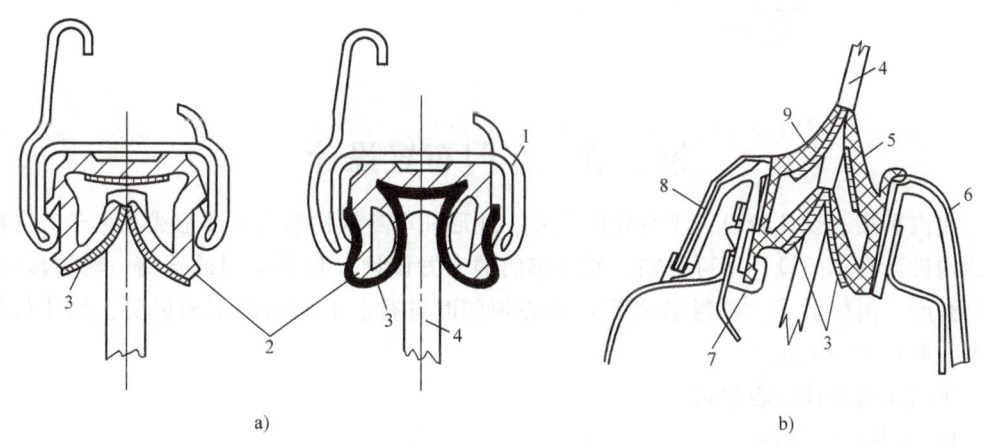

图 8-15　窗框密封结构
a) 导槽密封结构　b) 窗台双面密封
1—窗框　2—橡胶导槽　3—植毛　4—玻璃　5—车内侧密封条
6—车门内饰　7—卡头　8—车外侧嵌条　9—车外侧密封条

(三) 车门内饰

车门内饰件除了用以装饰车室内部外,还可以起到隔声、吸声、防止车外灰尘进入和水侵入的作用。由于车门内饰件及构件软化,在车辆碰撞时能保护乘员,提高安全性。

车门内饰件是由芯材、衬垫、蒙皮、内饰固定板及附件组成。现在轿车车身大多采用成型内饰板,如图 8-16 所示,有部分成型和整体成型两种。成型的方法有真空成型、发泡成型、注塑成型、热冲成型和树脂冲压成型等。在内饰上安装车门扶手,除可以靠肘外,还可以作为开关门的把手用。各种开关和烟灰盒等多为内置式,使内饰件表面美观并有效利用空间,还可减少零件数量。

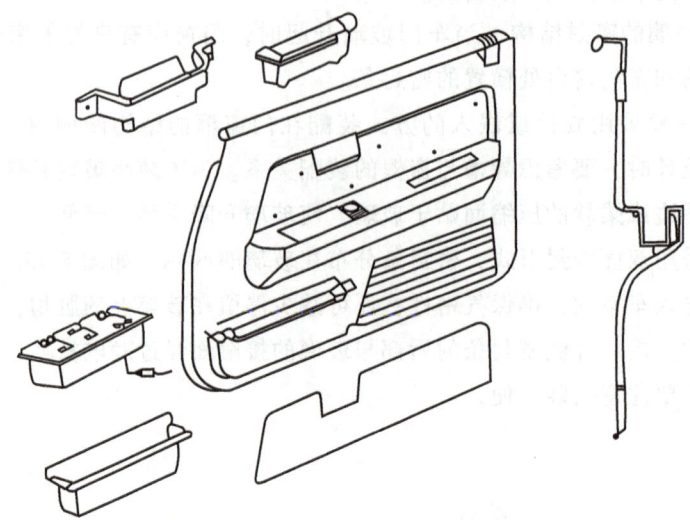

图 8-16　成型车门内饰板

第二节　车门布置设计

在汽车概念设计阶段,车身轮廓尺寸、外形和车身结构形式逐步形成。由于车身侧围结构设计与车门设计不可分割,所以车门的布置设计(包括车门的选型、轮廓形状、车门开度、附件形式、密封形式等)也必须同时进行。下面以图例来说明,尺寸仅供参考,单位均为 mm。

车门布置设计内容包括:

1) 确认已知条件。
2) 车门铰链布置和门边结构设计。
3) 车门内部布置。
4) 车门与车身侧围(门柱)的配合设计。

一、已知条件

车门是车身结构的一部分,其设计空间同样受车辆总体外形(主要是车身侧面外形)和车室内部布置所要求的空间的约束。

车门设计时需要提供如下条件:

1) 满足人机关系要求的尺寸,如图 8-17 所示。图中包括最小头部空间 a,肩部空间 b(双箭头表示从车身左侧内饰面 n 到右侧的对称空间),进出高度 h(SgRP 点到门框上止口线的高度),步出宽度 d,步出高度 e(门槛上缘到地面的高度),座椅到地板内饰的空间 f 以及玻璃窗口 y 与 z 的比值,座椅侧面到车门内饰板的手操作空间尺寸 p 和 q 等;此外,图 8-18 所示的 l_1、l_2、l_3、l_4 和 h、h_1 等尺寸都影响进出方便性。h_1 为 SgRP 点到门框止口线(B 线)与上视线的交点的距离,l_1、l_2、l_3、l_4 分别为前、后乘员 SgRP 点到门框 B 线的前/后水平距离;还有乘员的放脚空间等。

第八章　车身闭合件设计

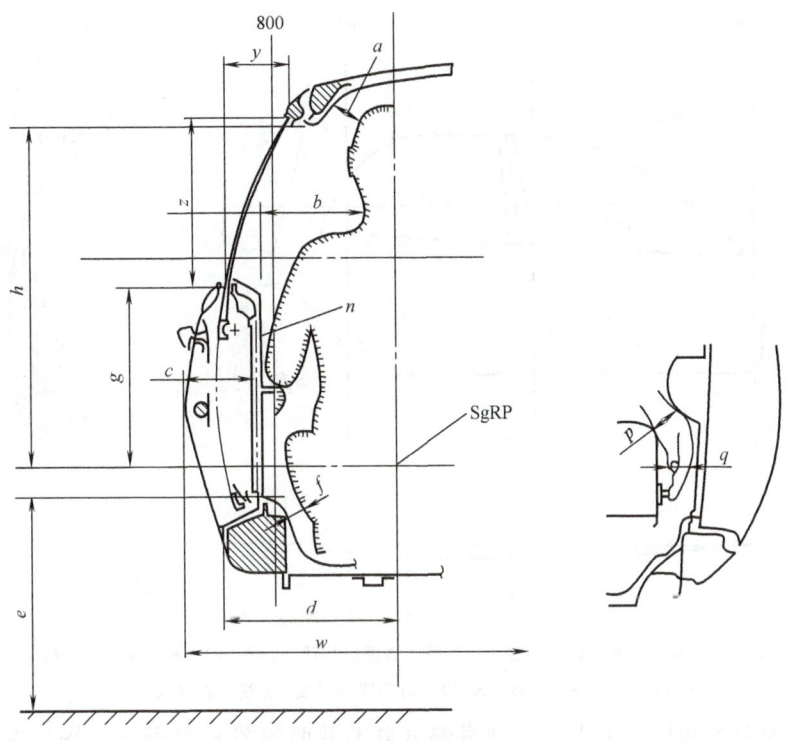

图 8-17　与车门有关的人机关系尺寸

a—最小头部间隙　b—肩部空间　c—金属门厚　d—步出宽度　e—门槛上部到地面的高度
f—座椅到地板内饰的空间　g—腰线高度　h—进出高度　w—车身总宽　p、q—手操作空间

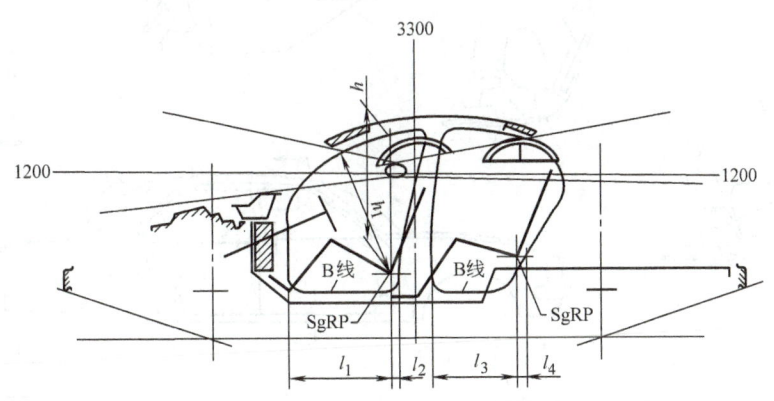

图 8-18　影响进/出的门洞尺寸线

2) 车身总宽和车身侧面外形曲面，门框止口线、腰线、窗口线、玻璃的形状和分块，轮罩开口线等造型要求，如图 8-19 所示。

图中 3300 截面是车身中段最宽处的截面，是车门设计的基本截面，截面上各点是相应各线上的截点；侧视图、俯视玻璃截线和 3300 截面外形线都是由车身曲面外形设计提供的电子数据。

3) 车门周边与车身门框的配合关系可以参考竞争车型或现有车型的数据，用初步

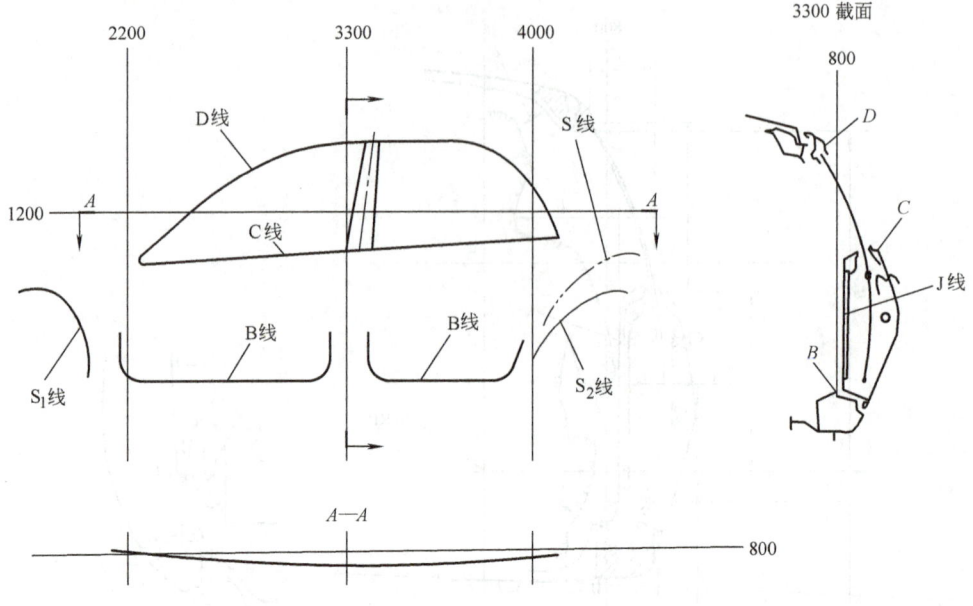

图 8-19 与车门设计有关的控制线

B 线—门框止口线　C 线—腰线　D 线—表面窗口线　J 线—门内板 J 平面边沿线
S_1 线—前轮罩开口线　S_2 线—后轮罩开口线　S 线—轮罩顶部线

构造典型截面草图和尺寸来表示。列举部分典型截面如图 8-20 所示,图中标注了一些车身门和柱的特征线上的截点。

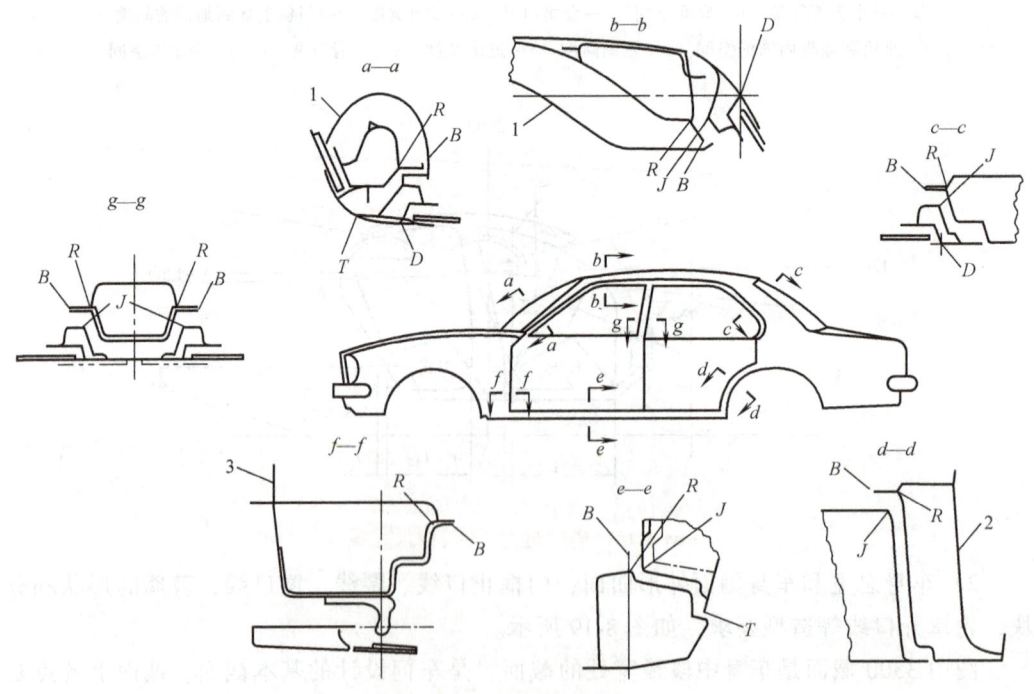

图 8-20 典型截面示例

1—内饰线　2—后轮罩　3—前围挡板

B—门框止口线上的点　D—表面窗口线上的点　J—门内板 J 线上的点　R—门框翻边折线上的点　T—车身表面上的切点

4）前、后门主要边缘结构和尺寸基本规范化，图 8-21 示出了前门布置铰链一侧的边缘结构。A—A 和 E—E 为上、下铰链处的截面；B—B 为限位臂通过的截面；C—C 为导线管通过的截面。后门边缘结构类同，一般可以规范化。例如，内、外板之间的距离 a 和 b，一般取 4~6mm，而 c 则是变化的。

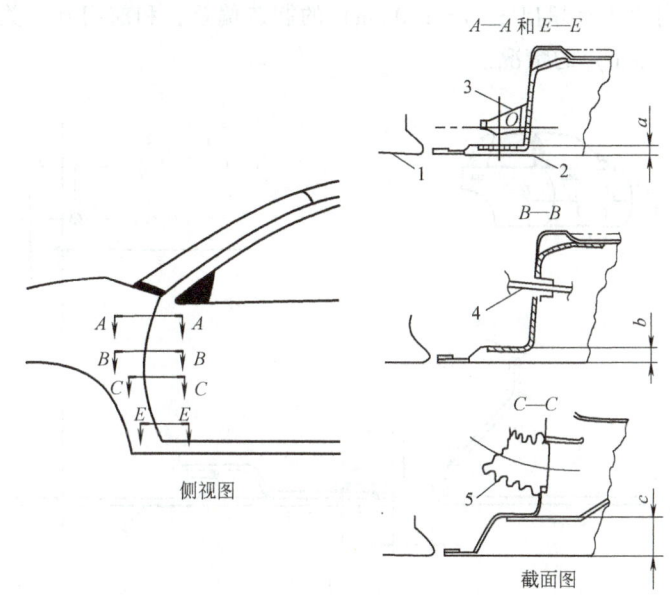

图 8-21　前门前边缘结构
1—前翼子板　2—门外板　3—铰链　4—限位臂　5—导线管　O—铰链轴心

二、车门铰链布置和门边结构设计

车门靠铰链和门锁悬挂于车身门框上。当给定车门表面形状和车门边缘的结构形式及尺寸后，即可开始布置车门铰链。

1. 车门摆动分析解图

铰链轴线的布置影响车门的摆动轨迹。在车身外形设计的初步阶段就需要布置铰链轴线并对车门旋转轨迹进行检查，防止车门边缘与周边结构（如前翼子板、门框）或前、后门之间发生干涉，确保造型设计（门缝线设计）的可行性，并确定门柱尺寸等。

车门绕铰链轴线的摆动轨迹分析是通过作一系列的摆动解图来完成的。解图的作法：

1）垂直于铰链轴线截取需要分析的截面。
2）在截面图上给出铰链轴心位置。
3）作门边的摆动轨迹。
4）分析间隙。

由于车门与门框的相对位置主要靠铰链总成的位置来调整，因此在车身门柱上的铰链合页装配位置应允许在车身上/下、前/后和内/外方向有一定的调整量。例如，如果合页是用螺钉连接的，则可以将装配孔做成比螺钉直径大的长圆孔，以确保车身侧面的平齐度和间隙精度。在进行车门摆动轨迹分析时，应考虑铰链轴线可能的调整尺寸。此外,还应注意到零部件的制造偏差等。

图 8-22a 是前门与前护板(翼子板)之间的运动间隙分析解图。例如,考虑了铰链轴线在车身前后方向的调整量 $a=1.5$mm,在宽度方向的调整量 $b=4.0$mm;前门制造偏差 $c=1.0$mm、$d=1.5$mm。图 8-22b 是前、后门之间干涉检查解图,除了铰链调整量以外,还考虑了后门边缘有超出 c ($c=1.0$mm)的制造偏差,和前门砰击关闭时前门后边缘深入表面 e ($e=3$mm)的情况。

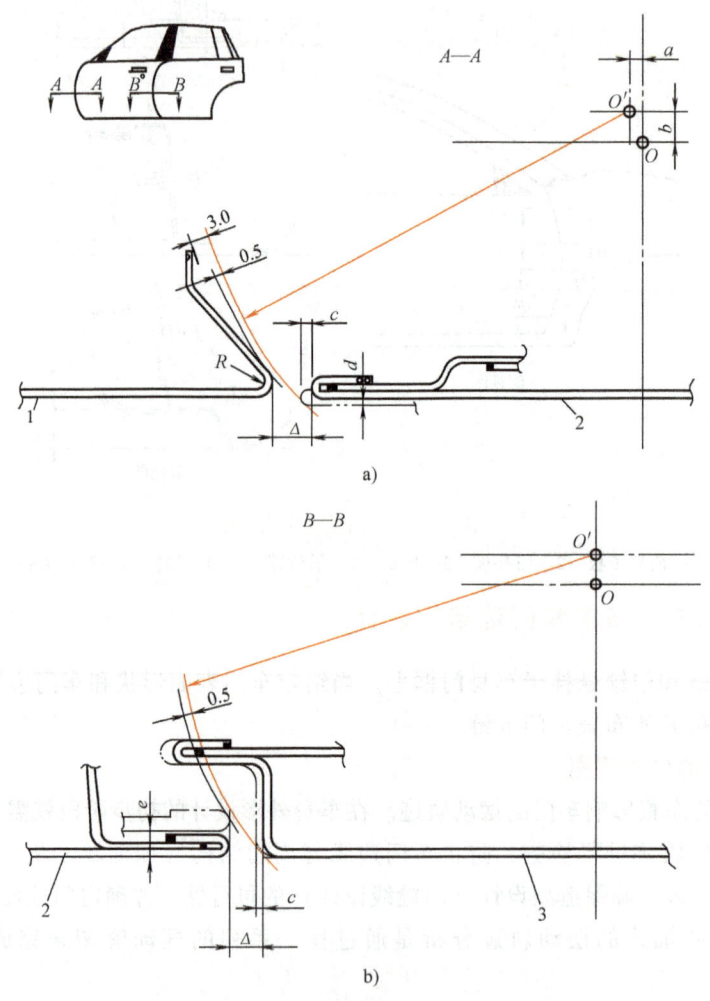

图 8-22 车门摆动解图

a) 前门 b) 后门

1—翼子板 2—前门外板 3—后门外板 O—设计铰链轴心 O'—调整后的铰链轴心 Δ—门缝表面间隙

由图中分析结果可见,车门摆动时没有干涉,门与前方结构的最小间隙为 0.5mm。由于考虑了上述铰链调节量及车门制造和使用上的偏差,分析结果是偏安全的。

车门设计需要截取一系列垂直于铰链轴线的截面,进行大量解图分析工作,如检查门边缘（车身表面门缝）造型的可行性、关键部位（如铰链处及门锁啮合中心处等）的车门周边与车身门柱的配合截面设计、密封条布置设计等，都离不开解图分析。

2. 检查门缝线造型的关键线（K线）

车身的门缝线是空间曲线，铰链轴线相对门缝线的关系如图8-23所示。构造车门门缝线的位置和形状时，需要通过运动干涉检查将门缝线控制在前、后极限位置之间。检查车门门缝线的位置和形状是否合理的方法是求K线（Key Line）——门缝极限位置线，如控制前门前缘后移极限位置的K线作法如下：

1）确定最小间隙的条件。最小间隙的条件是指满足最小间隙值要求时所允许的潜在制造偏差和最坏的使用条件；如图8-22所示，假设前门摆动轨迹相对翼子板（或后门摆动轨迹相对前门）允许的最小间隙值为0.5mm，而达到这个值时，所对应的 a、b、c、d、e 值及门缝表面间隙 Δ 值，即为间隙最小的条件。

2）根据上述条件（满足 $a = 1.5$mm，$b = 4.0$mm，$c = 1.0$mm，$d = 1.5$mm，$\Delta = 5.0$mm）和初始给出的车门外板表面及铰链轴线位置，在图8-23中，取车身最宽位置（前视图 A 水平处）及其他需要检查的若干位置，作垂直于铰链轴线的截面，并

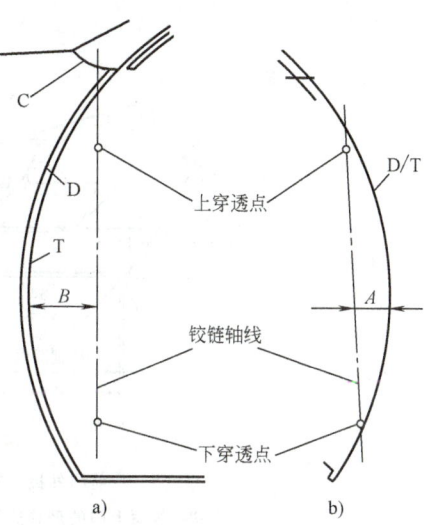

图8-23 表面门缝线与铰链轴线的关系
a）侧视 b）前视
C—风窗下边缘线 D—前翼子板表面后边缘线 T—前门前边缘线
A—车身表面最宽点至铰链轴线的垂直距离
B—前门缝线最前点至铰链轴线的垂直距离

作各截面前门摆动分析解图，如图8-24中的7段圆弧线是各截面上 T 点绕 O' 点的摆动轨迹。检查门缝线设计是否可行的简便方法是作上述条件下的K线。K线是由车身最宽位置的截面上，理论边缘点 T 指向铰链轴心的直线（相应 α 角）；在车身概念设计时，造型设计师可参考该直线来控制门缝线的设计；若有其他截面的 T 点落于该线的后方，则需调整门缝线，否则易发生运动干涉。当调至所有截面的 T 点均在该线上时，将其反投到车身侧表面，就得到前门前缘后移的极限位置线。因此，K线是检查铰链轴线上、下穿透点之间门缝造型线的关键线，如图8-24所示。

例如，在图8-25中，如果门缝后移，B 和 α 都随之减小，则摆动轨迹趋向于与外板平行，且 δ_1 变小，容易发生干涉。此时，车门边缘宽度即使有较小的误差，也有可能造成车门表面碰到前翼子板的后端；而且当门开启时门外板表面（细线所示位置）与翼子板的间隙 δ_2 也将减小；尤其是安装防擦条时，一般要求间隙 $\delta_2 \geq 8$mm，否则更容易发生干涉。因此，为防止外表面受损伤，希望铰链轴心到门边的距离 B 大于车身最宽处铰链轴心到门表面的距离 A，即门缝线前移。但是门缝前移也会受到门柱外板的限制，如图8-38所示，所以还需要确定受门柱外板限制的门缝向前移动的极限位置。

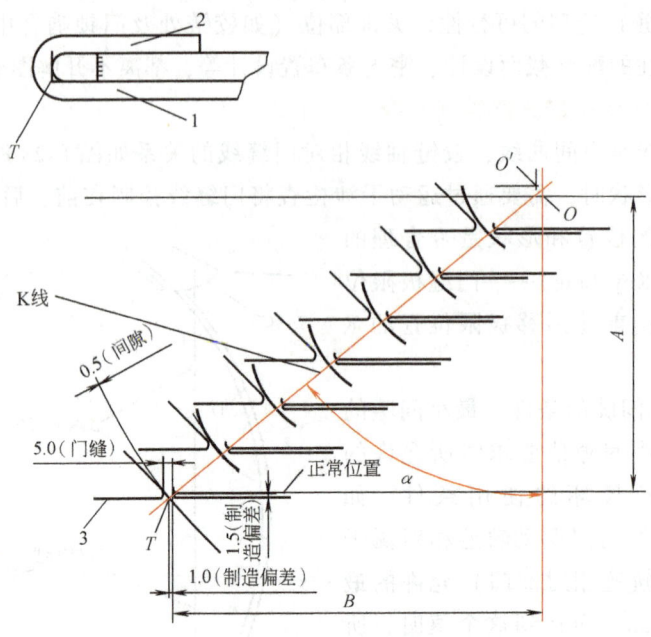

图 8-24 前门前缘后移的极限位置线（K线）

1—前门外板　2—前门内板　3—翼子板

T—截面上门的理论边缘点　K线—各截面 T 点的连线

O—设计铰链轴心位置　O'—考虑调节量的铰链轴心位置

需要说明的是，对于不同材料（如铝材或复合材料）结构，以及对于具有其他门缝位置和间隙值，或不同的翼子板成形尺寸的钢结构部件，K线位置和 α 角度都将有所不同。此外，对于门外板有深槽等异型截面处，或在上、下穿透点以外部分都需要另作分析。

如果在三维 CAD 软件的环境下，应用运动干涉分析模块检查门缝线造型的可行性，则有很强的可视性，并能大大提高设计效率。但是上述方法有利于分析干涉的原因和修改方向。

3. 铰链轴线在车身宽度方向的布置

由上述解图可以看出，铰链轴线与车门外板表面的距离越大则越容易发生干涉，所以铰链轴线应尽可能向车身宽度方向外移（即减小 A 值），通常铰链轴线至车门外板表面的最宽点距离 A 在 30~50mm 范围。但轴线外移受上、下铰链跨距的限制，如图 8-26 所示。从受力分析角度来看，车

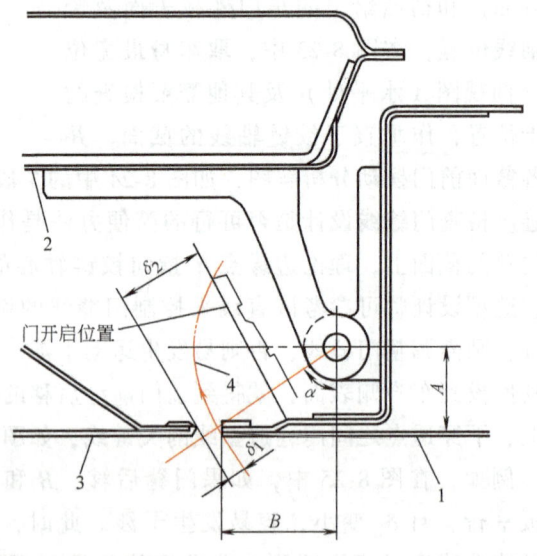

图 8-25 间隙与铰链轴心位置的关系

1—前门　2—铰链柱　3—翼子板　4—摆动轨迹

第八章 车身闭合件设计

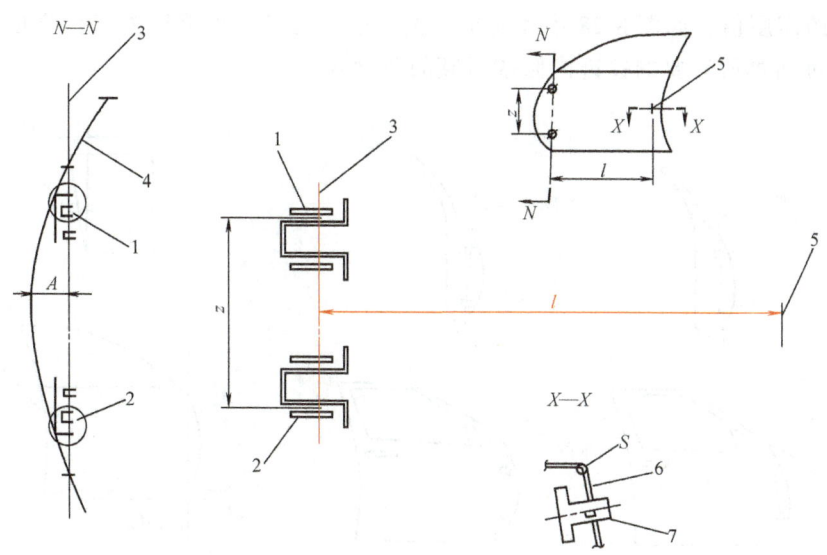

图 8-26 铰链的跨距与车门的长度

1—上铰链 2—下铰链 3—铰链轴线 4—门外板 5—门内板锁啮合口 S 点 6—门内板 7—门锁
A—铰链轴线至车身最宽点距离 z—铰链跨距 l—门长度

门的长度 l（指铰链轴线到门内板锁啮合口 S 点的距离）与上、下铰链的跨距 z 之比（l/z）不应大于 3。因此，铰链布置时要处理好轴线外移与铰链跨距、车门长度三者之间的关系。

4. 铰链轴线的倾斜

在道路边停车并打开车门时，为了使车门下边缘不刮地且留有一定间隙，往往需要在车门开启的同时能举高车门。为此，应使车门铰链轴线内倾或后倾，内倾比后倾效果更好。当铰链轴线外倾或前倾时，车门在开启时会往下斜。

各国城市建设对道路形状有统一规定，我国 CJJ 37—2012《城市道路工程设计规范》规定，路面横向坡度为 2%，最大路缘高度为 200mm，如图 8-27 所示。根据这个规定，当汽车停在路边时，建议车门开启时的提升值为 15~30mm。车门升起高度值定义为车门开启 60° 时，在离铰链轴线垂直距离为 762mm 处的门下边缘的 A 点至

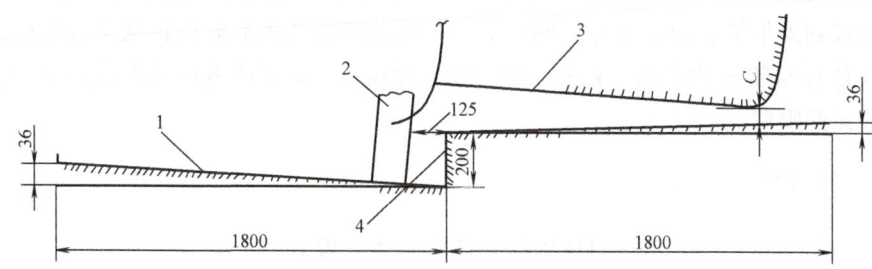

图 8-27 我国城市建设对道路形状的规定

1—路面 2—车轮 3—车门下边缘 4—路缘高度 C—间隙

A' 点升起的高度值,如图 8-28 中 4 所指。按照这个定义,根据所要求的高度升起/下降值,即可估算所需要的铰链内倾或后倾的角度 β。

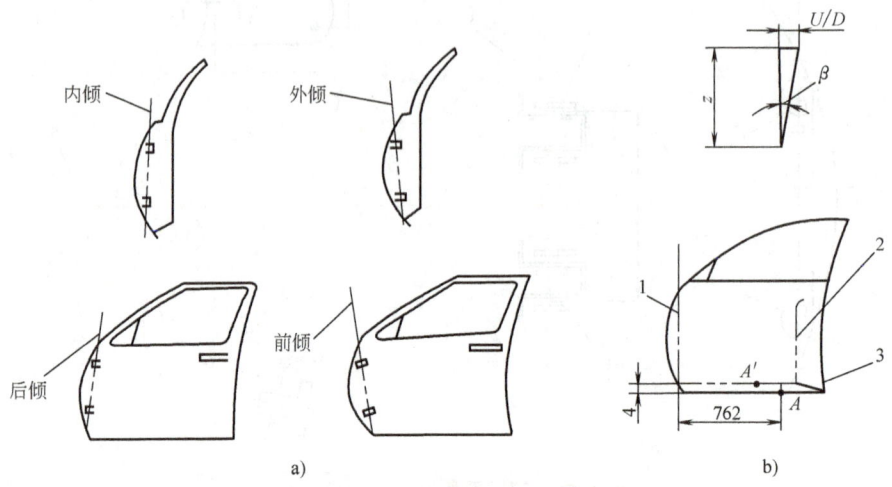

图 8-28 铰链轴线的倾角计算

a) 铰链轴线的倾斜 b) 铰链轴线倾角的计算

1—侧视铰链轴线位置 2—车门打开位置 3—车门关闭位置 4—A 点上升值

U/D—车门打开 60°时车门 A 点的上升量或下降量

求铰链轴线倾角 β 的作图法:

1) 内倾角 β_1 作法:在垂线上取 $z = 630$mm 线段,并在其上端按所要求的门上升/下降量取水平线段,则两线段组成的直角三角形的斜边倾角 β 即为轴线内倾或外倾角 β_1。

2) 后倾角 β_2 作法:在垂线上取 $z = 380$mm 线段,并在其上端取所要求的门上升/下降量作水平线段,则两线段组成的直角三角形斜边的倾角 β 即为轴线前倾或后倾角 β_2。

5. 铰链的位置受结构的限制

在铰链布置区域,内板表面位置线往往是限制铰链外移的限制线(即内表面限制线)。此外,布置铰链轴线时还要考虑合页尺寸和形状、轴心的调节量、门内板的圆角半径、内板到外板的表面距离等,同时上、下铰链的最高和最低位置也受结构约束;上铰链最高位置与腰线的距离一般控制在 100~125mm;而下铰链的最低位置受门内板 J 线拐角圆弧的限制。

三、车门内部布置

车门内部的布置主要是指门体内的附件和结构布置。

从门内板 J 平面到车身最宽线的距离即为车门的厚度,车身中段车门的厚度约 150mm。在这个厚度内要布置车门的抗侧撞梁、玻璃和玻璃升降机构、以及门锁和操纵机构等。

第八章 车身闭合件设计

1. 玻璃及玻璃升降机构布置

以交叉臂式玻璃升降器为例介绍玻璃及玻璃升降机构的布置。

(1) 布置玻璃升降机构的已知条件 如图 8-29 所示。

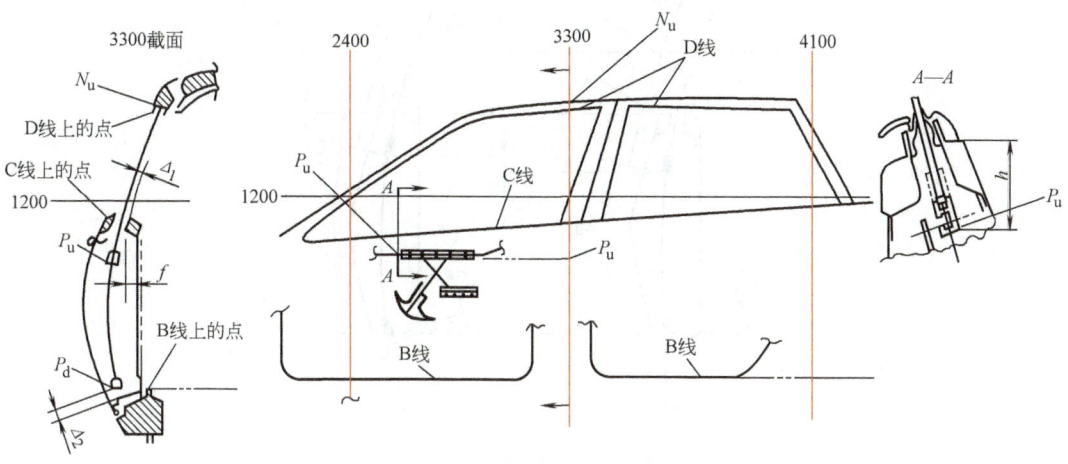

图 8-29 布置升降机构的已知条件

1) 已知侧视图上车门窗框线（D 线）、造型给出的车门腰线 C、玻璃上边缘点 N_u 和下边缘点的最高位置 P_u，根据侧视图上门缝线和窗框内边界线可确定玻璃导轨的斜度，一般前门玻璃导轨均向后倾斜一个角度。

2) 已知车身最宽处（如坐标 3300 处）的车门主截面图，包括玻璃位置以及玻璃完全下落时下边缘点 P_d 的位置（控制间隙 Δ_2）、玻璃到车门内腰带梁的侧向间隙 Δ_1、以及内腰带梁的厚度 f 等。

3) 侧玻璃向车身中心的倾斜度和曲率主要取决于车身外形的需要，并影响车门厚度、车室宽度（乘员头部空间和肩部空间）和乘员进出的方便性。常用曲率半径为 1000~1800mm。为了适合空气动力性能要求，门玻璃外表面应尽可能与车身外表面齐平。

4) 已知玻璃升降器基本尺寸，如图 8-12 所示。

(2) 车门腰线位置和玻璃高度尺寸的调整 对造型给出的腰线位置需要进行检查和调整，使玻璃可以全部降至窗台。对于后门，由于结构限制，有的车门玻璃不能降至窗台，设计时应保证露出窗台部分的玻璃高度尺寸尽可能小，一般不应大于窗口透明区域高度的 1/4~1/3 位置。

当玻璃下降至最低点时（如玻璃下缘点与车门内板相距 12.5mm——这是所要求的玻璃与金属之间的最小距离），如果玻璃上缘不能全部降至窗台而高出 Y 值，如图 8-30a 所示，则需要将原造型给出的腰线提升 Y/2，同时将玻璃高度减小 Y/2，玻璃就可以全部下降至门体内（玻璃升程相应提高 Y/2），如图 8-30b 所示。反之，如果玻璃降至最低点时玻璃上缘落入腰线以下 Y 值，则可将原造型腰线下降 Y/2，同时将玻璃高度增高 Y/2。

(3) 玻璃曲面和玻璃导轨 车门玻璃的外形，从侧视图看，其前后导轨应是平行

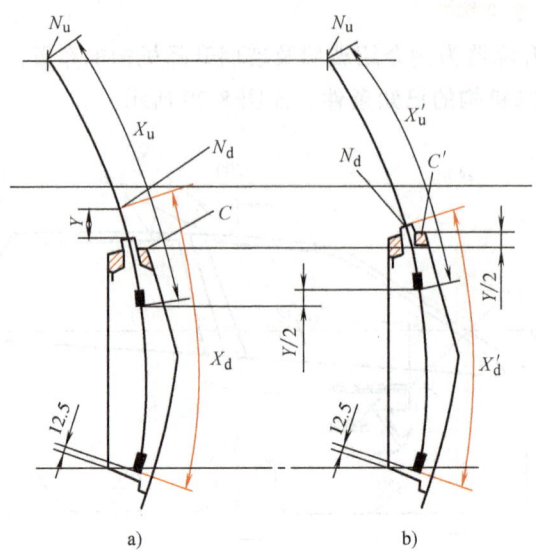

图 8-30 车门腰线的调整

a) 调整前 b) 调整后

C—造型给出腰线上的点 C'—调整后腰线上的点
$X_u(X_d)$—调整前的玻璃尺寸 $X'_u(X'_d)$—调整后的玻璃尺寸

直线。但是俯视车身轮廓,玻璃外形由最大截面(如 3300 截面)向前后是缓慢往内收的。因此,玻璃半径也应从最大截面处的半径往前后逐步减小,以适应车身造型规律。因此,车门的玻璃表面应为鼓形表面,垂直于鼓轴的各截面半径是变化的,各截面玻璃曲线是一组同心圆弧,如图 8-31a 所示。如果玻璃面积位于截面 2330~3300 之间,则由 1200 高度玻璃截面线可见,玻璃前后边缘(图中 2330~3330 之间)的宽度方向差值(内移量)为 W,如图 8-31b 所示;W 值不能太大,应使玻璃下边缘点落至最低点时与门内板 J 平面之间的间隙不小于所要求的玻璃与周围金属之间的最小距离(图 8-36 中的 m)。对于有窗框的车门结构,由于窗框导轨往往是斜置的,因此鼓形表面的玻璃边缘成形后是空间曲线(螺旋状)。而实际滚压成形的导轨只能是等曲率平面曲线,其偏差可以借助窗框内导轨中的橡胶密封导槽的变形来补偿。

实际鼓形玻璃表面,其前、后导轨曲率半径应是不同的。但如果半径变化不大,导轨也可用同一曲率半径,依赖橡胶密封导槽弥补偏差。

(4) 玻璃升降器的布置 一旦玻璃表面、玻璃行程和车门腰线高度确定了,即可进行玻璃升降器的布置。图 8-32a 为升降器的平面布置图,主动臂摆动中心的高度应设在靠近玻璃升程的一半处,可使滚轮在升降时的水平移动量最小,举升效率高;玻璃质心应接近通过交叉臂中心的铅垂线,始终位于两个支撑滚轮之间,臂端的滚轮活动滑槽布置在玻璃长度中间的 1/3 段上,以使升降平稳。

升降器底板在门内板平面上的固定位置和角度取决于主动臂摆动中心和满足操纵方便要求的手柄位置。主动臂的长度根据玻璃升程和玻璃大小来决定。

升降器在门厚度方向的位置应在门的主截面图上确定。如图 8-32b 所示,以玻璃中

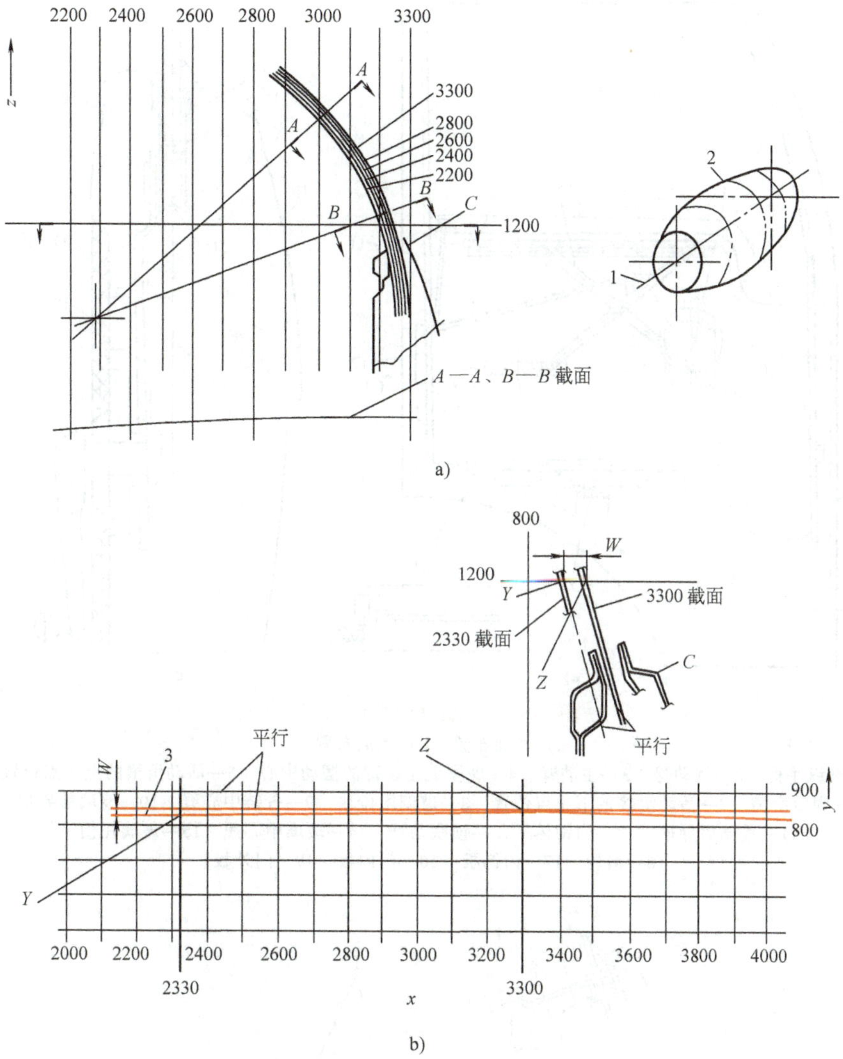

第八章　车身闭合件设计

图 8-31　玻璃曲面
a) 玻璃的鼓形表面　b) 1200 高度上玻璃外表截面线
1—鼓轴　2—鼓形表面　3—1200 高度上的玻璃截面线

心线为基础，根据升降器总成图（参见图 8-12）上底座安装平面到滚轮或滑槽的尺寸，即可定出安装平面到玻璃中心线的距离 A（或到玻璃中心弧弦线的距离）。由车门内板上冲压出平台来保证这个距离。

玻璃中心线的倾斜度（或弧线形状）主要取决于外形需要，它影响车门厚度和车身宽度。此外，布置设计时还需要检查玻璃的升程以及是否能拆卸。

（5）无窗框车门玻璃升降器的布置　对于无窗框车门，如图 8-33 所示，玻璃升降的平稳性差，尤其是图中 5 所指的玻璃形状，玻璃升降时由门体中的玻璃导轨和窗台内的定位托架来保护和导向玻璃。如果每根导轨与玻璃有两个滑轮配合（增加一个滑轮），

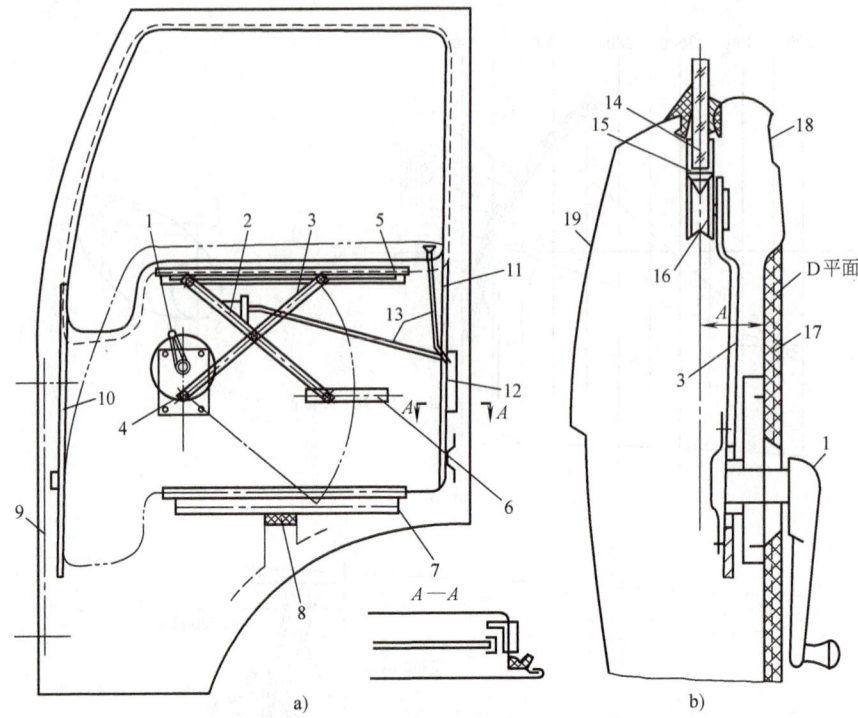

图 8-32 玻璃升降器的布置
a) 平面布置 b) 侧面布置
1—操纵手柄 2—从动臂 3—主动臂 4—底座上主动臂的摆动中心 5—活动滑槽的上止点位置
6—固定滑槽 7—活动滑槽的下止点位置 8—玻璃限位块 9—铰链中心线 10—玻璃前导槽
11—玻璃后导槽 12—门锁体 13—锁联动杆 14—玻璃中心线 15—玻璃托槽
16—滚轮 17—内饰板 18—门内板 19—门外板

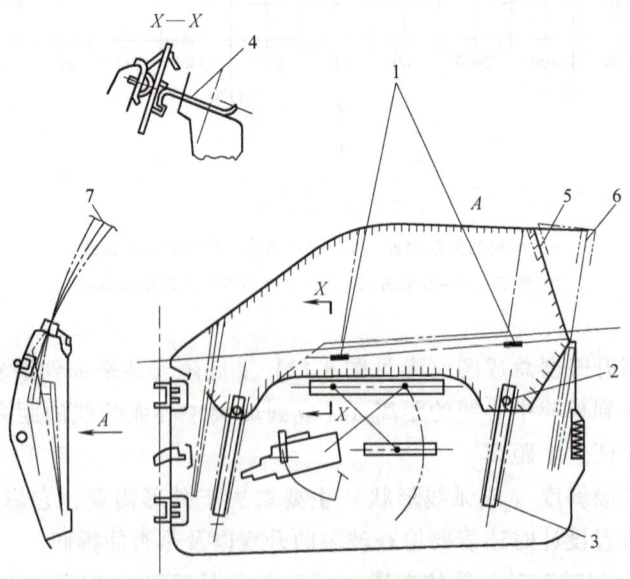

图 8-33 无窗框玻璃的导向
1—定位托架 2—滑轮 3—导轨 4—推杆 5—玻璃下落时脱离密封槽
6—玻璃下落时不脱离密封槽 7—设计位置

则可不用定位托架。玻璃可以绕窗台内某中点内外转动（见 X—X），并用托架推杆 4 将玻璃向外推离密封条，然后再下落。

2. 门锁布置

在门体里，S 平面是锁的安装面，其配合关系见图 8-34a 中的 X—X 截面。门锁啮合口应布置在距离铰链轴线尽可能远处，该距离定义为门的长度 l，如图 8-34b（侧视图）所示；锁的安装与铰链轴线的布置必须协调，无论铰链轴线是否倾斜，锁与锁闩的啮合中心线始终应与铰链轴线垂直；S 平面上的 S 线应与铰链轴线平行。由 A 向视图看，在图 8-34c 中，因为铰链轴线内倾，所以 S 线和啮合的中心线也随着偏转一个角度，因此 S 线与 J 线不平行；而图 8-34d 所示是铰链轴线垂直的情况，S 线与 J 线平行。有时在侧视方向看，锁支持面需有所倾斜（尤其是四门轿车的后门），但也应使啮合的中心线尽可能垂直于铰链轴线，朝着门关闭的方向。

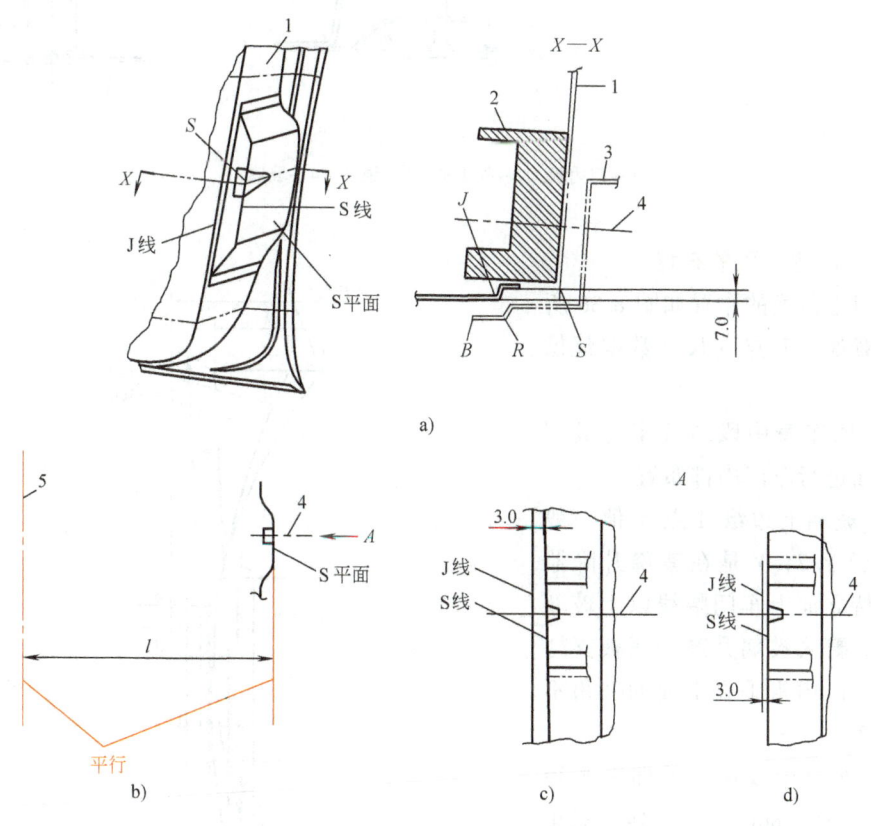

图 8-34 门锁啮合中心线与铰链轴线的协调关系
1—车门内板 2—锁体 3—B 柱外板 4—锁啮合中心线 5—铰链轴线

门锁大多布置在玻璃升降器内侧，这有利于锁联动杆的布置，如图 8-32 中的 A—A 所示。

操纵车门锁的外手柄一般应布置在离地面 740~880mm 高度范围内。在门体内的布置关系如图 8-35 所示，外手柄和锁芯离玻璃表面距离不要小于 18mm，附件离门内板侧板距离不应小于 12.5mm。

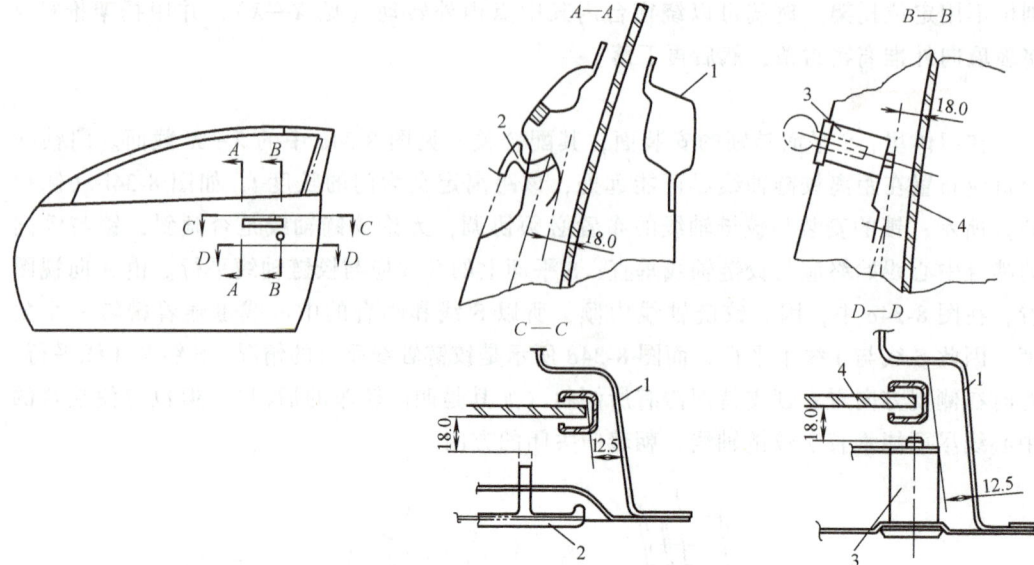

图 8-35 操作手柄的布置

1—门内板 2—外手柄 3—锁芯 4—玻璃

3. 车门主截面的布置

车门主截面的布置如图 8-36 所示，注意如下几点（尺寸数据仅供参考）：

1）取车身中段靠近车身最宽处的截面进行车门内部布置。

2）玻璃上边缘 A 点 X 值一般不应大于 $Y/2$，Y 是在玻璃升降器底板支持立面上车门腰线以上玻璃的高度。臂式玻璃升降器底板支持平面与车门内板垂直平面的夹角不要大于 3°。

3）车身中段玻璃的曲率半径一般为 1000~1800mm，具体根据车身外形确定；侧窗采用钢化玻璃，厚度一般为 3.5~4.0mm。

4）车门玻璃下降到最低位置时下端点到门内板的间隙 m，一般对臂式玻璃升降器不应小于 25mm，对钢丝绳式玻璃升降器不应小于 42mm。

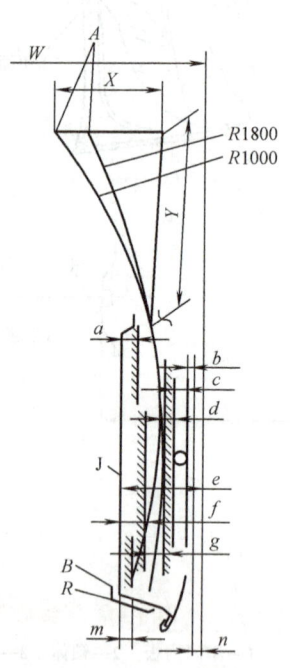

图 8-36 车门主截面布置

W—车身总宽 A—玻璃上边缘点 a—车身中段内腰带宽度 b—抗侧撞梁到外板内表面的间隙 c—抗侧撞梁厚度 d—抗侧撞梁到玻璃的间隙 e—最大门厚 f—门内板到玻璃弧弦的最小间隙 g—通过玻璃的范围 m—玻璃下端点到门内板的间隙 n—车门内外板限制表面间的距离

第八章 车身闭合件设计

5）抗侧撞梁等所有金属件与玻璃的间隙不应小于 18mm，抗侧撞梁与车门外板内表面间隙取 5mm 左右，用防撞胶填充；抗侧撞梁大多布置在离地面 800mm 左右的高度位置。

四、车门与门柱的配合设计

车门设计与车身侧围（主要是门柱）结构关系密切，设计时应注意如下事项：

1）门柱的强度和刚度，车身结构要经得住车门系统传来的动能、力和力矩，具有抵抗汽车侧碰撞的能力。

2）车门铰链、限位器、门锁闩等安装位置和精度，包括孔的大小，孔位，前/后、上/下、内/外调整措施，允许的精度和度量/定位策略等。

3）与密封措施有关的车身结构要求，如密封条安装措施、翻边宽度和表面平坦要求、车身间隙的尺寸精度和间隙的调整方法等。

4）门和门框配合的一些控制措施，如防颤、防声的楔形块，防下沉的楔形块，限位缓冲垫等。

5）选择的材料和加工方法要满足涂装处理的要求，如设置泄水孔和保持表面光滑，防范密封条与漆之间相互作用等。

B 柱是轿车侧围中最复杂的部分，前门通过门锁与 B 柱连接，后门通过上、下铰链系统与 B 柱连接，车门设计直接影响 B 柱的结构。下面以 B 柱三个典型截面为例介绍车门与门柱的配合设计。

1. 前门锁啮合中心线处 B 柱外板截面设计

1）首先截取通过前门门锁啮合中心线的截面（图 8-34a 中的 X—X 截面），如图 8-37 所示。在截面上以 O' 为中心作后门最前点绕中心摆动的门边轨迹，并检查其与前门内板 S 面的间隙（图中为 5.0mm）。当后门全开启（假设为 70°）并超过 4°位置时，门边的位置到了图中 4 所指位置（考虑了铰链轴心最大调节量 1.5mm 和 4.0mm）；在该位置直径 D 的范围内留有间隙 4.5mm 是控制与 B 柱外板或 B 柱合页的间隙，如图 8-38 和图 8-39 所示。

为保证冲压时脱模角的要求，前门侧内板最小应有 5°的倾斜角。

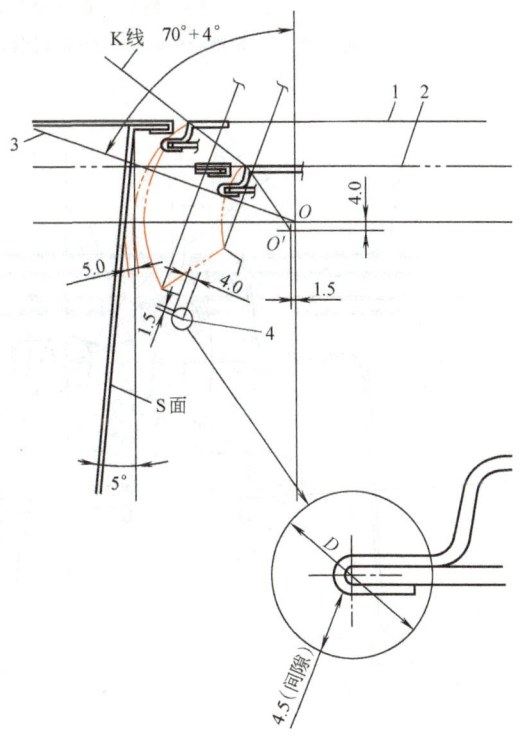

图 8-37 检查后门门边运动间隙解图
1—后门最外极限位置 2—最内极限位置
3—后门全开启并超过 4°位置 4—圆（直径为 D）的中心

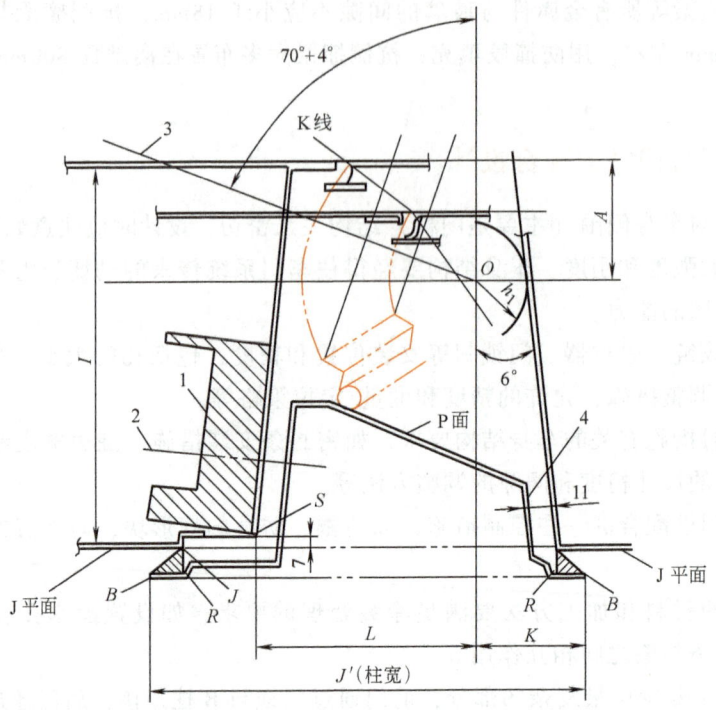

图 8-38 B 柱外板截面设计

1—前门锁 2—锁啮合中心线 3—后门全开启并超过 4°位置 4—B 柱外板

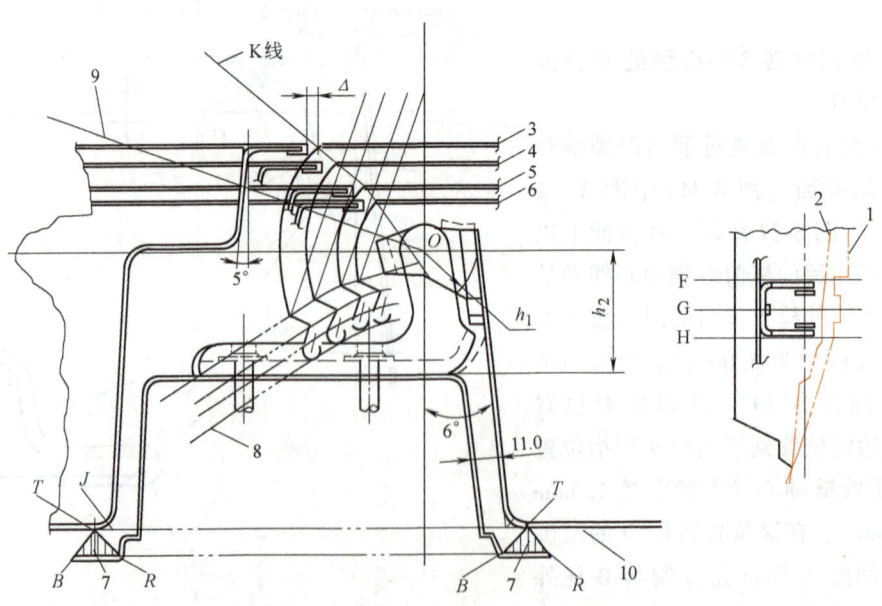

图 8-39 B 柱下铰链处 G 截面

1—后门外限制线 2—后门内限制线 3—G 水平外限制位置 4—F、H 水平外限制位置
5—F 水平内限制位置 6—G、H 水平内限制位置 7—密封三角形 8—间隙线
9—后门全开启并超过 4°位置 10—后门内板 J 平面 T—切点 Δ—门缝

2) 调整锁支持面（S 平面）与 B 柱外板的关系，布置锁啮合中心线，如图 8-38 所示。铰链轴心到车身最宽外表面的距离 A 的大小影响 B 柱外板在车身宽度方向外移的极限位置；如果为保证强度所需的 B 柱截面尺寸不变，则还会影响车门厚度 I。

3) 根据铰链轴心到门合页安装平面的距离 h_1 画圆弧；在后门处于关闭位置时，让后门内板前侧的脱模斜度为 6°；而后参考前门内板 J 平面的位置确定后门内板 J 平面。

4) 根据密封结构的要求确定 B 柱外板的 B、R 点，从而获得 B 柱宽度尺寸 J'。

5) 取 B 柱外板两侧与前、后门侧内板平行，其间隙至少取为 11mm，并考虑安装线束导管确定 B 柱外板斜面 P。至此完成了 B 柱外板截面设计。

2. 后门上、下铰链处 B 柱外板截面设计

前面已经提到，铰链轴线到车身最宽线的距离 A 是铰链布置的特征尺寸。A 不仅影响车门开启过程中门边的间隙，而且影响车身门柱外板和门内板的拉深深度。在设计铰链处 B 柱的截面时同样要注意这个问题。图 8-39 为检查车门开启时门边与下铰链门柱合页干涉的情况。当发生干涉时，需将铰链轴线沿车身宽度方向外移；或者将 B 柱往车身中心内移，加大柱合页的高度 h_2；但如前所述，在 B 柱强度（截面尺寸）不变的条件下，B 柱内移会影响车门的厚度，并减小车内空间。

同样应分析上铰链门柱合页与门边的关系。

3. B 柱侧视图

作 B 柱的侧视图，如图 8-40~图 8-42 所示。

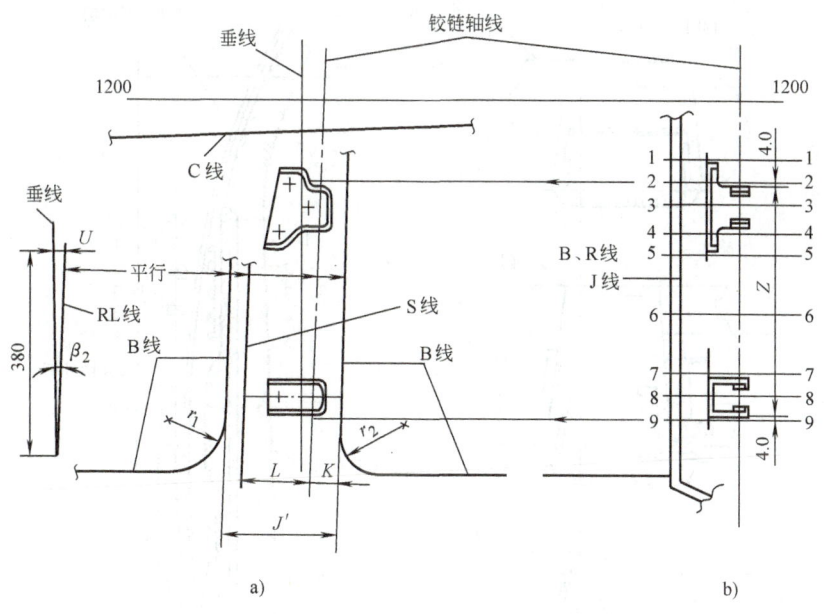

图 8-40　布置后门铰链轴线
a) 侧视图　b) 前视图

1) 从侧视图上看，如果铰链后倾，则取垂直高度 $Z=380$mm 线段，并在线段上端引出水平线，按门旋转时的上升值要求取其长度 U（图 8-28 中的 U/D），即可求得对应所需上升值的铰链后倾角 β_2，如图 8-40 所示。

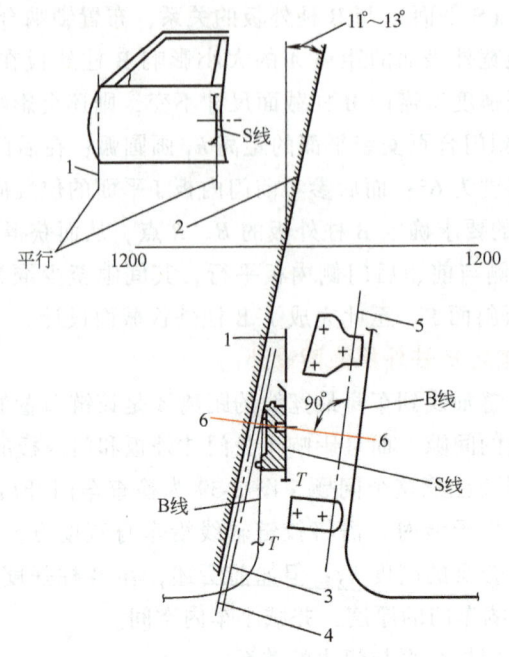

图 8-41 作 S 线与前门铰链轴线平行

1—垂直线　2—玻璃后缘　3—玻璃到锁的间隙线
4—玻璃螺旋边缘容差线　5—后门铰链轴线

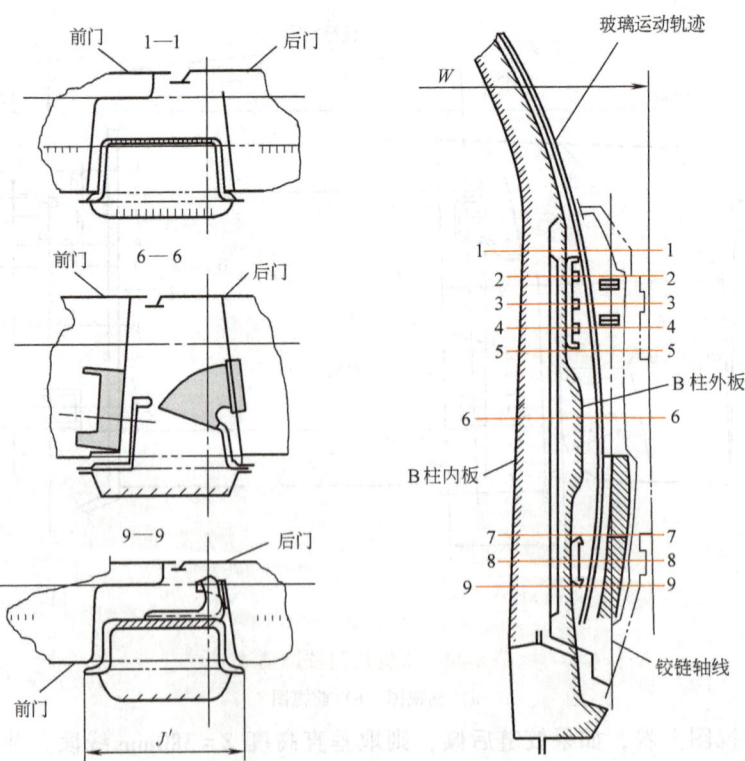

图 8-42 B 柱轮廓形状

2）作平行于 RL 线且切于 B 线圆弧的斜线，即为新设计的 B 柱前、后 B 线；参照锁啮合截面（图 8-38）中的 K 和 L 值，可在侧视图上作 RL 线的平行线，即可求得后门铰链轴线，并布置上、下铰链。

3）安装锁于 S 线，如果前门轴线在侧视图中是垂直的，需将 S 线（带着门锁）绕切点 T 转动直至垂直，如图 8-41 所示（此时前门锁啮合截面发生变化），同时前 B 线也绕其切点转动至垂直。因此，B 柱将略为加宽，且玻璃后缘需略前移。

4）由上至下取对应 1~9 个截面（图 8-42），作垂直于铰链轴线的截面图，图 8-41 中的 6-6 截面是通过锁啮合点且垂直于后门铰链轴线的截面。连接各截面上相应的点，即可获得 B 柱的轮廓形状。图 8-42 是 B 柱的前视图和三个截面（逆时针旋转）示意图。

进一步考虑密封结构，B 柱的强度、刚度和加工要求等其他因素，即可完成 B 柱设计。

4. 密封条布置

许多车门采用两道密封结构，第一道是门内板 J 线与门框翻边上的密封条配合。当采用中空型夹持密封条时，门与门框的密封结构如图 8-43 所示。要设计好三角形 TBR，如图 8-43a 所示，T 是车门内板 J 线的圆角切点，B、R 是门柱上的点；门上要有足够的密封面宽度（图中为 9mm），以确保密封条与门内板贴合良好，如图 8-43b 所示。

安装于前车门上的第二道密封条与 B 柱的配合路径如图 8-44 中 3 所指，有的车门只有前边和下边半圈设有这第二道密封条。由于车门四周密封条的固定面是变化的，密封条的变形方向也在变化，尤其是在安装铰链的一侧。因此，在设计时首先应考虑车门在关闭过程中密封条是如何接触、受力和被压缩的，应尽可能使压缩变形方向与密封条支持方向保持一致，防止密封条因受力方向变化而扭曲、撕脱。此外，尽可能使门与门框的间隙均匀。根据密封间隙合理选择密封条的压缩量尤为重要。

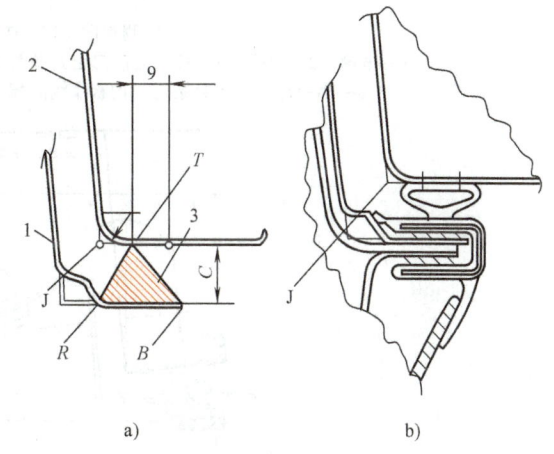

图 8-43　密封条与门和门柱的配合关系
a）三角形 TBR　b）密封结构
1—门柱外板　2—门内板　3—密封条　C—间隙

为了密封功能可靠，对某些密封结构的截面也要在考虑各种偏差条件下进行车门摆动轨迹分析，如锁啮合口与门框密封条的配合分析，如图 8-45 所示。图 8-45a 所示密封条安装于车身门框上，图 8-45b 所示密封条安装于车门上。安装于门框上可使 B 柱宽度减小 12~20mm。这是因为装于车门上的密封条随车门摆动，其轨迹（图中 3）需要留有避免干涉的间隙等结构上的原因；此外，必须保证密封条压缩变形后仍留有充分的密封条到啮合口的搭边距，所以需略加宽 B 柱。

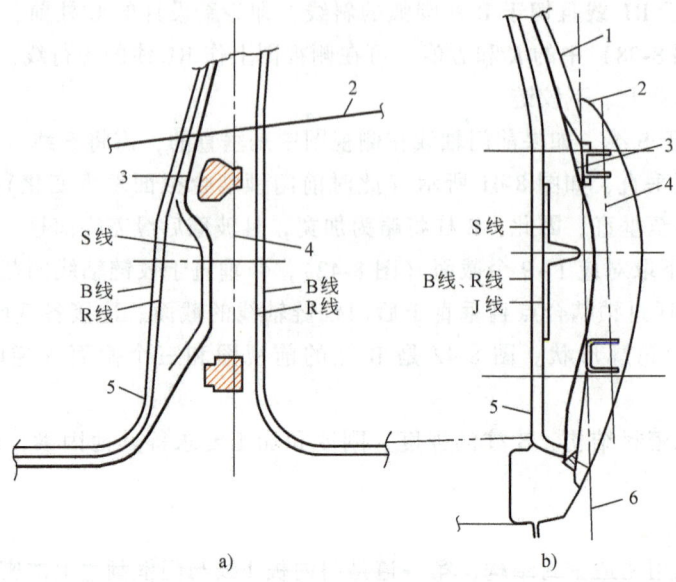

图 8-44 前门第二道密封条与 B 柱的配合路径
a) 侧视图　b) 前视图
1—玻璃　2—腰线　3—第二道前门密封条与 B 柱的配合路径　4—铰链轴线
5—第一道门框密封条与门内板 J 线的配合路径　6—铰链安装平面

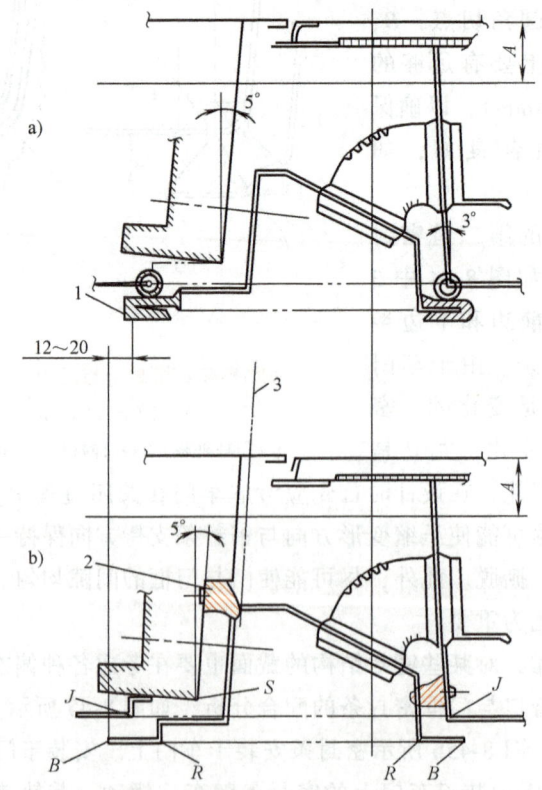

图 8-45 门锁啮合截面的密封结构
a) 密封条安装于车身门框上　b) 密封条安装于车门上
1—第一道密封条（中空型）　2—第二道密封条（唇形）　3—密封条前门绕铰链轴线摆动的轨迹

第三节 车门总成的性能分析和耐久性试验要求

世界各汽车大公司产品开发和研究部门都制定了车门系统设计的技术规范。为了保证车门性能要求,需要对白车门进行 CAE 分析,传统的 CAE 分析是采用有限元分析方法(FEM),内容大致包括:①车门扭转刚度分析;②车门垂直刚度分析;③车门外板凹陷分析;④铰链强度、刚度分析;⑤车门边缘齐平度分析。此外,还有拼焊板应用于车门的研究、车门零件板厚的优化等。

一、分析实例

1. 白车门总成分析

某公司在开发新车型的前车门时,参考原车型的车门 CAE 分析结果提出新的车型方案;为了减小质量,前门内板板厚由 0.75mm 改为 0.7mm。前门模型爆炸图如图 8-46 所示。计算白车门总成时,假设车门系统挂在刚性墙上,按技术标准施加规定的载荷。两种车门 CAE 分析结果的比较见表 8-1。可见,两种车门系统的性能都在技术要求范围内,而新车门质量减小了 0.4kg。

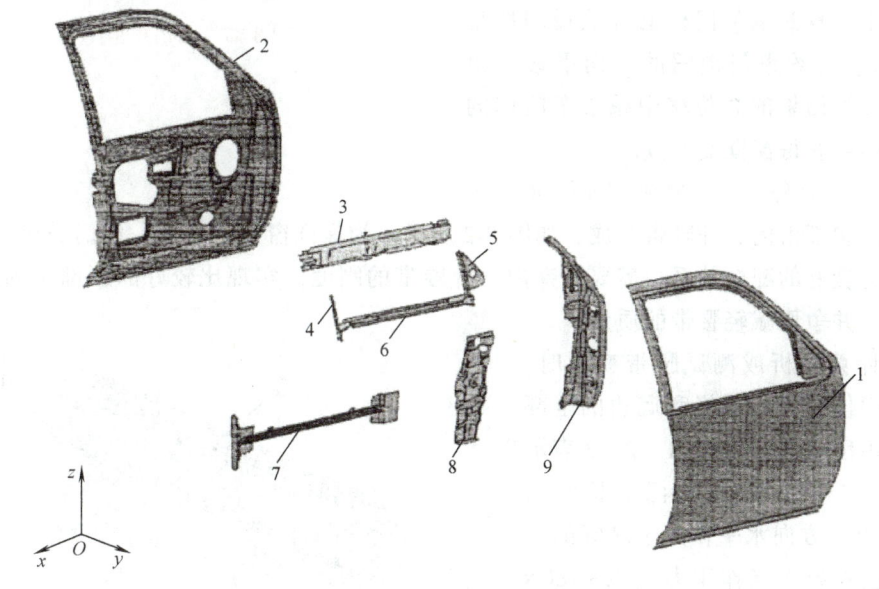

图 8-46 前门模型爆炸图

1—外板 2—内板 3—内板加强板 4—后加强板 5—前加强板 6—外板加强板
7—抗侧撞梁 8—玻璃升降器固定加强板 9—铰链固定加强板

表 8-1 两种车门 CAE 分析结果比较

分析内容	技术要求	分析结果		与原车型比较(%)
		原车	新车	
窗框变形/mm	<5.0	2.16	2.30	+6.5
腰部挤压/mm	<3.0	2.09	2.16	+3.3
扭转刚度/[N·m/(°)]	>690	1010	977	-3.4
门下沉量/mm	<2.0	0.415	0.439	+5.8

2. 车门窗框刚度分析

前门模型如图 8-47 所示。研究窗框的横向刚度时，可以取两种分析模型：

1）初步设计时用简化的梁单元模拟，将前、后、顶三段的截面参数视为常数；窗框前、后段的底端固定于刚性门体（假设门体是刚性的）；载荷（如 $F=180\text{N}$）垂直作用于窗框的后上角。求得框架该角点在车身坐标系 y 向的最大位移值，进行不同窗框截面方案的比较。

2）详细设计时用板单元模拟，这就可以组合各种不同的截面，研究结构的细节，如截面的变化和加强板、焊点等的影响。窗框模型与车门体模型组合成一体，如图 8-47 所示。建立有限元计算模型时，载荷同上作用于窗框的后上角，而铰链刚性固定于车身侧围的门柱上（假设门柱是刚性的），并约束门锁闩的 y 向平移自由度。从计算结果的总位移中减去车门体的位移，即可获得窗框变形量。

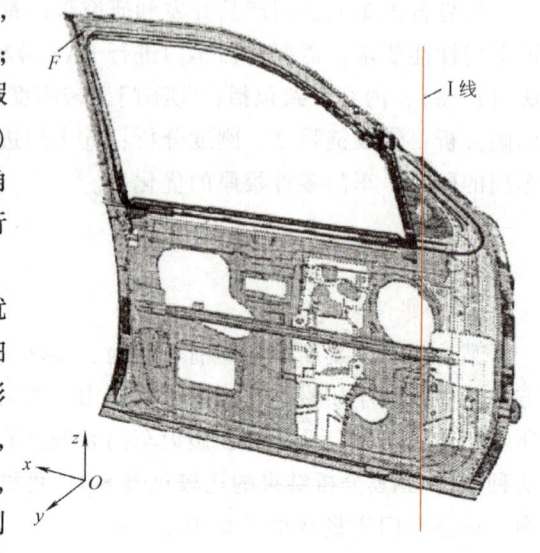

图 8-47 前门模型

3. 车门腰部内、外腰带挤压刚度分析

车门腰部由内、外腰带组成，如图 8-2 所示。为保证窗台的刚度，使门玻璃与窗台密封条有良好的配合关系，需要研究内、外腰带的刚度，实现比较好的腰部抗内/外挤压性能，并争取减轻腰带的质量。

在计算分析或测试腰带变形时，约束沿门体前、后边缘和底边的全部节点自由度（图 8-48 中 1、2、3 表示 x、y、z 三个方向，L 为门的长度）；载荷 F 沿 y 方向水平作用于腰线的中点。某公司要求当作用力 F 为 $\pm 180\text{N}$ 时，挤压变形小于 3mm；而另一公司则要求内、外腰带分别受力 $F=540\text{N}$ 时，内腰带最大 y 向水平位移不得超过 4mm，外腰带不得超过 9mm，可见对内腰带的刚度要求比较高。研究表明，内腰带在整个腰带抗挤压中起很大作用，或者说内腰带对整个腰带的性能/质量比值更敏感。

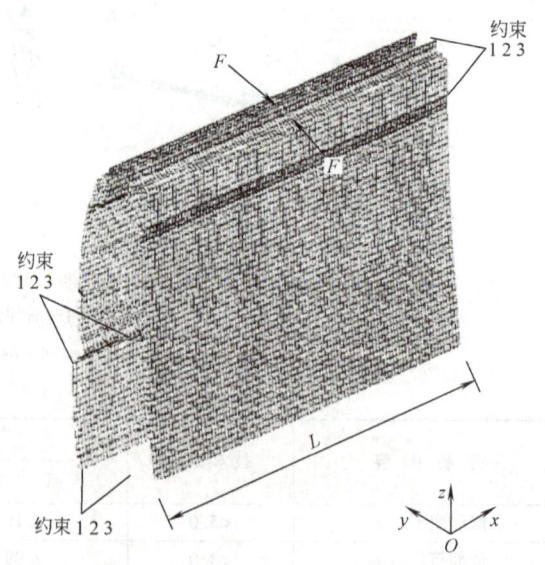

图 8-48 腰带挤压计算有限元模型

第八章 车身闭合件设计

4. 车门内板采用拼焊板的研究

将原车门装铰链一侧的门内板及其加强板改换成拼焊板，需要研究为保持车门的结构刚度不变应采用拼焊板的板厚是多少。这就可能估计出采用拼焊板后在减轻质量和节约成本方面的潜力。

拼焊板的分割线位置已事先由设计师根据材料的使用和成本效益选定，如图8-47中的Ⅰ线；并将拼焊板组合到车门有限元模型中，代替原侧板和加强板。

在有限元模型中，约束车身铰链柱上两个合页的 x、y、z 方向的平移自由度和锁闩处垂直于门的 y 方向的自由度。不考虑铰链柱的影响，这是因为只分析拼焊板的作用。载荷条件是施加假想的使车门下沉的 z 向的载荷，包括门内板和内饰板的重力载荷 F、F_1（作用于车门质心）以及 $F_2 = 1500N$ 集中力（垂直作用于门上的锁闩啮合点，图8-50），求该啮合点的垂直挠度。

优化板厚可以运用 MSC.Nastran 的灵敏度分析与优化功能。优化模型为：
1）以拼焊板板厚为优化变量。
2）以上述载荷作用下门闩啮合点的垂直挠度为约束条件（即限定位移）。
3）优化目标是求解拼焊板最小板厚。

原车门的整体内板板厚为 0.75mm，在安装铰链一侧附加有加强板。现将门内板改为由 1.8mm 板厚的侧板与 0.75mm 板厚的门内板，在分割线Ⅰ处激光拼焊的拼焊板，并取消了侧加强板。改进后的车门计算结果见表8-2，质量减小了约 0.9kg；刚度虽然略低，但不影响下沉量。

表8-2 计算结果比较

CAE 分析内容	原车门	用拼焊板车门	与原车门比较
车门下沉量/mm	6.87	6.87	不变
扭转刚度/[N·m/(°)]	1014	986.4	-2.70%
窗框横向位移/mm	1.93	1.89	+2.0%
质量/kg	21.5	20.6	-0.9kg

5. 限位器作用区域的车门刚度分析

对车门限位器受载时的车门刚度要求主要是控制车门的下沉量（或上升量）和内板相对外板的局部变形（横向错移），而且在卸载后应看不到门内板侧面或铰链柱上有铰链触伤的痕迹。

某公司的技术要求是当限位器作用于车门内板的横向载荷为 560N 时车门下沉量（或上升量）不得超过 1.5mm，内外板的相对错移量为 ±0.5mm。

传统的 CAE 方法是计算评价锁闩处车门的下沉量和永久变形，同时分析门边齐平度的变化。计算永久变形需要使用非线性程序。在车门悬挂系统有限元模型上，车门绕铰链轴线的转动自由度受限位机构约束。载荷垂直（正交）作用于车门全开度位置的门内板上锁闩啮合位置，继续推开门时产生的过载作用于铰链限位器上。加载后再卸载，即可分析锁闩位置永久变形和门边的齐平度变化。

6. 车门动态性能分析

设计时往往只注意静态的尺寸控制，如车门的间隙和齐平度，以及上述在一定载荷下的车门下沉量等，而对汽车高速行驶时车门风噪声和门的颤振等动态性能注意不够，其结果将招致客户的抱怨。在设计阶段解决这个问题也可采用有限元分析方法。例如，评估车门正常装于门框、车速达 100km/h 时由于气动载荷作用引起的车门窗框与白车身门框之间的相对位移。这个位移往往是由于车门变形和门框变形共同造成的。如图 8-49 所示，车门和门框上部形成流水槽的外密封结构，在静态分析时间隙尺寸可能是合适的，但在动态情况下就会有偏差，可能发生干涉或影响密封效果，造成风噪声和门的颤振。

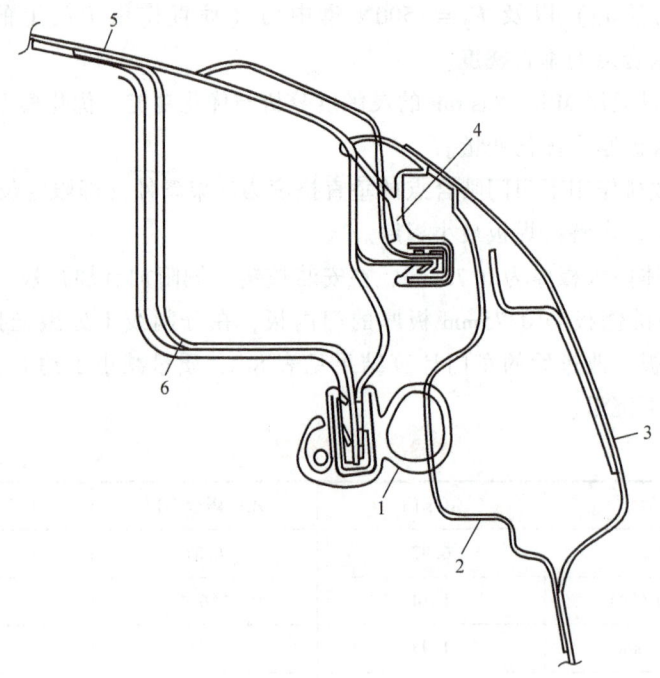

图 8-49　车门和门框上部的密封结构
1—内密封条　2—门内板　3—门外板　4—外密封条
5—顶盖　6—顶盖侧边梁

因此，在尺寸偏差模拟分析时应包括动态引起的偏差。也就是说，为避免后期质量问题，静、动态两种因素的影响应同时考虑。通过 FEM 预测门的动态偏差范围，应考虑将其作为分析的主要变量之一。这个变量与密封结构性能同时分析，可大大有助于定义静态和动态尺寸目标。

二、车门耐久性试验要求

在期望的车辆寿命期间，车门应该经受住任何复杂的使用条件，包括各功能的可靠性和耐久性（Relaibility and Durability）。下面对车门耐久性试验目标进行定义，并列举某公司的试验要求。

第八章 车身闭合件设计

1. 车门砰击的耐久性

车门耐久性试验时要综合考虑环境条件（如温度、湿度）、车门玻璃位置（如升降到最高、最低或中间位置）、砰击（Slam）能量（如正常关门、滥用车门或破坏性砰击）等，见表8-3。

表8-3 车门砰击的耐久性

环境	玻璃位置	循环次数				总循环次数
		正常关门能量/20J	砰击能量/30J	滥用车门能量/40J	破坏性砰击能量/70J	
正常	升至最高	2200	800	100	1	3100
	中间位置	1100	100	0	1	1200
	降至最低	1100	100	0	1	1200
	总次数	4400	1000	100	3	5500
高湿度	升至最高	400	150	20	1	570
	中间位置	200	15	0	1	215
	降至最低	200	15	0	1	215
	总次数	800	180	20	3	1000
高温度	升至最高	1000	350	50	1	1400
	中间位置	500	50	0	1	550
	降至最低	500	50	0	1	550
	总次数	2000	450	50	3	2500
低温度	升至最高	400	150	20	1	570
	中间位置	200	15	0	1	215
	降至最低	200	15	0	1	215
	总次数	800	180	20	3	1000
累计总次数		8000	1810	190	12	10000

注：1. 环境条件的定义：
1）正常：温度为22℃±3℃，相对湿度为40%±20%。
2）高湿度：温度为38℃，相对湿度为95%。
3）高温度：温度为80℃，相对湿度为40%±20%。
4）低温度：温度为-80℃。
2. 一次砰击是被定义为在车内或车外打开车门到规定的位置，然后以规定的关门能量关门到规定的车门锁止位置（但无锁）。

对驾驶人前门，应按表8-3的组合进行10个重复，即总共10万次耐久性试验；对乘员前门，应按表8-3的组合进行5个重复，即总共5万次耐久性试验；对后门则应按表8-3的组合进行2个重复，即总共2万次耐久性试验；而对破坏性砰击试验，每个门仅做表中的12次砰击，不再重复。每次试验后要检查车门各项功能和载荷变化的全部情况。

2. 车门限位器的耐久性

车门限位器耐久性定义为限位器的受载循环次数。门在全开位置施加规定的力，然后释放力，并移动回到最初关闭位置（但无锁），这个过程为一次限位器受载循环，见表8-4。

将限位器使用生命期间分为1000个间隔，检查功能和载荷的变化。

表 8-4 限位器耐久性试验

试 验	环境条件	载荷/N	循环次数
前门	正常	290	5000
后门	正常	290	2500

3. 车门铰接系统耐久性

车门铰接系统的耐久性是在正常环境条件下进行测试的,其所要求的循环次数包括了对限位器耐久性的要求,试验顺序见表 8-5。对前门,要求总循环次数为 65000 次,对后门为 32500 次;将整个使用周期分为 5000 个间隔,检查其功能和载荷的变化。铰接系统耐久性试验的一次循环定义为移动门从初始关闭位置(但无锁)到全开位置(限位器止动橡胶块接触之前),然后关闭到初始位置。

表 8-5 铰接系统耐久性试验

试 验	载荷/N	前门次数	后门次数
限位器的耐久性	290	5000	2500
铰接系统耐久性	0	60000	30000
总循环次数		65000	32500

此外,车门耐久性试验还应包括侧窗升降耐久性,内、外门手柄操作耐久性,门锁开关耐久性等。世界各大汽车公司对此均有具体的测试要求和规范。

第四节 稳健设计方法用于车门系统设计

传统的车门设计方法依赖于设计师的经验和过去积累的数据。首先设计出初步方案,然后通过有限元方法分析比较产品的设计性能,优化技术和灵敏度分析方法也常应用于设计,将设计控制在技术标准要求的范围以内。

对于一个复杂的系统,如设计因素复杂、载荷条件或使用环境具有不确定性,传统的设计方法就难以保证设计性能的可靠性。车门过分开启是车辆使用过程中常有的事,如使劲推开车门;进/出门时挤压车门;由于斜坡或路缘,使打开车门时门底部受顶撞;或暴风吹开门等。这些非确定性载荷易造成车门铰接系统的变形,使车门下沉,影响门的关闭功能和门边配合的齐平度,这是具有危险性的。

对于不可控制的因素,过去通过采用安全系数来解决。但安全系数是根据经验得到的,对于相互矛盾的设计要求,如成本、重量、安全、寿命、美观乃至市场经营模式的变化等,安全系数不能完全保证满意的性能,也不能提供现有数据资源最佳使用的足够信息;尤其是在当今结构轻量化的要求下,为了减小质量,当略有超载或制造偏差时就可能损失功能,损失安全性和耐久性。这些都使设计师面临许多挑战。

因此,随着对产品质量要求的不断提高,必须引入新的设计方法——稳健(Robust)设计方法。

一、Taguchi 参数设计方法

产品性能与许多因素有关,当某因素发生微小变化时,产品性能亦随之变化。如果

性能变化很小,则认为该产品性能对该因素的变化是不敏感的,或者说产品性能对该因素的变化具有稳健性(Robustness)。工程稳健设计或称鲁棒设计(Engineering Robust Design)应使产品性能对某些因素的变化不十分敏感。比如,对原材料品质的变差不敏感就可在一些情况下采用价廉(低等级)的原材料;对制造上的偏差不敏感就可降低加工精度,减少产品的制造费用;对使用环境变化不敏感就可以提高产品使用的可靠性,赢得客户的使用价值和商品价值。由于车门经常重复使用,其质量对人们的感受有很大影响,从而影响车辆的商品价值。

20世纪70年代末,日本G.Taguchi博士提出一种提高与改进产品质量的三次设计法。该方法是从稳健性观点出发,认为任何一种产品或系统都必须经过系统设计(概念设计)、参数设计和容差设计的三次设计;而由于参数设计是其中的核心内容,所以在一些文献中将参数设计看作Taguchi稳健设计,或Taguchi参数设计。近些年来,以正交试验设计(Design of Experiment,DOE)为基础的Taguchi参数设计方法和以方差分析为基础的容差设计方法,逐步成为产品质量稳健设计的重要工具。

由于现实当中各种因素的随机性和分散性,概率统计设计技术必须用于工程的稳健设计中。过去,概率统计学设计方法没能广泛用于设计是因为它的繁杂和冗长。近些年来,由于有限元软件系统与概率统计软件系统的集成,使得设计师只要能识别可控参数和噪声参数,概率统计分析就变得简单。三次设计方法充分利用了统计学的原理。

Taguchi参数设计方法通过试验设计与计算分析的结合,获取产品设计质量特性信息。它涉及试验结果(即响应或质量特性)变量的选取,影响响应变量的因素(或称试验因素)及其水平值的选择,试验安排,信息数据获取和数理统计分析,确定试验最佳结果——即获得最佳参数的组合。这一方法的最大优点是可以从许多试验条件中选择出最有代表性的少数几项试验,就能获得可靠的试验结果,且分析计算十分简单,因此适用于多参数的产品优化设计。

正交表是试验设计的基本工具是一些已经制作好的规格化的表,或称试验矩阵(DOE Matrix)。例如 $L_8(2^7)$,L 表示正交表;8 表示行数,即试验方案数;2 为因素的水平数,用数据 1 和 2 表示;7 为列数,最多能安排的因素数。如果全面试验,需作 2^7(即 128)种组合试验。用该表安排试验,则只需做出 8 种不同方案的试验,但该表最多只能安排 7 个 2 水平因素,只要能识别好这些因素,就可获得可靠的试验结果。

正交试验步骤如下:
1)确定试验因素的个数及每个因素变化的水平数。
2)分析各因素间是否存在交互作用,哪些必须考虑,哪些可以忽略。
3)确定需要进行的大概试验次数;选用适合的正交表,安排试验。

在正交试验时,每个因素水平数的选择主要是根据试验的目的。如果试验是要详细观察各因素的影响,则每个因素应多取几个水平,如三个水平以上;如果试验仅是考虑因素影响的趋势,则因素水平就可以少取一些。对于每个试验因素 x_i 在区间 $[x_i^\perp, x_i^\top]$ 内水平值的划分,一般可以采用等距或等比的方法。

二、Taguchi 稳健设计方法在车门系统设计中的应用

车门悬挂系统，即铰接系统，包括车身铰链柱、铰链和车门三个子系统。通常，设计时应考虑到铰接系统可能经受暴风吹开车门，或路缘顶起车门等偶然性载荷，以及车门铰接系统装配调整时和客户使用车门时滥加的载荷，这些载荷将转变为对车门铰接系统垂直刚度的要求和对限位器系统横向刚度的要求。如果系统垂直刚度不足，会导致车门因变形而下沉，从而影响门和门框的间隙及车身表面齐平度，使车门关闭费力和密封性变差。因此，在稳健设计中应以系统的垂直刚度性能为目标，要求车门下沉量越小越好。世界各大汽车公司对此性能都有各自明确的要求，如某汽车公司要求在其规范的载荷作用下，车门边缘垂直挠度（弹性变形）不得大于 16mm，而永久变形（车门下沉量）不得超过 1.6mm。

下面列举实例来说明 Taguchi 参数设计方法在车门系统设计中的应用。

例 8-1 对白车门进行试验设计分析，目的是研究车门结构对车门下沉量的影响，筛分出车门可控制因素对产品性能影响的程度，以利于有效控制因素的最佳组合，其方法如下所述。

1. 试验方案的制订与安排

根据所关心和需要了解的设计问题，设计工程师提出了与车门铰接设计相关的 8 个车门控制因素，及其组合的 3 个控制水平，见表 8-6。控制水平包括可能的设计选择或控制因素的尺寸。按照这 8 个设计参数和 3 个水平数，全面试验需要进行 $2^1 \times 3^7 = 4374$ 个组合试验，评估这些组合需要花费大量时间和资源。因此，考虑为达到稳健性需要多少个正交排列，选用合适的正交表。在这里分析比较 18 个车门设计方案的车门下垂和下沉量（质量特性），由于因素 A（拉深深度）只有两种水平，因此选用不等水平的正交表 L_{18} ($2^1 \times 3^7$)。表 8-7 所示为 L_{18} DOE 矩阵，2~9 列中的 1、2、3 代表每个控制因素的控制水平。表中还列出了车门下沉、下垂和车门质量、成本的分析计算结果。

表 8-6 控制因素和控制水平　　　　　　　　　　（单位：mm）

控制因素		水平 1	水平 2	水平 3
A	拉深深度	125	150	—
B	铰链固定加强结构	激光拼焊板	整体铰链固定加强板	分布铰链固定加强板
C	铰链固定加强板的板厚	1.80	2.20	2.60
D	车门内板板厚	0.65	0.75	0.85
E	车门内板开口	无开口	照原样	全开口
F	车门腰带梁的板厚	1.0	1.20	1.40
G	车门抗侧撞梁的板厚	2.4	2.60	2.80
H	车门外板的板厚	0.7	0.80	0.85

表8-7 试验设计安排（L_{18}DOE 矩阵）和有限元分析结果

方案号	控制因素设置								分析计算结果			
	A	B	C	D	E	F	G	H	车门下垂/mm	车门下沉/mm	车门质量/kg	车门成本/元
1	1	1	1	1	1	1	1	1	0.066728	1.4097	16.96	372.0
2	1	1	2	2	2	2	2	2	0.063941	1.3757	18.18	460.0
3	1	1	3	3	3	3	3	3	0.074241	1.4238	18.72	536.0
4	1	2	1	1	2	2	3	3	0.061656	1.3757	19.76	460.0
5	1	2	2	2	3	3	1	1	0.069158	1.3171	18.65	444.0
6	1	2	3	3	1	1	2	2	0.044531	0.9746	21.72	500.0
7	1	3	1	2	1	3	2	3	0.060319	1.2868	20.52	456.0
8	1	3	2	3	2	1	3	1	0.053981	1.1682	19.73	464.0
9	1	3	3	1	3	2	1	2	0.080254	1.4862	18.48	436.0
10	2	1	1	3	3	2	2	1	0.083967	1.6293	16.88	460.0
11	2	1	2	1	1	3	3	2	0.069500	1.4920	17.88	472.0
12	2	1	3	2	2	1	1	3	0.069088	1.4827	17.71	524.0
13	2	2	1	2	3	1	3	2	0.075371	1.4435	18.80	480.0
14	2	2	2	3	1	2	1	3	0.049086	1.0700	21.28	508.0
15	2	2	3	1	2	3	2	1	0.057103	1.2845	18.73	464.0
16	2	3	1	3	2	3	1	2	0.057277	1.2442	19.81	476.0
17	2	3	2	1	3	1	2	3	0.085974	1.6116	17.99	452.0
18	2	3	3	2	1	2	3	1	0.056099	1.2080	19.26	472.0

2. 有限元计算分析模型

车门有限元模型如图 8-50 所示，约束了固定铰链合页处的门内板结构的全部自由度。下垂分析是在车门内板质心处施加垂直向下的载荷 $F=200\text{N}$，下沉分析是在质心处作用 $F_1=400\text{N}$ 的载荷，同时在车门门闩位置加 $F_2=1500\text{N}$ 垂直向下的载荷。分别计算出车门门闩处的垂直位移，即为车门的下垂量和下沉量。

在稳健设计中，需要对正交表中的全部（18 个）试验方案进行分析计算。由于有 2~3 个不同水平因素，也就意味着考虑了设计参数偏差，可以研究参数变化时车门质量的变化趋势。

3. 试验设计结果分析

（1）**正交表的响应均值分析** 为了研究因素水平变化对产品质量特性的影响，首先要计算对应每个因素各水平的平均响应值，并作响应图（各因素水平与试验结果的关系图，表示了各因素水平对响应的影响趋势）。图 8-51 和图 8-52 分别表示了车门下沉和车门质量的响应图。

例如，对应 1 级和 2 级水平拉深深度的 A_1、A_2，车门下沉量的平均响应值 T_{A1}、T_{A2} 是

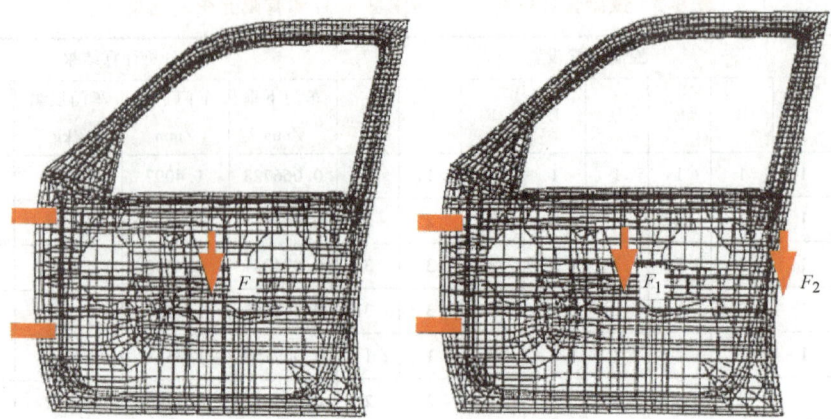

图 8-50　车门下垂和下沉计算模型

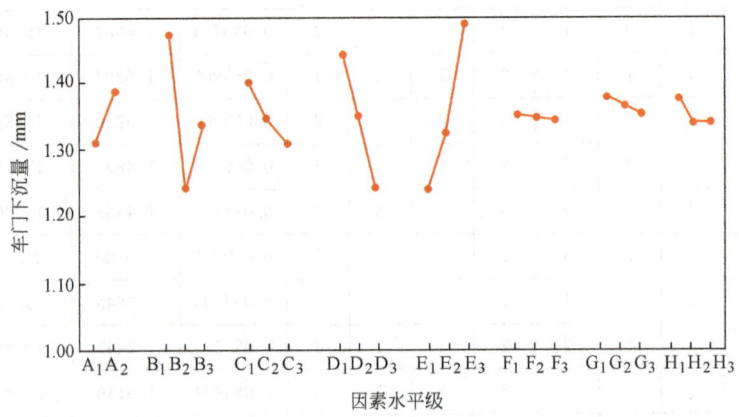

图 8-51　车门下沉响应图

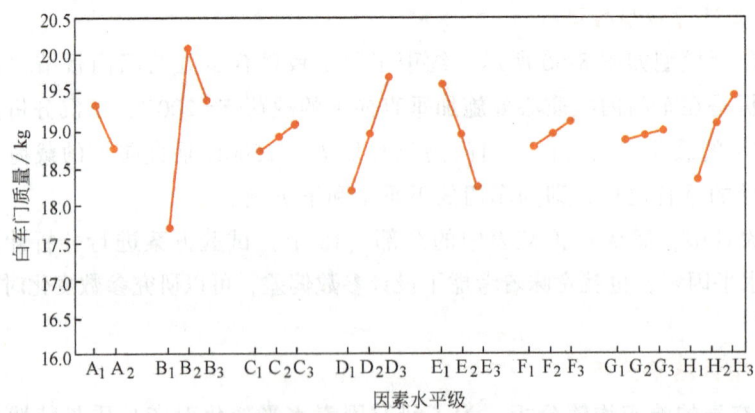

图 8-52　车门质量响应图

$$T_{A1} = (1.4097+1.3757+1.4238+1.3757+1.3171+0.9746+$$
$$1.2868+1.1682+1.4862)/9\text{mm} = 1.3130\text{mm}$$
$$T_{A2} = (1.6293+1.4920+1.4827+1.4435+1.0700+1.2845+$$

$$1.2442+1.6116+1.2080)/9\text{mm}=1.3850\text{mm}$$

对应 1 级水平（激光拼焊板）、2 级水平（整体铰链加强板）、3 级水平（分布铰链加强板）的 B_1、B_2、B_3，车门下沉量的平均响应值 T_{B1}、T_{B2}、T_{B3} 是

$$T_{B1}=(1.4097+1.3757+1.4238+1.6293+1.4920+1.4827)/6\text{mm}=1.4689\text{mm}$$
$$T_{B2}=(1.3757+1.3151+0.9746+1.4435+1.0700+1.2845)/6\text{mm}=1.2442\text{mm}$$
$$T_{B3}=(1.2868+1.1682+1.4862+1.2442+1.6116+1.2080)/6\text{mm}=1.3342\text{mm}$$

其余以此类推。

比较这些平均响应值可以看出各个因素对响应特性的影响，以及每个因素不同水平之间的极差。例如，对该车门下沉量影响较大的因素是 B、D、E 三个因素；因素 B 的极差 $R_B=1.4689-1.2442=0.2247$，而因素 E（内板开口）的极差最大，$R_E=0.2450$。极差大说明变更该因素对设计响应特性会有较大的影响（敏感），改变参数值要慎重。极差小的因素是 F、G、H 三个因素，说明腰带梁板厚、抗侧撞梁板厚和门外板板厚在当前的水平范围内，对车门下沉影响不大，可以按其他条件选取其参数值。

根据试验目的，从响应图中找出每个因素的最佳点（车门下沉量的最低点），并将其组合，$(A_1B_2C_3D_3E_1F_1G_2H_2)$ 为参数的最佳组合。其相应的因素水平级如下：

A_1——采用 125mm 的门内板拉深深度

B_2——铰链固定加强板采用整体式结构

C_3——铰链固定加强板厚度取 2.6mm

D_3——门内板板厚取 0.85mm

E_1——门内板不开口

F_1——腰带梁板厚取 1.0mm

G_2——抗侧撞梁的板厚取 2.6mm

H_2——门外板板厚取 0.80mm

但是，其中门内板拉深深度能否取用 125mm，还需要考虑许多车门布置上的因素；门内板不开口显然也是不可能的，只能要求开口最小化。由表 8-7 可看出，该组合方案不是质量最轻、成本最低的方案，因此需要适当调整。例如，采用整体铰链加强板对提高刚度更有利，但质量较大；用激光拼焊板取代铰链加强板，既可保证所需的刚度，又可使质量和成本下降。调整时还要注意各因素对响应值（产品质量）的敏感性。

（2）**试验数据**（正交表）**的方差分析** 方差即表示随机变量 x 偏离均值 μ 的分散程度。方差分析是用于确定设计因素对总偏差的贡献程度。也就是说，通过方差分析可以计算出各因素对响应的贡献率，定量地给出因素的主次关系。因此，参数的最佳组合就只需考虑主要因素及其相应的水平，并进行控制和调整；而对那些次要因素可以根据其他条件确定，以便获得最佳的设计方案。图 8-53 为各因素对车门下沉量的贡献率。

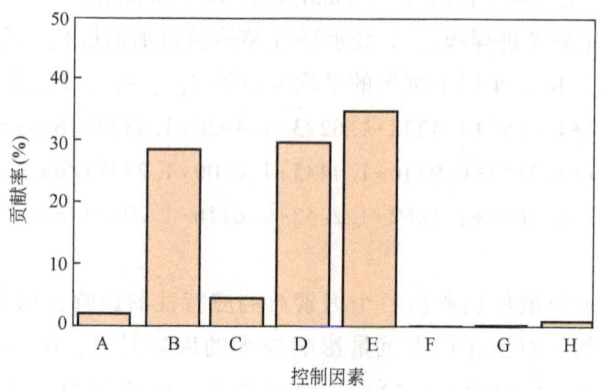

图 8-53　各因素对车门下沉量的贡献率

第五节　白车身前、后闭合件

一般轿车车身前、后闭合件（Clouser），包括发动机舱盖、行李舱盖和后背门等。

一、发动机舱盖和行李舱盖

1. 盖体

大多数汽车发动机舱盖前部用锁固定，后部通过铰链悬挂于车身前围挡板上，是往后开启的形式，如图 8-54 所示；行李舱悬挂于后围挡板上，后端用锁固定，是往前开启的形式。两盖都是由内、外板组成，外板是车身上的大型覆盖件，其形状必须满足车身造型的要求；为增加其刚度并可靠地固定在车身上，一般由内板起加强作用。内板沿盖的外板四周设置，通过翻边压合或胶接与外板组合；在内板上焊接有安装铰链、锁和支撑杆用的加强板；为了结构轻量化，可通过拓扑优化计算方法在内板上去除受力小（应变能小）的材料，如图 8-55 所示。

与发动机舱盖配合的部件是由翼子板、前围板、散热器框架等形成的一个刚性周边。为避免发动机舱盖与周边框架接触而产生振响，沿周边设有一些附加的发动机舱盖的支点——橡胶缓冲块。为保证发动机舱盖与周边之间的间隙均匀，发动机舱盖是可以调整的，所以往往在铰链臂上或车身挡板上做有椭圆孔，而铰链与车身的连接是通过螺钉和活动螺母板。对行李舱盖，为了保护行李，在关闭状态整个行李舱盖的周边应该紧紧地压在行李舱框架的橡胶密封条上。由于轿车上行李舱口几乎是沿水平布置的，更应注意密封性。图 8-56a 所示为密封条固定在行李舱口上，而图 8-56b 所示为密封条固定在行李舱盖上。当气温很低时，后者的密封条会与舱口冻结在一起；打开行李舱盖时，密封条可能从胶结面上被拉下来，所以必须采取沿箱口侧设流水槽或其他措施。

2. 铰链机构

铰链机构应满足下列基本要求：

1）保证盖有足够的开度，并在开启过程中不与车身其他部分干涉。行李舱盖的开度一般在 40°~50°左右，发动机舱盖开度则可达 90°，主要是为了拆卸发动机方便。

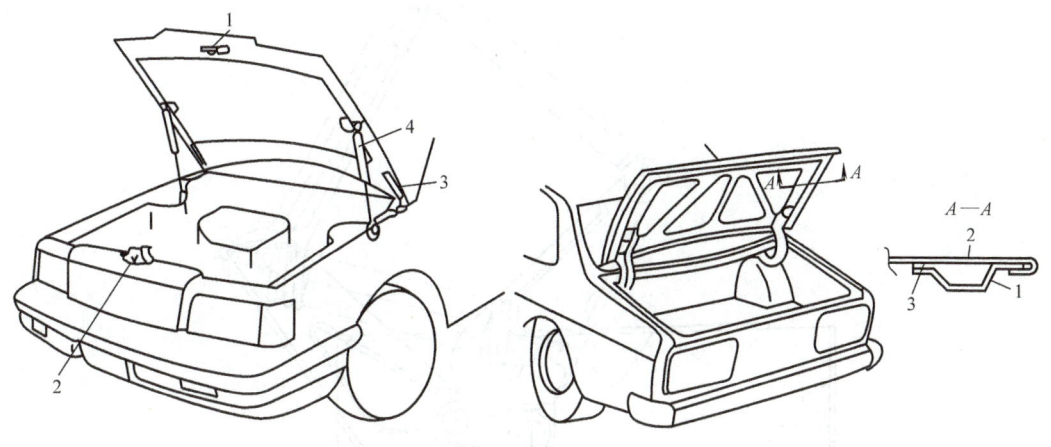

图 8-54　发动机舱盖系统
1—锁环　2—卡板　3—铰链　4—气动支撑杆

图 8-55　后行李舱盖结构
1—内板　2—外板　3—黏结剂

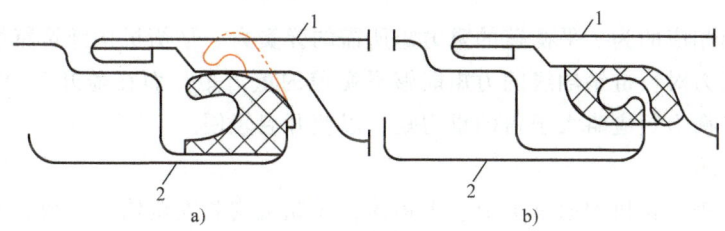

图 8-56　行李舱盖密封条的装配方法
1—行李舱盖　2—行李舱

2）开闭盖必须轻便、灵活，因此铰链机构采用平衡弹簧。

3）有足够的强度和刚度，以保证运动正确、可靠耐久。

带有平衡弹簧的铰链称平衡铰链，有简单平衡铰链和连杆式平衡铰链之分。简单平衡铰链绕固定轴旋转，如图 8-57 所示，可通过恰当地选择轴线位置及铰链臂的形状，避免盖在开启过程中与车身干涉，并保证一定的开度。由于平衡铰链结构简单，故采用较多。但有些车身因为结构

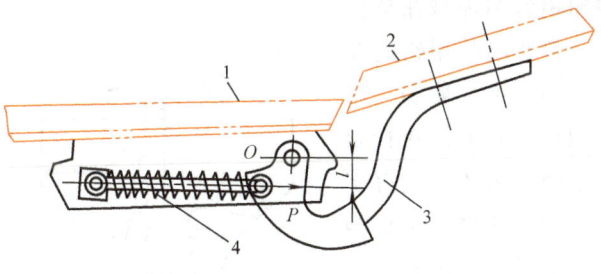

图 8-57　简单平衡铰链
1—车身　2—盖　3—铰链　4—弹簧

布置或车身外形等原因，不宜采用这种简单铰链，而采用连杆式平衡铰链，如图 8-58 所示，在开启盖时其瞬时旋转中心是不断变化的，可以通过改变机构连杆尺寸来实现所要求的任何运动轨迹和开度；所以也有许多汽车采用这种连杆式铰链。

若已知盖的重量和各种开度时盖的重心位置（初设计时可以估算），根据机构的几

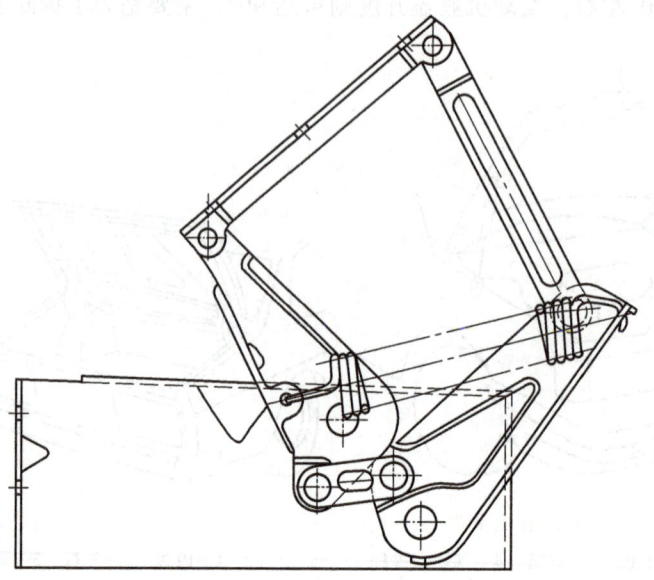

图 8-58 连杆式平衡铰链

何关系可算出相应的为了平衡盖的重力矩所需的弹簧力。平衡机构弹簧特性应使盖在关闭位置时弹簧力对铰链销轴线的力矩能够平衡盖的重力矩,而在盖开启至最大位置时,所需弹簧的平衡力矩应略大于盖的重力矩,以使开启轻便。

3. 锁止机构

发动机舱盖锁止机构通常由上、下锁体,操纵机构和安全钩等组成。现多用柱销锁或卡板锁。图 8-59a 所示是卡板式的,是行李舱盖锁止机构的典型结构,一般关上舱盖便自动锁紧,采用正常的操作方法便可打开。图 8-59b 是按钮式的,按钮钥匙芯埋藏在按钮内,只要不是用钥匙锁上,即便关上舱盖,用按钮也可打开。在行李舱盖锁止装置上装有安全机构,这种安全机构必须通过操作锁止器上的操纵杆或与锁止器相连接的钥匙芯才能打开;如用遥控开启装置,一般采用缆线控制,操作手柄设置在驾驶席旁边,图 8-60 所

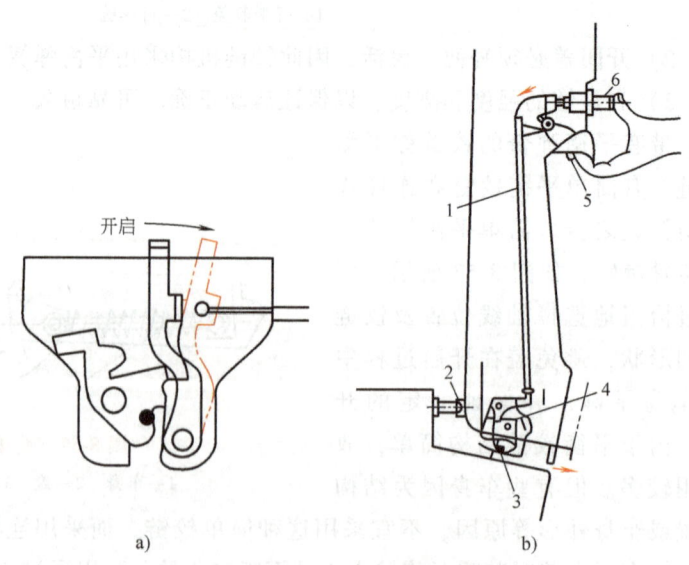

图 8-59 行李舱盖锁止装置
a) 卡板式 b) 按钮式
1—驱动机构 2—定位缓冲块 3—锁环 4—锁总成 5—手柄 6—按钮

示。此外，还有电磁式开启装置。

二、前、后盖结构性能试验和分析

由于每个车型的造型和结构各异，在设计新车型时往往需要根据设计要求对现有参考车型和新设计盖的性能进行分析。

1. 试验分析

按试验规范的要求，应对盖做如下几方面的试验分析。

（1）**静态试验** 静态试验内容大致包括：

1）在油罐（Oil Canning）载荷作用下（如直径为75mm的圆盘，以267N作用力下压时），发动机舱表面的正交挠度（mm）。

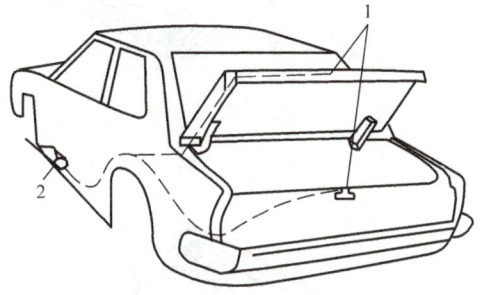

图 8-60 遥控开启装置的配置
1—锁装置 2—操作手柄

2）在肘凹陷（Elbow Dimpling）载荷作用下（如以222N集中力下压时），发动机舱盖最大单元应力（MPa）。

3）在刚爪印压（Palm Pring）载荷作用下（如以667N力作用于25mm×40mm面积上），发动机舱盖最大单元应力（MPa）。

4）在锁闩载荷作用下，如图8-61a所示，发动机舱盖四周边的垂直位移（mm）。

5）发动机舱盖悬臂（Cantilevered）弯曲工况下的挠度（mm），如图8-61b所示。

6）发动机舱盖扭转工况下的挠度（mm）和刚度（N·mm/rad），如图8-61c所示。

（2）**非线性变形状况** 自上往下滥摔悬挂于铰链上的发动机舱盖（无锁闩），检查永久变形状况。

（3）**模态识别**。

2. 计算分析

以某发动机舱盖为例，说明前、后舱盖的计算分析方法。

（1）**计算模型** 建立舱盖体有限元模型，如图8-61所示，图中没有表示外板，4个黑点作为约束点或载荷点，1、2、3、4、5、6分别表示沿x、y、z三个方向的线位移和角位移。模型全部采用板单元模拟；盖总成周边焊点用重节点模拟；橡胶缓冲块用弹簧元模拟，例如，在总体坐标系下橡胶块的剪切刚度取为$K_x = K_y = 600\text{N/mm}$，$K_z = 2500\text{N/mm}$。计算工况如下：

1）锁闩载荷工况，如图8-61a所示。集中载荷223N作用于锁闩安装处，并考虑盖的$1g$（自重，g为重力加速度）分布载荷；盖的两个后支点（图中黑点处）是在固定铰链的螺钉位置或铰链的轴心位置，除了绕y轴转动的自由度外，其他自由度全部被约束（表示为12346）；前端左、右角（黑点处）只约束垂直位移（表示为3）。

2）弯曲载荷工况，如图8-61b所示。集中载荷223N作用于锁闩安装处，并考虑

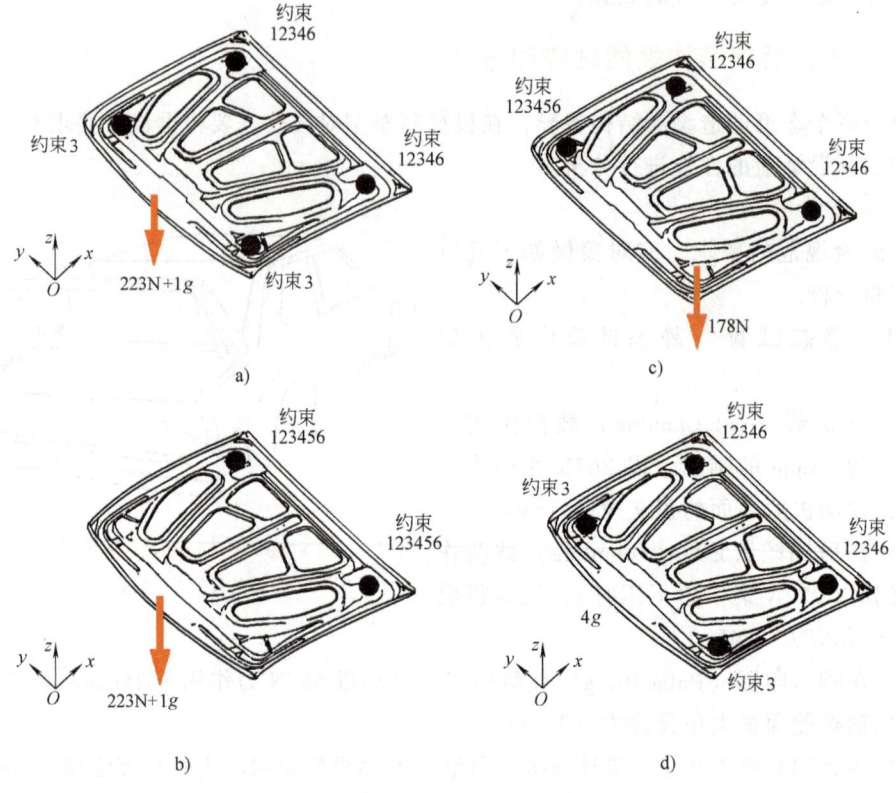

图 8-61 发动机舱盖计算模型（外板没有表示）
a）锁闩载荷工况　b）弯曲载荷工况　c）扭转载荷工况
d）整个盖体受 4g 分布载荷工况

盖的 1g（自重）分布载荷；盖的两个后支点的全部自由度被约束。

3）扭转载荷工况，如图 8-61c 所示。集中载荷 178N 作用于盖的前左角（黑点处）；盖的两个后支点除了绕 y 轴转动的自由度外，其他自由度全部被约束；前端右角的全部自由度被约束。

4）整个盖体受 4g 分布载荷工况，如图 8-61d 所示。约束条件与第 1 工况相同，相当于砰击工况。

(2) 计算结果及其比较　列举 A 和 B 两种车型的发动机舱盖计算结果，并进行比较，见表 8-8～表 8-10。

表 8-8 静态挠度

载荷工况 车型	锁闩载荷工况 挠度/mm	扭转载荷工况		弯曲载荷工况 挠度/mm
		挠度/mm	刚度/(N·mm/rad)	
A	1.19	2.79	73.52×10^6	12.12
B	2.52	3.81	69.89×10^6	63.82
A 与 B 比较	-53%	-27%	+5%	-81%

第八章 车身闭合件设计

表 8-9 碰击工况（整个盖体受 4g 分布载荷）

车 型	A	B	A 与 B 比较
质量/kg	17.37	14.49	+20%
挠度/mm	0.80	1.51	-47%
应力/MPa	96.0	75.0	+28%

表 8-10 发动机舱盖的模态频率

模态振型描述	频率/Hz	
	A	B
一阶板弯曲（呼吸）	—	46.48
前端拍打	20.56	58.87
前端颤动（绕铰链轴转动）	47.21	—
后梁弯曲，前端拍打	75.45	68.67
后端拍打	79.51	—
整个微扭转	99.40	—

注：1. 由表 8-9 可见，B 型比 A 型质量轻，而应力比 A 型小，这是因为自重大的原因。
2. 发动机舱盖的模态频率是在铰链和锁闩处于约束下进行计算的。

上述分析内容表明了对该盖的特性要求。现在，为了满足行人保护对前盖软化的要求和满足结构轻量化的要求，认为减薄发动机舱盖板料厚度，并通过拓扑计算多去掉些内板上作用不大的材料是当前的趋势。

三、白车身背门和门框

轿车背门（Liftgate）也称尾门或后门，往往是斜背式或快背式轿车上的重要部件。它通过两个铰链悬挂在顶盖后横梁上，如图 8-62 所示。背门上装有玻璃窗，并与后保险杠、后部灯具和后翼子板组成整个轿车的尾部外表。背门一般采用臂式铰链，空气弹簧减振支撑杆，卡板式门锁；门锁的解扣由拉索控制。

铰接系统的刚度不足，特别是顶盖后横梁的刚度不足，将影响背门的下沉量，影响门与门框的配合间隙和门缝处的表面齐平度，从而影响车身外观和功能。

与车身上其他门、盖设计类似，背门设计时需进行 CAE 分析和试验，可参考发动机舱盖分析和试验方法建立背门的计算模型和试验方法，但各公司规范中的载荷值和要求有所不同。对于背门的要求，举例如下：

1）扭转刚度分析，例如，作用于门角的集中力为 267N，要求扭转角小于 1.8°。
2）弯曲刚度分析，在自重力作用下，要求挠度小于 1mm。
3）肘凹陷分析，作用集中力为 155N 时，要求外板应力小于 215MPa。
4）油罐载荷分析，作用集中力为 225N 时，要求外板应力小于 215MPa。
5）刚爪印压载荷分析，作用力为 445N 时，要求外板应力小于 215MPa。
6）锁闩支持表面刚度分析，要求绕 x 轴和 z 轴的扭转角分别不大于 0.6° 和 0.1° 等。

此外，还需对背门铰接系统的悬挂稳定性和门缝边缘齐平度进行分析。对门框，尤其是对安装铰链的顶盖后横梁，需要进行强度和刚度分析，并尽可能减轻结构质量。某车型顶盖后横梁总成结构分析实例如图 8-63 所示。模型中约束了结构截割面上 x、y、z

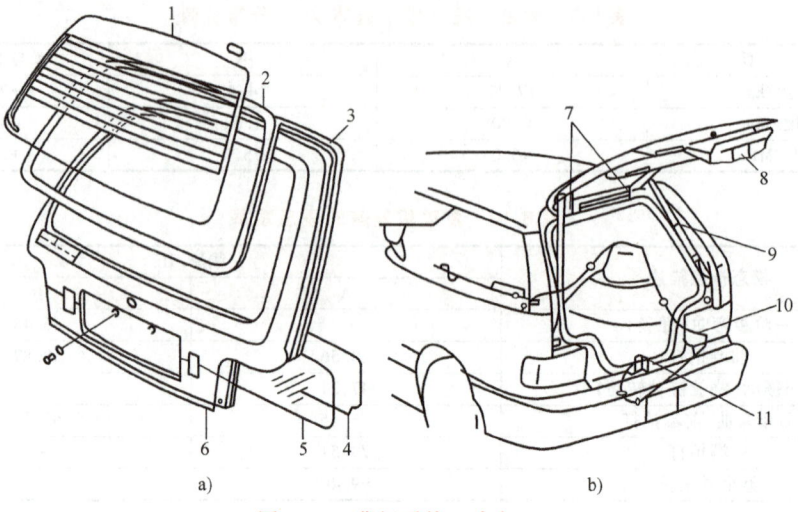

图 8-62 背门系统（奥拓）
a) 背门分解图　b) 背门系统结构
1—窗玻璃　2—窗密封条　3—门洞密封条　4—门装饰板　5—密封薄膜
6—门体　7—铰链　8—卡板锁　9—撑杆　10—拉索　11—锁环

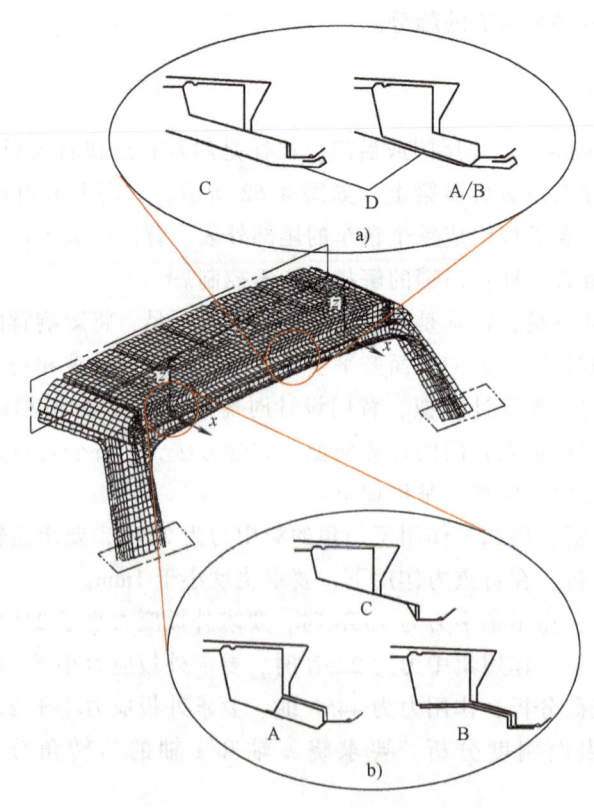

图 8-63 顶盖后横梁结构分析实例
a) 顶盖后横梁中段截面　b) 安装铰链处截面
C—原结构　D—内饰线　双点画线—截割面

方向的全部自由度，载荷沿 x 方向和 z 方向施加于铰链安装位置。作为示例，将某车的 A、B 两种新设计方案与原结构 C 的计算结果进行比较，见表 8-11，可见新方案垂直刚度有所提高，而水平刚度下降了，还需要根据背门周边的位移情况检查门缝边缘齐平度，以用来作方案的取舍和优化。

表 8-11 后横梁计算结果

方 案	质量/kg	刚度/(N/mm)	
		垂 直	水 平
方案 A	10.81	2035	3756
方案 B	10.88	2005	5328
原结构 C	10.86	1847	8666

第九章 基于制造工艺和材料要求的白车身设计

为满足车身各种性能要求，研究整个车身结构应由哪些主要载荷路径和次要载荷路径的构件组成；构件的几何参数，以及如何布置和连接这些构件，使其成为一个连续的完整受力拓扑系统；而后进一步确定车身构件采取怎样的截面形式，如何构成这样的截面，及其与其他部件的配合关系；考虑密封或外形的要求和壳体上内、外饰板或压条的固定方法等；建立数字式全尺寸模型（DMU），形成初步的零件表，进行方案重量的初步估算。这时车身设计师必须与同步工程小组共同工作，研究基本的装配方法和制造方法，包括研究材料的选用和车身结构总成如何划分为分总成和零件，车身装配连接形式和装配顺序，确定定位参考系统和各种工艺孔等。

一般在传统钢结构车身产品设计制造中，各项成本的投入与所起的作用参见表9-1，即材料和设备费用是成本的主要部分，大约80%，而设计费用的投入仅占5%；但是设计对产品起决定性的作用。良好的设计不仅体现在产品的性能上，而且还体现于良好的加工工艺和制造成本。

表 9-1 成本投入的作用

成本投入		作用	成本投入		作用
设计	5%	70%	劳动力	15%	5%
材料	50%	20%	设备	30%	5%

结构工艺性好指的是所设计的产品既能满足使用要求，又能够在一定的生产条件和生产规模下使加工方法简单、高效，生产成本低，产品精度高。车身设计师应熟悉制造工艺的要求，体现设计为了制造的思想，树立经济的观点。

在世界能源短缺和环境保护这个大背景下，近年来汽车轻量化成为汽车工业关注的焦点。为了轻量化，主要从两方面着手研究：

1）结构轻量化，即通过采用先进的设计方法和技术手段，进行车身的结构设计，优化性能和结构参数，实现轻量化。如第三、四章所描述的。

第九章 基于制造工艺和材料要求的白车身设计

2）材料轻量化，即采用轻金属材料和非金属材料，这是最直接、最有效的轻量化措施。其中，铝合金在轿车上的应用较早，发展也最快，最初只是在某些部件上应用，如发动机舱盖或行李舱盖是铝制的，后来发展到铝制车身骨架，如 Audi A2、Audi A8、Honda Insight，以及美国 Ford 汽车公司研制的 P2000 及 P2000S（SUV）等全铝车身，都引人注目。

用高强度钢板代替普通的低碳钢冷轧钢板，既可提高零部件的强度和刚度，又可减轻重量。在北美，高强度钢的研究与应用是与铝、镁材料并驾齐驱，并于 1994 年开始开展了高强度钢在车身上的应用（Ultra Light Steel Auto Body，ULSAB）的研究。在 Mercedes-Benz，全新 S 级轿车（如 S500）上，大约一半的车身部件采用了高强度钢；发动机舱盖、行李舱盖和前翼子板是铝制的；在材料的选择中以最低的重量提供大的强度，使全新 S 级轿车车身静扭转刚度提高了约 12%，从而确保车辆的舒适性、动力性和耐久性。此外，注重采用可回收和可再生原材料，提高天然材料的利用率，使 Benz S 级轿车成为率先获得环保认证的汽车。

采用不同的材料和新的制造技术，其结构设计理念和方法也需随之变化。当今世界正处于制造技术和材料不断提高水平的发展阶段。

第一节 钢结构车身

一、白车身结构的划分

传统的钢结构车身大多是由数百个用普通低碳钢板冲压成形的零件装配而成，其装配过程是：冲压零件──→合件──→分总成──→总成。在进行车身设计时，需要相应地画出零件图、合件图、分总成图、车身焊接总成图和车身装配图。

车身冲压件工艺性和经济性取决于车身总成分块数量和尺寸大小、冲压件的结构因素和冲压件的工序数等。设计对焊接装配工艺的影响主要是两方面，即车身结构的划分和焊接接头形式的设计。也就是说，车身结构的划分与零件的冲压工艺性、焊装工艺性，以及提高制造装配精度都有很大关系。此外，结构划分还影响产品的系列化、标准化，影响生产率、生产组织、工时的平衡和设备的复杂程度。设计时必须全面考虑。

基于上述，在结构设计时，首先需要将车身结构合理地分成几个子系统（分总成）。如图 9-1 所示，一般将底架总成作为生产制造中核心的总成。底架总成包括由前围板，左、右前纵梁、轮罩（挡泥板）等构成的车头骨架，由地板、中间通道、门槛内板和地板横梁构成的中底板，以及由后隔板、后纵梁和后地板等构成的车身后部三部分。在生产制造过程中，这三部分先被焊接在一起，然后在底架总成基础上焊装侧围总成。侧围是由内、外板焊接组成的侧壁框架，包括 A、B、C 柱，前指梁（Shotgun）和后翼子板。在侧围上部焊接顶盖横梁和顶盖，再焊接前散热器支架及车身后围板，这样便形成了白车身结构总成。

车身装配时，底架总成和侧围总成分别在各自的拼装台上焊装，然后送到白车身装

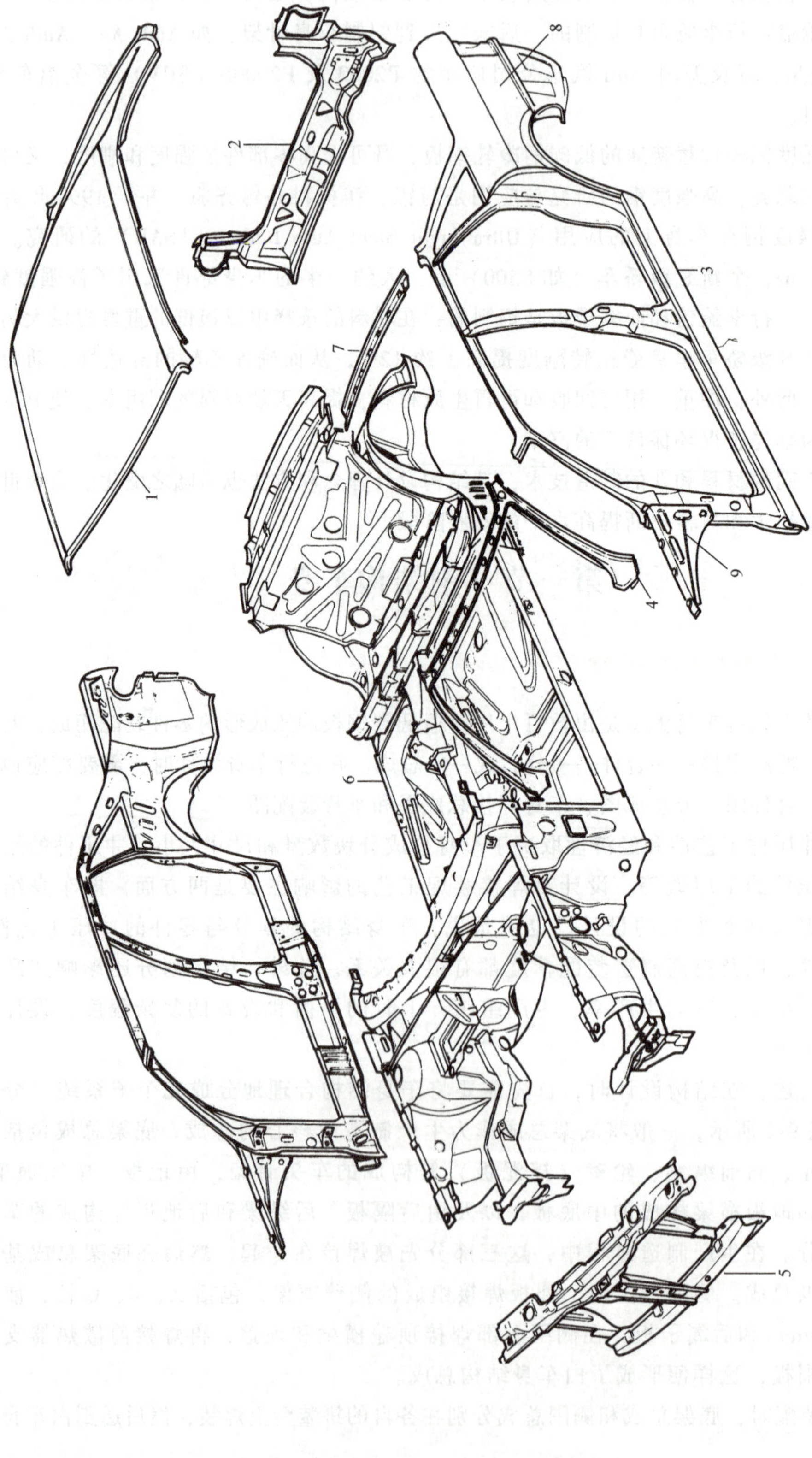

图 9-1 轿车车身总成结构的划分（Audi）

1—顶盖 2—后围板总成 3—侧围总成 4—顶盖支撑总成 5—散热器支架 6—底架总成 7—顶盖后加强板 8—后翼子板 9—前指梁

配线上进行白车身拼装。图 9-2 说明了在车身车间白车身的装配顺序。通常一个完整的白车身通过三段生产线完成装配，第一段是底架总成焊接；第二段是侧围总成及顶盖等其他相关零件与底架总成的装配；第三段是白车身安装件（前、后盖，门和翼子板等可拆卸件）的安装。

如上所述，车身设计图样应按照生产制造的需要划分总成。

二、车身板壳零件的设计

车身的大型板壳零件可分为三类：

1）外覆盖件，如车身顶盖、发动机舱盖外板、门外板和翼子板等与外形有关的大型零件。对这些零件的要求是制造精度高，表面光滑，棱角线条清晰，与相邻部件棱线吻合，完全符合造型要求，而且要有一定的刚度。

2）内部大型板件，如前围板（发动机挡板）、地板和门内板等，即在车身外面看不见的内部大型零件。要求这些零件有足够的刚度，而且零件上的安装尺寸要准确。

3）骨架结构件，它们在车身上起支撑作用，如支柱、门窗框及各种纵、横梁等结构件。

上述这些零件的轮廓尺寸较大，零件形状多为空间复杂曲面，有各种各样的截面和翻边形式及不规则的轮廓尺寸；目前，使用的材料大多是具有良好拉深性能的优质钢板，钢板厚度大多在 0.6~2.0mm。由于形状复杂，冲压制造这些零件往往需要多道工序才能完成，大量生产的准备时间长，投入成本高，投产后产品图样略有变动便影响甚大。因此，在设计车身大型零件时要充分考虑各方面的要求。

1. 车身零件的分块及拉深工艺的考虑

在车身结构总成划分为上述几个分总成的基础上进行车身零件分块，分块决定了车身零件的形状和轮廓尺寸，对车身零件的冲压工艺和装配工艺都有很大影响，而且还影响轻量化。车身零件分块必须考虑如下几个方面：

（1）车身零件大型化 一般在钢板宽度足够、冲压工艺允许及设备条件具备的情况下，应尽可能使车身零件分块大些。车身零件大型化，对减少外覆盖件表面可见焊缝和焊接工作量、提高车身制造精度和外观完整性以及减轻重量等都十分有利；还可避免由于点焊等连接不连续造成的刚度和强度下降。图 9-3 是整体冲压的门框外板，是现在普遍采用的分块形式。

不正确的车身零件分块将影响产品的装配精度，如门与门框之间的间隙要求，风窗框与后窗框的配合尺寸等将会难以保证。简单举个车身零件划分太细的例子，如图 9-4a 所示，车门内、外门洞尺寸是由门框上不同零件的装配位置决定的，间隙不易同时保证，而图 9-4b 是由同一个车身零件位置确定的，只要该车身零件（立柱）冲压尺寸准确并考虑装配基准的要求，间隙就比较容易保证。另外，如果结构是由内、外板两层组成，则分块时应使内层及外层的分块线错开，其中一层若为整体冲压结构，则能更好地控制装配精度。如图 9-5 所示为 A 柱上接头内外板结构分块；内板分成三块；侧围外板 4 是整体冲压的，精度较高。侧围外板 4 与由零件 1、2、3 组成的内板合件搭接焊后，再焊接顶盖。

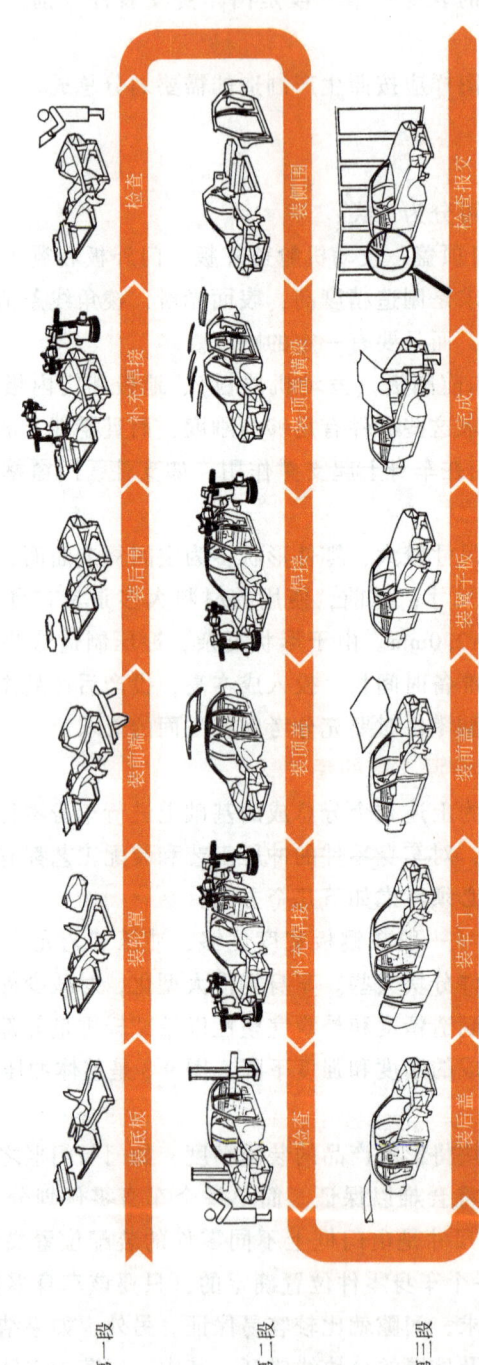

图 9-2 白车身装配流程（Opel）

（2）**车身零件设计中拉深工艺的考虑** 拉深工序是车身制造中的关键工序，而车身零件分块直接影响拉深工艺性，必须遵循如下几点：

1）车身零件的拉深方向要保证凸模能完全进入凹模，不得有凸模达不到的负角；车身零件的形状应尽可能简单匀称，以便在拉深过程具有大致相同的变形量，使应力均匀，否则深拉深部分拉伸应力很大，易破裂；而浅拉深部分金属可能得不到拉深而起皱，成为废品。因此，要研究冲压方向和脱模斜度等。

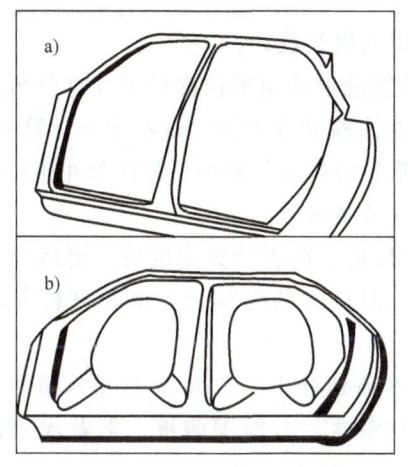
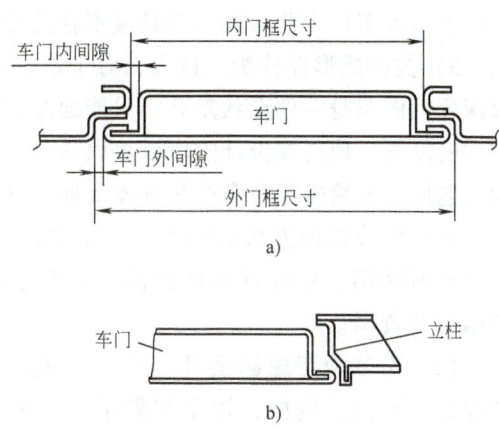

图 9-3　整体冲压的门框外板　　　　　图 9-4　门框分块
a）整体冲压的门框外板　b）拉深时圆角工艺补充余量的配置

2）车身零件的拉深深度要恰当，争取一次拉深成形。这不仅是由于二次拉深易损坏覆盖件表面品质，而且对组织生产也很不方便。但如果大型车身零件拉深深度太浅，又会出现拉深后的回弹，也给生产搬运带来困难。有些车身零件拉深深度较大，伸长系数大于材料一次拉深成形的极限伸长系数（或称伸长率），就不得不采用多次拉深成形的方法。

3）对于具有反拉深的覆盖件，由于反拉深部分在相当程度上是依靠金属本身的局部延伸变薄而成形，因此，为了增加变形分布区域，防止破裂，在进行车身零件设计时应尽可能加大这部分的圆角半径。

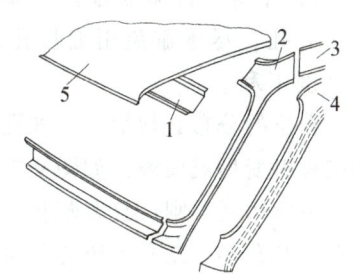

图 9-5　A柱上接头分块
1—顶盖横梁　2—A柱内板　3—顶盖侧板　4—侧围外板　5—顶盖

4）在汽车车身的内覆盖件上都装有许多附件，如在车门内板上装玻璃升降器、门锁，前围板上装刮水器，在地板上固定一些支架等，这些附件往往要求在相应的制件上成形出各种形状的鼓包，以便安放螺钉等固定件。此外，车身上还有些装饰性标记或线条，以及局部加强筋等，都是在拉深快终了时成形到图样所要求的尺寸。这也是在得不到外部金属补充的情况下，全靠材料本身延伸和变薄而达到的，应注意防止破裂。例

如，加强筋不破裂的条件（图 9-6）是

伸长比 $\dfrac{L_1-L}{L} \leq 0.75\eta$

式中，L_1 为成形后剖面展开的材料长度，$L_1 = a+b+c$；L 为成形前剖面的材料长度；η 为材料允许的伸长率。

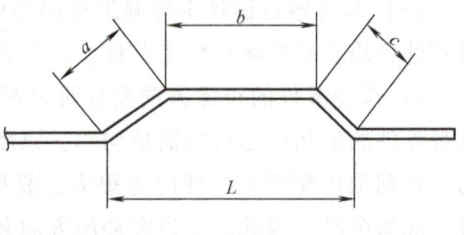

图 9-6　成形前、后材料长度的变化

如果不符合这个条件，则必须增加工序。但是大型覆盖件为此增加工序是极不合适的，所以应更改设计。

5）拉深成形性分析。过去，对于形状简单的圆柱形或矩形拉深件可计算分析其拉深深度；而车身零件形状复杂，只能通过试验方法来检验成形性。现在由于计算机软、硬件的发展，使得在设计阶段就可以通过冲压成形性分析软件来评价零件的冲压可行性和工艺性，既缩短了车身产品开发周期，又可大大节省成本。

成形性分析的方法有两类：一步成形法和增量法。前者计算速度快，更适合于概念设计时采用；后者计算精度高，适合于仿真，但运算的时间长。两种分析方法可参阅相关资料。

(3) **分块应考虑易损件**　车身易损件必须单独划分出来，并做成可拆卸的，以便损坏后更换。例如，轿车前翼子板，平头驾驶室左、右前围侧板，常做成用螺钉连接于车身上。

(4) **其他考虑**　分块线应尽可能与外部造型线相适应，并避免在空间圆曲面上分块。

2. 车身零件冲裁和压弯等工艺要求

1）车身上许多装配附件的小孔或连接用孔等，应尽可能采用规则形状，如圆孔、方孔，尽量避免用细长孔，因为加工规则形状孔的模具成本低，且细长孔对模具强度不利。

孔位的分布必须恰当，如孔与孔之间、孔与边之间距离太小，则冲裁时可能引起孔周围材料变形或破裂，如图 9-7 所示，推荐 $x_{\min} = y_{\min} = 13\text{mm}$。对于带孔的弯曲件，如果孔离弯边远，则可复合落料与冲孔工序，然后再压弯；如果孔与弯边距离太近，为保证孔位和孔形，就必须压弯后再冲孔，从而增加了一道工序。在一个车身零件上一次冲多孔时，孔之间的方向不希望超过 15°，更要避免在侧壁上设孔，如图 9-8 所示。

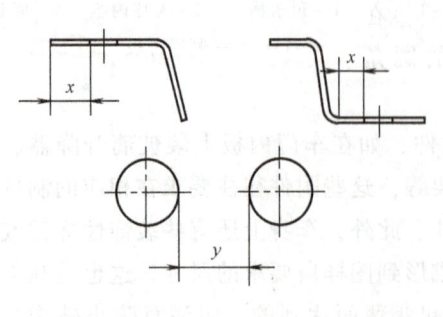

图 9-7　孔边距

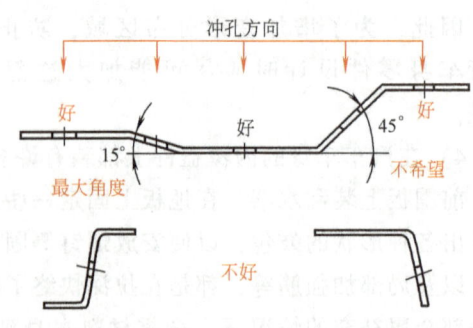

图 9-8　冲孔方向

第九章 基于制造工艺和材料要求的白车身设计

2) 弯曲车身零件的弯曲角大于90°时，弯曲半径影响不大；但如小于90°，由于外层纤维延伸加剧，弯曲半径 r 应相应增大，取 $r \geq t$（t 为板料厚度），或者说零件的最小弯曲半径应大于板材的最小弯曲半径。局部压弯的零件，为避免在压弯处撕裂，必须预先切出深度为 k 的槽，且 $k>r$，如图9-9所示，或将压弯线外移一定距离。

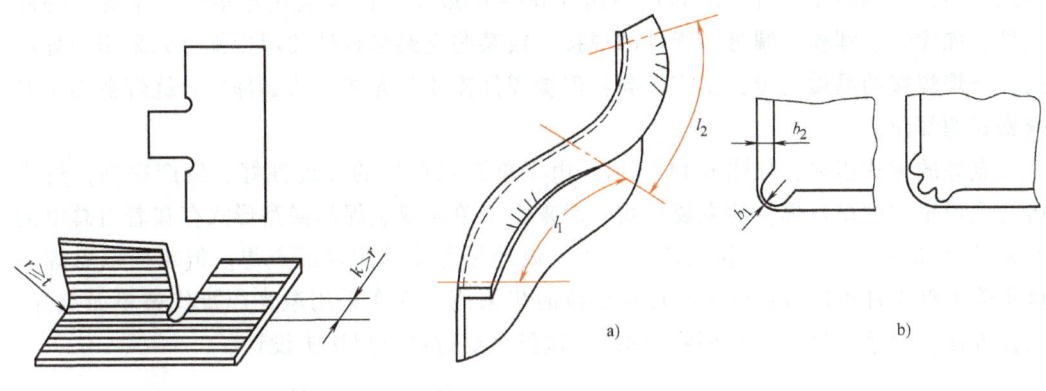

图9-9 弯边线　　　　　　　　图9-10 曲面上翻边

曲面上翻边，或平面上翻曲边，将在边缘上产生压应力或拉应力；当翻边过宽时会引皱纹或破裂，如图9-10a所示 l_1 和 l_2 处。设计时应随曲率的增大使翻边的宽度相应地减小，如车门外板拐角处的翻边宽度 b_1 小于平直部分的宽度 b_2，或做成多个切口，如图9-10b所示。

翻边大多数用于与其他零件连接，也可用于加强零件刚度。翻边最好设计在大致同一平面上，如图9-11b所示。如果达不到（图9-11a），则需要两个零件同时冲压成形，如图9-11c所示。

孔的翻边高度 h 应小于 $0.3D$（孔径）（图9-12a），否则要多次冲出，且易出废品；如果条件允许，改成沉孔较好，先冲出凹台后再冲孔，如图9-12b所示。

此外，图9-13a中切口太小，模具成本高；图9-13b的形状中，切口每边角度 $\geq 5°$，有利于模具修整和强度。

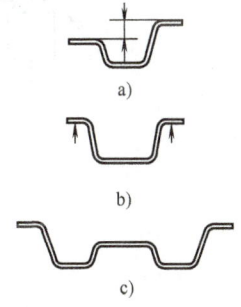

图9-11 翻边成形

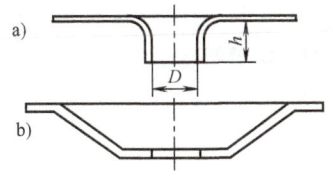

图9-12 孔翻边高度

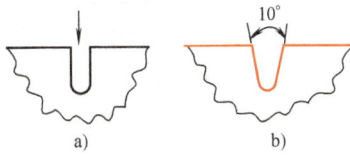

图9-13 切口形状

三、焊接接头设计

车身壳体是一个复杂的结构件，一辆轿车车身由数百个冲压件，经过电阻焊、CO_2 气体保护焊、激光焊接、钎焊及胶接等工艺连接而成。

在传统的汽车车身上广泛采用的焊接方法是电阻焊。电阻焊属于压焊，是以材料的电阻为基础的焊接形式。焊接时，搭接在一起的薄板（2 或 3 层）通过两个电极互相压在一起；强大的电流通过电极的传导，由金属电阻产生的热量（I^2R）熔化金属；再通过压紧力将熔点互相连接在一起。电阻焊包括点焊、凸焊和缝焊等。点焊在薄板结构中应用最多，一辆轿车车身上的焊点多达 3000~4000 个。凸焊应用也很广，车身上的固定件，如螺钉、螺栓、螺母与板件的焊接，或某些支架与板件的焊接都可以采用凸焊形式。凸焊焊接的品质稳定，生产率高；但被焊件需要预先加工凸起部分。缝焊多用于要求密封的部位。

点焊的形式很多，如图 9-14 所示。由于单面双点焊的接近性好、生产率高，过去曾为大量生产中多点焊接的主要形式。后来由于单面双点焊的回路形式存在着占总电流 20%~40% 的分流而影响焊接品质，故车身设计尽可能采用双面点焊。但单面双点焊在地板等大型零件难以接近的中心部位焊接时仍采用。现在采用激光焊接代替单面点焊，操作方便，焊接质量好（后面将介绍）。这里主要讨论点焊接头设计。

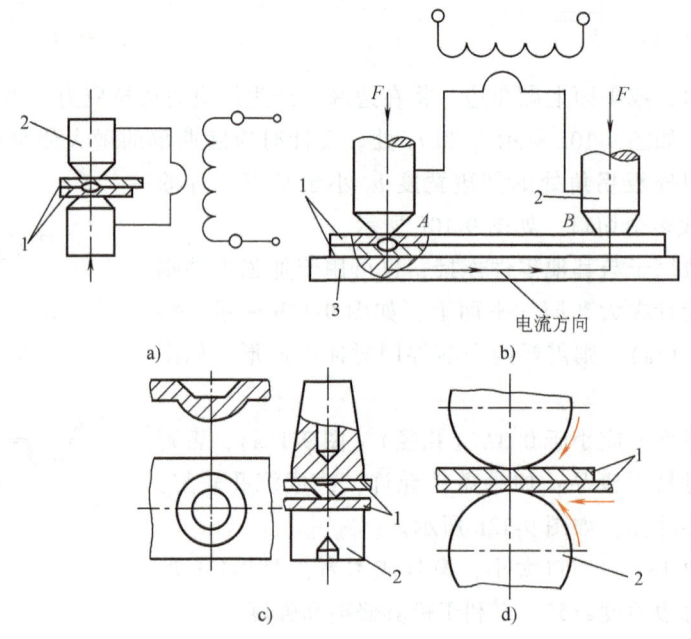

图 9-14　点焊形式
a) 双面点焊　b) 单面双点焊　c) 凸焊　d) 缝焊
1—工件　2—电极　3—铜垫板

1. 车身零件的点焊接头设计

设计车身零件的点焊接头时应注意如下方面：

1) 由于车身零件受力情况复杂，而且零件之间是通过焊点相互传力，因此设计的连接形式要具有连续性，能够传递各方面的力；而且由于钢板焊点的剪切强度大大高于抗拉强度和分离强度，所以应该努力使焊点承受剪切。图 9-15a 的结构就难以传递 x 方向的力和绕 y、z 轴的力矩；因为这时焊点要承受拉力负荷，而且翻边容易发生弯曲弹性变形，连接刚度较差。如果设计成图 9-15b 的形式，则搭接处焊点承受剪切负荷，能更好地传递各方向的载荷。在图9-16a中，零件之间力的传递发生在焊接翻边上，而不是发生在零件主表面上；对于图9-16b的焊接方式，力的传递是发生在零件主表面，比图9-16a所示焊接方式好。

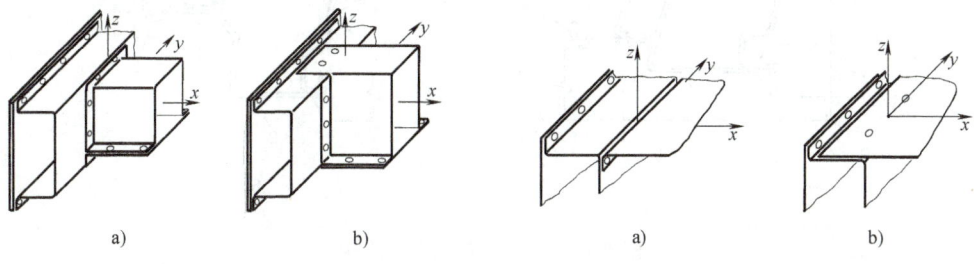

图9-15 梁的接头形式　　　　　　图9-16 梁与板的连接

2）在设计车身零件的连接形式时，应保证悬挂式焊钳或固定式焊极对连接部位的接近方便性，因此连接件的结构形状和接头形式的选择极为重要。对于难以接近的接头，则必须采用特殊形状的电极。

车身上较多采用搭接形式或翻边对接（图9-17），因为这两种连接形式的焊接品质好，且便于大量生产，应尽可能采用。从装配精度看，采用搭接装配时易错位，翻边对接则能控制两个零件的相对位置。但是从补偿零件的制造误差看，采用搭接更有利，精度由装配夹具的定位来保证。简单合件的焊接可以采用各种方法使零件自动定位，如图9-18a为孔定位，图9-18b为凸起肋定位，图9-18c为冲压件形状定位。

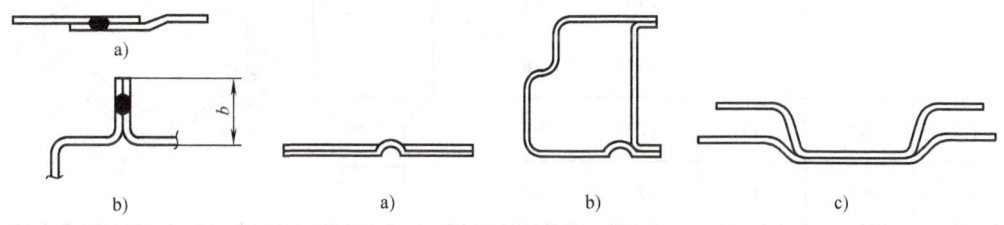

图9-17 点焊接头形式　　　　　　图9-18 焊件自动定位
a）搭接 b）翻边对接

焊接闭口截面必须将焊缝外引，否则焊接品质最不易保证。应尽量避免采用图9-19a所示的接头形式，因焊枪引入困难，采用了间接搭接的形式，焊接品质难以保证；而图9-19b所示顶盖和流水槽采用双面点焊接头形式则较好，使流水槽相对顶盖的位置稳定；如用缝焊焊枪将顶盖和流水槽焊接起来，更有利于密封防腐。

3）被焊接的板料厚度的比值不应大于2.5~3，否则焊核将偏移向薄板一边，容易击穿。

2. 焊点布置

在产品的合件或总成图上，规定焊点的直径d和点距s时考虑如下几点：

1）最佳的焊点直径约为$5.5\sqrt{t}$，t为板厚（mm）。

2）由于点焊时焊接电流不仅仅在两个焊极之间流动，而且流过邻近的焊点，点距越小，则分流电流就越大，焊接品质就不容易保证，所以并非焊点之间的距离

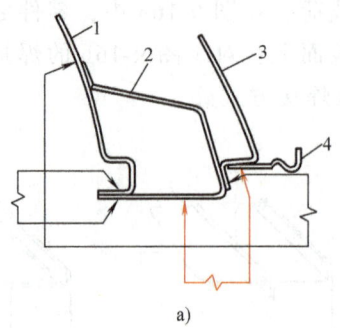 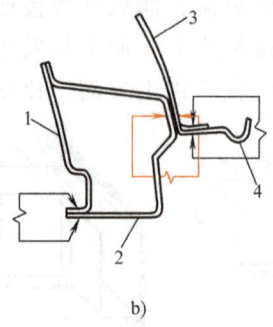

图 9-19 流水槽与顶盖的连接

1—内边槽 2—外边梁 3—顶盖 4—流水槽

越近，焊点数越多，接头强度就越高。为了获得更高的结构焊接强度，必须控制最佳的焊点距。对于两层低碳钢板料的焊点距，推荐见表 9-2。在多点焊机上焊接，考虑到焊枪的外径尺寸，点距不宜小于 50mm。焊件厚度比大于 2 或连接三个以上零件时，点距应增加 10%~20%。

表 9-2 对应不同板厚的焊接要求 （单位：mm）

板厚 t	焊点直径 d	焊枪外径 D	点距 s	点边距 P	图　示
0.6	4.0	10	>11	>5	
0.8	4.5	10	>14	>5	
1.0	5.0	13	>18	>6	
1.2	5.5	13	>22	>7	
1.4	6.3	13	>29	>8	

3）焊点布置离板边太近会使加热了的金属被挤压向一边，从而削弱焊接强度。推荐点边距见表 9-2。焊接翻边的宽度一般取 $6t+8$mm 最佳，t 为板料厚度。翻边太宽或焊点离板边太远不仅增加重量、浪费材料，而且使翻边边缘应力提高。

4）焊点不应布置在圆角拐弯处或不甚平整的部位。

5）焊接层数增加则分流电阻相对减小，使分流电流增加。因此，尽可能少采用三层板的焊接结构。当需要三层板叠焊时，从强度考虑，最好不要当作工作（受力）焊缝；其点距也应比焊二层板时大 10%~20%。当焊件厚度为 1~2mm 的三层板焊接时，其最小点距应为 20~30mm。如焊接三层板或双排焊缝时，搭边应增加 25%~35%。

6）大型点焊结构的焊点应尽可能布置得对称些，否则容易产生不规则变形和应力集中。

必须注意，如果采用高强度板材，则选用压力和焊接电流的允许范围会变小，但许用剪力随之增加。因此，点焊区强度提高了。

第九章 基于制造工艺和材料要求的白车身设计

四、车身制造技术的发展

由于白车身约占车辆总重的 25%~30%，所以车身轻量化显得尤为重要。随着材料科学、成形技术和连接技术的发展，为了减轻车身重量并提高汽车安全可靠性能，出现了拼焊板冲压、液压管材成形、复合板材成形等成形技术，出现了高强度钢板和铝合金、镁合金等新材料，出现了激光焊接、机械连接等新的连接技术。

激光技术用于工业已有数十年的历史，但在世界汽车制造技术上的应用主要还是在20世纪80年代以后才迅速发展起来。应用于白车身主要是在三个方面：①激光材料加工；②激光焊接；③拼焊板和拼焊管。这些应用大大节省了材料和制造成本并提高了车身性能，更重要的是促进了基于全面使用激光技术的柔性加工方法和车身设计方法。

国外资料曾经估计，在白车身上运用上述三方面激光技术，每台车身可以节省成本100多美元。当然，激光技术运用的意义远不止如此，随着技术的发展，将更加体现其优越性。

1. 激光切割

过去对于各种形状的零件毛坯、样板、复杂的孔洞形状都是用冲裁模具通过切割、落料、冲孔、修边等工序完成的。现在使用激光切割可以按照编制的程序高速、高质量地制造任何形状，而不需要模具。激光切割非常灵活，还节省材料。

2. 激光焊接

图 9-20 所示为顶盖与顶盖纵梁的激光焊接。顶盖被夹紧，沿着顶盖纵梁全长以11mm 的距离（针脚）进行激光焊接。

激光焊接的优点：

1）只需单面激光接触，而不再是双面点焊。因此，激光焊接最早用于地板与地板梁等焊枪难以伸及的闭口截面处的焊接。

2）焊接质量紧实稠密，连接成焊接整体结构，可提高结构强度和刚度。

3）如果用翻边时，可减小焊接翻边宽度，从点焊要求的 16mm 减到激光焊接的 5mm，如图 9-21 所示，所以可以减轻重量。

4）增加设计灵活性。激光焊接形式可以有几十种。

5）热变形小。

6）效率高。现行的点焊，每个焊枪一分钟只能焊 20 个点左右，而激光焊每分钟可焊接 5m 多长，相当于 10 倍以上的点焊效率。

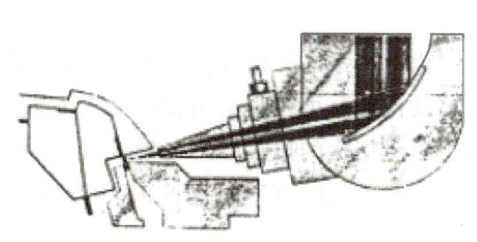

图 9-20 激光焊接

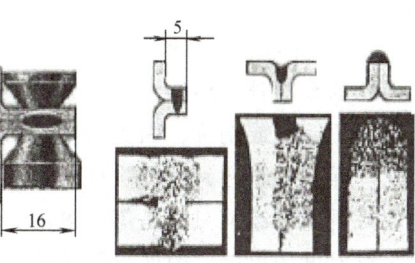

图 9-21 用于 Audi 副车架的焊接形式

7）由于是无接触焊接，所以减小了由于点焊带来的噪声。

8）激光可以做到穿过3层以上的材料厚度。

9）在车身冲压件厂和装配厂运用灵活的激光工具和灵活的电源传感设备可以节约大量资金，并组织柔性生产。例如，远程激光焊接是未来的方向，可以取消一些机器人和装置。

3. 拼焊板

为了提高零件的局部刚度，传统的方法一般是采用加强板，即先冲压出基本零件和加强板件，然后将它们装配或焊在一起。拼焊板（Tailor Welded Blank，TWB）是另一种加工方法，不同板厚、轮廓、等级或类型的2块或2块以上平直的钢板材料，都可以根据零件的要求通过激光焊接先拼焊在一起，然后进行成形加工。

当然，运用拼焊板技术的前提是需要有激光焊接。如德国Audi公司，在1985年就用激光焊接汽车的一块地板毛坯，然后进行冲压，年生产300多万辆。当时环境相当困难，但确实证明了拼焊毛坯是可行的。Audi80 Quattro将激光焊接用于副车架，焊接长度4.2m，取消了宽的焊接翻边，减轻了重量。日本Toyota公司在1985年开始使用激光拼接豪华车车身侧围的毛坯，曾有报告说，使侧围模具由20套减到4套，材料利用率由40%提高到65%。

拼焊板目前已广泛应用，主要用于车门里板（例如，将2mm厚的侧板与0.8mm的门里板焊在一起），轮罩冲击支座（Shock Towers，逐级加强），车前端纵梁（考虑到吸能需要），车身侧围（加强安装门铰链的支柱），地板（有需要加强的部位）等。

使用拼焊板的意义：

1）由于整体冲压，不另设加强板，因此减少了零件数和模具，降低了成本。

2）提高了材料利用率，减轻了重量。

3）提高了尺寸精度。

4）由于零件数的减少，使零件之间的搭接和密封要求减少，提高了防腐性能，美化了外观，也节省了焊接装配成本。

5）可以改进车身结构的安全性能和耐久性。

拼焊板的应用关键在于焊接质量。拼焊板的厚度比值、强度比值和焊缝位置等是影响成形性的主要因素。拼焊板的成形理论研究及优化设计还有待深入，但它将得到广泛应用和推广。

图9-22是由不同厚度的板材冲压而成的侧围内板，其中的数字表示板料的厚度（mm）。

4. 拼焊管与液压成形技术

传统的车身骨架结构，如底架纵梁，大多是由复合冲压件组成的封闭截面梁。曾经有人研究用铝管或钢管，因为管材具有完全封闭的截面，可以提高扭转刚度。尤其是当采用从前保险杠直通到后保险杠的连续纵梁时，车身结构的扭转刚度明显提高。但是由于过去采用连续纵梁只能是等厚度的，这就限制了按沿长度方向刚度和强度性能要求来设计纵梁厚度的可能，因而不利于减轻重量。

现在可以通过液压成形获得各种形状的钢管产品。如图9-23所示，毛坯可以是单

第九章 基于制造工艺和材料要求的白车身设计

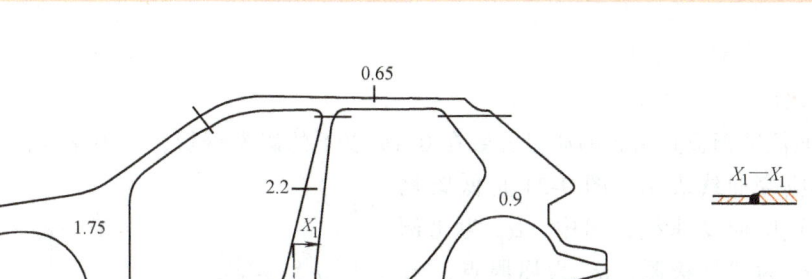

图9-22 侧围内板拼焊板示例图

一厚度的管材,也可以是直径相同,而厚度不同或不同钢种的拼焊管(Tailor Welded Tubes, TWT)。管材液压成形时,先将预成形(图中预弯曲)的管坯放入模具,然后管件两端的挤压头在液压缸的作用下被压入管内,将管件腔密封;液体介质在高压下通过挤压头内的通道流入管件内,使管壁胀形并逐渐充满模腔,得到所需形状的管零件。拼焊管液压成形技术的应用,通常是将周边零件重新组合在一起,以便减少零件数;还可减少冲压件的焊接翻边等不必要的材料。在与周边零件组合时,管端直径被扩胀并轴向地伸入定位工具,然后在接头处进行全面的激光焊接。为达到同样的截面惯性矩,由冲压件装配成的闭口截面需要更大的板料,因此失去闭口截面的效益;再加上采用

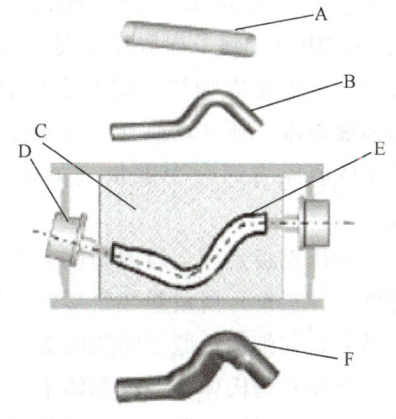

图9-23 液压成形示例
A—管料 B—预弯曲
C—成形模具 D—液压缸
E—工具/工件界面 F—液压成形件

液压成形件便于优化结构的载荷路径,因此增强了结构效益,对轻量化非常有利。车身上的许多梁、柱都可探讨用这种方法。钢管产品的制造方法(如滚压、焊接、校形等)影响其力学性能,特别是二次成形操作(如围成方形或其他形状时),通常σ_s和σ_b可能提高,而伸长率会下降。但由于应变率的提高,对汽车碰撞性能的提高是有利的。

液压成形方法用于车身结构可以加工更薄的零件并实现抗凹性,尤其对加工高强度钢板的成形件有意义。

五、车身所用钢板材料

白车身钢板材料的合理选用对产品的性能设计和产品制造工艺起着重要的作用。除了必须保证适当的强度等汽车使用要求外,更重要的是必须满足成批或大量生产冷冲压工艺和装配工艺的要求。诸如钢材冲压性能、化学成分、金相组织、力学性能、表面质量、板厚公差精度及产品结构的几何形状等,都影响制造工艺和产品质量。产品设计者应对材料的性能有基本了解,以便合理选用型号。

(一) 普通低碳钢板

1. 钢板的成形性能

普通低碳钢板是指碳的质量分数在 0.1% 以下的碳素钢板，其力学性能由测试所得的应力-应变曲线表示。图 9-24 是低碳钢拉伸的应力-应变曲线，图中，σ_p 为比例极限，σ_e 为弹性极限，σ_s 为屈服点，σ_b 为抗拉强度，σ_k 为断裂强度。一般取疲劳极限 $\sigma_{-1} = \sigma_b/2$。

弹性变形的上限就是材料屈服的开始。一般零件最大许用应力必须比屈服点适当低一些。弹性模量 E 是材料刚度的度量（单位为 MPa）。到了屈服点就是塑性变形的开始，应变增大加快；塑性变形的最高点即强度极限，在这之前有一段硬化区。强度极限和断后伸长率既反映了变形能力，也是能量吸收能力的一个度量（如撞击能量的吸收）。此外，材料特性还与变形速度有关。

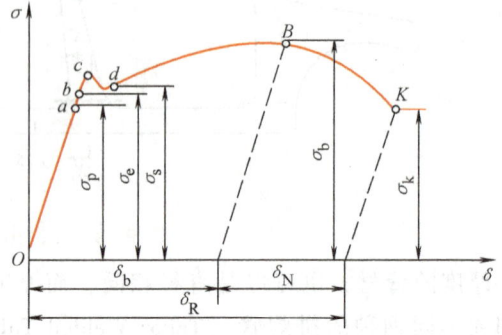

图 9-24 低碳钢拉伸的应力-应变曲线

冷冲压钢板是以金属的塑性变形为基础的加工方法，材料的冲压成形性能主要是指可塑性。伸长率是衡量塑性变形能力的指标。

晶粒均匀细化，原子间隙固溶，合金元素原子和基体金属原子置换固溶，钢中珠光体、贝氏体和马氏体相变，基体中出现弥散相等都能提高材料的强度，并影响拉深件表面质量。一般说来，塑性和强度是互相矛盾而此消彼长的，可以通过选用冷加工、热处理及合金化等方法来寻求强度和塑性的合理匹配。

一般情况下，不同结构的冲压件对材料的要求是不同的，如对于变形工序（如压弯、拉深、成形、翻边等），一般要求较低的屈服点 σ_s，目的是减少材料在冲压后的回弹。对于冲裁工序，为了获得良好的剪裁截面，反而希望 σ_s 稍高一些。对于变形复杂的工序（如深拉深，或拉深与翻边成形复合工序），则对材料性能具有更多、更严格的指标要求。概括地讲，应以几项力学性能指标的综合来代表钢板的冲压成形性能，即伸长率 δ、屈服点 σ_s、屈强比 σ_s/σ_b 等；对于某些高级冷轧钢板，还有应变硬化能力指数 n 和抗变薄能力系数 r。总之，降低 σ_s、σ_s/σ_b，提高 δ、n 和 r，是提高钢板冲压成形性能的趋势。此外，钢板的厚度公差、钢板表面质量也是影响冷冲压成形性的不可忽视的因素。

汽车冷冲压用钢板分为冷轧钢板和热轧钢板。热轧钢板是在 $t>800℃$ 时轧制而成的，它的可加工性不如冷轧钢板，板材厚度一般在 1.2~6.0mm。板厚为 1.2~1.4mm 的热轧钢板主要用于车身下部构件、内护板、车门内板等，大于 1.6mm 以上的用于结构加强板和铰链等。

冷轧钢板开始也是热轧的，然后在酸洗槽中去氧化皮，在常温下由轧机轧制而成的。由于冷轧钢板比热轧钢板冲压加工性能好，可以保证严格的厚度公差，且表面美观，在汽车上应用较多。对于排量为 2L 的轿车车身，一般冷轧钢板的用量占 85%，其

第九章 基于制造工艺和材料要求的白车身设计

中高强度钢板占30%，表面处理钢板占70%。具体材料使用情况如图9-25所示。

冷轧钢板按冲压级别可分为最复杂拉深级（ZF）、很复杂拉深级（HF）、复杂拉深级（F）、最深拉深级（Z）、深拉深级（S）和普通拉深级（P），其冲压成形性逐次降低；按强度级别可分为一般强度级和高强度级钢板。普通钢板是高强度钢板和镀层钢板的基材。

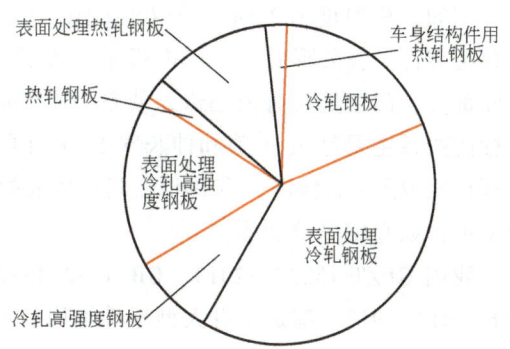

图9-25 2L排量轿车车身钢板的使用情况

厚度小于2mm的钢板材料力学性能见表9-3。

表9-3 钢板（厚度<2mm）材料的力学性能

拉深级别	公称厚度/mm	σ_s/MPa	σ_b/MPa	δ_{10}（%）
ZF	<2	≤196	255~324	≥44
HF	<2	≤206	255~324	≥42
F	>1.2	≤216	255~324	≥39
	1.2	≤216		≥42
	<1.2	≤235		≥42

传统车身用冲压钢板多为一般强度级的低碳钢冷轧钢板，是碳的质量分数在0.1%以下的碳素钢；广泛采用的板厚为0.6~1.0mm。由于它具有很高的伸长率，最高可达45%以上，所以具有良好的冲压加工性能，而且焊接性、涂装性都很好。为了车身轻量化和安全性，高强度钢板的应用量现在正逐步增加。

2. 车身冲压件成形分类及钢板型号的选用

我国汽车行业根据汽车冲压件外形特征、应变大小和特点、对材料的不同性能要求、以及生产各种汽车冲压件长期积累的实际经验，按冲压成形工艺划分为深拉深成形、胀形-深拉深成形、浅拉深成形、弯曲成形和翻边成形五大类，并将成形类别与钢板性能指标相对应。车身典型零件的钢板材料性能示例见表9-4。

表9-4 车身典型零件成形类别与钢板材料性能示例

成形类别	典型零件	主要指标	重要指标	钢板材料
深拉深成形	车门内板	r≥1.50	n≥0.23 δ_{10}≥44%	1.0mm 08Al HF
胀形-深拉深成形	翼子板	n≥0.21 r≥1.35	δ_{10}≥42%	1.0mm 08Al HF
浅拉深成形	车门外板	无屈服伸长率 δ_{10}≥36%	σ_s≤250MPa n≥0.225	0.9mm 08Al F
弯曲成形	前立柱内板	σ_s波动值≤50MPa	δ_{10}≥34%	
翻边成形	消声器前隔板	δ_{10}≥31%	n≥0.21%	1.75mm 08Al Z

例如，用厚度为 1.0mm 的 08Al HF 冷轧钢板冲压的一般车门内板，是深拉深成形的典型零件。按外形看，车门内板基本属于盒形深拉深件，但由于壁部布满很多突起和弯曲部分，门窗处常有内翻边，使整个零件形状复杂化。车门内板的开裂率与钢板性能指标的关系主要是 r、n 值和伸长率 δ。r 值高，则增加零件拉深时的抗变薄能力，有利于深拉深成形；n 值高，有利于凸起和压筋处的变形均匀化；伸长率高，有利于单向拉伸变形，如直壁单拉变形。

我国 GB/T 13237—2013、GB/T 5213—2019 等标准中的 08Al 和宝钢生产的 st15、st16、st14、st13，都是车身大型板件常用的钢板型号。建议根据零件变形程度，选用冷轧钢板的冲压级别见表 9-5。

表 9-5 零件变形程度与钢板冲压级别

钢 号	零件最大变形程度(%)	建议选用的钢板冲压级别
st16（宝钢）	>50	宝钢 BZJ 480—1993
st15（宝钢）	45～50	宝钢 BZJ 409—1993（Q/BQB 403—1994）
08Al,st14	40～45	GB/T 5213—2001 或 BZJ 409—1993 中的 ZF、HF 级
08Al,st13	35～40	GB/T 5213—2001 或 BZJ 409—1993 中的 F 级和 GB/T 13237—1991 中的 Z 级
08Al,06AlP	30～35	GB/T 13237—1991 中的 Z 级
08Al,08AlP	<30	宝钢 BZJ 409—1993 和 BZJ 411—1992

（二）高强度钢板及其车身

1. 高强度钢板

高强度钢板（High Strength Steels, HSS）是在普通碳素钢的基础上加入少量合金元素制成的。这种钢板的生产成本与普通碳素钢板相近，但由于合金元素的强化作用却使其抗拉强度比普通钢板高得多。

随着冶金技术的进步，以超低碳为基本特征的，具有深拉深性、高强度、烘烤硬化等性能的新一代汽车用钢板逐步形成，如无间隙原子钢板（IF）、烘烤硬化冷轧钢板（BH）、双相钢板（DP）、高强度低合金钢板（HSLA）、复合相钢板（CP）、马氏体钢板（MART）和相变诱发塑性钢板（TRIP）等，其性能各有所异。表 9-6 为车身用钢材性能。材料型号：××aaa/bbb，××表示钢的型号，aaa 为最小屈服点，bbb 为最小抗拉强度。例如，BH 210/340，表示烘烤硬化冷轧钢板 σ_s = 210MPa，σ_b = 340MPa。高强度钢板通常是指屈服点为 210～550MPa 的钢板，屈服点大于 550MPa 的为超高强度钢板（Ultra High Strength Steel, UHSS，又称 Advanced High Strength Steel, AHSS）。这两种钢板的性能有重叠部分，如图 9-26 所示。

为减轻汽车的重量、降低能耗和提高汽车碰撞安全性，目前车身上高强度钢的使用量在不断提高。具体说，使用高强度钢板有如下显著的优点：

1) 可减轻零件的重量。一些资料表明，若钢板的强度提高 40～50MPa，车身外板制件的板厚可减小 10%～15%，车身内部制件的板厚可减小 20%左右。

2) 加工硬化（或应变硬化）率比普通钢板高，可以吸收更多的冲击能量，因此用

第九章 基于制造工艺和材料要求的白车身设计

于底架的前后纵梁等处和要求高强度、耐久性部位，可以提高汽车的安全性。

3) 用于车身外部件，除了可减薄零件的厚度外，由于具有烘烤硬化性，在经过油漆烘烤后，还可以增强零件表面硬度，提高外表面制件的抗凹陷性能。

高强度钢板用做车身材料的主要限制是，随着钢板强度级别的提高，其成形性（伸长率）变差。因此，高强度钢板最初主要用于车身的前保险杠和车门抗侧撞梁。近年来，随着高强度钢板的研制和开发，其成形性、焊接性、疲劳强度和外观质量都有所提高；现在高强度钢板已广泛代替普通钢板用来制造车身的结构构件和板件。

表 9-6 车身用钢材性能

材料型号	σ_s/MPa	σ_b/MPa	δ (%)	n	r	应用
MILD 140/270	140	270	38~44	0.23	1.8	A, C
BH 210/340	210	340	34~39	0.18	1.8	B
BH 260/370	260	370	29~34	0.13	1.6	B
IF 260/410	260	410	34~38	0.20	1.7	C
DP 280/600	280	600	30~34	0.21	1.0	B
IF 300/420	300	420	29~36	0.20	1.6	B
DP 300/500	300	500	30~34	0.16	1.0	B
HSLA 350/450	350	450	23~27	0.22	1.0	A, B
DP 350/600	350	600	24~30	0.14	1.1	A, B, C
DP 400/700	400	700	19~25	0.14	1.0	A, B
TRIP 450/800	450	800	26~32	0.24	0.9	A, B
DP 500/800	500	800	14~20	0.14	1.0	A, B, C
CP 700/800	700	800	10~15	0.13	1.0	B
DP 700/1000	700	1000	12~17	0.09	0.9	
MART 950/1000	950	1000	5~7	0.07	0.9	A, B
MART 1250/1520	1250	1520	4~6	0.07	0.9	A

注：A—辅助零件；B—车身结构件；C—闭合件。

2. 高强度钢板车身

近几年来，由于世界能源紧张，整个钢铁工业面对提供超轻钢种的压力；全铝车身的问世，更加强了挑战，迫使钢铁制造者和汽车设计者携手研究新钢系列在汽车车身上的应用，以达到提高汽车燃油经济性的目的，同时改进汽车安全性，提高大量生产加工性能等。美国 PORSCHE 工程服务公司（PES）承担的 ULSAB-AVC 项目是在 ULSAB (Ultra Light Steel Auto Body) 项目基础上实施的 AVC (Advanced Vehicle Concepts) 计划，就是为了应对这个形势，证明超轻钢结构车身可行性的典型例子。ULSAB-AVC 项目中高强度钢结构车身的开发技术充分利用高强度钢的优点，广泛采用新技术。

ULSAB-AVC 项目是通过全面开发两类车型——欧洲的 C 级车型（C-Class）和北美

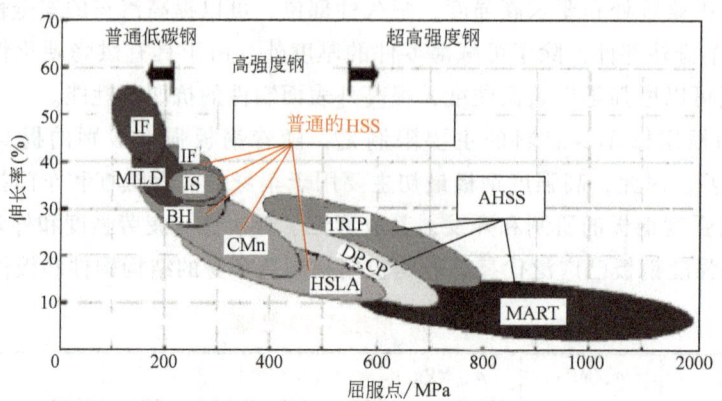

图 9-26　钢材强度和伸长率的关系

的中级轿车 PNGV 的概念设计方案来完成。首先调查了现生产的 C 级（一个 5 座 2 门加背门车型）和 PNGV 级（5 座 4 门轿车）的基本数据；此外，还买了 1999 年生产的两辆同类车型 Ford Focus（C 级）和 Peugeot 206（B 级），并进行拆卸和分解，以便收集数据；同时参考了 Audi A6 和 Daimler-Chrysler E-Class；最后从现有数据中选择尺寸和确定指标。

基于如下前提制定目标：

1) 设计要满足预期的 2004 年的安全法规要求，显示钢结构汽车的高安全性亮点。
2) 设计要利用在 2004 年可以获得的先进钢材和加工方法。
3) 设计要适合于大量生产。
4) 车身结构和闭合件等必须是全钢的，钢材的供应没有问题。
5) 使重量最轻，成本最小化。

要制定的指标包括重量、静态性能、动态性能（模态频率）和碰撞性能等。在这个基础上，再按当前的知识和经验进行设计。

为了达到 ULSAB-AVC 的目标，对载荷路径和接头进行精心设计，采用最好的钢种以利于最好地满足加工性能和每个零件的性能要求；对复杂零件的成形性是通过一步成形法进行模拟试验；对更具有挑战性的零部件（如强度或性能要求更复杂的零件）设计采用拼焊板或液压成形技术；而且对全部复杂零件要进一步进行增量法的 FEA 模拟。所有这些都是为了高性能、低重量和低成本。

以 C 级车为例简单描述其结构，如图 9-27、图 9-28（参见彩图）和图 9-29 所示。前碰撞载荷是从前纵梁通过前围板抗撞盒传入 A 柱。上部结构的最大特点是车身侧围用两根拱形管材构件传递 A 柱到后纵梁的载荷。作为 A 柱、顶盖侧边梁和部分 C 柱结构的拱形构件是由一根直径为 85mm，厚度为 1.0mm 的 DP500/800 管材液压成形的。管材液压成形时，管径被扩张并轴向地伸入定位工具，然后在 A 柱接头处全面焊接。在后端，这个侧围构件安装在作为后纵梁上部零件的后地板上，通过一个支架和后纵梁连接。悬架弹簧支座正布置在车身侧围构件的下面，安装于纵梁下表面的内加强板处；悬架减振器安装套管插入侧围构件，并通过安装支架来加强。如此布置，可使外载荷由悬架弹簧和减振器安

第九章 基于制造工艺和材料要求的白车身设计

装点进入后纵梁和车身侧围构件。

据资料介绍，CAE 分析结果表明，研制出的高强度车身可以达到预先要求的指标；项目初步成功的因素是利用了系列新钢材的性质，并与现代的及传统的加工、装配方法相结合，使车身结构优化，整车重量大大降低。

目前，高强度钢材的研究和应用正处于发展阶段。

（三）表面镀锌钢板

在各类环境中，钢的腐蚀率约为锌的 3~30 倍，说明锌具有适应性很强的耐腐蚀性能。根据资料介绍，采

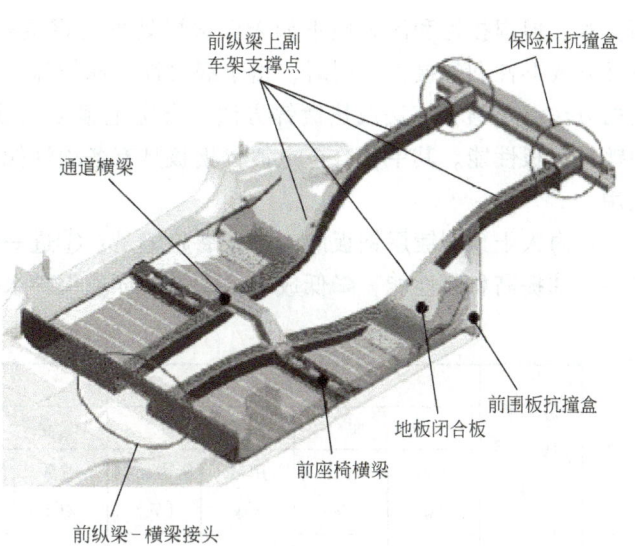

图 9-27 底架前部

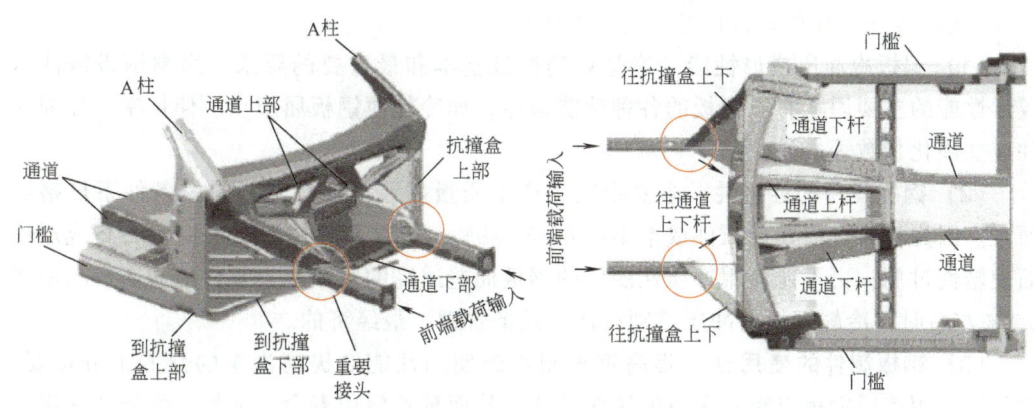

图 9-28 载荷路径

用普通钢板和镀锌钢板可使轿车车身因腐蚀而出现故障的年限由 2~4 年提高到 6 年以上；现在在欧洲要求镀层防护能力达 12 年。大量应用镀锌钢板对提高轿车的使用寿命是很有利的。因此，镀层钢板是当前重要的车身用材。随着轿车工业的发展，镀锌钢板的用量逐年增加。首先多用于容易腐蚀的车身零件，如挡泥板（轮罩）、地板等车身底部及车顶、车门板。有些轿车车身几乎全部重要冲压件都采用镀锌钢板。表 9-7 列出国产奥迪和富康轿车用镀锌钢板的情况。

镀锌钢板具有优异的防腐性，表

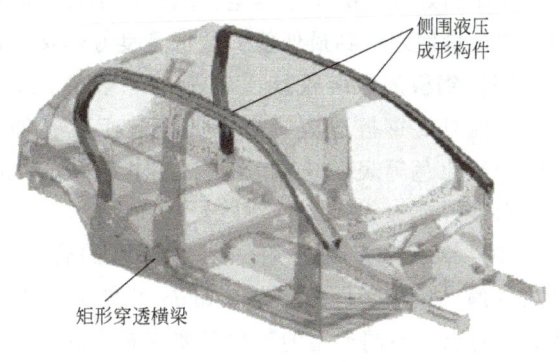

图 9-29 侧围拱形液压成形管（3/4 前视）

面美观,但焊接性和涂装性不如未经镀层处理的钢板好;当涂层超过 $40g/m^2$,就不易保证其成形性和焊接性;同时,由于润滑性,深拉深时的加工更加困难。通过不同的镀层的方法(电镀锌方法或热镀锌方法,合金电镀方法或合金化热镀方法)会得到不同的镀锌钢板性能。其中,合金电镀锌钢板具有各项性能均为优或良的综合性能,可大量应用。

业内人士预测镀层钢板的未来发展趋势是:①进一步提高防腐性能;②提高轻量化水平;③提高材料性能,降低成本;④提高环境保护水平;⑤实现全球化采购。

表 9-7 奥迪和富康用镀锌钢板

车型	每车用钢板总量/kg	电镀锌钢板				热镀锌钢板				占钢板总量比例(%)
		单面		双面		单面		双面		
		用量/kg	所占比例(%)	用量/kg	所占比例(%)	用量/kg	所占比例(%)	用量/kg	所占比例(%)	
奥迪	743.59	—	—	223.4	30	—	—	338.9	45.58	75.58
富康	695.30	95	13.7	30.6	4.4	73.4	10.5	319.2	45.9	74.50

(四) 选用冷冲压钢板应考虑的主要因素

(1) 钢板冷冲压成形性能 这是对钢板最基本和最重要的要求。影响钢板冷冲压成形性能的主要因素有:钢板的各种性能指标,如冷轧薄钢板屈服点、伸长率、屈强比和应变硬化指数等。

(2) 钢板使用的经济性 主要指在生产出质量好、符合技术要求的条件下价格要便宜。因为材料价值在冲压件成本中占 60%~80%,所以不要片面要求钢板的高成形性而使塑性过剩;更不能使用冲压性能低的钢板而造成高的废品率。零件的冲压废品率在 0.3% 左右时,冷轧钢板的冲压级别被认为是最合理、最经济的。

(3) 钢板制件的使用性 提高钢板制件的使用性能对提高汽车的性能十分重要。例如,采用镀层钢板以提高车身的防腐性能,从而延长使用寿命。又如,恰当地选用一些低合金高强度钢板以减轻汽车零件的重量,这不仅是获得良好经济性的重要途径,还可吸收更多的冲击能量,提高碰撞安全性。

(4) 钢板的焊接性 车身冲压件良好的焊接性能是满足汽车大量生产的重要条件。焊接性能的好坏取决于碳当量,因此应尽可能降低钢板中的碳含量。严格控制钢板中磷和硫的含量使之达到最低值,这也是良好焊接性能的重要条件。

(5) 钢板的涂装性能 钢板的涂装性能直接影响零件的外观质量和使用寿命。涂装性能是要钢板适应所选择的涂装工艺,如阴极电泳等;应注意钢板表面不应有黑膜和氧化色等表面缺陷。此外,对于易腐的钢板制件,应选用耐腐蚀性镀层钢板,如表面镀锌或镀铝。

(6) 钢板厚度的选用 零件板厚的合理选用对车身轻量化有很大意义,如将 0.7mm 厚的钢板零件减薄至 0.6mm 可实现轻量化率 15%,但是还要考虑该零件对材料性能的要求。不同类型的零件其要求是不同的,如外板要求外观品质和抗凹性,内板主要要求抗弯刚性,结构件则主要要求强度。板厚对这些性能的影响程度是不同的,如表

9-8 所示，零件板厚 t 与其弯曲刚度成 3 次方关系，所以减薄板厚也要很慎重；何况板厚减小还会导致板件耐腐蚀能力下降。此外，选材时也要很注意板厚的尺寸精度，以及不同类型钢号及厚度的组合对冲压工艺有不同的选择条件。

表 9-8　车身构件板厚设计的材料因素

车身构件　　　因素	构件刚性	抗凹性	疲劳极限	大变形强度
外板（如四门两盖、翼子板）	1	1	3	2
内板（门内板等）	1	3	2	2
结构件（梁、柱等）	1	3	1	1
因子式	Et^3	$\sigma_s t^2$	$0.5\sigma_b$	$t^{1.8}\sigma_s^{0.6}$

注：表中"1、2、3"表示重要程度（"1"表示最重要）。

六、白车身结构的防腐设计

改善车身的抗腐蚀性能一般通过几种途径：

1）车身结构的防腐设计。
2）进行表面防护处理，确保车身表面的涂装性能。
3）合理选择防腐性能好的材料。

1. 结构的防腐设计

车身结构的防腐设计是保证车身防腐性能的关键，直接影响其他防腐措施的效果。设计要使结构能阻止腐蚀介质侵入或积存在结构缝隙间、凹形构件和封闭结构内部；在容易积存水的部位应设置排水孔，设计成易排水、易干燥的结构是至关重要的。例如，靠近车轮的横梁处做成图 9-30a 所示形状较好；如果因为结构上有困难，则最好预先考虑好水的导流，如图 9-30b 所示；又如图 9-30c 所示结构易积水，而图 9-30d 所示结构就不易积水。

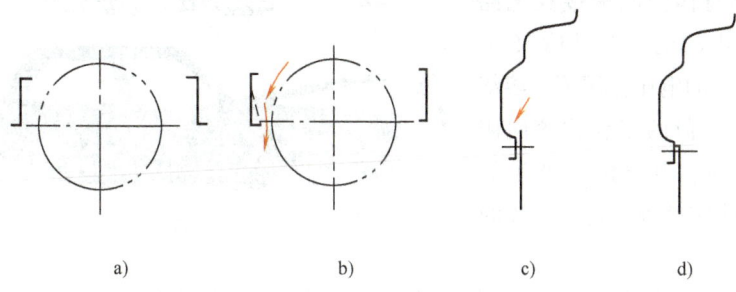

图 9-30　防积水的结构

图 9-31 和图 9-32 为车门和纵梁（门槛）下部的排水孔示例；通风装置送入干燥空气，使纵梁空腔内经常保持干燥。对于闭口截面也可采取完全密封，防止水、汽和灰尘进入腔内的措施。例如，地板闭口梁在完成车身涂装后用橡胶塞堵住排水孔，也有在梁的空腔内浇注热石蜡，冷却固化后留在空腔内，起防腐作用。

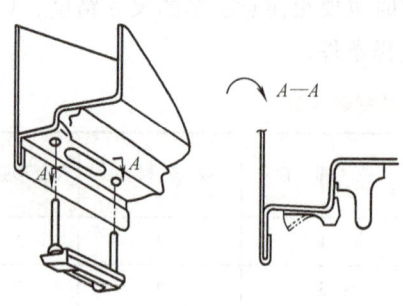

图 9-31 车门下部的排水口

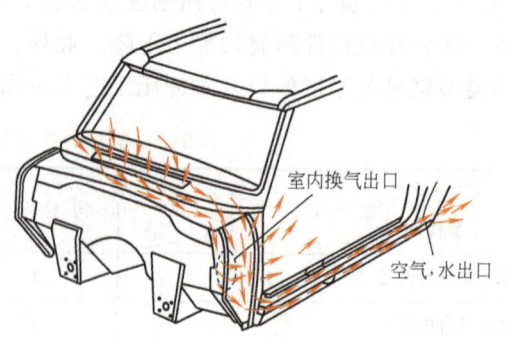

图 9-32 空心梁良好的通风

2. 车身表面的防护处理

车身表面的防护处理主要是通过涂装提高车身的耐蚀性。为了提高漆膜的密着性并与金属表面有良好的结合力,必须对白板车身进行磷化处理。车身表面的处理过程为:①磷酸锌处理(4μm)——②浸底漆(25μm)——③充填底漆(45μm)——④面漆(50μm)——⑤底板保护(25～60μm)。磷化处理和浸底漆一般是用水溶性油漆进行车身浸渍涂装,使车身的闭口截面内侧以及极难漆到的板料接合处的狭窄空间都能得到浸渍,图 9-33 所示为采用全车身浸渍方式的实例。为便于门腔内部涂料能充分流到,在结构设计时要注意边缘空腔不得太狭小,且应开设排气孔,使电泳过程中不产生气袋现象。车身进入磷化槽时,车身作为阴极接在电路中,与阳极槽内的电压差可达 250～350V。在这样大的电压作用下,溶解于水中的带正电荷的聚合物流向阴极,即流向车身,与电解水产生的氢氧根离子反应生成不溶于水的薄膜。

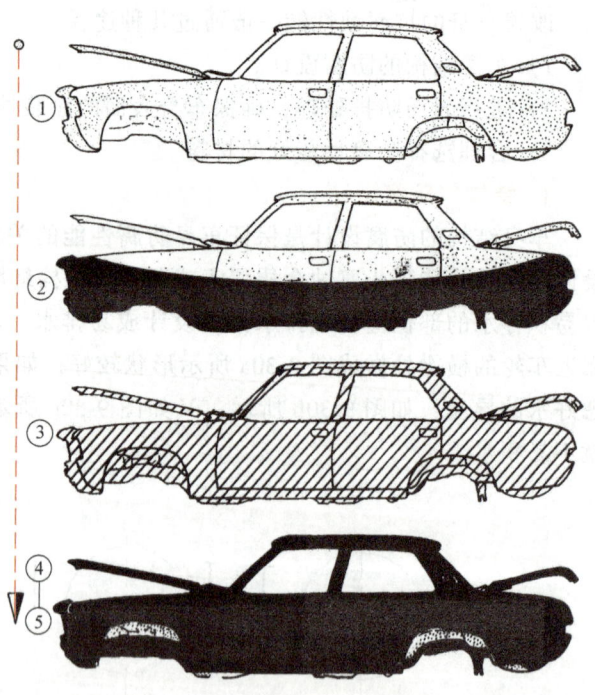

图 9-33 车身的表面处理(Opel)

但是有些情况是普通表面处理所不能解决的,如边缘腐蚀(尤其是尖角棱边)和缝隙腐蚀(如点焊突缝、搭接板、折边缝等处),这些部位的腐蚀速度比自由表面快得多。预防的措施是采用点焊密封胶或胶黏剂等填塞接缝,起到防止渗水,提高抗腐蚀能力的作用,如图 9-34 所示。在板件折弯处,如四门两盖的边缘的内、外板接合处都要填充密封胶或胶黏剂,并封住板端,如图 9-35 所示。密封工序一般在车身焊装后、涂装工序之前进行,但钢板点焊间隙的缝内密封应在焊装前进行。

第九章 基于制造工艺和材料要求的白车身设计

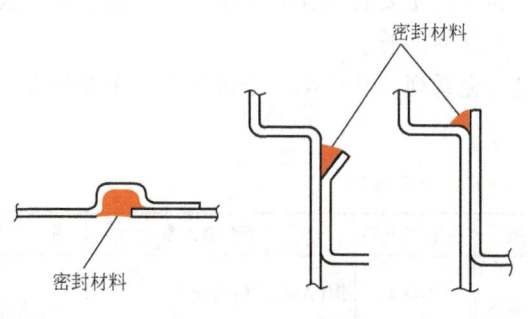
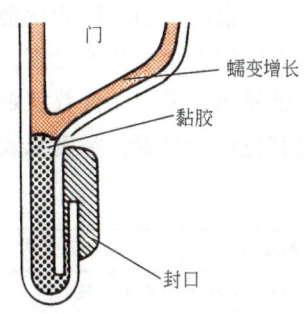

图 9-34 采用密封胶　　　　　　图 9-35 封住门板端

此外，两种金属之间的接合特别易发生电化学腐蚀，应尽量避免。当必须采用时，应在两种材料之间使用塑料隔层。

车顶流水槽是易腐蚀部位，除了在其搭接处填充密封胶或胶黏剂外，往往采用装饰件封闭，或采用非金属的流水槽，如图 9-36 所示车顶侧罩。

车身底板的防腐特别重要，所以在涂装过程要追加处理，特别保护。除了在设计时要注意考虑飞石冲击的方向，从底板的形状上使结构减轻冲击外，底部喷涂 1~1.5mm 厚的 PVC 底漆，并采用 3 次或 4 次表面涂覆，以形成较厚的防沙石损伤涂层。同时可以在挡泥板内安装塑料衬罩，门槛外侧安装防护外罩，如图 9-37 所示。

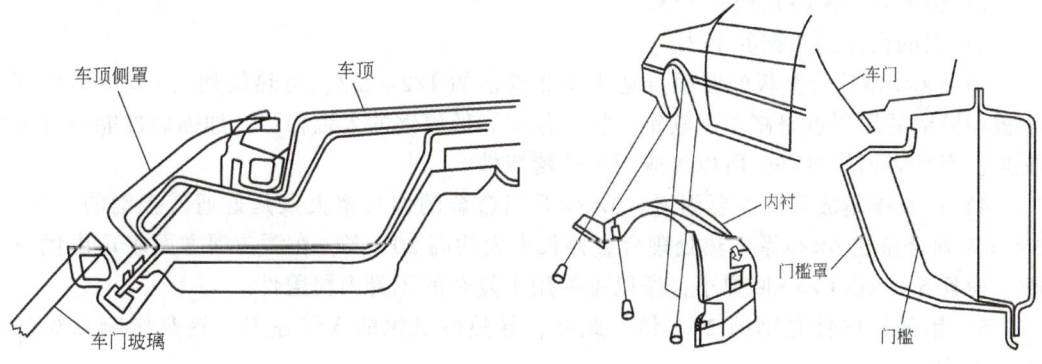

图 9-36 非金属材料的流水槽　　　　　　图 9-37 车身下部安装塑料保护罩

3. 合理选择防腐性能好的钢板材料

在车身上采用表面镀层钢板是车身防锈蚀的重要措施，特别对于车身上涂料难以达到的部位，使用表面镀层钢板对提高防腐性能意义重大。表面镀层钢板的作用在于把车身表面腐蚀的开始时间向后推移，一般提高寿命 35% 以上，如前所述的镀锌钢板。

第二节　铝结构车身

本节讨论铝材及其加工性能、铝车身的结构设计以及相关的制造方法。

一、结构铝的类型和性质

作为有效的结构材料，纯铝有很好的防腐性能，但力学性能太低。当加以少量的其他合金元素后,物理性能就会大大提高,加入的主要合金元素是铜、钛、锰、硅、镁和锌。有时加少量的其他元素,可得到特殊要求的性质。

世界铝业采用4位数字定义轧制的铝合金系列,其中第一个数字表示主要的合金元素或其他合金元素,举例见表9-9。

表9-9 轧制的铝合金系列

变形铝系列	主要合金元素	种 类	变形铝系列	主要合金元素	种 类
1×××	无(99%以上的纯铝)	非热处理合金可形变硬化	2×××	铜(Al-Cu-Mg合金)	可热处理合金
3×××	锰(Al-Mn合金)		6×××	镁和硅(Al-Mg-Si合金)	
4×××	硅(Al-Si合金)		7×××	锌(Al-Zn-Mg合金)	
5×××	镁(Al-Cu-Mn合金)				

合金可以通过形变硬化或热处理来提高强度,如5×××系列是可形变硬化合金,在加工成形过程中产生硬化是制件获得强化的有效方式。但这种硬化效果在烤漆中会逐渐丧失,需要进一步采取措施。2×××、6×××和7×××系列是可热处理合金,其屈服点在烘烤后有所上升,特别是在200℃左右烘烤时效果最明显,但现行的汽车烤漆温度为170℃左右,因此也需要采取措施,提高铝合金烤漆时的强化效果。也就是说经过处理后,这些系列合金都可设法成为性能比较好的结构合金材料。

表9-10示出铝合金和钢的主要性质。比较可见:

1) 铝的弹性极限是钢的1/3。
2) 铝的密度约是钢的1/3。
3) 5×××精轧合金板的屈服点是普通低碳钢的1/2~2/3。可热处理的6×××精轧合金板和铸铝的屈服点略高于低碳钢,抗拉强度和低碳钢的大致相当;加强后性能都有所提高,而且表面质量好,所以可应用于外覆盖件。
4) 伸长率是成形的重要因素。6×××系列合金的伸长率大致是普通低碳钢的一半;5×××系列合金比6×××系列热处理合金伸长率大约高20%多,在深拉深方面表现出优越性,而且5×××比6×××回弹小,所以主要用于复杂的车身内覆盖件。
5) 铝的导电性是钢的2~3倍。此外,导热性是钢的3倍左右,这是影响点焊的重要因素。

近几年正在开发高强度铝合金并提高其伸长率。

表9-10 传统的汽车钢性质与用于P2000铝车身的铝合金性质的比较

性 质	低碳钢	烘烤硬化钢	高强度钢	AA5754-0铝板	NG5754-0高强度铝板	AA6111-T4铝板	AA6111-T4P高强度铝板
屈服点 σ_s/MPa	186	240	344	96	110	227	255
抗拉强度 σ_b/MPa	330	380	460	186	234	317	338
弹性极限 σ_e/MPa	207×10^3	207×10^3	207×10^3	70×10^3	70×10^3	70×10^3	70×10^3
伸长率 δ(%)	≈38	≈30	≈20	≈23	≈25	≈19	≈19
导电性(与铜比)(%)	16~18	16~18	11~12	30~50	30~50	40~50	40~50
密度/(g/cm)	7.8	7.8	7.8	2.7	2.7	2.7	2.7

注:表中各种铝板材料的牌号为美国标准。

二、铝合金的加工性能及其对车身结构设计的影响

大量生产的铝车身结构设计要求满意地解决如下问题:

1) 由于铝材抗拉强度、屈服点和弹性极限都比钢低,能否满足相当于钢车身的安全性、耐久性和 NVH 性能。

2) 由于材料的伸长率大大低于钢材,零件能否采用冲压成形的加工方法。

3) 由于导电性、导热性比钢高很多,是否能采用高速连接的点焊加工方法。

4) 铝成本是钢的 5~6 倍,能否做到将车辆的成本控制在一个合理的范围内。

因此,若在限制成本的情况下要完全达到钢车身的刚度和强度等性能,而且要达到大量生产,每年超过 20 万辆产量,则制造加工必须是快速、经济的。这就是说,结构件应该主要是冲压件,只能用有限的铸件和挤压件;此外,还需要采用一个高速的方法连接冲压件,如点焊。这对铝车身结构设计确实是一个挑战。但是,高强度/轻量化车身的要求,使铝材成为当今的首选材料。因此,迫使铝材制造者不断提高合金铝的性能;而铝车身设计者在充分了解材料的制造加工特性和局限性的基础上,在产品设计中努力解决上述一系列问题。

1. 铝板零件的成形性

由于铝板的伸长率比钢低,铝冲压零件的拉深深度不能太深;弯曲半径也必须大一些,一般取内径不得小于一个板厚。由于结构性能的要求,铝冲压件的板厚平均是钢零件的 1.5 倍,所必需的弯曲半径可能要增加不少,因此用于夹持的焊接翻边就需要宽些。对于铝冲压零件,一般要求拐角处最小半径是该部位拉深深度的 1.75 倍,如图 9-38 所示。但诸如车门框的拐角,或散热器支架口的转角处,半径都要比钢的大,这将影响乘员脚的进出空间和影响散热器的散热,所以最终需对设计和加工进行折衷、协调。

受铝的成形性限制,铝车身结构划分后的冲压零件数量要比钢冲压件多,增加的数量取决于具体情况。对于大约 200 个冲压件的现有中等尺寸的钢制轿车,置换成铝车身,预计冲压零件数大约增加 5%~10%,这是影响车身结构成本的因素。因为更多的零件要求更多的材料加工设备,更多的冲压操作,增加定位夹紧装备和与焊接相关的操作,并且增加密封要求。

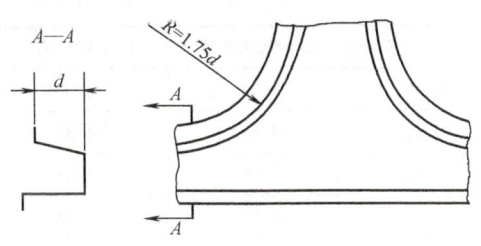

图 9-38 B 柱下拐角成形的几何要求

另一方面需要考虑的是冲压件经常使用翻边孔洞,特别是在用螺栓连接传递较大载荷的部位需要有翻边孔。由于伸长率的限制,翻边往往需要开缺口才能成形,类似图 9-10。图 9-39 给出了伸长率为 20%、板厚 t 为 1.0mm 的铝板,在翻边完全无缺口或部分开缺口的成形条件下孔径 D 与翻边宽度 h 的关系。对于不同的伸长率和板厚,其关系也有所不同。

2. 铝车身结构的焊接

铝是一种高活化元素,容易氧化形成一层薄而硬的电阻膜。这个氧化层使铝具有很

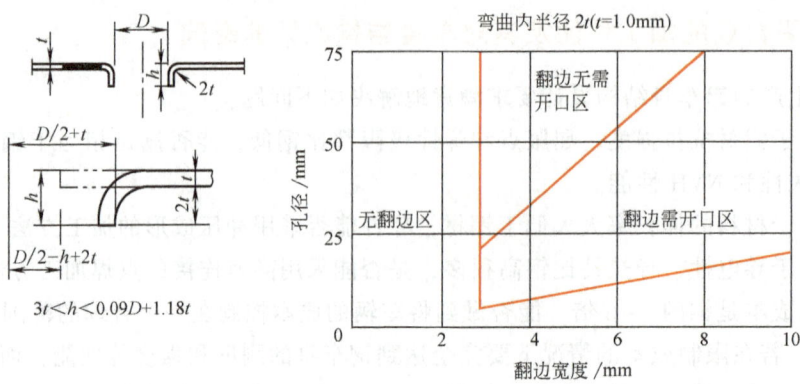

图 9-39 铝翻边孔的成形要求

高的抗腐能力,但为了能够重复良好的电阻点焊,必须控制薄膜的厚度,并使薄膜有清洁的表面。现在铝板生产时可以同时进行表面处理,控制氧化物的形成使铝的电阻点焊成为可能。

铝的高导电性和高导热性不利于电阻点焊,因为高导电性造成的热量使铝熔化形成电熔焊,而高的导热性使热量从焊点发散出去。由于这些因素,使铝的电阻焊电流消耗比钢的电阻焊电流消耗大得多,而焊接时间必须短得多。同时,电极趋于过热,必须用水冷。与钢焊接比较,要用更大的电极头和更高的焊接压力,而且触点容易弄脏;若用大的电极头,则要求有更大的翻边;焊点距也不能太近,否则会产生电流对相邻的焊点分流,导致熔合质量差。

表 9-11 列出铝业协会推荐的相关铝的焊点尺寸、点距、边距和接头搭接量。一般推荐铝的边距和搭接量比钢的大。

表 9-11 铝业协会推荐的电阻焊点尺寸和点距标准　　　　　　　　(单位:mm)

板　厚	最小焊点直径	建议焊点直径	最小焊点距	最小点边距	最小搭接量
0.65	3.05	3.8	9.53	5.56	11.1
0.81	3.56	4.32	12.7	6.4	12.7
1.02	4.06	4.83	12.7	6.4	14.3
1.27	4.57	5.33	15.9	7.9	15.9
1.60	5.08	6.10	15.9	7.9	19.0
1.80	5.33	6.60	19.0	9.5	20.6
2.03	5.72	6.88	19.0	9.5	22.2
2.29	6.10	7.24	22.2	11.1	23.8
2.54	6.35	7.62	25.1	11.1	25.1

焊点的静强度是被焊板材的厚度和板材本身强度的函数。由于焊点的抗剪强度大大地高于抗拉强度,所以设计师应该努力使焊点承受剪切。由图 9-40 可以看出 5×××铝板焊点的抗剪强度比剥离和抗拉强度大两倍多,而且图中也表明了 5×××铝板焊点强度对同等厚度的钢板焊点强度的百分率;可见,同厚度的铝焊点抗剪强度只有钢的 30%。但由于铝车

第九章 基于制造工艺和材料要求的白车身设计

身结构中零件板厚大约是钢结构零件板厚的 1.5 倍,所以铝焊点承受剪切载荷的能力大约相当于钢焊点的 50%。这些关系对持续的周期载荷也相同。由图 9-41 可见,5×××系列的焊点能承受疲劳载荷的能力约低于同等厚度的低碳钢焊点的 30%~40%。

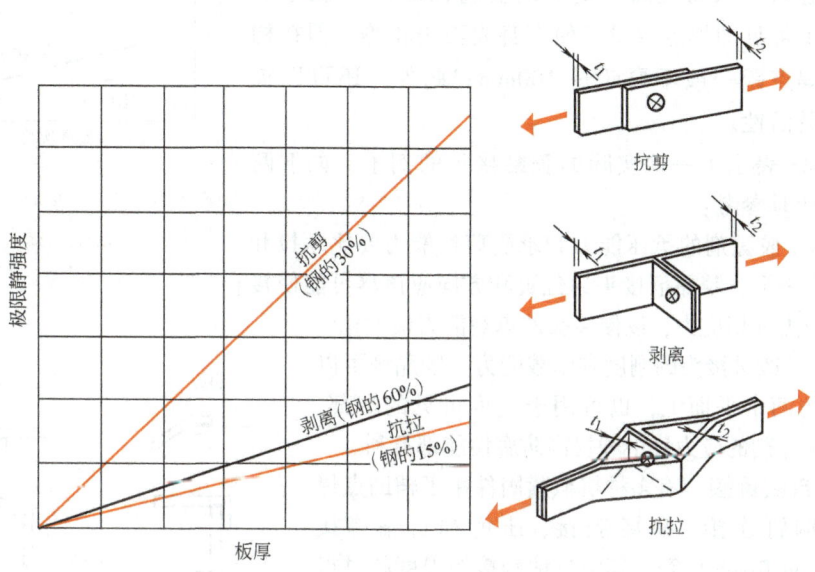

图 9-40 5×××铝板焊点的抗剪、剥离和抗拉强度以及与钢的比较

总之,电阻点焊对所有轧制的铝合金板,以及一些铝铸件和挤压件是一种有效的连接方法。但铝比钢有较高的导电性和导热性,这就要求有不同于钢的焊接设备、焊极尺寸、焊极压力,以及需要较高的电流和较短的焊接时间;铝电阻焊所要求的总能量则大致等同于钢焊接的要求。此外,可以焊接板厚比为 3:1 的铝零件,也可以焊三层板,而且 5×××和 6×××系列合金都可以熔焊。

3. 铝结构的其他连接方法

由于铝点焊的连接强度大约只有钢的一半,为了保证车身的耐久性、安全性和适应其他载荷情况,需要选择或者辅以其他的连接方法。其他最好的连接方法是辅以胶接或机械紧固件。

(1) **焊-胶连接**(Weld-Bonded Joint) 即用胶黏剂辅助点焊连接。胶黏剂敷于选择好的点焊部位

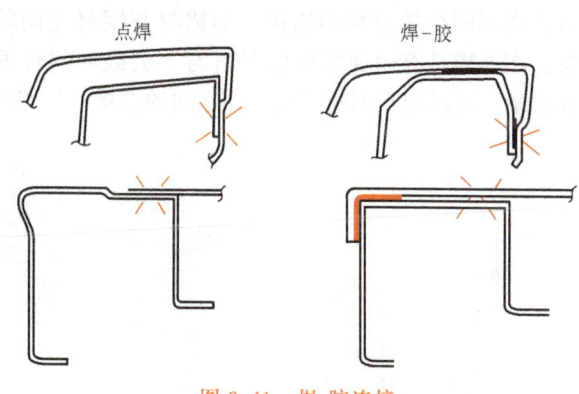

图 9-41 焊-胶连接

的翻边中间,点焊时,可穿透胶黏剂。如图 9-41 所示,在胶黏剂固化之前焊点起到夹持零件使其定位的作用,而后焊点与胶黏剂共同保证接头强度。

胶黏剂连接不仅可用于那些不可焊接的材料,或焊枪不可伸及的几何部位,而且用于钢结构车身也有许多优点。诸如由于提高结构刚度而改进了 NVH 性能;由于应力均

匀分布而使焊点处的应力集中减小，改进了抗疲劳性能（如图9-42所示，焊-胶连接使疲劳强度比点焊铝接头和点焊钢接头都大得多）；结构胶黏剂还有效地密封接头，防止潮气进入，从而提高了金属的防腐性能；焊-胶连接还可以减少可见的焊点数量，使车身表面美化等，但在构造中实际焊点距一般不要超过100mm；此外，还可以提高设计的灵活性。

图9-43表示了一些实际的胶黏接头的例子，如下两点可供设计时参考：

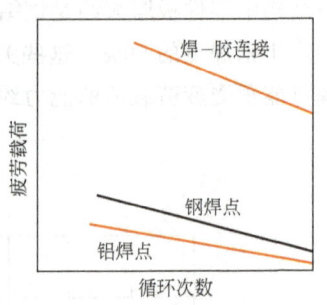

图9-42 同厚度钢、铝焊点及焊-胶连接的疲劳强度

1) 由于胶黏剂的承压能力和承受剪切能力要比承拉和剥离能力强得多，胶黏剂接头的位置和方向应该尽可能使接头实现压应力和切应力，以便接头的承载能力最大化。

2) 为了改进接头的刚度和承载能力，胶黏剂可以用于接头的两个平面上，也可用于允许可见的端部；这对减小胶黏剂的应力集中和提高防腐性能都有利。

（2）自钻铆接 有多种机械紧固件用于辅助点焊连接，如铆钉连接、铆接-胶接、压铆和自钻铆接（Self-Piercing Rivets）等，其中自钻铆接的强度超过点焊，使连接强度有了很大改进。它是一种随着铝合金车身的发展而应用的一种新工艺。其原理是：自钻铆钉在强大的压力和程序控制下穿过上、下工件，在底部凹模的引导下铆钉头部分开并弯曲，形成一个高强度连接；如图9-44所示，整个工艺类似于日常使用的订书机在进行材料装订，不需要在连接处预先打孔。目前，在具有表面保护层的高强度轻质材料中应用，能够实现不同金属材料的连接，如铝材与钢材之间的连接；在连接具有表面涂层的材料时不会破坏零件的表面质量；可以用于不同厚度零件之间的连接，如铝板与子装配体的连接。

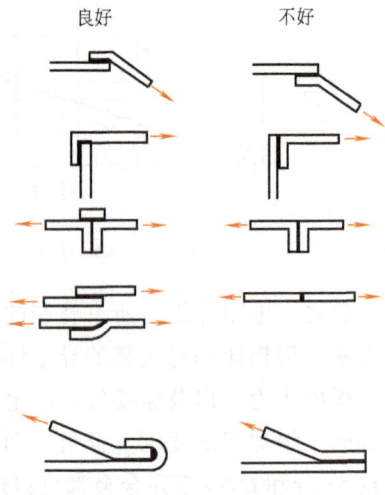

图9-43 胶接接头的形式

a)

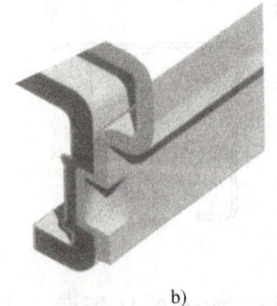
b)

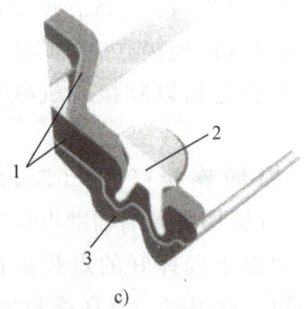
c)

图9-44 点焊、压铆与自钻铆接的比较
a) 点焊 b) 压铆 c) 自钻铆接
1—工件 2—铆钉 3—凹模

第九章 基于制造工艺和材料要求的白车身设计

采用自钻铆接时，通常直径3mm的铆钉能够连接3mm厚的钢板或5mm厚的铝合金板，其缺点是凹模要可伸及到零件背面；另外，在加工后零件背面会残留铆钉尾部，使背面不能保持平整。

三、铝车身结构的研制和性能探讨

PNGV（Partnership for a New Generation of Vehicles）是美国政府和企业的联合项目，其目标是研制一个燃料经济性大约是当时生产中级轿车的三倍，而且能够进行大量生产的轿车开发技术。作为PNGV的一部分，要求设计和建造P2000铝车身结构，其重量比当时生产轿车车身轻50%，而保持轿车所有的性能要求，如安全性、耐久性、NVH和其他功能属性。此外，这个设计要能在2005年投入大量生产。

早在20世纪90年代初期，美国Ford公司就立项开发量产铝车身结构的技术，该项目即AIV（Aluminum Intensive Vehicle）。AIV是1992年Mercury Sable的复制品，唯有车身结构基本是全铝板制造的。共做了40台样车，其中20台交付供应商使用，进行10万mile（16万km）运行；另20台用于产品测试和研究，并与1992年的钢制Sable进行比较。结果是铝车身结构重量比Sable减轻46%，而性能与钢结构的类似。

AIV是由AA5754-0和AA6111-T4合金铝建造的，零件通过点焊和焊-胶连接，只在不可点焊的部位用铆接和熔焊。P2000车身结构引入了AIV的开发技术，但采用了改进后的高强度铝合金NG5754-0和AA6111-T4P；连接方法主要也是点焊和焊-胶连接，但胶黏剂的性能更好，且扩大了自钻铆接的使用。AIV和P2000也有少量钢板零件用于高载荷区的加强件和紧固件，如动力总成的支撑点和座椅安全带的固定点。此外，P2000还采用了新制造技术，如拼焊板和连续铸铝板材。总之，从材料和制造观点看，P2000比AIV更进了一步。

P2000的布置形式是Ford公司已生产的Contour钢结构车身的翻版，只是在轴距中间加长了75mm，车辆其他总成都没变化。因此，车身地板的形状除了加长75mm外均基本保持不变，而车身后部外形随之略有变化，车身侧围和顶盖都需因适应加长的外形变化而重新设计。

P2000要保持与Contour车身相同的良好的结构性能，为此进行了如下项目的分析：

（1）**安全性方面** 包括前障碍碰撞、后障碍碰撞、侧碰撞、顶盖挤压和安全带固定器（包括卷收器，内、外固定点）等的强度分析。

（2）**服务载荷** 包括千斤顶工作时的载荷，吊挂、拖拽、装运时的载荷和车门下垂载荷作用下的强度和刚度分析。

（3）**NVH性能方面** 包括模态分析、总体静刚度和点机械导纳（Point Mobility，包括各座椅安装处，前、后悬架支座，车前端副框架前、后支撑，左、右发动机支撑等处）分析。

（4）**耐久性方面** 包括应力和疲劳分析。

在安全性方面，为了车身结构能满足各种安全性标准，构件必须具有特定的强度和大变形时吸收能量的能力,尤其是前纵梁必须能按希望控制的方式折叠(压扁),而且在给定的平均碰撞力下走过一定的位移(图3-22),使其吸收更多的前碰撞能量。例如,如果纵梁是由5×××系列合金构造的,其屈服点远低于普通碳钢;为了达到与钢结构相当的纵向碰撞力,铝的前纵梁必须采用更厚的材料。图9-45表示了2mm低碳钢和3mm 5×××铝的纵梁碰撞力与碰撞变形的关系。可见,两种材料的平均碰撞力和吸收的能量大致相同,但由于

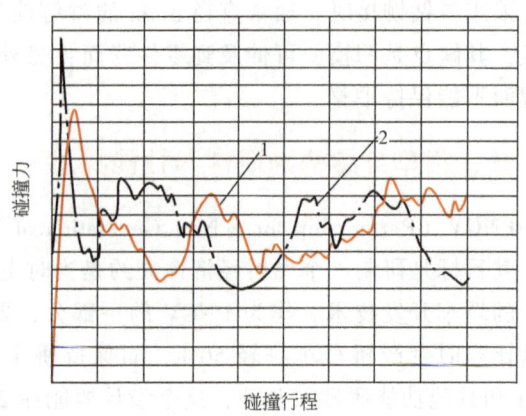

图9-45 碰撞力与碰撞变形的关系
1—厚度3mm的5×××铝 2—厚度2mm的低碳钢

铝板厚度是钢板厚度的1.5倍,而密度比仅为0.33,相当于铝单位质量吸收的能量约为钢的两倍。

另外,在铝纵梁碰撞中涉及焊接的牢固性。如上所述,铝焊点的强度大约是同板厚的钢焊点强度的1/3,所以即使铝的前纵梁的板厚是相同结构的钢纵梁的1.5倍,但在吸收同样的能量时,铝焊点的承载能力只能有钢焊点的一半。因此,当发生大变形时,铝纵梁的焊点可能开裂,从而损失吸能功能。例如,纵梁后段在碰撞时焊点开裂,则往往会出现弯曲折叠的模式,导致吸能不足。焊点牢固性对维持纵梁前段前碰撞的稳定性是很重要的,所以设计应要求在发生碰撞事故时能保持焊点的完整性,尤其对铝结构的焊点失效问题需要重视。曾经对四种纵梁截面几何形状(焊点位置)进行研究,如图9-46所示。研究表明,当纵梁碰撞时,焊点所受的力取决于纵梁折叠(压扁)的几何形状和翻边被推开的趋势。形状A由于翻边位于矩形截面的中线上,焊点所受的载荷最严重;形状B翻边移到矩形截面的角部,其焊点受力比A要小些;当翻边与截面壁成45°时,如截面C,焊点载荷更低;最低的焊点受力是在截面形状D的情况,即正方形截面时,但这可能在布置上有困难。如果在最有利的截面几何形状下还不能得到足够的焊点强度,则焊点连接强度和完整性只能由前述其他辅助连接方法来解决。

一般情况是靠增加板厚来保证铝车身的刚度和强度,但在一些关键高载荷部位,如悬架安装点、安全带固定点等,可以从材料的选择或采用铸件或挤压件来解决。

例如,NG5754-0合金铝用于屈服点和抗拉强度要求高的地方,而不要求强度的地方可用AA5754-0合金;成形性要求高的地方可用AA5754-0,通过选择板厚去调整强度。前、后纵梁安全性设计要通过形状和尺寸来调整其吸能性能。

在P2000的前端结构中引入了两个铝铸件,即前悬架支撑座和副框架的后支撑都设计为铸件。在布置空间受限、冲压的可行性受限以及高受力区,设计就会趋向于采用铸件。铸件与板件的连接往往采用自钻铆接或自钻铆接与胶接的结合。图9-47是P2000铸铝前悬架支座,铸件壁厚由上部拱形区域到下部与挡板及纵梁连接的区域,壁厚从10.0mm逐步变化到2.5mm,支座的内壁利用5mm×10mm的加强筋,以提高支撑

第九章 基于制造工艺和材料要求的白车身设计

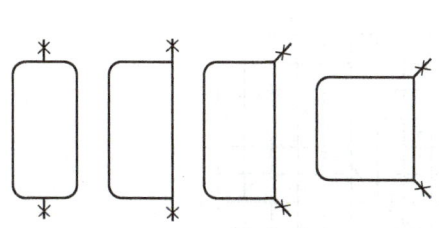

图 9-46 纵梁截面几何形状

图 9-47 P2000 铸铝前悬架支座

垂直刚度/重量的比率。由于铸件质量大,因此具有良好的局部刚度、低的点机械导纳和良好的耐久性。又如,采用带镀层的钢加强件,通过自钻铆接紧固于铝横梁内,以便用于将座椅牢固地紧固于地板。镀层阻止电化学腐蚀。

图 9-48 表示了 P2000 及 Contour 前座椅支撑处点机械导纳的比较。不是四个座椅支撑点的所有方向的刚度都超过 Contour,但平均看,铝车身大多数支撑位置有较低的传递率和高的静刚度。动力分析表明,局部地板振型与 Contour 的相似,但尖峰发生在频率较高处。

对设计的铝车身结构分析研究表明,与类似尺寸的钢结构车身比较,在质量大大减轻的情况下,铝结构车身可以获得良好的总体静弯曲刚度和静扭转刚度。图 9-49 是 P2000 铝结构和 Contour 钢结构白车身刚度(纵梁内侧)的分析值比较,P2000 的扭转刚度明显超过 Contour,而弯曲刚度相近。由于这个刚度和减轻的质量,铝车身结构大大提高了模态频率。

图 9-50 表示分析了不同材质的白车身结构前、后座椅处,频率在 20~100Hz 之间的行驶噪声,图 9-51 表示了前、后座椅处频率在 800Hz 以下噪声成分的测试数据(平均 1/3 倍频带)。可见,铝结构与钢结构大体相似。

总之,分析试验研究表明,铝车身结构能够达到钢车身的安全性、NVH、耐久性和其他车身性能要求,

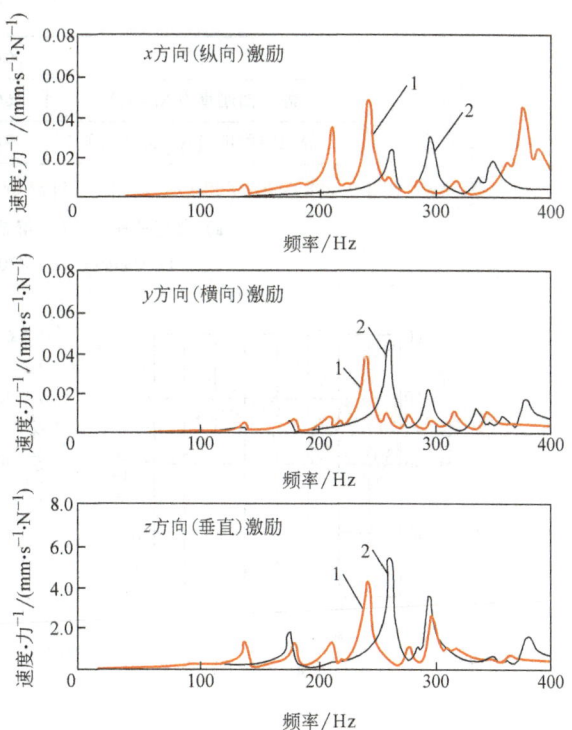

图 9-48 P2000 和 Contour 前座椅支撑结构的
点机械导纳比较

1—Contour 2—P2000

而重量只是钢车身 50% 的目标是可实现的,但如何实现大量生产尚需深入探讨。

此外,铝车身结构的效益之一是它可回收作为新产品原料,而且废料价值很高,可

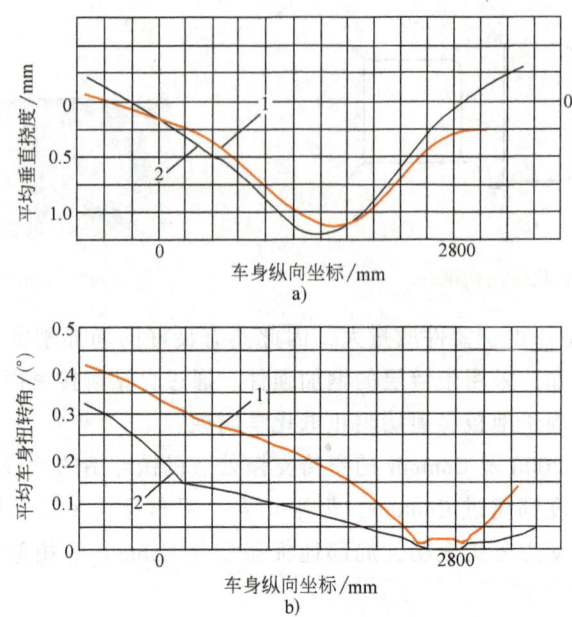

	Contour	P2000
静弯曲刚度/(N/mm)	6603.9	6900.5
静扭转刚度/[N·m/(°)]	9458.1	14794.1

图 9-49　P2000 和 Contour 白车身静弯曲和静扭转刚度的比较

a) 静弯曲刚度　b) 静扭转刚度

1—Contour　2—P2000

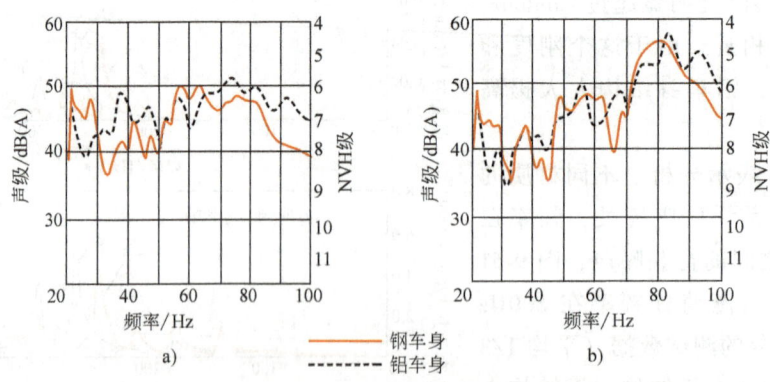

图 9-50　不同材质车身在前、后座椅处行驶噪声的比较

a) 前座椅处　b) 后座椅处

超过原始成本的 30%；这是因为冶炼铝时，由于能量的高消耗使加工成本很高，而熔解铝废料并回收它成为新的坯料所需能量不到冶炼时所耗能源的 10%。当然，要保持废料的价值必须注意按材料的系列分离废料。

图 9-52 是在最终装配台上的 P2000 车身结构。

第九章 基于制造工艺和材料要求的白车身设计

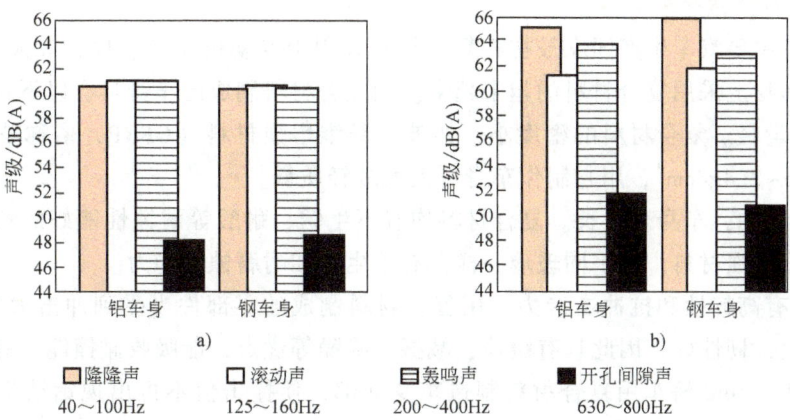

图 9-51 钢车身与铝车身在前、后座椅处行驶噪声的比较（测试数据）
a) 前座椅处　b) 后座椅处

图 9-52 在最终装配台上的 P2000 车身结构

第三节 复合材料车身

一、复合材料

自 1953 年在汽车上第一次使用塑料以来，塑料以其独特的性能优势作为汽车车身的内、外饰件的主要材料迅速得到普及应用。后来随着纤维增强复合材料的出现，又使得塑料在车身上正在代替钢板用于车身的板件和结构件等。

塑料按用途和力学性能可分为通用塑料和工程塑料。通用塑料是那些用途广、产量大、价格低廉的普通塑料；工程塑料是指那些具有一定机械强度及其他一些特殊性能的增强塑料，特别是纤维增强复合材料，是由两种或两种以上化学本质不同的组分合成的材料。其结构为多相，一类组成相是以聚酯树脂为基体，起胶接作用；另一类组成相为纤维增强相，用以增强材料的力学性能和提高材料的比强度、比刚度等。

复合材料按性能分类，可分为功能型复合材料和结构复合材料两种；按基体分类，可分为高分子基（PMC）、金属基（MMC）和陶瓷基（CMC）复合材料；按增强相的种类、形状分类，可分为颗粒状、层状和纤维增强复合材料。纤维增强复合材料应用最多，高分子基的纤维增强复合材料通常称纤维增强塑料（FRP），金属基的纤维增强复合材料称纤维增强金属（FRM），陶瓷基的纤维增强复合材料称纤维增强陶瓷（FRC）。

（一）复合材料车身特点

世界各主要汽车生产国家最初将复合材料只用于发动机舱盖、顶盖等大型覆盖件，近年来在车身上采用复合材料的越来越多。用复合材料制成的车身具有以下特点：

1）质量轻。复合材料的密度小，如玻璃纤维增强材料（GFRP，俗称玻璃钢）的密度为 $1.6 \sim 2.4 \text{g/cm}^3$，用它制作车身可大大减轻质量。

2）耐腐蚀，车身寿命长。复合材料均有不生锈、耐酸等耐蚀性能好的特点，特别是玻璃纤维增强材料，几乎同玻璃一样具有不生锈和耐腐蚀的能力。

3）具有高韧性和抗冲击能力。用复合材料制成的零部件当受到冲击力的作用时，塑性变形大，韧性好，因此具有缓冲、减振、降噪等优点；能吸收碰撞能，有利于保护乘客。例如，Ford 轿车用复合材料制造车身前部，使撞击值不再出现钢结构车头中大的尖峰值，如图 9-53 所示。

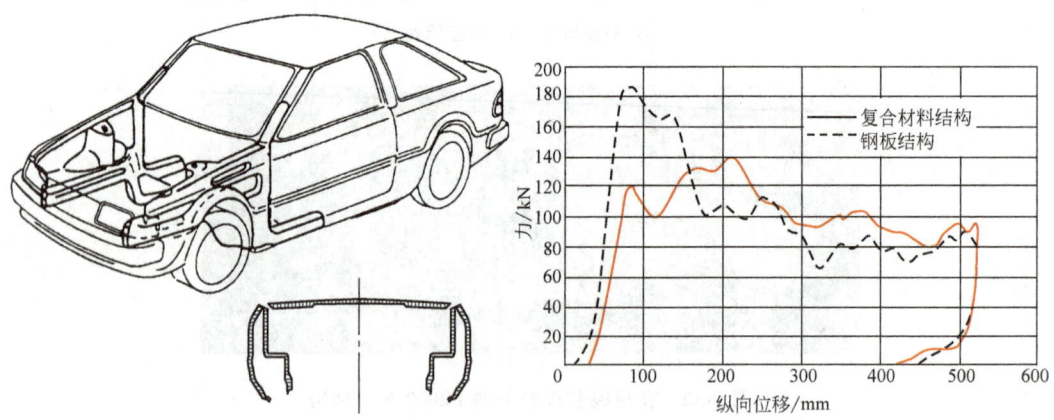

图 9-53　车身前部的撞击值（Ford）

4）保温隔热性好。除碳纤维增强材料外，复合材料的导电、导热能力差，所以能起到很好的保温、隔热作用。

5）成型性好。由于纤维增强材料（FRP）的流动性和层压性好，使车身表面可制成形状各异的曲面，既满足车身外形的艺术造型要求，又减小了空气阻力。

6）车身部件大型化。应用复合材料可以制造集许多单一零件和功能于一体的多功能部件，或大型整体部件，从而减少零部件数量，简化车身装配工序，提高部件刚性和造型整体性。

7）着色性好。

8）材料利用率高。

（二）车身用复合材料

在车身上使用最多的复合材料是玻璃纤维增强材料（GFRP）和碳纤维增强材料（CFRP）。

1. GFRP 的主要特点及其应用

GFRP 与金属材料相比具有质量轻，比强度、比刚度高，耐腐蚀性能好等优点。详见表 9-12。

第九章 基于制造工艺和材料要求的白车身设计

表 9-12 几种材料的强度特征对比

材料种类	密度 $\rho/(g/cm)$	抗拉强度 σ_b/MPa	抗拉弹性模量 E/MPa	比强度 $\dfrac{\sigma_b/MPa}{\rho/(g/cm)}$	比刚度 $\dfrac{E/MPa}{\rho/(g/cm)}$
高强度钢	7.8	700~1400	210000	90~179	26900
硬 Al	2.7	500	73000	189	27000
GFRP（单向增强）	1.6~2.4	1200~1600	41000~140000	570~1000	19500~87500

使用 GFRP 的零部件主要有：车身外板零件，如发动机舱盖、车顶盖、行李舱盖、前围护板、灯罩及保险杠等；车内板件，如轮罩（挡泥板）、门窗内装饰框及变速杆等。

2. CFRP 的特点及其应用

CFRP 的主要原料与 GFRP 基本相同，只是所用增强材料为碳纤维而不是玻璃纤维。碳纤维由人造丝、沥青、聚丙烯等原料制成。

与 GFRP 相比，CFRP 密度低（为 $1.38g/cm^3$），而抗拉强度高，耐蚀性、耐磨性好，有一定的减振和隔振性能（只是耐冲击性、耐热性较差）。CFRP 用于汽车上是比较理想的，故广泛应用于汽车的各类板件、壳体件，各种支架、托架和许多重要的结构件。纤维增强复合材料甚至用来制造全塑车身。

二、复合材料车身开发

为了汽车结构的轻量化，世界汽车工业和材料业长期以来做了许多努力。例如，美国先进汽车技术能源事务部（Department Of Energy's Office of Advanced Automotive Technology，DOE/OAAT）和美国汽车研究委员会（United States Council for Automotive Research，USCAR）联手从事汽车结构的先进材料、加工方法和装配技术的开发研究项目。其重要项目之一，就是关于结构用复合材料的技术开发。这个任务由 USCAR 下设的汽车复合材料委员会（Automotive Composites Consortium，ACC）承担，开始于 20 世纪 80 年代末。

研究显示，玻璃增强复合材料结构件比传统的钢结构件重量可以减少至少 30%；而最可选的材料是碳纤维复合材料，其减重的潜力可达 60%。因此，DOE/OAAT 决定采用先进的碳纤维复合材料作为结构轻量化的目标，挖掘减重的最大潜力和实现相应成本的降低。

ACC 的研究焦点是复合材料研究、加工方法研究、装配技术和碰撞能量管理研究。项目分三个阶段完成。

第一个阶段包括：
1) 构造概念方案。
2) 有限元分析和在刚度指标约束下的结构优化，选出一个概念白车身。
3) 在各种载荷条件下的详细有限元分析和结构优化，以加强车身结构。
4) 提出对材料的基本要求和对加工方法研究的要求。

5）确定所必需的进一步技术研究的内容。

第二个阶段主要是集中在：

1）材料的开发和增强。

2）量产技术研究。

这个阶段是对最具有挑战性的少数零部件，或为体现轻量化需大规模使用碳纤维复合材料的大量结构进行研究。为此需要设计工、夹具，加工和安装工、夹具，并按第一阶段提出的要求进行样品试制；要考虑大量生产和价格竞争；还要对加工出的零部件进行抽样性能测试等。

第三个阶段，完成其他装备及白车身部件加工。

Daimler Chrysler、Ford 和 General Motors 三大汽车公司作为 ACC 的合作研究伙伴，共同完成了第一阶段的项目内容，即设计和分析增强复合材料白车身结构。首先要确定第一阶段的研究目标和关键技术，然后由下设梯队、ACC 工作组、DOE/OAAT 基金提供者和关键供应商共同进行研究。本节只介绍第一阶段的工作，即简介白车身的设计和分析。

（一）项目目标要求

1）可以进行每年 10 万辆以上的大量生产。

2）比钢结构白车身至少可减轻 60% 的质量。

3）与钢结构的参考白车身有相同的布置空间。

4）与钢结构的参考白车身有相同的，或更大的静弯曲和静扭转刚度性能。

5）满足使用寿命（耐久性）要求。

6）制造成本（价格）与参考车型比较是可行的、可比的。

白车身动态碰撞分析没有进行，因为当时缺乏分析工具和复合材料车身的经验数据。

参考的基本钢结构车型是 Daimler Chrysler JA，其质量、性能指标和新设计目标见表 9-13。

表 9-13 增强复合材料白车身指标要求

指标	钢结构白车身	增强复合材料白车身
质量/kg	262	105
静弯曲刚度/(kN/mm)	5.2	≥5.2
静扭转刚度/[kN·m/(°)]	8.5	≥8.5

（二）白车身的初步设计和分析

1. 构造概念方案

大量时间和精力是用于第一阶段，即要产生新颖的复合材料白车身概念方案。

最初方案研究时，就对所有构造的方案进行分析和优化，但这个阶段的模型只约束总的几何外形，不考虑连接翻边等小于 10mm 的细节特征，即结构的细小形状被简化掉；所有方案材料性能相同，即采用碳纤维复合材料；刚度指标作为优化的约束条件（先不考虑其他条件）；优化目标是质量最小化。板厚 t 的约束范围是：$1.5\text{mm} \leq t \leq$

10mm；优化前整个结构的板厚是10mm，通过拓扑优化程序计算，根据应变能密度调整材料的分布。优化过程反复迭代，直到收敛为止。根据优化结果，并参考各方面专家的意见，对材料、加工方法、连接技术及碰撞能量管理等进行综合考虑，提出如图9-54所示方案。这是在几个方案中初步选出的一种。有的方案虽然比图示方案刚度更高且质量更小（即刚度/质量更大），但由于门槛和立柱较粗，不利于乘员的进出，因而没有选用。

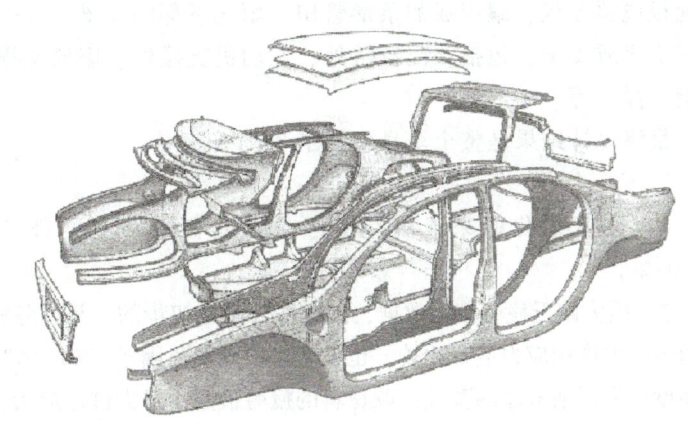

图9-54 增强复合材料白车身的概念方案

图9-55是在刚度约束下进行计算机程序自动优化所得到的概念方案模型的零件板厚的组成，不同深浅度表示不同板厚，厚度范围是1~10mm。

图9-55 概念方案模型的零件板厚度组成（1~10mm）

2. 方案的详细分析研究

白车身详细设计与分析方法基本与上述相同，所不同的是：
1) 必须对所有载荷下的性能（耐久性、滥用载荷和碰撞等）进行分析。
2) 模型要考虑细节，如插入件、粘接、悬架载荷和支撑载荷。
3) 要考虑碳纤维增强复合材料的组织结构和材料的利用率等因素。

严格说，自动优化只对刚度而言，而结构分析是全面考虑各种载荷工况；发现结构强度不足之处就需改进结构，一般是加厚材料；然后再计算分析，直到满足全部载荷要求。

由最初的方案做了许多有意义的修改，包括分割纵梁段，轮罩和后翼子板由侧围中分出等。大多数板采用不规则龟裂的碳纤维复合材料，芯层采用压合或编织成的板，用于地板或顶盖板；编织成的条形管用于填充下部的纵梁。在一些受力集中的部位采用了铝材支座或支架，包括在门铰链处、发动机支撑处、座椅支撑处、安全带固定机构处和悬架支撑处等。

最终设计结果是整个车身包括了 23 个部件。

3. 分析结果

1）刚度优化效果显著，使弯曲刚度和扭转刚度都超过了指标，分别为 12% 和 103%。

2）因为缺乏疲劳载荷数据，耐久性分析是初步的，是以各种载荷工况下的各零件峰值应力与最大许用应力进行比较，也就是以极限载荷因子（如"G"载荷）作用于各种工况的静强度作为评估寿命的基础；取材料的疲劳极限为最大许用应力。分析结果是除了个别支座附近可能超过最高疲劳极限，一般都没有达到，甚至大大低于许用应力，说明减轻质量还有可挖掘的潜力。

3）滥用载荷。一般严重的是发生于车门过分开启时，所以需要集中分析车门过分开启的工况，检查车门发生下沉的情况；还要计算加强铰链连接的铝板及其附近的应力。分析表明，最大应力峰值是位于靠近 B 柱上车门限位杆的作用区，但是其值低于许用应力。

4）模态分析。由于新设计的复合材料白车身的刚度，特别是扭转刚度，大大超过要求的刚度指标，而质量却大约只有钢结构车身的 40%。因此不言而喻，其模态频率大致达到目标频率的两倍，扭转和弯曲模态频率分别为 60.5Hz 和 63.4Hz。

5）安全带拉力。安全带作用的最高应力区是在地板中央通道周围的安全带插座处。B 柱强度没有问题，某些高应力区在 B 柱下段后侧，而且是由于计算时施加了约束所造成的。

6）碰撞分析。因为当时缺乏碰撞模拟分析工具和复合材料车身的经验数据，没有进行白车身动态碰撞仿真分析。但是为了评估车室是否耐撞，进行了前碰撞和顶盖挤压研究，采用了惯性释放技术评估抗撞性，计算车室需要追加的质量。以 33% 的材料强度极限作为极限载荷对结构的储备安全稳健性（Robustness）进行了评价。对结构前碰撞性能采用了两个评价标准，即车室的稳定性、完整性和纵梁碰撞的可控性。计算结果表明，车室的结构应力没有超出许用应力（材料静强度的1/3）。前纵梁的稳定性体现在碰撞力作用点后方纵梁段的应力小于静强度的一半，而且沿截面均匀分布。

静态顶盖挤压表明，复合材料各层中的应力都低于许用应力；但在接近载荷作用点处，芯层的局部应力可能不满足顶盖挤压条件。

7）零件厚度。板厚优化表明，减重的效果是惊人的，其中最明显的是车身侧围内、外板，板厚减薄了，而且零件厚度变化非常急剧，这会给加工带来麻烦。

8）白车身的质量。预测白车身结构总质量为 86.2kg，达到了减重 60% 的目标。

可见，采用纤维增强复合材料是实现汽车轻量化的有效手段，但必须综合考虑对车身设计性能的要求，以及如何解决大量生产的问题。因此，需要加强对材料和加工方法

的研究。由上述的设计和分析结果表明,主要的制造要求包括:

1) 大的复杂件厚度不得小于 1.5mm,且零件内区段厚度变化不得太大,应控制在 1.5~8mm 范围内,以便减少废品率。

2) 对于不规则龟裂碳纤维复合材料,纤维量至少需要 40%;零件材料性质要稳定。

3) 尽可能缩短成型周期,以便提高生产率。

降低成本的模型也是根据这样的思路,去提高设计成本效益,即低的废品率、先进的自动加工方法以及低价格的碳纤维,这些技术都正在研究之中。但是成本竞争力究竟如何尚有待探讨。

第四节 车身产品精度和定位参考系统

提高车身产品尺寸精度必须从产品设计开始,贯穿于整个产品开发过程。

一、车身产品综合尺寸精度要求

1. "2mm 工程"的意义

车身工程是个庞大而复杂的系统工程,从设计到制造的每个阶段都影响车身的综合尺寸精度。例如,车身设计的尺寸偏差,冲压工艺参数、模具磨损、回弹等构成的冲压件尺寸偏差,装配夹具定位、夹紧元件磨损或夹具设计不合理而形成的装配件尺寸偏差,焊接规范不合理或材料性能问题而带来的焊接变形等,都会影响车身的综合尺寸精度。据 1997 年 J. D. Power 对全世界汽车产品质量关键问题调查评估的报告显示,有 41%的汽车产品质量问题是由车身制造尺寸偏差所造成的。

为获得大量生产时零部件的互换性和满足客户对产品的要求,车身产品尺寸精度问题一直是困扰汽车行业的问题。尤其是在当今结构轻量化的要求下,为了减轻重量,当略有超载或制造偏差时就可能丧失功能,失去安全性和耐久性。例如,车门与门框配合偏差直接影响车门的关闭性能,影响密封性,引发风噪声,影响外观,因而影响产品价值,失去市场竞争力。20 世纪 80 年代末,美国轿车车身的综合尺寸偏差为 7~8mm,显著低于日本的 2mm 水平,为此而失掉了近 30%的国内市场份额。在这种情况下,90 年代初,由美国密歇根大学吴贤铭"先进制造技术中心"发起,并在美国商业部和企业资助下开展了车身制造"2mm 工程"研究,在短短三年内就使车身制造水平赶上了世界先进水平,制造偏差由 7~8mm 减到 2mm,迅速夺回了市场份额。可见,产品质量是企业的生命和赢得市场的关键。

2. "6σ"质量工程的概念

在 CMM (Coordinator Measuring Machine) 坐标测量系统下,一批白车身上同样的一个尺寸检测点所测得的数据可被认为是一个随机变量,并且大量的实践经验与理论分析表明,测量误差服从正态分布。若随机变量 x 服从正态分布,则 x 的概率密度为

$$f(x) = \frac{1}{\sqrt{2\pi}\sigma}\exp\left[-\frac{(x-\mu)^2}{2\sigma^2}\right] \tag{9-1}$$

式中,μ 为均值;σ 为标准差。

$$\mu = \frac{1}{n} \sum_{i=1}^{n} x_i \qquad (9\text{-}2)$$

$$\sigma = \sqrt{\frac{1}{n} \sum_{i=1}^{n} (x_i - \mu)^2} \qquad (9\text{-}3)$$

$f(x)$ 曲线（图 9-56）有如下特点：

1) 曲线对称于 $x = \mu$。

2) $f(x)$ 最大值在 $x = \mu$ 处，为 $\dfrac{1}{\sqrt{2\pi}\sigma}$。

3) 在 $(-\infty, \mu)$ 内单调递增，$(\mu, +\infty)$ 内单调递减。

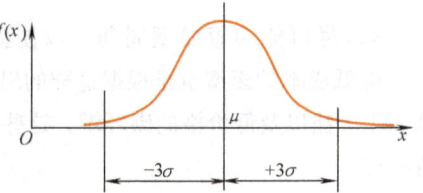

图 9-56 尺寸数据的正态分布

经过计算，分别在 μ 附近 σ、2σ、3σ 范围内对 $f(x)$ 积分，有下面的等式

$$\frac{\int_{\mu-\sigma}^{\mu+\sigma} f(x)\,\mathrm{d}x}{\int_{-\infty}^{\infty} f(x)\,\mathrm{d}x} = 68.26\%, \quad \frac{\int_{\mu-2\sigma}^{\mu+2\sigma} f(x)\,\mathrm{d}x}{\int_{-\infty}^{\infty} f(x)\,\mathrm{d}x} = 95.46\%, \quad \frac{\int_{\mu-3\sigma}^{\mu+3\sigma} f(x)\,\mathrm{d}x}{\int_{-\infty}^{\infty} f(x)\,\mathrm{d}x} = 99.73\%$$

上述百分数表明，在正态分布下，几乎所有的点都落在 6σ 的范围内。

因此，如果产品某检测点名义尺寸为 x_0（$=\mu$）按正态分布的原则，其容差可取为 $\pm 3\sigma$，如图 9-57 所示，分等级如下：

$\|x - x_0\| \leq \Delta x / 3$	为 A 级精度	约占 68.3%	（优）
$\Delta x / 3 < \|x - x_0\| \leq 2\Delta x / 3$	为 B 级精度	约占 27.2%	（良）
$2\Delta x / 3 < \|x - x_0\| \leq \Delta x$	为 C 级精度	约占 4.2%	（合格）
$\|x - x_0\| > \Delta x$	为 D 级精度	约占 0.3%	（不合格）

可见，σ 是衡量测量数据稳定性或重复性（Repeatability）的重要参数；"2mm 工程"的实质就是控制 $6\sigma \leq 2\mathrm{mm}$。$\mu$ 是这些点测量数据的平均值，反映了集中趋势。均值 μ 离目标值（名义尺寸）偏差越大，则误差越大。图 9-58a 中，均值为名义尺寸 x_0（$=\mu$），曲线 1 比曲线 2 的 6σ 小，所以曲线 1 的精度高；而在图 9-58b 中，

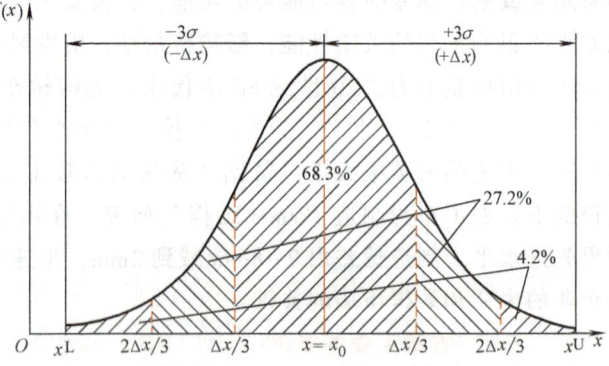

图 9-57 测量数据等级分布特性

测量值（曲线 1 和曲线 2）的均值都偏离名义尺寸，曲线 2 的 6σ 虽较大，但均值偏离名义尺寸小，因此曲线 2 的精度较曲线 1 的精度高。

基于上述，要想获得高精度产品，既要使波动小（6σ 小），又要使均值偏差小。一般来说，减小偏差要比减小波动容易些，因此更要注重对减小 6σ 的研究。

第九章 基于制造工艺和材料要求的白车身设计

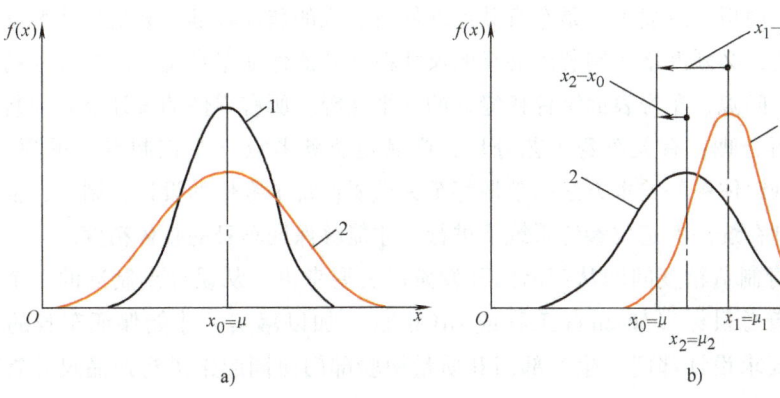

图9-58 产品尺寸的波动

3. 车身产品质量评价指数

车身产品质量评价指数，也称持续改进指数CII（Continuous Improvement Index）。假设轿车车身上布置有 m 个检测点 P_1、P_2、$\cdots$、P_m，每个检测点一般有 x、y、z 三个检测方向。在同一段时间内，对每一个检测点三个方向检测 n 次（n 台车），得到 n 组检测数据。分别求出每一个检测点在 x、y、z 三个方向的波动水平 6σ 值，然后对 $3m$ 个 6σ 值进行非递减排序，得到一组新的 6σ 系列 $6\sigma_1 \leq 6\sigma_2 \leq \cdots \leq 6\sigma_{3m}$，求出该系列第95%个（取整数 N）所对应的值 $6\sigma_N$，称其为持续改进指数CII，是美国"2mm工程"中旨在促进车身产品质量持续改进而引进的一个车身产品质量波动水平的评价指数。

在图9-59中，横坐标代表按每个检测点 6σ 值排序后的序号百分位，纵坐标为相应序号的 6σ 值。根据CII的定义可知，CII在促进车身产品质量的持续改进方面有着积极的意义，因为它简单明了地指出了产品质量改进的方向；到底车身的哪些部位波动较大，哪些部位有待改进，这些都可以在CII曲线图上找到答案。图中取第95百分位的 $6\sigma_N$ 值为CII，是因为考虑到CMM检测中可能存在大约5%的偶然因素。

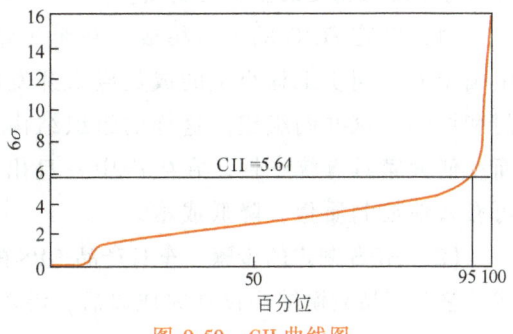

图9-59 CII曲线图

上述"6σ"和CII概念应体现于（运用于）产品开发（设计和制造）的全过程。

二、车身产品尺寸管理

为了保证产品质量，国外各大汽车公司都设有尺寸管理部门（Dimensional Management），其主要任务是将客户对产品质量的要求转变为尺寸目标，包括GD&T（Global Dimensioning and Tolerance 总体尺寸和精度），将精度目标分派到各级，制定定位参考策略和进行精度优化等。

车身精度主要是指车身零件的尺寸精度、几何精度和装配精度。也就是说，除了零件的外形精度要求外，还须有安装硬点的装配尺寸精度要求。尤其是作为装配基础的部件，如地板总成、门内板分总成等，是车身其他部件或总成的装配基准。装配尺寸精度是由装配夹具来保证的，必须严格控制装配夹具的尺寸精度才能保证车身总装后的尺寸精度，如门与门框的配合间隙、车身表面零件接缝处的齐平度等。所有零件的设计公差和装配调整公差都要制定得合理；有关车身工艺分块，产品定位参考点（主控制点）的逐级设计，车身制造精度分解体系等技术方法的掌握都至关重要；每个零件的设计、制造、检测和装配都要努力做到在统一的定位参考系统下进行，才能够保证车身的整体精度。

可见，车身制造精度问题从产品的开发阶段就要考虑。从设计到制造的每个工艺过程，都要围绕着总目标（如 2mm 工程或 CII 指数）加以落实，才能保证车身的总体装配精度。这就要求设计部门、生产部门和质量检验部门协同起来进行产品尺寸管理，共同开发创建产品的质量保证体系全过程。有些企业将以上工作分配给尺寸管理的专门人员来做。

三、车身制造定位参考系统设计和运用

1. 定位参考系统（或主控制点）设计

定位参考系统，英文称 RPS（Reference Point System），又称主控制点 MCP（Main Control Point），或 PLP（Primary Location Point），以下统称 RPS。RPS 是按产品结构分块，按冲压件和焊接总成件尺寸特性的等级划分，以及按产品制造过程中精度（或误差）传递情况，在零件、合件、分总成和车身结构总成图样上逐级设计选定的产品定位参考系统或精度的主要控制点。

（1）制定 RPS 的人员构成　在组织结构方面，定位参考系统是由同步工程小组确定的。同步工程小组的成员应由开发部门、质量保证部门、生产部门、规划部门和协作厂家共同组成。这样的组织结构可以保证在产品的设计开发中兼顾各个方面，使大家具有统一性。在生产中一旦出现问题，查找目标清晰，解决问题快捷，可有效地控制质量，降低成本。

（2）RPS 制定的步骤　车身产品 RPS 的确定应是在车身各级冲压件、合件、分总成及整个产品数模结构设计完成以后，沿着整车——白车身（包括车身结构件和闭合件）——各大总成（包括底架、侧围、顶盖等）——各级分总成——各零件的顺序，即从总体的尺寸和精度出发，自上而下地提出要求。

对产品设计师来说，首先必须按如下步骤完成好各自设计图样的 RPS、尺寸公差和技术条件的制定：

1）产品的功能研究。首先要对产品零件的自身及其周围零件的关系加以研究，确定零件的要素及其功能，按照功能的重要程度将功能排序。

2）产品的公差研究。在保证产品的功能要求下确定产品的公差要求，即确定尺寸公差和几何公差的特征项目以及公差等级。公差要求要兼顾制造、安装和检测要求。

3）本设计图样 RPS 的制定。必须按零件要素的重要性和公差要求确定零件的 RPS，并填入 RPS 尺寸图表中。这是产品图样完成之前具有约束力的指导性文件。定位

基准的确定需得到同步工程小组的认可。

4) 产品的公差计算。在进行产品的公差计算时,应当充分利用 RPS 来保证设计目标的实现。

5) 画出产品图样。将以上各个阶段的研究结果按照机械制图标准、公差标准的注法画出正式的产品图样。

(3) RPS 的 3—2—1 规则　刚体在空间有 6 个自由度,即沿着三个坐标轴的平动和绕着三个坐标轴的转动。因此,在加工时,确定刚体的空间位置需要用 6 个定位点来限制其自由度。在直角坐标系下,用 3 个定位点确定一个坐标基准面,再用 2 个定位点确定第二个坐标方向,再用 1 个定位点确定第三个坐标方向。这就是 3—2—1 规则。

如图 9-60 所示:A_1、A_2、A_3 点确定了 Oxy 平面,限定了零件在 z 方向的移动;B_1、B_2 点确定了 x 轴方向,并限定了零件沿 y 轴方向的移动;C 点限定了零件沿 x 轴方向的移动。6 个 RPS 点将零件加工时的位置固定在夹具上。

对有安装孔的零件,通常将孔心设定为 RPS 点,一个孔心可以限定两个自由度。例如,图 9-61 所示的例子只需要四个 RPS 点即可定

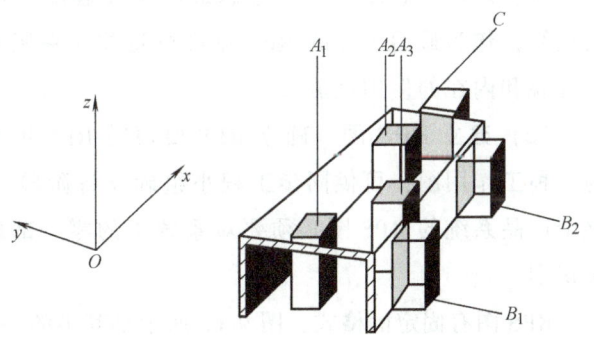

图 9-60　3—2—1 规则

位:即 A_1、A_2 点与 F 平面上的 H 孔心和 B 孔心,前三点既定义了零件的 Oxy 平面,限定了零件在 z 方向的移动,又限定了在 x、y 方向的平移;B 孔心限定零件绕 z 轴的转动。

对于刚度不足的大型冲压件,在保证 3—2—1 规则的前提下还需要附加定位点(称副定位点)来防止定位时零件不稳定或加工时产生变形。3—2—1 规则适用于绝大部分任意形状的零件,但也有个别情况不适应,如球体只需要沿三个坐标轴方向的 3 个 RPS 点;旋转体需要 5 个

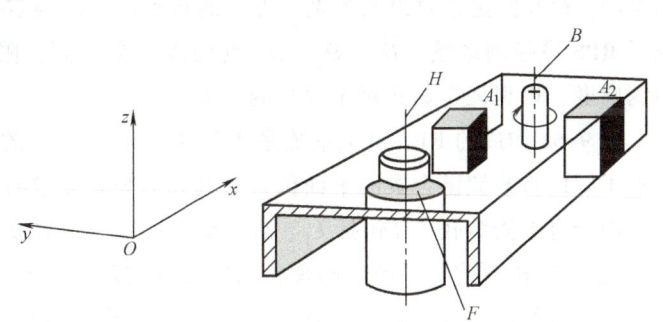

图 9-61　将孔心作为 RPS 点

RPS 点;对两个或两个以上的构件用铰链连接组成的部件,定位时需要的定位点多于 6 个等。

(4) RPS 的"统一性、连续性"　RPS 应尽可能在统一的车身坐标系下制定,避免因通过基准的转换而影响产品的精度。

从产品开发阶段直到产品生产出来，对 RPS 统一性的要求应当贯彻始终。在产品图样上制定的 RPS，在后续的制造、装配工序中应遵循并尽可能重复利用。即便是在基于同一车身平台下的系列化设计时，"模块式"的结构设计中也必须考虑以产品主控制点的设计为主线来确定各构件的产品设计和工艺定位基准，确保车身在制造工艺上精度传递的稳定性。需要指出的是，RPS 点不是全部一直在用，有些保证零件加工刚度的辅助 RPS 点（副定位点，如夹具夹紧点）在下一个工序时可能就不会再用，而原先的副控制点也可能成为下一个装配工序上的主控制点。因此，RPS 的统一性、连续性原则使白车身的各级 RPS 点按从下（零件加工）到上（系统装配）逐级保留或转变为副定位点的方式相应传递和减弱；如此直到在车身结构总成最后焊装时，以动力总成和底盘各总成的重要装配孔位和影响整车外观光顺度的重要型面边缘，作为最后工序的 RPS 点进行定位、夹紧和安装，测量时，就可以满足整车的外观和内在的使用性能。

(5) 建立 RPS 图　确立 RPS 要填写 RPS 尺寸图。该图是在完成正式图样之前的一种工作用图，可供同步工程小组确立各阶段 RPS 时填写文件和讨论使用。建立整个产品系统的 RPS 图必须要对系统中的零、部件统一编号，统一规定命名，以便于识别。

RPS 图有固定的格式，图 9-62 所示是其中的一种。

2. 车门系统的定位参考系统示例

图 9-62 以一轿车车门内板总成为例说明 RPS 的建立；图 9-62 的 X 向视图表明了车门铰链合页安装部位等是如何设计和应用定位参考系统来体现其精度要求的。

图 9-62 是在汽车车身的总体坐标系下给出 RPS 点坐标值的。A_1、A_2、A_3 点定义了测量时的一个坐标平面，该平面选为门内板的 J 平面；孔 B 限定了车门沿两个坐标方向的移动；C 孔限定了对第三个坐标方向的转动；因此限定了构件的全部六个自由度，构成了 RPS 主控制系统。D_1、D_2、D_3 点构成一个平面，限定其相对于基准 A、B、C 的面轮廓度，以保证车窗相对于内板的位置度。

图 9-62 构成的 RPS 定位系统是零件图样标注尺寸的基准。图 9-62 中的 X 向视图展示了门内板装铰链合页的平面位置，其几何公差要求有合页底板贴合面的面轮廓度公差和四个合页安装孔 L（包括 L_1、L_2、L_3、L_4）的位置度公差，它们的测量基准是图 9-62 中定义的 RPS 定位系统。同理，门内板安装门锁的平面位置精度要求、安装玻璃升降器的位置精度要求和玻璃导槽的安装孔位置精度要求等，也都是统一在选定的 RPS 定位系统中。

图 9-63 所示为车门外板的 RPS 定位系统，可以看出，这里主控制的是门外板的轮廓线，包括接近门缝线的 A_1、A_2、A_3 点位置、门缝线上点 C_1 的前后位置和腰线平台 B_1-B_2 高度位置；门下角相当 A_2 高度的 D_1 点位置主要是对外板表面轮廓度的公差要求。

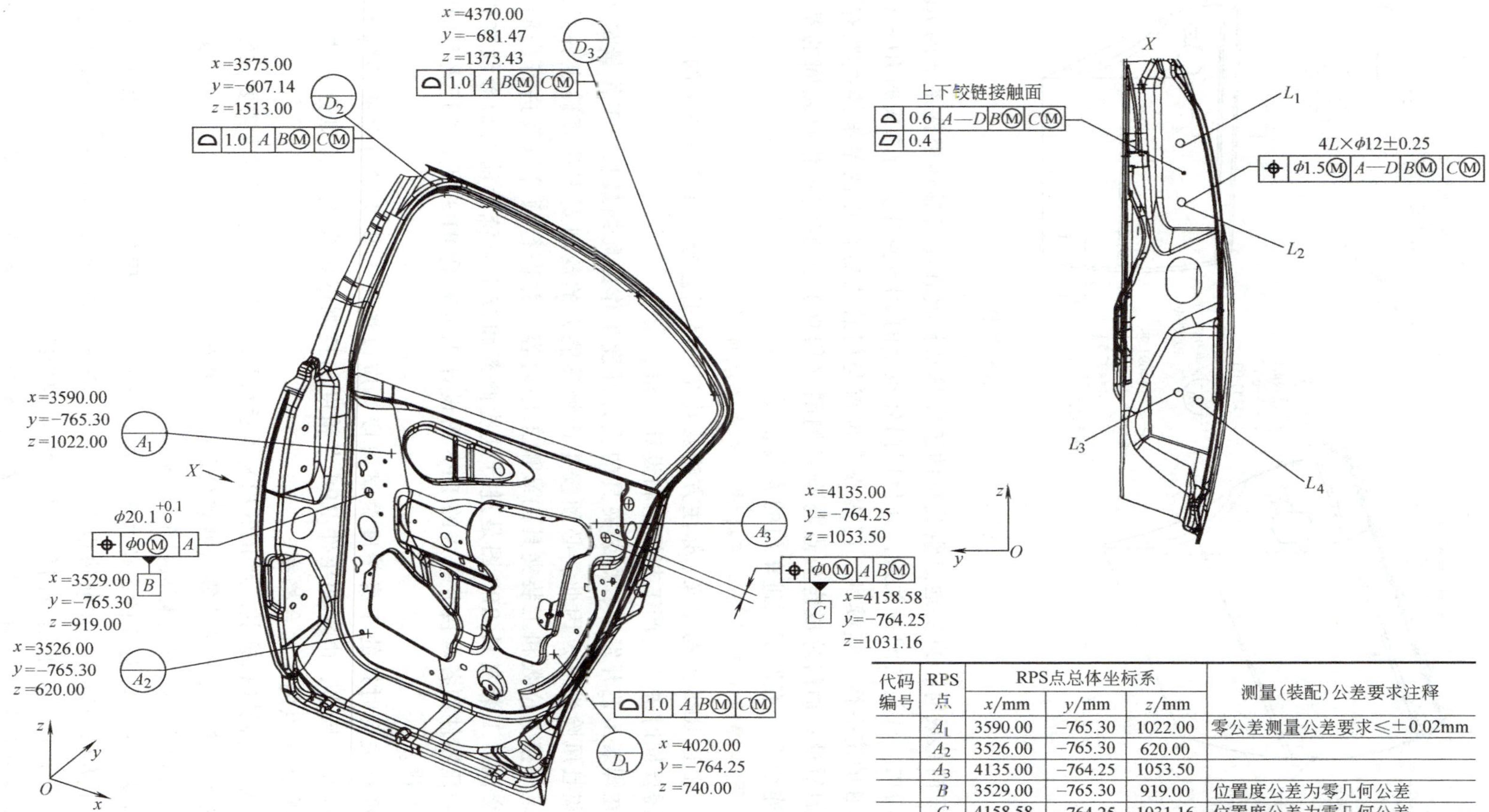

第九章 基于制造工艺和材料要求的白车身设计

图 9-62 车门内板 RPS 尺寸图

代码编号	RPS点	RPS点总体坐标系			测量(装配)公差要求注释
		x/mm	y/mm	z/mm	零公差测量公差要求≤±0.02mm
A_1		3590.00	-765.30	1022.00	位置度公差为零几何公差
A_2		3526.00	-765.30	620.00	位置度公差为零几何公差
A_3		4135.00	-764.25	1053.50	面轮廓度公差值1.0mm
B		3529.00	-765.30	919.00	面轮廓度公差值1.0mm
C		4158.58	-764.25	1031.16	面轮廓度公差值1.0mm
D_1		4020.00	-764.25	740.00	
D_2		3575.00	-607.14	1513.00	
D_3		4370.00	-681.47	1373.43	

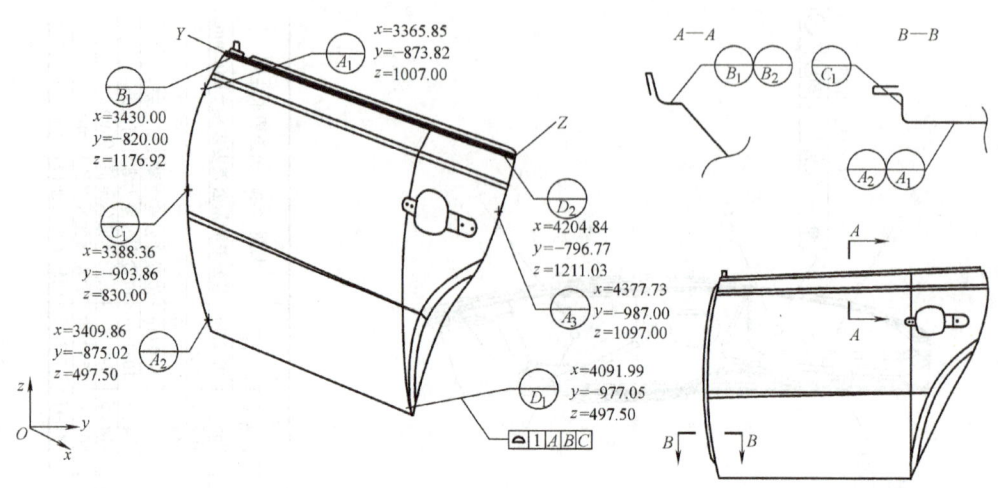

图 9-63 车门外板的 RPS 布置图

当组合车门总成时，只要通过组装台的工夹具来控制在车身整体坐标系下的 RPS 点，保证车门内、外板之间的关系，并保留门外板上的 RPS 点作为门总成的 RPS 点，就建立了 RPS 的统一性、连续性。门内板定位点与门总成定位点的基准连续性有助于改进车门的质量；而门总成定位点与车身侧围（门框）上铰链定位点之间的基准协调（RPS 连续性）有助于改进车门的安装精度。

3. RPS 图在焊接工装设计和车身调试过程中的作用

在掌握了上述 RPS 点的定义、标注方法及其在产品工艺分块和产品图上的尺寸传递原则后，需要同时进行生产工艺规划和设计工作。

例如，在焊装工艺开发中，焊装夹具的设计开发工作的周期最长，工作量最大，资金投入密集且风险性高。因此，必须按生产纲领能力的规划要求认真确定各总成的划分，确定焊接工位数和工装夹具的装配工序内容，并进行预算以及进行合同招标前的技术交流。工装夹具 RPS 图是进行这些商务和技术系统活动的指导性文件。因此，依据冲压零件和各焊接分总成的 RPS 图设计工装夹具 RPS 图是进行夹具设计的前期重要工作。

在生产准备关键时期的车身精度调试阶段，应以焊接工装及车身总成件的 RPS 点尺寸检测调整为核心，由对冲压件 RPS 点精度的控制逐级向上，检测分总成夹具和分总成件的 RPS 点的尺寸合格率。

图 9-64 为车身侧围总成主、副 RPS 检测点示意图。一般对主控制点最需要控制的方向（假设 x 方向）要求公差值为零（测量公差应 $\leq \pm 0.02$ mm），而取其他方向的公差要求为 $\leq \pm 0.2$ mm；副控制点的公差则放松至 ± 0.5 mm。

图 9-65a 为一种车门总成的定位方案。在外板上有三个限制内/外的夹紧点，有两处设置了上/下方向的定位，在前边设置了一个 x 方向（前/后）的定位点；这些定位点符合 3—2—1 原则，一般是原门外板的 RPS 点的延续。

图 9-65b 为车门悬挂于侧围的定位方案。在车身侧围 A 柱上设置了一个销子（控

第九章 基于制造工艺和材料要求的白车身设计

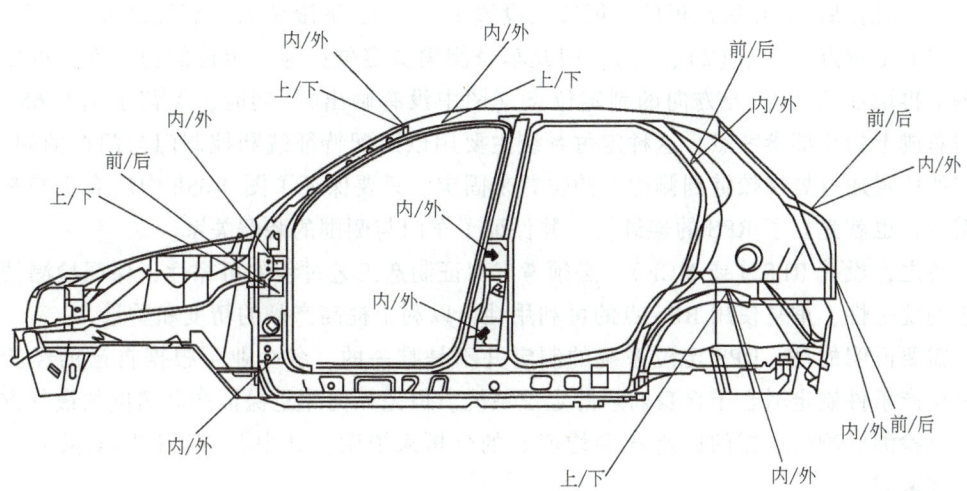

图 9-64 车身侧围总成主、副 RPS 检测点示意图

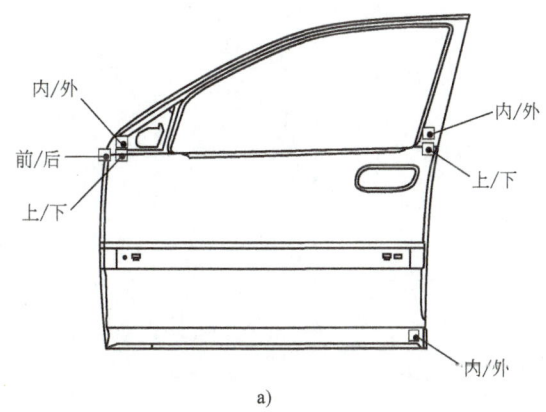

a)

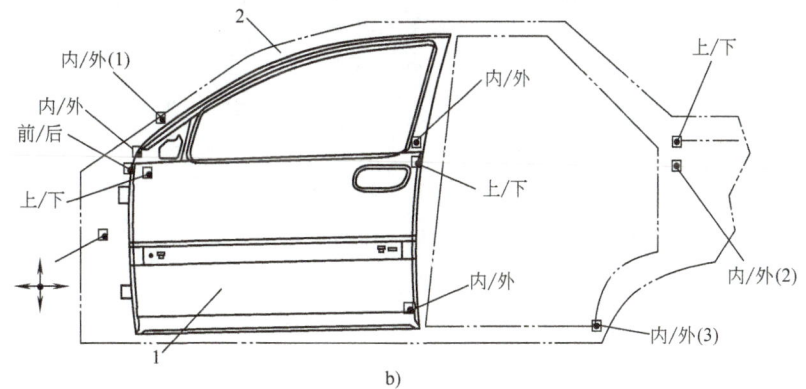

b)

图 9-65 车门总成和车身侧围总成 RPS 检测点示意图
a) 一种车门总成的定位方案 b) 车门悬挂于侧围的定位方案
1—车门总成 2—车身侧围

制上/下和前/后),在后挡板的特征线处设置了一个上/下限位点,而且设置了三个内/外方向的定位点(1)、(2)、(3),因此车身侧围被定位;为了定位的稳定性,可以在侧围上再增加几个内/外方向的副定位点(图中没有画出)。同时,保留了图 9-65a 中车门总成上的全部参考点,这种定位系统主要用以匹配特征线和控制门与门框的间隙。车门的位置通过焊接铰链到侧围上的位置来固定。只要保证了图 9-65b 中所有主控制点的精度,也就建立了 RPS 的连续性,并保证了车门与侧围的装配关系。

总之,设计 RPS(或 MCP),必须考虑保证制造工艺过程的可靠性,保证检测精度要求的统一性,重复使用 RPS 点的可利用性,以利于提高产品的精度和质量。

需要说明的是,RPS 定位系统的制定并不是唯一的,各企业可根据自己的经验和具体生产条件制定适合于自身需求的定位系统。但是如何才是保证产品精度的最佳方案需通过检测点测量数据的偏差 σ 和均值 μ 的分析来说明,并由并行工程团队共同研究确定和遵守。

最后,可以通过建立图 9-59 所示 CII 曲线来显示和评价车身精度,并寻找持续改进车身精度的方向。

参 考 文 献

［1］ 黄天泽，黄金陵. 汽车车身结构与设计［M］. 北京：机械工业出版社，1997.

［2］ 乐玉汉. 轿车车身设计［M］. 北京：高等教育出版社，2000.

［3］ 汽车工程手册编辑委员会. 汽车工程手册：设计篇［M］. 北京：人民交通出版社，2001.

［4］ 万钢. 让中国的汽车工业展翅飞翔［M］. 北京：机械工业出版社，2002.

［5］ 吴亚良. 现代轿车车身设计［M］. 上海：上海科学技术出版社，1999.

［6］ 施普尔，克劳舍. 虚拟产品开发技术［M］. 宁汝新，等译. 北京：机械工业出版社，2000.

［7］ 谷正气. 轿车车身［M］. 北京：人民交通出版社，2002.

［8］ 朱序璋. 人机工程学［M］. 西安：西安电子科技大学出版社，1999.

［9］ 温吾凡. 汽车人体工程学［M］. 长春：吉林科学技术出版社，1991.

［10］ 盛骤，谢式千，等. 概率论与数理统计［M］. 2版. 北京：高等教育出版社，1995.

［11］ 随允康，等. MSC. Nastran 有限元动力分析与优化设计实用教材［M］. 北京：科学出版社，2004.

［12］ 周传月，等. MSC. Fatigue 疲劳分析应用与实例［M］. 北京：科学出版社，2005.

［13］ SAE Recommended Practice. Motor Vehicle Dimensions：J1100［S］. Warrendale, PA. USA：Society of Automotive Engineers, Inc., 2002.

［14］ SAE Recommended Practice. Devices for Use in Defining and Measuring Vehicle Seating Accommodation：J826［S］. Warrendale, PA. USA：Society of Automotive Engineers, Inc., 2015.

［15］ SAE Recommended Practice. Motor Vehicle Drivers' Eye Location：J941［S］. Warrendale, PA. USA：Society of Automotive Engineers, Inc., 2010.

［16］ SAE Recommended Practice. Accommodation Tool Reference Point：J1516［S］. Warrendale, PA. USA：Society of Automotive Engineers, Inc., 2011.

［17］ The SAE Human Accommodations and Design Devices Standards Committee. Motor Vehicle Driver and Passenger Head Position：J1052［S］. Warrendale, PA. USA：Society of Automotive Engineers, 2017.

［18］ SAE Recommended Practice. Driver Hand Control Reach：J287［S］. Warrendale, PA. USA：Society of Automotive Engineers, Inc., 2007.

［19］ SAE Recommended Practice. Driver Selected Seat Position：J1517［S］. Warrendale, PA. USA：Society of Automotive Engineers, Inc., 2011.

［20］ SAE Recommended Practice. Passenger Car Windshield Wiper Systems：J903［S］. Warrendale, PA. USA：Society of Automotive Engineers, Inc., 1999.

［21］ PIPPERT H. Karosserietechnik［M］.［S.l.］：Vogel Verlag und Druck GmbH and Co. KG, 1998.

［22］ TAKAMATSU M, et al. Development of Lighter-Weight, Higher Stiffness Body for New RX-7［J］. SAE Technical Paper, 920244.

［23］ YIM H J, et al. A Study on Optimum Design for Thin Walled Beam Structures of Vehicles［J］. SAE Paper, 2002-01-1987.

［24］ LONGO S D, et al. The 1997 Chevrolet Corvette Structure Architecture Synthesis［J］. SAE Technical Paper, 970089.

［25］ SINGH K, et al. Body Structure Joint Optimization：A Cost Driven Approach［J］. SAE Technical Paper, 982280.

[26] BYLUND N, et al. Simulation Driven Car Body Development Using Property Based Models [J]. SAE Technical Paper, 2001-01-3046.

[27] FARRAHI G H, KHALAG A. Estimation of Fatigue Damage Caused by Actual Roads and Maneuvers on Proving Ground [J]. Journal of Achievements in Materials and Manufacturing Engeering, 2006, 14 (1-2): 90-96.

[28] BASKAR S, et al. Analytical Robust Door Hinge System Design Taguchi Approach [J]. SAE Technical Paper, 982306.

[29] SINGH K, et al. Door Open Overload: Margin And Flushness Approach [J]. SAE Technical Paper, 1999-01-3152.

[30] VLAHINOS A, et al. Designing for Six-Sigma Quality with Robust Optimization Using CAE [J]. SAE Technical Paper, 2002-01-2017.

[31] BRAHMST E, et al. Comparative Datuming and Hanging Strategies of Doors: A Benchmark Study [J]. SAE Technical Paper, 2002-01-2005.

[32] FUKUSHIMA J, et al. Shape and Topology Optimization of a Car Body with Multiple Loading Conditions [J]. SAE Technical Paper, 920777.

[33] CRESCIMANNO M R, et al. On Duty Simulation of a Trimmed Body Under Dynamic Loads: Model Superposition Approach to Evaluate Fatigue Life [J]. SAE Technical Paper, 1999-01-3150.

[34] ANVARI M, et al. Automotive Body Fatigue Analysis. Inertia Relief or Transient Dynamics [J]. SAE Technical Paper, 1999-01-3149.

[35] 黄金陵, 等. 稳健设计方法应用于车门系统设计 [J]. 汽车工程, 2006, 28 (11): 1011-1014.

[36] GOPALAKRISHNAN R, et al. Durability Analysis of Full Automotive Body Structures [J]. SAE Technical Paper, 930568.

[37] AGRAWAL H, et al. Upfront Durability CAE Analysis for Automotive Sheet Metal Structures [J]. SAE Technical Paper, 961053.

[38] NAGPAL R, et al. A Time-Domain Fatigue Life Prediction Method for Vehicle Body Structures [J]. SAE Technical Paper, 960567.

[39] CORNILLE H J, et al. The P2000 Body Structure [J]. SAE Technical Paper, 982405.

[40] CORNILLE H J, et al. The P2000s Unitized Sport Utility Vehicle Body Structure [J]. SAE Technical Paper, 2003-01-0573.

[41] RAYMAND G, et al. Development of a Cost Competitive, Composite Intensive, Body-in White [J]. SAE Technical Paper, 2002-01-1905.

[42] RIZVI A A. Dimensional Management-Setting Static and Dynamic Dimensional Goals Concurrently [J]. SAE Technical Paper, 2002-01-2004.

[43] 黄金陵, 娄永强, 龚礼洲. 轿车车身结构概念模型中接头的模拟 [J]. 机械工程学报, 2000, 36 (3): 78-81.

[44] 康明, 等. 北美汽车材料的研究及应用动态 [J]. 汽车工程, 2003, 25 (4): 315-321.

[45] 陈塑寰, 黄金陵, 等. 汽车结构动力模型参数的修正 [J]. 汽车工程, 1986 (4): 46-52.

[46] 陈立周. 稳健设计 [M]. 北京: 机械工业出版社, 1999.

[47] 高云凯, 蓝晓理, 陈鑫, 等. 轿车车身模态修改灵敏度计算分析 [J]. 汽车工程, 2001, 23 (5): 352-355.

[48] 李柄威. 结构的优化设计 [M]. 北京: 科学出版社, 1979.

[49] 凯墨尔, 沃尔夫. 现代汽车结构分析 [M]. 陈砺志, 译. 北京: 人民交通出版社, 1987.

[50] 姚德源，王其政. 统计能量分析原理及其应用［M］. 北京：北京理工大学出版社，1995.
[51] 靳晓雄，张立军. 汽车噪声的预测与控制［M］. 上海：同济大学出版社，2004.
[52] ZHANG Qijun, WANG Chong, WANG Dennis, et al. Energy Flow Method for Mid-Frequency Vibration Analysis［J］. SAE Technical Paper, 2003-01-1454.
[53] FERRAZ F G, CHERMAN A L. Acoustic and Tactile Transfer Functions Measurements on Automotive Development［J］. SAE Technical Paper, 2003-01-3569.
[54] 马天飞. 轿车低频 NVH 特性的刚弹耦合、声固耦合一体化研究［D］. 长春：吉林大学，2003.
[55] 刘学广. 车内低频噪声多次级声源有源消声系统研究［D］. 长春：吉林大学，2004.
[56] 周鋐，金欢峰，靳晓雄. 轿车车内空腔声学模态［J］. 同济大学学报，2001，29（5）：557-559.
[57] 张建伟. 基于数值模拟技术提高微型客车正面抗撞性的研究［D］. 长春：吉林大学，2003.
[58] 林逸，张建伟，马天飞，等. 微型客车抗撞性改进的计算机仿真［J］. 汽车工程，2002，24（6）：466-469.
[59] 黄世霖，张金换，王晓东，等. 汽车碰撞与安全［M］. 北京：清华大学出版社，2000.
[60] 左藤武. 汽车安全［M］. 吴关昌，陈倩，译. 北京：机械工业出版社，1988.
[61] 钟志华. 汽车耐撞性分析的有限元法［J］. 汽车工程，1994，16（1）：1-6.
[62] 刘晶郁，李晓霞. 汽车安全与法规［M］. 北京：人民交通出版社，2005.
[63] 葛如海，刘志强，陈晓东. 汽车安全工程［M］. 北京：化学工业出版社，2005.
[64] MAHMOOD H F, PALUSZNY A. Design of Thin Walled Columns for Crash Energy Management-Their Strength and Mode of Collapse［J］. SAE Technical Paper, 811302.
[65] KITAGAWA Y, HAGIWARA I. Development of a collapse Mode Control Method for Side Members in Vehicle Collisions［J］. SAE Technical Paper, 910809.
[66] KAISER A. Some Examples of Numerical Simulation in Vehicle Safety Development［J］. SAE Technical Paper, 921074.
[67] 孟凡中. 弹塑性有限变形理论和有限元方法［M］. 北京：清华大学出版社，1985.
[68] 冯元桢. 连续介质力学导论［M］. 云鹏，等译. 重庆：重庆大学出版社，1997.

信息反馈表

尊敬的老师：

　　您好！感谢您多年来对机械工业出版社的支持和厚爱！为了进一步提高我社教材的出版质量，更好地为我国高等教育发展服务，欢迎您对我社的教材多提宝贵意见和建议。另外，如果您在教学中选用了《汽车车身设计　第2版》（黄金陵　主编），欢迎您提出修改建议和意见。

一、基本信息

姓名：_____　性别：_____　职称：_____　职务：_____

邮编：_____　地址：_____

任教课程：_____　电话：_____-_____（H）_____（O）

电子邮件：_____　手机：_____

二、您对本书的意见和建议

　　（欢迎您指出本书的疏误之处）

三、您对我们的其他意见和建议

请与我们联系：

100037　北京百万庄大街22号

机械工业出版社·高教分社　宋学敏编辑　收

Tel：010-8837 9126（O），6899 4030（Fax）

E-mail：song6161302@163.com

　　　　　tian.lee9913@163.com

http://www.cmpbook.com

http://www.cmpedu.com